世界传世藏书

【图文珍藏版】

历史知识大博览

赵征⊙主编

第四册

线装书局

第一章　世界通史

史前人类和原始社会

原始社会是人类经历的最漫长的时期。考古学家将原始社会分为旧石器、中石器和新石器三个时代。旧石器时代，人类从直立人进化为智人，并继续向现代人转变。此时的人类使用打制石器，以采集和狩猎为生。旧石器时代之后，人类经历了短暂的中石器时代。而新石器时代开始于距今 1 万年，这时人类的体征已经和现代人别无二致。此时的人类开始使用磨制石器，并开始进行农业生产、饲养家畜、制造陶器。

人类的起源和形成

地球——人类的家园

地球是太阳系中唯一一颗有生命的类地行星，与太阳的距离较近，在太阳系所有行星中排第三位。地球内部共有三个部分，由内而外分为地核、地幔和地壳。世界上很多民族世代相传的神话都认为，地球和人类是由神创造的。但是经科学研究发现，地球是经过长期的自然演变形成的。地球上最古老的地壳大约在 46 亿年前就出现了，这说明，地球至少已经 46 亿岁了。而地球上的生命，从 35 亿年前就开始出现了。尽管地球生命出现的时间较早，但是人类从出现到现在不过才经历了几百万年。

据不完全统计，从地球上出现生命至今，已经灭绝的动物有 700 万种、植物 25 万种，而现在还在地球上存活的物种约有 200 万种，不足以灭绝物种的三分之一。生物体由低级到高级，由简单到复杂，进化的过程生生不息。在动物界，人类属于脊索动物门、脊椎动物亚门、哺乳动物纲、灵长目、人科、人属、智人种，这是人类在目前的认知范围内对自身所做的定义。可以说，人类在这几百万年的进化过程中达到了进化的极致。

"攀树的猿群"——人类最早的祖先

现代类人猿被认为是在现存的动物中，体质构造与人类最接近的动物。现代类人猿主要包括长臂猿、猩猩、大猩猩和黑猩猩，这些动物的形态结构、生理功能以及胚胎发

育的过程都和人类比较相近。其实，早在 1871 年，英国生物学家达尔文就在其《人类起源与性的选择》一书中指出，人类和现代类人猿具有共同的祖先，而近年来分子生物学的研究成果也表明人类和现代类人猿有着很近的亲缘关系。在现代类人猿中，与长臂猿相比，黑猩猩和大猩猩与人类的关系更为密切。不过这些动物并不是人类的祖先，它们也不具备进化成人的条件。人类最早的祖先应该是如今早已灭绝的某种古猿。

1911 年在埃及法尤姆渐新世地层中发现的原上猿与 1966 至 1967 年发现的埃及猿被认为是目前发现的最早的古猿化石。前者生存年代被测定为距今 3000 万年前，后者生存年代被测定为距今 2800 万至 2600 万年前。两者之后出现的是森林古猿，它的生存年代被定为距今 2300 万年前。原上猿、埃及猿和森林古猿都是成群生活在树上的，即所谓的"攀树的猿群"。它们用四足行走，且能用手臂悬荡于林间，这样的生活使它们的前肢和后肢的结构和功能开始出现分化，为手脚的分化创造了条件。这些古猿在牙齿数目上与现代类人猿和人类相似——都有 32 颗牙齿，且牙齿的排列方式也与现代类人猿和人类类似。人类学家认为，上述古猿中很可能就有人类和现代类人猿的共同祖先，但它们中究竟哪一种是人类的祖先，又或许人类最初祖先的化石尚未被找到，这都尚属未知。当前可以断定的是，从猿到人过渡开始的时间应该在 3000 万至 1000 万年前。

"正在形成中的人"

在人类的进化中，最重要的条件是自然环境的变化。在地质年代的第三纪，从中新世到上新世的晚期，东非和南亚的气候及地形发生了显著的变化，森林面积大幅度缩小，林间空地和稀树草原出现，一些原先在森林中生活的古猿不得不从树上下来，到地面上觅食生活，因此导致了手和脚的分工，并且这种分化不断得到强化，从而开始了从猿到人的不断发展。向早期人类不断进化的古猿，被称为"正在形成中的人"。而通过对化石材料的分析，确认"正在形成中的人"的早期代表是腊玛古猿。

腊玛古猿在非洲、亚洲、欧洲都有发现，生存年代为距今 1400 万至 800 万年前。在一些人类学家看来，腊玛古猿已基本能直立行走，并开始使用木棍和石块等天然工具。与森林古猿相比，腊玛古猿的吻部大为缩短，犬齿也较小，牙齿呈弯弓状排列，这些形态特征都更加接近于人类，可以说腊玛古猿是从猿到人的过渡时期的物种。

通过对在南非和东非发现的古猿化石材料进行分析，学界认为，生存在约 550 万至 100 万年前的南方古猿，是"正在形成中的人"的晚期代表。现在，多数的古人类学家一致认为真人（人属）是从南方古猿的一支进化而来的，这一支就是南方古猿的纤细种，而没有继续进化的其他南方古猿旁支则在 100 万年前陆续灭绝了。

早期猿人

最早的人属成员是生存在距今约 377 万至 180 万年前的早期猿人。目前所发现和用于研究的早期猿人化石中，最早的是距今 377 万至 359 万年前的、在非洲坦桑尼亚出土的古猿人上下颌骨和牙齿；其次是距今 300 万至 270 万年前的、在肯尼亚库彼弗拉发现的人类头骨，KNM—ER1470 号，其脑容量约为 775 毫升；最后发现的是距今 180 万年前的、在坦桑尼亚的奥都威峡谷发现的能人化石，其脑容量约为 680 毫升，在发掘这些能人化石的同时，还发现了很多人工制作打磨的砍砸器等，以及用石块堆成的、类似窝棚地基的遗迹，这可能是能人的住所遗址。

据测定，早期的人类带有明显的猿类的特征，其中最突出的是头部。上述化石表明，这些猿人的脑容量都比较小，只有 500 至 700 毫升，他们的眉骨和吻部向前突出，额骨比较低矮，身高只有 1.2 至 1.4 米。但是这些猿人已经不再是猿了，他们的脚可以直立行走，大拇指可以和其余四个手指对握。另外，猿人身高的变化，也反映了人类身体逐渐增高的趋势。

晚期猿人

晚期猿人由于可以直立行走，因此又被称作直立人，他们生活在距今 180 万至 30 万年之间。由化石发现看来，晚期猿人的足迹遍布亚洲、欧洲、非洲等地。在亚洲，最早被发现的晚期猿人是印度尼西亚的爪哇猿人，生活在距今 80 万年前。在欧洲，则是德国的海德堡猿人。在非洲的肯尼亚、坦桑尼亚、阿尔及利亚以及摩洛哥等地也都有晚期猿人化石出土。而目前发现的最完整的晚期猿人化石则是北京人化石，已发掘出 40 多个不同个体的骨化石，其中包括 6 个头盖骨。根据化石推定，北京猿人大约生活在距今 50 万年前。

随着进化的不断推进，晚期猿人在脑容量、骨骼和身高等方面都有明显的发展。爪哇人的脑容量达到了 700 毫升。北京人的脑容量平均为 1059 毫升，身高约 1.5 米，他们的身体、四肢骨骼已经和现代人接近，直立行走的姿势也近似于现代人。与现代人区别较大的是，其头部的骨骼构造仍旧比较原始，例如北京人，他们的吻部和眉骨仍然突出，前额低而且较平，没有下颌。由这些特征推测，人类进化时，劳动器官的进化要快于思维器官，可能是因为人类在早期面临较多的生存劳动问题，四肢的活动对大脑的主观意识依赖程度较轻。

早期智人

早期智人活跃于距今 30 万至 5 万年前，过去曾被称作古人。1856 年，德国杜塞尔多夫城附近的安德特河谷一带，人们在一处洞穴里发现了最早的早期智人的化石。由于这一发现，早期智人还曾被统称为尼安德特人，简称为尼人。早期智人的化石在欧、亚、非三大洲都曾出土过。中国的丁村人、马坝人，法国的沙拜尔人都是早期智人的代表。

早期智人的体质形态已经非常接近于现代人了，其脑容量达到了 1350 毫升。不过，他们仍然保留着一些原始特征，如眉脊发达、前额低斜、鼻部扁宽、颌部前突等。

晚期智人

继早期智人之后出现的是生活在距今 5 万至 1 万年间的晚期智人，他们也被称作新人、新智人。1868 年，人们在法国勒伊斯的克罗马农附近的洞穴里，发现了 5 具人体骨架，他们生活的年代距今大约 5 万年，这是目前发现的最早的晚期智人的化石。晚期智人在形态上与现代人没有什么差别。与早期智人化石相比，晚期智人化石分布得更广泛，不仅在亚、非、欧三洲有发现，而且在美洲和大洋洲也有发现。

晚期智人的前额已经不再是低平的，有明显的升高，他们的吻部退缩，眉脊消失，脑容量甚至超过了 1400 毫升。所有这些特征表明，晚期智人在体质形态上已基本完成了向现代人类的进化。

晚期智人时期，世界人种划分也已经形成。现代人类学者把人类划分为蒙古利亚人种（黄种）、欧罗巴人种（白种）和尼格罗人种（黑种），这三大人种在外貌上有着明显的区别。在中国发现的柳江人、资阳人、山顶洞人、河套人是典型的蒙古人种，他们鼻子不高，脸部较宽；在欧洲发现的法国克罗马农人、捷克普雷德莫斯特人，其体型与现代欧洲人十分相似；而南非的弗洛里斯巴人、边界洞人、克莱西斯河口人以及东非坦桑尼亚的加洛巴人、埃塞俄比亚的奥莫人等，均具有典型的非洲黑人的特征。

劳动在人类形成中的作用

人类的形成离不开劳动，可以说是劳动创造了人。当古猿下到地面生活的时候，为了生存，它们需要经常使用诸如木棍、石头等天然工具，来获得食物以及防御毒虫猛兽的侵袭，于是它们的双手被逐渐解放出来，也就是说，劳动创造人首先体现在手的使用上。

劳动是语言产生的根本原因。当猿人的手从地上解放出来用于劳动时，他们需要协作，协作使猿人之间产生了交流的愿望，这就需要利用语言进行更便利的沟通；随着劳动的不断深化，人类在利用自然、与自然斗争的过程中，对自然的认识也不断加深，开始需要用概念进行抽象思考。因此语言的产生是完全必要的。而人们在劳动中的协作和交流，也使人的发音器官不断成熟，发音机能不断完善，为语言的产生提供了有利条件。

劳动也是促进思维能力发展的重要因素。在生存斗争中，人们需要制造工具，总结自然变化的规律，与自然做艰苦的斗争，人类的思维能力就在生存活动中不断发展起来。

劳动、语言、思维的发展推动了人脑的发展，而人脑发展以后，又提高了人类的语言和思维能力。因此，人类的劳动、语言、思维的发展是一个相互促进、相互推动的过程。劳动是人类语言和思维产生的最根本的原因，是劳动把人和动物区别开来，是劳动创造了人。

石器时代

旧石器时代早期

人类出现以后，就产生了人类的历史。而石器时代是人类历史的第一个时期，这一时期持续时间较长，从大约300万年前开始一直持续到距今约6000至4000年前。石器时代是人类缓慢进化的时期。

石器时代分为旧石器时代、中石器时代和新石器时代三大时期。旧石器时代处于石器时代的早期，距今约300万至1.5万年。这一时期的标志是人类开始使用石器作为工具，并且石器主要是通过打制的方法做成的。这种石器加工简陋粗糙，类型也不多，所以被考古学家称为旧石器。旧石器时代的特征：打制石器、采集——狩猎经济形态、分散流动的居住方式。旧石器时代又分为三个阶段，即旧石器时代早期、中期和晚期。

旧石器时代早期距今约300万至30万年，基本相当于人类发展的早期猿人至晚期猿人阶段。不同时期的猿人制作石器的方法各不相同。早期猿人多用砾石打制成砍砸器；晚期猿人的石器种类明显增多，不仅有砍砸器，还出现了刮削器、尖状器等石器类型，不过制作水平还是比较落后。火的发现和使用亦在此时，这是晚期猿人在同大自然的斗争中取得的最大成就。

比较著名的旧石器时代早期文化有非洲的奥都威文化，欧洲的阿舍利文化、克拉克当文化，亚洲的元谋人文化、蓝田人文化、北京人文化，等等。

旧石器时代中期

旧石器时代中期距今约 30 万至 5 万年，大致相当于人类发展的早期智人阶段。在这一阶段，石器的制造比之前更加精细规整，类型也有所增加。比如在中国境内发现的丁村人遗址中就出土有各式砍砸器、刮削器、三棱大尖状器和石球等，其中不少石器的形制已经相当规整了。除了石器制作技术有了很大进步，此时的原始人类已经开始制造和使用骨器了，此外，这时的原始人类已经会使用摩擦取火的人工取火方式。

比较著名的旧石器时代中期文化有欧洲的莫斯特文化、亚洲的丁村人文化，等等。

旧石器时代晚期

旧石器时代晚期距今约 5 万至 1.5 万年，大致相当于人类发展的晚期智人阶段。这时的人类除了使用打击和琢削的方法，还发明了压削法来制造石器，所以此时的石器更为规整和实用。这一时期骨器和角器大规模投入使用，不仅种类多样，有骨针、鱼钩、投矛器等；而且有的骨器和角器还装有辅助装置，如为了方便使用，一些骨器和角器上安装了木柄，成为复合工具或武器，常见的有带柄的石斧、标枪及尖端带倒钩的鱼叉等。

比较著名的旧石器时代晚期文化有欧洲的奥瑞纳文化、索鲁特文化、马格德林文化，亚洲的峙峪文化、山顶洞文化，等等。

中石器时代

在旧石器时代向新石器时代过渡的阶段，还存在一个中石器时代，但考古学家通常把这一时期看作是新石器时代的初期阶段。在距今 1.5 万年前的中石器时代，人们已经可以制造用于日常生活的精细石器。考古学家把这种制造精细、体积较小的石器称作细石器。

这些细石器由于精巧便携，一般会镶在木棒或者骨棒上，用来刮削树皮、加工兽皮等，也可以用作矛尖和鱼叉来进行渔猎活动。中石器时代最显著的成就是弓箭的发明。在旧石器时代，人们大多使用笨重的投掷武器，很难瞄准，而弓箭不仅轻巧，且射程远、速度快、命中率高。因此弓箭的发明，使得狩猎经济大为发展。中石器时代另一个显著的标志就是驯养家畜，犬是最先被人类驯化的野生动物，其次是绵羊。

新石器时代

距今 1 万年前的新石器时代是整个石器时代的最后阶段，也是发展水平最高的阶段。磨制石器的出现，代表了这一时期石器制造水平的大发展。与打制石器相比，磨制石器具有器形端正、表面细致、刃口锋利等优点。这一时期，人们不仅可以制造磨制石器，还可以在石器上钻孔。此外，新石器时代还有一个重大突破，即制陶术的发明。

进入新石器时代以后，人们终于摆脱了依靠采集天然产物维持生活的状态，走上了依靠人类劳动来增加产物的时期。原始农业和原始畜牧业的出现，标志着经济领域的重大革命，即从采集经济过渡到生产经济。这种过渡时期的生产方式使原始社会的生产力发展到了一个全新的阶段，历史界把这一时期经济领域的重大变革称为"新石器革命"。而从新石器时代以后，人们开始了成规模的定居生活，出现了面积较大且有一定布局的村落。这种长久定居的村落生活的产生，离不开谷物的种植和家畜的驯养，而且制陶术等工艺的发明，也使人们过上了更加丰富的物质生活，为人口增殖提供了条件。

原始社会的组织结构

原始群

原始群是从猿到人的过渡阶段的群体，由正在形成中的人组成，这是人类社会最早的一种社会组织形式。刚从动物界中独立出来时，人类大多居住和流徙于热带、亚热带的森林和江河水畔，时刻需要与凶猛的野兽和险恶的自然环境做斗争，所以他们往往几十个人组成共同生活的小群体，这个小群体即是原始群。那时的人们以棍棒或简陋的石器为生产工具，共同从事采集和狩猎。他们聚居在一起，发明出通用的音节语言，成员之间的两性关系非常混杂，没有形成婚姻规范和家庭形式。

血缘家族

血缘家族是人类在旧石器时代的早期和中期的一种组织形式。由于在采集和狩猎方面的进步，原始群内部开始分化，具有相同血统的亲族群体从原始群中独立出来，组成了血缘家族。同一血缘家族内排除了杂交的婚姻形态，变为同辈婚，即同辈的男子与女子，既是兄弟姐妹也是夫妻。与原始群的杂交形态相比，这种家庭形态杜绝了直系血亲之间的性关系，改善了人口繁殖能力降低和体质低下的状况。

血缘家族也是人类社会基本的生产单位和经济共同体。在血缘家族内部，两性之间出现了社会分工，所有成员都是平等的，生产和消费都是集体行为。那时生产力的水平很低，寻找生活资料并非易事，因此这种家族的规模不会太大，成员数目大约为二十至四十人。为了保证食物供应，整个家族需要四处游徙，家族与家族之间没有什么交流。

母系氏族

氏族是原始社会时期人类根据相同血缘关系组成的一种血族团体，所有成员都有同一个祖先。母系氏族社会存在于旧石器时代中期至新石器时代中期。那时，女性的地位要高于男性，女性掌管采集和原始农业，负责准备食物和衣服并管理家务，在社会经济生活中起支配作用。母系氏族社会实行的是族外群婚制，子女只知其母而不知其父，同一氏族内所有的成员都出自一个共同的始祖母。整个氏族靠母系血统来维系。氏族发展壮大后，再分化成若干部分，成立新的氏族，而互通婚姻的氏族则组成部落。在母系氏族社会时期，一切生产资料均为氏族成员共有。氏族中设立的议事会，行使氏族的最高权力，凡成年男女均可参加议事会。而族长一般由年长女性担任。母系氏族时期，原始的农业、畜牧业、制陶业、建筑业等均已得到一定发展，所以人们一般过着较为稳定的定居生活。

父系氏族

母系氏族社会发展到后期就进入了父系氏族社会，其最大特点是男性在生产生活中占据主导地位，父系血统成为认定血缘联系的依据，家庭婚姻关系也从"夫妻分居"或"从妻居"转变为"从夫居"。父系氏族公社的出现是以农业和牧业的发展为前提的，男性接管了原本由女性掌管的农牧业，此前，男性主要从事渔猎。随着女性在生产中的主要地位被男性取代，母系氏族开始瓦解，人类过渡到了父系氏族社会阶段。在父系氏族社会阶段出现了贫富分化和私有制，人类社会也由原始社会逐渐向奴隶社会过渡。

部落和部落联盟

有着相近血统且相互通婚的两个或若干个氏族组成的社群称为部落。一个部落中的若干氏族一般拥有特定的势力范围，这些氏族在文化、宗教和语言方面具有相似性，并且在政治方面存在一位共同的首领。而到了原始社会后期，社会生产力得到了较大的提高，私有制也有了较大的发展，部落间出现矛盾和摩擦就在所难免，这些矛盾和摩擦积累到一定程度，部落间就会发生对抗性冲突，直至发展为战争。出于保护自己的利益、共同作战或自卫等经济及军事目的，具有相近的亲缘关系或地缘关系的部落会成立一种部落联合组织，即部落联盟。部落联盟的出现加深了不同部落间经济和文化的联系，也为部族、国家或民族的形成奠定了基础。

国家的形成

金属器的使用

新石器时代晚期，生产领域出现了金属器。人们使用金属制造出来的器皿、工具进行生产生活，社会逐渐过渡到了金属器时代。金属器时代由金石并用、青铜器和铁器三个时代组成。公元前 4000 至前 3000 年，是金石并用时代。人类最早使用的金属是铜，起初大多是天然铜，随着生产的发展和需要，人们开始冶炼铜，这标志着人类正式进入金属器时代。但由于铜的产地少，不能大规模地用来制造工具，因此这一时期人们还同时使用石器进行生产生活。公元前 3000 至前 2000 年的时候，青铜器被制造了出来。青铜是一种铜锡合金，这种低熔点、高硬度的合金被大量制造、广泛使用，进一步促进了农业和手工业的发展。公元前 2000 至前 1000 年，人类进入了铁器时代。铁的产地多，储量丰富，硬度高，适用范围广，制成的铁器使生产力得到了进一步的发展。随着金属器的不断改进和发展，父系氏族公社最终取代母系氏族公社，成为主要的社会组织形式。

纵观历史发展，金属器的使用使得生产力得到很大增长，促进了社会分工的不断深化和剩余产品的积累，进而促成了私有制和阶级的产生，并为国家的形成提供了条件。

私有制的出现

人类进入父系氏族社会时期，生产力水平有了较大提高，使得劳动生产效率大大提高，人们能够生产出比维持自身生存所需的更多的产品，这就使私有制的出现成为可能。某些氏族首领利用所掌握的权力，在对内进行产品分配或对外交换剩余产品时，借机侵吞部分共有财产，以满足自己的私欲，随之就产生了私人占有财产的现象。私有制的出现，破坏了原始共产制，导致原始公社解体。

阶级的出现

阶级的产生，是私有制发展的结果。生产力的不断发展，使剩余产品增多，而为了进一步增加剩余产品，同时减少自己的劳动活动，人们需要新的劳动力来代替自己劳作。于是，在战争中俘获的外族人成了最早的私有奴隶。随着劳动的发展，奴隶劳动在生产中的重要性凸显出来，但是奴隶的社会地位却日渐降低。奴隶完全隶属于奴隶主，没有人格，没有任何人身自由和权力。奴隶主可以任意驱使、买卖、杀害奴隶。奴隶和奴隶主的对立，构成了人类社会最早的阶级对立。

军事民主制的出现

随着生产力的进一步发展及对剩余产品的追求，原始社会后期，部落之间为了抢夺财富和人口，经常爆发战争，进行战争的组织也随之产生，这就需要一整套相应的制度来配合。恩格斯说："为了经常性的掠夺活动的需要，战争和战争组织已经成为氏族生活的正常组成部分。"于是，军事民主制度应运而生，这种制度有一定的民主性，战争活动需要氏族内部全体男性公民表决，但这种民主却是为劫掠财富和人口而服务的。军事民主制度是氏族部落机构向国家机构的过渡，对国家的出现起到了重大的促进作用。

国家的诞生

父系氏族公社晚期，以血缘关系为基础的氏族公社逐渐瓦解，而以地域关系为基础的农村公社逐渐形成。这种现象的发生是由氏族人口迁移导致的。一方面，通过部落战争和其他方式，氏族获得了更多的奴隶和依附民。另一方面，由于氏族内部日益尖锐的贫富分化，为了逃避氏族贵族的剥削和奴役，很多贫穷的氏族成员不断离开。血缘基础就此瓦解，新的聚居关系逐渐形成。

氏族部落之间的劫掠和抢夺，氏族内部的压迫和剥削，造成氏族部落之间、氏族内部之间矛盾不断加剧，其结果就是国家的产生。历史上最早的国家是奴隶主阶级进行阶级统治和发动战争的工具。氏族社会就此瓦解，让位于奴隶制国家，奴隶社会的君主制取代了原始的军事民主制。

在世界上的不同地区，国家的产生时间是不同的。公元前41世纪晚期到公元前31世纪早期，农耕地区出现了最早的国家，包括尼罗河流域的上、下埃及，两河流域的苏美尔。公元前31世纪晚期，印度河流域、黄河流域、克里特岛、亚述、伊朗高原西南部的埃兰、叙利亚的埃勃拉等地也分别形成了国家。公元前21世纪，希腊半岛、小亚细亚、腓尼基、阿拉伯半岛南部等地陆续出现了国家。公元前11至11世纪，在旧大陆的绝大多数地区和新大陆的中部地区，国家形式已经基本取代了早期的氏族部落。原始社会完全土崩瓦解，新时代来临了。

原始社会的三次社会大分工

第一次社会大分工

社会大分工对生产力和社会发展具有巨大的影响，原始社会的三次社会大分工奠定了国家产生的基础。第一次社会大分工，使原始农业和原始畜牧业发生了分离，专门从事畜牧业的部落开始出现。

金属器时代的来临，使生产工具得以改进，生产力得到发展，大规模畜群出现，于是一些部落不再从事采集工作而专门从事畜牧业，他们从农业生产中独立出来，成为游牧部落。而随着游牧部落的发展，畜牧产品大大增加，并且这些部落也需要农产品，于是出现了交换，私有制进一步发展。由于畜牧业成为主要产业，畜牧生产的主力——男子在家庭中的地位大大提高，并逐步取得了统治地位。与此同时，农业和手工业也有所发展。

为了进一步促进发展，获得更多的剩余产品，就需要有大量的劳动力，于是战俘便成了奴隶。这样，在部落中零星出现了奴隶制。第一次社会大分工，产生了两个对立阶级，奴隶主和奴隶，即剥削与被剥削者，使社会发生了第一次大分裂。

第二次社会大分工

第二次社会大分工发生在青铜器和铁器时代，其结果是农业与手工业分离。随着铁制工具的出现和生产技术的进步，劳动生产率大大提高，不仅使农业得到了进一步的发展，也促使手工业有了较大的突破。随着生产技术的不断改进，生产方式更加多样化，手工业便从农业中分离出来，成为专门的行业。第二次社会大分工之后，慢慢产生了以交易为目的的商品生产，金银成为货币，人们以贸易的方式互通有无，贸易发展又加强了各部落之间的联系。对剩余产品和财富的追求，使奴隶的劳动更加重要，奴隶制进一步发展，私有制不断深化。为了掠夺财富和劫掠人口，富人之间不断发生战争，由此氏族贵族阶层诞生。他们残酷剥削着奴隶和贫穷的平民，加速了原始社会的瓦解进程，促成了奴隶社会的到来。

第三次社会大分工

第三次社会大分工发生在原始社会晚期，商人阶级的出现是其显著标志，这个阶级不从事任何生产活动，专门进行交换活动。作为生产者之间的中介，商人从生产者和消费者双方那里取得财富，并获得了生产领域的领导权。随着商品经济的发展，货币的重要性得以凸显，出现了货币借贷、利息和高利贷等新的货币使用方式。土地彻底成为私人财产，可以通过世袭、抵押、买卖等方式进行处置。随着新的社会分工的发展，这一时期社会阶级划分也发生了变化，除了自由人与奴隶之外，还有富人与穷人的分化。财富不断集中在少数贵族手中，奴隶人数不断增加，奴隶制成为整个社会经济发展的基础。由于剥削阶级与被剥削阶级之间的明显分化和尖锐对立，氏族军事民主制已经不能控制整个社会的发展，新的统治工具——国家应运而生。

原始社会的经济活动

采集和狩猎

人类最早的经济生产方式是采集和狩猎，这两种生活方式在旧石器时代居于主导地位。但是这种生产方式的产出太少了，不能满足人类对食物的需求，因此早期的人类一直处于饥饿的状态中，很多人在十几岁时就因饥饿而死，所以在原始社会早期人口无法大量增殖。第一次社会大分工时，采集和狩猎发生分离，分别发展成为原始农业和原始畜牧业。

原始农业的出现和发展

原始农业从古人类的采集活动发展而来。人类在采集植物的过程中，通过长期观察和实践，认识和掌握了一年生草本植物的生长规律以及人工栽培方法，从而产生了原始的农业。新石器时代是原始农业的形成时期，人类使用石器制成的生产工具，做一些简单的农活，比如植物栽培。那时人类所使用的生产工具相当粗糙，常见的有掘杖、木锄、石刀、石铲、石锄等，耕作方法也很简单，基本是刀耕火种，即用火把土地上的树木荆棘烧掉，然后把土地掘松，撒上种子，等着自然的收成。在劳动过程中，人们还会进行简单的合作协同。据考古学研究，距今 8000 年左右，西亚地区的人们便掌握了大麦和小麦的种植技术，而中国长江中下游的居民由于生存环境的便利，在距今 7000 年左右就开始栽培水稻，几乎与中国同一时期，美洲秘鲁的古代居民开始种植玉米、土豆和南瓜等作物。

原始畜牧业的出现

在新石器时代，人类制作和使用工具的技术已经有了长足的进步，这也使得狩猎活动的效率大大提升，人类便可以把暂时吃不了的或幼小的猎获物圈养起来。而在饲养动物的过程中，人类逐渐熟悉了动物的习性，便开始驯养野生动物，于是便出现了原始的畜牧业。原始畜牧业的产生，为人类提供了充足的肉食、乳类、油脂、皮毛和骨头等产品，使人类的生活水平有所提高。除此之外，牲畜数量的不断增加，也给人类提供了畜力的帮助，减轻了人类劳作的辛劳程度，为农业的发展提供了新的动力。

农耕工具的出现

距今约 8000 年前，原始农业发展到了一个较高的水平，其显著特征就是农耕工具的使用。那时的主要粮食作物是谷物，为了养活不断增长的人口，必须扩大种植规模以生产更多的粮食。但是适合耕作的土地是有限的，因而需要拓展新的耕地。而新的土地要先平整好，才能让庄稼苗壮成长。这样的工作仅凭人的双手很难完成，后来人们就发明了多种多样的农具，包括用于砍伐的石斧、石锛，用于平整土地的耒耜，用于收割的石刀、石镰，用于脱壳的石磨、石棒等。

陶器的制造

陶器的发明与使用是人类进化史上的一次巨大飞跃，其意义不亚于人工取火、饲养家畜和栽培植物。在陶器出现之前，人类处理食物的方法一般是烧、烤，或者直接生吃。在陶器被发明出来之后，人类可以更方便地烹制食物、吃到熟食，此后熟食得到普遍推广，极大地促进了人类体质和脑力的发展。而陶器的发明及普遍应用，也证明人类已经过上了稳定的定居生活。正因为陶器对人类的智力发展和文明进步产生了重要影响，所以它一直被视为新石器时代的显著特征，深得学界重视。

原始文明的诞生

天然火的使用和人工取火

火是人类最早使用的天然能源，懂得运用火是远古时期人类文明史上的大事件。

火给人类以温暖和光明，并能保护人类不受野兽的侵袭；由于用火，人类摆脱了茹毛饮血的饮食状态，开始食用熟食，这不但使食物更易消化，还使食物中的营养物质更易被吸收，极大地促进了人类体质的发展；此外，使用火还使人类能够在高纬度或寒冷地带生存，这使得人类的生存空间得以扩展。在中国，生活于距今约 170 万年前的元谋人就懂得如何使用火，是国内外公认的人类用火的最早记录之一。

摩擦生火是最原始的取火方法，比如用木材摩擦生热或者以燧石相互击打来引燃易燃物。另外，钻木取火也是人工取火的一种重要方式。人工取火是人类发明史上一次具有里程碑意义的事件，从此人类可以按自己的意志去改变世界，更有效地开发自然，由此掀开了人类史上的新篇章。而人工取火的发明，也为制陶、冶金等技术的出现创造了前提条件。

工具的使用和制造

在很久很久之前，人类的远祖就学会了使用简单的自然物体，比如石块、树枝和动物骨头作为工具。使用天然工具并非人类的专长，别的灵长类动物也能做到，而制造工具则是人类独有的本领，这是人类超出其他动物的根本原因。最迟至 200 万年之前，人类的远祖就懂得了如何制造工具，不过这是在久远的岁月里缓慢发展的结果。

人类的祖先在不断与自然做斗争的过程中，慢慢拓展了生活范围，与此同时，面临的危险也日益增多。他们在摸索中学会了改造自然物体，来实现自己对工具的特殊要求。一开始，他们只是模仿自然，之后就是有意识地改变自然物体的形状，创造了最早的人工工具。像木头、石头、动物骨头是他们最容易获取的物品，并且改造难度不大，因此最早的人工工具大多是以这类东西为原材料的。通过使用工具、制造工具，人类突破了自身的局限性，掌握了征服自然的强大力量，为自己赢得了巨大的发展空间。

语言和文字的产生

手脚分工和直立行走促使原始人类身体的其他器官发生了一系列的变化，如头部由前倾变成垂直，这为原始人类脑腔的扩大、脑容量的增加提供了条件。与此同时，迫于生存需要，原始人类不断地与自然做斗争，使得他们的思维能力，尤其是抽象思维能力逐渐增强。此外，原始人类在劳动时大多是集体协作，为了彼此交流，统一协调个体劳动，就需要发出声音，因此他们的发声器官逐渐进化。脑容量的增加、思维能力的增强和发声器官的进化，为人类开口说话创造了条件，原始人类逐渐能发出清晰的音节，至此，最初的语言便应运而生。

随着声音符号的复杂化和系统化，语言有了进一步发展。文字的发明，表明人类的语言水平得到了真正的提高。在人类社会早期，没有文字，人们用物体来表达、记忆事情，如草捆、石头堆等，后来又用木刻、结绳或串贝来记事。但是结绳或串贝等方式所能传达的信息量太有限了，更无法传达复杂的思想和事情，所以人们开始用图画来记事。真正的文字就是从图画的形式发展而来的。

图画在使用的过程中，其中的表意图形逐渐固定，并逐渐从图画中分离出来，变成了有表情达意功能的象形文字。这种有固定的表意符号和表音符号，依照特定的顺序排列的图形就是最早的象形文字。文字从诞生之始就是为阶级和国家统治服务的，它的诞生也昭示着人类的文明时代的到来。

科学知识的萌芽

科学的发展源于原始人类对自身生存经验的认识和总结。在原始人类的实践活动中，人们不断积累着实践经验，并进行一定的推理判断活动，对自然界的因果联系有了初步的理解，产生了抽象的概念。而这些抽象概念也都是和原始人类的生产和生活密切相关的，如：原始人类掌握了地理、气象、天文历法和一些粗浅的医疗知识，可以根据星辰及其他的自然特点辨别方向和方位，制作简单的地图和航海图；还可以进行简单的疾病治疗，甚至在距今三四万年前，克罗马农人就可以做简单的外科手术，如用燧石在头骨上穿孔等。原始人类的推理和抽象思维能力有限，但是他们也在进行着建筑、造船、算术、医术上的摸索和实验。最典型的代表是新石器时代的工具和陶器，它们被按照各种形状制作，如圆形、三角形、方形甚至弧形等，在制作时也会参考力学原理，注意相关的比例问题。这一切都表明，原始时代数学就已经开始萌芽。

艺术的萌芽

与其他形式的社会意识形态一样，艺术也是对现实生活的反映。人类在早期的集体劳动中，开发了思维、语言和感官能力，强化了手的功能，培养了审美意识，具备了将某一物体的印象依照自己的设想复制出来的能力，也产生了把自己的思想感情表达出来的需求。艺术就是顺应这种需求而产生的。艺术的萌芽大约出现在旧石器时代中期。到了旧石器时代晚期，已出现了许多的艺术作品，原始艺术的主要表现形式有绘画、音乐、舞蹈等。

原始壁画是人类早期的绘画形式，其出现的时间大概要早于语言。壁画往往反映的是原始人类的狩猎活动，其中一些壁画描绘了狩猎场景，还有一些反映的是纯粹的猎物。据人类学家研究，原始人类创作壁画的目的不仅仅是为了做记录，他们还相信将这些与狩猎行为相关的壁画画在自己生活的地方，就会在狩猎的时候得到神灵的帮助，更容易猎获野兽。从这种意义上说，原始壁画并不仅仅具有审美层面的意义，还带有浓重的宗教意义。

原始社会的音乐和舞蹈是人类交流思想、表达情感的媒介。在原始社会，人类发明语言之前，就已经学会了用声音的高低强弱来表达感情。后来在劳动过程中，人们为了协调动作，就用整齐统一的号子和呼喊进行辅助，从而为原始音乐的形成创造了前提条件。而原始舞蹈的产生，则具有一定的宗教意义。人们自发地对大自然及各种生命进行感知、模仿，并对所崇拜的神灵产生"感应"，从而获得舞蹈的灵感。原始社会的乐舞带有明显的功利性，并且具有宗教和教育功能，是人类生产生活的重要组成部分。

宗教的产生

宗教是原始人类生活的重要部分。据考古资料显示，宗教大约产生于旧石器时代的中期，那时候人类有了一定的思维能力，并力求追寻自然界的因果联系。人们对花草枯荣、星沉月落、昼夜更替、四季循环和生老病死等现象困惑不解，并极力寻找导致这些现象产生的终极原因和支配其变化的隐秘的力量。但是在原始社会，无论是生产力还是人类的思维都是有极大局限性的，人们不可能通过科学的方法找出真正的答案，于是人类就把这些现象归因于某些超自然的神秘力量，并对此充满了尊敬和畏惧，这就是早期宗教的成因。

人类对超自然、超人力的神秘力量的追寻，也不断发生着变化。在旧石器时代，原始崇拜是从植物崇拜开始的，渐渐发展到动物崇拜、天体崇拜，而到了原始社会氏族时期，人们崇拜的对象发展为生殖器崇拜、图腾崇拜及祖先崇拜等。原始宗教崇拜经历了从具象化物体崇拜逐渐向抽象化神灵崇拜转变的过程。原始社会的宗教在历次的考古活动中都有踪迹可寻，特别是在各种原始文化遗址中，像原始村落、岩穴洞画、墓葬遗物、祭坛雕像等依稀可辨其影响和发展。

二、古代文明

这是一个人类冲破蒙昧无知的黑暗、建立辉煌文明的时代。在这个时代中，出现了古埃及、古巴比伦、古印度这样的文明古国，也出现了古希腊、古罗马这样影响了整个人类文明的文明体。这个时代的每一次进步，都足以彪炳史册，光耀千秋。

非洲

文明时代

人类社会发展的一个阶段，即阶级社会阶段。由于文字的发明和应用于文献记录而过渡到文明时代。这是学会对天然产物进一步加工的时期，是真正的工业和艺术产生的时期。文明时代包括奴隶社会、封建主义社会和资本主义社会。文明时代的共同特点是：都建立在人剥削人、人奴役人的基础上，并以私有制为其共同的基础；存在和发展着不同程度的商品货币经济，商品货币经济的存在和发展，有其内在的、不以人们的意志为转移的客观规律，人们在客观规律的面前是不自由的。国家的统治，文明时代的国家是统治阶级的国家，是阶级压迫和阶级统治的工具。文明时代在生产技能的进步与生产力的发展上超过以前的一切时代，但它是建立在压迫与剥削的基础上的，必将为更高级的社会所代替。

四大文明古国

"四大文明古国"这一说法，最早是由梁启超先生提出。梁启超于1900年的《二十世纪太平洋歌》中首次使用这个定义，并自注说，地球上文明古国有四：中国、古印度、古埃及和古巴比伦。梁启超的说法来源于当时世界学术界公认的"四大文明发源地"。但遗憾的是，除中国之外，其他三个文明古国的文化已在地球上消失了，只留下一些历史痕迹。

目前国际学术界公认的文明古发源地有五个。《世界文明史》（美国威廉·麦克高希）称，"古巴比伦（公元前4000~前2250年之间）、古埃及（公元前3500~公元前600年）、古希腊（公元前3000~1100年之间）、古印度（公元前2000年）、古中国（公元前1600年商朝建立——西方人只认实物证据而不认学术，所以不承认五帝及夏时期）是世界上的五大文明发源地"。这是学术界认同最多的说法，其他说法还有：古埃及、古印度、古巴比伦、古希腊、古玛雅，或古埃及、古印度、古巴比伦、古印加、中国。

目前中国学术界公认的说法是：中国是世界文明的发源地之一，有着 4078 年的文明史，与古埃及、古巴比伦、古印度并称为"四大文明古国"。

古代埃及

古埃及位于非洲东北部尼罗河下游。大约在公元前 3500 年左右，原始公社解体，奴隶制小国纷纷涌现。上埃及国王美尼斯征服了下埃及，逐步建立起统一的奴隶制国家。约公元前 1710 年，由亚洲侵入埃及的一支游牧部落在尼罗河三角洲建立"牧人王朝"，并统治埃及 100 多年。公元前 16 世纪中期，埃及进入空前强盛的时期。公元前 15 世纪，埃及成为奴隶制军事国家。公元前 13 世纪开始衰落，遭外族入侵，国家陷于分裂。公元前 525 年，埃及被波斯帝国所灭。公元前 332 年，又被马其顿亚历山大占领，至此埃及已经历了 31 个王朝。公元前 30 年归入罗马。古埃及是世界文明的发祥地之一，其创建的文化对世界造成了深远影响。

尼罗河流域文明的开端

远在旧石器时代，非洲北部已有居民。那时北非的气候温和湿润，雨水充沛，满布着草丛和森林，各种动物隐没其间。当时的居民以渔猎和采集为生。

大约在 1 万年前，最后一次冰河退去，北非的气候逐渐转为干旱，雨量减少，茂盛的植物由稀疏而消失，出现了浩瀚无垠的沙漠，于是许多居民便陆续迁徙到尼罗河两岸。后来他们在这里过渡到新石器时代的农耕生活，进而创造了金石并用的文化，尼罗河流域的文明从此开端。

提尼斯王朝的建立

大约在公元前 3100 年左右，为争夺土地、水源、奴隶和财富，各个州或城邦之间经常发生战争。上埃及提尼斯州在美尼斯的统治下逐渐强大起来，美尼斯由此建立起古代埃及史上的第一个王朝。因其以阿卑多斯附近的提尼斯为首都，故称提尼斯王朝。

埃及古王国

埃及古王国（约公元前 2686~前 2181 年），古代埃及重要的奴隶制王国，包括第三至第六王朝。此时中央集权的君主专制制度日益完备。法老独揽国家大权，他的意志就是法律。王权的支柱是军队，法老依仗军队对内统治人民，对外发动侵略战争。社会得到全面发展。法老对全国的土地享有最高的支配权，他们自己占有很多土地，还将大片土地赏赐给其亲属、官吏和神庙。法老自称为神的后裔，其统治被神化。第三王朝，尤其是第四王朝时期，法老大规模地修建陵墓——金字塔，给人民带来深重的灾难。

法老

法老是古埃及时期对国王的尊称，是埃及语的希伯来文音译，意为大房屋。在古王国时代仅指王宫，并不涉及国王本身。从新王国第十八王朝图特摩斯三世起，逐渐演变成对国王的一种尊称。第二十二王朝（公元前 945 年~前 730 年）以后，成为国王的正式头衔。但习惯上把古埃及的所有国王通称为法老。法老作为古埃及的最高统治者，掌握全国的军政、司法、宗教大权，并被无限神化。法老自称是太阳神阿蒙之子，是神在地上的代理人和化身。

法老死后，其尸体被制成干尸，即"木乃伊"，放在金字塔内部的墓室中。金字塔即埃及法老的陵墓。古埃及新王国第十九王朝的法老拉美西斯二世统治埃及67年，是古埃及史上统治时间最长、影响最大的法老，其在位时期是古埃及帝国臻于鼎盛的时期。

金字塔

埃及人相信灵魂不灭，所以制干尸、修陵墓之风盛行。大约从第三王朝起，法老（国王）开始为自己修建金字塔形的陵墓，到第四王朝时就出现了胡夫、哈夫拉和孟考拉三大金字塔。

金字塔不仅外观巍峨雄伟，而且内部结构复杂，并饰以雕刻、绘画等艺术品，宛如巨大的"永久宫殿"。金字塔所用的全部石块没有使用任何灰浆粘连，完全是靠石块本身的结构堆砌在一起，这是世界古代建筑史上的奇迹。

狮身人面像

埃及的狮身人面像离胡夫金字塔约350米远，坐落在哈夫拉金字塔（胡夫之子哈夫拉的陵墓）的东侧，似乎是陵墓的守护者，但更可能是死后与太阳神结为一体的哈夫拉王的象征。它高约20米，长为57米，如果把匍匐在地的两只前爪计算在内，共有73.5米长。它的耳、鼻长度超过一个普通人的身长。其胡须据说全长4米，重约30吨。千百年来，这座半人半兽的怪物不断引起人们的遐想，认为它的形象很可能象征着人的智慧和狮子的勇敢的结合，象征着国王凛然不可侵犯和凌驾一切的权威。它表现了古代埃及人的伟大智慧和创造力。

狮身人面像

底比斯

在公元前 14 世纪中叶的古埃及新王国时期，尼罗河中游，曾经雄踞着一座当时世界上无与伦比的都城。这就是被古希腊大诗人荷马称为"百门之都"的底比斯。

底比斯横跨尼罗河两岸，位于现今埃及首都开罗南面 700 多公里处，底比斯的右岸（东岸），是当时古埃及的宗教、政治中心。底比斯的左岸（西岸），是法老们死后的安息之地。

古埃及中王国（约公元前 2000～前 1780 年）和新王国（公元前 1567～前 1085 年）时期的都城，城跨尼罗河中游两岸，规模宏大，称为"一百城门的底比斯"。建筑壮丽，壁画尤为精致。其遗址即今埃及卢克索和卡纳克一带，存有大量古代文化遗迹。

埃及太阳历

早在公元前 3000 年，生活在尼罗河畔的古埃及人在农业生产的长期实践过程中，注意到尼罗河水泛滥与天象有关，并发现两次泛滥之间大约相隔 365 天。于是，古埃及人就把一年定为 365 日，以此为根据，把一年分成泛滥期（7～10 月）、播种期（11～2 月）、收获期（3～6 月）。把天狼星与太阳同时升起的那一天作为每年的第一天，一年又划分为 12 个月，每月 30 日，余 5 日作为年终节日。这就是古埃及的太阳历。

这种历法的一年比回归年短近 6 个小时，4 年相差近一天，虽然每隔 4 年就误差一天，但它使用起来简单方便，后来埃及的太阳历传入欧洲，经过罗马恺撒和教皇格列高利十三世的不断改进，成为今天通用的公历。

埃及中王国

约公元前 2133 年，南部埃及的统治者孟图赫特普一世重新统一了埃及，建立了第十一王朝，定都底比斯，开始了中王国时期。第十二王朝是中王国的鼎盛时期，国力强盛，手工业繁荣，社会经济得到了迅速发展。

卡纳克神庙

卡纳克神庙其遗址在今埃及中部尼罗河岸的卡纳克村。神庙始建于中王国（约公元前 21～前 17 世纪），完成于新王国时期（约公元前 16～前 11 世纪）。其废墟已被考古学家全部发掘出来。这是一个巨大的建筑群，神庙主殿总面积达 5000 平方米，由排成 16 列的 134 根巨石圆柱支撑。中堂两排的 12 根圆柱每根高达 21 米，据说其柱头顶部可立百人。柱身满布着象形文字和各种浮雕画面，气势雄伟，技艺精湛，是古代建筑史上的杰作。

古埃及新王国

古埃及新王国（约公元前 1567～前 1085 年），古代埃及最强盛的奴隶制王国。其版图南到尼罗河第四瀑布，北达叙利亚，形成一个庞大的军事帝国。对外战争使奴隶制较早发展，奴隶劳动广泛用于农业、手工业、公共建筑和家庭劳动。社会经济呈现出繁荣景象，青铜器普遍使用。农业出现了梯形把手的新式犁，手工业中开始使用脚踏风箱。商业活动遍及四邻，远至爱琴海地区。

由于阿蒙神庙的僧侣贵族长期受到法老的恩宠，经济地位膨胀，政治上威胁到法老的统治，在第十八王朝时期，出现了法老阿蒙霍特普四世的宗教改革，即埃赫那吞宗教改革。改革确立起对唯一太阳神阿吞的崇拜，但最后归于失败。新王国在与赫梯帝国争夺西亚的霸权中趋于衰弱。

拉美西斯二世与赫梯争霸

第十九王朝法老拉美西斯二世（约公元前1304~前1237年）即位时，占据着小亚细亚广大地区的赫梯严重威胁着埃及的利益。拉美西斯二世调集约3万军队攻打赫梯，结果溃败。若干年后，拉美西斯二世又出兵叙利亚，终于取得对赫梯的胜利。约公元前1259年，拉美西斯二世与赫梯国王哈吐西里三世缔结和约。和约的全文在埃及神庙的墙壁上和赫梯的档案库里均有发现，这是历史上保留下来的最早的条约文书。双方确立和平，互不侵犯，并结成军事同盟来对付共同的敌人。

阿蒙霍特普四世的宗教改革

新王国时期，埃及最高的神是太阳神阿蒙，阿蒙神庙的祭司地位很高，甚至可以对抗中央政权。法老阿蒙霍特普四世即位后，开始进行宗教改革，宣布只容许崇信唯一的太阳神阿吞，封闭阿蒙神庙，兴建阿吞神庙。不过阿蒙霍特普四世死后，阿蒙祭司又恢复了原有的地位，宗教改革归于失败。

埃赫那吞改革

埃及新王国第十八王朝国王阿蒙霍特普四世（约公元前1379~前1362在位）所进行的一次社会改革。图特摩斯三世和阿蒙霍特普三世统治时期，阿蒙神庙的僧侣集团势力逐渐增长。僧侣贵族不仅拥有雄厚的物质财富，而且常常左右政事。阿蒙霍特普四世即位后，为了打击僧侣集团势力和世袭权贵，加强中央集权的统治，依靠中小奴隶主和新兴的军事贵族，进行全面的社会改革。他禁止崇拜传统的阿蒙神和其他地方神，下令封闭阿蒙神庙，没收其庙产，树立阿吞神为全国崇拜的唯一的太阳神，在底比斯和全国各地以及叙利亚、努比亚大建阿吞神庙。为了消除阿蒙在人们思想上的影响，下令从一切纪念物上抹掉阿蒙的名字，并在其统治的第五年，把自己带有"阿蒙"字根的名字阿蒙霍特普（意为阿蒙满意者）改为埃赫那吞（意为有益于阿吞者），并赐予王后以涅菲尔涅菲拉吞之名（意为美中之美是阿吞）。埃赫那吞统治的第六年，废弃旧都底比斯，迁至尼罗河东岸的新都阿马纳，取名为埃赫太吞（意为阿吞光辉照耀之地）。他提拔新人，改革政府官吏的成分，并在新都大力兴建阿吞神庙宇，雕塑阿吞神像及他与王后的像。

木乃伊

古埃及人有着发达的解剖学和宗教观念。他们认为人的灵魂是不灭的，为了更好地在另一个世界生存，他们在处理死者身体方面，表现出了非凡的创造力。"木乃伊"是"干尸"的音译。最早使用这种殡葬方法的就是埃及人。

在古埃及木乃伊的制作方法随时代而变化，但总不外乎切除尸体的内脏，然后用松脂涂抹，并用细麻布包裹，最后才进行埋葬。做好的木乃伊一般都置于封闭的墓室中，有的保存达千年而不腐烂，可谓古代埃及人创造的一大奇迹。

图特摩斯三世

图特摩斯三世（公元前 1514~前 1450 年），埃及第十八王朝法老（公元前 1504~前 1450 年在位）。他系图特摩斯二世王妃伊西斯所生，约在 10 岁时，受阿蒙神庙僧侣的支持继承王位。他青年时代在军中接受了军事技术的训练，特别是箭术和马术，为日后的军事成功奠定了基础。十几年后他不仅侵略努比亚和利比亚，更主要的是向巴勒斯坦和叙利亚用兵。

他先后出兵亚洲达 17 次之多，使埃及版图南到尼罗河第四瀑布，北到叙利亚的埃勒拉城。从而建立起一个庞大的奴隶制帝国。他将掠夺的大量土地财富充实埃及国库，同时也赏赐给阿蒙神庙，助长了僧侣贵族的权势。

"埃及艳后"克娄巴特拉

克娄巴特拉（公元前 69~前 30 年），这个以姿色令罗马将军们丧魂失魄的埃及女王，一生在政治与权力阴影的笼罩下，充满了传奇与浪漫。

恺撒大军追杀庞培到了埃及，克娄巴特拉决定利用这一机会。她主动投怀送抱，赢得了恺撒的支持，使她获得了与其兄弟托勒密联合执政的地位。公元前 46 年，恺撒回到了罗马，克娄巴特拉追随而至，还与恺撒育有一子。恺撒的被刺结束了她的梦想，克娄巴特拉回到埃及。此时，罗马的另一位大将军安东尼与屋大维和雷必达结成了"后三巨头"同盟，为了巩固自己在埃及的统治，克娄巴特拉又投靠这位新贵安东尼。公元前 40 年，为了政治利益，安东尼与屋大维的妹妹结婚。安东尼还是经不住克娄巴特拉的诱惑，终于在公元前 36 年与她结婚。屋大维以安东尼抛弃罗马妻子而和"蛮王"结婚为借口发起进攻。公元前 31 年，屋大维与安东尼在亚兴角的海面上决战，克娄巴特拉眼见安东尼大势已去，她打算投靠屋大维，于是躲进陵墓且谎称已经死亡，安东尼伤心自杀。克娄巴特拉故伎再施，然而屋大维无动于衷。克娄巴特拉无奈写下一份愿与安东尼合葬的遗书，便服毒自杀了。屋大维满足了她的遗愿，将她与安尼合葬一墓。

埃及的奴隶制

埃及新王国时期，奴隶制度有了更大的发展，这与法老的大规模对外战争密切相关。第十八王朝诸法老从叙利亚等地掳获的战俘动辄以几十万计，不仅王室、显贵等拥有大量奴隶，在中下级官吏、商人、普通祭司等人中也有一些人占有了不少奴隶。战争使奴隶市场繁荣起来。奴隶遭受着沉重的压迫和剥削，逃亡便成了常见的现象。

后期埃及

后期埃及的历史可以分为两个阶段。第一阶段是从第二十一王朝到第二十六王朝（约公元前 1085~前 525 年），此时埃及国势更加衰微，先后被亚述、塞易斯征服。但是这一日期埃及的经济发展仍然比较迅速，手工业和商业都得到了较大的发展。公元前 525 年，埃及被波斯征服，埃及便进入后期的第二阶段，这一阶段从第二十七王朝到第三十一王朝（约公元前 525~前 332 年），此时的埃及已沦为波斯帝国的一个行省。

塞易斯王朝

塞易斯王朝（第二十六王朝）属于古埃及后期王朝时期，其统治时期在公元前 664

年至公元前 525 年之间。

早在古王国时期的文献中就已经有塞易斯的纪录了，考古发掘证明这里约在前 4000 年左右就已经有人定居了。这里是供奉奈斯的地方，有一座奈斯的大神庙。来自塞易斯的法老普萨美提克一世将埃及的首都迁到这里，建立了塞易斯王朝。当时塞易斯是埃及与希腊之间贸易的中心。希罗多德描写了当地的神庙和第二十六王朝的墓。

埃及陆军

在喜克索斯人占领了下埃及之前，古埃及军队主要是由贵族属地的农民和工匠组成的轻装步兵。他们的装备非常简陋，不穿戴任何盔甲，武器主要有弓箭、标枪、匕首、棍棒、投掷棒和盾牌等。

喜克索斯人占领了下埃及之后，为了战胜入侵者，退守上埃及的埃及军队开始进行军事改革。这时的埃及军队开始正规化，军队将领由贵族担任，各个兵种也相继出现，如使用厚盾和攻城槌的攻城部队、成鱼鳞状分布排列的梯队、挖地道的先锋队等。另外还有雇佣军——努比亚弓箭手。兵器也变为标枪、战斧、半月刀（这是第一次出现）和匕首，装备了由皮套和金属甲组成的盔甲。这一时期，古埃及军队出现了战车部队。战车上有驭手一名，士兵两名，装备有弓、标枪和长矛。

埃及军队的指挥系统是：法老、将军、营长、传令官、参谋、尉官和军士。军队最大单位是军团，每个军团有 4000 个步兵和 1000 辆战车；一个军团有 10 个营，一个营分为两个连，一个连分为 5 个排，一个排分为 5 个小队。

波斯征服埃及

公元前 525 年，西亚强国波斯征服埃及，开创了埃及历史上第二十七王朝（或称为波斯王朝）。波斯国王冈比西斯对埃及施行高压政策，引起埃及人民的强烈反抗。冈比西斯在归国途中暴病死亡。大流士一世即位为波斯帝国皇帝后，大力发展埃及经济。为了扩大对外贸易，他下令完成法老尼科时代未开凿完的运河。这条运河经埃及的尼罗河支流布巴斯提斯通达红海，对沟通地中海与红海地区的联系起了巨大的作用。

纸草书

纸草是下埃及沼泽地区的一种植物，其茎部的纤维质很坚韧，将其剖成薄片长条，再用树胶粘连起来，就能制成很好的书写材料。纸草后来成为地中海东部地区通用的纸张，许多古代文献都是作为纸草书保留下来的。

古埃及的科学成就

古埃及人在生产生活中，积累了天文、数学、医学、物理和化学等方面的宝贵知识。出于修建金字塔、测量土地、兴修水利的需要，埃及人的几何学知识比较发达，而在制作木乃伊的过程中，他们也积累了不少解剖学知识，并初步认识到了心脏和血液循环的关系。

古埃及雕塑

埃及的雕塑艺术大约始于公元前 4000 年，建筑业的诞生，孕育了艺术装饰的萌芽。埃及的神话与宗教信仰支配了雕塑的形成和发展过程。

埃及雕刻是为法老政权和少数奴隶主贵族服务的。由于受宗教思想意识支配，严格服从上层社会的审美观点和需要，美术家墨守成规，在圆雕中严格地遵守"正面规"，不论人物站着还是坐着，人体都处在静止中，而且面部表情总是庄严平静地对着观众。立像多数僵直呆立，从头顶经胸腰直到脚跟都在一条垂直线上。直立的男人体，左脚向前，重心落在脚掌上。坐像总是促膝并足地坐着的。

在很长的时间里，古埃及雕像几乎没有什么显著的变化。这一切因素也就形成了古埃及雕像艺术的独特风格：庄严稳重，雄伟大方。

古埃及雕像显现出的平衡和沉静，往往会产生一种奇怪的、令人着魔的魅力，而那庄重威严的造型更具有一种震撼人心的感染力。

古埃及绘画

在人类艺术发展史中，古代埃及最早创造了一流的绘画艺术。古埃及绘画艺术家们创造了大量的绘画作品，主要表现形式是壁画。

古埃及绘画具有鲜明的民族特色。它们是用线条造型，填色；构图有的是平面展开，有的是在一条横线上安排人物、景物，不受透视局限。在一条横线上构图时，人物近者、地位高者画得大，远者、没有地位的人画得小；画面饱满，疏密均匀，空白处配以象形文字，具有强烈的装饰艺术效果。

壁画是埃及陵墓装饰中不可缺少的组成部分。其风格为：横带状的排列结构，用水平线来划分画面；画面构图在一条直线上安排人与物，人物依尊卑和远近不同来规定形象大小，井然有序，追求平面的排列效果；注重画面的叙述性，内容详尽，描绘精微；人物造型程式化，写实和变形装饰相结合；象形文字和图像并用。

东非撒哈拉农耕社会

公元前 4000~前 2000 年，非洲东部撒哈拉的大部分地区气候湿润，并有大片草原可以放牧牛羊等牧畜。当时的农业也很发达。在公元前 2000 年之前的某个时期，这里的气候发生了变化。原来每年按时出现的雨季越来越短，使得土地难以耕种，农民也无法继续原来的生活方式。许多农民搬走，有些去了埃及，还有一些迁徙到亚洲等更远的地方。

撒哈拉壁画群之谜

1850 年的一天，德国探险家海因里希·巴思在撒哈拉的塔西亚高原惊奇地发现当地砂岩的表面满是野牛、鸵鸟和人的画像。画面色彩雅致和谐，栩栩如生，不过上面没有骆驼。后来人们又陆续发现了公元前 6000~前 1000 年的更多的岩画。这些画面表现了人们当时的生活情景，如朴素的家庭生活、狩猎队伍、吹号角赶着牛群等。画面上还有大象、犀牛、长颈鹿、鸵鸟等现在只能向南 1500 多公里的草原上才能找到的动物，但是另外还有一些显然已经绝迹的飞禽走兽。

在撒哈拉壁画群中，人物形象众多，其中描绘最多的当数雄壮的武士形象。壁画中的武士表现出凛然不可侵犯的威武神态，他们手持长矛、圆盾，乘坐在战车上呈飞驰状，表现了战士出征的场面。

在撒哈拉壁画群中，动物形象也千姿百态。有的站立、有的行走、有的狂奔、有的跳跃，还有怀孕的和受伤的，有些动物身上还画有长矛、箭头或者棍子打伤的痕迹。在画群所描绘的动物中，最多的要数聚集在水边的牛群，画面色彩丰富，其中尤以牧牛彩色画和雕刻画最为精美。

在撒哈拉壁画群中，还有许多令人迷惑不解的手印、足印和稀奇古怪的图印，这就给撒哈拉壁画群蒙上了一层神秘的色彩。其中，手印画最多。

在撒哈拉壁画群中，人们还发现一种特殊的文字。这种文字的特点是没有表示母音的符号，虽然可以读出，但其含义是极难理解的。

撒哈拉壁画如此丰富多彩、气势磅礴，那么，究竟是谁在什么年代刻制的？为什么会出现在极端干燥的撒哈拉沙漠之中？这些问题，迄今还无法解释。

北非迦太基文明

迦太基由腓尼基的水手们于公元前 814 年建立，位于北非地中海沿岸中央，与西西里岛隔海相望。它是地中海商路的汇合点，长期经营中介贸易。各种矿产、纺织物、象牙制品等常以迦太基为转运集散地，使迦太基工商业得以迅速发展。到公元前 6 世纪，迦太基已经是囊括北非、南部西班牙、科西嘉和西西里西海岸的奴隶制大帝国，长期称霸于西部地中海地区。

迦太基在北非的扩张

公元前 5 世纪左右，迦太基开始在北非扩张，它征服了邦角半岛，并获得了迦太基以南可观的一片土地，其中包括突尼斯的某些最肥沃的土地。迦太基在昔兰尼加以及利比亚沿海的雷普西斯、塞卜拉泰等地都建有殖民地。雷普西斯后来成为沿加贝斯湾各殖民地的行政管理中心。在加贝斯湾，迦太基还建有祖希斯吉格西斯和塔卡帕等殖民地。再往北，还有泰奈，该城的陆地领土的南端到达海边。

中非努比亚文化和凯尔迈文化

从公元前 2300 年起，居住在努比亚的氏族人民已会制造陶器，畜牧业在当时占有重要地位。公元前 12 世纪末，努比亚形成了独立国家——库施王国。公元前 8~前 6 世纪，库施王国强大起来，曾北上入主尼罗河流域，建立起古埃及历史上的第二十五王朝，但不久势衰，退回努比亚。这一时期努比亚出现了凯尔迈文化，其主要特点是：使用表面十分光洁的薄陶器，用活人殉葬等。

阿克苏姆国统治东非

阿克苏姆帝国建于公元 2 世纪，它位于非洲东北部红海岸边。到 4 世纪时，阿克苏姆王埃扎纳统一了埃塞俄比亚北部，征服了苏丹的麦罗埃王国，成为东非和红海地区的统治者。

阿克苏姆国盛行基督教，在埃扎纳统治时期，兴建了许多高大的独石柱尖顶塔。公元 570 年，萨珊波斯侵占了阿克苏姆部分海岸属地和通商城市。7 世纪以后，阿拉伯国家兴起，东西方贸易商路北移，红海贸易趋于衰落。再加上北方游牧民族贝扎人的侵扰，阿克苏姆国势日衰。到公元 1000 年左右，阿克苏姆国灭亡。

爱琴文明

爱琴文明

爱琴文明是指公元前 20 世纪~前 12 世纪存在于地中海东部的爱琴海岛、希腊半岛及小亚细亚西部的欧洲青铜时代的文明，因围绕爱琴海域而得名。在希腊文明之前，是最早的欧洲文明，是西方文明的源泉。主要包括米诺斯文明和迈锡尼文明两大阶段，前后相继。有兴旺的农业和海上贸易，宫室建筑及绘画艺术均很发达，是世界古代文明的一个重要代表。

欧洲的名称

传说腓尼基公主欧罗巴在长满鲜花的草地上与姑娘们玩耍，离姑娘们不远的地方有一群牛在安静地吃草。一头白色的大公牛，朝公主欧罗巴走来，温顺地让欧罗巴骑在背上。突然，大白公牛如飞一样奔跑，越过大海。第二天傍晚，来到一个岛上，在一棵大树下停住，欧罗巴跳下牛背，忽见一个伟健的男子站在面前，向她求婚。原来这头大白公牛是不可征服的神——宙斯的化身。欧罗巴做了宙斯的妻子，生了几个儿子。这块大地也以欧罗巴的名字命名，它就是欧洲。先民们以石灰石浮雕记录下这美丽的传说。

克里特—迈锡尼文明

欧洲文明源于希腊文化，而希腊文化则来自克里特岛和迈锡尼。克里特岛位于爱琴海南部，是希腊最大的岛屿；迈锡尼位于希腊半岛南部，即伯罗奔尼撒半岛。约公元前3000年左右，克里特岛和迈锡尼就已经有人居住。大约在公元前2600～前2000年，克里特岛进入青铜文化阶段，出现了大量的铜制品，还有壮丽的穹形墓室和精美的石雕。迈锡尼是在大约公元前16世纪前后开始进入青铜文化阶段的。约在公元前2000～前1600年，克里特岛上开始出现了奴隶制国家。在克诺索斯、费斯托斯和马利亚等地均发现有气势宏伟的宫殿。城市中心出现了较为宽广的大道。这时还出现了欧洲最早的四轮车，并且发明了文字。

约公元前1600～前1125年，克里特文明进入繁荣阶段。岛上的米诺斯王朝统一了全岛，经济、政治、社会组织得到较大发展，尤其是与东地中海沿岸的商业贸易日益频繁，这时出现了用帆和桨的航船，贸易品有青铜制品、金银工艺品和各种陶器。最为著名的是修筑了米诺斯王宫。这期间克里特文明与迈锡尼文化发生了密切的联系，这一点从王宫中出土的2000块泥板文书可以得到证实。这种文书的文字是由迈锡尼人创造的，称为线状文字。此时的迈锡尼城邦有了进一步发展，国王、祭司和各级官吏占有大量土地，奴隶们则从事农业和手工业劳动。手工艺制品出现了金银饮器、金环、金冠，还有铁制的竖琴。公元前12世纪前后，多利亚人侵入了克里特岛和迈锡尼，灿烂的欧洲古代文明"克里特—迈锡尼文化"被打断。

米诺斯王宫

公元前17～前16世纪，在克里特岛诺萨斯建立的米诺斯王朝处于鼎盛时期，成为爱琴海地区的霸主。米诺斯王朝建立了规模宏伟的王宫。王宫占地两公顷，大都是三层建筑，设有供水和排水设备。宫中结构复杂，千门万户，阶梯走廊曲折相通，在古代神话中有"迷宫"之称，到公元前1450年左右，米诺斯王宫遭到毁灭性破坏，克里特文明也由此衰落。

特洛伊战争

公元前1500年左右，希腊人的一支阿卡厉人在南希腊建立一些城邦，其中以迈锡

米诺斯王宫遗址

尼最强。公元前 12 世纪初，迈锡尼联合其他城邦出征特洛伊城，特洛伊人顽强抵抗。该战争持续了 10 年，最后在"木马计"中结束。希腊人获胜后，毁灭了特洛伊城并大肆掳掠。希腊人虽胜，但也消耗了自己的力量，从此，迈锡尼诸城邦走向衰落。不久，另一支希腊人——多利亚人南下，征服了迈锡尼诸城邦。

木马计

公元前 1183 年，希腊军队围攻特洛伊城，久攻不下。于是希腊人制造了一个巨大的木马，并将一支突击队隐藏其中，并将其丢弃在城外，而其余的希腊军队佯装撤离海岸。特洛伊人以为希腊人已逃之夭夭，便将木马作为战利品拖进了城里。藏身木马里的希腊人在夜里离开藏身之所，打开了城门，将返回的战友放进城内，特洛伊城于是失陷。"木马计"是古代战争史上使用突袭和诈败战术最著名的一个战例。

线形文字

迈锡尼文明有特别珍贵的几千块泥板文书流传到今天，这种泥板上的文字和线形文字是用古希腊语写的，因此是迈锡尼人自己的文字，在考古学上称为"线形文字乙种"。同样的线形文字在克里特和希腊大陆都有发现。1862 年，英国人文特里斯和柴德威克经过多年钻研，成功地释读了线形文字，对爱琴文明的研究做出了重大贡献。

迈锡尼社会

迈锡尼社会分成两类自由人：国王的拥胄（负责王室行政）和普通人民（生活在乡镇里）。普通人民为王室委派人员所掌管，他们需要完成徭役和对王室赋佃租。

而生活在王宫范围内的人，有一部分为富裕的高级公务员，可能居住在各个宫殿周边宽敞的住房里；此外还有一些职业与王室相关的人员：手工匠、农民，可能还有商人，他们未必比一般人民富裕。处在社会的最底层的是奴隶。

登德拉盔甲

登德拉盔甲是在迈锡尼国库中发现的最大的军事装备。它是一整套武士盔甲，护胸甲是由皮衣上缝青铜片所制成。这副盔甲的重量非常制约武士的行动力，所以一般认为这是给战车上的战士所备。防御性的武器装备包括数种头盔，特别是一种野猪头的样式，不过它在青铜时代后期的最后几个阶段中销声匿迹。迈锡尼武士使用两种盾：一种呈8字形；另一种为方形，上缘为圆角木制或皮制。

进攻性武器大多是青铜制，已发现的有长枪和标枪，以及一大批不同尺寸或劈或砍之用的剑。最后，一些手柄和箭头见证了这时期弓箭的使用。

迈锡尼陶器

考古在迈锡尼时代发现了大量的陶器，风格、大小十分多样：带环把的瓮、壶、双耳爵，像香槟酒杯一样的罐子等。在向希腊大量出口的阿戈斯地区发现的所有样品风格却相当统一，同时生产数量也有了显著的提高。出口的产品一般都更为奢华，并绘有精美的装饰，比如神话、战争、动物等主题。另一种餐具是金属的（主要是青铜），发现的数量也相当可观。外形主要有三脚、盆状或灯状。此外还发现过釉陶或是象牙质的器皿。

雕塑和绘画

迈锡尼时期没有留下大的雕塑，基本上都是一些精致的小雕塑。大多数雕塑表现人形，但也有动物造型。其中人形雕塑有不同的姿势，如双手向天空展开、双手合抱于腹部，或是坐着等。它们经过上色，黑白或彩色都有。制造它们的目的不明，不过很有可能是为祭祀之用，因为发现它们的地点通常具有宗教意味。

迈锡尼时期的绘画受到米诺斯文明的很大影响，所发现的一些宫殿壁画表现的主题多样：捕猎（包括斗牛）、战斗、队列、神话传说等应有尽有。其他壁画表现为几何图案。

迈锡尼文明的灭亡

迈锡尼文明从公元前1200年以后渐呈衰败之势。古希腊的神话传说曾模糊提及此时王朝更迭频繁，战乱相继；考古材料也反映陶器质量下降，生产萎缩，而"海上诸族"的骚扰更使国际贸易大受打击。经济衰落可能迫使统治者依靠武力掠夺，于是各国各城之间的战争也愈演愈烈，其中最著名的一次大战便是希腊同盟与小亚细亚富裕城市特洛伊的战争。此战打了10年之久，最后希腊联军虽攻下特洛伊城，实际上却是两败俱伤。得胜的希腊各国（以迈锡尼为首）无不疲惫不堪，元气大伤，终于摆脱不了"黄雀在后"的厄运：希腊各国一直难以恢复，为北方的多利亚人提供可乘之机。他们纷纷南下，攻城略地，逐步征服了除雅典以外的中希腊和伯罗奔尼撒各国，宣告了迈锡尼文明的灭亡。

迈锡尼文明的中心

迈锡尼城是迈锡尼文明的中心，位于伯罗奔尼撒半岛东北部。迈锡尼城附近还有梯林斯城，是直属于迈锡尼的一个军事要塞。它们构成在希腊诸国中最为强大的迈锡尼王国。其他王国著名的还有伯罗奔尼撒中部的斯巴达和西部的派罗斯，以及中希腊的雅典、底比斯等，它们有时组成一个军事同盟以联合作战，奉迈锡尼为盟主。

考古发现的迈锡尼遗址主要是国王居住的城堡，它的城墙用巨石环山建成，厚达 5 米，高 8 米，和克里特王宫建筑全无防御设施迥然不同。城堡有宏伟壮观的"狮门"（以刻有双狮拱卫一柱的浮雕得名），城内建豪华王宫。城堡下面平川地带有广阔的市区，富商大贾和百业工匠居住其间，其繁荣富庶当不下于克里特的克诺索斯。在海外贸易方面，迈锡尼较克里特也是有过之而无不及。埃及、叙利亚、腓尼基、塞浦路斯，以及意大利南部、利巴拉群岛等地都有迈锡尼陶器出土，数量皆超过各地曾发现的克里特陶器。在爱琴地区和希腊本土，迈锡尼文明的分布也较克里特文明为广泛、众多，现已发现的当地大大小小的迈锡尼文明遗址在 1000 处以上。

迈锡尼人的神谱

迈锡尼人的神谱内已经有不少希腊神话中的神祇。波塞冬似乎占有很高的地位，特别是克诺索斯的文本中。这个阶段似乎也出现了一个崇尼克神，掌管地震。我们还能找到一系列女神，对应于不同的宗教地点，比如克里特岛上的"迷宫女神"，让我们联想到迈锡尼迷宫的神话，另有一些经典时代的神被鉴别出来，如宙斯与赫拉夫妻、阿瑞斯、赫耳墨斯、雅典娜、阿耳忒弥斯、狄俄尼索斯、厄里倪厄斯等。缺席的神有阿波罗、阿佛洛狄忒、得墨忒耳（这些是来自东方的神）以及赫菲斯托斯。

在迈锡尼时代没有什么大的神庙，考古人员在一些城堡里发现的大型建筑，多由一个长方形的中央室加上周围的小房间组成，在当时可能被用作宗教场所。

迈镊尼墓园

迈锡尼城堡内外有两座墓园。园内有众多王族墓葬，内藏丰富的金银陪葬品，其数量之多为世所罕见（仅其中一墓穴即有 870 件之多）。工艺水平也很高，其中大多数为克里特产品，也有来自埃及和小亚细亚、叙利亚等地的。这说明迈锡尼王族和贵族可能曾以雇佣兵头领的身份服务于克里特和埃及等地。随着与海外先进文明地区交往的密切，迈锡尼的经济与文化迅速发展起来，国力日强。到圆顶墓王朝时期，它便从尾随于克里特之后而转为可与之抗衡的强国了。

圆顶墓不像竖井墓那样只在地下构筑简单的竖穴墓室，而是在地面凿岩和砌石筑成圆形墓室，前有墓道，上覆高冢，室内以叠涩法砌成圆锥状屋顶，形如蜂巢，故又称蜂巢墓。构筑这类陵墓需要较高的石砌工程技术，它的形制虽源自克里特，在迈锡尼却规模益趋宏大。现存最大的一座圆顶墓内高 13.2 米，墓门高 10 米，门内过道以一块重达 120 吨的巨石为盖，可见其工程的艰巨。

古希腊

荷马时代

公元前 11 世纪到公元前 9 世纪的希腊历史称作荷马时代，因这一时期唯一的文字作品——荷马史诗而得名。荷马时代又称英雄时代，是一个氏族部落盛行的时期，与迈锡尼文明相比，在社会制度方面有所倒退，但社会经济水平却取得了重要的进步。

荷马史诗

荷马是一位伟大的希腊诗人，生卒年代不详，生前双目失明，四处漂泊吟唱。他的诗情节精彩、词句华美，而且记录了许多有关希腊的历史、神话和传说。他的伟大诗篇就是荷马史诗，这部诗分为两部分：《伊利亚特》和《奥德赛》。史诗《伊利亚特》主要叙述特洛伊战争最后一年的故事。《奥德赛》叙述的则是希腊军中足智多谋的英雄奥德赛在战争胜利后渡海回国，历尽艰险的故事。

这两部诗既是古希腊史的一颗明珠，也是全人类的艺术瑰宝。

奥林匹克宙斯神像

奥林匹亚是奥林匹克运动会的发源地，古希腊的圣地，古世界七大奇迹之一宙斯神像的所在地。它位于伯罗奔尼撒半岛西部，离雅典几百公里的路程。

大约公元前450年，在第一届奥林匹克运动会（公元前776年）的举办地——希腊奥林匹亚城，完工了一座巨大的雕像，这就是宙斯神像。

这是一座装饰华丽的40英尺高的雕像：宙斯是希腊雕刻家斐迪亚斯用象牙雕刻而成的，坐落在台阶之上，其袍饰用黄金做成。宙斯头顶花冠，右手持胜利女神，左手持笏。

后来，希腊人出于安全的考虑，决定把它移到君士坦丁堡（今伊斯坦布尔）。但那里也没能最终保全这尊伟大的雕像，公元462年的一场大火彻底毁坏了雕像，而在奥林匹亚城也只剩下残垣断壁了。

天神宙斯

宙斯是希腊神话中的主神，克洛诺斯和瑞亚之子，第三任神王，掌管天界，是奥林匹斯山的统治者。宙斯以贪花好色著称，奥林匹斯的许多神祇和希腊英雄都是他和不同女人生下的子女。他以雷电为武器，维持着天地间的秩序，公牛和鹰是他的标志。他的兄弟波塞冬和哈得斯分别掌管海洋和冥界；女神赫拉是宙斯的最后一位妻子。

宙斯的象征物是雄鹰、橡树和山峰；他最爱的祭品是母山羊和牛角涂成金色的白色公牛。宙斯作为天空之神，掌握风雨等各种天象，霹雳、闪电等是他用来向人类表达自己意志的手段。他掌握人间一切事务，与命运之神混同，但有时他自己也不得不听从命运支配。

天后赫拉

赫拉是古希腊神话中奥林匹斯主神之一，是主神宙斯的妻子，主管婚姻和家庭，被尊称为"神后"。她是战神阿瑞斯、火神赫菲斯托斯、青春女神赫柏和生产女神狄斯科尔狄娅的母亲。传说她也是魔怪提丰之母。她在奥林匹斯山的地位仅次于她的丈夫宙斯，高傲的智慧女神雅典娜也要服从赫拉的旨意。

战神阿瑞斯

古希腊神话中的战神，奥林匹斯十二主神之一，被视为尚武精神的化身，其形象源于色雷斯人。据奥林波斯神话，阿瑞斯是宙斯和赫拉的儿子。荷马在《伊利亚特》中把他说成是英雄时代的一名百战不厌的武士。他肝火旺盛，尚武好斗，一听到战鼓声就手舞足蹈，一闻到血腥气就心醉神迷，戕戮厮杀是他的家常便饭。

罗马时期，阿瑞斯与罗马的马尔斯混同。马尔斯在罗马是位非常受崇敬的神，与主神朱庇特并列，并且作为罗马奠基者罗慕卢斯和瑞穆斯的父亲而成为罗马人的始祖。马尔斯起初可能与农业有关，与阿瑞斯混同后便单纯作为战神继续受到崇拜。

火神赫菲斯托斯

赫菲斯托斯是宙斯和赫拉的儿子，当天后赫拉发现刚出生的赫菲斯托斯居然是个丑陋的跛脚孩子后，就厌恶他，狠心的天后一怒之下把这个孩子扔进了大海。海洋女神忒提斯和欧律诺默拯救并抚育了他。

在海洋中长大的赫菲斯托斯理应成为海洋神，但他却成了相反物质的神——火神。他对火的钟爱是在火山密布的莱姆诺斯岛上形成的。赫菲斯托斯在岛上建造了一个锻造坊。经过日复一日的工作，他不但拥有了发达的双臂，而且让火焰服从了他的意志。

太阳神阿波罗

太阳神阿波罗是希腊奥林匹斯十二主神之一，是宙斯与黑暗女神勒托的儿子，阿耳忒弥斯的孪生兄弟。阿波罗又名福波斯，意思是"光明"或"光辉灿烂"。阿波罗是光明之神，在阿波罗身上找不到黑暗，他从不说谎，光明磊落，所以他也称真理之神。阿波罗很擅长弹奏七弦琴，美妙的旋律有如天籁；阿波罗又精通箭术，他的箭百发百中，从未射失；阿波罗也是医药之神，把医术传给人们；由于他聪明，通晓世事，所以他也是寓言之神。阿波罗掌管音乐、医药、艺术、寓言，是希腊神话中最多才多艺，也是最美最英俊的神，阿波罗同时是男性美的典型。

爱神阿佛洛狄忒

阿佛洛狄忒是希腊奥林珀斯十二主神之一，罗马名字维纳斯，九大行星中的金星。阿佛洛狄忒是宙斯与狄俄涅所生的女神，但有另一说法说她是由天神乌拉诺斯的遗体所生，在海中的泡沫诞生。阿佛洛狄忒象征爱情与女性的美丽，她有古希腊最完美的身段和相貌，一直被认为是女性体格美的最高象征。阿佛洛狄忒的美丽，使众女神羡慕，也使众天神都追求她，甚至她的父亲宙斯也追求过她。在求爱遭到拒绝之后，宙斯把她嫁给既丑陋又瘸腿的火神赫菲斯托斯。但是阿佛洛狄忒却爱上战神阿瑞斯，并和阿瑞斯结合生下几个儿女，其中包括小爱神厄洛斯。

智慧神雅典娜

雅典娜是希腊奥林匹斯十二主神之一，罗马名字为弥涅耳瓦。传说是宙斯与聪慧女神墨提斯所生，因有预言说墨提斯所生的儿女会推翻宙斯，宙斯遂将她整个吞入腹中，谁知头痛不已，在忍无可忍下召来赫菲斯托斯，令其劈开自己的头颅。于是，从宙斯的脑里跳出来的是一个全身甲胄、挺举金矛的女神，她就是雅典娜。雅典娜是处女神，具有威力与聪慧，为宙斯最宠爱的女儿。雅典娜是希腊人，特别是雅典人，最崇拜的女神，雅典城的名字就是用女神的名字命名的。雅典娜传授希腊人纺纱、织布、造船、冶金和炼铁等各种技能，还发明犁耙，驯服牛羊，因此她也是农业与园艺的保护神。她还是法律和秩序的保护神。

海神波塞冬

波塞冬是希腊奥林匹斯十二主神之一，他是宙斯的哥哥，地位仅次于宙斯。他的罗马名字是涅普顿，九大行星中的海王星。他与宙斯一同战胜了父亲克洛诺斯之后，一同分割世界，他负责掌管海洋，以三戟主宰水域，在水上拥有无上的权威，是大地的动摇者。他能呼唤或平息暴风雨，轻易地令任何船只粉碎。波塞冬曾经与雅典娜争夺雅典，可惜最后还是败给雅典娜。一怒之下，他曾经用洪水淹没雅典。在争夺雅典时，他变出第一匹马，所以他也是马匹的保护神。

农神德墨忒耳

德墨忒耳是希腊奥林匹斯十二主神之一，罗马名字刻瑞斯。她是宙斯的姐姐，掌管农业的女神，给予大地生机，教授人类耕种，她也是正义女神。她与宙斯生下珀耳塞福涅，珀耳塞福涅后来被德墨忒耳的哥哥哈得斯抢去做了冥后。因为失去女儿，她无心过问耕耘，令大地失去生机，直至宙斯出面，令她们母女重逢，大地才得以重生。每年的冬天是她与女儿团聚的日子，她放下工作陪伴女儿，令这段时间不宜耕作。

神使赫尔墨斯

赫尔墨斯是希腊奥林匹斯十二主神之一，罗马名字墨丘利，九大行星中的水星。他是宙斯与女神迈亚所生的儿子，在奥林匹斯山担任宙斯和诸神的使者和传译，又是司畜牧、商业、交通旅游和体育运动的神，还是小偷们所崇拜的神。他是宙斯最忠实的信使，为宙斯传送消息，并完成宙斯交给他的各种任务。他行走敏捷，精力充沛，多才多艺。

月神阿耳忒弥斯

阿耳忒弥斯是希腊奥林匹斯十二主神之一，罗马名字狄安娜，她是宙斯与黑暗女神勒托所生，是阿波罗的孪生姐姐。阿耳忒弥斯与阿波罗一样，司掌光明，不同的是她所掌管的是月亮。她还很喜欢狩猎，射箭的技艺很高，经常在山林中追逐野兽。因此除了是月亮女神外，她还是狩猎女神。

灶神赫斯提亚

赫斯提亚是希腊奥林匹斯十二主神之一，罗马名字维斯塔。她是宙斯的姐姐，掌万民的家事。在希腊神话中，并没有显著的个性。她是位贞洁处女女神。

达摩克利斯之剑

公元前4世纪，西西里东部的叙拉古王迪奥尼修斯（公元前430～前367年）打击了贵族势力，建立了雅典式的民主政权。这遭到了贵族的不满和反对，使他感到虽然权力很大，但地位却不牢靠。有一次他向宠臣达摩克利斯谈了这个问题，并且向他表明自己的看法。为了满足宠臣达摩克利斯的贪欲，迪奥尼修斯把宫殿交托给他，并赋予他有完全的权力来实现自己的任何欲望。追求虚荣、热衷势利的达摩克利斯在大庆宴会时，抬头看到在自己的座位上方天花板下，沉甸甸地倒悬着一把锋利的长剑，剑柄只用一根马鬃系着，眼看就要掉在头上，吓得他离席而逃。这时狄奥尼修斯王便走出来说道："（达摩克利斯头上）这把利剑就是每分钟都在威胁国王的危险象征，至于国王的幸福和安乐，只不过是外表的现象而已。"因此，人们用"达摩克利斯之剑"借比安逸祥和背后所存在的杀机和危险。

潘多拉的盒子

天神普罗米修斯从天上盗火种送给人类，人类学会了使用火，主神宙斯十分恼火，宙斯决定要让灾难也降临人间。

他命令他的儿子火神赫菲斯托斯用泥土制作一个女人，名叫潘多拉，意为"被授予一切优点的人"。每个神都对她有所赋予以使她完美。阿佛洛狄忒送给她美貌、赫尔墨斯送给她好的口才、阿波罗送给她音乐的天赋。宙斯给潘多拉一个密封的盒子，里面装满了祸害、灾难和瘟疫，并让她将这个盒子送给娶她的男人。

宙斯将这位丽人遣送到人间，众神和凡人正在大地上休闲游荡，其乐融融。大家见了这无与伦比的漂亮女子，都十分惊奇，称羡不已，因为人类从未有过这样的女人。

潘多拉立即去找"后觉者"厄庇墨透斯，他是普罗米修斯的弟弟，为人老实厚道。普罗米修斯深信宙斯对人类不怀好意，告诫他的弟弟厄庇墨透斯不要接受宙斯的赠礼。可他不听劝告，娶了美丽的潘多拉。潘多拉双手捧着她的礼物——那只密封的大礼盒。她刚走到厄庇墨透斯近前时，突然打开了盒盖（一说是由于潘多拉好奇而打开了盒子）。厄庇墨透斯还未来得及看清盒内装的是什么礼物，一股祸害人间的黑色烟雾从盒中迅疾飞出，犹如乌云一般弥漫了天空。黑色烟雾中尽是疾病、疯癫、灾难、罪恶、嫉妒、奸淫、偷窃、贪婪等各种各样的祸害，这些祸害飞速地散落到大地上。而智慧女神雅典娜为了挽救人类命运而悄悄放在盒子底层的美好东西"希望"还没来得及飞出盒子，奸猾的潘多拉就把盒子关上了。后来，人们就常用"潘多拉的盒子"比喻灾祸的根源。

城邦形成

希腊城邦约二三百个，形成的途径和背景各不相同，但有如下几个基本的共同特点：小国寡民；多数以一个设防城市为中心，结合周围农区组成；均有一个小范围的、极端封闭的公民集体；希腊城邦在政体中均包含民主制成分，共和政体居多；城邦军事制度的主体是公民兵制；城邦无独立的祭司阶层，公职人员兼祭司职能。除古希腊外，意大利、腓尼基等地中海沿岸地区也曾出现过与古希腊城邦相同的早期国家形态，比如早期罗马的公民公社。这类国家有时也被称为城邦。

陶片放逐法

陶片放逐法是古希腊雅典等城邦实施的一项政治制度，由雅典政治家克里斯提尼于公元前510年创立。约公元前487年左右，陶片放逐法才首次付诸实施。通过这项制度，雅典人民可以把企图威胁雅典民主制度的政治人物逐出雅典。

斯巴达国家的形成

斯巴达城邦位于伯罗奔尼撒半岛南部的拉哥尼亚。约公元前1100年，一批多利亚人组成的希腊部落侵入了拉哥尼亚，并于公元前10~前9世纪以5个村落为基础，建立了一个新的政治中心，这就是多利亚人的斯巴达城。随后，斯巴达人向外殖民，逐渐征服了拉哥尼亚地区，又占领了整个美塞尼亚，到公元前7世纪，斯巴达国家逐渐形成。斯巴达是奴隶主贵族专政的国家。为了维持强大的军事力量，斯巴达国家实行严格的军事训练制度。

雅典国家的形成

雅典位于希腊的阿提卡半岛。荷马时代，雅典处于原始公社解体的时期。随着工商业的发展和氏族成员的分化，到公元前 8 世纪左右，雅典已经建立起了中央议事会和行政机构，雅典国家初步形成了。

梭伦改革

梭伦（约公元前 630~前 560 年），古希腊著名的政治改革家和诗人。他出身于贵族家庭，年轻时一面经商、一面游历，到过许多地方，漫游名胜古迹，考察社会风情，后被誉为古希腊"七贤"之一。

公元前 5 世纪，雅典与邻邦墨加拉为争夺萨拉米斯岛而发生战争，结果雅典战败。随后，雅典当局竟颁布了一条屈辱的法令：任何人都不得提议去争夺萨拉米斯岛，违者必处死刑。萨拉米斯岛地处雅典的出海口，对海外贸易的发展起着至关重要的作用。公元前 600 年左右，年约 30 岁的梭伦被任命为指挥官，统帅部队，一举夺回了萨拉米斯岛。

赫赫军功使梭伦声望大增，他由此成为雅典最具名气和影响的人物，城市居民都把他看成是自己的领袖和庇护者。公元前 594 年，梭伦被选为雅典的首席执行官，得到了修改或保留现有法律及制定新法律的权力。他立即实施了一系列的改革，颁布了多项法令，向氏族贵族发动了猛烈的进攻。

他按财产的多少将全体公民划分为四个等级，不同等级的公民享有不同的政治权利。这一制度虽然并未实现公民之间的真正平等，但它却打破了贵族依据世袭特权垄断官职的局面，为非贵族出身的奴隶主开辟了取得政治权利的途径。

梭伦改革不仅调整了自由民内部平民与贵族之间的关系，扩大了奴隶主阶级统治的社会基础，还打击了旧的氏族制度，提高了平民在国家政治生活中的地位，促进了雅典奴隶制国家从贵族政治向民主政治的转变。

克里斯提尼改革

梭伦改革后，公先前 508 年左右，雅典执政官克里斯提尼再次进行改革，他将雅典民主政治又向前推进了一大步。克里斯提尼创立 10 个地区部落，各选 50 人组成五百人会议，所有公民不分等级皆可参加选举；以前按血缘部落征兵的办法被改为按地区部落征兵，每部落提供一队重装步兵、若干骑兵及水手，并且选举一名将军统领，十名将军组成将军委员会；实行陶片放逐法，压制那些不受群众欢迎的头面人物。克里斯提尼改革完成了雅典由氏族过渡到国家的历史过程，确立了奴隶主民主政治。

希波战争

希波战争是古代波斯帝国为了扩张版图而入侵希腊的战争，战争以希腊获胜、波斯战败而告结束。

公元前 492 年，大流士一世率陆海大军远征希腊，但是海军在阿索斯海角遇到大风暴，陆军也遭到色雷斯人的袭击，出师不利，只好退回小亚细亚。公元前 490 年，大流士一世第二次入侵希腊，在马拉松会战中被击败。之后，双方积极扩军备战。公元前 480 年，大流士一世之子薛西斯一世率军第三次出征希腊，虽然人数之多、规模之大与前两次相比有过之而无不及，但是仍然惨遭挫败。波斯军第三次远征失败后，以雅典为首的希腊联军乘胜展开反攻。公元前478年，雅典联合爱琴海沿岸各城邦成立提洛同盟，之后连连挫败波斯军队。公元前449年，希波双方媾和，签订《卡利亚斯和约》，长达40余年的波希战争至此结束，雅典成为爱琴海地区的霸主。战争结束后，希腊进入奴隶社会繁荣时期，提洛同盟盟主更是进入了强盛时期。

希腊在波希战争里取胜，使得西方世界的历史中心由两河流域向地中海地区推移，希腊文明得以保存并发扬光大，成为日后西方文明的基础。而且希腊战胜亦确保了希腊诸城邦的独立及安全，使得希腊继续称霸东地中海数百年。波斯在这场战争里战败，其对外扩张的气焰受挫，并逐渐走向衰落，最后被马其顿的亚历山大大帝所灭。

伯利克里时代

伯利克里（约公元前495年~前429年），古希腊卓越的政治家，雅典奴隶主民主政治的杰出代表。

伯利克里于公元前463年控告贵族派代表而崭露头角，而后成为平民领袖之一。自公元前443年至前429年，他一直当选为首席将军。而公元前5世纪，伯利克里统治时期是雅典奴隶制民主政治的“黄金时期”。担任首席将军的他进行了一场著名改革，这场改革的主要内容包括：各等级男性公民可以担任除十将军以外的所有官职；改革最高权力机关——公民大会，20岁以上的男性公民均可参加并有发言权和表决权；改革五百人会议的成员构成和权限；提高国家最高司法和监察机关陪审法庭的权力和地位；扩大十将军委员会的权力，规定首席将军执掌国家军政大权；制定“公职津贴”制度，为参政公民发放工资和津贴；鼓励公民接受政治教育和文化熏陶，向公民发放“戏剧津贴”，等等。

伯利克里的改革进一步发展了雅典奴隶主民主制，把古代希腊奴隶制民主政治推向顶峰。这是古希腊辉煌的重要体现。

伯罗奔尼撒同盟

伯罗奔尼撒同盟建于公元前6世纪后期，主要用于巩固斯巴达在伯罗奔尼撒半岛的霸主地位。在斯巴达的武力威胁下，除亚各斯、阿卡地亚北部少数城邦外，其余各邦都加入同盟。同盟条约规定：斯巴达有权召开同盟会议；如遇对外战争，盟员必须提供一定的兵力和军费，由斯巴达负责指挥作战。同盟具有明显的政治、军事性质，斯巴达一开始就握有对盟国的控制权。斯巴达借助同盟干涉别国内政，扫除贵族寡头势力，与雅典展开争夺希腊霸权的斗争。后因斯巴达国势衰落，伯罗奔尼撒同盟于公元前370年瓦解。

伯罗奔尼撒战争

希波战争后，希腊形成雅典与斯巴达相对峙的局面。双方争相干预他邦内政，冲突不断发生，战争遂起。在战争第一阶段（公元前431~前421年），斯巴达陆军大举攻入阿提卡半岛，围困雅典城。雅典用海军封锁伯罗奔尼撒半岛沿海及港口，鼓励斯巴达国内的希洛人起义。公元前422年，双方会战于安菲波里城，互有胜负，以签订《尼西亚斯和约》停战。在战争第二阶段（公元前415~前404年），雅典首先发动攻势，矛头直指斯巴达盟国西西里，结果4万海军全军覆没。斯巴达随之出兵进攻雅典，将阿提卡许多农村夷为废墟。同时，雅典又发生2万多名奴隶逃亡事件。在雅典民穷

财尽的时候，斯巴达在波斯海军帮助下，在赫勒斯滂海峡附近的羊河决战中，将雅典彻底击败。战后双方签订和约，和约规定：雅典交出舰船，解散"提洛同盟"。战争使希腊经济遭到严重破坏，霸权转入斯巴达之手。

马拉松之战

公元前490年，波斯帝国国王大流士一世派陆军数万、战舰400艘第二次远征希腊。侵略军横渡爱琴海，波军于9月在雅典东北沿海马拉松登陆，该地有道路直通雅典。雅典急遣约1万重装步兵迎战，盟邦普拉提亚也派出约1000人助战。波斯军人数远比雅典军人多，且有一支约800人的骑兵。雅典统帅米尔提太巧妙布阵，加强两翼，主动出击。雅典以牺牲192人的代价取得反波斯二次入侵的决定性胜利，极大地鼓舞了其他城邦的抗战决心，为整个希腊联合抗战局面的形成奠定了基础。据说雅典信使奔跑了40千米回到雅典，在宣布胜利之后，力竭而亡。

萨拉米海战

马拉松之战后，希波双方都积极准备再战。公元前480年9月，双方在阿提卡的萨拉米湾决战。波斯的大型战舰在狭窄的海湾移动十分困难，而希腊小型战舰却运转自如。希腊士兵士气旺盛，英勇战斗，给敌舰以猛烈打击。波斯海军大败，损失战舰300余艘，而希腊仅损耗40艘战舰。萨拉米海战使希腊基本上取得了反对波斯战争的胜利。

雅典的衰落

公元前4世纪中叶，底比斯与斯巴达的衰落给雅典恢复其海上霸权以可乘之机。雅典开始向爱琴海北岸扩张，很快在卡尔克狄克半岛上获得了胜利。但是，雅典恢复强权政治的企图和对同盟国的苛征繁敛激起同盟国的不满，原本不够团结的海上同盟裂痕日益增大。公元前358年，盟邦同雅典爆发了战争，史称同盟战争。战争以雅典为一方，以开俄斯、罗德斯、爱勒特里亚等盟邦为一方。公元前355年，同盟国获胜，第二次海上同盟瓦解，雅典从此彻底衰落。各邦混战与同盟的分解，使城邦体制的生命已濒枯竭，从而为马其顿的兴起提供了方便。

残存的雅典卫城

雅典奴隶制城邦在一系列扩张战争中取胜后，于公元前5世纪初确立了霸主地位，此后，其经济飞速发展，社会财富迅速增加。在一片繁盛的社会景象中，奴隶主集团制定了雄心勃勃的城邦发展规划，雅典卫城在这样的背景下应运而生。

卫城的建筑开始于公元前448年。它坐落于雅典城中心的一个山冈上，东西长约280米，南北宽约130米。卫城中的建筑物有4种：山门、胜利女神尼开神庙、伊瑞克提翁神庙和帕特农神庙。

在卫城广场上，矗立着一尊高大的雅典娜像，这是一个全副武装的女战神形象。雕像高9米，女神手持长矛，头戴钢盔，沉着而威严地注视着她脚下的城市。

雅典卫城是希腊古典建筑艺术的顶峰之作。遗憾的是，雅典卫城后来毁于战火之中，现在留下的是杂草丛生的废墟，凭吊怀古，让游人欷歔不已。

城邦贫民起义

公元前 401 年，希腊在北非的殖民城邦西林尼的贫民爆发起义。他们杀死 500 多个富人后遭到逃亡富人的反攻，贫民暴动被镇压。公元前 398 年，斯巴达的破产公民暴动，后来被镇压。公元前 392 年，科林斯发生贫民起义，一些富人躲进神庙，贫民不顾宗教戒律，冲进神庙杀掉富人。公元前 370 年，亚哥斯贫民起义，起义群众用棍棒击杀富人 1000 多人，瓜分了他们的财产。这段时间，希腊各个城邦贫富之间的斗争都很激烈。

希腊字母

希腊字母从腓尼基字母的北闪米特字母中派生出来。标准的希腊字母有 24 个，其中有 7 个元音字母，它是现代欧洲一切字母的"祖先"。

修昔底德

修昔底德（约公元前 460~前 400 年），古希腊历史学家。公元前 424 年，他当选为雅典十将军之一，因在伯罗奔尼撒战争中援助不力，被撤职放逐。在放逐期间，他构思写作历史，搜集资料，结合亲身经历，经 30 年的努力，终于写成编年记事体裁的《伯罗奔尼撒战争史》。该书共 9 卷，是研究古希腊的重要史料。

毕达哥拉斯

毕达哥拉斯（约公元前 560~前 480 年），古希腊数学家，唯心主义哲学家，以证明毕达哥拉斯定理（即勾股定理）而闻名于世。生于伊奥尼亚海域的萨摩斯岛，40 岁时移居意大利南部的城邦，在那里建立一个兼有宗教、政治和学术特征的秘密团体。他认为万物的始基是数，由数而有形，由形而有物，他把抽象的数的概念看作第一性的。他的哲学思想带有浓厚的宗教色彩，认为一切生物都有共同的、不朽的灵魂，为了不失去灵魂，人需要净化自己的灵魂，从而陷入唯心主义。以他为首的毕达哥拉斯学派的一大贡献是首次用"宇宙"这个词表示世界整体，并将宇宙秩序的思想融于数学思想之中。

希罗多德

希罗多德（公元前 484~前 424 年），诞生在希腊，家境的殷富使他幼年熟读了众多名人雅士的著作。青年时期，他抛开优越的家庭生活，只身一人漫游世界各地。每到一地，他都寻访探究历史古迹，搜罗记录轶闻趣事，考察体验民情风俗，这一切为他以后取得史学成就打下了良好的基础。后来，他随雅典移民到了图里邑，他在那里专心著述，直至终老。使希罗多德的"西方史学之父"美名流芳百世的巨著，是他倾其毕生精力写作的《历史》，也称为《希波战争史》。《历史》既有重大的史料价值，也有着较高的文学欣赏性。这部巨著约在公元前 430 年问世，成为西方历史上第一部较为完备的历史著作。

亚里士多德

亚里士多德（约公元前 384~前 322 年），古希腊思想家，百科全书式的学者。出生于色雷斯的斯塔吉拉城，其父为马其顿国王的宫廷医生。亚里士多德 17 岁时去雅典学习，师从柏拉图 20 年。公元前 343 年被聘为马其顿王子亚历山大的教师，之后又回到雅典求学，从事教学和科研活动。其学派被称为逍遥派。他对哲学、逻辑学、历史学、政治学、数学、物理学、生物学、医学等都有精深研究。在政治上提出调和贵族派与民主派的方案，主张由中等奴隶主来治理国家。在哲学上摇摆于唯物主义和唯心主义之间，但最终仍陷入唯心主义。在自然科学上成就显著，尤以在生物学方面的研究最有价值，许多关于生物学的结论都是通过他亲自解剖动物、长期观察动物习性得来的。他的主要著作有：《工具论》《形而上学》《物理学》《伦理学》《动物志》等。

柏拉图的"理想国"

柏拉图（约公元前 427～前 347 年）不仅是古希腊哲学，也是全部西方哲学乃至整个西方文化最伟大的哲学家和思想家之一。他出身雅典贵族，青年时师从苏格拉底。后来在阿加德米体育馆附近设立了一所学园，此后执教 40 年，直至逝世。他一生著述颇丰，其教学思想主要集中在《理想国》和《法律篇》中。

柏拉图的《理想国》向我们描绘了一幅理想的乌托邦画面。柏拉图的理想国中的公民划分为卫国者、士兵和普通人民三个阶级。卫国者是少部分管理国家的精英。他们可以被继承，但是其他阶级的优秀儿童也可以被培养成卫国者，而卫国者中的后代也有可能被降到普通人民的阶级。卫国者的任务是监督法典的制定和执行情况。为达到该目的，柏拉图有一整套完整的理论。他的理想国要求每一个人在社会上都有其特殊功能，以满足社会的整体需要。在这个国家中，女人和男人有着同样的权利，存在着完全的性平等。政府可以在为了公众利益时撒谎。每一个人应该去做自己分内的事而不应该打扰到别人。在今天看来，柏拉图描绘的理想国是一个可怕的极权主义国家，但是，"理想国其实是用正确的方式管理国家的科学家的观点"，柏拉图本人并没有试图实现理想国中的国家机器。

地心说

古代人缺乏足够的宇宙观测数据，而且怀着以人为本的观念，所以他们误认为地球就是宇宙的中心，而其他的星体都是绕着地球而运行的。古希腊的托勒密将地心说的模型发展完善，且为了解释某些行星的逆行现象（即在某些时候，从地球上看那些星体的运动轨迹，有时这些星体会往反方向行走），因此他提出了本轮的理论，即这些星体除了绕地轨道外，还会沿着一些小轨道运转。后来，天主教教会接纳此为世界观的"正统理论"。

托勒密的理论能初步的解释从地球上所看到的现象，但是在文艺复兴时代，随着科学技术的进步，一些支持日心说的证据逐渐出现，且有些证据无法以地心说解释，以至地心说逐渐处于下风。在现代世界，支持地心说的人已经寥寥无几了。

伊壁鸠鲁

伊壁鸠鲁（约公元前 342～前 270 年），古希腊哲学家。生于萨摩斯，早年学习柏拉图和德谟克里特的学说。公元前 306 年来到雅典，在雅典兴办学校，即"伊壁鸠鲁学园"。他生前享有极高威望，在学术上继承、论证和发展了德谟克里特的原子论。他认为原子不仅有大小、形状上的差别，而且有重量上的差异；认为原子不仅有直线运动，而且由于原子内部的原因还产生偶然的偏斜运动。这种斜线运动使原子之间产生冲突，互相结合，产生万物。在认识论上，他肯定感觉是认识的来源。在伦理观念上，主张人生的目的是追求幸福。他是一个多产的作家，传说其一生有 300 余卷著述，但传下来的只有 3 封信和 40 余条格言。

苏格拉底

苏格拉底于公元前 469 年生于雅典。他是古希腊著名的哲学家。

苏格拉底有一个特点，他从不著书立说，而是专靠口头说教。他的讲演极富逻辑性，几句话就能把人吸引住。他往往先提出一个问题，让学生们提问，然后加以解答，加以论辩。这就是欧洲哲学史上最早使用的"辩证法"。然而，苏格拉底的讲演活动却触犯了雅典的当政者们。他因"宣扬神学""煽动反民主情绪""败坏青年"等种种"罪行"被送到法庭，并被判死刑。

埃斯库罗斯

古希腊悲剧的创始人之一，与索福克勒斯、欧里庇得斯合称为古希腊三大悲剧诗人。他出身贵族，共写了 70 部悲剧（一说是 90 部），生前得过 13 次奖，死后还得过 4 次。完整保存下来的只有《波斯人》《普罗米修斯》三部曲、《阿伽门农》《奠酒人》等 7 部。其中《普罗米修斯》三部曲的第一部《被缚的普罗米修斯》是诗人最负盛名的代表作，情节取材于希腊神话中普罗米修斯盗天火赐予人类的故事，却被赋予了丰富的现实意义。剧中的普罗米修斯受尽折磨也决不向宙斯屈服，象征着当时雅典民主派对寡头派的斗争，普罗米修斯被马克思誉为"哲学日历中最高尚的圣者和殉道者"。埃斯库罗斯对悲剧艺术做出了很大贡献，他增加了第二名演员，使对话成为戏剧的主要部分；简缩了合唱队，使戏剧结构程式基本形成；还创造了舞台背景，并使演员面具基本定型。但他的作品人物形象单纯高大，是理想化的性格，并且一般是静止的，缺少发展。抒情气氛浓郁，诗句庄严。由于他在悲剧发展阶段对内容和形式等方面都做出了很多贡献，故被称为"悲剧之父"。

希腊神话

希腊神话包括神的故事和英雄传说两大部分。神的故事包括开天辟地、诸神诞生和神的生活等。根据希腊神话，宇宙最初为混沌状态，后来从中产生地母神该亚，该亚生乌拉诺斯，他们结合生了 12 个提坦神（六男六女）。提坦诸神彼此结合，生日月星辰、宙斯等神。宙斯、赫拉夫妇率男女众神（共 12 个，称十二神）住在奥林匹斯山。英雄传说主要歌颂那些为民除害的英雄、发明工具的能工巧匠。这些人都是神和人结合而生的，因而他们具有"神人同形同性"的特点，但神比人更聪明、更有力量且长生不老。希腊神话成为古希腊文学和艺术作品取之不尽的题材。后世很多画家以希腊神话为题材，创造了不少优美的绘画作品，使许多希腊故事流传至今。

马其顿的兴起及文化

马其顿征服希腊

马其顿位于希腊的最北部。公元前 5 世纪后期至公元前 4 世纪初期，马其顿国家逐渐形成。公元前 4 世纪中期，马其顿国王腓力二世实行一系列改革，加强了国家的经济和军事力量，开始向希腊扩张。公元前338年，马其顿军与希腊联军进行决战，结果希腊联军战败。

次年，腓力二世召开希腊会议，决定由马其顿领导希腊对波斯作战，此后各城邦名存实亡了。

腓力二世改革

公元前359~前336年，马其顿国王腓力二世在他的统治期间，推行了政治、经济和军事改革。在政治上，打击和削弱了贵族势力，加强了国王的权力。在经济上，施行双金币制，即银本位和金本位并用。当时希腊各国使用银币而波斯帝国则采用金币，为了在经济实力上与波斯相抗衡，马其顿自铸金币，降低了金价，并规定了金银币兑换率，从而削弱了波斯帝国的经济优势。在军事上，他创立了由步兵和骑兵混合组成的马其顿方阵，使种类不同的军队和优良的战术装备结合起来。腓力二世的改革大大加强了马其顿的经济实力和军事力量。

亚历山大远征

公元前338年，腓力二世征服希腊而成为爱琴海上的霸主，并在科林斯大会上向波斯宣战。公元前336年，腓力二世遇刺身亡，他的儿子亚历山大三世即位，他在巩固盟主地位后，迅即东侵。公元前335年，亚历山大三世亲率军队从都城派拉出发，开始远征。公元前334年初，马其顿大军渡过赫勒斯滂海峡后，在格拉尼库斯河附近与波斯交锋，占领了小亚细亚希腊各城邦，继而又占领了叙利亚、埃及。公元前331年，亚历山大的军队在布摩多斯河高加米拉以西与波斯军主力对阵，波斯溃败。公元前330年夏，亚历山大三世引兵北上追击大流士三世，波斯帝国遂亡。公元前327年，亚历山大远征到达印度河上游。鉴于官兵厌战，加上当地气候炎热，疾病流行，亚历山大三世被迫决定撤退。公元前325年，亚历山大返抵巴比伦，十年远征即告结束。亚历山大东侵给被征服地区带来深重的灾难，但客观上也促进了东西方经济、文化的交流。

伊苏斯战役

亚历山大在占领小亚细亚之后，于公元前333年夏挥师向叙利亚北部挺进。波斯王大流士三世为阻击亚历山大的进攻，亲率大军占据了马其顿军队后方的伊苏斯城，切断了马其顿军与小亚细亚根据地的陆上交通线。亚历山大闻讯回师，与波斯交战于伊苏斯。大流士三世集结了10万兵力并亲自督战，企图一举歼灭马其顿军。面对强敌，亚历山大以重装方阵和重装骑兵猛烈攻击波斯军的中锋。大流士三世首先动摇，扔下战弓，脱掉战袍，夺路而逃。波斯大军随即全线溃退。亚历山大突入大流士三世的军营，缴获了大批武器、财宝，并俘虏了大流士三世的母亲、妻子和三个女儿。大流士三世致书亚历山大要求议和，遭到亚历山大的拒绝。伊苏斯战役大大削弱了波斯的军事力量。

亚历山大里亚文化的繁荣

亚历山大里亚是亚历山大在尼罗河三角洲所建的都城，经过托勒密王朝的经营，成为当时各国贸易和文化交流的中心。城内图书馆藏书70万卷，几乎包括了所有古希腊著作。而博物馆召集则吸引了许多科学家和艺术家，一些学者取得了重要的学术成就，对后来的罗马文化以及通过罗马文化对近代欧洲文化都产生了深刻的影响。

亚历山大灯塔

世界公认的古代七大奇观有两个在埃及，一个是名列七大奇迹之首的吉萨金字塔，另一个就是名列第七位的亚历山大灯塔。亚历山大灯塔不带有任何宗教色彩，纯粹为人民实际生活而建，它的烛光在晚上照耀着整个亚历山大港，保护着海上的船只，另外，它亦是当时世上最高的建筑物。亚历山大灯塔的遗址在埃及亚历山大城边的法洛斯岛上。公元前330年，不可一世的马其顿国王亚历山大大帝攻占了埃及，并在尼罗河三角洲西北端即地中海南岸，建立了一座以他名字命名的城市。这是一座战略地位十分重要的城市，在以后的100年间，它成了埃及的首都，是世界上最繁华的城市之一，而且也是整个地中海世界和中东地区最大最重要的一个国际转运港。

亚历山大地下陵墓

亚历山大地下墓穴坐落在埃及亚历山大城西南的马里尤特沙漠中，1980年列入《世界遗产名录》。

公元3世纪，埃及的殉教者美纳斯葬在这里，其墓地成为埃及最初的基督教徒朝拜圣地之一。在亚历山大主教和拜占庭王室的支持下，崇拜美纳斯的浪潮不仅席卷拜占庭帝国，而且波及罗马、高卢和日耳曼等地。为满足日益增多的信徒的需要，阿卡丢（公元395~408年）和耿奥多斯二世（公元408~450年）在位期间，敕令修建了一座规模巨大的新教堂阿布米那。阿拉伯人夺取埃及后，朝拜阿布米那之风随之中断。到了法特米时代，圣地已无人问津，今日所见仅是一些残垣断壁。亚历山大地下陵墓的挖掘工作始于1905年，现在圣城轮廓已为世人所知，其建筑布局为：大教堂居中，其前部为覆盖陵墓和前祭台遗址的中庭；与大教堂相互对应的是一座八角形圣洗堂；在南面即主体建筑的后部，建有修道院、信徒居室、浴室和工场；在北面和东面，各有一座教堂，其中称为"东方"的教堂恰好位于修道院的中央。

圣城占地辽阔，建筑用料豪侈，建筑物主体用小石块砌垒，大理石石柱、柱头和柱头下楣雕凿考究精细，大理石可能取自著名的亚历山大采石场。祭台间内壁装饰有大理石雕刻和镏金镶嵌图案。

入侵印度

公元前327年春，亚历山大率领军队向印度进军。在印度河上游的支流——希达斯佩斯河——与波鲁斯王的军队相遇。亚历山大率军绕道渡河决战，击败了波鲁斯王的军队，俘获7万俘虏和许多战象。他利用印度诸小国的矛盾，各个击破，占领了印度河流域上游的广大地区。此后，亚历山大继续率军东进，直达希发西斯河，并企图向恒河流域扩张。但是，亚历山大的士兵由于连年苦战，厌战情绪滋长，拒不前进，甚至发生兵变。而恒河流域的难陀王朝此时已很强大，因此亚历山大不得不停止东侵，率军西归，公元前325年回到巴比伦。至此，亚历山大的10年东侵终告结束。

安提柯王朝的建立

亚历山大死后，马其顿和希腊的统治权几经易主，最后被其部将德米特里所取得。公元前285年，多瑙河流域的克勒特人入侵希腊，公元前277年，德米特里的儿子安提柯·贡那特联合希腊各城邦击退了克勒特人，次年，他被宣布为马其顿国王，建立起安提柯王朝。

阿基米德

阿基米德是古希腊著名的数学家和物理学家。他出生于西西里岛的叙拉古。在数学方面，他测定了圆周率，确定了圆韵面积的计算方法；在物理学方面，他发现了"杠杆定律"。阿基米德曾经说过："给我一个支点，我可以撬起整个地球。"他在洗澡的时候发现了"阿基米德定律"：物体在液体中所受浮力等于它所排出的液体的重量。据说，阿基米德利用抛物镜面的聚光作用，将阳光聚集到入侵叙拉古的罗马战船上，引燃了战船。公元前212年，罗马军队占领叙拉古城时，阿基米德还在思考着他的几何图形。当士兵用剑指着他时，他还要求把原理证明完再走。无知的士兵刺死了这位75岁的老科学家。他被后世的数学家尊称为"数学之神"。

欧几里得

欧几里得是马其顿时期杰出的数学家，是亚历山大里亚数学学派的奠基人。其著作《几何原本》共13卷。他广纳前人成果，集当时几何学之大成，把各种定理、命题和论证按逻辑关系加以排列，构成一个严整的体系，而且以简练清晰的说理方式表述出来。他的研究成果至今仍被科学界所肯定。

《伊素寓言》

《伊索寓言》是世界上最古老的寓言故事集。它的作者伊索是古希腊的一个奴隶，他以其才智受到主人的赏识，被允许可以四处游历。他所创作的小故事加上民间流传的故事，经后人的整理汇编得以流传下来。

《伊索寓言》的内容极为丰富，大多采用拟人化的手法，用一个简短的动物故事来说明一个道理或人生经验，表达了作者对社会和自然界的看法。其中的《龟兔赛跑》《狐狸与葡萄》《乌鸦与狐狸》《农夫和蛇》等在中国广为流传，成了人们熟知的典故。

托勒密王朝和塞琉古王国

托勒密王朝

亚历山大三世死后，帝国分裂，埃及被他的部将托勒密占据。公元前305年，托勒密正式称王，开创了埃及历史上的托勒密王朝。公元前3世纪是托勒密王朝的鼎盛时期。公元前1世纪末，社会矛盾尖锐，人民起义不断，托勒密王朝开始衰落，到公元前30年终为罗马所吞并。

托勒密王朝文化

托勒密一世时，鼓励文化事业，发展工商业，在埃及推行希腊化。亚历山大里亚在希腊人和后来罗马人统治时期，成为地中海地区的商业、文化中心。拥有当时世界一流的图书馆，阿基米德、欧几里得等著名学者都来此从事研究，数学、力学、地理学、天文学、解剖学、生理学等学科的研究，取得很大的进展。

托勒密王朝后裔

托勒密王朝一裔中兄妹或姊弟通婚很多。男性后裔常称托勒密，女性的名称常有克娄巴特拉、贝勒尼基和阿尔西诺伊。其中最后的女王克娄巴特拉七世即为后世所知的埃及艳后。

塞琉古王国

塞琉古王国的领土包括叙利亚、巴勒斯、小亚细亚、美索不达米亚、伊朗和中亚的一部分。在全盛时期，塞琉古王国的领土面积有 350 万平方千米，人口达 3000 万。塞琉古王国统治者沿袭波斯帝国的专制政体，国王专权独断。中央机构由国王任命的各种官吏组成。其中最重要的是总理一切事务大臣，他辅佐国王处理全国事务。地方有二十几个行省，设总督与将军分别掌管民政与军事。

塞琉古王国的繁荣

塞琉古王国的商业和手工业甚为发达。连通东西的海陆商路、遍布各地的新旧城市与移民地、统一的货币（阿提卡制）和统一的语言（通用希腊语），都给工商业的发展提供了重要的保证。塞琉古王朝主要进行转手贸易，获取利益。东方的丝绸、香料，叙利亚、两河流域、希腊等地的精巧手工艺品，都经他们的中介而转运他方。商业是王国的重要经济支柱，王国与托勒密埃及往往因争夺商路而发动战争。商业的发达刺激了手工业的繁荣，吕底亚的萨狄斯城就是华美的地毯的制造中心，其他诸如金属冶炼、酿酒、玻璃制造、纺织印染等行业的产品也享有盛名。

古罗马文明

罗慕洛斯建国

相传小亚细亚的特洛伊城被希腊人攻陷后，该城的英雄伊尼亚率领一些保卫城市逃了出来。他们在海上漂泊了很久以后，在意大利海岸一个叫拉丁的地方定居下来。伊尼亚的儿子在这里建立了一座城，命名为阿尔巴·尤加，其子孙在此世代为王。到努米多尔做国王时，他阴险残暴的弟弟阿穆留斯篡夺王位，同时杀死了努米多尔的儿子，并强迫他的女儿列雅·西尔维娅当了维斯塔女神司，禁其婚配。不久，西尔维娅与战神马尔斯结合，生下了一对孪生兄弟。阿穆留斯听到消息后非常愤怒，就派人将这对婴儿抛入河中。孩子被冲到岸边，一只母狼用乳汁哺育他们。后来兄弟俩被国王的牧人发现并把他们养大成人，哥哥叫罗慕洛斯，弟弟叫勒莫。当他们知道了自己的身世后，组织起队伍，杀死阿穆留斯，夺回了阿尔巴·尤加城及王位。兄弟俩不想留在那里，他们将政权交给外公努米多尔之后，在过去被丢弃的地方另建了一座新城。后来两人因用谁的名字来命名新城发生了争吵，罗慕洛斯杀死弟弟，以自己的名字命名新城为罗马。

罗马元老院

元老院是古代罗马政府机构中历史最悠久的组成单位。公元前 6 世纪，元老院议员（约有 300 名）由罗马国王委任，并随时向国王提供咨询。到公元前 5 世纪末，庶民首次担任长官职务后，开始进入元老院。

公元前 4~前 3 世纪，在连绵不断的战争时期，元老院对外交政策施加影响的力量逐渐增大。在共和国最后两个世纪（公元前 2~前 1 世纪），通过一系列未成文的规定，元老院在外交政策、立法、财政、宗教等方面起着至关重要的作用。它还有权给长官们分派任务，延长他们的任职期，指定设立元老院委员会以协助长官管理被征服的土地，以及根据人民的战争与和平的正式特权指导外交关系等。

在共和国最后的几十年里，由于军事领袖崛起、元老院本身唯利是图、改革受阻及其重要成员的排外主义，元老院的威望和权力下降。公元前 27 年，屋大维恢复元老院的威望，并把它视为统治帝国的正式的合作者。长官、主法官和法官的选举由公民议会负责转到元老院。然而，皇帝对选举起很大的作用，并随意委任元老院议员。元老院恢复它作为统治者咨询机构的本来面貌。公元 580 年，罗马元老院被取消。

"恺撒"成为皇帝的尊称

恺撒，古罗马统帅，政治家，出身贵族，少年时期受过良好的教育，小小年纪就渴望取得最高权力。

公元前 77 年，恺撒针对当时奴隶和平民都对罗马的寡头统治不满的矛盾，控告曾任马其顿总督的格涅乌斯·科尔涅利乌斯·多拉伯拉贪赃枉法，得到巨大名声。在西班牙任职期间，恺撒征服了一些部落，扩大了罗马人统治的地域，得到了元老院、骑士士兵和罗马平民的支持。

公元前 59 年，恺撒当选为执政官。然后，随着时局的变化，"三头同盟"的内部矛盾终于显露出来。敌视恺撒的势力在庞培的支持下决定要恺撒立即卸任。

此时，恺撒率领他的军队以迅雷不及掩耳之势向罗马突进，占领了罗马，庞培出逃。

恺撒夺得罗马政权后，对政敌实行宽大怀柔的政策，赢得了一部分元老贵族和骑士的好感。公元前 48 年 6 月，恺撒与庞培又大战于法萨罗，最终恺撒消灭了庞培并进军埃及。接着，他又转战小亚细亚，平定了非洲、西班牙。恺撒回师罗马，受到空前隆重的欢迎。他被推举为终身独裁官。他的出身被神化，已经成为罗马世界至高无上的主宰者。

恺撒是罗马帝国的奠基者，故被一些历史学家视为罗马帝国的无冕之皇，有恺撒大帝之称，甚至有历史学家将其视为罗马帝国的第一位皇帝，以其就位终身独裁官的日子作为罗马帝国的诞生日。影响所及，以致后来有罗马君主以其名字"恺撒"作为皇帝称号。

王政时代

从传说中的罗慕洛斯建城到公元前 509 年罗马共和国的建立，这一阶段的罗马历史被称为"王政"时代。此时的罗马是一个大的部落联盟，所以又称为军事民主制时代。当时，全罗马共有 3 个部落。

王政时代的罗马实行"军事民主制"，它主要有以下机构：人民大会或库里亚大会，由全体氏族成年男子参加，他们有权通过或否决法律、选举高级官员等；元老院，即长老议事会，由 300 个氏族长组成，相当于库里亚大会的预决机构，有权预先讨论各项新法律，握有收税、征兵等重要权力；勒克斯，或译为"王"，可能由选举产生，主要是军事首长、最高祭司和审理某些案件的审判长。自公元前 8 世纪中期到公元前 6 世纪末这 250 年间，传统认为罗马共有七王。因此这一时期被命名为王政时代。王政时代结束后，罗马历史进入了共和国时代。

早期的罗马共和国

从公元前 509 年"王政"结束，到公元前 3 世纪初期的罗马通常被称为早期罗马共和国。这一时期包括两个历史过程：国家机构通过平民和贵族的斗争得到了调整，从而加强了共和国的统治；对外通过一系列的战争征服了意大利半岛，罗马成为西部地中海的主人。

条条大道通罗马

"条条大路通罗马"是著名的英语谚语，出自罗马典故。古罗马原是意大利的一个小城邦。公元前 3 世纪罗马统一了整个亚平宁半岛。公元前 1 世纪，罗马城成为地跨欧亚非三洲的罗马帝国的政治、经济和文化中心。罗马帝国为了加强其统治，修建了以罗马为中心，通向四面八方的大道。据史料记载，罗马人共筑硬面公路 8 万公里。这些大道促进了帝国内部和对外的贸易与文化交流。公元 8 世纪起，罗马成为西欧天主教的中心，各地朝圣者络绎不绝。据说，当时从意大利半岛乃至欧洲的任何一条大道开始旅行，只要不停地走，最终都能抵达罗马。

相传"条条大路通罗马"这句话，最早出自罗马皇帝尤里安之口。他博学多才，集学者、作家和将军于一身。在位期间允许宗教信仰自由，并允许犹太人在耶路撒冷重建圣庙。其本人信奉异教，是君士坦丁之后唯一的非基督教徒帝王。因此教会称他为"叛教者"。"条条大道通罗马"比喻采取多种方法或选择余地很多，与成语殊途同归相似。

"太阳神"烧敌船

公元前 3 年，罗马帝国派大批战船开进地中海的西西里岛，想征服叙拉古王国。几次水战下来，叙拉古主国被打得大败，只得固守叙拉古城堡，等待罗马的进攻。

这一天，晴空万里，阳光灿烂，阿基米德和国王站在城堡上观察着海面。远处那一只只仅露出一些桅顶的罗马战船慢慢地越变越大。

城堡中兵力很少，国王把希望的目光投向聪慧无比的阿基米德，询问道："听说您最近叫人做了很多的大镜子，这里面有些什么名堂？"

阿基米德朝遥远的敌船一指说："只要我们把罗马的战船消灭掉。他们就彻底失败了。而今天，他们灭亡的日子就要到啦，因为我们有太阳神助威。"他指着头顶的火盆般燃烧的太阳兴奋地说。国王说："您一向不信神，怎么今天倒对太阳神这么感兴趣？"

阿基米德认真地对国王讲了一番话，国王将信将疑，不过，最后还是点头说："那么，就照您所说的试试吧。"

阿基米德让传令兵通知几百名士兵搬来几百面取火镜。大家在阿基米德的指挥下，用镜子往一艘艘战船的白帆上反射去灼热的阳光。不一会儿，白帆冒出缕缕青烟，海风一吹，"呼"地起了火。火势一会儿就变大了。罗马侵略者狂叫起来，纷纷往海里跳，有的烧死，有的淹死。后面的战船以为叙拉古人施了什么妖术，吓得调转船头便逃。

叙拉古国王兴奋地问阿基米德："你这取火镜怎么真能向太阳神取来火呢？"

阿基米德说："这镜子是凹面的镜子，它反射出的阳光，能集中到一点，这叫作焦点，焦点的温度很高很高，从它那里发出的光，射到易燃物上就能点着火。不过，假如没有太阳的帮忙，我们是无法取胜的。"

保民官

罗马共和国初期，平民和贵族之间的斗争十分激烈。公元前494年，平民拒绝服兵役，集体撤退到罗马城东北的"圣山"上，宣布另建新都，与罗马脱离关系。罗马贵族派出代表与平民谈判，最后同意了平民的要求，每年从平民中选出两位保民官。保民官的职责是保护平民的利益。保民官可以行使否决权，如果长官和元老院实行违背平民利益的法令，保民官只要说"维托"（意为禁止）就可予以否决，但此项权力仅限于在罗马城内和近郊使用。保民官从平民会议中选出，初为2人，后增至10人。保民官的设立，是平民在同贵族斗争中取得的一大胜利。

十二铜表法

公元前509年，罗马开始了共和时代，真正的实权掌握在由贵族把持的元老院手中。公元前494年，平民赢得了选举保民官的权利。保民官从平民中产生，对元老院和执政官颁布的违背平民利益的法令，拥有否决权。"习惯法"是罗马共和国最初实行的法律。法律的解释权和司法权掌握在贵族手中。公元前454年，罗马元老院才同意制定成文法。公元前450年左右，罗马诞生了第一部成文法典。法典被镌刻在12块铜板上，因而被称为十二铜表法。十二铜表法后来成了欧洲大陆法系的渊源。

罗马历的制定

相传最早的罗马历是古罗马的建国者罗慕洛斯制定的。这种历一年只有304天，共10个月，其余的被略去，结果冬季是缺历的空白。王政时代的第二王努玛·庞皮里乌斯在位时，对原来的历做了改订，即在年初和年末各增加1个月，创立了12个月的历法。其中1、3、5、8月每月31天，2、4、6、7、9、10、11月各29天，12月为28天（或29天），全年为355天（或354天），比太阳历短10天。因为这种历法误差大，所以需要以不时加进一个27日（或28日）的闰月的办法来协调历法与季节的不一致。同时，祭司们出于政治需要随意改历，以延长和缩短某些长官的执政时间，因此这种历法是十分混乱的，实际应用多有不便。

《查士丁尼法典》

《查士丁尼法典》又称《民法大全》或《国法大全》，是东罗马帝国皇帝查士丁尼一世下令编纂的一部汇编式法典，是罗马法的集大成者。

该法典由四部分组成，分别为法典、学说汇纂、法学阶梯以及新律。法典于公元530年左右最后完成。法典内容为东罗马帝国时期的皇帝敕令，以及权威的法学家对于法律的解释，还有给法律学生当作法学的入门教材等。

在整个编纂工程完成之后，任何对于《查士丁尼法典》的评论或者其他立法都被禁止。该法奠定了后世法学尤其是大陆法系民法典的基础，是法学研究者研究民法学不可或缺的重要文献资料之一。

庇护制

"庇护制"也称保护制，是古代罗马的一种人身依附制度，约起源于公元前7世纪的王政时代。当时，随着氏族内部分化的加剧，一些贫困破产的氏族成员便依附在氏族贵族的门下，成为贵族的"被保护人"，贵族成为"保护人"。被保护人与保护人的关系是世袭的，有某种契约的性质。前者多为贫穷破产及无公民权者，托庇于后者门下，领取份地并为之献纳服役。后者属有财势的贵族，对前者亦负"保护"之责（如代其出席法庭）。

罗马共和国时代，这种制度有所发展。保护人通常拥有大批被保护人，作为猎取利禄的工具。帝国时代，特别是公元3世纪以后，这种庇护制逐渐流行起来。随着奴隶制危机的加深，贫苦农民在捐税繁重、官府欺压、社会动乱的情况下难以维持独立经济，于是纷纷把土地"献给"大土地所有者，求得"庇护"。被庇护者虽失去自由，为庇护者服役，但可以终身使用原来的土地，免受国家税吏的欺凌。公元4世纪末，庇护制的发展已使罗马帝国的皇帝感到忧虑。

狄克维多

狄克维多是古罗马独裁官的音译，它是古罗马共和国时期的非常任最高级长官。

狄克维多产生于罗马共和国前期。国家处于危急时，才设立这一职位。任命独裁官的决议是由元老院做出的，然后由执政官执行其任命程序。独裁官的任期很短，一般不超过6个月，此后，他必须交卸职权。在军事紧急的时期中的战事独裁官，任期可达6个月之久，他握有绝对的军事与文治权力。

狄克维多任职期间，享有决断重大事务的全权。出巡时，身后有24名扈从紧随，扈从肩上扛一束笞棒，笞棒中间插一把战斧，这种插斧的笞棒称为"法西斯"，象征权力。对于违抗狄克维多命令的人，实行严惩，判决后由扈从立即执行。只有在人民大会面前，扈从才遵照狄克维多的命令，将"法西斯"垂下，表示承认他的权力来自人民。

共和末年，这一制度有了很大的改变。一部分军队首领（如苏拉、恺撒）利用手中的实力，迫使人民大会和元老院推选他们为终身独裁官。

恺撒被谋杀之后，元老院为了免除个人独裁给国家带来的不幸，通过了执政官安东尼提出的"安东尼法"，撤销了独裁官任期，并且将它从共和国的宪法除去，这一官职从此消亡。

《李锡尼—塞克斯图法》

早期罗马的土地、债务、政权问题是平民和贵族斗争的焦点。公元前376年，盖约·李锡尼和鲁西乌·塞克斯图担任罗马的保民官，他们提出了新法案：全体公民都可以占有和使用"公地"（罗马征服区的土地），以打破贵族历来对"公地"的垄断特权，从而减缓土地集中的速度；平民所欠债款一律停止付息；每年选举的两名执政官中，其中一名必须由平民充任。新法案遭到贵族的极力反对，但广大平民坚持斗争。公元前367年，法案终获通过。

罗马征服意大利

王政时代结束的初期，罗马在意大利半岛的势力还远不算强大。依靠良好的军事组织和有效的对外政策，罗马经过断断续续200多年的征战，到公元前3世纪70年代，终于统一了除北部的波河流域以外的意大利全境。意大利的统一有利于当地社会经济的发展，对罗马和意大利的历史都具有重要意义。

马略的军事改革

公元前107年马略当选为执政官后，对罗马军事制度进行了改革。主要内容有：

用募兵制代替征兵制，取消财产资格限制，吸收志愿的无产者入伍；延长士兵服役年限为 16 年，老兵服役期满可以从国家分得一块份地；实行固定的军饷报酬，士兵还可以从国家得到全部武器给养；改革军团组织，用联队（介于军团和连队之间的组织）军团的战术形式代替三列军团的战术形式；整顿军纪，加强训练；统一并改进武器装备等。马略的军事改革，不仅提高了军队的战斗力，而且彻底改变了几个世纪以来罗马的兵农合一制，使军队逐渐成为脱离社会的特殊集团，为军事独裁的产生准备了条件。

苏拉独裁形成

苏拉（公元前 138～前 78 年）自公元前 107 年起，先后担任财务官、执行长官、行省总督等职务。"同盟者战争"期间，成为公认的统帅。公元前 88 年，苏拉当选为罗马执政官，并于同年率军前往东方镇压起义。苏拉刚离开罗马，以马略为首的民主派乘机举兵夺取政权，宣布苏拉为"公敌"。苏拉闻讯，率军返回罗马城，大肆屠杀民主派，并迫使元老院宣布马略及其拥护者为"公敌"。公元前 87 年，苏拉再度率军东征。他离开意大利后，执政官秦纳和马略集结军队占领了罗马城，宣布苏拉为"公敌"，并实行一系列与苏拉相对立的政策。公元前 84 年，苏拉率军返回意大利，公元前 82 年打进了罗马，杀死或放逐 90 名元老、15 名高级军官及 2 万多名骑士。公元前 81 年，苏拉被元老院宣布为无限期的独裁官，成为集立法、行政、司法、经济、军事诸种大权于一身的独裁者。

布匿战争

古罗马共和国与迦太基争夺西部地中海海上霸权的战争。布匿战争持续百余年，大战三次。第一次（公元前 264～前 241 年）是争夺西西里和地中海西部的海上航道的控制权，以罗马获胜结束，但双方都损失了大量的船只和人员。第二次（公元前 218～前 201 年）于公元前 218 年宣战，汉尼拔率军从西班牙出发，进军意大利。公元前 217 年，汉尼拔在特拉西梅诺湖附近大败罗马军。公元前 216 年，在意大利的坎尼地区又击败罗马军。但罗马军克服困难，顽强应敌，最终打败了汉尼拔，并将他逐出意大利。从此，迦太基的强国地位被彻底摧毁。第三次（公元前 149～前 146 年）布匿战争本质上是对迦太基的围攻，导致迦太基的毁灭和其民族受奴役，迦太基的领土成为罗马的非洲行省。布匿战争中，罗马取得最后胜利，从而成为西部地中海世界的霸主。

汉尼拔

汉尼拔（公元前 247～前 182 年），迦太基著名军事家和政治家。出身将门，生活在布匿战争激烈进行的年代。从小随父从军，受过良好的军事和外交训练，并立誓向罗马复仇。公元前 221 年任迦太基驻西班牙军事统帅。公元前 218 年春，率领约 6 万军队远征意大利，开始了第二次布匿战争。在公元前 217 年特拉西梅诺湖战役和公元前 216 年坎尼战役中，成功地打败了罗马军队，创造出古代军事史上的辉煌战例。由于长期转战意大利各地，兵力耗竭，后方补给困难，影响了他的战斗力。当罗马军队进攻迦太基本土时，他奉召回国解围。公元前 202 年在扎马战役中被罗马军队击败，后逃往叙利亚，建议安提柯三世进攻意大利，未被采纳。最后自杀于小亚细亚的彼提尼亚。

行省制度的制定

对被征服地区，罗马统治集团最初采取委托军队统帅行使统治权的办法，即每征服一个地区，就把这一地区交给征服这一地区的统帅来治理。后来委派专任的高级长官进行统治。到公元前 3 世纪后期，统治集团开始在被征服地区建立行省。行省的最高统治者是总督，常由卸任的执政官担任，任期一年。总督有时兼任驻行省军队的指挥官，在行省内握有生杀予夺之权。行省城市一般有内部事务的自治权，但要交租和承担各项义务。行省的土地、资源等为罗马国家所有，转让、出租、分配、经营等活动由元老院决定，行省总督无权处理。到公元前 2 世纪下半叶，罗马先后设置了 9 个行省。帝国之初，奥古斯都将行省分成两类：一类为元老院统辖的行省，由元老院任命代行执政官管辖，任期一年，不统率军队；一类为元首直辖的行省，其地位比元老院统辖的行省重要。随着奥古斯都及后来统治者的扩张和领土的扩大，罗马的行省数目不断增加，至公元 3 世纪中期已达 40 多个。

西西里起义

西西里岛是有名的"谷仓"，使用奴隶的大农庄在这里发展得较早，农庄主对奴隶进行残酷的剥削和虐待。公元前 138 年，西西里中部恩那城的奴隶掀起暴动，西南部的阿格里根特也爆发了奴隶起义。统治者派遣大军疯狂围攻恩那城，公元前 132 年城陷，起义失败。

斯巴达克起义

斯巴达克起义是公元前 73 年罗马爆发的一次奴隶大起义，是世界古代史上最大的一次奴隶起义。

斯巴达克是色雷斯（今保加利亚一带）人，在战斗中被罗马人俘虏，被卖到卡普亚城一所角斗士学校当角斗士。斯巴达克不堪忍受角斗士学校里非人的待遇，率领 70 多名角斗士发动起义，逃往维苏威山区。周围许多逃亡奴隶和破产农民都纷纷前来投奔，起义队伍不断发展壮大，多次击败罗马人的军队。

斯巴达克希望率领起义军北上翻越阿尔卑斯山，返回家园。但在翻越阿尔卑斯山时遇到了困难，斯巴达克改变计划，挥师南下，希望前往西西里岛。但由于缺乏船只也只好作罢。在阿普里亚省南部，起义军和罗马军队展开了总决战。由于寡不敌众，斯巴达克战死，起义失败。

斯巴达克起义军在战斗中能组织好步兵和骑兵的协同进攻，力求夺取和掌握主动权。行军时隐蔽迅速，设置埋伏，实施突袭，对敌人实行各个击破战术，多次打退罗马精锐部队，对后来的奴隶起义提供了许多宝贵的经验。

前三头同盟

随着民主派势力的强大，左右罗马政局的克拉苏和庞培出于个人的政治目的转向民主派。克拉苏是苏拉的部将，随苏拉出兵意大利，建立了功勋，并趁火打劫，成为罗马首富。庞培也是苏拉的部将，曾先后平定了西班牙起义，消灭了地中海上的海盗，征服了小亚细亚，功震罗马。与此同时，马略的内侄恺撒也以民主派的身份登上了罗马的政治舞台。恺撒既不能在军功上与庞培竞争，也不能在财富上同克拉苏匹敌，但恺撒凭借着对马略的追念活动，打击了苏拉的党羽，赢得了平民和马略老兵的支持。三人中谁也没有力量单独战胜贵族势力，而只有三人暂时联合，才能与元老院抗衡。于是，公元前60年，恺撒、克拉苏和庞培达成了互相支持的协议，建立了秘密的政治同盟，史称"前三头同盟"。

古罗马的角斗士

古罗马的奴隶主们把那些身强力壮的战俘送到特设的剑术训练所里加以训练，然后让这些战俘在大剧场里和公开场所彼此残杀，或与野兽搏斗，这些人就是角斗士。他们是以流血牺牲供奴隶主寻欢作乐的奴隶。角斗士为了争取生存和自由，经常发起反抗奴隶主的斗争，斯巴达克起义就是首先由角斗士们发起的。

罗马大斗兽场

罗马大斗兽场修建于公元72年，建成于公元80年。斗兽场直到公元8世纪几乎还完整无损。此后500年在大大小小的无数次战争中，它主要被用作堡垒。

斗兽场位于古罗马广场较低的一头，占地6英亩，像一座由石灰石垒成的顶部凹陷的小山。外墙高约157英尺，布满大得令人生畏的拱门，黑森森的拔地而起，直插浅蓝色的天穹；内部周长1790英尺，为一座裂痕累累的巨大椭圆形砖石建筑，场上纵横交错着一条条像敞开的伤口般暴露在外的坑道。

《高卢战记》

《高卢战记》为恺撒所写，记述了他在高卢作战的经过，从公元前58年至公元前52年每年的事迹写成一卷，共7卷。公元前52~前51年间的冬天，恺撒镇压了维钦及托列克斯领导的联合大起义，高卢基本上恢复了平静，但他在罗马的地位已经在开始恶化。这时，克拉苏已死在安息，他在元老院中的政敌正在用尽心机算计他，庞培虽然还没正式跟他破裂，但当别人攻击恺撒时，却采取旁观态度。在这种情况下，恺撒不得不采取相应的措施来保卫自己，《高卢战记》便是在这种情况之下写的——一是为自己辩护，二是给他自己在罗马的一派人提供一个宣传提纲。恺撒的7卷《战记》，最后只写到公元前52年，但他直到公元前50年才离开高卢，因此后面缺了两年的事迹。恺撒死后，他的幕僚奥卢斯·伊尔久斯续写了第8卷，补起了这段空缺。

恺撒另外还有《内战记》3卷，记述他自己跟庞培作战的经过。除了这两部书以外，记述恺撒战绩的还有伊尔久斯所写的《亚历山大里亚战记》和作者不详的《阿非利加战记》《西班牙战记》，这些书合起来统称"恺撒战记"。

庞贝古城

在意大利那不勒斯附近的维苏威火山脚下，有座著名的古罗马城市庞贝。它始建于公元前8世纪，曾拥有2.5万人口，后来成为古罗马帝国的重要行政中心。庞贝城之所以闻名于世，是因为它曾被突然喷发的维苏威火山的灰尘埋在地下十几个世纪，从而成为一座真正的死城。经历了尘封土埋的漫长岁月以后，庞贝城已经变成一座地地道道的"化石城"。城内有4条交叉成"井"字形的主要街道，将全城分成9个区。街道用石板铺筑，街石的上面留有两道深深的车辙印。庞贝城当年城内有政府机构、法庭、太阳神庙、女神庙、公共浴室、角斗场、商店、酒店等。在一家小酒店的遗址上，火山喷发那天老板记账的营业额和一些顾客赊数还依稀可辨；一个面包房的烤炉中还有一块印有面包商名字的烤熟的面包……这些场景作为庞贝城末日的瞬间凝固于历史长河。

《谋略》

《谋略》为古罗马军事名著，一译《谋略例说》。成书于公元1世纪下半叶。作者是古罗马军事著作家弗龙蒂努斯（约公元35~约103年）。该书除拉丁文本外，还有多种文字译本。全书共4卷，前3卷为弗龙蒂努斯所撰，第4卷由后人补写。

《谋略》通过引证史例着意阐明以下思想：试图在交战中取胜，事先必须周密准备，包括正确选择交战地点和时机、编组战斗队形、运用计谋瓦解敌军，以及善于在交战中扩张战果等。此外，还强调了纪律对夺取胜利的作用。

《谋略》是较早运用史例阐发军事理论的代表作之一，是研究古代罗马军事思想的重要文献，颇受欧美军事学术界重视，被称之为西方世界的"孙子兵法"。但由于时代的局限性，该书带有宿命论和弱肉强食的思想烙印。

后三头同盟

古罗马共和后期有"前三头同盟"和"后三头同盟"。公元前73年，罗马爆发了斯巴达克奴隶大起义。在镇压这次起义过程中，苏拉的两位部将克拉苏和庞培一度成了罗马的风云人物。他们因为和元老院的冲突而废除了苏拉留下的制度。公元前60年，克拉苏、庞培与恺撒结成秘密的政治同盟，一起反对元老院，史称"前三头同盟"。

恺撒死后，罗马发生争夺继承权的斗争。恺撒密友、公元前44年与恺撒同为执政官的安东尼，以及骑兵长官雷必达势力最强。但元老院不愿支持他们，而把眼光投向屋大维。当时屋大维还不满20岁，元老院想利用他来对抗安东尼和雷必达。不过，屋大维并非那样易于摆布。虽然在穆提那他打败过安东尼，但他权衡利弊仍准备同这两个实力派暂时合伙。公元前43年，安东尼、雷必达和屋大维公开结成同盟，即所谓"后三头同盟"。

屋大维的统治

公元前63年9月23日，屋大维生于一个罗马骑士家庭，后来被外舅祖父——恺撒收为养子。

公元前48年，15岁的屋大维由于恺撒的关照被选入大祭司团。屋大维18岁时，恺撒被刺死，得知消息后的他便决心去罗马为恺撒报仇。

当时的罗马已被恺撒的副手安东尼所掌握，他向群众公布了恺撒的遗嘱——指定屋大维为继承人。实际上安东尼却掌握了军权，控制了局势，俨然以恺撒的继承人的身份行事。了解情况以后，屋大维带领追随者来到罗马，要求安东尼执行恺撒的遗嘱，并以恺撒养子的身份招募恺撒过去的部下。很快，他就组建了一支有3000人的、装备精良的军队，组成两个军团。经过一段纷争，安东尼终于承认了屋大维的实力，他和屋大维、雷必达结成了"后三头同盟"。公元前32年，屋大维和安东尼的矛盾激化，最后到了进行决战的地步。安东尼失败自杀，屋大维成为罗马的绝对统治者。

屋大维统治罗马的制度称为元首制，他的称号不是君主，而是"第一公民"。对元老院，他采用利用和尊重的双重政策。元老院在利益和荣誉面前，也全力拥护元首制，授予屋大维以绝对权力。当时的罗马已成为地中海沿岸的大帝国，屋大维则成了帝国的第一帝。

奥古斯都建立元首政治

"元首"一词来源于拉丁文，这和南欧历史大国兴衰有着密切的关系。在古代，元首是首席元老和国家第一公民的意思，近代一般指国家的最高领导人。在不同的历史演变过程中，它表示不同的意义，有着不同的历史背景。

罗马共和国时代，元首是指元老名单中的第一名，即首席元老。它一般都由监察官根据财产、声望等，从元老院的成员中挑选出来。元首虽然享有很高的声望，但不担任行政长官，只是当执政官征询意见时，元首有权第一个发言。

公元前29年，屋大维重新统一了古罗马。

公元前28年，屋大维当选为执政官。他以执政官的身份对元老院进行了"清洗"。清洗后的元老院增加了大批拥护屋大维的新贵，从此元老院成了屋大维的权力工具。表面上，屋大维宣布恢复共和制，实际上他已攫取了罗马共和国的一切重要官职，他是终身执政官、终身保民官、大祭司长及首席法官。接着，元老院又授予他"奥古斯都"（意思是"神圣的"和"至尊的"）及"元首"的称号，元首与执政官合二为一。公元前27年，罗马进入帝国时代。

隶农制的盛行

共和末期，奴隶主为了缓和与奴隶之间的矛盾，提高经济收益，开始实行隶农制。到帝国黄金时代，隶农制开始流行。隶农最初是指自耕农，即以自力耕种自己土地的农民或殖民地的移民者。当时的大土地所有者把土地分成小块，分租给佃耕者，佃耕者中有契约租户和世袭佃户，其中也有奴隶。这些佃农，以及以交付定量收获物为条件从主人手中获得小块份地的奴隶，都属于隶农，这种生产关系称为隶农制。隶农最初向地主交纳货币租，后又交纳占收成1/3左右的实物租。隶农制的盛行反映了罗马的奴隶制经济已有衰落的趋势。

安敦尼王朝的建立

罗马帝国第二个王朝弗拉维王朝的末帝图密善，是靠毒死胞兄（前任皇帝）而登上王位的。执政之初，他为了掩饰自己不仁不义的面目，假施仁政于民。当他认为自己的王位已经稳固之后，便开始暴虐起来。他杀掉开疆拓土的武将，甚至以奴隶充当俘虏谎报军情。此外，他还大肆迫害基督教徒，屠杀犹太人。图密善的骄奢残暴行径，激起人们的普遍不满，终于在政变中被杀。元老院推举旧贵族出身的涅尔瓦为帝，建立起安敦尼王朝（公元96～192年）。安敦尼王朝以皇权极盛、统治稳固著称。安敦尼王朝统治时期，被称为罗马帝国的"黄金时代"。

三世纪危机

公元2世纪末到3世纪末，罗马的奴隶制社会在经济、政治等方面爆发了全面危机，史称三世纪危机。统治集团的腐朽和外族的入侵，导致农业萎缩、商业衰落、城市萧条、财政枯竭、政治混乱、奴隶起义此起彼伏，罗马社会陷于动荡之中。

戴克里先改革

罗马帝国皇帝戴克里先为加强专制统治而实行的改革。戴克里先改元首制为君主制，加强中央集权。将帝国划分为4部分，由4个统治者共同治理，形成"四帝共治制"，但最高统治者仍是戴克里先。改革后，原有的辖区较大的行省被划小，行省总数增加；各行省中，军权和行政权分开；军队分为边防军团和机动军团，军团变小，以便调遣。戴克里先还统一税制，取消某些免税特权，人头税和土地税合一，作为财政主要收入；禁止农业劳动者离开土地以及手工业者脱离同业行会，不准市议员离开所属城市，以保证税源。为稳定币值，戴克里先确定了新的铸币含金、银标准，并颁布了物价敕令，但收效甚微。对基督教采取弹压政策，禁止举行礼拜，清除军队和官员中的教徒，没收教会财产，处死一些教徒。戴克里先的改革使面临严重危机的帝国获得了暂时的稳定。

巴高达运动

巴高达的名称源于克勒特语"斗争"一词，意为"战士"。巴高达的队伍，主要由奴隶和隶农组成。公元269年，巴高达开始起义。不久，起义者围攻鲁格敦高卢的奥古斯托敦城（即奥登）。这个城市原与罗马城订有兄弟联盟的条约。奥登城向罗马求援，罗马皇帝忙于同哥特人斗争，无力援救。经过7个月的围攻，巴高达终于攻克了奥登城，杀死了一部分奴隶主贵族，剥夺了他们的财产，这次起义坚持了3年多，后来被罗马皇帝奥勒良（公元270～275年）镇压。但是，巴高达运动并未停止，从283年起，又展开了更大规模的斗争。这次斗争仍以鲁格敦高卢为中心，巴高达以农民为步兵，以牧人为骑兵，攻城陷阵，杀富豪，焚庄园，分地分财。他们选举两位首领埃里安和阿芒德为皇帝，自铸钱币。皇帝戴克里先于公元286年派马克西米安前往高卢镇压，马克西米安几次被化整为零的巴高达挫败，士兵临阵退却。后来，马克西米安以十一抽杀法处罚退却士兵，才镇压了这次起义。此后，巴高达余部仍继续活动，直到5世纪末。

君士坦丁大帝独裁

公元305年，经过争夺帝位的混战，罗马政权落到君士坦丁手中。他废除四帝共治制，成为独裁君主。他扩充了官僚机构，亲自任命民政和步、骑兵长官等高级官员。同时，他又将帝国划分为高卢、意大利、伊利里亚和东方4个大行政区，下设行政区，再往下为各行省。公元330年，君士坦丁将帝国首都迁到东方的拜占庭，并将其改名为君士坦丁堡。

基督教的兴起与传播

基督教是当代世界三大宗教之一，以《圣经》为主要经典。公元前1世纪，罗马四处征战，不堪忍受罗马残暴统治的人民纷纷起义，但遭镇压。基督教由此而生，相传由拿撒勒人耶稣创建。耶稣构建思想体系，培训门徒，四处传教，最后被罗马的叙利亚巡抚彼拉多钉死在十字架上。基督教在1世纪中叶到2世纪得到广泛传播，教会组织、经典文献、宗教仪典逐渐完善。到2世纪中叶，在已编定的《新约大全》中增加了泛爱、忍耐等内容。于是，基督教开始演变成统治阶级可以接受的宗教，为帝国政府所容忍。4世纪，君士坦丁改变过去的镇压政策，颁布《米兰敕令》，正式宣布基督教合法。公元392年，罗马皇帝正式确认基督教为国教。基督教于1054年分化为东正教与天主教，16世纪后天主教继续分化。

《圣经》

与其他宗教一样，基督教也有一部经典——《圣经》。"圣经"这个词在古希腊文中原意为"书"。基督教的信徒们却一再宣扬，《圣经》是上帝向人们所做的启示，是一部神圣的书，是"绝对的真理"。根据研究，《圣经》是不同时代的40多位作者撰写后汇编而成的一部作品集。它分为《旧约全书》和《新约全书》两部分。《旧约全书》形成的年代大约从公元前2世纪至公元1世纪，是用古希伯来文写成的。《新约全书》大约形成于公元1~2世纪，是用希腊文写的。整部书的叙事年限共经历了约1300年。

由于基督教徒人数众多，因此《圣经》现在已成为世界上流传最广、影响最大的图书之一，有1600多种不同文字的译本。

罗马帝国的分裂

自公元3世纪以来，罗马帝国奴隶制经济继续衰落：农村劳动者逃亡，农田大量荒芜，城市工商业凋零。大地主乘机大肆兼并土地，大地产制、庇护制迅速发展起来，罗马奴隶制生产关系已经腐朽没落了。君士坦丁死后，帝国统治集团内部为争夺皇位于公元339年开始又发生了长期的混战。此后狄奥多西虽一度恢复统一的残局，但无法建立稳固的统治。他死后，把帝国分给两个儿子，于是罗马帝国于公元395年正式分裂为西罗马帝国（首都在罗马）和东罗马帝国（首都在君士坦丁堡）。此时帝国在名义上仍属完整统一，但事实上是彻底分裂了，以后再未统一。

马克西穆斯之乱

马克西穆斯是罗马著名的元老，曾两次担任执政官。公元454年，他将名将埃提乌斯陷害至死，公元455年又设计谋杀了皇帝瓦伦提尼安，终于篡位当上了皇帝。不过他仅仅当了两个半月的皇帝，就在汪达尔人洗劫罗马期间被愤怒的市民捕杀了。

四大"蛮族"掌权

瓦伦提尼安死后20年间，西部先后出现了8个"皇帝"，但是政权掌握在四大"蛮族"出身的首领李希梅尔、冈多拜德、欧瑞斯特和奥多雅克手中。八帝之中由他们废立者就有6人。公元476年，日耳曼人奥多雅克废黜奥古斯都路斯皇帝，自称为"王"而不称帝，皇帝制度在西部被废除，西罗马帝国也由此灭亡。

西罗马帝国的灭亡

西罗马帝国灭亡最直接的原因是日耳曼人的一支西哥特人的侵入。公元410年，西哥特人开始围攻罗马城，此时遭受到罗马统治者奴役的意大利奴隶纷纷响应。罗马城内的奴隶为围城的西哥特人打开了城门，里应外合，罗马城终于为起义者和愤怒的奴隶们所占领。此外，日耳曼人的东哥特人、勃艮第人、盎格鲁—撒克逊人也乘势大举侵入罗马境内，西罗马帝国犹如高坝坍塌，陷入了土崩瓦解的境地。到5世纪中期，西罗马帝国境内出现了好几个日耳曼人的王国。公元476年，西罗马帝国最后一位皇帝罗慕洛斯·奥古斯都路斯被废黜，西罗马帝国正式灭亡，它标志着西欧奴隶制社会的结束，从此，欧洲进入封建社会。

断臂维纳斯

在法国巴黎的卢浮宫，有一座姿态优美，神情安详，洋溢着女性特有的人体魅力的断臂雕像。这座雕像是公元前3世纪由希腊著名雕塑家阿历克山德尔创作的。1820年由一位农民在希腊发现，后被法国人买下运回法国，献给国王。她是公元前4世纪希腊全盛时期以来保存下来的最有影响的一座雕像，代表着古希腊神话中爱与美的女神，她代表着女性美和性爱，并掌管着人间的爱情、婚姻和生育。整座雕像造型典雅、曲线柔和，身体的线条和轮廓组合得异常和谐，把一位古代希腊女性表现得栩栩如生，堪称世界艺术宝库中的瑰宝。

圣诞节

每年12月25日是世界各国基督教徒纪念耶稣基督诞辰的日子，称为圣诞节。将12月25日作为圣诞节，是罗马天主教皇莱伯里乌斯在公元354年规定的。之所以要选择这天，据说是为了同世俗的神农节一致。因为公历12月24日是冬至日，是一年中日照最短的一天，从12月25日开始便白昼变长，人们为了感谢太阳赐给人间的温暖和光明，经常举行各种活动向太阳顶礼膜拜。罗马教会把耶稣的降生比作太阳的再生，他就像给黑暗世界带来光明和正义的太阳一样。

弗拉维圆形剧场

弗拉维圆形剧场又名格罗塞穆剧场，是世界上最大的古代圆形剧场。它是古罗马物质文明的象征和最具代表性的作品。因为它建立于古罗马弗拉维王朝时期，故名为弗拉维圆形剧场。它位于罗马广场东侧，整体呈椭圆形的舞台居中，四周筑有阶梯形的露天观众舞台，它的门面分4层，场内座位可以容纳5万观众，舞台用于表演角斗以及人兽搏斗等。据记载，当年斗兽场落成时曾举行了百日竞技。在角斗士格斗和赛跑之后进行人兽决斗，格斗从日出直到日落，杀得天昏地暗，血流成河。花样屡屡翻新，甚至在场地上注水模拟海战。由于建筑工程使用水泥极为成功，显得异常坚固，因此罗马人有"格罗塞穆若倒，罗马也就灭亡"的谚语。但实际上罗马帝国灭亡后此剧场依然屹立，后来因人们不断从其中挖掘石料才部分坍塌了。

罗得岛太阳神铜像

罗得岛在今希腊境内，位于地中海与爱琴海之间。公元前292年，罗得岛居民与马其顿入侵者进行了一场艰苦的战争，终于获得了最后的胜利，并缴获了大量的兵器、盔甲等战利品。罗得岛居民把缴获的青铜制品全部熔化，铸造了一座巨大的太阳神阿波罗的立像，以作胜利的纪念。神像以昂首跨步的姿态屹立着，高举的右手伸向前方，既体现出拒敌于千里之外的气魄，又不失欢迎远方亲友归来的热情。右手为神像的最高点，离地35米，气势无比恢宏。这座神像是著名雕塑家卡瑞斯的杰作，制作过程共历时12年，可惜神像存于世间仅56年，公元前224年太阳神阿波罗像在一场大地震中轰然倒下。据说，今天在薄雾朦胧中遥望纽约的自由女神像，还能依稀看到当年罗得岛上屹立的太阳神阿波罗雕像的身影。

美洲

美洲古代文明

美洲的名称因 16 世纪地理大发现而出现，15 世纪末以前，美洲的居民是印第安人，其中玛雅人、阿兹特克人、印加人创造的文化水平最高，被人们称作三大文明中心。他们创造的光辉灿烂的文明，因 16 世纪西班牙的入侵而被打断。

奥尔梅克文明

奥尔梅克文明是中、北美洲公认的最早的文明。大约出现于公元前 1500 年左右，开始于紧靠墨西哥湾的维拉克鲁兹沼泽凹地的一群村落中。约公元前 1200 年，村落发展为大型聚落，聚落中建有市政建筑物，其侧面有礼仪中心，并建有住宅和商店。该文明的一个中心是拉文塔，位于海港附近，盛产农作物和盐，主要居民是渔民、农民、商人和能工巧匠。他们住在盖有支柱及遮盖的住房里，玉米、鱼类和海龟是他们的主要食物。

帕拉卡斯文化

公元前 550~前 200 年，帕拉卡斯文化在秘鲁利马南部发展起来。帕拉卡斯人已掌握了不少耕种技术，能够种植玉米、豆类、花生、甘薯和丝兰等。在手工业方面，帕拉卡斯人是刺绣和织布的能手，使用了其他地方还不知道的先进技术。刺绣图案无所不包。在 2000 多年后发现于此地的衣服上，人们还可以分辨出大约 100 种颜色。帕拉卡斯人死后都被制成木乃伊。经过晾干和熏制的遗体，与纺织品、假头颅和陶器等一起被安置在墓中。

摩羯文化

约公元 1000 年左右，摩羯文化出现在南美洲培尔北部的广大土地上。当时这里的居民都是技术娴熟的农民。他们挖渠灌溉田地，用鸟粪做肥料。他们修建了金字塔式的建筑，称为"华卡"，其中最大的是华卡·德尔·索尔，高达 41 米以上。另有一个华卡修建在希班海岸。摩羯人还是伟大的艺术家，他们是南美最高明的陶工。他们印刻在陶器上的文字，与迄今为止所发现的任何一种文字都不相似。当时的金属冶炼技术也非常发达。

古代印第安文明

早在哥伦布发现新大陆之前的许多个世纪，拉丁美洲辽阔的土地上繁衍生息着为数众多的各族印第安人。至 15 世纪，这些印第安人形成了 3 个文化中心：玛雅文化（今洪都拉斯、危地马拉和尤卡坦半岛一带）、阿兹特克文化（今墨西哥中南部一带）以及印加文化（今秘鲁、玻利维亚和厄瓜多尔一带）。这些文化发达、人口集中的印第安民族，在西班牙征服者到来之前，已经创造了丰富的物质财富和精神文明，其中有多种形式的文学作品，如反映本民族历史的神话传说、颂扬英雄事迹的戏剧、敬神的诗歌和抒情诗等，但大多已经失传。这主要因为印第安人的语言种类纷繁，没有发展出完备的文字，而西班牙入侵者对印第安文化又进行了摧残破坏。

印第安语言

在多达 1000 余种的印第安语言中，最发达的是印加人的克丘亚语、阿兹特克人的纳瓦特尔语和玛雅人的基切语。印第安文化中，只有玛雅人有象形文字，并有用象形文字写成的书籍，但几乎都被西班牙征服者烧毁。现在仅存的 3 册手抄本也没人能读懂其内容，据研究，它们可能是有关历法、数学和仪典的著作。

通常被称为古代印第安文学的作品，大多是在征服和殖民时期由欧洲人所记录或抄写的。最早从事印第安文学收集工作的是西班牙传教士，他们有的根据印第安人的口述整理，有的根据象形文字的记载加以诠释，难免误解、篡改或伪造。此外，西班牙人所收集的印第安文学作品，其年代一般都在 15 世纪末叶前后。现已经整理和翻译出一部分比较重要的印第安古代文学作品。

《波波尔·乌》

《波波尔·乌》属于玛雅文化，基切语的原意为咨询之书。这是美洲大陆上发现的最古老的书，也是印第安古代文学中最重要的一部作品。它的第一部分写世界的创造和人类的起源，第二部分是英雄故事，第三部分简述基切部落建立和发展的历史。它是西班牙传教士弗朗西斯科·希梅内斯于 17 世纪末在危地马拉所发现，成书时期约在 16 世纪。希梅内斯读通了手稿内容，译成西班牙文。原手稿用基切语写成，下落不明。今看到的《波波尔·乌》是后来其他学者根据希梅内斯最初抄录的基切语本重新翻译的。

《索洛拉纪事》

《索洛拉纪事》是居住在现在危地马拉索洛拉省的另一支玛雅印第安民族卡克奇凯尔人珍藏的一部民族编年史，约在 17 世纪初由印第安学者搜集汇编，用拉丁字母拼写而成，又名《卡克奇凯尔年鉴》。

《契伦·巴伦之书》

《契伦·巴伦之书》是当时祭司所作记录的总称，种类繁多，最主要的有 8 部，纪录居住在尤卡坦的玛雅人各个时期的文化，内容庞杂，包括宗教、历史、医药、天文、文学等各个方面。宗教和历史部分是按照图画文字写成的文献翻译的，其余部分是根据口头传说，用拉丁字母拼写记录的。流传至今的文本已都不是 16 世纪的原文，而是辗转传抄的本子。

《拉维纳尔武士》

《拉维纳尔武士》属于玛雅文化。这是现存古印第安文学中少有的一部未受任何欧洲人思想影响的剧本。在古代墨西哥的印第安民族中，戏剧已相当发达，经常在广场、宫廷或庙宇中演出，题材多为部落征战中的英雄业绩。这部剧本描写基切部落和拉维纳尔部落之间发生的一次战争，表达了一位拉维纳尔武士出征、作战和被俘前后的思想感情，结构完整，对话生动，演出时还穿插民族舞蹈。剧本是 19 世纪中叶一个传教士根据拉维纳尔民族老人的口授用拉丁字母记录而成的。

《奥扬泰》

《奥扬泰》属印加文化。这是一部歌剧，约成于西班牙入侵秘鲁时期，由一个无名的印加作家根据民间流传的歌颂民族英雄奥扬泰的故事，用克丘亚语编成。剧本写著名武士奥扬泰与印加公主柯依约相爱，受到大祭司阻挠，但最后终于结成良缘的故事。1770～1780 年间由一个名叫安东尼奥·巴尔德斯的传教士辑录成书。

古代美洲工艺

古代美洲工艺美术形式多样，富于民族精神和地方特色。在这些多姿多彩的工艺美术制品中，我们似乎可以阅览古代美洲人的历史和宗教观的发展，并看到其文明的辉煌和当年曾经历过的繁荣。通过对他们工艺美术发展演变过程的理解，我们会进一步认识古代美洲印第安人的工艺文化。

苏美尔城邦

阿卡德王国的兴亡

阿卡德地区位于两河流域北部。约公元前 2371 年，阿卡德城的国王萨尔贡一世征服阿卡德地区，建立了统一的阿卡德国家。后来，阿卡德又经过多次战争，征服了苏美尔诸城邦，第一次统一了两河流域南部的巴比伦尼亚地区。不过，阿卡德王国的统治并不稳固，在历经 100 多年的统治后被侵入两河流域的库提人所灭。

神庙大经济

在苏美尔城邦中，神庙大经济占主要地位。神庙的土地可分为三类：神庙公用地，即神庙公用而由神庙所属人员共同耕种的土地；神庙份地，即分配给神庙服役人员的份地；神庙出租地，即出租给佃户耕种，收取地租的土地。神庙土地是不能买卖的。随着城邦王权的加强，神庙土地多为王室侵吞。除了神庙所有的土地外，其余均为农村公社的土地，这些土地已分配给各个家族，可以买卖。村社农民必须向国家纳税并服徭役。

乌鲁卡基那改革

公元前 30 世纪中叶以后，苏美尔地区的城市国家拉格什因长期进行对外战争，加剧了城邦内部的社会分化和阶级斗争。贵族出身的乌鲁卡基那在平民和下层祭司的支持下，推翻了卢伽尔安达的统治，取得了拉格什的政权。

乌鲁卡基那在位 7 年间（约公元前 2378～前 2371 年），进行了一系列有利于平民的改革：恢复扩大了居民的公民权，改善了无权者阶层"苏不路伽尔"的处境，撤销遍布全国的监督机构和税吏；恢复庙产，免除祭司的纳税义务，减少人民的宗教费用；禁止以人身作为借贷条件；禁止暴力、盗窃、残杀、囤积居奇，禁止欺凌孤寡；禁止官员以廉价强买平民的住房、牲畜；禁止侵犯别人的住宅等。乌鲁卡基那的改革措施打击了氏族贵族奴隶主的势力，满足了平民的某些要求，扩大了公民的一些权利，使全国人数增加了 10 倍。

乌尔第三王朝

萨尔贡死后，其后继者继续向外扩张，但阿卡德王国的统治并不稳固，苏美尔各邦不断发生骚动，最后阿卡德王国被从东北部山区侵入两河流域的库提人所灭。库提人在苏美尔地区的统治比较薄弱，苏美尔各城邦乘机复兴，乌鲁克和乌尔等城邦不断积蓄力量。约公元前2116年，乌鲁克人赶跑了库提人。不久，乌尔城邦兴起，又取代乌鲁克人的统治，统一了南北两河流域，史称乌尔第三王朝。乌尔第三王朝统治时期，南部两河流域的生产力水平有了新的提高，私人奴隶制经济也有了进一步的发展。

楔形文字

楔形文字的发明是古代两河流域的最大文化成就之一。公元前3000年左右，苏美尔人创造出了一种象形文字，并习惯在半干的黏土板上用削尖的芦苇秆、木棒书写，笔画形状很像木楔，所以这种文字被称为楔形文字。

《乌尔纳姆法典》

乌尔统治期间，两河流域的阶级矛盾相当尖锐，奴隶和依附者的处境十分悲惨。为巩固统治，乌尔第三王朝的创立者乌尔纳姆制定了现今所知道的世界历史上第一部成文法典——《乌尔纳姆法典》。法典中提出禁止欺凌孤儿寡妇，不许富者虐待贫者，这反映了当时社会贫富分化的严重情况。

苏美尔人的天文学和数学

苏美尔人按照月亮的盈亏把一年分为12个月，共354天，同时设闰月补足与太阳年（地球绕太阳运行一周的时间）之间的差距。苏美尔人还知道10进位制和60进位制，其中60进位制在古代两河流域的应用更为广泛。我们现在以60进位制把时间用小时、分、秒来划分，把一个圆周分为360度，都是继承了苏美尔人的成果，他们的面积单位、质量单位也多采用60进位制。后来的古希腊、罗马也采用他们的一些质量单位，欧洲有的地方甚至一直沿用到18世纪。

《吉尔伽美什》

《吉尔伽美什》是迄今所知人类历史上最早的史诗，它是两河流域的人民创造出的许多优美的文学作品中最出色的一部。该诗描写了苏美尔人乌鲁克城的国王吉尔伽美什神话式的传奇故事，颂扬了为民建立功勋的英雄，反映了古代两河流域人民征服自然，探索人生奥秘的朴素愿望。这部作品产生于苏美尔城邦时代，以后经过历代人民口头相传、加工锤炼，至古巴比伦时期被编定成书。全诗共3000多行，用楔形文字分别刻在12块泥板上。

苏美尔文明韵衰落

苏美尔文明一直持续了2000多年，在两河流域建立了一些奴隶制的城邦国家，每一个城邦都是以一个城市为中心，人口只有几万人。这些国家之间为了掠夺奴隶和财物经常发生战争。一直到公元前19世纪初，从叙利亚草原来了一支强悍的游牧民族，占据了两河流域的中心地带巴比伦城，最后建立了历史上著名的古国——古巴比伦国，苏美尔文明才渐渐衰落下去。

巴比伦王国

古巴比伦文明

亚洲西部的幼发拉底河和底格里斯河，自西北向东南流经今天的伊拉克境内，注入波斯湾。古希腊人把两河流域称作"美索不达米亚"。两河文明最著名的代表是巴比伦，所以人们又把西亚文明统称为巴比伦文明。西亚古文明与埃及文明同时在公元前3500年开始，但西亚历史几经曲折兴衰后，又有波斯、安息与萨珊的1000多年发展，这时埃及则因丧失独立而使文明断绝，所以西亚文明的演变也较埃及复杂而长久，它最后由中世纪的阿拉伯文明继承为东方文明的一大支系。

汉谟拉比的统治

公元前18世纪，汉谟拉比在统一两河流域南部的过程中，建立起强大的中央集权的奴隶主专制国家机器。他总揽全国的立法、司法、行政、军事和宗教大权，并对自己加以神化，自称为伟大天神的后裔。他任命中央各部大臣，委派地方各级官吏。汉谟拉比大力兴修水利发展农业，建立常备军巩固政权，并实行份地与军事义务相关联的兵役制度，同时保护士兵的份地。古巴比伦国家的军事力量因此得以强大。汉谟拉比还很注意文治，他制定的《汉谟拉比法典》是世界上第一部比较完整的法典。

《汉谟拉比法典》

人类最早的一部法典是产生于3800年前的《汉谟拉比法典》，它完成于古巴比伦第六代国王汉谟拉比之手，该法典由前言、正文和结语3部分组成，共3500行，8000个左右的楔形文字。法典的正文共有282条，内容十分繁杂，包括诉讼手续、盗窃处理、租佃、雇佣、商业高利贷和债务、婚姻、遗产继承、奴隶地位等条文，该法典刻在一个石柱上，1901年12月被考古人员发现。

该法内容之全、法制之明，在古代世界立法史上甚为罕见，是迄今为止人类发现的最早的一部法典，所以又称为"世界第一法典"。

古巴比伦王国的灭亡

汉谟拉比建立的统一国家并不稳固。公元前1750年汉谟拉比死后，其国势由盛转衰。国内阶级矛盾尖锐，奴隶逃亡斗争和租税债务问题突出。阿比舒统治时期颁布的诏令反映了这一社会矛盾。在阿比舒王给另一些地方官的诏令中，多次提及催交租税的问题：有催促地方官员贡纳牲畜的，有催促商人交纳税银的，也有催促商人向神庙交纳贡税的，还有兄弟之间因债务纠纷请求国王予以裁决的……可见，社会经济的紊乱和王权的衰落，导致了社会阶级矛盾的激化和社会秩序的混乱。外族的不断入侵和骚扰，更加速了王国的衰落过程。在萨姆苏伊鲁纳统治时期，东北部山区的加喜特人日益强大，不时侵袭巴比伦，逐渐成为巴比伦的严重威胁。以后又有乌鲁克、伊新等地的暴动。约公元前1595年，古巴比伦王国终于被北方入侵的赫梯人所灭。

新巴比伦王国

公元前630年，居住在两河流域南部的迦勒底人那波帕拉萨趁新亚述内乱之机，逐渐取得对巴比伦尼亚的控制权。公元前626年他自立为巴比伦王，建新巴比伦王国。公元前612年攻陷尼尼微，灭亚述帝国。公元前586年灭犹太王国，将犹太的国王、王公贵族及普通民众俘至巴比伦尼亚，此即所谓"巴比伦之囚"。在尼布甲尼撒二世统治时期，王国处于极盛阶段，奴隶制经济有较大发展。奴隶广泛用于经济生活的各个领域。大奴隶主阶级分为军事贵族和商人僧侣两大集团。僧侣集团势力强大，首都巴比伦城的马尔杜克神庙僧侣在诸城神庙中居领导地位，在政治生活中有举足轻重的力量。公元前539年，波斯王居鲁士二世攻入巴比伦尼亚，神庙僧侣迎居鲁士入巴比伦城，新巴比伦王国遂亡。

古巴比伦的"空中花园"

关于"空中花园"有一个美丽动人的传说。新巴比伦国王尼布甲尼撒二世娶了米底的公主米梯斯为王后。公主美丽可人，深得国王的宠爱。可是时间一长，公主愁容渐生。尼布甲尼撒不知何故。公主说："我的家乡山峦叠翠，花草丛生，而这里是一望无际的巴比伦平原，连个小山丘都找不到，我多么渴望能再见到家乡的山岭和盘山小道啊！"原来公主害了思乡病。于是，尼布甲尼撒二世令工匠按照米底山区的景色，在他的宫殿里建造了层层叠叠的阶梯形花园，上面栽满了奇花异草，并在园中开辟了幽静的山间小道，小道旁是潺潺流水。工匠们还在花园中央修建了一座城楼，矗立在空中。巧夺开工的园林景色终于博得公主的欢心。由于花园比宫墙还要高，让人感觉整个御花园像是悬挂在空中，因此被称为"空中花园"，又叫"悬苑"。当年到巴比伦城朝拜、经商或旅游的人们老远就可以看到空中城楼上的金色屋顶在阳光下熠熠生辉。到公元2世纪，希腊学者在品评世界各地著名建筑和雕塑品时，把"空中花园"列为"世界七大奇观"之一。

两河流域的天文学成就

古代巴比伦人很注重天文观测，积累了许多天文资料。当时人们已经能够把五大行星金、木、水、火、土和恒星区分开，而且对五大行星的运行轨道也观测得相当准确。巴比伦人运用天文知识，制定了历法，并且发明了测定时间的日晷和水钟。这些成就对后世欧洲天文学的发展产生了很大影响。

巴别塔

今天的伊拉克首都巴格达的所在地5000年前是一马平川，那里曾屹立着一座无比壮观的巨塔——巴别塔。据《圣经》记载，大洪水退去后，挪亚的子孙在巴比伦一带建国。他们渐渐变得骄傲自大，想造一座通天巨塔来传扬自己的名声。神怕人类从此不再敬神，于是变乱了语言，使人们无法交流，从而再也不能齐心合力建塔。"变乱"一词在希伯来文中是"巴别"，因此这座塔又被称为巴别塔。

几千年来，人们一直都没有发现巴别塔的遗迹，有人认为它不过是个神话。后来，考古学家在古巴比伦遗址上发现了一个由石块、泥砖砌成的拱形建筑废墟，中间有口正方形的大井。开始，考古学家以为这是空中花园的遗址，直到后来在附近出土了一块记载了巴别塔的方位和式样的石碑，才知道这就是

巴别塔的塔基。

巴别塔建于公元前17世纪，高近90米，分成7层，底层边长也近90米，顶层是供奉马尔杜克神的神庙。用深蓝色釉砖砌成的塔身外有条螺旋形的阶梯盘旋而上，直通金色的神庙。公元前1234年，巴别塔被攻占巴比伦的亚述人摧毁。后来，新巴比伦的尼布甲尼撒二世曾重建该塔，但他去世后，巴比伦又渐渐衰落。公元前484年，巴别塔再次毁于战火。虽然人们如今已基本复原了它的外观，然而其整体的设计和结构仍是一个谜。

"巴比伦之囚"

公元前 586 年，新巴比伦王国国王尼布甲尼撒出兵巴勒斯坦，攻陷耶路撒冷，灭了几乎所有的犹太富裕阶层，许多手工业者均被掳到巴比伦，这些俘虏大部分变为奴隶，这在犹太历史上被称为"巴比伦之囚"。公元前 539 年，波斯帝国国王居鲁士在攻陷巴比伦城后释放了被囚禁在巴比伦的犹太人，并允许他们重返耶路撒冷。犹太人中的一部分趁机回到耶路撒冷，重建耶路撒冷的神庙，确立起祭司贵族统治的神权政体，臣属于波斯帝国。

"宇宙四方之王"

公元前 10 世纪，伊朗高原的西部有两个强大的奴隶制国家，一个是埃兰，一个是米堤亚。公元前 7 世纪，埃兰被亚述灭亡。米堤亚征服波斯后，又与新巴比伦联合，消灭亚述成为西亚强国。波斯分 10 个部落，公元前 553 年，其中的一个部落——阿契美尼德族的居鲁士组织部落联盟，起兵反抗米堤亚。经过 3 年的战争，米堤亚灭亡，居鲁士建立了波斯王国。不久，居鲁士又灭了吕底亚王国，征服了小亚细亚沿海的希腊城邦。公元前 539 年，居鲁士进攻巴比伦城，释放了城中被囚禁的犹太人。居鲁士决定将波斯帝国的首都迁到当时世界上最繁华的城市——巴比伦，并宣布自己是"宇宙四方之王"。公元前 529 年，居鲁士在出兵里海时，被马萨革泰人杀害。

古印度

哈拉巴文化

20 世纪 90 年代，印度考古学家在印度河下游的摩亨佐·达罗土丘发现了沉睡了几千年的古城遗址。后来，学者们在印度河上游的哈拉巴又发现了一座同时代的古城。两座古城的城址设计复杂，里面的文物多样，宛如一幅幅迷人的画卷，使人们看到了作为世界文明发源地之一的古代印度高度发展的文化。这些古城文化被称为"哈拉巴文化"。

哈拉巴文化的范围分布很广，东西长 1550 公里，南北宽达 1100 公里，其范围比现今的巴基斯坦还大得多。对于它的起止时间，说法不一。目前的说法，是公元前 2500 年左右开始，公元前 1750 年灭亡。

雅利安人入侵南亚次大陆

约公元前 20 世纪中叶，属于印欧语系的游牧部落从中亚和高加索一带侵入北印度（即印度河中上游），入侵者自称"雅利安人"（意为"高贵者"）。土著居民与雅利安人展开了激烈的斗争，有的被杀，有的被逐入山林，也有的遭受奴役。雅利安人入侵南亚次大陆时尚处于青铜时代，主要从事畜牧业，驯养牛、羊、骆驼和马等，牛粪被做成饼状当燃料。后来农业成了主要生产部门，他们学会了牛耕、施肥和灌溉，手工业有所发展，交换也出现了，原始社会逐步解体。

种姓制度

种姓制度是古印度教的产物，已经有几千年的历史。它将人按不同职业分成 4 个严格的等级，即婆罗门、刹帝利、吠舍和首陀罗。每个种姓又有许多不同的分支，不同种姓之间不能通婚。贵贱等级世代相传，终身不变。在印度，属于低等级种姓的"贱人"基本没有仇富心理，他们相信今生的命运是前世的孽缘，所以今生要承受苦难，安于命运，来世以便解脱。尽管印度独立以后废除了种姓制度，但是今天的印度社会仍然保留着种姓制度的残迹，种姓制度已经给每一个印度人打上了宗教的烙印。

婆罗门教

婆罗门教是印度古代宗教之一，起源于公元前 2000 年的吠陀教，形成于公元前 7 世纪。公元前 6 世纪至公元 4 世纪是婆罗门教的鼎盛时期，公元 4 世纪以后，由于佛教和耆那教的发展，婆罗门教开始衰弱。

《奥义书》

《奥义书》是婆罗门教的一部哲学著作。它有很多部，是父传子、师传高徒的密义。此派哲学认为"梵"为世界的本质，万物均从此而生，"我"即灵魂，乃梵之化身，住于人和一切生物体内。《奥义书》的要旨即梵我合一，梵即我，我即梵。《奥义书》和在其以后出现的哲学六宗（胜论派、正理派、数论派、瑜伽派、弥曼差派、吠檀多派），均为婆罗门系统的正统哲学。《奥义书》则是所有宗派中最高的权威著作。

吠陀文学

约公元前 20 世纪中叶，印度吠陀文学开始出现。"吠陀"一词原意为"知识"，后转化为对婆罗门教、印度教经典的总称。从广义上来说，它是古代西北印度用梵文写成的对神的诵歌和祷文的文集，其中包括《吠陀本集》《梵书》《森林书》《奥义书》。从狭义上讲，吠陀仅指《吠陀本集》，共分 4 部：一为《梨俱吠陀》；二为《娑摩吠陀》，将《梨俱吠陀》中的绝大部分赞歌配上曲调，供祭祀时歌唱，共载入赞歌 1549 首；三为《夜柔吠陀》，主要说明出自《梨俱吠陀》的赞歌在祭祀时如何运用；四为《阿闼婆吠陀》，共 20 卷，载入赞歌 730 首，记录了各种巫术和咒语，其中杂有科学的萌芽。吠陀经书在世界文学史上占有一定地位，也是研究印度古代史的重要资料。

印度圣物——牛

牛在印度教里被视为圣物，并对它加以崇拜。这种信仰始于公元前 1000 多年前的吠陀时代。在古代印度，公牛可以屠宰当作牺牲贡奉和食用，而对母牛则动不得。雅利安人的经典之一《梨俱吠陀》中写道，母牛为女神，它是众神之母，因此严禁宰杀母牛。这种单纯的动物崇拜到公元后的最初几个世纪被赋予了社会色彩。当时规定杀母牛与杀婆罗门要治同罪。母牛崇拜还渗透进了宗教仪式中，在实行净化礼和悔罪仪式中，要使用牛奶、奶酪、奶油，甚至母牛尿和母牛粪。母牛全身均为圣，由此可见母牛崇拜至何等程度。印度教中对母牛的崇拜千百年来经久不衰，流传至今。

十六国的建立

约公元前 6 世纪初，印度次大陆的各个部落大部分都演变为国家，其中较大的有十六国。据佛典《长阿含经》记载，这十六大国是：鸯伽、摩羯陀、迦尸、居萨罗、跋祇、末罗、支提、跋沙、居楼、般阇罗、阿湿波、阿槃提、婆蹉、苏罗婆、乾陀罗、剑洴沙。除这十六大国外，当时还出现了一些小的共和国或自治族。这些国家绝大部分位于恒河流域，恒河中下游一带已成为当时列国的主要政治舞台。

沙门新思潮

进入列国时代后，随着社会政治经济的迅速发展，许多代表不同阶级和阶层的新思潮涌现出来，与占统治地位的婆罗门教展开了激烈的斗争。这个时代是古代印度历史上的百家争鸣时代，也是世界历史上的一个思想大解放的时代。

摩羯陀国

公元前 6 世纪在国王频毗沙罗当政时崛起，征服别的奴隶制小国，成为恒河中游的强国。约公元前 493 年，频毗沙罗王之子阿阇世弑父自立，继续扩张，击败北邻跋祇国，并迁都至交通便利的华氏城，以加强对占领地的控制。约公元前 430 年，大臣希苏那伽借人民起义登上王位，大举向北印度扩张，灭阿槃提、居萨罗等国。约公元前 364 年，希苏那伽王朝亡，建立难陀王朝。平民出身的摩诃波德摩·难陀成为国王，摩羯陀国版图逐渐囊括整个北印度。约公元前 324 年，孔雀家族出身的旃陀罗·笈多自立为王，建孔雀王朝，基本实现南亚次大陆的统一，在印度形成了历史上第一个统一的奴隶制国家。第三代孔雀王朝国王阿育王死后，帝国因内争而衰落。公元前 30 年，摩羯陀国被南印度的强国安度罗所火。

居鲁士

居鲁士（约公元前 600~前 529 年），古代波斯帝国国王（约公元前 558~前 529 年在位），阿契美尼德王朝的创立者。他即位后起兵反抗米底，经过 3 年战争，战胜米底建立波斯帝国。公元前 546 年侵入小亚细亚，灭亡小亚细亚的吕底亚。接着又出兵小亚细亚海滨地区的希腊城邦。公元前 538 年攻陷巴比伦城，灭亡新巴比伦城。他优待当地臣服贵族，尊重当地宗教信仰，保护神庙，得到奴隶主贵族的支持。同时，释放"巴比伦之囚"重返耶路撒冷。

公元前 529 年，他远征中亚，占领了巴克特利亚（大夏）、索格第安那（粟特）、花剌子模（今乌兹别克的土库曼一带），控制了阿姆河和锡尔河之间的大部分地区。后来，他在与伊朗高原东部马萨吉特部落作战时被杀身亡。

孔雀帝国的建立

公元前 327 年，马其顿国王亚历山大征服了印度河上游地区。公元前 325 年，亚历山大退兵后，北印度政局动荡。一个名叫旃陀罗·笈多的人趁机起兵，推翻了难陀王朝。因其出身于孔雀宗族，所以此王朝被称为孔雀王朝，这个帝国也被称为孔雀帝国。

阿育王

阿育王是古代印度摩羯陀国孔雀王朝的第三代国王，又被称为"无忧王"。约公元前 268~前 232 年在位。他继承并发展了父祖统一印度的事业，使孔雀王朝成为印度历史上第一个统一的大帝国。

据法敕记载，阿育王灌顶第 9 年，曾以武力征服羯陵伽国。其后，便开始推行"正法"统治，即要求人们节制欲望，清净内心，不杀生，不妄语，多施舍；服从并维护社会等级制度，尊敬父母、尊长、宗教导师，按照公认的社会道德规范对待亲友、婆罗门、奴隶和仆人。他还执行一种比较宽容的宗教政策，在法敕中表示自己对佛教的景仰，但又宣布对佛教、耆那教、婆罗门教、阿耆昆伽教一视同仁，给予保护。阿育王对佛教的支持，促进了佛教在社会各阶层中的广泛传播，也为佛教走向世界打开了通道。

《罗摩衍那》

《罗摩衍那》与《摩诃婆罗多》并称为印度两大史诗。这部史诗的主要内容是，十车王的长子罗摩因受王后吉迦伊的嫉妒而被放逐14年，妻子悉达和弟弟罗什曼那随行，在森林中悉达被魔王劫掠，后得到猴王的帮助，夫妻团聚，罗摩也恢复了王位。

古印度的自然科学

古代印度在天文学和数学方面有很高的成就。首先是在历法上，农业的发展要求有准确的历法，古代印度人把一年分为12个月，每个月为30天，每隔5年加一个闰月，以调整岁差。另外，10个数字符号也是古代印度人民对人类文化的一个贡献，这10个数字后经由阿拉伯人略加修改传至欧洲，进而风靡整个世界。

佛教的产生与释迦牟尼

公元前6世纪，佛教作为沙门新思潮诸流派之一，伴随着古印度列国时代政治、经济和文化的巨大变化而产生。释迦牟尼（意为释迦族的圣人）是这个教派的创始人，其本名是乔达摩·悉达多。传说他坐在一株菩提树下，经过长时间的静思默想，终于彻悟，成为"佛陀"（意为"觉者"）。佛教打出反对"婆罗门至上"的旗帜，提出了"众生平等"的口号。

四谛说

佛教最基本教义。"谛"即真理，"四谛"包括苦谛、集谛、灭谛、道谛。苦谛，说人生皆苦。集谛，说人生多苦的原因，认为根源在于"欲念"。灭谛，说要消灭苦，必须灭掉欲念，消除轮回，达到超脱人世诸苦的涅槃架境界。道谛，讲的是达到涅槃的道理和方法。

《摩奴法论》法典

《摩奴法论》是印度第一部正统的权威性法典。相传该法论为"人类的始祖"摩奴所编，故名，实际它是婆罗门的祭司根据《吠陀经》与传统习惯而编成。成书年代大致在公元前2~公元2世纪之间。《摩奴法论》全书共12章，前6章以婆罗门为主要对象，论述一个教徒一生需经过"四行期"的行为规范考核。后6章阐述国王的行为规范和国家的职能。该书内容广泛，包罗万象，涉及个人、家庭、妇女地位、婚姻、道德、教育、宗教、习俗、王权、行政、司法、制度，乃至经济、军事和外交等。它构成以四种姓制度为基础的印度阶级社会的一种法治模式和理论执法依据。

笈多王朝（孔雀王朝）

笈多王朝疆域包括印度北部、中部及西部部分地区。首都华氏城。公元4世纪初，北印度小国林立，摩羯陀国王旃陀罗·笈多一世征服附近王公，建立笈多王朝。其子沙摩陀罗·笈多征服了恒河流域的一些小国。到旃陀罗·笈多二世时，北印度尽入笈多王朝版图，笈多王朝至此达到鼎盛时期。笈多王朝存在200余年，是印度封建统治由形成到确立的时期。生产力的发展促进了奴隶社会向封建社会的转化。笈多王朝时期，国王赐给官吏、贵族、寺院的封地逐渐演变为世袭的私有领地，自由农民沦为封地领有者的依附农民，封地领有者也演变成封建领主阶级。公元 5 世纪初，笈多王朝由盛转衰，中央政权削弱，国家陷于分裂。约公元 579 年，帝国的统治基本结束，北印度再度处于小国分立状态。

贵霜帝国

贵霜帝国

贵霜帝国是公元 1~6 世纪统治中亚及北印度的帝国。公元前 1 世纪初，大夏分裂为 5 大部分，贵霜为其中之一。公元 1 世纪上半期，贵霜翕侯丘就却灭其他四部，自立为王，创建贵霜王朝，定都喀布尔。丘就却约于公元 70~79 年去世。无名王索特尔·麦格斯把持王位。无名王向西扩展疆域至赫特拉，控制了整个河间地区，以及康居和大宛。丘就却之子阎膏珍约于 2 世纪初代无名王而立，再次征服印度西北部，吞并锡斯坦，势力达花剌子模，形成中亚的一个庞大帝国。公元 140 年，迦腻色伽王室开始统治贵霜帝国。迦腻色伽在位期间，都城迁至白沙瓦，帝国版图东自巴特那，西达赫拉特，南起纳巴达河，北至成海。至迦腻色伽二世时（公元 183~199 年在位），贵霜基本维系繁荣局面。但随着权力中心南移马土腊，贵霜帝国对中亚的控制减弱，不少地区衰败迹象已露。公元 233 年，萨珊王阿尔达召尔一世率军攻入锡斯坦、花剌子模、素格狄那、巴克特里亚、喀布尔、坦叉始罗等。公元 3 世纪下半叶，印度王公及西部塞种纷纷独立。贵霜时期，中亚兴起一批新城镇，灌溉技术显著发展，注重对外贸易，成为中国、东南亚和罗马的贸易物资的中转站。对境内各族兼容并蓄，后趋于印度化。贵霜时期，佛教传播迅速。贵霜地处东西方交通要道，融合希腊、印度文化成犍陀罗艺术，并于魏晋时传入中国。

迦腻色伽的统治

贵霜的极盛时代是迦腻色伽统治时代。这一时期，贵霜进一步向印度扩张，其势力已达到恒河的中游地区。通过迦腻色伽多年的扩张，贵霜成了纵贯中亚和南亚的庞大帝国。迦腻色伽崇信佛教，但他并不排斥其他宗教。他对宗教采取兼容并包的态度，在他所发行的钱币背面，可以看到希腊、苏美尔、埃兰、波斯和印度各地的神像。贵霜帝国的建立，为东西方的经济来往和文化交流创造了有利条件。

亚述帝国

亚述国家的建立

亚述城原是两河流域北部的一个商业据点，在两河流域南北交通贸易方面占有重要地位。受苏美尔、阿卡德人的影响，亚述人私有制、奴隶制逐渐形成。公元前 30 世纪末，亚述进入奴隶制社会，史称"古亚述"。从卡尼什出土的大批泥板书信中可知，古亚述是一个贵族政治城邦，最高权力机关是贵族会议，也有类似苏美尔城邦恩西的长官，称"伊沙库"。另外，每年要选出一人，以他的名字作为该年的名称，即"名年官"，或称为"里模"。名年官可能在贵族会议成员中选举产生，也有国王或地方官兼做名年官的。经济活动主要是以商业贸易为主。在古亚述发展史上，沙马什阿达德曾采用暴力手段推翻了贵族政体，成为攫取真正王权的第一人。他一度使古亚述走向强大，势力曾达"大海"（地中海），使许多国王向他纳贡。

亚述扩张

公元前 9 世纪到前 8 世纪是亚述人扩张的大好时机。在世界上，它四周已经没有强敌：强大的埃及帝国已成明日黄花，小亚细亚的赫梯已为"海上民族"所摧垮，南部的巴比伦尼亚已经四分五裂，东方的米底和波斯尚未兴起。而在亚述国内，从赫梯引进的铁器不仅给亚述的经济生产带来了革命性的变化，更重要的是给尚武的哑述人提供了更锐利的武器，增强了战争的威力。于是，从亚述那西尔帕二世统治时期（公元前 883~前 859 年）起，亚述开始了对外征服。

亚述扩张史上声名最显赫也是功劳最卓著的君主有四位：提革拉·毗列色，公元前 745 年~前 727 年在位。萨尔贡二世，公元前 722~前 705 年在位。辛那赫里布，公元前 704 年~前 681 年在位。伊萨尔哈东，公元前 680~前 669 年在位，他在公元前 671 年远征埃及，攻占孟菲斯城，接受了上下埃及之王和埃塞俄比亚之王的称号。在他统治时期，亚述成为一个地跨西亚、北非，版图几乎囊括整个文明世界的强大帝国。在他之后，亚述帝国极盛而衰。

波斯帝国

波斯帝国

波斯帝国兴起于伊朗高原，一度受米底人统治。公元前 553 年，居鲁士乘米底内乱，率波斯人起义。公元前 550 年，波斯人灭亡米底获得独立，定都苏萨城。居鲁士、冈比西斯、大流士等人的不断扩张，使帝国的领土东起印度河、西至爱琴海及非洲东北都，形成了空前强大的地跨欧、亚、非三洲的奴隶制大帝国。

大流士一世改革

波斯帝国国王大流士一世为巩固和加强君主专制，于公元前 518 年实行一系列新的政治、经济改革。他将帝国划成约 20 个行省，每省设总督为行政长官，将军为驻军长官，分别对国王负责，另设总督秘书行监督职责。建立统一财政体系，改革税制，规定各省上交中央的税额以及形式（包括货币与实物两种），税收由国王任命的专门官吏经办。他制定法律，统一度量衡和币制，铸造全国统一的金币。郡设军事长官，统领地方军队，不受郡守管辖，分属 5 个军区，军队的核心是波斯人，大流士为最高统帅。修筑一些加强中央与各地联系的公共工程，如开凿联结尼罗河与红海的运河，修建广泛的驿路网，最重要的是开通了从首都苏萨通向小亚细亚希腊城邦以弗所的通道。大流士的改革加强了军事力量，促进了各地经济、文化的交流。

薛西斯一世

大流士一世于公元前 486 年去世。他的儿子薛西斯一世继承王位，薛西斯决定继续波斯在西面的征服，并且以公元前480年的"希腊征服之旅"而闻名，那是一场以发生在塞莫皮莱、萨拉密斯和布拉底的战斗而出名的战役。公元前485年，薛西斯成功镇压在埃及发生的一场叛乱。其后，他对希腊进行了多次进攻，最初获胜，并占领希腊北部地区。但在之后的几场战役中薛西斯均告失利，其女婿马多尼奥斯更于普拉提亚一役中战死。希腊的城邦最后保持了一致行动并击败了薛西斯，这标志着波斯帝国开始衰落。由于失败刺激了他的自尊，薛西斯决定引退。在他最后的几年里，薛西斯把从贸易和税收里获得的庞大财产全部花费在了建造巨大的建筑物上，但大多数都未能完成。薛西斯时代的波斯有4个首都：苏萨、爱克巴坦那、巴比伦、帕赛波里斯，波斯国王及其宫廷一年四季轮流驻跸于每个都城。公元前465年，薛西斯被谋杀。

腓尼基文明

腓尼基的兴起

腓尼基位于利万特海岸中部狭长地带，北起阿拉杜斯，南到多尔，长约320千米，著名的城邦有推罗、西顿、比布鲁斯、乌加里特等。"腓尼基"一词来自希腊语，意为"紫红色"或"青铜色"。腓尼基人是公元前1000年地中海地区最著名的商人、贸易者和殖民者。该国先后被亚述人、巴比伦人、波斯人和亚历山大大帝征服。公元前64年并入罗马的叙利亚行省。腓尼基人对世界文明的最大贡献是字母文字。

腓尼基发达的经济

腓尼基各个城邦都拥有优良的港口，而腓尼基人则享有"勇敢的航海家"的盛名。航海业的迅速发展，使得各国的商业贸易都十分发达。商人们不仅以本国的商品进行交易，而且还转卖从别国买来的货物。在贸易中占重要地位的是贩运奴隶。这些贸易使腓尼基变得富裕强盛。腓尼基的主要作物是粮食和葡萄，农业中的主要劳动力是村社的农民。城镇居民多半从事工商业。他们利用从远方输入的象牙制造各种精美的日用品。葡萄酒、玻璃制品和紫红颜料是腓尼基的著名特产。

腓尼基字母文字

腓尼基文字亦称腓尼基字母，公元前20世纪中叶，在腓尼基北方城市乌加里特，出现了受两河流域文字影响的楔形字母文字29个，没有元音。在南方城市毕布勒，出现了直接受西奈字母影响的线形字母文字22个，也没有元音。大约在公元前13世纪，北方的字母文字逐渐被南方的字母文字所代替，成为腓尼基通用的字母文字。古代一些民族在借鉴、模仿、改造腓尼基字母文字的基础上，在东方逐渐形成了阿拉美亚字母体系，又由阿拉美亚字母演化出希伯来字母、古波斯字母（外形是楔形的）、安息字母、阿拉伯字母等字母文字。古希腊人在学习腓尼基字母的基础上，加上元音发展成古希腊字母，在古希腊字母的基础上，又形成了拉丁字母。古希腊字母、拉丁字母是西方后来各国字母的基础。

赫梯和古巴勒斯坦

赫梯王国的兴亡

公元前 2000 年初，赫梯人进入小亚细亚地区，逐渐形成一些城邦。各城邦之间争战不断，后来哈图斯（今土耳其博阿兹柯伊）成了各邦中心，联合各邦向外扩张。公元前 15 世纪末到公元前 13 世纪初，赫梯达到鼎盛，逐渐形成一个统一的强大帝国。在此期间，赫梯的城市商人与高利贷者在社会上地位显赫，和埃及、腓尼基及爱琴海诸岛商业往来频繁。公元前 13 世纪，赫梯帝国不断受到亚述的进犯，国力削弱，终于在公元前 8 世纪被亚述人灭亡。

早期游牧的希伯来人

公元前 2000 年前，一支游牧部落从东方进入埃及和叙利亚沙漠之间的巴勒斯坦地区，他们被当地迦南人称为"从河那边来的人"，即"希伯来人"，经过长期征战，希伯来人占领了迦南的许多地区。进入巴勒斯坦的希伯来人部落长期游牧四方，两河流域、埃及尼罗河三角洲都留下过他们的足迹。在埃及时，因不堪忍受法老的奴役，他们在领袖摩西的率领下逃出埃及，渡过红海，又穿越西奈沙漠，经过三四十年的艰难跋涉才又回到迦南。后来他们征服迦南，并与迦南人逐渐融合而定居下来。

古巴勒斯坦的统一

公元前 2000 年中叶，游牧民族希伯来人进入巴勒斯坦地区。公元前 2000 年末期，北方部落逐渐形成了以色列国，南方部落形成犹太国。

公元前 2000 年末，腓力斯丁人攻占巴勒斯坦。到公元前 10 世纪，犹太王大卫建立了统一的以色列—犹太王国，将耶路撒冷定为首都。

犹太教的创立

古代巴勒斯坦地区，希伯来人曾建立了两个王国：以色列国和犹太国。公元前 772 年和公元前 586 年，两个王国分别被亚述和新巴比伦王国灭亡，其中许多犹太人被掳往新巴比伦王国。身在异国他乡的犹太人念念不忘重返家园，一个叫西结的人开始宣扬耶和华（上帝）将派一位救世主来帮助犹太人重归故乡。

恢复自己国家的思想就是犹太教产生的最初基础。后来波斯人灭亡了新巴比伦王国，释放了被俘的犹太人，这些犹太人回到了故乡，为耶和华修建了神庙，犹太教也就逐渐形成了。犹太教宣称，耶和华（上帝）创造了宇宙，犹太人是耶和华出于爱心而特选的子民，并赐予犹太教经典《律法书》，选民应当甘心乐意地遵守律法以报答上帝之爱。犹太教还宣传世界末日说，恶人死后要复活受审，定罪灭亡；而善人死后则进入新的世界。

犹太教还有一些特别的习俗，如穿衣、行走、洗脸都要做祈祷；男孩出生后第 8 天实行割礼，女孩出生后的第一个安息日要抱到教堂命名。犹太教的圣城和崇拜中心是耶路撒冷。犹太教的经典有《律法书》《先知书》《圣录》，后来它们成为基督教《圣经·旧约》的一部分。

以色列王国

约公元前 1000 年，扫罗在同腓力斯丁人的斗争中兵败身亡，此后，犹太国王大卫彻底击败腓力斯丁，统一南北巴勒斯坦，建立以色列—犹太王国。大卫之子所罗门王统治后期，南方矛盾激化，北方的耶罗波安一世在埃及支持下起兵反对所罗门，自立为王，建立以色列王国。暗利王朝统治期间，局面较安定。公元前 722 年，萨尔贡二世攻陷撒马利亚，将大批居民迁往异域，以色列王国遂亡。以色列王国是实行贵族政治的奴隶制国家。除国王外，还存在长老会议和民众会。以色列人是全权自由民，其中包括贵族、平民等奴隶主阶层和贫困的非奴隶主阶层。以色列地处近东贸易要冲，经济和文化均极发达，公元前 8 世纪时已普遍使用铁器，同近东各地区间的交流也很广泛。

大卫和所罗门

大卫是以色列部落的军事首领。扫罗死后，大卫战胜扫罗的儿子成为国王。在他的领导下，腓力斯丁人被驱逐出境，大卫建立起统一的以色列—犹太王国，为希伯来进入历史上的黄金时代奠定了基础。所罗门是大卫的儿子，后继承了王位。他在位期间，王国经济和文化空前繁荣，世称"所罗门的荣华"。传说所罗门极具智慧，因此西方人用"像所罗门一样聪明"来比喻人异乎寻常的聪明。

古代朝鲜

箕氏朝鲜的兴亡

公元前 11 世纪周武王灭商后，殷商贵族箕子不肯臣服西周，率领一批殷商遗民前往朝鲜，后来被周武王封为朝鲜侯，建立了政权，这就是"箕氏朝鲜"。公元前 194 年，西汉燕王手下的将领卫满来到朝鲜，发动政变，推翻了箕氏王朝，建立了"卫氏朝鲜"。

新罗、百济建国

据记载，古代朝鲜半岛南部的居民都是韩人，分为马韩、辰韩、弁韩三支，各有若干部落。韩人最早的国家是辰国，统治者称辰王。随着三韩各自势力的发展，新罗、百济、金官三国相继建立了，辰国告终。新罗是辰韩建立的国家，于 4 世纪时定都庆州，在当时的朝鲜半岛居于领先地位。百济国形成于马韩地区，传说是由中国少数民族高句丽族始祖朱蒙之弟温祚于公元前 18 年南下到马韩伯济部建立的国家。而金官国则是公元 1 世纪中期由弁韩人建立的。公元 532 年，金官国被新罗合并。

高句丽的南迁

高句丽是中国的少数民族，公元前 37 年自立政权后，一直隶属于中原王朝。魏晋南北朝时期，高句丽向辽河流域和松花江流域扩张，并向南进入朝鲜半岛北部，开始与新罗、百济争夺汉江流域。以后开始大力南征，并于公元 427 年正式迁都平壤。

骨品制

骨品制是古时朝鲜新罗族的一种社会等级制度。新罗贵族按血统确定等级身份及相应官阶，不同骨品不通婚姻。骨品世袭不变。

朝鲜族大姓贵族为了"别婚姻"，在新罗贵族间实行了带有奴隶制残余的封建制的"骨品制"。朴、金、昔三姓是新罗统治集团中最大的贵族，三家王族实行的是"圣骨""真骨"的最高等级制度。"各骨品之间互不婚娶"，无论朴氏、金氏都贯彻了这种等级制度。虽然朴氏、金氏等帝胄世家由盛以衰，但在婚姻中的"骨品制"婚姻观念一直都有影响，特别是一些朝鲜族老人尤其重视这个问题。

4世纪时，新罗用武力统一辰韩各部，以庆州为都城。统治集团为了巩固其特权地位，制定了等级制度，称为"骨品制"。朴、昔、金三家王族地位最高，称为"圣骨"，大小贵族依次分为"真骨"、六头品、五头品、四头品等四个等级。"圣骨""真骨"贵族能继承王位。各骨品都自我封闭，互不通婚。

薛聪

朝鲜新罗时期散文家、学者。约生活于公元7世纪末8世纪初。字聪智。高僧元晓大师之子。曾入沙门，后又还俗，自号小性居士。当时汉文还不很普及，他曾用方言（朝鲜语）解读九经，并整理了比较混乱的吏读文字（借用汉字标记朝鲜语的一种文字），使之系统化，对朝鲜古代文化的发展做出了贡献。他的作品大部分已散佚。有寓言散文《花王戒》一篇载于《三国史记》中，《东文选》也有收录，题名《讽王书》。其作品以花王、丈夫白头翁、佳人蔷薇之间的对话形式，讽喻一国的君主应当亲贤人、远邪佞的道理。《花王戒》受到朝鲜历代文人学者的推崇。高丽朝显宗曾追封薛聪为弘儒侯。后世李朝林悌的小说《花史》直接受《花王戒》的影响。

古代日本

绳文式和弥生式文化

日本最古的文化是新石器时代文化，第一个新石器文化遗址是于1877年发现的大森贝冢（在今东京境内）。考古发掘表明，大约一西万年到9000年前，日本人民已能制造磨光石器和黑色陶器。这种陶器用手捏制，外部带有草绳花纹，被称为"绳文陶器"。故这一时期的文化也被称为"绳文式文化"。大约从公元前300年到公元300年，日本进入弥生式文化时期。这一时期发掘出的陶器的特点是器身薄硬，形状统一，颜色为褐色。弥生式文化时代，日本农业有所进步，主要种植作物是水稻。

邪马台国

据《三国志》记载，公元1~2世纪时，日本列岛上有100多个小国，最大的是卑弥呼女王统治的邪马台国。它是日本最早的奴隶制国家。邪马台国曾于公元238年派使节到曹魏进献贡物。魏明帝回赠了锦绸、铜镜、黄金、珍珠等物，并授予女王"亲魏倭王"的称号和金印。

大和国家统一日本

3世纪以后，日本本州中部的大和地区出现了一个较大的政权——大和国家。在不断的扩张中，大和国家逐渐占领邻近地区，于4世纪初征服了包括北九州岛在内的许多地区。到5世纪时，大和国家大体上统一了日本列岛，今天的日本就是在此基础上发展起来的。

日本文字的出现

日本最初没有自己的文字。大约 4 世纪到 5 世纪，汉字和汉文传入日本，日本人开始学习和使用汉字作为记录工具。

日本人为何要到唐朝"留学"

公元 618 年，唐朝取代隋朝。日本人凭借地理位置优势，络绎不绝地前往唐朝，天皇政府正式派出的"遣唐使"数目也大大增加，达到了空前频繁的程度。

中国古代经济文化在唐朝发展到了空前鼎盛时期，南洋、中亚、波斯、印度、拜占庭、阿拉伯各地大小国家纷纷派遣使节和商人前往唐朝学习唐朝的先进文化，经营中国的丝绸、瓷器及各种工艺产品。相比之下，有地理优势和进取精神的日本人更不会落后，为了学习中国的治国经验和文化制度，天皇政府才派大批使臣、学者到中国参观学习，在日本史书上遣唐使又称"西海使"或"入唐使"。

日本政府对派遣遣唐使极为重视。所有使团人员均经精挑细选而出，凡入选使团者一概予以晋级，并赏赐衣物。

日本遣唐使极大地促进了中日之间的经济文化交流，但当时经济文化主要是唐朝流向日本。唐朝的工艺美术、生产技术、文史哲学、天文数学、建筑学、医药学、衣冠器物、典章制度等都陆续传到了日本，近几年来还曾在日本发现数万枚"开元通宝"。日本受中国文化影响很深，至今，日本民俗风情和生活习惯中仍然保留着浓厚的中国古代文化痕迹。

中古文明

诸多古文明的渐次没落，使人类社会陷入了冰冷的黑暗，在这个时代里，人们挣扎于异族的压迫、教会的腐朽统治中，逐渐回归愚昧。但文明的火种并未熄灭，文艺复兴的火光逐渐照亮了黑暗的天际，美与人性的光明再次降临人间。

亚洲

阿拉伯帝国

阿拉伯帝国是 7 世纪时阿拉伯人建立的封建帝国。西欧称萨拉森帝国，中国史书称大食。公元 632 年，哈里发阿布·伯克尔统一阿拉伯半岛。第二、第三任哈里发大举扩张，到 7 世纪中叶占领巴勒斯坦、叙利亚、埃及、利比亚和伊朗，奠定阿拉伯帝国的基础。8 世纪初，阿拉伯帝国继续向外大规模扩张，向西占领整个北非、西班牙，向东占领印度河下游。8 世纪中期，形成地跨欧、亚、非三洲的阿拉伯帝国。8 世纪中叶后的 100 多年间，是阿拉伯帝国的最强盛时期，经济繁荣，文化昌盛，推动了东西文化交流和世界文化的发展。随着宫廷挥霍无度和封建剥削的加强，民族矛盾、阶级矛盾尖锐，到 10 世纪上半叶，阿拉伯分裂为巴格达哈里发、开罗哈里发和科尔多瓦哈里发 3 个国家。10 世纪中叶后，阿拉伯分裂成许多封建小国。1258 年被西征的蒙古军队所灭。

"大食国"

中国唐宋时期对阿拉伯人、阿拉伯帝国的专称。早自 7 世纪中叶起，唐代文献已将阿拉伯人称为多食、多氏、大寔；10 世纪中叶以后的宋代文献多作大食。阿拉伯哈里发帝国向东扩张，因而大食的含义随之扩大。

倭马亚王朝的统治

叙利亚总督摩阿维亚就任哈里发后，迁都大马士革，将哈里发职位改为世袭，建立了倭马亚王朝。此后，统治者继续向外扩张。到 8 世纪中叶，阿拉伯帝国已经形成一个东到亚洲的葱岭，与唐代的中国接壤；西到欧洲的西班牙，与法兰克王国为邻；南达北非；地跨亚、非、欧三大洲的强大帝国。

君士坦丁之围

君士坦丁堡之战是阿拉伯倭马亚王朝企图夺取拜占庭帝国的首都君士坦丁堡的战役。

从公元 669 年起，阿拉伯人就多次进攻拜占庭首都君士坦丁堡，但每次都大败而回。公元 717 年，阿拉伯人趁拜占庭政局动荡之机，再次进攻君士坦丁堡。阿拉伯军队分水陆两路。陆路主要是骑兵和骆驼兵，约有 12 万人，经小亚细亚渡过达达尼尔海峡进军君士坦丁堡；水路有战舰 1 800 艘，从叙利亚和埃及驶向君士坦丁堡。

面对强敌，拜占庭皇帝利奥三世采取诱敌深入、聚而歼之的战略。拜占庭人拆除了金角湾入口处铁链，使得阿拉伯舰队驶入港湾。拜占庭军队趁机向阿拉伯军队发射火箭、火矛和"希腊火"，阿拉伯舰队损失惨重，几乎全军覆没。阿拉伯陆军遭到了与拜占庭结盟的保加利亚人的重创，再加上冬季严寒、疾病流行、供给不足，士气十分低落，前来援助的海军又遭惨败。公元 718 年 8 月，阿拉伯军队被迫撤离，结束历时 13 个月的君士坦丁堡会战。

此战，阿拉伯军队共损失了 17 万人、战舰 2500 多艘。

阿拔斯王朝

公元 750 年，伊拉克大地主阿布·阿拔斯推翻倭马亚王朝，建立阿拔斯王朝。第二任哈里发曼苏尔时期，在底格里斯河右岸营建新都巴格达。阿拔斯王朝采用伊朗的政治制度，重用波斯人在政府机构中任职。统治者重视农业，兴修水利，促进了农业的发展。工商业也不断发展，巴格达不仅成为政治中心，而且成为国际贸易的中心。后来由于柏柏尔人、突厥人等充斥王朝的军队，并窃据政府要职，使阿拔斯王朝日趋没落。公元 945 年，伊朗的白益人攻入巴格达，强迫哈里发承认他们的独立地位，此后帝国的埃及、北非、西班牙等地也纷纷要求独立。1258 年，蒙古人西侵的军队攻陷巴格达，阿拉伯帝国灭亡。

白益王朝

9 世纪，阿拉伯帝国逐步走向分裂。在巴格达哈里发争权夺势的同时，艾哈迈德于公元 945 年占领巴格达，建立白益王朝，哈里发成为傀儡。白益王朝建立初期，艾哈迈德政权不时遭到伊朗山区人民和美索不达米亚的阿拉伯部族的反抗，但都被艾哈迈德平息。到阿杜德·道莱统治时（公元 949~983 年在位），国家达到极盛时期。兴建了公共设施、医院和库尔河上的水坝，伊朗的赖伊和奈欣以及伊拉克的巴格达成为主要文化中心。阿杜德·道莱死后，他的儿子们开始了争夺王位的斗争，王朝日趋解体。1029 年，东部各地被突厥人占领。1055 年，白益王朝的最后一代统治者被塞尔柱突厥人突格里尔·贝格废掉，王朝告终。

迦梨陀娑

迦梨陀娑（大约生活于 4~5 世纪），印度古代诗人、戏剧家，被誉为笈多王朝的"宫廷九宝"之一。他知识渊博，文学造诣深，在古代印度时期已是声名大噪。其诗歌有抒情短诗集《时令之环》，抒情长诗《云使》，叙事长诗《罗怙世系》《鸠摩出世》；剧本有《摩罗维迦和火友王》《优哩婆湿》《沙恭达罗》。其中，以剧本《沙恭达罗》最为著名。

《一千零一夜》

《一千零一夜》中很多故事来源于古代阿拉伯社会的民间传说，经过阿拉伯人民吸收、融化、改造和再创作后，它们真实生动地反映了阿拉伯社会的生活。这些故事多是赞美和歌颂人民的善良与智慧，抨击和揭露坏人的邪恶与罪行。《一千零一夜》深受世界人民的喜爱，享有"世界上最伟大奇书"的美称。

奥斯曼帝国

奥斯曼帝国的祖先是突厥人，原居中亚，后西迁小亚细亚，依附罗姆苏丹。1299 年，其酋长奥斯曼宣布独立，称奥斯曼帝国。它不断侵占拜占庭帝国的领土。14 世纪末占领巴尔干半岛大部地区，奠定了帝国的基础。1453 年苏丹大军攻陷君士坦丁堡，并迁都于此，改名伊斯坦布尔。又经过 100 多年的扩张，到 16 世纪中叶，形成地跨欧、亚、非三洲的帝国。疆域包括埃及、阿拉伯半岛、叙利亚、伊拉克、匈牙利、塞尔维亚、巴尔干半岛、阿尔及利亚、突尼斯等地区。随着国内阶级矛盾尖锐，人民纷纷起义，17 世纪中期国势衰落。1919 年爆发了资产阶级革命，1922 年帝国被推翻。

土耳其的对外扩张

奥斯曼一世的儿子乌尔汗即位后，把侵略的矛头指向衰弱的拜占庭帝国，于 1331 年夺取了拜占庭在小亚细亚的全部领地。他死后，其子穆拉德一世正式称苏丹，继续进行侵略扩张。1396 年，土耳其人挫败了西欧五国联合发动的十字军远征，控制了巴尔干的绝大部分地区。

巴尔干人民的起义

苏丹的长期侵略战争需要大量军费，致使农民的捐税负担越来越重。1511 年，人民起义席卷整个小亚细亚。1518 年，小亚细亚又爆发了反对苛捐杂税的农民起义，虽然起义遭到镇压，但反抗斗争一直没有停止。

伊斯坦布尔

伊斯坦布尔现在是土耳其最大的城市和海港。曾经是拜占庭帝国和奥斯曼帝国的都城，公元 330 年，罗马皇帝君士坦丁在此定都，称为新罗马，后改称君士坦丁堡。1453 年，被奥斯曼帝国占领，拜占庭帝国灭亡。该城改称为伊斯坦布尔。世界著名的索菲亚大教堂就坐落在这里。

君士坦丁堡的陷落

15世纪初，衰落的拜占庭帝国领土，只剩下首都君士坦丁堡及其附近若干城市，以及被土耳其军队切断了联系的伯罗奔尼撒地区，君士坦丁堡实际上已是一座孤城。1453年初，土耳其苏丹王亲率步兵7万多、骑兵2万多、战舰320艘，从海陆两面围攻君士坦丁堡。君士坦丁堡位于博斯普鲁斯海峡西岸的一个海岬上，地势险要，东、南临马尔马拉海，沿海地区筑有防御工事，北面金角湾入口处有铁链封锁，西面是陆地，筑有城墙和壕沟。城内军民据险防守，誓死抵抗，土耳其军队一时难以取胜。后来，土耳其人买通热那亚商人，借道热那亚人所控制的加拉太地区，潜入金角湾内，配置火炮，从海陆两面对君士坦丁堡发起总攻，5月29日，城堡最后被攻陷。延续了上千年的拜占庭帝国至此灭亡。

阿尔忒弥斯神庙

这座神庙的遗址位于今天土耳其的爱奥尼亚海滨，《圣经》里把这个地方称为以弗所。

神庙1869年被发现。1982年，土耳其考古学者在遗址3米深处发掘到上百件重要文物，其中有纯金妇女塑像，象牙制作的项链、耳环、手镯等饰物。陈列在以弗所博物馆内的阿尔忒弥斯神塑像，是一件价值无比的艺术瑰宝，神像比真人还高，面容慈祥，神情生动，形态逼真，雕刻艺术细腻传神，是世界上所发现的阿尔忒弥斯雕像中最古老、最完整的一个。

阿尔忒弥斯神庙遗址

摩索拉斯陵墓

公元前4世纪，在今天的安纳托利亚高原西南部有一个卡里亚帝国。在摩索拉斯国王统治下，卡里亚盛极一时，罗德斯港曾是卡里亚帝国的一部分。摩索拉斯还在世的时候，就开始为他和他的王后——阿尔特米西娅二世（同时也是他的妹妹）修建陵墓了。如今，强大的卡里亚帝国已不复存在，只有王陵的遗迹向世人讲述着帝国的传说。

规模浩大的陵墓于公元前 353 年建造完成。根据拉丁史学家大普林尼描述，这座建筑由 3 部分组成：地基是高 19 米、长 39 米、宽 33 米的平台；地基上是由 36 根柱子组成的爱奥尼亚式连拱廊，高 11 米；拱廊上是金字塔形屋顶，由 24 级台阶构成，象征着摩索拉斯的执政年限。陵墓顶端是摩索拉斯和王后驾驶四马战车的雕像。整座建筑高达 45 米，除了宏伟的建筑外，摩索拉斯陵墓地基四周还有精美的雕塑。12 世纪，一场地震使陵墓受到重创。1402 年，汪达尔骑兵攻占哈利卡纳苏斯，并在那里建起了圣·彼得要塞。16 世纪初，为加固要塞，骑兵们把这座陵墓当成了采石场，摩索拉斯陵墓就这样被拆毁了。

蒙古轻骑兵

蒙古军队的主力是骑兵，而骑兵中轻骑兵又占大多数。

蒙古骑兵在三四岁的时候就开始进行严格的骑马射箭的训练，所以他们每个人都骑术高超、射箭精准。他们的武器有弓箭、马刀、长矛、狼牙棒、短斧，其中最主要的是弓箭。蒙古人以骑射闻名天下，他们的弓箭需要大约 80 千克的力量才能拉开，射程很远。蒙古人的箭有两种，一种箭头小而尖，较轻，用于远射，杀伤力小；另一种箭头大而宽，较重，用丁近战，杀伤力人。蒙古骑兵的早期的铠甲是皮革甲，如鲛鱼皮甲、翎根甲，后来的铠甲变为外层是铁甲，内层是牛皮，又变为罗圈甲、鱼鳞甲和柳叶甲。

在行军作战时，蒙古骑兵们一般都带好几匹马，这些马都跟在部队后面。当骑兵所乘的战马筋疲力尽时，骑兵们就会立即换乘另一匹马，继续进行战斗。他们的任务主要是侦察掩护，骚扰疲惫敌人，为重骑兵提供火力支援，跟踪追击，肃清残敌。

蒙古战术

蒙古军队之所以能纵横欧亚大陆，除了战士作战勇猛外，还要归功于他们的高明的战术。

在打野战时，蒙古主要是使用骑兵。蒙军最常使用的作战方法是将骑兵部队排成许多平行的纵队，向前推进，各纵队间有骑兵负责联系。当一个纵队遇到敌人主力时，就会停止前进或稍向后退，而其他纵队则继续前进，迂回到敌人侧面和背后，将敌人包围彻底歼灭。

战况不利时，蒙古骑兵就会一边逃走，一边向进行追击的敌人射箭（蒙古人称这种战法为"曼古歹"）。这种战术一可以远距离攻击敌人，二持续不断的攻击敌人。

在攻城时，蒙古军队使用一种大型投石机，叫襄阳炮。1273 年，蒙古军队用襄阳炮攻克了南宋的战略要地襄阳城，打开了南宋的门户。这种巨炮对城墙具有巨大的破坏力，可以对守城的敌人产生巨大的心理威慑。以至于许多城市见到这种巨炮后就会不战而降。

蒙古人在战争中经常使用屠城战术，对将要攻伐的其他地区进行威慑，往往能摧毁敌军的士气和抵抗意志，获得全面彻底的胜利。

蒙古军队南征北战，战无不胜，攻无不克，靠的就是骑兵和巨炮。

拔都西征

1229 年，蒙古大汗窝阔台即位后，继续推行侵略扩张政策。1235 年，蒙古派拔都西征欧洲。1236 年，拔都率大军渡过乌拉尔河，征服了伏尔加河的保加尔人。1237 年侵入俄罗斯。1238 年焚毁莫斯科城。1240 年，攻取南俄各城，罗斯古都基辅被毁。1241 年，蒙古军打败波兰军，毁波兰都城克拉科丸又侵入匈牙利，攻陷佩斯等城。1241 年 12 月，窝阔台去世，拔都于次年班师回国。拔都在 1242 年以伏尔加河下游的萨莱为都，建立了钦察汗国。

旭烈兀西征

蒙哥统治时代，蒙古帝国继续对外扩张。1253 年，旭烈兀西征军启程。1258 年攻陷巴格达城，阿拉伯帝国灭亡。1259 年向埃及控制的叙利亚进军。1260 年 3 月大马士革迎降。1260 年 5 月，旭烈兀得知蒙哥去世，率部退回波斯。后叙利亚被埃及夺回，旭烈兀西征结束。旭烈兀后在西征基础上建立的伊儿汗国，领土东起阿姆河和印度河，西迄小亚细亚，南抵波斯湾，北至高加索山。

攻陷巴格达

攻陷巴格达是指第三次蒙古西征时，蒙古军队攻占了黑衣大食国（阿拉伯帝国阿拔斯王朝）都城巴格达（今伊拉克首都巴格达）的战役。

1257 年冬，旭烈兀指挥三路蒙古大军包围了黑衣大食国首都巴格达。第二年，蒙古军向巴格达发动总攻。蒙古军大炮石轰击巴格达，城门上的戍楼全都被炮火击毁。蒙古军日夜不停地向巴格达猛攻，战斗十分激烈。旭烈兀向城中射书信，离间敌人。不久，蒙古大军相继占领了巴格达多个城门。为了防止城中敌人逃走，旭烈兀下令在城墙上修建碉堡，架设抛石机，并派兵乘船在底格里斯河巡逻，攻击逃走的敌人。

阿拉伯帝国末代国王阿里发·木思塔辛致书旭烈兀，请求赔款赦免，但遭到了拒绝。此后，蒙古军队攻势更猛。阿里发·木思塔辛无奈，只好率领王子、贵族和官员，走出巴格达城，向旭烈兀投降。蒙古军队进入巴格达后，在城中大掠七天，巴格达军民总共被屠杀了 80 万。木思塔辛被蒙古军队纵马踏死，阿巴斯王朝灭亡。

扎鲁特之战

扎鲁特之战是埃及马木留克王朝击败蒙古军队的一场战斗。

旭烈兀占领叙利亚后给埃及马木留克王朝苏丹库图兹发去最后通牒，要他投降。不久因为蒙哥汗去世，旭烈兀率军东归。库图兹听到消息后，拒绝投降，并发出"圣战"号召，率领北非和西亚的 12 万联军，进攻留守叙利亚的蒙古军。蒙古军留守大将怯的不花大怒，率领 2 万蒙古军进攻埃及。库图兹率大军在巴勒斯坦约旦河左岸贝桑附近的扎鲁特山谷迎敌。

埃及军首先派大将拜巴尔斯率领 1 万马木留克骑兵出阵，引诱蒙古军出战。怯的不花下令全军突击，拜巴尔欺诈败而回，蒙古军不知是计，杀进山谷。山谷里的埃及军队摆成内凹外凸的新月形，向蒙古军队射出漫天箭雨。怯的不花下令冒着箭雨向敌军冲锋，马木留克骑兵也奋力迎击

双方从清晨激战到下午，怯的不花中箭身亡，蒙古军队败退，结果马木留克军队追上全歼。

扎鲁特之战终止了蒙古人在中东地区的扩张。

帖木儿帝国

帖木儿帝国的奠基人帖木儿生于撒马尔罕附近，居住于河间地带，宣称自己是蒙古帝国的重建者。1330 年他开始征服波斯，并于 1383～1385 年占领呼罗珊和波斯东部；1386～1394 年，波斯西部、美素不达米亚和乔治亚也被其征服；之后他又占领了莫斯科。波斯爆发起义，他对此进行了残酷的镇压，并屠杀了全城的居民。1398 年南侵印度，1399 年西征西亚细亚，1402 年大败奥斯曼帝国，俘其苏丹，终于建成一个仅次于蒙古的大帝国。1404 年准备入侵中国前死去。帖木儿帝国内部发展不平衡，缺乏统一的经济基础，所以帖木儿死后，帝国四分五裂。1501 年，帖木儿帝国被乌兹别克所灭。

萨非王朝的建立

自 7 世纪中叶至 16 世纪初，伊朗长期处于外族统治之下，起初是阿拉伯国家，以后是塞尔柱突厥国家、蒙古伊儿汗国和帖木儿帝国。15 世纪中期，帖木儿帝国日趋衰落，逐渐瓦解。此时，伊朗西部和阿塞拜疆一带，由土库曼游牧部落贵族建立的两个对峙王朝——黑羊王朝和白羊王朝——统治。阿达比尔城的萨非家族趁机参加了夺取政权的斗争。1468 年，萨非联合白羊王朝灭掉黑羊王朝。1501 年，萨非军队打垮白羊王朝的主力。1502 年，萨非领袖伊思迈尔攻下大不里斯，自立为王，建立了萨非王朝。

笈多王朝的建立

公元 320 年，笈多王朝君主旃陀罗·笈多一世即位后，征服了邻近的王公，恢复了印度西北部的版图。其子沙摩陀罗·笈多更将版图扩张到印度河，向东征服恒河下游。旃陀罗·笈多二世时，笈多王朝国势达到鼎盛，领土包括北印度全境，成为中世纪印度第一个封建大帝国。

戒日王的攻略

戒日王（公元 589～647 年），本名曷利沙·伐弹那，印度戒日朝国王（公元 606～647 年在位）。

公元 7 世纪初北印度陷于分裂，出现两大阵营：坦尼沙国和穆里克国为一方，高达国和摩腊婆国为另一方。戒日王为坦尼沙国王波罗·瓦尔那的次子。公元 604 年，戒日王随哥哥罗贾伐弹那征讨白匈奴人。不料，父王突然病逝，母后殉葬。高达和摩腊婆大举进攻坦尼沙的盟国穆里克，穆里克国王被杀。两国军队又准备进攻坦尼沙。罗贾伐弹那立即继承王位，率兵援助穆里克国，不料却遭暗杀。公元 606 年，戒日王继承了王位，以倾国之力进攻高达和摩腊婆，大获全胜。公元 612 年坦尼沙和穆里克两国合并，戒日王任国王。

戒日王的军队有象兵 5000，骑兵 2 万，步兵 5 万，其中象兵最重要。戒日王就率领这支军队，南征北讨，统一了北印度，象兵增加到 6 万，骑兵增加到 10 万。但在征服南印度时，戒日王却遭到失败，被迫划河为界。

公元 647 年，戒日王逝世，戒日王朝崩溃。

阿拉伯数字的发明

笈多帝国时期的印度，科学比较发达。现今通用的阿拉伯数字，其实就是印度人民发明的。早在古代，印度人就使用这种数字进行计算，不过那时还没有"0"这样的缺位符号。"0"的使用大约始于笈多帝国时期，最初是一个点，几世纪后演变为圈。这10个数字从印度传到阿拉伯，阿拉伯人略加修改后又传到欧洲，被欧洲人称为阿拉伯数字。

德里苏丹国家

1186年，兴起于阿富汗境内的廓尔王朝灭了伽色尼王朝，定都于北印度的德里。1206年，廓尔王朝的突厥人库尔布·乌丁·伊巴克自立为苏丹，统治以德里为中心的广大地区。此后300多年的5个王朝国王均称苏丹，历史上将其称为德里苏丹国家。

印度教的出现

随着封建制度的确立，印度出现了综合各种宗教，主要是综合婆罗门教和佛教信仰的新宗教—印度教。印度教崇敬3个主神：梵天是主管创造世界之神，毗湿奴是主管维持世界之神，湿婆是主管破坏世界之神。印度教吸收了佛教的禁欲、不抵抗等内容，其基本教义是从婆罗门教和佛教那里吸取来的"法"和业力轮回学说。印度教得到封建统治阶级的保护和支持，9世纪以后，印度教成了全国占统治地位的宗教。

莫卧儿帝国

德里苏丹的残暴统治遭到人民的不断反抗。1525年，帖木儿的后裔巴布尔乘机侵入印度。1526年，巴布尔在德里北方的帕尼帕特打败了苏丹易卜拉欣的军队，占领德里。1527年，巴布尔又在康努亚击溃印度诸侯的联军，此后数年更是相继征服了北印度大部分地区。巴布尔征服印度后建立起莫卧儿帝国，它在名义上一直存在到1857年，莫卧儿帝国初期，经济繁荣，农工商业相当发达。在商品经济发展的基础上，大量的商业资本也开始活跃起来。

阿克巴改革

莫卧儿帝国君主阿克巴（1556～1605年在位）是印度历史上最有作为的开明君主之一。他为了加强中央集权、调和阶级矛盾，进行了一系列政治改革。包括实行宗教宽容政策，取消征收人头税政策，实行新的税收制度，按土地的实际产量分等收税，规定税额为收成的1/3；取消包税制；发展经济，改革陋习。阿克巴改革使莫卧儿帝国进入了全盛时代。

锡克教的兴起

16世纪初，锡克教在印度北部兴起。1499年，旁遮普省商人家庭出身的那纳克师尊创立了锡克教。锡克教是一种不同于印度教的新宗教，它主张人人平等，反对种姓制度，要求人们对万能的上帝奉献爱心。第五代师尊阿尔琼向信徒征收捐税，构筑寨堡，形成了独立的类似政府的宗教组织，并于1604年编纂了锡克教的圣书。阿尔琼的活动引起了莫卧儿帝国国王的猜忌，后被残酷地处死，锡克教的和平发展时代至此结束。

朝鲜的"三国时代"

朝鲜民族自古居住在朝鲜半岛上。在原始社会末期，半岛上逐渐形成了几个部落联盟。公元元年前后，朝鲜半岛北部出现了高丽奴隶制国家。3世纪和4世纪，在朝鲜半岛的西南和东南部，又先后出现百济、新罗两个奴隶制国家。于是，朝鲜半岛出现高丽、百济和新罗三国鼎峙的局面，朝鲜史上称为"三国时代"。

高丽、百济、新罗三国统治者为了争夺半岛上的霸主地位，进行了长期激烈的斗争。三国当中以高丽为最强，曾侵入中国的辽西。到6世纪时，新罗逐渐强大起来，领土扩大到半岛中部的汉城一带。新罗的强大引起了高丽的恐惧，于是，它联合百济不断进攻新罗，同时还断绝了新罗和日本通往中国的道路。新罗转而向中国求救，唐太宗率军攻打高丽，直到7世纪中期，唐朝灭掉了百济和高丽，在平壤设立了安东都护府进行统治。朝鲜人民坚决反抗唐朝的封建统治，迫使唐将安东都护府撤至辽东。公元735年，唐与新罗正式以现在的大同江为界，新罗终于统一了朝鲜半岛。

田柴科颁行

公元976年，高丽王朝将全国可耕地和山林进行登记，将一部分土地和山林按等级分给文武官吏和府兵。文武百官按"人品"（身份）分为79品，最高者得田柴110结（田为耕地，柴指烧柴林，结为高丽丈量土地的单位），最低者得田21结，柴10结。国家把土地的收税权授予受田者，只限当代，不得世袭。公元977年，高丽王朝授予功臣勋田"功荫田"，数量20结到50结不等，可以世袭。后又颁布了公廨田柴制度，国家各机关（从中央到地方）都分得一定数量的土地收税权，用作行政经费。1049年，国家又颁布了"功荫田柴"，对一至五品的国家高级官吏，分别赐予从田25结、柴15结，到田15结、柴5结的工地收税权，并可世袭。此外绝大部分土地是由国家直接征收租税的公田。田柴科的颁行确立了高丽王朝对全国土地的支配权，成为专制集权国家体制有力的物质基础。

高丽贫民起义

高丽的繁荣局面持续了200年左右，后因不断遭受外族入侵的打击而衰弱下去。从1世纪末到12世纪初，中国北方的契丹族和女真族先后入侵高丽。高丽的国力在战争中逐渐被削弱。社会矛盾相应地激化起来。

1176年1月，高丽南方爆发了以亡伊、亡所锣领导的贫民起义。起义军曾攻克京畿道的骊州、镇州、牙州等地，控制了京畿道南部大部分地区。次年7月，高丽统治者在暴力召压的同时，采用欺骗手段诱捕了起义领袖，这样才使起义军逐渐解体。1177年5月后，西北地区爆发了城市贫民和农民的大起义。起义军曾一度占领西京平壤。一年后，在统治阶级的收买下，起义军于1178年遭到失败。1198年，首都开城曾酝酿奴隶起义，后因叛徒的告密而流产。1199年，江原道爆发大规模农民起义，起义者曾占领东南沿海一带1200年，南方晋州爆发了大规模的奴隶起义，起义者曾惩处6000多名两班官吏。这些大规模起义均沉重打击了高丽王朝的封建统治。

壬辰卫国战争

16世纪末，丰臣秀吉统一日本后，于1592年（农历壬辰年）4月，派军约20万由釜山登陆，至6月，已占领汉城、开城和平壤三京，朝鲜陆军节节失利，遣使向中国明朝求援。是时，以李舜臣部为主力的朝鲜水军连获大捷，掌握了制海权。郭再佑等朝鲜义兵部队也在敌人后方积极活动，抗击日军入侵。12月，明朝派李如松等率军援朝。1593

年初，收复平壤、开城，4月收复汉城。日军被迫退守南方沿海一带。1597年初，日本又出兵14万人，在釜山登陆，但最终败北。1598年，丰臣秀吉病死，日本内部混乱，侵朝日军仓皇撤退。朝中水军乘胜追击，经过激战，几乎全歼日军。战争以侵略者的失败而告终。这次战争保卫了朝鲜，也粉碎了日本妄图侵略中国的计划。

李成桂建立李朝

1387年，中国明朝决定收复原属中国的辽东领土。高丽王朝拒绝交还铁岭，并于1388年春组织近4万人的攻辽部队，由崔莹任总指挥、李成桂为前锋。反对出兵的李成桂实行兵变，驱逐国王，立国王幼子（昌王）为王，同时肃清崔莹和其他反对派。1389年，又以昌王并非王姓为借口，予以驱逐，立其远亲恭让王为王，实权为李成桂所控制。之后，李成桂着手进行私田的整顿。1390年废田柴科。1391年5月颁行科田法，对两班官僚和其他封建贵族按等授田，使他们享有授田的收租权。李成桂在加强统治的基础上，于1392年驱逐恭让王，自立为王。次年，改国号为朝鲜，开始了李朝的统治时期（1392~1910年），1396年迁都汉城。

李朝世宗创制朝鲜字母

朝鲜自从建立国家以来，长期使用汉字。李朝初期，世宗在宫中设立谚文局，召集众位学士制定朝鲜文字。他们研究了朝鲜语音，参考中国音韵学创制出28个字母，包括11个母音字母和17个子音字母，于1443年钦定颁布使用，称为"训民正音"。朝鲜从此有了本民族的文字，并一直沿用至今。但长期以来，朝鲜的官方书面语言仍是中文。

李舜臣

李舜臣（1545~1598年）出生于一个没落的士大夫家庭，幼时家境贫寒。他颇有学问，能骑善射，32岁时武举登科，从此开始军旅生涯。他刚直不阿，一生忧国忧民，追求正义，几处逆境而无悔无怨。47岁任全罗左道水军节度使后，积极操练水军，构筑防御阵地，并创建了铁甲战舰龟船，防范倭寇的进犯。当时日本丰臣秀吉已经完成了国内四岛的统一，妄图以武力征服朝鲜和中国。1592年，他率领20多万大军进犯朝鲜并攻陷汉城，占领了大半个朝鲜半岛，韩国称这一段历史为"壬辰倭乱"。应朝鲜王朝之请，明朝派兵出援，从此开始了长达7年的中朝两国军民共同抗击日寇的战争，史称"壬辰卫国战争"。

李舜臣将军和中国水军并肩作战，多次击败日军，屡立奇功。1598年12月，他与明朝水军重创敌寇，在激战中不幸中弹身亡。两年后，朝廷为表彰他的功绩，封他为一级宣武功臣。1643年即他死后的45年，追谥"忠武"。朝鲜半岛的人民为了纪念他，称他为"忠武公"。

圣德太子改革

公元587年，日本大贵族苏我氏和物部氏爆发内战，结果苏我氏获胜，拥立推古女皇，由圣德太子摄政。圣德太子采取了一系列改革的措施，抑制了贵族势力，促进了封建生产关系的确立。他还向隋唐派出使节，吸收中国的典章制度和文化，促进了日本文化的发展。

平安时代

公元 794 年，日本桓武天皇将都城从奈良迁往平安（今京都），日本进入平安时代。在平安时代，由于庄园的发展，班田制难以恢复，奈良时代建立的中央集权制逐渐解体，天皇权力削弱，藤原氏掌握朝廷大权。公元 966 年，藤原道长任左大臣，成为入主摄政的阶梯。1016～1085 年，藤原氏世袭摄政和关白地位，继续控制皇权。1086 年，白河天皇以太上皇地位压制摄政、关白，以此削弱藤原氏对皇权的控制。12 世纪中叶，平安时代末期，源氏和平氏乘宫廷摄政、关白和院政互相争权的时机，各自发展武士势力，矛盾日益激化。1156 年，平清盛与源义朝帮助后白河天皇平定保元之乱。1159 年，在平治之乱中，平清盛打败源义朝。此后源氏失势，平氏专权。后来，战事纷起的平安时代终于以 1192 年镰仓幕府的建立而告终结。

大化改新

6 世纪后期，大和国家出现社会政治危机，一部分贵族革新派主张以隋唐为榜样改造日本。公元 645 年，以中臣镰足和中大兄皇子为首的革新派推翻当权的豪族苏我氏，拥立孝德天皇即位，定年号为大化。自公元 646 年起，孝德天皇颁布革新诏令：第一，废除王室和贵族私有土地和部民，全国土地和人民都直属天皇，成为公地和公民。第二，实行"班田收授法"，即班田制，国家班给男女以一定量的口分田，六年一班，不得买卖继承。另分的园地和宅地可世袭。受田者向国家交纳租、庸、调，受田男子还须自带武器服兵役。第三，建立中央集权制国家，中央政府设二官八省，分掌各项政务。地方行政设国（省）、郡、里（乡）等单位，分别由国司、郡司、里长治理。这一改革的作用是抑制土地兼并，解除豪族对部民的奴役，固定农民的租税和徭役负担，促进封建经济的发展。通过改革，日本建立起中央集权制的天皇制国家，从奴隶社会进入封建社会。

《万叶集》

日本现存最早的诗歌总集，全集 20 卷，收诗歌 4500 多首。书名中的"万叶"，一说是"万语"之意，表示内容丰富多彩；一说是"万世"之意，表示生命万古长新。关于本书的编者和成书年代，说法不一。大致是由多人参与，经过多次编辑，公元 760 年左右大体编成。《万叶集》中的诗歌，按内容大体上可分为相闻、挽歌、杂歌三类。相闻是互相闻问的意思，是表示长幼相亲、男女相爱等内容的作品；挽歌是哀悼死者的作品；杂歌范围很广，包括不属于上述两类内容的其他作品，另外还有一些民谣。按形式来说，可分为短歌、长歌、旋头歌、佛足石体歌 4 类。《万叶集》的作者上自天皇、后妃、贵族，下到农民、士兵甚至乞丐，署名作者中有代表性的有大伴家持、山上忆良等。《万叶集》是研究日本古代社会的重要资料之一，对日本文学的影响更是深刻。

和歌

一种有严格规范的日本古代格律诗，主要是和自古以来在日本流传的汉诗相对而言。和歌包括长歌、短歌、旋头歌、片歌、佛足石体歌等形式，均由五、七音节相配交叉而成。如长歌是"五七五七"音节交替反复多次，最后以"五七七"音节结尾；短歌由"五七五、七七"共 31 个音节构成；旋头歌则以"五七七、五七七"38 个音节构成。其中，短歌是和歌的主要歌体，由于形式限制，特别讲究遣词炼字，简洁、含蓄、雅淡是它的主要特点。《万叶集》是日本现存最早的和歌总集，成书于公元 8 世

纪中叶，收录有 4500 多首诗，其中短歌就有约 4200 首。主要内容是吟叹人生的苦闷悲哀，抒发诗人对外物的细腻感受，初步奠定了日本诗歌重主观情绪、重感受的审美基调。稍后重要的和歌集有《古今集》《新古今集》等。

俳句

日本古典诗歌形式。起源于长连歌和俳谐连歌中的"发句"，江户时代由于松永贞德等人的提倡，才逐渐独立出来，并加上与四季时节有关的词句，成为一种新的诗歌样式，这就是最早的俳句。俳句的基本规则是：每首由 17 个音节构成，这 17 个音节又分为五、七、五共 3 个音段。在日语中，一个音节并不等于一个实词，所以，俳句实际上只有几个词构成，可以说是世界上最短的格律诗之一。另外，每首俳句必须有一个"季题"，就是与四季有关的标志和暗示，要让读者一看就明白所吟咏的是哪个特定季节的事物。一首俳句不能有两个以上的季题。俳句多采用象征和比喻手法，崇尚简洁含蓄，比和歌更为精练。被称为"俳圣"的松尾芭蕉是最著名的俳句作者。

草纸文学

日本文学的一种体裁。草纸，又名草子。草纸文学有两种含义：一指用假名写成的物语、日记、随笔等散文，以区别于用汉字写成的文学作品；一说是指日本中世和近世文学中的一种群众读物，是一种带插图的小说，多为短篇。前说中物语、日记、随笔与民间口语相结合，发展成为更具日本民族特点、更富文学意味的散文。最早的作品有纪贯之的《土佐日记》和清少纳言的《枕草子》等。室町时代（14 世纪中叶到 16 世纪末）出现的大众小说称为御伽草子，多取材于民间故事，它的出现标志着平民阶级文学的兴起。江户前期（17 世纪初期到 17 世纪 80 年代）兴起一种几乎全用假名书写的通俗文艺作品，称为假名草子，重要作品有《两个比丘尼》等。江户元禄前后，以京都、大阪一带为中心流行一种浮世草子，正面描写现实人生，重要作品有井原西鹤的《好色一代男》等。

武士的兴起

藤原氏的统治极端腐败，人民穷困破产，四处流徙逃亡，到处举行起义。而此时大化改新建立的地方军团已因班田制的瓦解而废弛。各地庄园主为了镇压人民起义，保护庄园，扩充势力，往往通过庄司组织武装家兵。这些家兵由主人供应装备、给养，并受主人的保护，这就是日本历史上"武士"的起源。武士与首领结成封建的主从关系，对其首领必须绝对效忠。武士集团的首领有一些是地方庄园主和郡司土豪，有一些则是沦落的贵族子弟。

丰臣秀吉

丰臣秀吉（1536~1598 年），日本战国时代末期封建领主，是继室町幕府之后，近代首次统一日本的日本战国时代大名。1590~1598 年间日本的实际统治者。法名国泰佑松院殿灵山俊龙大居士，神号丰国大明神（后因丰臣家灭亡而被德川幕府取消）。《明史》里称作平秀吉。

镰仓幕府创立

1167 年，平清盛任太政大臣，日本出现全盛局面。平清盛的政治、经济措施激起宫廷贵族和地方武士的不满。1177 年，源氏利用武力联合部分皇族和僧俗贵族，密谋打倒平氏，即遭平氏镇压，但反抗势力日益加强。1180 年，源赖朝（源义朝之子）举兵，不久即占据日本东部海岸战略要地，在富士川战役中打败平氏。源赖朝在镰仓建立地方政权，关东大小武士团都投靠源赖朝。次年，平清盛抑郁而死，平氏势力衰微。经多次战役，至 1185 年屋岛（今香川县北部海岛）、坛浦（下关海峡）之海战，平氏军队被歼灭。源赖朝取得任命守护与地头的权力。1192 年，源赖朝正式开创镰仓幕府。

室町幕府兴起

1274 年和 1281 年，亚洲大陆崛起的蒙古两次入侵日本，日本抗敌获胜，但是，不少封建主因战争破产而对幕府不满。他们支持后醍醐天皇讨伐幕府，恢复了天皇政治。但是"中兴"为期不长，1336 年，原幕府部将足利尊氏占领京都，重建新幕府，即室町幕府（1336～1573 年）。不甘心失败的后醍醐天皇，在南方吉野另立朝廷，与足利尊氏在京都拥立的光明天皇相对抗。两个朝廷对峙的局面持续了 50 多年，史称"南北朝时代"。室町幕府于 1392 年合并了南朝，取得了全国的统治权。

日本统一国家形成

15 世纪中期，日本进入了长达百余年的大封建主割据混战的"战国时代"。16 世纪中期，大名织田信长先后打败了附近的大名，于 1558 年攻占京都，又于 1573 年结束了室町幕府的统治。1582 年织田信长死后，他的亲信丰臣秀吉又进行多次战争，到 1590 年终于结束了分裂的局面，并把北海道地区首次置于中央政府统治之下，实现了日本的统一。

幕府

幕府本指将领的军帐，但在日本的特殊状况下，演变成一种具有独特国情的政权体制，成为凌驾于天皇之上的中央政府机构。其最高权力者为征夷大将军，亦称幕府将军，职位世袭。将军从日本皇室夺取权力，在明治维新之前，将军取代天皇，成为日本的实际统治者，常以"挟天子以令诸侯"的方式维持对国家的统治。而实际上，幕府将军也多被篡权。日本历史上共经历了镰仓幕府、室町幕府、江户幕府 3 个幕府统治时期。始于 1192 年，至 1867 年德川庆喜还政于明治天皇，幕府将军中，比较著名的有源赖朝、足利尊氏、德川家康。

德川幕府

1598 年，掌握全国政权的丰臣秀吉死后，统治集团内部分成两派。一派是丰臣氏的文吏派，以石田三成为首，这派联合毛利辉元、宇喜多秀家、岛津义弘等西部大名组成西军，约 8 万人；另一派是以丰臣秀吉的部将、关东有力大名德川家康为首的武将派，这派联合丰臣氏的强权派加藤清正、福岛正则等组成东军，兵力与西军互相匹敌。1600 年 9 月 14 日，东军先发制人，攻取了石田三成的根据地和佐和山，并准备进攻大阪。14 日夜，西军从大阪城调集了大批军队，以阻挡东军。9 月 15 日，两军大战于美浓国的关原地区（今岐阜县不破郡），激战持续了 6 个小时，东军获胜，西军全线溃退。石田三成等被处死。德川家康夺取了除大阪以外的主要城市、矿山，拥有占全国贡租总面积 1/6 的直辖领地。由此，德川家康开始了称霸日本的大业。1603 年，德川家康在江户（今东京）建立幕府，开始了德川幕府（又称江户幕府）时期（1603~1867 年）。

日本的"锁国政策"

16 世纪中叶，葡、西、荷、英等国已对日本传教和进行贸易，但在江户幕府时期，当政者为防止广大农民以天主教为掩护，进行起义活动，于 1613 年在全国下令禁止天主教。国家驱逐天主教神甫，摧毁教堂，并对教徒实行残酷的迫害。同时，为了限制地方封建主通过海外贸易扩充势力破坏封建统一局面，防止商品经济的发展对封建社会的动摇，从 1633 年到 1639 年，幕府颁布一系列禁令。规定严禁与外国通商，不许一切日本船和日本人出海，除允许中国和荷兰商人在长崎通商外，完全禁绝葡萄牙人、西班牙人前往日本通商。锁国政策实行了 200 多年，直到 1858 年，在美国、沙俄的武力的胁迫下，订立《安政条约》为止。锁国政策严重影响了日本萌芽中的资本主义生产关系的成长，延缓了封建经济的解体。

紫式部与《源氏物语》

日本中古物语文学的典范作品《源氏物语》，是世界上最早的长篇小说。一般认为成书于 11 世纪初，作者是紫式部。

紫式部在作品中描写了源氏一生政治命运的沉浮及其纵情声色的生活，反映了平安时代中期，日本宫廷错综复杂的权势斗争和贵族糜烂的两性关系，从而展示了这一时期上层贵族的精神面貌。

奈良时代

奈良时代始于迁都于平城京（今奈良）的公元 710 年，止于迁都于平安京的公元 794 年，历经八代天皇。元明女帝是奈良时代的第一代天皇。她死后，还有元正（女）、圣武、孝谦（女）、淳仁、称德（原孝谦）、光仁、桓武。女皇在奈良朝占了四代共 30 年。圣武这一代几乎是皇后光明子掌政，淳仁这一代也是上皇孝谦的天下。所以奈良朝可以说是女人的天下。

安土桃山时代

安土桃山时代（1573~1603 年），又称织丰时代，是织田信长与丰臣秀吉称霸日本的时代。起于织田信长驱逐最后一个室町幕府将军足利义昭，终于德川家康建立江户幕府。以织田信长的安土城和丰臣秀吉的伏见城（又称"桃山城"）为名。

织田信长等作为强大的军事领导者，击败了其他大名，统一了日本，成为统一日本的实际领导者。3 个主要人物相继成为这个时期的主导者：织田信长（1534~1582 年）、丰臣秀吉（1536~1598 年）、德川家康（1542~1616 年）。他们通过与京都的朝廷合作，取得政治的权威，然后以朝廷的名义征伐其他大名。

日本茶道

日本茶道是日本一种仪式化的、为客人奉茶之事。原称为"茶汤"。日本茶道和中国的茶艺一样，都是一种以品茶为主而发展出来的特殊文化。茶道的历史可追溯到 13 世纪。最初是僧侣用茶来集中自己的思想，赵州从谂禅师曾经以"吃茶去"来接引学人；后来才成为分享茶食的仪式。现在的日本茶道分为抹茶道与煎茶道两种，但茶道一词所指的是较早发展出来的抹茶道。

现代的茶道，由主人准备茶与点心招待客人，而主人与客人都按照固定的规矩与步骤行事。除了饮食之外，茶道的精神还延伸到茶室内外的布置、品鉴茶室的书画布置，花园的园艺及饮茶的陶器都是茶道的重点。

拜占庭帝国

偏安的帝国

395 年，罗马帝国分裂为东西两部分。东部罗马帝国领土包括巴尔干半岛、小亚细亚、亚美尼亚、叙利亚、巴勒斯坦、美索不达米亚平原上游、埃及和利比亚等富庶的地区，首都定在君士坦丁堡，被称为东罗马帝国。东罗马帝国仍然是一个横跨欧亚非三洲的大帝国，并自认为是罗马帝国的继承者。君士坦丁堡是在古希腊城市拜占庭旧址上建立起来的，所以东罗马帝国又被称为拜占庭帝国。

拜占庭帝国人口众多，城市繁荣，工商业发达，对外贸易频繁，农业发展水平很高。拜占庭的主要农产品产区在埃及和叙利亚，主要以小农经济为主。虽然也有奴隶制下的大规模生产，但规模不及西罗马帝国。所以当西罗马帝国的奴隶制大农业发生危机的时候，拜占庭帝国并没有受到多大影响。其手工业和商业生产，也一直是奴隶劳动和自由小生产者劳动并存，因此也没有受到奴隶制生产危机的影响。

在西罗马帝国发生危机时，拜占庭帝国农业生产稳定，城市持续繁荣，工商业规模扩大，财政收入不仅没有缩水，甚至小幅提高，这增强了拜占庭的国力，使得拜占庭更有余力应对来自国内和国外的危机。在此期间，拜占庭帝国受到了外族部落的侵袭，内部也发生了几次人民起义，但它最终都坚持了下来。在西罗马帝国灭亡后，拜占庭帝国又存在了千余年。

查士丁尼的对外征伐

拜占庭历史上第一个"黄金时代"是查士丁尼一世皇帝统治时期（527—565）。查士丁尼是一个十分有才干的君主，他励精图治，不断扩大拜占庭的领土，希望恢复古罗马帝国的版图。查士丁尼即位后不久，就与波斯展开了战争，可惜没有占到便宜，于是双方于 532 年订立和约。之后，他又将剑锋指向那些刚建立不久的日耳曼人国家。534 年，拜占庭军队攻灭北非的汪达尔人王国，占领其都城迦太基，将汪达尔王国的领土全部并入拜占庭。接着，他们又用了 20 年时间，打败了东哥特王国，占领了意大利。553 年，查士丁尼又趁着西哥特王国内讧，占领了其在比利牛斯半岛东南部的领地。经过几十年的征伐，查士丁尼征服了西罗马帝国的大部分故土，拜占庭的统治达到极盛。查士丁尼还恢复了已经被推翻的奴隶制度。

查士丁尼的对内统治

恢复了奴隶制度后，查士丁尼需要巩固奴隶主阶级的统治。当时，君士坦丁堡的基层行政单位是"德莫"（又译为"吉姆"），是由民众组成的具有一定自治功能的组织。由于组成德莫的民众的利益不同，各德莫间也产生了利益分歧，形成了不同的派别。不同派别的德莫成员在赛车场上支持穿不同颜色队服的车队，遂形成了势力较大的蓝党和绿党。蓝党上层多为元老贵族和地主等旧势力，绿党上层则多为富商和高利贷者，各党下层都是平民。532 年 1 月，查士丁尼出席一场赛车会。赛车会上，爆发了反政府起义，群众高喊口号，发泄心中的不满。因为这次反政府起义的口号是"尼卡"，即希腊语中"胜利"的意思，所以历史上称这次起义为"尼卡起义"。起义群众冲击帝国政府，导致政府运行机制瘫痪；捣毁监狱，释放服刑犯；冲进皇宫，另立新皇。仅仅用了数天，起义群众就占领了除皇宫之外的君士坦丁堡全城，查士丁尼差点沦为阶下囚。不过他的皇后狄奥多拉颇有魄力，策动大将贝利撒留用阴谋杀死了 3 万多名起义者，处死了两党领导者，将反政府起义镇压下去。

查士丁尼保住了他的皇位。然而这场起义为查士丁尼的统治敲响了警钟，其后，他陆续实行了一系列改革，如惩治贪官污吏、禁止卖官鬻爵、减少贵族权利、提高行政效率等，来缓和尖锐的阶级矛盾。

希拉克略王朝的统治

查士丁尼死后，拜占庭渐渐丢掉了西方的领土，7 世纪后渐渐走向衰落，内忧外患不断，社会动荡不安，民族危机加深，拜占庭帝国已经到了灭亡的边缘。610 年，拜占庭帝国的北非总督希拉克略登上帝国王位，建立希拉克略王朝（610~711）。

为了拯救帝国，希拉克略着手进行了一系列重要改革：学习北非、意大利，在全国实行军区制，把全国划分为三个大区，每个大区都有军队驻扎，设一名督军；建立军事屯田制，把自由农民变为世袭军户，编入军队，战时打仗，闲时参加生产活动；利用教会的力量，号召全国人民进行"圣战"，打败异教徒和侵略者。希拉克略之后的统治者也不同程度地强化和发展了这些措施。这些措施的实施，使得拜占庭的军事实力得到了很大提升，还催生了一个新的阶层——军事贵族。这些军事贵族进入统治阶层，掌握着军事力量，并占有大量土地，由农民和隶农负责耕种。军事贵族和部分旧贵族一起，构成了新兴的封建主阶级。拜占庭早期封建关系由此开始萌芽。

圣像破坏运动

8 世纪初，教会和寺院兼并了拜占庭境内近三分之一的土地，并且还享有免税权，这严重影响了国家的税收，加深了政府和教会的矛盾。拜占庭伊苏里亚王朝皇帝利奥三世和君士坦丁五世先后下令关闭寺院，没收教会土地，禁止供奉圣像，强迫僧侣还俗。这场政府和教会的斗争历时一百多年，史书称之为"圣像破坏运动"。

圣像破坏运动是国家统治者与教会争权夺利的斗争，是宗教活动掩盖下的统治阶级内部的斗争。通过破坏圣像运动，封建军事贵族的势力进一步壮大，这也使得更多的自由农民沦为农奴。

帝国盛世——马其顿王朝的统治

马其顿王朝（867—1056）是拜占庭帝国中期的一个王朝。它于 867 年由阿摩里亚王朝皇帝的宠臣、绰号"马其顿人"的巴西尔一世建立。马其顿王朝时期，拜占庭帝国强盛一时，此时的帝国已经完成了自己军事复兴的夙愿。

马其顿王朝初建之时，封建制度已经形成，土地多集中在大封建主手中，兼并之风越来越严重，许多自由农民失去土地纷纷破产，最后沦为农奴。阶级矛盾尖锐，反封建的农民起义时有发生，整个社会动荡不安，如 928 年的小亚细亚"铜手"瓦西里起义，声势浩大，给帝国统治以沉重打击。为了保证税收稳定，兵源充足，皇帝不得不更改法令，保护小农利益，发展工商业，以缓和阶级矛盾。巴西尔一世将《查士丁尼法典》增益更新后重新颁布，增益后的法典提高了底层人民地位；在军事上则改建了军队，特别是海军，提高军队战斗力，并开始四处征讨。

拜占庭先是打退了阿拉伯人，迫使他们退回阿拉伯半岛，收复了克里特岛和塞浦路斯岛，占领了两河流域和叙利亚的大部分，又与保加利亚人展开了对北边边境的争夺。除了以武力征讨之外，帝国还广泛传播东正教，希望以之笼络人心。通过一系列战争和传教活动，拜占庭的势力渗透进保加利亚、塞尔维亚和俄罗斯等斯拉夫人国家，东正教的传播范围也随之扩大。

之后的巴西尔二世也多次颁布法令，限制大封建主兼并土地，但这不符合统治阶级的利益，未得到贯彻执行。1018年，拜占庭征服了北方的最大威胁——第一保加利亚王国。拜占庭帝国在11世纪初达到了它的发展顶峰。

拉丁帝国的兴亡

由于塞尔柱突厥人的不断侵扰和帝国内部的矛盾冲突，拜占庭很快又陷入了困境，到了11世纪后半叶，拜占庭的领土仅剩下希腊半岛和爱琴海地区。到12世纪末，不断的内忧外患已经使拜占庭帝国濒临灭亡。1195年，当时的拜占庭皇帝伊萨克二世被他的弟弟阿列克塞废黜，并被投入监狱。伊萨克的儿子小阿列克塞只能逃亡国外，寻求国外势力的援助。为了获得援兵，小阿列克塞同意合并东、西方教会和资助十字军。拜占庭的富庶，早令西欧封建主垂涎不已，尤其是威尼斯为了获得拜占庭的商业利益，不遗余力多方策动，促使教皇英诺森三世将第四次十字军东征的目标定为信奉基督教的拜占庭。

1204年4月，君士坦丁堡被十字军攻陷，这个历史悠久的古城被洗劫一空，并被焚烧得只剩下残垣断壁。后来，十字军在这片领土上建立了"拉丁帝国"。拉丁帝国的第一任皇帝是鲍德温一世。拉丁帝国下辖帖萨罗尼加、雅典、伯罗奔尼撒和色雷斯四个公国。

十字军建立的拉丁帝国缺乏凝聚力，其治下的希腊人十分痛恨其统治，不断反抗，渐渐形成了三个政治中心：一个是尼西亚帝国，在小亚细亚西北部；一个是特拉布松帝国，在黑海南岸；一个是伊庇鲁斯君主国，在希腊西北部。其中最强大的是尼西亚帝国。1261年，在热那亚人的协助下，尼西亚帝国消灭了拉丁帝国，夺回君士坦丁堡，建立起一个新的拜占庭帝国王朝——巴列奥略王朝（1261—1453）。复国后的拜占庭领土缩小，国势衰微，已经不复过去的强大。

吉洛特起义

巴列奥略王朝统治时期，政局混乱，王室为争夺王位经常发生激烈的内讧，地方大贵族势力不断扩展，并参与到争权夺利的斗争中，政局动荡不安。

1321年，由于拜占庭帝国的皇帝安德洛尼卡二世取消了其孙子小安德洛尼卡的王位继承权，导致内战爆发。内战持续了6年时间，最终小安德洛尼卡取胜，登基为帝，即安德洛尼卡三世。1341年，安德洛尼卡三世逝世后，他的儿子约翰五世加冕为帝，与此同时，贵族康塔库尊在色雷斯自立为帝（即约翰六世），双方展开了激烈的争夺，并双双引入外族援军，土耳其人和色雷斯的大贵族们纷纷介入。连年混战使人民苦不堪言，奋起反抗，1342 年在帖萨罗尼加爆发了反封建的民主派起义——"吉洛特起义"。"吉洛特"在希腊语中是"人民之友"的意思。起义者迅速占领了帖萨罗尼加并将其建成独立的城市共和国，在国内没收封建地产，解放农奴，建立民主政权，进行了一系列的反封建改革。随着起义运动的不断深入，帝国统治者不得不向外求援，在土耳其军队的帮助下，于 1349 年攻陷帖萨罗尼加城，起义遂告失败。

君士坦丁堡的陷落

奥斯曼土耳其从 14 世纪 30 年代开始，就不断侵吞拜占庭帝国在小亚细亚地区和欧洲地区的领土。经过近 1 个世纪的时间，到 15 世纪 30 年代，拜占庭帝国只剩下君士坦丁堡及其周围地区这一小片领土。1453 年 4 月，奥斯曼土耳其终于开始进攻拜占庭帝国的最后堡垒君士坦丁堡。经过一个多月的激战，到 5 月 29 日，君士坦丁堡被攻陷，拜占庭帝国宣告灭亡。此后，奥斯曼土耳其将君士坦丁堡改名为伊斯坦布尔，并定都于此。

东正教的诞生

东正教与天主教、基督新教并列为基督教的三大教派。其中，东正教又被称作是正教、希腊正教或东方正教，它依循的是拜占庭帝国所流传下来的基督教传统。

基督教的分裂源于罗马帝国的分裂，基督教内部分成两派，一派是以罗马为核心的拉丁语派，一派是以君士坦丁堡为核心的希腊语派，双方就教权和教义的问题进行了长期的争论。到 1054 年，基督教正式分裂，拉丁语派自称天主教，希腊语派则自称是东正教。天主教信奉天主与耶稣，供奉圣母玛利亚，大力推崇"圣父、圣子、圣灵"三位一体的观念。中世纪时期，天主教是西欧社会的主导宗教，渗透到西欧社会的方方面面，并随着海外扩张，不断向欧洲以外的地区传播，形成了广泛的影响力。而东正教在教义和传播上与天主教大为不同。东正教信奉圣子耶稣，认为耶稣是全人类的救世主，是"基督""弥赛亚"。在传教方面，东正教更重视个人的自我体验，强调通过祷告时的沉思来与上帝直接交流，而不注重传教活动。

1453 年，随着拜占庭帝国的灭亡，斯拉夫语系的俄罗斯等国家不再受君士坦丁堡的控制，逐步建立起了自主的东正教教会。现在的东南欧、巴尔干和小亚细亚地区，是东正教教徒广泛分布的地区。

拜占庭帝国的文化

拜占庭帝国融合古典希腊罗马的文化传统、近东文明古国的文化和东正教文化因素于一体，创造出风格突出、独具特色的拜占庭文化。拜占庭文化分为三个时期：5 至 7 世纪是过渡时期，在这一时期，拜占庭文化由古代文化向中世纪文化发展；8 至 12 世纪是繁荣时期，在这一阶段，拜占庭封建文化发展迅速。13 至 15 世纪时期，则是拜占庭文化的复兴时期。

拜占庭的文化全面繁荣，在文学创作上形式丰富，有小说、故事集、诗歌等，其中讽刺散文、杂记和宗教诗歌比较有代表性。《祖国之友》《马扎利斯》和《庄园之主》都是讽刺散文的代表作品；成书于 6 世纪的《基督教国家风土记》是杂记的代表作品；宗教诗歌一般用于礼拜仪式，讲求韵律。在哲学上，以哲学家兼数学家普洛科尔·迪亚尔赫为代表人物的新柏拉图主义占据了统治地位。在地理和史学方面，商人兼旅行家科斯马斯的著作《基督世界地志》、君士坦丁七世编著的《帝国行政论》都是珍贵的地理历史资料，对后世研究影响重大。在美术方面，拜占庭风格独具特色，流传至今的作品主要有教堂中的镶嵌画、壁画和绘画手卷。这些作品多以宗教为题材，具有非常明显的装饰性、抽象性和宗教寓意，耶稣、圣母与圣子、天使和天使长、历代圣人、历代皇帝和主教以及天堂和地狱等题材被广泛使用。拜占庭的建筑风格也有很大的突破，在结构和风格上有较多创新，建筑师们用圆屋顶覆盖建筑物的中部的做法，对东欧建筑和阿拉伯建筑影响巨大。

尤其值得一提的是，君士坦丁堡大学是当时整个东欧的学术中心，在那里，希腊、罗马的古典文化被很好地保存了下来，对后世特别是意大利文艺复兴运动产生了深远的影响。

《罗马民法大全》

欧洲历史上第一部系统完备的法典是形成于拜占庭帝国查士丁尼一世统治时期的《罗马民法大全》。在"尼卡起义"的压力之下，即位不久的查士丁尼一世不得不实行改革以缓和国内矛盾，而在其改革中最重要的一项措施就是整理和编撰罗马法。

529年，查士丁尼委派法学家特里波尼安组织成立了法典编纂委员会。编纂委员会首先综合整理了自哈德良皇帝（117—138）以来400多年间罗马历代元老院的决议和皇帝发布的诏令，然后剔除其中失效和自相矛盾的条款，编纂完成了这部10卷的《查士丁尼法典》。接着经过汇总和整理，委员会又于533年把历代法学家解释法律的论文编成了一部50卷的《法学汇纂》；同年，还编纂了一部学习罗马法的教材《法理概要》（又称《法学家指南》）。最后，委员会收集534年之后查士丁尼一世颁布的法令，编纂成了一部《新法典》，续接之前的《查士丁尼法典》。

这4部法典的颁布，标志着罗马已经形成了比较系统完备的法律体系。《罗马民法大全》（又译作《国法大全》或《罗马法大全》）就是这4部法典的统称，这是罗马法最发达、最完备的表现形式。《罗马民法大全》将皇权视为至高无上的存在，并完全肯定皇帝的专制统治，对后世的法律产生了重大影响。

法兰克王国和查理曼帝国

法兰克人兴起

在西罗马帝国的废墟上，日耳曼人建立起了数量众多的"蛮族"小国，这些小国中实力最强、存在最久、对西欧历史和社会影响最大的是法兰克王国。法兰克人最早的活动范围是莱茵河中下游地区，到3世纪的时候，法兰克人形成了两个大的部落集团：一个是生活在莱茵河和马斯河河口地区北海沿岸的萨利克法兰克人（又称海滨法兰克人）；另一个是活动在以科隆为中心的莱茵河中游地区的里普阿尔法兰克人（又称河滨法兰克人）。

随着法兰克人的军事力量的不断增强，3至5世纪时期开始向外扩张，其军事首领常率军队袭击高卢北部至塞纳河一带。法兰克人骁勇善战，打仗时不惧生死，罗马人便想利用法兰克人对付其他日耳曼人。于是罗马政府便与法兰克人建立同盟，共同进驻高卢东北部地区。法兰克人的两大部落集团便移居至此。其中，萨利克人占据了马斯河与些耳德河之间的地区；里普阿尔人则迁至莱茵河和马斯河之间的地区。法兰克人除了作为罗马帝国的同盟者为罗马帝国效力之外，在罗马军队里还有大批的法兰克人雇佣军在服役。

克洛维建立法兰克王国

481年，萨利克法兰克人的首领希尔德里克去世，他的儿子克洛维成为继任者。克洛维不仅英勇善战，而且足智多谋，是一位杰出的领袖人物。他带领萨利克法兰克人以图尔内（位于今比利时境内些耳德河中游）为中心，不断向外征战，扩大领土范围，而不像其他日耳曼人那样继续进行大规模、长距离的迁徙。486年，克洛维带领萨利克法兰克人在苏瓦松击败高卢的罗马军队，夺取了卢瓦尔河以北的地区。

苏瓦松的胜利，宣告着法兰克王国正式成立，克洛维由军事首领一跃变成了王国的国王。由于克洛维出身于萨利克法兰克人的名门望族墨洛温家族，所以由克洛维建立的王朝被称为墨洛温王朝。

克洛维皈依基督教

法兰克人原本信奉原始的多神教，为了拉拢法兰克人，罗马教会极力劝说克洛维和法兰克人皈依基督教。493年，克洛维迎娶了勃艮第公主克罗提尔达，这位公主笃信罗马派基督教，她极力劝说克洛维皈依罗马基督教会。

此时正是阿勒曼人（日耳曼人的一支）跨过莱茵河向高卢发动进攻的时刻。战争一开始，克洛维率领的法兰克人不敌强大的阿勒曼人，节节败退。就在法兰克人即将输掉战争之际，克洛维突然按照妻子的规劝，默默地向耶稣祷告。结果奇迹发生了，法兰克人转败为胜，击退了阿勒曼人。事后，克洛维认为是耶稣帮助了自己，于是决定皈依基督教。496年圣诞节，克洛维带领他的3000名亲兵在兰斯大教堂接受了罗马基督教的洗礼，皈依了基督教。

克洛维一部的法兰克人改信基督教的举动，赢得了高卢境内罗马教俗权贵的支持，这大大加快了法兰克人扩张的速度。6世纪初，法兰克人几乎征服了高卢罗马的全部领土，克洛维还铲除了其他法兰克部族首领，将所有法兰克人统一在自己麾下。到8世纪时，除了西班牙和意大利半岛之外，法兰克王国已经征服了几乎整个西欧大陆。

法兰克王国的封建化

6世纪晚期，法兰克王国开始了土地私有化进程，耕地成为可转让的私有财产。对于扩张得来的土地，除了建设农村公社的用地以外，其余全都属于法兰克国王，国王可以任意处置这些土地。由于国王常把土地赏赐给亲兵和官吏，这些人便成了土地私有者，因此出现了大土地私有制度。

8世纪中期，国王不再无条件地赏赐土地，而是把耕种土地的农民和土地一起分封给亲近的贵族，实行采邑制度。采邑制的实行，加速了法兰克王国封建化的进程，使越来越多的农民沦为了农奴，农村公社瓦解。

宫相与"懒王"

法兰克王国王宫内的管家被称作宫相，宫相本是国王的仆人，为国王提供生活服务，但因与国王的关系亲密，所以宫相地位渐渐变得显要。后来宫相开始干预政治，渐渐地不仅控制了内政，还掌握了军队的控制权。6世纪下半叶，法兰克王国封建化进程加速，王权衰落，宫相逐渐取代国王，成为国家实际的控制者。墨洛温王朝最后的十几代国王，有的在幼年继位，有的愚昧无能，有的是大贵族拥立的傀儡，他们往往不理朝政，终日只知纵情享乐，因而被称为"懒王"。强大的宫相掌权和"懒王"名义上的统治，成为当时法兰克王国的政治特征，而639至751年这段时间也被称为墨洛温王朝的"懒王"时期。

7世纪中叶开始，法兰克王国分裂成了三个部分——奥斯特拉西亚、纽斯特里亚和勃艮第，这三个部分之间关系并不固定，有时各自为政，有时又共同拥立一主，各地大贵族任意推举宫相，各行其是。各个宫相为了争夺权力，往往会发生激烈的混战。最终在687年，奥斯特拉西亚宫相赫里斯塔尔·丕平击败纽斯特里亚的宫相，成为法兰克王国唯一的宫相和事实上的统治者。

查理·马特的改革

715年，赫里斯塔尔·丕平死后，他的儿子查理成为新一任宫相。此时的法兰克王国面临重重危机：王国之内，一些地方贵族不承认查理，莱茵河以东的萨克森人、阿勒曼人、巴伐利亚人等纷纷反叛，欲脱离法兰克人的统治；王国之外，阿拉伯人入侵西班牙，并成功征服西班牙，对法兰克王国虎视眈眈。查理上台后，出兵镇压了贵族的武装反叛，制服了萨克森人等，并于732年在普瓦提埃附近击退了阿拉伯人的进攻。从此，查理威名远播，被人们称为查理·马特（马特意为"锤子"）。

为巩固统治，查理·马特改革无条件分封土地的制度，实行有条件分封制。他以服兵役和履行臣民义务（如缴纳租税、交出盗匪）为条件，将没收的叛乱贵族的土地和部分教会土地以及国家掌握的土地分给官员和将领，并规定：一旦被分封者不履行义务，国家就有权收回采邑；封主或封臣一方死亡的，也收回采邑，终止分封关系；如果受封者的继承人想继承采邑，必须经过重新分封。通过这些措施，查理·马特一方面加强了王权，将地方贵族与王室紧密联系了起来；另一方面也提高了中小封建主阶层的地位，为西欧骑士阶层的出现创造了条件，还为未来加洛林王朝的强盛奠定了基础。

加洛林王朝的建立

查理·马特死后，他的儿子"矮子"丕平继承了宫相的位置，丕平对内大权独揽，对外不断征战，完全控制了法兰克王国的大权。但丕平并不满足，他想成为法兰克王国名副其实的国王。751年，伦巴德人攻下拜占庭的拉文那总督区，教皇被迫向法兰克求援，丕平利用这一时机，提出了自己的要求。他派使者去觐见教皇，并表示："法兰克国王虽属王族并称王，可他们平时做的事不过是在公文上署上名字而已，所有人都知道，宫相才是真正大权在握的人。"教皇对丕平的意图了如指掌，便答复道："有实权的人应当戴上王冠，国王的名号授予他们，比授予名不副实的人更好更合理。"于是，双方心照不宣地达成了共识。751年11月，丕平在法兰克人的苏瓦松集会中，宣读了教皇的声明，宣布废黜墨洛温王朝，又囚禁了国王希尔德里克三世。"矮子"丕平终于成为法兰克名正言顺的国王，并举行了加冕典礼，由此开启了法兰克历史上的加洛林王朝时期。

"丕平献土"

为了感谢教皇对自己的支持，754 年 1 月，丕平与教皇达成协议，答应于该年 5 月出兵援助教皇。丕平履行了自己的承诺，法兰克人在阿尔卑斯山山区与伦巴德人展开交战，伦巴德人不敌，于是与法兰克人讲和，并保证将拉文那总督区交还教皇。然而伦巴德人言而无信，等到丕平退兵之后，他们又去而复返，洗劫了罗马城郊。756 年，丕平第二次出兵援助教皇，彻底打败了伦巴德人。之后，丕平将拉文那总督区和潘塔波利斯（"五城区"的意思）献给教皇，史称"丕平献土"。"丕平献土"奠定了教皇国的基础，从此教皇有了一块可以直接统治的领土，在这里，教皇不仅是教会的领袖，还拥有世俗的统治权。

查理大帝

768 年，"矮子"丕平去世，他的儿子查理和加洛曼平分了王国。774 年，加洛曼病逝，查理吞并了他的领土，由此查理顺理成章地成了加洛林王朝的第二代国王。法兰克王国在他的统治下进入了鼎盛时期。查理做了 46 年国王，在位期间发动了 50 多次对外战争。除了英格兰，他几乎对所有的西欧国家发动过战争，因此有人称他为"马背上的皇帝"。

在查理的征讨下，法兰克王国的疆域得到了极大扩展，从易北河河口到比利牛斯山南麓，从布列塔尼到潘诺尼亚，西欧大陆的绝大部分土地都被纳入法兰克王国的版图，其面积之大，完全可以与鼎盛时期的罗马帝国一较高下。而这时查理对权力的欲望也更大了，他希望自己可以像恺撒一样成为欧洲的主宰，而不仅仅只是一个法兰克的国王而已。为此，查理延续着父亲与教皇结盟的政策。799 年，反对法兰克王国的大贵族将教皇利奥三世囚禁起来，查理派使臣解救了教皇。为了答谢查理，800 年的圣诞节这天，在圣彼得大教堂里，教皇将代表最高权力的金冠戴在了正在做弥撒的查理头上。当利奥三世大声说出"上帝为查理皇帝加冕，愿这位伟大的、给大家带来和平的罗马人皇帝长寿且永不失败"时，查理终于得偿所愿，成了查理大帝，而这也意味着"查理曼帝国"建立起来了。

加洛林文艺复兴

查理在位期间，法兰克的文化得到了良好的发展。查理办起了宫廷院校，招收的学生既有贵族子弟，又有微寒人家的孩子，他还命令教会和修道院兴办学校。因为有良好的教育环境，当时法兰克出现了一批造诣颇深的学者，如专攻修辞和文法的阿尔琴、《伦巴德人史》的作者保罗、写了《查理大帝传》的艾因哈德。查理还让人大量抄写古罗马和古希腊的文稿，他的这一举措不仅有利于古典文明的传播，而且还为保存古代文明做出了贡献。由于修建宫殿的需要，绘画和雕刻等艺术也获得了发展。由于查理统治的王朝为加洛林王朝，所以这一时期的文化、艺术等所取得的成就便被称为"加洛林文艺复兴"。

查理曼帝国的瓦解

查理曼帝国看似强大，但它只是一个以军事征服为基础的行政联合体，帝国内部民族和部落众多，各地区之间缺少经济和文化上的联系，这样的帝国是无法长久统一的。到了查理大帝统治末期，随着地方封建势力的壮大，帝国显现出分裂的迹象。814年，查理去世，其子虔诚者路易即位。然而他性格软弱，还非常迷信。817年，眼看着地方封建主势力渐强，王权日渐衰微，虔诚者路易心生退意，他将帝国领土一分为三，三个儿子罗退尔、丕平和日耳曼人路易每人分得一份。后来，虔诚者路易又想给他和后妻生的儿子秃头查理一块封地，但是遭到了三个大儿子的强烈反对，他们甚至发动武装反抗，还一度囚禁了虔诚者路易。

838年，丕平去世；840年，虔诚者路易去世。此后，罗退尔继承了王位，但是遭到了他的另外两个兄弟日耳曼人路易和秃头查理的联合反对，兄弟之间争斗不休。843年8月，三个兄弟终于达成了协议，并签订了瓜分帝国的《凡尔登条约》，将帝国分为三块，东部是东法兰克王国，归日耳曼人路易所有；西部是西法兰克王国，归秃头查理所有；东、西法兰克王国之间的土地，加上意大利北部和中部地区则属于长兄罗退尔，称为中法兰克王国，而皇帝的称号则由罗退尔继承。

罗退尔死后不久，日耳曼人路易和秃头查理签订《墨尔森条约》，瓜分了罗退尔夹在东、西法兰克王国之间的部分领土。其中，有一些地方在两人瓜分时被遗漏了，这些地方后来就建起了瑞士、比利时、荷兰、卢森堡、意大利等国家，查理曼帝国的瓦解，奠定了近代西欧众多国家的基础。

俄罗斯的兴起

斯拉夫人

关于斯拉夫人起源的文字记载，最早出现在1世纪末和2世纪初的古罗马文献中。大普林尼的《自然史》曾提到，在今波兰维斯瓦河谷居住着一些被称为维内德人的民族；塔西佗的代表作《日耳曼尼亚志》也将活跃于古代日耳曼东部的人称作维内德人。据学界证明，维内德人就是斯拉夫人。1至2世纪时，斯拉夫人在西起奥得河、东到第聂伯河、南到喀尔巴阡山、北临波罗的海之间的广大区域内生活。他们共同的故乡是维斯瓦河谷。

大约在6世纪，斯拉夫人开始向东、南、西三个方向扩散，从而形成了三个分支：东斯拉夫人、南斯拉夫人以及西斯拉夫人。这时尽管斯拉夫社会仍是原始公社制，但其军事组织稳固，并出现了在原始民主生活中起重大作用的部落会议。斯拉夫各个民族开始建立国家是在7至12世纪之间，而在古罗斯国的建立上，东斯拉夫人是最主要的力量。

古罗斯国家

东斯拉夫人的主要聚居地是东欧平原。6世纪时，东斯拉夫人还处在原始公社阶段；到8至9世纪之间，东斯拉夫社会由于铁器的普及和工商业的发展，私有制和阶级萌芽开始出现。东斯拉夫人逐渐形成了两大部落联盟，分别以北方的诺夫哥罗德和南方的基辅为中心。

古罗斯最早的编年史《往年纪事》记载，彼时，东斯拉夫各个部落之间矛盾不断，内讧不止，社会处于混乱状态。于是东斯拉夫人决定邀请瓦里亚格人（东斯拉夫人对居住在斯堪的纳维亚半岛的日耳曼人分支诺曼人的称呼，意思是"商人"，又译作瓦良格人）头领留里克来做王公。862年，留里克在诺夫哥罗德建立了第一个诺夫哥罗德公国，该王朝被称为留里克王朝。而留里克统治的土地也被命名为罗斯（芬兰人称呼瓦里亚格人为罗斯人，意思是"住在北方的人"）。几乎同时，另一支瓦里亚格人在基辅建立起了政权，这便是最初的基辅政权。

基辅罗斯的形成和发展

879年，留里克逝世之后，由于他的儿子伊戈尔年龄还小，无法管理国家，便暂时由其亲属奥列格摄政辅佐。奥列格决定向外扩张，沿"瓦希商路"一路南征，一直攻至基辅。在杀掉了基辅的王公后，罗斯人于882年占领基辅，并迁都于基辅，开始了基辅罗斯的统治时期，基辅被称为"罗斯诸城之母"。基辅罗斯的版图也有了较大扩展，西接喀尔巴阡山，东到顿河，南邻黑海，北抵波罗的海地区。

基辅罗斯并不是一个完全意义上的国家，而是一些封建小邦国的集合体，也没有统一的行政体系。基辅罗斯对外实行武力征服的政策，一方面直接抢得财物和奴隶，另一方面强迫当地居民纳贡称臣。每年冬季开始后，基辅罗斯大公就会带领军队到被征服地"索贡巡行"，逐户索取贡物，一开始是皮毛、蜂蜜和蜂蜡等，后来又开始索取粮食和奴隶。贵族们把抢劫和征收的贡品集中起来，在第二年春季用船运到君士坦丁堡出售，来换取生活必需品和奢侈品。

罗斯人早期信仰多神教，9世纪中叶，基督教已在部分罗斯人中传播，弗拉基米尔大公登基之后，在988年定东正教为国教，并强令全国改信东正教，下河接受洗礼。基辅罗斯人在接受东正教的同时，也受到了拜占庭先进文化的洗礼，这对罗斯国家的发展有着重要的影响。

基辅罗斯的解体

弗拉基米尔过世后，为了争夺王位，他的几个儿子发生了内讧，最终雅罗斯拉夫取得了王位。雅罗斯拉夫即位后，制定了一部法典《罗斯法典》，这也是基辅罗斯的第一部法典。1054年，雅罗斯拉夫逝世，基辅罗斯发生内乱，雅罗斯拉夫的几个儿子不仅分割了政权，而且相互混战，争夺土地，基辅罗斯分崩离析。11世纪末期到13世纪初期，在基辅罗斯的土地上出现了众多的独立公国，弗拉基米尔—苏兹达尔大公国（在其领土上兴起莫斯科公国）、加利奇—沃伦公国（乌克兰的发源地）、波罗茨克—明斯克公国（白俄罗斯的发源地）和诺夫哥罗德共和国是其中领地较大、实力较强的公国。这些小公国常常相互征战，使得国力日衰。南方草原上的游牧民族波洛伏齐人乘机进犯基辅罗斯，令基辅罗斯人苦不堪言。

金帐汗国的统治

13世纪初，蒙古人崛起。1223年，成吉思汗率军西征，在卡尔卡河战役中击败了罗斯人和波洛伏齐人联军。但此次西征，蒙古人并未深入罗斯本土，而是返回了蒙古。1237年，蒙古军队在拔都的率领下大举进攻罗斯，先是夺取了罗斯东北部的里亚赞、弗拉基米尔，继而将势力范围扩展到整个东北地区。占领东北之后，蒙古大汗并没有满足，1240年蒙古大汗命拔都继续挥师南下，终于攻占了基辅。1243年，功成名就的拔都由中欧返回，在伏尔加河下游建立了金帐汗国，又称钦察汗国，统治着东北罗斯、西北罗斯和西南罗斯的一部分，定都伏尔加河下游的萨莱。为了巩固统治，金帐汗不断挑拨罗斯各王公之间的关系，以便将他们分而治之。这使得罗斯统治阶级内部矛盾激烈，社会不稳，不利于罗斯国家的经济发展和社会进步。金帐汗将罗斯变成了金帐汗的附属国，罗斯王公要向金帐汗称臣，要接受金帐汗的册封，并岁岁纳贡。后来，基辅罗斯完全丧失了独立性，最终被莫斯科公国取代。

莫斯科公国的兴起

莫斯科公国的崛起，借助了蒙古金帐汗的力量。在莫斯科兴起之前，古罗斯已经分裂了将近一百年。

1054 年，基辅大公雅罗斯拉夫将莫斯科封给了他的儿子弗塞沃洛德。历史上首次提到莫斯科，是 1147 年弗塞沃洛德的孙子尤里在这里与车尔尼戈夫的王公会见。历史上将 1147 年视为莫斯科建城的年代。当时，莫斯科还只是一个木质结构的城堡，规模不大，人口很少，建筑简陋，在之后的 150 多年里，也没有多少人知道。蒙古人入侵基辅罗斯的时候，也曾劫掠过这里，但因此地偏远，又有茂密的森林作为天然屏障，故并未被完全毁灭。1304 年，弗拉基米尔大公安德列去世，莫斯科公与特维尔公互相攻讦、倾轧，争夺全罗斯大公的权位。被称为"钱袋"的莫斯科公伊凡一世，对内一方面用金钱收买蒙古王公和可拉拢的政敌，另一方面用暴力手段消灭竞争对手；对外，则唯金帐汗国马首是瞻，狐假虎威。1327 年，东正教的都主教彼得从基辅迁至莫斯科，进一步提升了莫斯科的威望。1328 年，伊凡被册封为"弗拉基米尔及全罗斯大公"。此后，莫斯科公国开始了自己的扩张之路。

莫斯科公国的扩张

14 世纪，莫斯科公国的势力不断壮大，金帐汗国却日暮西山。在伊凡一世之孙底米特里统治时期，莫斯科公国趁金帐汗国分裂之机，打败其他罗斯王公，巩固了自己的地位。1380 年，底米特里又领兵于顿河上游的库里科沃平原击败了金帐汗国和立陶宛联军，这次战争沉重打击了蒙古的统治，使莫斯科公国迎来了独立的希望。在 15 世纪后期到 16 世纪前期，即伊凡三世（1462—1505）和瓦西里三世（1505—1533）统治时期，莫斯科中央集权国家逐渐形成。伊凡三世统治时期，蒙古人在莫斯科公国长达两个多世纪的统治被彻底终结，莫斯科也开始采用"全罗斯大公"的称号。之后，伊凡三世之子瓦西里三世又将普斯科夫和里亚赞纳入莫斯科公国的统治范围，最终完成了统一大业。

伊凡雷帝的统治

1533 年，瓦西里三世去世，他年仅 3 岁的儿子继位，即为伊凡四世（1533～1584），也就是俄国历史上著名的"伊凡雷帝"。伊凡于 1547 年 1 月 19 日在克里姆林宫正式加冕为俄国历史上第一位沙皇（意思是"皇帝、帝王"，源于古罗马皇帝称号"恺撒"）。伊凡四世加冕之后，在 1550 至 1556 年之间，先后对司法、行政和军事进行了大刀阔斧的改革，以削弱大贵族的权力，巩固中央王权。1565 年，他进一步采取措施限制大贵族的权力，将全国划分为由"杜马"（俄文"议会"的意思）管理的普通区和由沙皇直接管理的特辖区，组建由中小贵族组成的特辖军团，限制大贵族割据势力。这些改革措施破坏了大贵族的军事基础，沉重打击了大贵族势力，巩固了皇权，使沙皇专制政体得以确立，极大地促进了俄国封建社会的发展。

波洛特尼科夫起义

伊凡雷帝死后，俄罗斯政局动荡，天灾人祸不断，民不聊生。1606 年夏天，农奴出身的波洛特尼科夫在乌克兰北部发动了农民起义，他打出要"好皇帝"的口号，鼓动人们"杀死贵族和所有的商人"。起义得到了市民及哥萨克的响应和参与，起义军节节胜利，势如破竹，很快席卷了 70 多个城市，直接威胁到莫斯科，使封建统治者大为震惊。然而在当年 11 月 27 日，起义军中的小贵族帕科夫率领部队倒向了沙皇，转而进攻起义队伍，使起义遭受了重大损失，不得不退往卡卢加。1607 年 5 月起义军占领了图拉城，并以此为据点，抵抗沙皇军队的进攻。沙皇组织军队包围了图拉城，他们修筑堤坝，用水灌城。起义军顽强抵抗了 4 个月，终于因弹尽粮绝，于 10 月被沙皇军队打败，起义领袖波洛特尼科夫被俘后遇害。这次起义虽然失败了，但是沉重打击了沙皇的专制统治和俄国的农奴制，对以后的农民战争和俄罗斯的历史都产生了深远的影响。

罗曼诺夫王朝的建立

农民起义被镇压后，波兰和瑞典势力又乘机染指俄罗斯。在国家面临灭亡危险的时候，俄罗斯人民开始组织民军反抗外国武装干涉。第一支民军是由梁赞小贵族廖普诺夫兄弟组织的，第二支是由来自下诺夫哥罗德的米宁组织的，他们共同推举帕扎尔斯基公爵作为民军的司令。民军与波兰军队展开激战，并于 1612 年 10 月击败波兰军队，收复了被占领的莫斯科。1613 年 1 月，克里姆林宫召开缙绅会议，会议决定推举大贵族米哈伊尔·费多罗维奇·罗曼诺夫为新的沙皇（其为伊凡四世的妻侄孙），从此开启了俄罗斯历史上的罗曼诺夫王朝的统治。

十字军东侵

十字军东侵的起因

随着生产力的发展，西欧封建城市开始兴起，封建主的野心也逐渐增强，他们希望通过向外扩张获得领地和财富。而当时西欧社会的各个阶层矛盾突出，因为不同的利益需求，也都有向外扩张的想法。首先就统治阶层来说，西欧社会一直实行的是长子继承制，贵族的封地由长子继承，其他的儿子则成为没有土地的骑士，这使得他们热衷于开拓新的领地。商人阶层们，特别是威尼斯和热那亚的商人，企图垄断地中海贸易，因此需要战争确立自己的优势地位。农民阶层，饱受封建贵族地主的残酷剥削以及饥荒的威胁，在贫困线上挣扎，毫无出路，因此希望通过向外扩张，摆脱困境。而罗马教皇和天主教会则希望通过向外扩张，转移国内矛盾，维持社会稳定，因此也热衷于引导骑士阶层、商人和农民阶层向东方发展。此外，教皇和教会还希望通过东侵，把东正教收归罗马教皇统治，统一基督教世界。

就这样，西欧封建社会内部充满着向东扩张的渴望和需求，而此时正好拜占庭帝国因塞尔柱突厥人的不断威胁而求援，东侵就此拉开了序幕。

十字军东侵在名义上是基督教反对所谓"异教"的战争，因为十字架是基督教的象征，所以每一个参加东侵的人都会在自己的胸前和手臂上佩戴"十"字标记，东侵军队则被称为十字军。

前三次十字军东侵

1096 年初春，在罗马教皇乌尔班二世的鼓动下，来自法国北部和中部以及德国西部的穷苦农民，跟着穷骑士华尔和教士彼得，带着家小和家当——几乎没有武器，毫无秩序地涌向东方。没有盘费，他们就边走边劫掠。路上，饥饿、疾病以及沿途居民都在袭击他们，因此死伤惨重。到达小亚细亚后，他们遭到塞尔柱突厥人的攻击，幸存下来的人只有 1/10。他们是东侵十字军中的第一批牺牲者。

同年秋，另一批十字军开拔。这支队伍约有 4 万人，由西欧封建主组建，武器精良、行动井然有序，具有一定的军事素养。1097 年春，所有的十字军队伍汇集于君士坦丁堡，准备"拯救圣地"。他们相继击败驻扎于此的守军，攻占了"圣城"耶路撒冷。十字军进入耶路撒冷后，将这座圣城洗劫一空，还屠杀当地居民 7 万多人。十字军取胜后，在其所占领的地区建立起了 4 个十字军国家。这些国家大小不等，最大的是耶路撒冷王国，此外还有特里波利伯国、安条克公国和爱德沙伯国。但是，由于当地人民的反抗，这些国家最后都灭亡了。

1147 至 1149 年，不甘失败的教皇和西欧封建主们又组织了第二次十字军东征。而此时，在埃及苏丹萨拉丁的军事征服下，东方的各小国已经统一起来，拥有了强大的军事实力。在底庇利亚湖附近，萨拉丁打败十字军，收复了耶路撒冷。接着，萨拉丁又粉碎了十字军的第三次入侵（1189—1192）。

第四次东侵

13 世纪初，教皇又组织了第四次十字军，目标为埃及。但是，当十字军途经威尼斯时，威尼斯商人挑唆他们进攻拜占庭帝国，十字军于是改道君士坦丁堡。1204 年 4 月，十字军攻占了君士坦丁堡，在城中大肆劫掠，毁坏的艺术珍品、文物古迹不计其数。为了获取更多的财富，这群暴徒甚至四处挖掘陵墓。短短一个多星期，君士坦丁堡就从一个繁华都市变成了一片废墟。此次东征，十字军彻底撕下"圣战"的面具，暴露了抢夺财富的真正面目。

在征服拜占庭帝国之后，十字军建立起了一个拉丁帝国，罗马教皇负责帝国的宗教事务，并使东正教从属于罗马教廷。

悲惨的"儿童十字军"

经历了四次东征，欧洲人民开始认识到"圣战"并不像教皇说的那么美好，在经历死亡和失败后，他们对东征不再抱有那么高涨的热情了。于是教皇采取了一种新的策略，他称东征失败是因为十字军队伍中成年人罪孽深重，只有纯洁的儿童才能获得胜利。就这样，一支"儿童十字军"被组建了起来。

1212 年 6 月，一支由 3 万多名儿童组成的十字军集结马赛，准备从这里渡海出战。这些孩子均不到 12 岁，没有任何武装。教会告诉他们，海水会在他们面前分开，他们可以如履平地般走在大海上。然而，这些谎言很快就被揭穿了，海水没有分开，倒是来了两个利欲熏心的商人。他们将这些儿童装上船，运往埃及。到达地中海时，有两只船在风暴袭击下沉没了。最终，剩下的五只船到达了埃及，船上的孩子并没有参加圣战，而是被卖做了奴隶。

十字军的失败

第四次十字军东侵之后，十字军向外征服的运动开始衰落下来。1217 至 1221 年，十字军发起第五次东侵，目标是埃及，但遭到惨败，由德国人、英国人、荷兰人和匈牙利人组成的联军被埃及人民赶出了埃及。十字军于 1228 至 1229 发起了第六次东侵，这次由德国、法国、英国、意大利等国骑士组成的联军的侵略目标是叙利亚。1248 至 1254 年的第七次东侵，十字军再次征战埃及，军队主体是法国骑兵，法国国王路易九世希望通过这次征战，保住法国在北非的贸易基地。最后一次十字军东侵，也就是第八次东侵，是在 1270 年，由法国国王路易九世亲自率领军队攻打突尼斯，然而却遭到了惨败，路易九世也因感染了流行病而死在了北非。1291 年，通过与十字军的激战，埃及人收复了十字军在北非的最后一个据点：阿克城。耶路撒冷王国最终灭亡。

十字军东侵的影响

十字军东侵是一次世界性的侵略战争，这场战争给被侵略的东方世界带来了深重的灾难。在东侵过程中，无数的城市被洗劫焚毁，其中包括耶路撒冷和君士坦丁堡等著名大城市，无数无辜的平民被屠杀。这场战争持续了近两百年，不仅给东地中海地区的人民带来了深重的灾难，也使侵略国国内的农民等贫苦大众陷入了深重的灾难。十字军东侵使战争双方都付出了沉重的代价，不仅使基督教在欧洲的影响力有所缩小，而且一系列屠杀行动也在不同地区信仰不同宗教的教徒心中留下了巨大的心理创伤。

但不可否认的是，这场战争对欧洲封建社会来说具有一定的推动作用。在经济上，通过战争手段，西欧人打破了拜占庭帝国和阿拉伯人对国际贸易的垄断，促进了地中海地区商业的发展，使威尼斯、热那亚等成为地中海地区最有优势的商业城市。在文化上，十字军东征客观上促进了欧洲、亚洲和非洲不同文化之间的交流与发展，为西欧文化的发展提供了有利的因素。

西欧国家封建制度的发展

"七国时代"及英格兰的统一

5 世纪，日耳曼人中的朱特人、盎格鲁人、撒克逊人入侵不列颠，他们将统治了不列颠 400 年的罗马人赶出了不列颠。日耳曼人征服了不列颠后，建立了诸多小国家，这些小国家彼此攻伐兼并，到了 6 世纪末至 7 世纪初形成了七个王国，这七个王国分别是以撒克逊人为主的埃塞克斯（又称东撒克逊）、威塞克斯（又称西撒克逊）和苏塞克斯（又称南撒克逊），以盎格鲁人为主的东盎格里亚、麦西亚和诺森伯里亚，以朱特人为主的肯特。

历史上将英国从 5 至 9 世纪初这段时期称为"七国时代"，"英格兰"这一名称便源于此时，意为"盎格鲁人的土地"。七个国家之间的力量此消彼长，彼此混战不休，到 9 世纪初，威塞克斯王国的实力逐渐强大起来，并在七国中处于支配地位。829 年，威塞克斯王国统一七国。

"诺曼征服"

1066 年初，英王信教者爱德华逝世。爱德华的表弟法国诺曼底公爵威廉以实现其表兄的遗愿为由，在教皇支持下，派兵打败了与其争夺英王王位的盎格鲁·撒克逊贵族哈罗德，进入伦敦。同年底，威廉在伦敦加冕，称威廉一世（1066—1087 年在位），开启了英格兰历史上诺曼王朝（威廉为诺曼人，故称诺曼王朝）的统治。"诺曼征服"加速了英格兰社会的封建化进程，对英格兰社会产生了深远的影响。

法国卡佩王朝的建立和统治

加洛林王朝对西法兰克的统治在 9 世纪中期之后又持续了一百多年（843—987），但是统治者的腐败无能与内斗加剧，使得王权逐渐衰微。特别是 887 年加洛林王朝国王胖子查理遭废黜之后，罗伯特家族强大起来，并与王族争权。在抗击诺曼人入侵的斗争中，罗伯特立下大功，因此被封为法兰西岛公爵。"法兰西岛"是指塞纳河和卢瓦尔河中游、以巴黎和奥尔良为中心的南北狭长地带，后来"法兰西"的名称就是起源于此。罗伯特公爵的儿子、巴黎伯爵埃德逐渐取得了王朝的实际控制权，加洛林王朝名存实亡。987 年，加洛林王朝国王路易五世去世，罗伯特家族的休·卡佩被教会和世俗的大封建主拥戴为国王，开启了法兰西历史上的卡佩王朝（987—1328）时期。

卡佩王朝初期，国家分裂，王权软弱，当时的法国国境内公国、伯国林立，弗兰德尔伯国、诺曼底公国、安茹伯国、勃艮第伯国等都是独霸一方的地方大诸侯国。而王权则不断遭受挤压，国王没有固定的驻地，有时住在巴黎，有时又住在奥尔良。国王没有行政机构和固定的财政收入，也常常不理朝政。

从路易六世（胖子路易）开始，国王采取了一系列措施加强王权。首先是建立固定的驻地，路易六世决定定都巴黎，并永远居住于此。此外，他还扩张王室的领地和权力，在王室设置具有咨询、立法、司法职能的"御前会议"，由贵族、宫廷官员和国王的封臣出任成员。此后，法国王室的领地不断扩大，王权也逐渐得到加强。

英法百年战争

1328 年，法国卡佩王朝最后一个国王查理四世去世，因为他没有儿子，法国三级会议（开始于 1302 年的法国等级代表会议，参加者有第一等级教士、第二等级贵族和第三等级市民这三个等级的代表）认为法王王位应由法国瓦洛亚家族的腓力来继承，而英王爱德华三世却认为自己才是王位的合法继承人，因为他的母亲是查理四世的亲姐妹。最终，法国人以男系继承为由，拒绝了爱德华三世，腓力成为法国国王，史称腓力六世。

争位失败之后，英法两国又因弗兰德尔地区的归属问题产生了摩擦，最终两国于 1337 年爆发战争。战争爆发后，法军连连战败，国内又相继爆发了巴黎起义和扎克雷（音译，意思为"乡巴佬"，是当时法国贵族对农民的蔑称）起义。1360 年，英法签订了《布勒丁尼和约》，双方暂时休战。

1415 年，爱德华三世的继任者亨利五世亲自率兵入侵法国，在阿金库尔战役中大败法军，随后占领了包括首都巴黎在内的法国北部广大地区，还逼迫法国签订了不平等的《特鲁瓦和约》。至此法国节节败退，英军步步紧逼。

1428 年，英军向南进攻法国军事重镇奥尔良，当时法王查理七世也逃到了南方。

在此危急时刻，年轻的法国姑娘贞德站了出来，她带领法国人民奋起斗争，终于保住了奥尔良。然而贞德被法国的勃艮第党人出卖，落入了英军手中，并遭到了残忍杀害。但从那以后，战争局势发生了逆转，法国不断取得胜利。1453 年，英法百年战争终于结束，法国取得了最终的胜利，基本完成了国土的统一，英军被迫从法国撤出，英辖区仅剩下加来港。

英国红白玫瑰战争

英法百年战争之后，英国国内许多手握武装力量的贵族失去了从法国获取利益的机会，只好将目光转向了国内。最后，这些贵族分裂为两个集团：一个是以红玫瑰为标志的兰开斯特家族，一个是以白玫瑰为标志的约克家族。其中，前者主要代表着封建主和威尔士贵族的利益，后者则代表着新兴的中小贵族和富裕市民。为了争夺利益，两大集团展开了持续 30 多年（1455—1485）的内斗，由于两派都以玫瑰为标志，所以这场战争又称"玫瑰战争"。

1485 年，兰开斯特家族的远亲亨利·都铎结束了玫瑰战争，登上了王位，史称亨利七世，英国从此开始了都铎王朝的统治。为了缓解两大集团的矛盾，亨利·都铎娶了约克家族的继承人——爱德华四世的长女伊丽莎白，将两个家族的利益合为一体。

玫瑰战争中，大批旧贵族在斗争中死去，而一批新兴的贵族及资产阶级力量却迅速成长起来，支撑起君主专制的都铎王朝。可以说，玫瑰战争是英国处于封建无政府状态下的最后一场战争，玫瑰战争后英国便确立了君主专制政体。这次战争之后，英国国内经济联系日益紧密，开始形成以伦敦为中心的统一的国内市场，并在伦敦方言的基础上发展了统一的语言。15 世纪末，统一的英吉利民族国家逐渐成形。

法国的最终统一

百年战争后，经过一段时间的休养生息，法国的封建经济开始恢复并发展，各行各业都得到了长足的进步，国内经济联系密切，15 世纪中后期，开始形成以巴黎为中心的统一市场。

在政治上，法国也开始了统一的进程。路易十一时期（1461—1483），法国人破坏了以勃艮第公爵大胆查理为首的"公益同盟"，进而消除了封建割据；查理八世时期，最后一块独立的领地布列塔尼被收回，法国彻底实现了统一。在路易十一统治时期，新兴的资产阶级逐渐走上政治舞台，在政府机构中任职，他们被称作"穿袍贵族"，而传统封建世家出身的贵族则被称为"佩剑贵族"。随着三级会议的式微，法国也逐渐成为专制君主制国家。

通过这些活动，法兰西政治统一、经济繁荣，巴黎成为全国的政治、经济中心，在巴黎方言基础上形成的法兰西语则成为国家统一的语言，这些都促成了统一的法兰西民族的形成和法兰西国家的诞生。

神圣罗马帝国

随着 911 年东法兰克国王路易的逝世，加洛林王朝彻底丧失了对东法兰克的统治权。萨克森公爵获得了王位，他就是亨利一世。从此德国历史上的地方王朝——萨克森王朝的统治开始了。

961 年，教皇约翰十二世面对罗马贵族的反对而无力反抗，只好求助于萨克森国王奥托一世，奥托一世亲率大军进攻罗马，保住了教皇的地位。为了感谢奥托一世的帮助，962年2月，教皇约翰十二世在圣彼得大教堂为奥托一世加冕。奥托一世标榜自己为古罗马帝国的继承人，自称为"奥古斯都"。而事实上，奥托一世的罗马帝国是"日耳曼民族罗马帝国"，与古罗马帝国没有丝毫关系。

后来，1155年，德国皇帝腓特烈一世加冕时又在"罗马帝国"前加上了"神圣"二字，因此在历史上这个国家就被称作"神圣罗马帝国"。实际上，它"既非神圣，又非罗马，更非帝国"（法国思想家伏尔泰语），这个所谓的帝国只是以德意志各邦为主的许多国家和民族组成的集合体。帝国名义上的领土包括德国和意大利的北部与中部，然而意大利人从未真正屈服过，以至于每一位帝国皇帝登基之后，都要重新派兵征服意大利。

卡诺莎觐见

自奥托一世接受加冕以来，皇权逐渐超过了教权，皇帝能直接任命主教甚至教皇，还能废黜不听话的教皇。为此，皇权和教权之间展开了激烈的斗争。1075年，教皇格里高利七世单方面宣称：教权高于皇权，高于一切世俗权力；教皇有权废除君主，开除君主的教籍；君主则不得干预教皇选举和主教职位的任职。此举彻底激怒了德皇亨利四世，双方展开了激烈的斗争。格里高利七世宣布开除亨利四世的教籍，并解除臣民对其效忠的誓约，后来又煽动部分德国地方诸侯另立国王，取而代之。德皇亨利四世在重重压力下不得不屈服，他亲自前往意大利卡诺莎向教皇请罪。他身穿悔罪衣，在大雪中赤足哀求，请求教皇的原谅，坚持了整整三天之后，最终教皇原谅了他，恢复了他的教籍和统治权。这就是历史上的"卡诺莎觐见"事件。

纵观此事，表面上教皇占据了上风，但德皇并不屈服，双方的矛盾、冲突并未真正解决。直到1122年，在沃姆斯宗教会议上，双方规定，主教神职由教皇或他的代表授予，而封地则由皇帝授予，双方才达成了妥协。

德意志的分裂

12至13世纪之间，神圣罗马帝国的王权并不巩固，其皇位大多是通过政治手段和联姻取得的，因而缺乏作为税收来源和扩张王权基础的皇室领地。并且，随着教权和皇权的斗争加剧，原先靠教会来提供权威和支援的方式也越来越行不通，皇帝的权威和实力不断衰落。1254年，霍亨斯陶芬王朝统治结束，其领地直接被诸侯瓜分，皇权更加式微。之后的哈布斯堡和卢森堡王朝也没能挽回分裂的局面，皇权更是有名无实。

1356年，卢森堡王朝的查理四世颁布了"黄金诏书"，诏书规定，皇帝在七大诸侯（即选帝侯）中选举产生，从此诸侯割据被合法化。这些地方割据势力各自盘踞一方，俨然一个个独立王国，各大诸侯们在自己的领地内拥有一切权利。神圣罗马帝国的政治体制最终由君主制变成了贵族联邦制。

分裂的意大利

中古时期，由于各地经济发展极不平衡且联系较少，意大利始终处于分裂状态。其国境北部的波河流域和中部的托斯卡纳地区商业繁荣，贸易兴旺，经济较为发达，产生了一大批商业城市，如威尼斯、热那亚、佛罗伦萨等；而北部的山区则一直保留着封建农奴制，经济落后；中部地区是教皇的领地，工商业不发达，主要为农业区；

南部沿海城市的经济也一直比较落后。

各地发展不平衡，地区间缺乏联系，使意大利一直没有产生一个统一的中央政府，因而饱受外来侵略。在 951 至 1250 年这不到 300 年的时间里，德国人入侵意大利 43 次，拜占庭人、阿拉伯人、诺曼人、法国人、西班牙人也不断侵扰意大利，这又进一步阻碍了意大利的统一和发展。

西班牙的统一

419 年，西哥特人在高卢南部和西班牙地区建立了西哥特王国，并在后来的一百年中不断向外扩张着领土，到 5 世纪中叶，其领土范围从卢瓦尔河扩展到直布罗陀地区。

最初，西哥特人与罗马人有着明显的分界。直到 587 年，西哥特国王列卡列德将基督教定为了国教，又在基督教僧侣的支持下，加速了王国封建化进程。711 年，随着阿拉伯人的入侵，西哥特王国灭亡，西班牙成了阿拉伯国家的一部分。750 年，阿拉伯倭马亚家族的阿布达拉曼来到西班牙地区，并于 756 年建立了后倭马亚王朝。

在后倭马亚王朝的统治下，西班牙地区的经济和文化都得到了极大的发展，其首都科多瓦更成为当时世界上数一数二的大都市。阿卜杜·拉赫曼三世在位时，后倭马亚王朝发展到了鼎盛时期。然而盛世的繁华难以掩盖统治者的残暴。阿拉伯统治者向基督教和犹太教的信仰者征收高额的人丁税，并加大对劳动人民的剥削，沉重的剥削和残暴的统治，激起了人民的不断反抗，并最终导致了后倭马亚王朝的灭亡。

自 8 世纪以来，西班牙人就一直试图从阿拉伯人手中夺回自己的土地，这些斗争被称为"收复失地运动"。10 至 11 世纪，西班牙北部山区中逐渐形成了几个西班牙人国家，卡斯提、阿拉冈、葡萄牙等。随着西班牙人的势力不断增强，到了 13 世纪后半期，伊比利亚半岛的大部分土地已经掌握在西班牙人手中. 阿拉冈、葡萄牙、卡斯提、阿拉伯人四强割据。

西班牙的最终统一最先是通过政治联姻展开的。1469 年，阿拉冈王子斐迪南与卡斯提王位女继承人伊萨贝拉结婚，为两国合并奠定了基础。1479 年，两国正式合并，西班牙成了一个统一的国家。

统一之后，西班牙又开展了收复领土的运动。1592 年，西班牙从阿拉伯人手中收回了被占领的最后一个据点，从此走上了独立发展的道路。

葡萄牙的统一

11 世纪末，在伊比利亚半岛上出现了一个葡萄牙伯国。1139 年，阿方索伯爵带领葡萄牙人为收复失地而与阿拉伯人展开了战斗，并最终获得了胜利。葡萄牙人便拥立阿方索伯爵为国王，从此葡萄牙成为一个独立的王国。1248 年，阿方索三世在教皇的支持下，推翻了自己的兄弟桑乔二世，成为葡萄牙国王。1250 至 1251 年，阿方索三世带领人民消灭了葡萄牙境内的最后一个阿拉伯人王国——阿尔加维，彻底完成了葡萄牙收复失地的运动，统一了葡萄牙。

奥斯曼土耳其帝国

奥斯曼土耳其人

土耳其人原来居住在中亚的呼罗珊一带，是西突厥人的一支。13 世纪初，受蒙古人西征的威胁，土耳其人不断向西迁徙至小亚细亚地区，并依附于塞尔柱突厥人所建立的罗姆苏丹国，获得了在小亚细亚西北部靠近拜占庭边境的一块采邑上居住生活的权利。13 世纪中叶以后，蒙古入侵罗姆苏丹国，导致其国力大减。1299 年，土耳其在其首领奥斯曼一世的带领下脱离罗姆苏丹国而独立，建立了自己的王国——奥斯曼土耳其国家。

奥斯曼国家的崛起

拜占庭帝国和罗姆苏丹国的衰落不仅为奥斯曼土耳其国家的建立提供了条件，而且也方便其向外扩张。奥斯曼土耳其不断入侵小亚细亚的西北部地区，占领了美朗诺尔城，将其名字改为卡加希萨尔，正式定其为国都。1326 年，奥斯曼去世，其子乌尔汉继承父位。乌尔汉向拜占庭帝国挑战，夺取了其位于小亚细亚西北角的重镇——布鲁萨城。从此奥斯曼土耳其隔着马尔马拉海与拜占庭帝国的首都君士坦丁堡相互对立。

布鲁萨城的陷落，也意味着拜占庭帝国在小亚细亚地区的统治开始瓦解。此后，奥斯曼土耳其国家在国王乌尔汉的带领下以"圣战"为名，不断入侵拜占庭帝国。到 14 世纪中叶，奥斯曼土耳其终于彻底夺取了拜占庭帝国在小亚细亚地区的全部领土以及罗姆苏丹国的大部分地区。这些地区处于欧洲、亚洲、非洲的交接处，因此占领了这些地区，使奥斯曼土耳其人有了向欧洲扩张的前沿阵地，这为奥斯曼帝国的崛起打下了坚实基础。

土耳其人对东南欧的征服

14 世纪中期之后，拜占庭帝国内部争权夺利的斗争日渐激烈，同时帝国还面临着巴尔干邻国的入侵威胁。迫于无奈，拜占庭帝国多次向奥斯曼土耳其请求军事援助。1349 年，约翰五世的岳父康塔库尊将女儿狄奥多拉嫁给了奥斯曼土耳其的统治者乌尔汉，以换得乌尔汉的军事援助，从而登上了拜占庭帝国的王位，称为约翰六世。至此，奥斯曼人正式踏上了欧洲的土地。1349 年，乌尔汉再次派兵援助约翰六世，在他的两万骑兵的帮助下，拜占庭帝国打败了塞尔维亚军队的入侵。作为军事援助的条件，乌尔汉获得了对达达尼尔海峡欧洲一侧的兹姆堡的控制权，并派他的长子苏莱曼率军驻守。1354 年，兹姆堡地区发生了地震，苏莱曼趁机占领了兹姆堡附近的军事重镇格利博卢，这就为奥斯曼人在东南欧的扩张开辟了两个最初的据点。

乌尔汉死后，其子穆拉德一世正式称苏丹，他继承父亲遗志，不断向外扩张。1362 年，土耳其打下了亚得里亚堡，并于 1369 年正式迁都于此。此后，奥斯曼帝国又和欧洲联军进行了数次战役，并都大获全胜：土耳其军队先是在 1389 年与塞尔维亚、保加利亚、波斯尼亚、阿尔巴尼亚等国联军在科索沃地区激战，获得了胜利；之后 1396 年，又与由英格兰、法兰西、波兰、捷克、匈牙利、伦巴德、德意志等国的骑士组成的十字军联军作战，并最终在尼科堡战役中击溃了十字军联军。

此时，奥斯曼土耳其已经控制了欧洲巴尔干地区和亚洲安纳托利亚地区的广大领土，一个宏伟的奥斯曼帝国已初具规模。

攻占君士坦丁堡

拜占庭帝国始终是奥斯曼土耳其帝国霸业的绊脚石。为了铲除这块绊脚石，1453 年，穆罕默德二世亲自率领 30 万大军对拜占庭帝国的首都君士坦丁堡发起进攻。然而由于君士坦丁堡的地势险要，而且在其北部的金角湾上还有铁链封锁，因此正面进攻十分困难。于是穆罕默德二世向热那亚人寻求帮助，条件是战争胜利后保留热那亚人在君士坦丁堡城内加拉太区的商业特权。

在热那亚人的帮助下，土耳其人利用涂油滑板，将七十多艘船从加拉太后面的陆地拖入金角湾，从而绕开了那里的封锁，他们还在海面上利用船只搭建浮桥，从侧背攻城。拜占庭帝国两面受敌，但仍殊死抵抗。经过53天的激战，君士坦丁堡于1453年5月29日被彻底攻陷，这标志着延续了1300多年的拜占庭帝国彻底灭亡。土耳其大军入城后，大肆抢劫，暴行持续了3天。在这3天中，宏伟壮丽的宫殿被焚毁，珍贵的古代典籍和艺术品化为灰烬。

后来，奥斯曼帝国将君士坦丁堡改名为伊斯坦布尔，并迁都于此，奥斯曼帝国从此成为东地中海地区的霸主。

奥斯曼帝国的扩张

在灭亡拜占庭帝国、占领君士坦丁堡之后，土耳其人继续扩张领土。在1459至1479年的20年间，他们先后占领了塞尔维亚、波斯尼亚、黑塞哥维纳和阿尔巴尼亚地区，后来又打败了威尼斯和伊朗（萨非王朝）组成的联军，占领了爱琴海大部分的岛屿，并在瓦拉吉亚、摩尔达维亚和南克里米亚建立殖民地，确立起自己宗主国的统治。

从16世纪开始，土耳其人开始了对东方的征服之路。1514年，塞里姆一世占领了伊朗首都大不里士，大肆劫掠财富和匠人；3年之后，又派兵攻破了埃及，灭亡了埃及的马木路克王朝，占领了当时为埃及领土的汉志、麦加和麦地那等城市。苏莱曼一世时期，土耳其人更是东西并进。他们屡次侵略欧洲，先后攻入贝尔格莱德，进攻匈牙利和奥地利等地，并大肆劫掠。1534年，土耳其进军伊朗，攻破巴格拉，占领两河流域，并控制了亚美尼亚和格鲁吉亚的部分地区。1536年，苏莱曼一世又征服了阿拉伯半岛和也门。在北非，1529年、1536年和1574年，土耳其人分别又控制了阿尔及利亚、的黎波里和突尼斯。16世纪中叶，奥斯曼土耳其终于发展成了地跨亚、欧、非三大洲的大帝国。

帝国的制度

奥斯曼帝国的最高统治者为苏丹，国内实行政教合一的统治制度。苏丹既是国家元首、军事统帅，又管理着宗教，是护教者和神法的执行者。国家机构则分成两个部分，管理世俗事务的行政机构和管理宗教事务的机构。宰相（维齐尔）是行政系统的最高长官，负责行政和军事，宰相和下属的大法官、财政官、欧洲和亚洲驻军司令、海军司令、近卫军首领以及掌玺大臣一起辅佐国家最高统治者苏丹。帝国最盛时期，共分成31个省，下设250个县，分别由省长和县长管理。苏丹权力的精神支柱则是管理宗教事务的机构，这个机构是与行政机构平行的，共分为三个职能部门，分别管理宗教、教育和法律事务。

奥斯曼帝国土地的最高所有权归苏丹，其最好的土地由苏丹直接控制。剩下的绝大部分的土地都以封地的形式分给了各级军事封建主，相应的，他们必须为苏丹提供骑兵服务。清真寺的土地大都来自苏丹的赏赐，被称作是"瓦克夫"。封建主自己的私有地则被称为"穆克尔"。还有一部分土地以禄田的形式被分给了文武大臣。而广大农民不仅没有土地所有权，他们自己还被以份地的形式固定在了土地上，不经主人允许绝不可以离开。

中古时期的北非和东非地区

中古时期的埃及

阿拉伯人驱逐了在埃及的拜占庭统治势力后，埃及人没有得到他们渴望的自由，阿拉伯人将埃及划作阿拉伯帝国的一个行省。在阿拉伯人统治期间，埃及社会的方方面面逐渐发生变化，埃及人改说阿拉伯语，整个民族逐渐阿拉伯化，并最终发展成了阿拉伯民族的一分子。

909年，阿布杜拉·马赫迪在北非的突尼斯建立法蒂玛王朝。969年，法蒂玛王朝占领埃及，并将都城移至埃及境内。哈里发阿齐兹在位时，法蒂玛王朝国力非常强盛，和阿拔斯王朝、后倭马亚王朝鼎足而立。

11世纪后半期，法蒂玛王朝走向没落。1171年，法蒂玛王朝大臣萨拉丁推翻法蒂玛王朝哈里发，自立为苏丹，建立阿尤布王朝。萨拉丁在位期间，领兵打败了入侵的十字军，国势大盛。萨拉丁去世后，马木路克禁卫军掌控了国家权力。1250年，马木路克禁卫军首领艾克伯推翻阿尤布王朝，建立马木路克王朝。马木路克王朝在巴勒斯坦阻挡住了蒙古大军的入侵，并于1291年彻底打败了十字军，将十字军赶出了西亚。

14世纪末，马木路克王朝开始衰落。1517年，奥斯曼帝国攻灭了马木路克王朝，将埃及纳入帝国版图内，埃及成为帝国的一个行省。

马格里布各国

古代阿拉伯人将今天的突尼斯、阿尔及利亚和摩洛哥所在地区总称为马格里布，意即"西方"或"日落的地方"，这是狭义的马格里布。广义的马格里布还包括现在的利比亚西部地区。这里最早的居民是在公元前30世纪左右居住于此的柏柏尔人，大约在公元前10世纪左右，他们建立自己的王国——努米底亚、毛里塔尼亚等。随着公元前2世纪罗马帝国的入侵，马格里布地区的独立性丧失，罗马人在此地设立行省，任命总督进行统治。从此开始，马格里布一直处于外来民族的统治之中。5世纪下半叶，汪达尔人占领了马格里布，后来这里又被拜占庭帝国征服。7世纪中叶到8世纪，阿拉伯人进入此地，逐渐取得了马格里布的统治权，并建立了独立封建国家——伊德利斯王朝。在阿拉伯人的统治下，柏柏尔人逐渐被阿拉伯人同化，并最终成了阿拉伯民族的一部分。

阿拉伯人在马格里布的统治，促进了马格里布封建社会的形成。后来柏柏尔人不断反抗阿拉伯的统治，并建立起了自己的国家。11世纪之后，柏柏尔人先后建立起了两个以摩洛哥为中心的王朝——阿尔摩拉维德王朝和阿尔摩哈德王朝，并持续了近200年。到13世纪的时候，继阿尔摩哈德王朝之后，在马格里布的土地上出现了三个新的封建王朝并立的局面：马林王朝（1248—1554）位于马格里布西部，阿卜德瓦德王朝（1235—1554）位于中部，哈夫斯王朝（1236—1574）则位于东部。到16世纪，这种三足鼎立的局面被奥斯曼土耳其帝国的入侵打破了，奥斯曼土耳其帝国征服了马格里布的大部分地区。面对外族入侵，马格里布人不断地奋勇抗争，并最终在马林等三个王朝的基础上，建立了三个国家：摩洛哥、阿尔及利亚和突尼斯。

埃塞俄比亚国家

大约在公元前 1000 年代左右，埃塞俄比亚已建立起了奴隶制国家，但他们依附于库什，后来才逐渐发展成为一个独立的国家，因其定都于阿克苏姆城，所以埃塞俄比亚国家又被称为阿克苏姆国家。阿克苏姆国家信仰基督教，其主要的经济部门为农牧业，因地利之宜，他们每年从红海的国际贸易中还能获得巨额收入。7 世纪，阿拉伯人入侵北非地区，并控制了红海周围的贸易活动，阿克苏姆国家逐渐衰落下来。然而到 13 世纪的时候，阿克苏姆国家重新强大起来，统治了整个埃塞俄比亚高原的中部和北部地区，新国家取名为埃塞俄比亚。复兴的埃塞俄比亚不断向外扩张，到 16 世纪的时候，其控制范围一直延伸到了红海地区，奠定了现代埃塞俄比亚国家的基础。奥斯曼土耳其帝国征服埃及后，又将兵锋指向埃塞俄比亚。此时南方的加拉人也趁机入侵埃塞俄比亚。腹背受敌的埃塞俄比亚逐渐在战争中衰落。但是埃塞俄比亚人民一直坚持抗争，绝不轻易投降，这也使得埃塞俄比亚成为非洲地区历史上少见的长期保持独立自主的国家。

索马里独立

东非索马里半岛的北部濒临阿拉伯海的亚丁湾，因其地理位置优越，自古就是重要的国际贸易地区。长期的国际贸易使这里兴起了一些城市和城市国家。而索马里半岛北部曾长期处于埃塞俄比亚国家的统治之中。

8 至 9 世纪，索马里半岛的沿海和内陆地区相继建立了一些小国。在 9 至 13 世纪的时候，因信仰不同，索马里小国和埃塞俄比亚进行了长期的斗争，在此过程中，北部索马里的伊法特强大起来，他们以哈拉尔（位于今埃塞俄比亚东部）为中心，控制了包括亚丁湾沿岸和泽拉港在内的重要的国际贸易商埠地区，通过这些地区，伊法特获得了巨额收入。

15 世纪，伊法特在与埃塞俄比亚的斗争中失利，并一度成为其附属国。但是到 16 世纪，伊法特彻底摆脱了埃塞俄比亚的控制，建立了以阿达尔为中心的独立国家。在斗争过程中，阿达尔的大教长伊玛目艾哈迈德·易卜拉欣·加齐带领人民停止向埃塞俄比亚纳贡，并团结人民打败了埃塞俄比亚设在阿达尔的总督，赢得了独立。但是这个国家并没有持续很久，17 世纪末期，游牧的阿尔法人灭亡了阿达尔国家。

桑给巴尔黑人国家

桑给巴尔国家是由居住在伊法特国家南部的班图人建立起来的黑人国家。桑给巴尔是多个城邦的联合体，并不是一个统一的国家。这个联合体中，基尔瓦长期处于统治地位，控制着其他城邦。

15 世纪，桑给巴尔与印度洋的许多国家建立起了贸易关系，他们对外输出黄金、象牙、龙涎香和奴隶，对内输入绸缎、布匹、金属制品和奢侈品等，贸易的商品种类和数量相比以前都有了大幅增加。那时基尔瓦是一个巨大的商业中心，其余城市如摩加迪沙、蒙巴萨、马林迪等也都是繁荣的商业城市。然而，西方殖民主义者的入侵，打破了桑给巴尔的繁荣。自 1498 年达·伽马开辟通往印度的新航路以来，西方殖民者

就开始了对亚非两洲沿海地区的殖民掠夺。1509 年，葡萄牙在莫桑比克设立了作为掠夺东非的大本营的总督府。从 15 世纪末到 17 世纪的 200 年中，葡萄牙殖民者对东非进行了残酷的掠夺，大肆抢劫黄金、象牙、珠宝和其他珍贵物资，捕捉掳掠人口贩卖到远方，给东非各国带来了深重的灾难，使繁荣的桑给巴尔城邦失去了往日的生机和活力，日渐没落。

中古时期的美洲地区

玛雅文明

玛雅人属蒙古人种美洲支系，是中美洲印第安人的一支，他们所使用的语言玛雅语属于印第安语系玛雅—基切语族。考古研究发现，在距今 3000 年前，玛雅人就已经生活在美洲中部的尤卡坦半岛上了，其活动范围相当于今天的墨西哥南部、危地马拉、萨尔瓦多、洪都拉斯。公元初年，玛雅人已经建立起了诸多城邦制国家，政治、经济、文化得到很大发展，到 4 至 9 世纪时，玛雅文化步入全盛时期。到了 15 世纪，玛雅文明逐渐衰落。

玛雅人有自己的文字，他们用这些文字记录宗教、神话、天文、艺术、历史等各方面的内容。玛雅的文字系统分为语音、形声和会意三部分。书写所用的"纸"多为无花果树的树皮。玛雅人也常常将文字刻在石柱或石碑上，以此来记述重大历史事件。

玛雅人有自己独特的历法——太阳历。这种历法将一年分成 18 个月，每个月有 20 天，5 个禁忌日另计，这样全年就有 365 天，闰年就加 1 天。玛雅人也有星期制，不过他们的一个"星期"是 5 天，而不是 7 天。

玛雅是个农业社会，农业十分发达。玛雅人栽培的作物主要有玉米、马铃薯、烟草、向日葵、西红柿等。像可可、巧克力之类的食品，其最早的生产者和食用者便是玛雅人。

阿兹特克文明

阿兹特克人最早的栖息地是位于墨西哥西北的阿斯特兰岛。大约在 12 世纪的时候，为了躲避饥荒，他们离开故土，寻找新的栖息地，逐渐从墨西哥西北部迁到了中部。1325 年，酋长特诺克带领族人来到了位于特斯科科湖中的两个小岛上，建立了特诺奇蒂特兰（今墨西哥首都墨西哥城）。15 世纪初，阿兹特克人走上了向外扩张的道路，他们一直将领土扩张到了墨西哥湾、危地马拉和太平洋沿岸。随着私有制的发展和阶级的分化，阿兹特克人建立了早期的奴隶制国家。

阿兹特克农业发达，玉米、棉花等农作物被广泛种植；他们的手工业也技艺高超，不仅会制作铜器、陶器，铸造和压制金器，还会用宝石和羽毛镶嵌装饰品。其首都特诺奇蒂特兰的贸易比较发达，会定期举行以物易物的贸易活动。阿兹特克的建筑技术也十分先进，特诺奇蒂特兰城布局规划整齐，气势恢宏；阿兹特克人建造的金字塔宏伟壮丽，塔顶上还建有神庙。此外，阿兹特克人在吸收玛雅文化的基础上，创造出了自己的历法和象形文字。

阿兹特克人常用活人祭祀，最常见的人牲是在战场上抓获的俘虏。他们信仰多神教，认为神在创造人的时候做出了牺牲，人也应该牺牲自己来回报神，只有这样才能延缓世界末日的到来。1518 年，随着西班牙人的入侵，阿兹特克文明遭到毁灭性破坏。

印加文明

印第安古代文明的另一支是发源于南美洲西部、中安第斯山区的印加文明。印加人是印第安人中克丘亚人的一支，原先居住在秘鲁南部的高原上，以狩猎为生。传说其部落最早的首领曼科·卡帕克在 10 世纪左右带领族人从的的喀喀湖迁移到北方，最后定居于库斯科地区，并逐步向外扩张，最后其势力范围扩展到整个安第斯山地区。在其鼎盛时期，疆土空前广大，东起亚马逊丛林，西到太平洋，北起哥伦比亚南部，南到智利中部，包括现在的厄瓜多尔、秘鲁和玻利维亚等地。然而印加帝国的强盛只是昙花一现，由于诸王公争权夺位，征战不休，帝国逐渐衰落。随着西班牙人的入侵，帝国彻底丧失了独立性。

印加人自称是太阳的后裔，他们崇拜太阳，国王被奉为太阳神在人间的化身，被称作"萨帕印加"（即独裁执政者），他集政治、军事和宗教权力于一身，是国家的最高首脑。印加人也崇拜月亮、土地及其他星宿，但不及对太阳那般尊崇。印加人也有图腾崇拜和祖先崇拜，各个氏族公社的成员都用动物命名，并把祖先当成是公社的保护神。

印加农业发达，修筑了大量的梯田和灌溉渠道，并且培育了将近 40 种农作物。在手工业方面，印加人可以制造各种青铜器和金银装饰品。在纺织业方面，印加人制作的各种毛棉纺织品，不仅花色鲜艳，而且工艺精美绝伦。印加人在建筑方面也取得了很高的成就，他们建造了辉煌壮丽的库斯科太阳庙，并修筑了两条贯通南北的大道，堪称人类最伟大的工程之一。印加人的数学和天文学也成就突出，已能制定比较精确的太阳历。

开辟新航路

新航路开辟的背景

4 至 14 世纪，是欧洲历史上的"黑暗时期"，到了 15 世纪，随着商品经济的发展，西欧社会中的资本主义生产关系逐渐确立，传统和世俗的文化得到发展，封建王权得到加强，基督教教会的文化和政治垄断地位受到挑战，新兴的、现代的西方开始崛起。随着西方的崛起，西方人骨子里崇尚冒险和个人英雄主义的传统也复活了。加之在与东方诸国的贸易中，由于波斯人和阿拉伯人从中盘剥，欧洲一直处于逆差地位，黄金大量外流，这直接影响了欧洲商人的利益，商人和新兴资产阶级急欲直接与东方国家进行贸易，扩充资本。于是在对冒险生涯的强烈期盼和对黄金的极度渴望之下，欧洲人，尤其是西欧人甘冒生命危险，开始尝试由海上打通通往东方的新航路。

新航路开辟的条件

新航路开辟的必要条件之一是科技的发展。最初，古希腊的地圆说在西欧社会广泛流行，在当时的科学家绘制的地图中，中国和印度被画在与欧洲隔着大西洋相望的位置，这使人们确信，从欧洲出发西渡大西洋便可轻易到达富庶的中国和印度。而且

世界通史

在 15 世纪，西欧的造船术和航海术已经有了长足发展，适合远洋航行的多桅快速帆船"卡拉维拉"已经普遍使用，罗盘和占星仪也被应用于航海定位。理论和技术的发展，为新航路的开辟创造了条件。

统一的政权也为新航路的开辟提供了有力保障。在伊比利亚半岛上，西班牙和葡萄牙分别建立了统一的封建政权，为新航路的开辟提供了雄厚的物质力量和组织帮助。为了扩大贸易，增加财源，封建政府意图发动大规模的海外掠夺，他们迫切需要开辟新航线。至此，开辟新航路的时机成熟了。

迪亚士和达·伽马的探索

最先开始寻找新航路的是葡萄牙人。从 15 世纪初，葡萄牙人就开始了尝试。经过多年探索，他们积攒了很多远洋航行的经验。1486 年，葡萄牙船队在巴托罗缪·迪亚士的带领下到达了非洲好望角的南端，并且又向东航行了 500 多海里。葡萄牙人的这次大突破，为通往印度新航路的开辟奠定了基础。

1497 年，葡萄牙贵族瓦斯科·达·伽马带领一支由 170 名船员和 4 只船组成的船队从首都里斯本出发，绕过好望角，沿着非洲东海岸向北航行，第二年初夏到达印度的卡里库特。这一壮举使欧洲人开辟东方新航路的愿望得以实现。

哥伦布抵达美洲

1492 年，意大利热那亚人克里斯托弗·哥伦布奉西班牙国王的命令，带领由 87 名船员和 3 只帆船组成的船队从巴罗斯港出发，航行到达了古巴和海地，并在海地建立了据点。1493 至 1502 年，哥伦布又进行了 3 次航行，发现了多米尼加、波多黎各等美洲岛屿，又探察了中美洲的洪都拉斯、巴拿马以及南美大陆的北部。有意思的是，哥伦布一直以为自己所发现的大陆就是印度，所以他将当地的土著居民称为"印第安"，即"印度人"之意。之后，意大利佛罗伦萨人阿美利哥·韦其普斯探察了南美海岸，才发现这里并非印度，而是一块从未被记载过的土地，于是后人便将这个新大陆命名为"阿美利加"，也就是今天所说的美洲。

麦哲伦的环球航行

在达·伽马开辟了通向印度的新航路之后，另一位葡萄牙贵族费尔南多·麦哲伦认为，沿着哥伦布航行的线路继续向西航行，就一定能到达东方。于是，1519 年，麦哲伦在西班牙国王的要求下，带领船队出发，希望能寻找到新的航路。船队由 260 多名船员和 5 只帆船组成，他们从西班牙的圣卢卡尔港出发，穿越大西洋，绕过南美洲南端的海峡，也就是后来的麦哲伦海峡，进入太平洋，并于 1521 年到达菲律宾群岛。不幸的是，由于想要征服菲律宾群岛，麦哲伦卷入了岛上土著人的内部冲突，结果丢了性命。他的船员继续航行，穿越印度洋，绕过好望角，沿着非洲海岸航行，于 1522 年回到西班牙。这次航行，是人类历史上第一次环球航行。

葡萄牙和西班牙的竞争

新大陆被发现后，葡萄牙和西班牙开始在世界范围内划分自己的势力范围。两国纷纷将自己国家探险队最先到达的新大陆划归为自己的领土，因此冲突不断。1494 年，在罗马教皇亚历山大六世的调停下，双方同意将佛得角群岛以西 100 里格（1 里格 ≈ 5.

56 千米）处从北极到南极的经线作为分界线（称为教皇子午线），西侧归西班牙，东侧归葡萄牙。后来，在第一次环球航行结束后，两国对于新大陆势力范围的划分再次起了争议，不得不重新订立条约。经过这次协调，西班牙占领了除巴西以外的整个美洲地区，葡萄牙则控制亚洲、非洲地区。

其他国家对新航路的探索

跟随着葡萄牙人和西班牙人的脚步，荷兰、英国、法国等欧洲国家也开始了自己的海外扩张之路。

荷兰人威廉·巴伦支在 1596 年发现了斯瓦尔巴群岛，后来人们把新地岛与斯瓦尔巴群岛之间的陆缘海命名为巴伦支海以纪念他。荷兰人威廉·斯豪滕与雅各布·勒梅尔于 1616 年在横渡太平洋时发现了合恩角；塔斯马尼亚岛、新西兰、汤加群岛和斐济群岛则是荷兰探险家阿贝尔·塔斯曼发现的。

大致在同一时期，英国人在航海探险中也有较大突破。弗朗西斯·德雷克爵士在 1577 至 1580 年之间完成了人类历史上的第二次环球航行。詹姆斯·库克曾三次远征太平洋，在航行中，他精确地勘察太平洋的海岸线及众多岛屿，并把它们第一次绘制在欧洲人的地图上；他还到达了澳大利亚东岸，并宣称这块土地属于大英帝国；在环球航行中，他又发现了位于大洋洲的新西兰、纽芬兰；他还是第一个发现夏威夷群岛的欧洲人。

法国的探险家们则对北美大陆进行了深入的探索。勒内-罗贝尔·卡弗利耶·德拉萨勒曾渡过五大湖和密西西比河，对魁北克和密西西比河河口地区进行了探索。最早完成环球航行的法国人是路易斯·安托万·德·布干维尔，在航行中，他探索了众多岛屿，包括福兰克群岛、塔希提岛、萨摩亚群岛、所罗门群岛与新赫布里底群岛。

殖民统治

美洲大陆被欧洲人发现之后，几百年间，南、北美洲的大部分地区都沦为了欧洲人的殖民地。西班牙和葡萄牙在 15、16 世纪侵入南美洲后，灭亡了印加、阿兹特克两个印第安人帝国，占领了南美洲大部分土地，并无情屠杀土著居民，导致数百万的美洲土著死亡。西班牙和葡萄牙还对中东、非洲海岸、印度和东亚进行侵略，扩展殖民地。到 17 世纪时，英国、法国、荷兰崛起，逐步取代老牌的殖民国家西班牙和葡萄牙，不断向外扩展，建立更多殖民地，庞大的殖民帝国由此建立起来。

罪恶的奴隶贸易

奴隶贸易开始于资本主义进行资本原始积累之时。资本主义的发展，不仅需要货币资本，还需要大量廉价的劳动力。美洲被发现后，英国等殖民主义国家开始将这里视为廉价劳力的来源地。殖民者将成批的土著居民（如印第安人）赶到矿井中干活，榨干他们的血汗，然后又将他们成批地埋葬在废弃的矿井之中。当大批土著居民被压迫致死后，资本家便将目光转移到了贫穷落后的非洲，希望能从那里获取劳动力，可耻的奴隶贸易由此产生。由于贩卖非洲黑奴到美洲的利润可达几十倍甚至上百倍，于是许多资本家纷纷开始从事贩卖奴隶的活动。当时的殖民国家，如葡萄牙、英国、法国、西班牙、荷兰都在贩卖奴隶的交易中发了横财，其中以最先垄断奴隶贸易的葡萄牙获利最丰。贩奴活动为这些国家的资本主义发展奠定了基础，因此人们才会说"黑奴是西方世界的力量和肌肉"。

奴隶的境遇极其悲惨：为了防止奴隶逃跑，奴隶贩子会用铁链将捕获的奴隶锁起来，甚至用铁丝穿过奴隶的肩胛骨，将奴隶们串联起来，然后囚于牢笼中；奴隶上船后，奴隶贩子便在每个奴隶身上烙上其所属奴隶主的名字，然后给奴隶戴上脚镣手铐，串上铁丝，塞进拥挤不堪、肮脏无比的船舱之中；运送过程中，奴隶身上常常会出现各种疾病，甚至出现瘟疫，为了不使自己的利润受影响，奴隶贩子会将患病奴隶丢到大海中；奴隶中有敢于反抗或不顺从者，往往会遭到奴隶贩子的残酷处罚，轻者受鞭笞，重者则被砍头、勒死、挖心、斩断手脚、扔进海里等。

新航路开辟的意义

新航路的开辟，对世界历史产生了深远的影响。西方殖民者的侵略和殖民掠夺，使亚洲、非洲、美洲的很多国家变成了殖民地或半殖民地；最先开始殖民活动的是西班牙和葡萄牙，他们是殖民运动的先锋，而后来居上的英国、法国、荷兰更是凭借其强大的军事和经济实力击败西班牙和葡萄牙，在亚、非、美洲大肆掠夺，他们的殖民活动给殖民地人民带来了深重的灾难。但从另一角度来说，新航路的开辟也开启了不同地区交流的新篇章，经济和文化的不断交流、碰撞，也使一些地区如美洲，在吸收外来文化的基础上形成了独特的文化圈，促进了世界文明的发展和融合。对西欧地区来说，新航路的开辟和殖民活动也对其本土产生了巨大的冲击，引起了商业革命和价格革命，最终加速了封建制度的衰落和资本主义的兴起。殖民活动使西欧进入快速发展时期，其实力逐渐超过了亚洲、非洲和美洲的许多国家，世界政治和经济格局从此开始改变。

文艺复兴

早期文艺复兴产生的条件

14世纪，工场手工业和商品经济蓬勃发展，在欧洲封建制度下，资本主义萌芽逐渐产生。欧洲人民对封建割据的不满愈演愈烈，民族意识的觉醒，使他们强烈希望能够实现民族统一。因此，在文化艺术方面，一种符合新兴资本主义势力的利益和思想的文化逐渐形成，并发展壮大。新兴资产阶级认为中世纪欧洲文化是文明的倒退，强烈要求"复兴"希腊和罗马的古典文化。他们所谓的"复兴"并非是对过去的简单复制，而是对文化和精神空前的解放和创造。另外，文艺复兴还有一个重要原因。1453年，君士坦丁堡被奥斯曼土耳其帝国攻占，拜占庭帝国灭亡。一大批拜占庭人才逃往意大利，这些人受到过东方文化影响却又保留着古罗马帝国的精神，他们给意大利带来了新思想、新艺术。他们在罗马开办学校，教授希腊语，推动了文艺复兴运动的兴起和发展。

意大利早期文艺复兴和"前三杰"

早在14世纪，文艺复兴运动就已经出现在意大利的土地上。14至15世纪是意大利早期文艺复兴时期。这一阶段的主要成就是文学的发展，这一时期的欧洲文学，尤其是意大利文学的发展达到了一个空前水平，佛罗伦萨成为这一时期的欧洲文化中心。

文艺复兴早期的代表人物是创作了《神曲》的但丁（1265—1321）、创作了《歌集》的彼特拉克（1304—1374）以及创作了《十日谈》的薄伽丘（1313—1375），他们三人被誉为"前三杰"，他们的作品在世界文学史上占有重要地位。由于三人的作品流传甚广，所以他们的故乡佛罗伦萨的方言后来发展为现代意大利语。

但丁是意大利的伟大诗人，《神曲》是他的代表作品。《神曲》拉开了文艺复兴运动的序幕，它毫不留情地揭露和抨击了中世纪的黑暗，闪耀着人文主义光芒，是一部不朽史诗。彼得拉克是早期的人文主义者，被称为人文主义之父。作为那个时代最著名的诗人，彼特拉克被后世尊称为"诗圣"，他不仅善于叙述内心的变化，而且善于抒写爱情的经验，这在他的十四行诗中都有所体现。其代表作《歌集》，集中表现了人文主义者以个人幸福为中心的爱情观，在内容和形式上都为欧洲抒情诗的发展奠定了基础。薄伽丘生于法国巴黎，从文伊始，最擅长的还是小说。而《十日谈》是其最有名的著作。《十日谈》是一部故事集，共有故事百篇。作品批判了封建的等级制度，主要宣扬资产阶级人文主义、人人平等、个性解放和爱情至上等思想。《十日谈》充分体现了人文主义时代的精神，大胆赞颂现世幸福，猛烈地抨击禁欲主义。

这一时期，还有一位画家值得一提，他的艺术手法直接影响了其后1个世纪意大利的画风，此人便是被誉为"近代美术的奠基人"的乔托。

意大利后期文艺复兴

15世纪末到16世纪初是意大利的后期文艺复兴时期，这一时期的艺术创作繁荣，杰作众多，其中以造型艺术的成就最为突出。这一时期的主要代表人物为达·芬奇（1452—1519）、米开朗琪罗（1475—1564）和拉斐尔（1483—1520），三人被誉为"后三杰"。

达·芬奇博学多才，他在艺术、物理学、天文学、动物学、解剖学、地质学、气象学、建筑工程、机械设计等领域均有涉猎，并取得了相应的成绩。但他最为人称道的还是在绘画上的卓越成就。达·芬奇的作品少而精，几乎每件作品都是不朽之作，如《蒙娜丽莎》《最后的晚餐》《圣母子与圣安娜》《岩间圣母》等，都可以说是世界艺术的瑰宝，其中《蒙娜丽莎》更是被誉为"世界美术杰作之冠"。

西斯廷教堂的天顶壁画是米开朗琪罗最伟大的作品之一。该壁画气势恢宏，共800平方米，绘的是《创世纪》（《旧约》中的一篇）的故事。壁画构图复杂，人物姿态千变万化，造型栩栩如生。该作品表现出米开朗琪罗的惊人创造力，被人们誉为"最伟大的壁画"。此外，米开朗琪罗另一件作品——圣洛伦佐教堂里的"美第奇家族陵墓群雕"，也是人类艺术史上最重要的杰作。该群雕中的《晨》《暮》《昼》《夜》具有沉静、阴郁的悲剧感，主要表现了人物的澎湃的内心与黯淡的意志的矛盾，反映了当时意大利人民精神被束缚的状态。

拉斐尔出生于意大利中部的一个小公国乌尔比诺，他自幼学习绘画，不到20岁便已成名。拉斐尔最有名的作品是他为梵蒂冈签字大厅创作的装饰壁画，而该组作品中的《雅典学派》更是令无数人啧啧称奇。拉斐尔的作品具有强烈的戏剧效果与内在力量，形象生动，富有感染力，所以人们才会称他是文艺复兴时代、甚至整个西欧艺术史上的标志性大师。

此外，意大利后期文艺复兴的代表人物还有创作了《圣母升天》等杰作的大画家提香，写就了《君主论》和《佛罗伦萨史》的人文主义思想家马基雅维利，以及空想社会主义思想家康帕内拉等。

德国文艺复兴

在意大利文艺复兴运动的影响下，15世纪中期，德国的人文主义思潮在许多大学中出现，并在16世纪达到了顶峰。其主要代表人物是思想家约翰·勒克林（1455—1522）和艺术家丢勒（1471—1528）。

勒克林是研究希腊语和希伯来语的语言学家，也是著名的人文主义思想家。他的代表作《愚人书信集》讽刺了经院哲学权威的不学无术和可笑的争论，谴责了教会和教皇的虚伪与无知。勒克林的思想为之后德国的宗教改革提供了有利的理论支持。

丢勒出生于纽伦堡的一个金匠家庭，他曾两次游学意大利，在游学期间他与两位著名画家乔瓦尼·贝利尼和拉斐尔结识，并开始对达·芬奇作品和艺术理论进行研究，通过认真的探索和学习，丢勒对文艺复兴时期的艺术思想和风格有了深入的了解。他娴熟地运用木刻画、铜版画、油画和人物素描等方式进行创作。丢勒的主要代表作品有油画《四使徒》《亚当和夏娃》，木版画《启示录》，铜版画《苦闷》《骑士、死神、魔鬼》等。丢勒还被誉为"自画像之父"，他一生创作了近十幅自画像，创作手法包括素描、油画、版画等，这些自画像风格细腻严谨，极具艺术表现力。

法国文艺复兴

意大利文艺复兴运动的影响遍及欧洲，法国也受其影响产生了人文主义的新文化运动，其杰出的代表人物有拉伯雷（1495—1553）和蒙田（1533—1592）。

拉伯雷以其博学多闻被称作"人文主义巨人"，他通晓医学、天文、地理、数学、哲学、神学、音乐、植物、建筑、法律、教育等多种学科，以及希腊文、拉丁文、希伯来文等多种文字。拉伯雷出生于一个律师家庭，最初在修道院接受神学教育，后来他转向了医学，以行医为业，直到16世纪30年代才开始转向文学创作。《巨人传》是拉伯雷的代表作，这是一部鼓舞新兴资产阶级进行革命的作品。作品全面而深刻地揭露和批判了封建专制制度以及教会的黑暗和罪恶，提出了美好的人文主义理想。作品站在新兴资产阶级的角度探讨世界，严厉抨击了教会及其意识形态，以此来控诉封建专制制度。拉伯雷以唯物主义的观点，批判了天主教会关于世界起源的各种"神圣"传说，深刻揭露了教会宣扬"禁欲主义"的虚伪本质，认为"禁欲"是违反人性的可笑教条。另外，借由小说主人公卡冈都亚及其儿子庞大固埃的教育经历，拉伯雷大力地讽刺和批判了毒害人民、禁锢人民思想的经院教育和经院哲学。

蒙田是16世纪法国文艺复兴后期杰出的人文主义思想家。蒙田出生于法国波尔多附近一个殷实的商人家庭，早年曾学习拉丁文、希腊文、修辞学等。蒙田的代表作《随笔集》在西方文学史上地位显著。《随笔集》内容丰富，文笔优美，涉及日常生活、传统习俗、人生哲理等多个方面，而且旁征博引了众多古希腊罗马作家的著述，书中作者对自己的剖析与描写，不仅娓娓动人而且充满趣味，给人以亲切随和之感。可以这样说，《随笔集》是对16世纪各种思潮和知识的总汇和分析，因而被誉为"生活的哲学"。

英国文艺复兴

英国文艺复兴的繁荣时期是在 16 世纪后半期到 17 世纪初。其中最杰出的代表人物有两位，一位是空想社会主义的开创者托马斯·莫尔（1478—1535），另一位就是伟大的诗人和剧作家威廉·莎士比亚（1564—1616）。

《乌托邦》是托马斯·莫尔的代表作，也是空想社会主义史上第一部杰作。作品通过描写一个旅人在海外的见闻，向读者展现了一个没有压迫，没有剥削，没有私有制，崇尚学术的理想社会。作品有力地鞭挞了英国本土正在进行的残酷的圈地运动——为了更多地生产羊毛，大量农民被迫离开土地，流离失所，还寄托了作者对世外桃源式的美好社会的向往之情。

莎士比亚是英国杰出的诗人和剧作家，在欧洲文学史上与荷马、但丁、歌德并称为划时代的四大作家。莎士比亚一生的创作可以划分为三个时期。第一个时期（1590—1600）的主要作品是历史剧、喜剧和十四行诗，代表作有历史剧《约翰王》《亨利六世》《理查三世》等，喜剧《仲夏夜之梦》《威尼斯商人》等，这一时期是莎士比亚的人文主义世界观和创作风格的形成期。第二时期（1601—1608）的代表作品是悲剧，著名的有《哈姆雷特》《奥赛罗》《李尔王》《麦克白》《雅典的泰门》等，这一时期是莎士比亚创作的鼎盛期。第三时期（1609—1613）的作品是悲喜剧和传奇剧，代表作有《泰尔亲王配力克里斯》《辛白林》《冬天的故事》《暴风雨》等。在文艺复兴时期，莎士比亚的作品堪称欧洲人文主义文学的巅峰，代表了此时期文学创作的最高水平，并深深影响了欧洲文学，特别是戏剧文学的发展。

西班牙文艺复兴

由于天主教会势力强大，西班牙的文艺复兴运动开始得要略晚于西欧其他国家，大概起始于 16 世纪初。

西班牙文艺复兴最杰出的代表人物是塞万提斯（1547—1616）。塞万提斯是著名的小说家、诗人、剧作家，被誉为"西班牙文学世界中最伟大的作家"，而西班牙语甚至被称为是"塞万提斯的语言"。他创作的不朽的小说《堂吉诃德》被评论家称为是"文学史上的第一部现代小说，是世界文学的瑰宝"。小说描写主人公堂吉诃德因沉迷于骑士小说而做起了游侠骑士白日梦，他一心想除暴安良，扶弱济贫，结果闹出了很多笑话，自己也差点丧了命，直到即将离开人世之时，他才幡然醒悟。通过对主人公堂吉诃德荒唐的游侠生活的描写，塞万提斯深刻揭露了社会的黑暗，严厉抨击了教会的专横，同时也对底层人民的困苦生活表示了深深的同情。作品中的堂吉诃德和他的仆人桑丘，是西方古典文学中极具代表性的人物形象。

除了塞万提斯外，西班牙文艺复兴的代表人物还有田园小说《狄亚娜》的作者霍尔赫、西班牙民族戏剧的奠基人洛佩·德·维加，以及擅长宗教题材的画家埃尔·格列柯等。

自然科学的发展

西欧的人文科学和艺术在文艺复兴时期得到了很大发展，与此同时，受文艺复兴运动的影响，自然科学也从 16 世纪开始蓬勃兴起。这一时期，自然科学领域里最具代表性的成就便是天文学的发展。

　　哥白尼（1473—1543）是波兰伟大的天文学家，他总结自己长年对日、月、星辰运动的观察和推算，在继承前人研究成果的基础上完成了划时代的著作《天体运行论》，正式提出了"太阳中心说"，或者称"地动说"，这是近代天文学的肇始。"太阳中心说"直接引发了天文学革命，它把自然科学从教会的束缚中解放出来，在天文学史上具有特别重要的意义。从哥白尼开始，自然科学和哲学脱离了神学，获得了飞速发展。

　　意大利杰出的天文学家和哲学家乔达诺·布鲁诺（1548—1600），继承和发展了哥白尼的学说，并为此付出了宝贵的生命。他传播哥白尼的学说，宣扬唯物主义，揭露神学与经院哲学对人的毒害，因此遭到了教会的迫害，并被开除教籍。他在著作《论无限性、宇宙和世界》中指出宇宙是无边无际的，其中存在着无数个像太阳系一样的恒星系统，太阳不过是太阳系的中心而已。布鲁诺的言论引起了教会的极大仇视，他被教会判处火刑。1600年，布鲁诺被烧死于罗马的鲜花广场。

　　此外，文艺复兴时期，自然科学领域的代表人物还有近代动力学的奠基人伽利略、"代数学之父"法国人韦达和发现了血液循环的英国医生哈维等。

新哲学的兴起

　　文艺复兴时期，自然科学领域产生的诸多成就有力地打击了经院哲学和教会神学，并为唯物主义哲学的发展奠定了基础。这一时期涌现出许多杰出的哲学家。

　　新哲学的杰出代表人物是弗兰西斯·培根（1561—1626），他是近代科学的先行者，也是第一位唯物主义哲学家，其代表作有《学术的进展》《新工具》和《论科学的价值与增长》等。他崇尚科学，积极推动科学发展，并且提出了崇尚知识的口号，对社会进步产生了重大影响。他反对中世纪的经院哲学，提出了唯物主义经验论的原则和经验归纳法，倡导彻底改造人类的知识，把学术文化从经院哲学中分离出来，以实现其伟大的复兴。

　　法国伟大的哲学家、物理学家、数学家和生理学家笛卡儿（1596—1650），不仅创立了解析几何，而且提出了哲学史上的"二元论"。他否认感性认识的作用，主张采用理性演绎法，将唯物主义和唯心主义结合起来，对哲学发展产生了重大的影响。他的哲学观点集中体现在《方法论》《形而上学的沉思》《哲学原理》等著作中。笛卡尔是对17世纪及之后欧洲哲学界和科学界影响最深远的哲学家之一，被后人尊为欧洲"近代科学的始祖"。

　　文艺复兴时期荷兰伟大的唯物主义哲学家和无神论者斯宾诺莎（1632—1677），继承和发展了布鲁诺的自然哲学和笛卡尔的新哲学，并在此基础上提出了"实体"的概念和"自因说"，代表作有《神学政治论》《伦理学》和《知性改进论》等。斯宾诺莎的哲学思想在近代欧洲哲学史上留下了深刻的印记，为后来的哲学家们提供了理论基础。德国古典哲学的两位代表人物黑格尔与费尔巴哈就深受其影响，分别继承和发展了他的辩证法思想与唯物主义观点。

欧洲的宗教改革运动

黑暗的教会统治

中世纪时，天主教会成了西欧最大的封建剥削者，其名下的地产数量相当多，俨然已经是一个庞大的经济实体。教会还向居民征收名目繁多的苛捐杂税，除了向农民征收高额的封建地租外，还向居民征收"什一税"和赦罪费、法庭诉讼费等。天主教会还依靠权势和宗教迷信大肆敛财，比如出卖赎罪券，实际上这和敲诈勒索没什么两样。教会内部的风气也十分糟糕，就连教皇的选举都和贿赂、权势斗争息息相关。教会中包括教皇在内的高级教士，手中的财富越来越多，生活也越来越奢靡无度。教皇屡施恶行，各级教士纷纷效仿，有的甚至比教皇还变本加厉。

教会的巧取豪夺，像一座大山压得广大人民喘不过气，人们对天主教会愈发不满。城市市民对教会的统治尤其抵触，这不仅因为教会支持着腐朽的封建制度，更因为天主教的许多陈腐规定和教条限制了工商业的发展。11 世纪下半叶，反抗教会封建神权统治的"异端"运动率先在意大利、法国、德国等西欧国家中展开，其主力是广大农民和城市平民。

为了维护自己的统治地位，扫除这些"异端分子"，教会在法国、意大利、德国、西班牙、葡萄牙等天主教国家设立了宗教裁判所。这个机构由天主教会统一领导，负责对所有反教会、反封建的异端进行镇压，肃清有异端思想或同情异端之人。宗教裁判所运用的手段极其残忍和恐怖，严刑逼供、制造冤狱，使人与人之间失去了基本的信任，进而互相猜疑和诽谤陷害。更严重的是，它掀起了教徒对妇女的偏见和民族（血统）歧视之风，这样的罪孽在天主教和整个欧洲历史上都不可抹去。

宗教改革运动的先驱——胡司

胡司出生于波希米亚（捷克中西部）南部的一个农民家庭，1390 年到布拉格大学学习，1401 年担任波希米亚布拉格大学神学部主任一职，到 1409 年的时候，他已经成为这所学校的校长。胡司一生中主要有两个工作，一个是在布拉格大学任教，另一个是在离学校不远处的伯利恒礼拜堂布道。

胡司被认为是宗教改革运动的先驱之一，他主张教会的主权属耶稣基督，《圣经》至上，而不以教皇等圣职人员所制定的各种规章制度为尊。为了强调和宣传这种思想，他特意撰写了《论教会》一书。另外，他对教皇等圣职人员进行了强烈谴责，认为他们不仅贪爱钱财，而且倚仗手中的权力胡作非为，已离基督真道越来越远。

后来，胡司对教会贩卖赎罪券表示强烈反对，因此时任教皇的约翰二十三世将胡司开除出教，并污蔑他为"异端分子"，将他囚禁起来。在监牢中遭受了 8 个月的煎熬之后，胡司被处以火刑。见胡司被处以极刑，那些支持他的地方贵族和信众揭竿而起，直接对抗波希米亚的罗马天主教会和天主教同流合污的神圣罗马帝国中央政府，胡司战争正式爆发。接下来的日子里，胡司的信众断断续续地进行了多次战役，直到 15 世纪 30 年代才停止。作为宗教改革运动的先驱，胡司的很多思想都被后来的新教所采纳，胡司对欧洲各国和马丁·路德的宗教改革的影响也十分深远。

马丁·路德的宗教改革

1483 年，马丁·路德出生于德国东部萨克森州的艾斯莱本，家境富裕。1508 年，他成为维登堡大学的神学教授。在此期间，路德逐渐认清了罗马教廷腐败的真面目，失望之余，他萌生了在德国进行宗教改革的意愿。1517 年，教皇利奥十世颁发赎罪券，借此盘剥百姓，路德在维登堡大教堂的门前贴出了公开批判贩卖赎罪券的《九十五条论纲》（即《关于赎罪券的功效》），此《论纲》一经贴出，就引起了当时社会各阶层的浓厚兴趣，并点燃了德国人民进行宗教改革的火焰。路德因此得到了德国各阶层的支持，并同罗马教廷决裂。路德精神传播最鼎盛时期是 1520 年。这一年，宣扬路德精神的德文出版物共 208 册，其中 133 册是路德本人的作品，宗教改革三大论著《致德意志民族的基督教贵族公开书》《论基督教的自由》《教会被掳于巴比伦》也都是在当年发表的。在这些著作中，路德将批判矛头直指封建神权政治，直接否定了中世纪的教阶组织、圣礼制度和教会法规，提出建立一种适应资本主义发展的廉俭教会，用新的自律的宗教理论取代封建主义他律的宗教理论。

1543 年，由路德翻译的德文版《圣经》问世，这本由统一的德国语言写成的作品成了当时联结德国各邦的纽带，因此诗人海涅称路德的工作"创造了德语"。另外，此版《圣经》以未经后世篡改的希伯来文和希腊文原本《圣经》为底本，为德国人民对抗天主教会提供了思想武器。

不彻底的改革

随着宗教改革运动的深入发展，参加反教会斗争的社会各阶层之间的分歧日趋明显。正当德国农民要求将这场宗教改革发展为推翻剥削制度的政治革命时，路德却走向了背叛之路，成了剥削阶级的代言人。他先撰写了《劝基督徒勿从事叛乱书》，然后又到维登堡讲道以求平息暴乱，最后他又撰写了《反对杀人越货的农民暴徒书》，力主镇压农民运动。从劝解到调解，到力主镇压，路德渐渐背离了人民，他甚至还说："无论是谁，无论采用暗杀还是公开杀戮的方式，只要能够做到，就应该像打死疯狗一样，将他们杀死、戳死、扼死。"恩格斯曾评价路德"不仅将下层人民的运动，甚至连市民阶级的运动都出卖给诸侯了"。从本质上来说，以路德为代表的市民阶层所进行的宗教改革，不过是对宗教形式的微小改革而已。

宗教领袖托马斯·闵采尔

托马斯·闵采尔有多重社会身份，他不仅是 16 世纪宗教改革运动的激进派领袖，是德国农民战争的组织者和卓越领导人，还是空想社会主义的先驱之一。闵采尔出生于一个小手工业者家庭，1506 年考入莱比锡大学的神学专业，后获博士学位。自 1517 年开始，他跟随路德开展宗教改革，后来对路德的保守态度产生了不满，遂与之决裂。1521 年 11 月，他发表了《布拉格通告》，主张改革剥削和压迫人民的社会制度，实现人人平等。后来，闵采尔开始改革教会的"圣礼"，并公开反对罗马教廷。对于基督教倡导的主要观点，他毫不掩饰地予以抨击，主张通过武力手段使封建主的统治土崩瓦解，建立"阶级平等、财产公有、社会上的每个人都不受压迫的国家政权"。他组织了萨克森和图林根的农民起义，为的是完成自己的第一要务——领导人民摆脱剥削和压迫。1525 年 5 月，起义被镇压，闵采尔被俘，最后光荣牺牲。

德国农民战争

1524 年夏，德国士瓦本南部的农民因贵族强迫自己服劳役而奋起反抗，大规模农民战争的序幕由此拉开。虽然起义声势浩大，但农民军缺乏统一指挥，纪律不够严明，士气因此受到了影响。1525 年 4 月末，政府军击败了这些农民军。

1525 年 3 月底，一场在德国农民战争中规模最大、斗争最激烈的农民起义于法兰克尼亚地区爆发。1525年5月，法兰克尼亚聚集了各方的农民军代表，他们制定了闻名于世的《海尔布琅纲领》。纲领中提出，要在德国建立起中央集权制政府，对教阶制进行改革，将教会的土地没收后改分给骑士等。6月，法兰克尼亚的农民起义被镇压。

1524至1525年的德国农民战争，是德国农民反抗封建压迫的一次规模最大的起义，起义烽火燃遍德国整个西南部和中部地区。作为宗教改革运动的重要组成部分，德国农民战争称得上是宗教改革运动时期反封建斗争的顶峰。

加尔文教的创立

加尔文是基督教新教加尔文宗的创始人、法国宗教改革家。从1541年开始，加尔文便担任日内瓦教会的最高领导。在他的带领下，加尔文教在欧洲各国广泛传播开来，日内瓦也成为政教合一的神权共和国和宗教改革中心。有人甚至用"新教的教皇"来称呼加尔文，用"新教的罗马"来称呼日内瓦。加尔文教教会组织不由教皇统辖，也不受国家政权领导，教派内各种规章制度十分严格，并称别的新兴教派为"异端"。加尔文宗教改革主要有以下内容：以共和制为准则，通过选举产生长老和牧师，长老和牧师掌握教会的管理权，对人民实行严苛统治；废除华而不实的教仪，废止某些宗教节日，禁止民众参与跳舞、演戏等娱乐活动。因为有利于资本主义的发展，加尔文教的教义和教会组织形式被大规模传播开来，由此促使资产阶级反封建的力量更为壮大。

胡格诺战争

16世纪，宗教改革风暴席卷整个欧洲大陆。在法国，天主教贵族与胡格诺派（又译为雨格诺派，是兴起于法国的新教教派，属于新教归正宗的一种）相互对立已久，最终于1562年爆发了胡格诺战争。胡格诺派的领导人是纳瓦拉国王亨利等，天主教派的领导人则是吉斯公爵洛兰等。胡格诺战争持续了30多年，共进行了8次较大规模的战争。

1588年，法国国王亨利三世被刺身亡，纳瓦拉国王亨利登基，即为法王亨利四世，开启了法国历史上的波旁王朝。不过天主教派否认其合法性，内战依然在断断续续地进行。1593年7月25日，亨利四世在圣德尼大教堂改宗天主教，并彻底结束了胡格诺战争。1594年3月22日，亨利四世进入巴黎，受到热烈欢迎。之后四年里，不断有地区宣布愿意接受亨利四世的统辖，亨利四世还将趁火打劫的西班牙军队从自己国家的土地上赶走。

1598年，亨利四世颁布了《南特敕令》，规定天主教为国教，而胡格诺教徒在法国境内可以自主选择信仰新教，他们与天主教徒在担任公职方面有着同等权利。胡格诺战争至此正式宣告结束。

北欧诸国的宗教改革

16世纪20年代到30年代这段时间，路德教派已在北欧各国传播开来。1527年，瑞典国家议会会议在国王古斯塔夫一世的主持下召开，这个影响力巨大、参会成员广泛的会议最终达成了一个决议：依照路德教派的教义对瑞典教会进行改革，修道院归国王管辖，《圣经》是教士讲道的依据。从此，瑞典宗教开始国家化。1541年，芬兰这个由瑞典管辖的国家也开始改信路德教。丹麦在国王腓特烈一世统治时期，也开始改革宗教。1536年10月，丹麦国民大会宣布：建立路德教的国家教会，国王是教会的最高领导人，旧主教在政府中的特权一律取消。对于丹麦的法律，挪威及冰岛也服从，两国也改信路德教。1554 年，路德教在北欧取得了空前胜利。

中古后期的西欧诸国

英国都铎王朝的统治

英国都铎王朝的统治由 1485 年开始，此时正是英国从封建社会向资本主义社会转型的关键时期，因此该王朝颁布的各项政策都具有鲜明的时代烙印。英国资本主义工业之所以能迅速腾飞，与王朝实行的重商主义政策关系十分密切，这项政策对英国社会的其他很多方面都具有深远影响。16 世纪，商品经济逐渐发展起来，英国工业也随之崛起，尤其是传统的毛纺织业发展迅猛，手工工场如雨后春笋般涌现在各大城市，这些都加速了资产阶级的形成。由于工业日渐发展，商业贸易逐渐繁盛，伦敦发展脚步迅速，一举成为全国的经济中心。

15 世纪末至 19 世纪中期，农民的土地成了西欧新兴资产阶级和新贵族的掠夺目标，为了达到目的，他们不惜运用残酷的暴力手段，其中最为典型的当属英国的"圈地运动"。"圈地运动"使许多农民变得一无所有，他们只得四处流浪。对于这些失去土地的农民，英国统治者不仅不保护，反而连一点儿怜悯之心都没有，还通过立法来压迫他们。于是，农民成了彻头彻尾的无产者，剩下的只有自己的劳动能力，成为资本主义生产关系中被压榨的雇佣工人仿佛成了他们的唯一出路。另外，经过英国政府特许，一些商人还成立了贸易公司，如东印度公司等，这些公司都以殖民掠夺活动为主业。在英国的殖民扩张活动中，这些贸易公司成了十分得心应手的工具。之后，英国将海上劲敌西班牙打败，从此成为海上霸主，他们的殖民势力渐渐渗透到了美洲地区。

法国的封建统治

15 世纪末期，法国政治完成统一，为工商业的发展和生产力的进步提供了有利条件。16 世纪前期，尽管法国社会经济发展明显，但是由于全国 90% 的人口都以农业生产为主，所以在法国占统治地位的依旧是封建生产方式。资本主义萌芽后，法国的阶级关系有了新的改变。专制政府的残酷剥削和掠夺激起人民强烈的反抗，农民起义的声势愈发浩大，城市贫民的骚乱日趋严重，这些对法国统治阶级的根本利益都有巨大的影响。新旧教贵族和生活富裕的资产阶级此刻达成了共识，认为只有建立强大的专制王权，才能将人民的反抗有效地镇压下去。而胡格诺战争结束后，天主教、胡格诺教派各得其所，相安无事，这对王权的复兴和加强来说算是一个有利条件。16 世纪 90 年代初期，贵族开始转向拥护王权，资产阶级紧随其后。亨利四世为了使法国振兴、王权巩固、社会秩序平稳，实施了多项措施，收效颇丰。17 世纪前期，路易十三统治时，枢机主教黎塞留担任首相一职，为了巩固专制政权、增加财富，他开始推行重商主义经济政策。对于国内新成立的贸易公司，政府不仅予以保护，还鼓励其进行航海和殖民活动；对外，则着力打击德国、西班牙的哈布斯堡王室势力，以打破其对法国的战略威胁。这一系列措施进一步加强了法国专制王权，并提升了国力，为日后法国成为欧洲霸主奠定了坚实的基础。

西班牙的兴盛和衰落

不同于西欧其他国家，16世纪的西班牙统治者在政治上，对内竭力维护罗马天主教的权威和欧洲的封建专制，用极其残酷的手段迫害新教徒以及对专制制度持有异议和抵抗态度的政敌；对外则实施霸权主义政策，16世纪中叶，欧、亚、非、美四大洲均有西班牙殖民势力渗透，1580年，西班牙又将葡萄牙兼并，还将葡萄牙所有的殖民地都归为已有，西班牙也因此被称为"日不落"国。然而西班牙的霸业并未持续太久，先是1566年爆发的尼德兰革命对西班牙打击甚重；再是1588年，西班牙"无敌舰队"远征英国，惨败而归，英国取代西班牙成了海上霸主；后来西班牙又插手法国的胡格诺战争，最终却落得个兵败被逐的下场。到17世纪中叶，西班牙在欧洲的霸权地位消失殆尽。

在经济上，16世纪，西班牙的农业、工商业和对外贸易都有所发展，但同英国、法国和尼德兰等西欧国家和地区相较，西班牙工商业的发展依旧缓慢，工业规模小，产品数量少，对外贸易差不多每年都是逆差。因此16世纪的西班牙仍然是个以农业生产为主的封建国家，国内各地经济发展极不平衡，加之专制政府实施的掠夺政策，西班牙工业中的资本主义萌芽难以茁壮成长。

尼德兰革命

尼德兰这个称谓直译于荷兰文的"低地"一词，其地理范围大概相当于现在的荷兰、比利时、卢森堡等地区。16世纪初期，这里归属于西班牙。而早在14世纪，资本主义生产关系就已经在尼德兰出现。16世纪时，尼德兰的经济水平在西欧已经名列前茅。但西班牙对尼德兰施行封建专制统治和宗教迫害，严重束缚了尼德兰资本主义的进一步发展，使得尼德兰社会各阶层怨声载道。

1565年11月，由于有奥兰治亲王威廉的鼎力支持，一些和资产阶级有利益关系的贵族在布雷达集会，成立了"贵族联盟"，公然批判西班牙的统治，指责其违反了法律，践踏了人性。1566年8月中旬，尼德兰弗兰德尔的市民冲进天主教堂和修道院，捣毁"圣物"；还将监牢的门打开，使被关的新教徒重获自由。8月底，运动风潮席卷安特卫普、阿姆斯特丹等大城市和西兰、荷兰等地，尼德兰的17个省中有12个省加入进来。最开始这场运动是自发的，不过其后有很多加尔文派资产阶级和贵族同盟的成员加入进来。年末，西班牙在尼德兰的统治面临崩溃。这是尼德兰资产阶级革命和独立战争的正式开端。

尼德兰革命之火燃起后，西班牙政府派出军队展开镇压行动。面对强大的政府军，尼德兰人民并没有退缩，他们不与敌人硬碰硬，而是成立游击队，打起了灵活机动的游击战，其中著名的游击队有"海上乞丐"和"森林乞丐"等。1573年底，尼德兰革命已取得了丰硕的成果，北方各省基本上都从西班牙的控制中摆脱，纷纷宣布独立。北方的胜利为南方各省注入了一支强心剂，1576年9月，布鲁塞尔爆发起义，起义者占领了布鲁塞尔，革命的中心转移到南方。同年10月，全尼德兰的三级会议于根特城召开，南北双方签署了"根特协定"，宣布将西班牙政府颁行的所有法令全部废除，各城市恢复原有的权利，南方和北方携手对抗西班牙的统治。1579年，尼德兰南方的封建贵族为维护自己的利益而转投西班牙人，承认西班牙在尼德兰的统治，他们甚至还调转枪头对付北方各省。次年，北方各省成立荷兰共和国。从此，尼德兰分裂成两部分，南部仍被西班牙统治，北部则为荷兰共和国。1648 年，欧洲各国正式承认荷兰共和国。尼德兰革命在欧洲史上意义非凡，它在欧洲建立了首个资产阶级共和国，为资本主义的发展指明了方向，也是世界历史上首次成功的资产阶级革命。

三十年战争

1618 至 1648 年，一场由神圣罗马帝国内部的宗教和政治斗争引发的国际性战争在欧洲（主战场是德国）爆发，这便是三十年战争。战争双方是两大对立集团：一方是哈布斯堡王朝和德国天主教，他们的目的是称霸欧洲；另一方是德国的新教同盟和丹麦、瑞典、法国等，支持他们的国家有英国、荷兰、俄国等。

1617 年，神圣罗马帝国皇帝马提亚斯意图在波希米亚复兴天主教，任命斐迪南二世为波希米亚国王。斐迪南二世下令禁止新教徒的宗教活动，并拆毁他们的教堂。1618 年 5 月 23 日，新教徒发动起义，冲进王宫，将帝国皇帝的两名钦差从窗口投入壕沟，是为"掷出窗口事件"。这成为反对帝国皇帝的波希米亚战争的导火索，最后波希米亚成为哈布斯堡家族的领地，以德语为国语，改奉天主教。这场战争虽以哈布斯堡王朝获胜为结束，但其成为三十年战争的开端。

因为不愿看到神圣罗马帝国再度实施有效统治，1625 年，在英国和荷兰的支持下，丹麦向德意志发起进攻，丹麦战争的大幕正式开启。1629 年，丹麦战败，迫不得已签署了《律伯克和约》。1630 年，瑞典对德宣战，发动瑞典战争。1634 年瑞军战败。1635 年，新教同盟陆续和帝国皇帝议和。1636 年，瑞典为了一改颓势，和法国联盟，至此法军加入战争中来，法瑞同盟战争开始。最后战争双方均疲惫不堪，帝国皇帝发出了议和的请求，1648 年 10 月 24 日，双方签署了《威斯特发里亚和约》，三十年战争至此结束。

在欧洲历史上，三十年战争是第一次大规模的国际战争，由于哈布斯堡王朝同盟被打败，其建立"世界帝国"的梦想也彻底破灭。按照和约规定，欧洲领土被重新分割。法国成了欧洲霸主，瑞典在波罗的海的地位变得十分稳固；德意志的政治分裂进一步加大，经济受到的破坏程度很深；葡萄牙摆脱了西班牙的统治，成为独立国家；新独立的荷兰和瑞士的合法地位也被广泛承认。自此，中世纪以来"一个皇帝，一个教皇"对欧洲进行统治的局面宣告终结，神圣罗马帝国已是名存实亡。

近代文明

这一时代，封建王朝逐渐没落，资产阶级思潮风起云涌，英国、法国、俄国等诸多古老的封建国家走向新生，美洲的殖民地纷纷独立，亚洲诸国也掀起了轰轰烈烈的民族运动，一时间变革之花开遍全球。然而，战争的阴云也在此时开始悄悄地凝结。

英国资产阶级革命

圈地运动

15 世纪末叶至 19 世纪中叶，西欧新兴资产阶级和新封贵族使用暴力剥夺农民土地的过程称为圈地运动。所谓圈地，即用篱笆、栅栏、壕沟把强占的农民份地以及公有地圈占起来，变成私有的大牧场、大农场。大批丧失土地和家园的农民成为一无所有的雇佣劳动者。圈地是资本原始积累的最重要手段之一。

圈地运动在英、德、法、荷、丹等国都曾先后出现过，而以英国的圈地运动最为典型。莫尔在《乌托邦》（1516年）中辛辣地指责这是"羊吃人"，所以圈地运动也被称为"羊吃人"的运动。

英国亨利八世的宗教改革

亨利八世时，业已强大的英国王权不能容忍罗马教廷继续干预英国的政治。亨利八世于是以教皇迟迟不批准他的离婚请求为由，于1533年与罗马教皇决裂，并下令禁止英国教会向教廷缴纳岁贡。次年，英国国会通过《至尊法案》，宣布国王为英国教会的最高首脑；宗教法庭改为国王法庭，由国王的官吏审判教徒，镇压异端；未经国王同意，教会无权召集宗教会议，不得制定新教规。英国的宗教改革不仅加强了都铎王朝的君主专制统治，而且有利于资产阶级的发展。

清教徒运动

清教徒是16世纪下半叶从英国国教内部分离出来的宗教派别。16世纪上半叶，英王亨利八世与罗马教皇决裂，进行宗教改革，建立以英王为首领的国教会（圣公会），但保留了天主教的主教制、重要教义和仪式。16世纪60年代，许多人主张清洗圣公会内部的天主教残余影响，因此得名清教徒。他们接受加尔文教教义，要求废除主教制和偶像崇拜，减少宗教节日，提倡勤俭节约，反对奢华纵欲。因其要求在圣公会内未能实现，自16世纪70年代起，他们脱离圣公会，建立独立教会，选举长老管理宗教事务。清教教义反映了资产阶级在资本原始积累时期的道德标准，以及通过教会改革推动政治变革的愿望。17世纪上半叶，信奉清教的资产阶级和新贵族与国王的冲突愈演愈烈，导致英国革命，亦称清教徒革命。内战期间，议会废除主教制度。在1643年的威斯敏斯特牧师大会上，清教徒分裂为长老派和独立派，后者主张地方自愿结合的宗教团体独立，反对凌驾在此之上的长老制度。斯图亚特王朝复辟后，清教徒受到迫害。1688年"光荣革命"后，议会通过《宽容法》，允许不信奉国教的新教徒建立自己的教会，但对清教徒担任公职仍有限制，直到1828年，政权才对清教徒完全开放。

伊丽莎白一世

伊丽莎白一世（1533~1603年），1558年11月17日至1603年3月24日任英格兰王国和爱尔兰女王，是都铎王朝的第五位也是最后一位君主。她终身未嫁，因此被称为"童贞女王"。她即位时，英格兰内部因宗教分裂处于混乱状态，但她不但成功地保持了英格兰的统一，而且在经过近半个世纪的统治后，使英格兰成为欧洲最强大、富有的国家之一。英格兰文化也在此期间达到了一个顶峰，涌现出了诸如莎士比亚、弗朗西斯·培根这样的著名人物。英国在北美的殖民地亦在此期间开始确立。她的统治期在英国历史上被称为"伊丽莎白时期"，亦称为"黄金时代"。

斯图亚特王朝

1603年，都铎王朝的伊丽莎白一世去世，其远亲苏格兰国王詹姆士六世继承王位，

成为英王詹姆士一世，建立斯图亚特王朝。此后，英格兰、苏格兰两王位合而为一。詹姆士一世（1603~1625 年在位）奉行"君权神授"的信条，致使专制王权与议会之间的矛盾加剧。在财政上，詹姆士一世试图用增加税收的办法来解决财政危机，触犯了资产阶级和贵族的利益。查理一世（1625~1649 年在位）统治期间，政府债台高筑，只有借助于议会补助金来解决日益严重的财政困难。议会在税务问题上与国王的矛盾日趋尖锐，1629 年，议会号召人民拒绝交税，查理一世即将议会解散，开始了长达 11 年的无议会时期。在此期间，查理一世对人民实行高压专制统治，大肆迫害清教徒。他两次挑起内战，但都战败，1649 年查理一世被处死，斯图亚特王朝被推翻，英国宣布成立共和国。1660 年查理一世之子查理二世复辟，他统治期间对革命参加者实施打击报复。詹姆士二世（1685~1688 年在位）试图在英国恢复天主教。1688 年"光荣革命"中，詹姆士二世被推翻，王位传给他的女儿玛丽及其丈夫荷兰执政威廉。1714 年，英格兰王位为斯图亚特家族远亲，德意志汉诺威的乔治继承，是为乔治一世。

查理一世

查理一世（1600~1649 年），英国斯图亚特王朝国王。即位之初，推行对抗议会、打击新兴工商业的政策，致使议会与王权的矛盾尖锐。1628 年召开的议会通过了《权利请愿书》，要求不经议会同意，国王不得征税；不得任意逮捕人或剥夺其财产。查理一世勉强接受了请愿书，但于次年悍然解散议会，开始长达 11 年的无议会统治时期。在他统治期间，采取打击资本主义工商业发展的措施，恢复已废弃了的税收，将大量人民生活必需品引入商品专卖制的范围；在宗教上，残酷迫害清教徒，使大批清教徒逃亡国外；对外与西班牙和法国进行战争。查理一世的专制统治最终引起了英国资产阶级革命。1642 年、1648 年，他又两次挑起内战，均被打败。1649 年 1 月，查理一世被处死。

苏格兰人民起义

斯图亚特王朝虽然统治着苏格兰和英格兰两部分，但两国并未合并，苏格兰保持着独立性。英国的宗教改革使苏格兰宗教也受到影响，苏格兰也出现了清教徒，并在教会中占有一定地位。1637 年，查理一世命令苏格兰必须采用英国国教祈祷书，这对于要保持苏格兰独立性的人来说是不能容忍的，而对于清教徒来说更是一种侮辱。苏格兰人为了保护本国的独立性和保持自己的信仰，举行了起义。起义军一直打过边境，占领了英格兰北部的一些地区，这种局势严重威胁着查理一世的统治。为了筹措军费讨伐苏格兰人，1640 年 11 月，查理一世被迫召开议会，企图以合法的形式筹集经费，但令他没有想到的是，这次议会的召开成为英国资产阶级革命开始的标志。

克伦威尔

克伦威尔（1599~1658 年），英国 17 世纪资产阶级革命的领袖、政治家和军事家。克伦威尔出身于亨廷顿郡的一个中等贵族家庭。青年时期就学于剑桥一个著名清教学院，受到清教思想的熏陶。1628 年被选入议会。17 世纪 30 年代迁居剑桥郡。曾帮助当地农民反对贵族地主排干沼泽侵害农民利益的行为，因而在东部各郡中威望颇高。1640 年作为剑桥郡的代表先后被选入"短期议会"和"长期议会"。在长期议会中，与坚决反对王党的议员站在一起。参加制定《大抗议书》等文件。1642 年，英国内战开始，他站在国会革命阵营方面，率自己组织的"铁骑军"屡建战功。1645 年，国会授权克伦威尔改组军队，他以铁骑军为基础组成"新模范军"。他指挥这支军队，战胜了王党的军队。1649 年，国王查理一世被处死，英国成立共和国，克伦威尔独揽大权，成为实际的军事独裁者。他镇压掘地派运动，出兵远征爱尔兰。1653 年，他解散议会，自任"护国主"，但国内经济状况不断恶化，阶级矛盾日趋尖锐，克伦威尔始终未能稳定局势。1658 年克伦威尔病死。

马斯顿荒原之战

1644 年，苏格兰派军从北方攻入英国境内，援助议会军。苏格兰军与来自南部的费尔法克斯和克伦威尔的议会军共同包围了盘踞在约克城内的纽卡斯尔的王军。国王查理一世急速派遣鲁伯特率部队前去解围。议会军攻打约克城未遂，退守利兹，与曼彻斯特勋爵和克伦威尔的东英吉利骑兵会合。议会军方面连同苏格兰军共有 2 万步兵和 7000 骑兵，前哨阵地设在马斯顿荒原的一个高岗上。王军随议会军之后赶到马斯顿荒原，兵力为 1.1 万步兵和 7000 骑兵。两军严阵以待。7 月 2 日，克伦威尔的新骑兵团向王军发动了猛烈进攻。打得王军丢盔弃甲、溃不成军。这次战役，摧毁了两支王军，从此，保王派退出了北方各郡，议会军取得了辉煌的胜利。马斯顿荒原之战是自内战开始以来，议会军初次在阵地战上获得的一次巨大胜利。克伦威尔的铁骑军也因此声名大振。

新模范军

内战开始后，议会军节节失利。1645 年 1 月，议会通过了克伦威尔提出的改组军队的议案，授权克伦威尔改组议会军。克伦威尔以自己的"铁骑军"为榜样，组建了一支主要由自耕农、手工业者、店员等组成的新军，并建立了良好的给养制度。新军实行民主，纪律严明，具有较强的战斗力，军官大部分来自下层社会，是英国首次建立的常备军。1645 年 6 月，新军在纳西比战役中大败王军。共和国成立后，它镇压平等派和掘地派，远征爱尔兰，成为资产阶级和新贵族的专政工具。

英吉利共和国的成立

1649 年 2 月 6 日，英国议会下院通过了取消上院的决议。7 日，下院又通过了关于取消君主制的决议。从此，英国成为"没有国王及上院"的一院制共和国。2 月 7 日，下院通过关于设立从属于下院的国务会议的决议。13 日，国务会议正式成立，布拉德肖被任命为国务会议主席。1649 年 5 月，议会正式宣布："英国为共和和自由的国家，由民族的最高主权管辖之。"英吉利共和国由此成立。

首相的由来

首相是国外的一种官职，是主持内阁会议的官员，大致相当于我国古代的宰相。18 世纪以前，各国并没有这一官职，内阁会议都由国王主持。到英国乔治一世时期，由于他是德国人，不会讲英语，听不懂内阁大臣们议论政务，就不参加内阁会议，于是就由大臣们在阁员中推选一人主持。乔治一世时期的治安大臣沃波尔起的作用颇似现在的首相。18 世纪以后，在各国的内阁中便正式有了"首席大臣"或"首相"这一官职了。

掘地派运动

掘地派出现于 1649 年共和国成立之初，自称为"真正平等派"。领导人为温斯坦莱和艾维拉德。掘地派最初占领了伦敦附近萨里郡圣·乔治山上的公有地和荒地，进行集体开垦、耕种，并号召其余的人都来参加他们的队伍。他们的号召在肯特郡、白金汉郡、北安普顿郡等地得到广泛响应，人数迅速增加。掘地派反对土地私有制，主张建立土地公有、共同劳动、共享劳动果实的社会。掘地派的思想带有原始共产主义色彩，但不主张用暴力去实现理想，把希望寄托在统治者身上。掘地派运动反映了英国当时社会最贫穷阶层的人民的思想和愿望。1651 年，掘地派运动被克伦威尔镇压。

航海条例

1651 年 10 月 9 日，为了打击海上竞争劲敌荷兰，取得海上贸易霸权，英国颁布了航海条例。航海条例的主要内容是：亚洲、非洲或美洲的商品，必须使用英国的船只，才准输入英国、爱尔兰或英国殖民地，欧洲商品输入英国、爱尔兰与英国的殖民地，必须使用英国船只或原商品出产国的船只运送；英国船只运送的商品，必须是由原生产国运来者；盐和鱼类必须由英国船只装载，才能从英国及其领地运出；英国境内各地之间的贸易必须由英国船只经营。此条例各条均针对荷兰，排挤了荷兰在国际贸易中的作用，危及荷兰的海上利益。荷兰自然不肯接受该条例的约束，因而引发了第一次英荷战争。荷兰战败，被迫承认这一条例。1661 年，英国再次颁布航海条例，重申了 1651 年航海条例的主要内容，规定某些产品只能运送到英国、爱尔兰或英国的其他殖民地。于是，1665 年，英荷爆发第二次战争，英国战败，航海条例有所放宽。1651 年后颁布的航海条例是为了垄断英国和殖民地的贸易，限制殖民地经济的发展。1672 年、1692 年，英国政府又先后颁布航海条例。随着工业革命的完成，英国的经济实力日益强大，开始实行自由贸易政策。到 1849 年，大部分航海条例已经废除。1854 年，外国商船也可以从事英国沿海贸易，至此，航海条例所规定的限制完全取消。

三次英荷战争

由于英国颁发的航海条例损害了荷兰海上运输和国际贸易利益，引起了 1652～1654 年的第一次英荷战争。荷兰战败后，于 1654 年 4 月签订《威斯敏斯特条约》，被迫承认英国的航海条例。第二次英荷战争是由于英国夺取荷兰在北美的殖民地新阿姆斯特丹引起的。1665 年 1 月荷兰对英国宣战，英国战败，双方于 1667 年 7 月缔结《布雷达条约》，英国把在南美占领的苏里南归还荷兰，并在海上贸易权方面做了让步；荷兰则退出北美。第三次是由于英国企图瓜分荷兰沿海属地引起的。1672 年，英、法对荷开战，荷兰战败。1674 年 2 月，英国同荷兰签订第二个《威斯敏斯特条约》。通过三次英荷战争，荷兰的殖民优势被摧毁，英国逐步掌握了海上霸权，成为世界上最大的殖民国家。

光荣革命

斯图亚特复辟王朝实行反动的对内对外政策，损害了资产阶级和新贵族的利益，尤其是詹姆士二世（1685～1688 年在位）企图借助法国恢复天主教会和专制统治，与议会发生了激烈冲突。詹姆士二世无子，议会准备在其死后迎立其长女玛丽和她的丈夫荷兰执政威廉为英王。1688 年初，詹姆士二世得子，议会感到等待无望，辉格党人（代表工商业资产阶级利益）与托利党人（代表土地贵族利益）联合，于 6 月迎请荷兰执政威廉出兵讨伐英王，詹姆士二世逃往法国。第二年，议会宣布威廉与其妻玛丽为英国国王和女王，随后，英国逐步确立了资产阶级君主立宪的政体。由于这次政变没有发生大规模内战，被资产阶级史学家称为"不流血革命"或"光荣革命"。

《权利法案》

《权利法案》是斯图亚特王朝的国王们与英格兰人民和议会在 17 世纪长期争斗的结果。它成为 1688 年革命后施政的基础。法案的主要内容在于明文宣布詹姆士二世的各种措施非法。法案规定：不经议会同意，国王无权征税；不能在和平时期维持常备军；议会要定期召开；议员的选举不受国王干涉；议员有在议会活动的自由等。同时法案也确定了王位继承问题。《权利法案》为限制王权提供了宪法保障，在英国确立了资产阶级专政的君主立宪制，是英国法律的基本组成部分之一。

资产阶级革命

资产阶级革命通常是资产阶级借助人民群众的力量进行的反对封建主义、地主阶级统治或其他落后反动统治的革命。目的是资产阶级要掌握政权，为资本主义的发展扫除障碍。一般是在资本主义经济有了比较明显的发展，思想舆论也有了充分准备的情况下爆发革命。因为革命的结果是以一种剥削形式代替另一种剥削形式，所以资产阶级是无法把千百万劳动群众长期地团结在自己周围的，英国资产阶级革命中资产阶级的具体表现可以说明这一问题。

三角贸易

"三角贸易"是 18 世纪时英国以贩卖奴隶为主要手段的洲际贸易。英国从利物浦、伦敦等城市用船载运棉麻织品、玻璃、陶瓷器皿、各种装饰品等物品，驶往非洲交换黑奴，并用船把黑奴运往西印度和南美殖民地的种植场，卖给农奴主，然后买进殖民地的糖、烟草、棉花返回英国，并将其作为原料卖给工厂主。1713 年，《乌特勒支和约》使英国获得贩卖奴隶的垄断权，此后英国的奴隶贸易达到了空前规模。英国获得"贩卖奴隶垄断"权利，不仅为英国的贩奴商人带来了神话般的利润，而且加强了英国在那些需要供应黑奴来经营种植场的殖民地里的地位。"三角贸易"在当时英国经济发展中起着很大的作用。

英法北美战争

法国作为当时欧洲大陆的强国，和英国在诸多问题上存在着巨大的利益冲突。1740 年，普鲁士发动了奥地利帝位继承战争，法国站到普鲁士一边。英国借此机会同它的主要对手作对，出面"保护"奥地利，于 1744 年对法国宣战。英国海军最终打败了法国的海军，并于 1748 年缔结和约，但英法争夺殖民地的局部战争并未停止。1756 年，英法在加拿大开始了争夺殖民地的军事行动，英军封锁法国大陆本土的港口，使法国无法从欧洲大陆抽调军队增援北美战场，以致法军在北美战场上兵力无法与英军抗衡。法国的殖民地路易斯堡、匹兹堡、奥斯威戈等地相继落入英军之手。1759 年，英军攻占魁北克，占领了加拿大大片殖民地。英法在北美争夺殖民地的战争以英国的最后胜利而告终。1763 年，英法签订《巴黎和约》，法国割让加拿大以及密西西比河以东的全部土地给英国。

英国工业革命

工业革命

工业革命又称"产业革命"，是从手工业生产过渡到机器生产，从资本主义手工工场过渡到资本主义工厂的生产技术革命，也就是资本主义工业化。工业革命在 18 世纪 60 年代开始于英国，首先从棉纺织业开始，逐步发展到采矿、冶金、机器制造、运输等部门。18 世纪 80 年代，工业革命因蒸汽机的使用而得到进一步发展。到 19 世纪上半叶，英国工业革命基本完成。继英国之后，法、德、美等国也于 19 世纪完成了工业革命。工业革命的完成，使资本主义制度最终战胜封建制度，社会生产力迅速发展，英国成为"世界工厂"。工业革命也导致了社会关系的巨大变化——形成工业资产阶级和工业无产阶级，资本主义社会的基本矛盾日益加深。

蒸汽机时代

蒸汽机的出现，标志着人类进入一个新的时代——蒸汽机时代。它改变了人类以人力、畜力、水力作为主要动力的历史，使各种机器有了新的强大的动力，导致了人类历史上的第一次技术革命。蒸汽机的发明、发展经历了漫长时期，许多科学家、发明家对此都做出了贡献，而其中具有突破性贡献的是英国人瓦特（1736~1819 年），所以人们习惯认为蒸汽机是瓦特发明的。

珍妮纺纱机

1764 年，木匠哈格里夫斯为了增加收入，在家中还兼做纺纱织布。那时织布用的飞梭刚发明不久，纺纱与织布之间的生产平衡被打破了，出现了"棉纺饥荒"。多织布才能多收入。一天，哈格里夫斯偶然发现家中的纺车被妻子无意中碰翻了，原来横着的纺锤直竖起来，却仍在转动着。哈格里夫斯从这意外的发现中受到了启发，从此，他试着将纺锤改为竖装，并将 1 个纺锤改成 7 个、8 个，以后又增加到 16 个、18 个。于是，世界上第一台纺纱机终于问世了，即人所共知的珍妮纺纱机。

亚当·斯密与《国富论》

亚当·斯密是英国古典政治经济学的主要代表人物之一。1776 年，他在划时代的著作《国富论》中提出"一切财富的本原是劳动"的观点，提出了劳动价值论，创建了政治经济学的科学体系，为后来的古典政治经济学奠定了理论基础。他还提出了自由主义经济理论，反对国家干预经济，促进了资本主义经济的发展。

富尔顿发明汽船

英国机器大工业的发展，要求革新交通工具，以便迅速运输生产出来的大量产品，供应大量的原料和燃料。1807 年，美国发明家富尔顿造出了"克莱蒙脱"号汽船。富尔顿亲自驾驶这艘汽船，进行了从纽约到奥尔巴尼的首航。在航行中，富尔顿的汽船赶上许多单桅和双桅帆船，并把它们远远地抛在后面。富尔顿的这次汽船航行是一个划时代的事件，在河道交通及海洋商务方面引发了一场革命。从此，英国担任远洋航运的商船队力量大大加强了。

史蒂芬孙与火车

工业革命时期，陆路交通工具也发生了深刻的变革。1765 年，铁轨代替了木轨，用于运输煤炭。1814 年，出生于矿工家庭的英国工程师史蒂芬孙发明了第一台实用型的蒸汽机车，这台机车在前进时不断从烟囱里冒出火来，因此被称为"火车"。1825 年，英国建设了从斯托克顿到达林顿的第一条铁路。史蒂芬孙驾驶着自己设计的蒸汽机车，拖带着 34 节小车厢，由一个骑马的人作前导发出信号，在这条铁路上试车。此举开拓了陆地交通运输的新纪元，人类从此进入了"铁路时代"。

科学巨人牛顿

艾萨克·牛顿（1643 年~1727 年），英国伟大的数学家、物理学家、天文学家和自然哲学家，同时他也是一个神学爱好者，晚年曾着力研究神学。1643 年 1 月 4 日生于英格兰林肯郡格兰瑟姆附近的沃尔索普村，1727 年 3 月 20 日在伦敦病逝。

牛顿 1661 年入英国剑桥大学三一学院，1665 年获文学学士学位。随后两年在家乡躲避瘟疫。这两年里，他制定了一生大多数重要科学创造的蓝图。1667 年回剑桥后当选为三一学院院委，次年获硕士学位。1669 年任卢卡斯教授直到 1701 年。1696 年任皇家造币厂监督，并移居伦敦。1703 年任英国皇家学会会长。1706 年受女王安娜封爵。他晚年潜心于自然哲学与神学。牛顿在科学上最卓越的贡献是创建了微积分和经典力学。

卢德运动

英国工人以破坏机器为手段反对工厂主压迫和剥削的自发工人运动，首领称为卢德王，故名。相传，莱斯特郡一个名叫卢德的工人，为抗议工厂主的压迫，第一个捣毁织袜机。工业革命时期，大批手工业者破产，工人失业，工资下跌。当时工人把机器视为贫困的根源，用捣毁机器作为反对企业主、争取改善劳动条件的手段，但禁止对人身施用暴力。卢德运动有极严厉的组织纪律，透露内部机密的人会受到严重的处罚。1769 年，英国国会颁布法令，对卢德运动予以镇压。1811 年初，卢德运动开始形成高潮，其中心是诺丁汉郡。1812 年，英国国会通过《保障治安法案》，动用军警对付工人。1813 年政府颁布《捣毁机器惩治法》，规定可用死刑惩治破坏机器的工人。1813 年，政府在约克郡绞死和流放破坏机器者多人。1814 年企业主又成立了侦缉机器破坏者协会，残酷迫害工人。但直到 1816 年，这类运动仍时有发生。

李嘉图

李嘉图是英国产业革命高潮时期的资产阶级经济学家，他继承和发展了斯密经济理论中的精华，使古典政治经济学达到了最高峰。37 岁的时候他完成了第一篇经济学论文，10 年后他在这一领域获得了极高的声誉。李嘉图于 1823 年 9 月 11 日去世，年仅 51 岁。

边沁

边沁（1748~1832 年）是英国的法理学家、功利主义哲学家、经济学家和社会改革者。他是一个政治上的激进分子，亦是英国法律改革运动的先驱和领袖，并以功利主义哲学的创立者、动物权利的宣扬者及自然权利的反对者而闻名于世。他还对社会福利制度的发展有重大的贡献。

济慈

济慈，全名约翰·济慈（1795～1821 年）出生于 18 世纪末年的伦敦，他是杰出的英国作家之一，也是浪漫派的主要成员。

济慈创作的第一首诗是《仿斯宾塞》，接着又写了许多优秀的十四行诗，他的这些早期诗作收集在 1817 年 3 月出版的第一本诗集中。1818 年，他根据古希腊神话写成的《安迪密恩》问世，全诗想象丰富，色彩绚丽，构架宏大，洋溢着对自由的渴望。

1818～1820 年，是济慈诗歌创作的鼎盛时期，他先后完成了《伊莎贝拉》《圣亚尼节前夜》《海伯利安》等著名长诗，最脍炙人口的《夜莺颂》《希腊古瓮颂》《秋颂》等名篇也是在这一时期内写成的。

雪莱

雪莱（1792～1822 年），英国文学史上最有才华的抒情诗人之一，更被誉为诗人中的诗人。其一生见识广泛，不仅是柏拉图主义者，更是个伟大的理想主义者。创作的诗歌节奏明快，积极向上。主要作品有《为诗辩护》《麦布女王》《伊斯兰的起义》《解放了的普罗米修斯》和《钦契》等。

道尔顿

约翰·道尔顿（1766～1844 年），英国化学家、物理学家、近代化学之父。1766年 9 月 6 日生于坎伯雷，1844 年在曼彻斯特过世。父亲是一位农民兼手工业者。幼年时家贫，无钱上学，但他以惊人的毅力自学成才。1778 年在乡村小学任教；1781 年应表兄之邀到肯德尔镇任中学教师，在哲学家高夫的帮助下自修拉丁文、法文、数学和自然哲学等，并开始对自然观察，记录气象数据，从此学问大有长进；1793 年任曼彻斯特新学院数学和自然哲学教授；1796 年任曼彻斯特文学和哲学会会员，1800 年担任该会的秘书，1817 年升为该会会长；1816 年入选法国科学院通讯院士；1822 年选为皇家学会会员。1826 年，英国政府将英国皇家学会的第一枚金质奖章授予了道尔顿。

17～18 世纪的欧洲

法国投石党运动

路易十四登位之初，红衣主教马扎然任首席大臣。马扎然在任职期间开征新税，横征暴敛。贵族们便以巴黎高等法院的法官为代言人，公开进行反抗。路易十四遂下令停止高等法院会议。高等法院对此提出抗议，并在圣路易院通过了政治和财政改革纲领。1648 年 12 月，投石党人孔代亲王率军包围巴黎，王室人员仓皇逃离。1650 年，逃离在外的王室人员重新回到巴黎，运动结束。这次事件在历史上称为"投石党运动"，它得名于当时巴黎街头儿童恶作剧的玩具—投石器。

路易十四

法兰西国王路易十四（1638～1715 年），史称路易大帝。他亲政的 55 年（1661～

1715 年）是法国专制制度极盛时期，在他的统治下，法国一度统治欧洲，伏尔泰曾把这个时期称为"路易十四的世纪"。

路易十四非常热爱舞蹈艺术。他从少年起就每天接受舞蹈训练，长达 20 年之久。他 13 岁起便在芭蕾舞剧《卡珊德拉假面舞会》中担任角色，32 岁时他连续在 26 部大型芭蕾舞剧中担任主角。

他一直是舞蹈艺术的热心赞助者和支持者。因为他认识到艺术可以用来提高他作为君王的威望。他也非常重视自己王者的风度。他认为扮演太阳或阿波罗之类的角色，可以在他身上激发起一种神圣的使命感。由于他曾扮演了芭蕾舞剧《夜》中的太阳的角色，而被人们誉为"太阳王"。

启蒙运动

18 世纪初，法国社会内部的资本主义经济关系已有很大发展，然而，它仍然是一个非常腐朽的封建等级制的、专制主义的、天主教会的国家。资产阶级要求自由发展，要求进行改革和革命，扫除封建制度的阻碍，于是涌现了许多资产阶级的理论家。主要代表人物有伏尔泰、孟德斯鸠、狄德罗、魁奈、卢梭等，他们著书立说，批判封建制度的不合理性，宣扬建立"合理"的社会制度。他们的宣传启发了人们反封建的意识，所以。这些人被称为"启蒙思想家"。启蒙运动是 18 世纪法国资产阶级领导和发动的一次波澜壮阔的思想解放运动，它在政治上、思想上和理论上为西方资产阶级的发展奠定了基础，对整个近代历史产生了深远的影响。

开明专制

开明专制是 18 世纪下半叶欧洲一些国家封建专制君主执行的一种政策。当时，欧洲大陆诸国的封建制度日趋衰落，资本主义生产关系在封建社会内有所发展。各国封建君主为了巩固其专制统治，接过了法国启蒙学者要求改革的旗帜，宣称要进行自上而下的改革。他们利用伏尔泰希望有一个开明的君主、在哲学家的辅助下改革社会生活的主张，把自己装扮成"开明"的君主，高喊"开明"的口号。"开明专制"便成了当时欧洲各国封建专制政府的特征，只有英国、波兰、法国例外。

在东欧，由于资产阶级势力薄弱，"开明专制"获得了典型的发展。其间各国所进行的改革客观上都促进了资本主义的发展。1789 年法国大革命爆发后，欧洲大陆开始了资本主义和封建主义两个制度的生死搏斗，一切伪装都无济于事，开明专制时代连同其改革一起消失了。

君主制

君主制是以君主为国家元首的政体形式。君主掌握最高国家权力，并且不经选举产生，没有任期。君主一般是世袭的，终身任职。

君主制有不同类型。无限君主制中，君主拥有无限权力，是真正的君主专制，在古代东方国家中曾普遍实行。有限君主制中，君主权力有限。有限君主制又包括等级君主制和君主立宪制。

现在世界上还有十几个君主制的国家，如沙特阿拉伯、科威特，非洲的摩洛哥，亚洲的尼泊尔、文莱、不丹等。欧洲的英国和瑞典虽然还是王国，但已经演变成了君主立宪国。

普鲁士王国的兴起

普鲁士原为古普鲁士人居住地，13 世纪为条顿骑士团征服，始称普鲁士。1466 年臣属波兰，1525 年成为普鲁士公国，1618 年普鲁士和勃兰登堡合并，1648 年摆脱波兰宗主权，1701 年普鲁士王国正式建立。18 世纪后半叶的七年战争和三次瓜分波兰，使其获得奥地利的西里西亚、波兰的西普鲁士等地，逐渐成为德意志的封建军事大国。19 世纪，资本主义得到进一步发展。1848～1849 年爆发了资产阶级革命，但遭失败。1862 年俾斯麦就任首相后，通过战争击败了主要竞争对手奥地利和法国，实现了德意志的统一。1871 年建立以普鲁士王国为中心的德意志帝国，帝国皇帝和首相分别兼任王国国王和首相。帝国实行中央集权统治，普鲁士王国失去了"国家"的含义。1919 年德国十一月革命推翻了帝制，建立共和国，普鲁士王国的名称消失。

腓特烈二世的统治

17 世纪以后，普鲁士不断对外推行军国主义扩张政策，对内保护工商业发展，因而迅速崛起成为德意志最重要的邦国之一。18 世纪中期，腓特烈二世实施了一系列改革措施，包括加强中央集权，提高政府效率；招徕外国移民；改善交通；积极发展工商业；修筑公路，开凿运河；建立银行；重视科学技术，设立科学院，聘请具有启蒙思想的学者任职，推广教育；增加税收，扩充军力等。在进行改革、增强国力的同时，腓特烈二世不断进行对外战争，扩张领土。普鲁士的实力迅速上升，跃居欧洲强国之列。

狄德罗与《百科全书》

狄德罗（1713～1784 年）是法国卓越的启蒙思想家，他从 1745 年起着手主持《百科全书》的编撰工作。《百科全书》共 35 卷，从 1751 年第一卷问世起，直到 1772 年才出齐，主编一直是狄德罗。《百科全书》立足于当时哲学和自然科学的最高成就，包括了 18 世纪中叶以前欧洲人所取得的全部科学成果，是近代世界各国编纂百科全书的优秀范例，也是启蒙运动的丰硕成果。由于《百科全书》以科学和民主精神对抗宗教迷信和专制统治，所以从第一卷问世以来，便遭到天主教会和政府的查禁和打击。狄德罗为编撰《百科全书》呕心沥血，历尽艰辛，付出了一生的劳动。狄德罗的《百科全书》为法兰西民族建立了一座思想的丰碑。

卢梭与《社会契约论》

1762 年，卢梭的重要著作《社会契约论》出版。这部书是反映他政治思想主张的代表作之一。在这部著作中，卢梭设计了一个资产阶级改革方案。他依据国家起源的契约理论，设计了一个在当时的社会条件下可以允许存在的国家制度。卢梭的社会契约学说对 18 世纪的法国大革命起了直接的指导作用。当然，卢梭的政治思想存在着种种阶级和历史的局限性。

伏尔泰

伏尔泰出生于巴黎，自幼受过良好的教育，因得罪一个贵族而被放逐，流亡到了英国。在英国期间，他研究了牛顿的科学成就和洛克的哲学著作。回到法国后经商发了财，过上了优裕的生活。伏尔泰是一位多产的作家，他的著作清新、机智，常带有绝妙的讽刺，对封建教会和封建制度的反动统治进行了猛烈的抨击。伏尔泰虽然以批判天主教著称，但他并不是以无神论的观点进行批判，而是以天主教的腐化、堕落、滥施淫威为出发点的。

歌德

约翰·沃尔夫冈·冯·歌德（1749~1832年），18世纪中叶到19世纪初德国和欧洲最重要的剧作家、诗人、思想家，他一生跨两个世纪，正当欧洲社会大动荡大变革的年代。封建制度的日趋崩溃，革命力量的不断高涨，促使歌德不断接受先进思潮的影响，从而加深自己对于社会的认识，创作出当代最优秀的文艺作品。歌德除了诗歌、戏剧、小说之外，在文艺理论、哲学、历史学、造型设计等方面都取得了卓越的成就。

拜伦

乔治·戈登·拜伦（1788~1824年）是英国浪漫主义文学的杰出代表。1788年1月22日出生于伦敦，父母皆出自没落贵族家庭。他天生跛一足，并对此很敏感。10岁时，拜伦家族的世袭爵位及产业（纽斯泰德寺院是其府邸）落到他身上，成为拜伦第六世勋爵。

拜伦一生为民主、自由、民族解放的理想而斗争，而且努力创作，他的作品具有重大的历史进步意义和艺术价值。他未完成的长篇诗体小说《唐璜》，是一部气势宏伟，意境开阔，见解高超，艺术卓越的叙事长诗，在英国以至欧洲的文学史上都是罕见的。

孟德斯鸠

孟德斯鸠出身于贵族世家，但他却接受了时代精神的影响，投身于资产阶级革命的洪流之中。他曾经到英国游历了两年多，考察了英国的政治制度，认真学习了早期启蒙思想家的著作。孟德斯鸠对封建专制制度的弊端进行了猛烈的抨击。他的名著《波斯人信札》便是如此。孟德斯鸠特别强调法的功能、政府的功能。他认为，法律是理性的体现，资产阶级自由要受法律的制约。他的《论法的精神》为资产阶级以法制对抗专制指出了道路，为资产阶级法学奠定了基础。

地理环境决定论

地理环境决定论是主张地理环境在社会存在和发展中起决定作用的理论。最早由16世纪法国思想家博丹所提出，他认为地理环境决定着民族性格、国家形式和社会的变化。1748年，法国启蒙思想家孟德斯鸠所著《论法的精神》一书中，系统地论述了"气候的本性"和"土地的本性"对国家的法律、社会制度和民族精神的决定作用。19世纪，德国的拉采尔继承和发挥了上述二人的思想，进一步提出社会的发展和历史命运皆决定于地理环境的理论。这个理论在资本主义发展初期具有反宗教神学和封建专制的积极作用，但后来一些地理环境论者夸大地理环境对社会生活和社会发展的作用，并用以为帝国主义侵略扩张服务，这样便使这种理论陷入了错误。马克思主义哲学认为，地理环境是社会存在和发展的一个不可缺少的条件，但它对社会发展不起决定作用，它只能通过一定的生产方式，对社会发展起加速或延缓的作用。

"沙龙"

"沙龙"是法语的译音，它原为意大利语，17世纪传入法国，最初为卢浮宫画廊的名称。后来指法国上层人物住宅中的豪华会客厅。当时，巴黎的名人（多半是名媛贵妇）常把客厅变成著名的社会交际场所。进出这里的人，多为小说家、诗人、画家、戏剧家、哲学家、音乐家和评论家等，他们志趣相投，欢聚一堂，或作诗绘画，或欣赏典雅的音乐，或就各种感兴趣的问题促膝长谈，无拘无束，各抒高见。后来，人们就把这种形式的聚会称为"沙龙"。正宗的沙龙有以下特点：要定期举行；时间要在晚上；人数不能太多。现在，人们在写文章时就常借沙龙一词来表述某项活动，如"文学沙龙""音乐沙龙"等。

彼得一世的统治

彼得一世改革

俄国沙皇彼得一世为强化中央集权和巩固农奴制而进行了改革。改革的主要内容有：第一，向西欧先进资本主义国家学习。第二，发展工业。第三，整顿非常混乱的财政税务制度，把国家财税大权真正集中到沙皇控制的中央政府手里。彼得一世改革，促进了俄国经济的发展，巩固了贵族地主和商人的专政，为其成为欧洲军事大国奠定了基础。

北方战争

历史上共有三次北方战争：

第一次北方战争（1563~1570年）是发生在瑞典与丹麦—挪威、吕贝克、波兰立陶宛联邦之间的战争。

第二次北方战争（1655~1661年）是指瑞典与波兰立陶宛联邦、俄国、普鲁士、丹麦—挪威等国的战争。

大北方战争（1700~1721年）是指俄国和瑞典之间为了争夺波罗的海霸权的战争。

俄都圣彼得堡

俄罗斯第二大城市圣彼得堡位于波罗的海芬兰湾东端的涅瓦河三角洲，是俄罗斯通往欧洲的"窗口"。整座城市由40多个岛屿组成，市内水道纵横，700多座桥梁把各个岛屿连接起来。风光旖旎的圣彼得堡因而有"北方威尼斯"的美誉。因其地处北纬60度，每年初夏都有"白夜"现象。

这座历史名城由彼得大帝于1703年所建，以东正教圣徒彼得的名字对其命名。1712~1918年，它一直是俄国首都，因此得名"北方之都"。

北美独立战争

波士顿倾茶事件

为逃避茶税，北美殖民地人民多饮用走私茶叶。为了帮助濒于破产的东印度公司解决财政困难，1773年5月，英国议会制定并通过一项"茶叶税案"，允许东印度公司缴纳轻微茶税后，把它储存的茶叶运往北美殖民地倾销，并明令禁止当地人民饮用走私茶叶，引起人民强烈不满。他们决定不许东印度公司的茶船靠岸卸货，但要求遭到拒绝。1773 年 12 月 16 日晚，一批富有正义感的波士顿人化装成印第安人，闯上驶入港内的 3 艘茶船，将停泊在波士顿港的英属东印度公司 3 艘茶船上所载价值 18000 英镑的 342 箱茶叶倒入海中。此即著名的"波士顿倾茶事件"。这个行动大大鼓舞了殖民地人民反英斗争的士气。

第一次大陆会议

1774 年 9 月 5 日，北美殖民地在费城召开了殖民地联合会议，史称"第一届大陆会议"。除佐治亚缺席外，其他 12 个殖民地的 55 名代表都参加了会议（多为富商、银行家、种植园奴隶主，佐治亚州因总督阻挠未参加）。大陆会议通过了《权利宣言》，要求英国政府取消对殖民地的各种经济限制和 5 项高压法令；重申不经殖民地人民同意不得向殖民地征税，要求殖民地实行自治，撤走英国驻军。如果英国不接受这些要求，北美殖民地将于 12 月 1 日起抵制英货，同时禁止将任何商品输往英国。大陆会议同时还向英王呈递了《和平请愿书》，表示殖民地仍对英王"效忠"。尽管这次大陆会议没有提出独立问题，但它是殖民地形成自己的政权的重要步骤。

莱克星顿的枪声

1775 年 4 月 18 日晚，英国殖民军准备偷袭北美波士顿西北郊莱克星顿和康科德两地民兵的秘密火药库。英军一出发，负责侦察英军行动的民兵就在波士顿北教堂的塔尖上悬挂起灯笼。民兵、银匠保尔·瑞维尔看见灯光立即驰马，向沿途民兵报信。民兵迅速集合应变。19 日拂晓，英军在莱克星顿遭到迎头痛击，一些英军继续向康科德前进，亦遭伏击，共死伤近 300 人，大败而归。该战斗打响了美国独立战争的第一枪，揭开了北美独立战争的序幕。

第二次大陆会议

1775 年独立战争爆发后，第二届大陆会议于 5 月 10 日在费城召开，通过以武力对抗英国的宣言，建立由华盛顿任总司令的"大陆军"。从此大陆会议成为革命政权机构。1776 年 7 月，大陆会议通过《独立宣言》，成立美利坚合众国。1781 年大陆会议的作用被美国邦联政府所替代。

美国联邦制的形成

北美 13 州殖民地人民为反对英国争取独立，于 1775 年 5 月召开了第二届大陆会议。会议于 1777 年 11 月通过了由约翰·迪金森起草的美国历史上第一个宪法——《邦联条例》。1786 年 9 月，汉密尔顿和麦迪逊提议于次年召集一个各州会议，讨论修改《邦联条例》，1787 年 5 月制宪会议秘密召开。制宪会议在选举权分配、国会课税权等问题上经过激烈争吵后，终于达成妥协，在此基础上，由汉密尔顿和麦迪逊共同执笔起草了资产阶级联邦制宪法——《美利坚合众国宪法》。新宪法以其最高的法律权威明确规定了立法、行政、司法大权均属中央，各州则成了联邦中央下的一个行政区，这正是联邦制与邦联制的区别所在。经过激烈斗争，1788 年 6 月，根据宪法规定，经 9 个州议会批准，联邦宪法正式生效。1789 年 3 月，美国第一届国会在纽约开幕，同年 4

月，华盛顿在纽约就任美国第一届总统。至此，《美利坚合众国宪法》取代了《邦联条例》，联邦制取代了邦联制，联邦政府的最高权威终于得到确立。

乔治·华盛顿

乔治·华盛顿，1732 年生于美国弗吉尼亚的威克弗尔德庄园。1753～1758 年在军中服役，积极参加了法国人同印第安人之间的战争，从而获得了军事经验和威望。1758 年解甲回到弗吉尼亚，不久便与一位带有 4 个孩子的富媚——玛莎·丹德利居·卡斯蒂斯结了婚（他没有亲生子女）。

1774 年他被选为弗吉尼亚的代表去参加第一届大陆会议时，就已经成为美国殖民地中最大的富翁之一了。华盛顿不是一位主张独立的先驱者，但是 1775 年 6 月的第二届大陆会议却一致推选他来统率大陆部队。他军事经验丰富，家产万贯，闻名遐迩；他外貌英俊，体魄健壮，指挥才能卓越，尤其他那坚韧不拔的性格使他成为统帅的理所当然的人选。在整个战争期间，他忠诚效劳，分文不取，廉洁奉公，堪称楷模。

华盛顿于 1775 年 6 月开始统率大陆军队，到 1797 年 3 月第二届总统任期期满，他的最有意义的贡献就是在这期间取得的。1799 年 12 月 14 日华盛顿病逝于弗吉尼亚温恩山的家中。20 世纪中叶被追认为美国陆军六星上将。

《独立宣言》

美国独立战争革命中的纲领性文献。由杰弗逊等起草，在 1776 年 7 月 4 日的费城第二届大陆会议上通过。其主要内容是从保护资产阶级利益出发，谴责英国对北美统治的暴行；宣布同英国王室断绝臣属关系，以资产阶级民主原则宣告建立在内政外交享有独立主权的美利坚合众国；宣告了"主权在民"的原则，人民就有权推翻旧政府，建立新政府；美国公民享有自由、平等的天赋人权等（但不包括黑人和印第安人）。《独立宣言》是号召北美各阶层人民推翻英国殖民统治，争取民族独立战争胜利的旗帜；宣告了主权在民的原则，是后来法国资产阶级革命时期《人权宣言》的蓝本。在历史上第一次以政治纲领的形式表达了资产阶级的政治要求，推动了欧洲资产阶级革命和拉美民族独立运动；它通过和发表，标志着美利坚合众国的诞生。

美英签订《凡尔赛和约》

1781 年 11 月底，康华利投降的消息传到英国本土，英国人民掀起了要求停战的运动。1782 年 3 月 5 日，经过长时间的辩论，英国议会以多数票通过了停战的决定。英国试图在外交中分裂美法同盟，因此与各交战国分别谈判。美国也了解法国、西班牙等参加对英作战的真正意图在于想获取北美的利益，因而不顾 1778 年《美法同盟条约》中关于不单独媾和的承诺，开始了与英国的单独谈判。1783 年 9 月 3 日，美英在巴黎签订《凡尔赛和约》，英国承认美国独立。在英国与法、西的谈判中，法、西提出苛刻的条件：法国企图重新获得加拿大；西班牙则索取美国西部广大地区和内河航运权。1783 年 9 月 3 日，英法、英西签订了《凡尔赛和约》，法国只收复了西印度群岛的托巴古和非洲的塞内加尔，西班牙则取得了佛罗里达等地。

美国 1787 年宪法

美国资产阶级统治的根本大法。为强化国家机器，建立中央集权制的联邦政府，邦联国会于 1787 年 5 月 25 日在费城召开制宪会议，9 月 17 日制宪会议通过 1787 年宪法，并于 1788 年 6 月 21 日正式生效。它首次明确了人民主权思想和共和制政体；创立联邦制，即建立一个拥有某些重大独立主权的、中央与各州取得有机权力平衡的政府；按行政、立法、司法三权分立与相互制约的原则，设立政府机构，立法权归国会，行政权归总统，司法权归法院；首创由间接选举产生的国家行政首脑制；同时对保障私有财产和奴隶制度的规定也很周密。美国宪法确立了资产阶级的民主共和政体，加强了中央集权，对维护美国资本主义的发展，巩固资产阶级统治发挥了重大作用。它是世界近代史上第一部资产阶级的成文宪法，为各国资产阶级制定宪法提供了蓝本。

本杰明·富兰克林

本杰明·富兰克林

美国政治家、思想家和科学家。1706 年 1 月 17 日生于波士顿。家庭贫寒，做过印刷工，靠自学成才。21 岁在费城创办"共读社"，后发展为美利坚哲学会。25 岁时在费城创办公共图书馆，后发展为北美公共图书馆。45 岁时创办费城学院，即后来的宾夕法尼亚大学。独立战争前夕，他提出奥尔巴尼计划，赴英谈判。战争爆发后，归国参战，参加起草《独立宣言》。1776 年任驻法大使，利用英法矛盾，赢得法国等国参战，加速独立战争的胜利。1785 年归国任宾州州长。1787 年参加制宪会议。1790 年因病逝世。他还是科学家，曾用风筝进行吸引闪电的实验，并发明避雷针。他一生在政治、外交和科学等方面做出卓越贡献，但他的墓志铭只自称"印刷工富兰克林"。后有人称赞他"从苍天那里取得了雷电，从暴君那里取得了民权"。

"总统"的由来

总统是共和制国家的最高行政元首名称。总统制源于美国。1787 年，美国联邦宪法规定：国家行政大权赋予总统，总统任期 4 年，由各州选举的总统候选人选出；总统是最高的行政首长，又是武装部队的总司令；总统经参议院同意，有权任命部长、外交使节、最高法院法官以及政府其他官员；总统还有权批准或否决国会通过的法案。1789 年 1 月，根据宪法，美国举行了历史上第一次大选，选举独立战争的杰出领导华盛顿为美利坚合众国第一任总统，也是世界上第一位总统。华盛顿本可以任终身总统，但他只担任了两届便决意不再连任，因此后来的美国总统几乎最多只任两届，只有富兰克林·罗斯福例外，他担任了四任总统，并且是唯一的终身总统。

民主的楷模杰斐逊

杰斐逊，美国政治家、思想家、教育家和科学家，第 3 任美国总统（1801～1809

年），民主共和党创始人。

1769 年，杰斐逊当选为弗吉尼亚议会议员，1773 年与 P·亨利等人仿照马萨诸塞的先例成立弗吉尼亚通讯委员会，协同其他殖民地进行反英斗争。1774 年撰写《英属美洲权利综论》，阐述人民有天赋的自由与平等的权利，宣传殖民地独立的思想。1775 年 5 月，杰斐逊作为弗吉尼亚代表参加在费城举行的第二届大陆会议，并受任执笔起草《独立宣言》。

1776 年 10 月，杰斐逊提出著名的《弗吉尼亚宗教自由法案》等重要法案。他还提出废除《长子继承法》和《续嗣限定法》两项封建法令。他赞同废除奴隶制度。1779 年起任弗吉尼亚州州长。1783 年重返国会，提出一系列重要法案，包括建立十进位的货币制度和著名的 1784 年《土地法》。1789 年 9 月被任命为国务卿。1793 年底辞去国务卿职务，建立和领导民主共和党，与汉密尔顿领导的联邦党相抗衡，对日后美国两党制的形成和发展有重大影响。

1800 年，杰斐逊当选为美国第 3 任总统。1804 年再度当选。在两届总统任内，他废除了前届亚当斯政府所颁布的《归化法》《客籍法》《敌对外侨法》和《镇压叛乱法》，保障了人民的基本权利。1804 年颁布新《土地法》，允许人民购买面积较小的土地，扩大白种男子所享有的选举权范围。1808 年宣布禁止奴隶贸易，但他对黑人和印第安人仍实行迫害政策。1809 年退居蒙蒂塞洛私邸。1826 年 7 月 4 日逝世。

自由女神像

自由女神像是 1884 年 7 月 6 日法国人民赠给美国人民的礼物，她是自由的象征。女神像高 46 米，连同底座总高约 100 米，是那时世界上最高的纪念性建筑，其全称为"自由女神铜像国家纪念碑"，正式名称是"照耀世界的自由女神"。

创造这一艺术杰作的是法国雕塑家巴特尔迪。女神双唇紧闭，戴光芒四射的冠冕，身着罗马式宽松长袍，右手高擎象征自由的几米长的火炬，左手紧握一铜板，上面用罗马数字刻着《美国独立宣言》发表的日期——1776 年 7 月 4 日，脚上散落着已断裂的锁链，右脚跟抬起做行进状，整体为挣脱枷锁、挺身前行的反抗者形象。女神气宇轩昂、神态刚毅，给人以凛然不可侵犯之感。而其端庄丰盈的体态又似一位古希腊美女，使人感到亲切而自然。

法国大革命

三级会议

三级会议由国王召集，参加者有教士、贵族和市民三个等级的代表。会议是不定期的，它的召开与国王敛财有关，其主要职能之一是批准国王征收新税。第一次三级会议在巴黎举行，是法王腓力四世为加强同教皇卜尼法斯八世的斗争而召开的，会上通过了反对教议。入会的三个等级分别开会讨论，议案等级只有一票表决权。此后，法王为增收现金，不时召开三级会议。所征税款和各个等级分摊，但付出最多的是第三市民等级。所以法国大商人出席会议时，对国王的许多政策不满。1614 年后，由于专制主义加强，三级会议间隔了很久没有召开。1789 年法国资产阶级革命前夕，法王被迫再度召开会议，但随即为国民会议取代。三级会议的召开标志法国由早期封建君主制过渡到了议会君主制。它虽为封建政治形式之一，但市民阶级作为第三等级进入议会，表明他们已经成为法国社会不可忽视的政治力量。

法国资产阶级革命

18 世纪末波旁王朝时期，第一、二等级与第三等级之间的矛盾急剧激化。1789年，国王被迫召开三级会议，第三等级的代表展开了反对以国王为首的斗争。7 月 14日，起义者攻占了象征封建专制主义的巴士底狱，法国大革命爆发。大资产阶级窃取了政权，主张实行宪政。废除了部分次要的封建义务，颁布《人权宣言》，制定《1791年宪法》，维护君主立宪。后来，巴黎人民于 1792、1793 年又举行了两次武装起义。1794 年 7 月 27 日，大资产阶级发动政变，推翻雅各宾派专政，建立起热月党人的统治。法国革命是世界近代史上规模最大、最彻底、最深刻的一次资产阶级性质的革命，它摧毁了封建制度，为资本主义的发展扫清了道路，推动了欧洲各国的反封建斗争，在世界上产生了巨大影响。

巴士底狱

巴士底的原意是堡垒，法国许多地方都建有巴士底。巴黎的巴士底建于 1382 年，原为一座军事城堡，后改作王家监狱。16 世纪起，主要用于囚禁政治犯，成为封建专制制度的象征。它位于巴黎市郊圣安东街，阴森可怕，沟深墙高，无法攀登，只有吊桥相通。1789 年大革命前夕，巴士底狱内藏有大量枪支、火药。8 座高大的塔楼安置大炮，朝向市中心，对准劳动人民聚居的圣安东区。法国人民对它早已恨之入骨，盼望将它彻底摧毁。1789 年 7 月 14 日，巴黎人民向巴士底狱发动了猛攻，经过 4 小时的激战，终于攻占了巴士底狱。在释放狱中囚犯后将它夷为平地，改为巴士底广场。

《人权宣言》

《人权宣言》是《人权和公民权宣言》的简称，由拉法夷特等起草，于 1789 年 8月 26 日由制宪议会通过，但是，路易十六拒绝批准。10 月，巴黎群众手持武器向凡尔赛进军，冲进王宫。路易十六才无可奈何地批准了《人权宣言》。在群众强烈要求下，王室迁回巴黎。《人权宣言》的主要内容有：在权利上人生来是自由平等的；自由、财产安全和反抗压迫都是不可剥夺的天赋人权；法律面前人人平等；私有财产神圣不可侵犯等。

法兰西第一共和国

1792 年 8 月 10 日，巴黎人民举行起义，推翻国王。9 月 27 日，新选出的国民公会正式开幕，宣布废除王政。9 月 22 日，国民公会正式宣布建立共和国，史称法兰西第一共和国。它是法国历史上的第一个资产阶级共和国。第一共和国期间政治斗争激烈，历经吉伦特派统治、雅各宾专政、热月党和督政府、执政府等阶段，先后颁布《1793年宪法》《1795 年宪法》《1799 年宪法》等，至 1799 年雾月十八日政变后已名存实亡。1804 年 5 月拿破仑·波拿巴称帝，共和国为法兰西第一帝国取代。

吉伦特派

1792 年 8 月 10 日巴黎人民发动第二次武装起义后，吉伦特派（因该派领袖人物布里索、维尔尼奥等多来自吉伦特省而得名）执掌政权。吉伦特派主张废除君主制，于1792 年 9 月宣布成立法兰西共和国，并把国王路易十六押上断头台。随着革命的深入，吉伦特派认为法国革命应当止步，恢复秩序，并竭力维护工商业资产阶级的利益。1793 年初法国局势恶化，前线紧张，粮食奇缺，物价飞涨，群众要求限制物价，打击投机倒把。吉伦特派则坚持经济自由原则，不愿对经济进行干涉和管制。1793 年 4 月，前线发生吉伦特派将领叛变事件，巴黎群众极为愤怒。1793 年 5 月 31 日至 6 月 2 日，巴黎群众起义，逮捕吉伦特派议员及其首领，吉伦特派被推翻。1794 年 7 月 27 日热月政变后，该派又成为热月党的骨干。

雅各宾派

18 世纪法国大革命期间，巴黎雅各宾修道院里，聚集着一批具有民主主义思想的进步人士，他们在这里进行革命的舆论宣传和组织策划工作。人们习惯地称他们为"雅各宾派"。

马拉被刺

马拉是法国资产阶级革命时期雅各宾派的主要领袖之一。大革命爆发后，他积极投入战斗，曾多次遭到通缉和逮捕。1792 年，他当选为国民公会的议员，在审判路易十六时曾起过重要作用。1793 年 5 月 31 日，巴黎人民发动第三次武装起义，推翻了吉伦特派，雅各宾派开始执政。在这一过程中马拉一马当先，他在教堂敲响了进攻的钟声。马拉在革命中的作用引起了王党分子和吉伦特派的仇视。1793 年 7 月 13 日，马拉在家中被来自诺曼底的女王党分子夏洛特·科黛刺死。马拉去世后，巴黎人民为马拉举行了隆重的葬礼。马拉的心脏被悬挂在科尔得利俱乐部大厅的穹顶上，尸体被保存在法国先贤祠中。

热月政变

热月政变是法国大革命中推翻雅各宾派罗伯斯庇尔政权的政变。因发生在共和二年热月 9 日（1794 年 7 月 27 日），故名。

热月政变推翻了雅各宾派的统治，宣告了法国大革命中市民革命的结束。在政变中建立了以热月党人为代表的大资产阶级政权。法国历史进入维护大革命成果时期。

罗伯斯庇尔

罗伯斯庇尔（1758~1794 年），法国大革命时期的政治活动家、雅各宾派主要领导人。出生于阿腊斯城的律师家庭。信仰卢梭的人民主权思想。1789 年作为第三等级代表参加三级会议。革命战争爆发后成为雅各宾俱乐部的主要领导人，积极从事保卫祖国的斗争。1792 年 8 月 10 日起义之后，支持巴黎公社，抨击吉伦特派。9 月当选国民公会代表。在维护巴黎公社、处置路易十六、反对设置"郡卫军"、对待无套裤汉运动等问题上同吉伦特派展开斗争。1793 年 5 月 31 日至 6 月 2 日领导雅各宾派同疯人派联合推翻吉伦特派。7 月 27 日被选入救国委员会，成为大革命的实际领导人。执政期间推行全面限价法令、嫌疑犯法令、集权式政府体制等经济恐怖和政治恐怖的措施，得以实现同群众的联合，革命发展到顶峰。为官俭朴清正，被群众誉为"不可腐蚀者"。其政策使危机得到克服，击溃了国内外敌人的进攻，保卫了革命成果。在需要恢复资本主义正常秩序时，不愿放弃恐怖统治，以高压手段对待反对派，甚至扩大政治恐怖，以至日益孤立。在 1794 年热月政变中被推翻，7 月 28 日被送上断头台。

督政府成立

1795 年 8 月 22 日，代表大资产阶级利益的热月党人控制的国民公会通过了《共和三年宪法》。这一宪法规定：立法权属于立法团，立法团由上、下两院组成，法国的行政权属于由两院联合选出的督政府；督政府由 5 名督政官组成，每年改选其中的一名；5 名督政官以 3 个月为期轮流担任主席；督政府有任免官吏、统帅军队、掌握财政及外交等大权。1795 年 10 月，国民公会着手立法团选举，接着产生了两院。两院议定，督政官须在国民公会中投票赞成处死国王的议员中产生。10 月 26 日，存在 3 年之久的国民公会解散，设在巴黎卢森堡宫的督政府开始执政。

拿破仑

拿破仑（1769~1821 年），出生于地中海的科西嘉岛，15 岁进巴黎军校，一年后提前离校，成为一名炮兵少尉。对卢梭的著作很感兴趣。革命爆发后，他一度接近过雅各宾派。1793 年冬，土伦王党叛乱，英军登陆帮助叛军。共和国派兵包围土伦，久攻不下。这时拿破仑只是一个炮兵上尉，但是他接过指挥炮兵的职务后，采用以炮兵配合步兵的进攻战术，赶走了英国舰队，很快就攻克了土伦，从此崭露头角。1794 年，他被升为准将。热月政变后，因他受过罗伯斯庇尔弟弟的推荐，一度被捕入狱，释放后也不过是一名潦倒的失意将军。1795 年，巴黎王党分子叛乱，热月党人在危难之际求助于他。他果断地用大炮一举粉碎了叛乱。1796 年，督政府任命他为意大利方面军司令。当时，法国的重兵在莱茵河与奥军对峙，意大利只是一个次要的战场，拿破仑麾下也只有 3 万名衣衫褴褛、装备不足、连饭也吃不饱的军队。他却连战连胜，打得撒丁、奥地利先后求和，从此威名大震，成为一代名将，得到军官和士兵的信任和拥护。于是，在法国处于危急的时刻，拿破仑就顺理成章地成为救星，成为革命的领头羊。

雾月政变

巴黎民众攻占巴士底狱后，资产阶级派别的热月党人先后掌握政权，政局不稳。1799 年 7 月，英、俄、奥、葡、土等国结成第二次反法联盟，从四面进攻法国，督政府软弱无力，一筹莫展。法国人感到为了拯救共和国，必须要有一个强有力的政府，要有一个英明果断的"佩剑人"。于是，军功显赫的人物拿破仑便适应法国大资产阶级的需要登上了历史的舞台。

1799 年 10 月，当拿破仑听到政局动荡的消息后，当即离开埃及潜回法国。拿破仑归来的消息传开后，人们欣喜若狂，张灯结彩迎接他们的英雄。

11 月 9 日，拿破仑依靠军队上层，在巴黎大资产阶级的支持下，发动了一场不流血的政变，轻易地攫取了最高权力。然后，他取消督政府，成立三人组成的执政府，自任第一执政，独揽大权，从此开始了他的军事独裁统治。

由于 1799 年 11 月 9 日为法国共和历雾月 18 日，所以，历史上称这次政变为"雾月政变"，史上通称"雾月 18 日政变"。

《法国民法典》颁布

1800 年 8 月，拿破仑任命了一个由法律专家组成的委员会负责起草民法。民法草案于 1804 年 3 月 21 日获得通过，并由拿破仑签署正式颁布实施。因拿破仑亲自主持了这部法典的编制工作，法典于 1807 年改称为《拿破仑法典》。拿破仑下台后，该法典又恢复了《法国民法典》的原名。《法国民法典》包括总则 3 编，共 2281 条。它是近代资产阶级革命后，资本主义国家制定的第一部民法典，概括和肯定了革命以来的各项基本法规，全面阐明了资产阶级关于法制、财产权和社会关系方面的各种准则，对摧毁欧洲的封建势力，推动资本主义的发展，起到了积极作用。

法兰西第一帝国

1799 年 11 月，拿破仑发动雾月政变，建立执政府，自任第一执政。由于实施正确政策，拿破仑在上台后的三四年时间里为法国赢得了稳定和发展，军事上的辉煌胜利，更使他成为人民心目中的英雄。1804 年 5 月，元老院宣布拿破仑为法兰西人的世袭皇帝，号称拿破仑一世。12 月教皇庇护七世在巴黎圣母院为其加冕，正式创建帝制，史称法兰西第一帝国。同时颁布了由拿破仑主持制定的《法国民法典》。拿破仑被第六次反法联盟击败后，于 1814 年 4 月 6 日第一次退位，流放厄尔巴岛。波旁王朝复辟。1815 年 3 月 20 日，拿破仑重回巴黎，建立百日王朝。6 月 18 日在滑铁卢被第七次反法联盟击败。22 日再次退位，流放大西洋的圣赫勒拿岛，第一帝国结束。

波旁复辟王朝

1814 年 3 月 31 日反法联军进入巴黎，4 月 6 日拿破仑一世退位，5 月路易十八回国即位，6 月颁布《1814 年宪章》，实行君主立宪制，封建贵族重新掌权。1824 年查理十世即位后，加紧推行反动政策，企图恢复君主专制统治，镇压革命者。为恢复天主教和贵族的权威，又先后颁布《渎神法》和《关于补偿亡命贵族十亿法郎的法令》，严格限制出版、新闻等自由。经济上仍为农业国，实行自给自足和保护关税政策，工业革命进展缓慢。对外屈服于欧洲封建列强旨意，1823 年出兵镇压西班牙革命，实行保守的殖民政策。1830 年 7 月查理十世签署《七月敕令》，企图制服反对派，却激起了七月革命，波旁复辟王朝被推翻。

滑铁卢战役

拿破仑·波拿巴杰出的军事才华令不少人为之赞叹。

波旁王朝复辟后，倒行逆施，法国人人心浮动，在维也纳开会的反法联盟各国也因利益冲突而吵得一塌糊涂。拿破仑趁机于 1815 年 2 月 26 日秘密逃离囚禁他的厄尔巴岛，3 月 1 日，他成功地登上法国海岸。

3 月 20 日，拿破仑进入巴黎，受到士兵和农民的热烈欢迎。但他的这次执政只有 100 天左右，历史学家称之为"百日政变"或"百日王朝"。

3 月 25 日，英、俄、普、奥、荷、比等国拒绝了拿破仑的和谈要求，迅速结成第七次反法联盟。1815 年 6 月，反法联盟集结了 70 万大军，准备进攻巴黎，而拿破仑最多也只能征集到 18 万人的军队。最后，拿破仑决定以攻为守，各个击破。

1875 年 6 月 18 日，拿破仑与英荷联军在滑铁卢会战。晚上 8 时，英荷联军和普军发起攻击，法军全线崩溃，拿破仑逃回巴黎，于 22 日再度退位。这次，他被流放到大西洋上的圣赫勒拿岛，最后囚死在那里。滑铁卢之战彻底结束了拿破仑时代。此后，滑铁卢成为失败的代名词。

七月革命

查理十世的反动政策激起自由主义运动的高涨。1830 年 7 月 26 日，查理十世发布《七月敕令》，宣布封闭各报刊，解散议会，实行只有土地所有者才享有选举权的选举法，按新法于 9 月重新选举议会。全国为之震动。7 月 27 日巴黎人民高呼"打倒波旁王朝""自由万岁"的口号举行武装起义。经过 3 天激烈的战斗，终于攻下王宫。查理十世仓皇出逃。自由派议员组成了以拉法夷特为首的临时政府，任命拉法夷特为国民自卫军司令。拥立奥尔良公爵路易·菲力普为国王，是为七月王朝。七月革命使政权重新回到资产阶级手中，使革命以来的资产阶级胜利果实最后固定下来，促进了欧洲国家资产阶级革命的发展。

神圣同盟

法兰西第一帝国崩溃后，欧洲君主组成的国际性反动组织。1815 年，俄、奥、普三国君主发表宣言，建立"神圣同盟"。目的是维护封建君主政体，镇压各国革命运动。除英国外，欧洲各国君主都参加了神圣同盟。其核心人物是俄国沙皇亚历山大一世和奥地利宰相梅特涅。该同盟充当国际宪兵，曾于 1820～1821 年镇压意大利革命，1823 年武装干涉西班牙革命，并曾企图干涉拉丁美洲的独立运动。1830 年，法国七月革命后，同盟瓦解。

维也纳会议

维也纳会议是从 1814 年 9 月 18 日到 1815 年 6 月 9 日之间在奥地利维也纳召开的一次欧洲列强的外交会议。这次会议是由奥地利政治家克莱门斯·文策尔·冯·梅特涅提议和组织的。其目的在于重划拿破仑战败后的欧洲政治地图。会议的主要目的是：恢复拿破仑战争时期被推翻的各国旧王朝及欧洲封建秩序，防止法国东山再起，战胜国重新分割欧洲的领土和领地。

虽然拿破仑在会议期间重回法国但会议还是继续进行。会议决议于滑铁卢战役前天被签署。技术上来说，维也纳会议实际上从未召开，因为实际上没有召开过任何真正的大会，所有的讨论都是在各个列强之间的非正式会晤中进行的。

会议讨论了整个欧洲在拿破仑战争后的形势问题。唯一没有讨论的是与法国的和平问题，这个问题在会议召开前数月（1814 年 5 月 30 日）就已经在法国和反法同盟的《第一次巴黎和约》（即《法、奥、俄、英和普和平条约》）中签署了。

反法同盟

反法同盟是 1792 年到 1815 年间欧洲各国为了对抗新兴的资产阶级法国而结成的同盟。第一和第二次反法同盟是为了对抗法兰西第一共和国；其后的五次同盟则是为了对抗拿破仑统治下的法兰西第一帝国。

反法同盟和法国进行了长达 20 多年的战争。第一和第二次反法同盟和法兰西共和国之间的战争称为法国大革命战争，后五次同盟与法兰西帝国之间的战争称为拿破仑战争。头五次反法同盟都以失败告终，拿破仑统治的法国也因此成为欧洲大陆的霸主，盛极一时。第六次反法同盟则取得了胜利，推翻了法兰西第一帝国，而拿破仑则被流放到他的家乡，并使得法国历史上已经灭亡的波旁王朝复辟。第七次反法同盟则彻底击败了东山再起的拿破仑。

沙文主义

沙文主义，原指极端的、不合理的、过分的爱国主义（因此也是一种民族主义）。如今的含义也囊括其他领域，主要指盲目热爱自己所处的团体，并经常对其他团体怀有恶意与仇恨。

沙文主义一词最终源于拿破仑手下的一名士兵尼古拉·沙文，他因为获得军功章对拿破仑感恩戴德，对拿破仑以军事力量征服其他民族的政策狂热崇拜。而"沙文主义"这个名词则首先出现在法国的一部戏剧"三色帽徽"中，整部戏剧以讽刺的口吻描写沙文的这种情绪。后来这个词被广泛应用，如"大国沙文主义""民族沙文主义"等，还曾被女权运动的领袖用于"男性沙文主义"（大男子主义）。英语中有一个与之对等的词，是 Jingoism。经过演变，如今"沙文主义"这个词在英语中更多指种族歧视与性别歧视，尤其是性别歧视。

沙文主义者一般都是对自己所在的国家、团体、民族过于感到骄傲，因此看不起其他的国家、民族和团体，是一种有偏见的情绪。

旺多姆圆柱

旺多姆圆柱位于巴黎旺多姆广场。是拿破仑为纪念奥斯德立兹胜利而建。其表面由 425 片螺旋形浮雕青铜片组成，这些青铜片来自拿破仑所俘获的大炮。圆柱上竖有拿破仑像，最初的拿破仑像头戴桂冠，右手持剑，左手持一个象征征服的地球雕塑。

1814 年波旁王朝复辟后，拿破仑雕像被拉下，并被融化用作亨利四世骑马雕像的青铜材料。

1833 年在人民的压力下，七月王朝重新竖起一个时髦的拿破仑雕像（三角帽，靴子和长大衣）。后来拿破仑三世期间又换成了一个更威风的古典风格造型。

1871 年 4 月 12 日，巴黎公社委员会通过法令，5 月 8 日拆除旺多姆圆柱。

巴黎公社被推翻后，旺多姆圆柱和拿破仑雕像被重新竖起，至今仍然矗立在旺多姆广场。

凯旋门

凯旋门是欧洲纪念战争胜利的一种建筑。始建于古罗马时期，当时统治者以此炫耀自己的功绩。后为欧洲其他国家所效仿。常建在城市主要街道中或广场上。用石块砌筑，形似门楼，有一个或三个拱券门洞，上刻宣扬统治者战绩的浮雕。著名的有：罗马君士坦丁凯旋门、巴黎凯旋门等。

莱比锡会战

1812 年 12 月，拿破仑征俄失败后逃回巴黎。翌年初，追击法军的俄普联军相继攻击法国驻欧各地守军。拿破仑于 1813 年 4 月率军出境，企图各个击破进逼的俄普联军。5 月，法军取得吕岑会战、包岑会战的胜利，但因补充困难，于 6 月与俄普签订停战协定。8 月战事重起。10 月 16 日至 19 日，双方进行莱比锡会战。联军集中 30 万军队，向莱比锡附近的 20 万法军围攻。16 日，法军尽管取得局部胜利，但因联军益增，被迫退向城郊，完全处于被动的防御态势。联军倚仗优势兵力发起猛攻，结果法军惨败。

双方伤亡各6万余人。此役，是拿破仑战争中规模最大的会战，联军的胜利标志着拿破仑战略主动权的丧失。

阿布基尔海战

1798年8月1日到2日，也就是拿破仑对埃及的远征（1798~1801年）期间，英法海军在地中海尼罗河口的阿布基尔海角（埃及）附近进行的一次交战，是世界历史上具有深远影响的战役之一。

拉丁美洲独立战争

海地革命

海地位于圣多明各岛西部，东部是今多米尼加共和国。

1791年8月22日，杜桑卢维杜尔领导黑人奴隶举行起义，很快控制了海地北部地区。法国殖民军前往镇压，被起义者击败。西班牙、英国趁机染指，派来了军队，均被起义军打退。英国于1798年承认了海地独立。起义军乘胜东进，1801年初攻克圣多明各城，解放全岛。杜桑卢维杜尔立即下令解放黑奴，随后召开议会，制定宪法。宪法规定海地为共和国，杜桑卢维杜尔当选为终身总统。海地成为拉丁美洲第一个争得独立的黑人共和国。法军于1803年10月投降。1804年元旦，海地正式宣告独立。

委内瑞拉革命

委内瑞拉是拉丁美洲最早掀起反殖民主义武装斗争的地区之一。1808年4月19日，加拉加斯城得到法军占领西班牙的消息后，土生白人独立派立即驱逐西班牙殖民官吏，改组民团，建立执政委员会。1811年3月，新召开的委内瑞拉国会，建立起临时政府。7月5日，国会宣布成立委内瑞拉共和国，并制定了宪法。

雨蒙·玻利瓦尔

雨蒙·玻利瓦尔（1783~1830年）是南美洲北部地区民族独立战争中最为重要的领导人物，也是整个拉丁美洲反抗殖民统治的革命运动中最为杰出的领袖。为了永远纪念这位功勋卓越的革命者，人们授予他"解放者"的光荣称号。

1830年12月17日，玻利瓦尔病逝，年仅47岁。他一生参加过470次战斗，解放了比法、德、英、意和西班牙5国还要大一倍半的土地，为委内瑞拉、哥伦比亚、厄瓜多尔、巴拿马、秘鲁、玻利维亚等国的独立和自由立下了不朽的功勋，也为世界人民抗击殖民侵略树立了榜样，他无愧于"拉丁美洲解放者"的光荣称号。

巴西独立

1807年底，拿破仑军队大举入侵葡萄牙，葡萄牙王室仓皇逃到巴西，并加强了对巴西的直接统治。殖民地人民的负担日益加重，人民的反抗情绪高涨。1821年，葡萄牙国王因葡国爆发革命而回国，巴西的大种植园主、大商人和上层保守分子只得拥戴葡萄牙国王若奥六世的儿子彼得罗为帝。鉴于巴西民族矛盾过于尖锐，1822年，彼得罗宣布巴西脱离葡萄牙而获得独立。

多洛雷斯呼声

在海地独立的鼓舞下，1810 年 9 月 16 日，墨西哥独立运动领导人伊达尔哥在多洛雷斯镇敲响教堂的大钟，召集印第安人教徒，发动了反对西班牙殖民者的起义。人们愤怒地高喊："绞死殖民强盗！""独立万岁！"这就是墨西哥历史上著名的"多洛雷斯呼声"。

多洛雷斯呼声标志着墨西哥独立战争的开始。9 月 16 日从此被定为墨西哥的国庆日。伊达尔哥领导的起义军占领了墨西哥中部的重要城市瓜达拉哈拉，并建立了自己的政权。革命政权颁布一系列法令，宣布收回被殖民者夺去的土地，废除奴隶制度，取消各种苛捐杂税等。伊达尔哥后来被叛徒出卖，被俘牺牲。莫洛雷斯继续领导独立运动，于 1813 年 11 月宣布墨西哥独立，建立共和国。

阿根廷独立

1816 年春，葡萄牙入侵乌拉圭，威胁着阿根廷的利益。这一事件加速了布宜诺斯艾利斯中央集权派成立政府的决心，为此，他们对联邦制度做了让步，各省也因此而同意召开议会。1816 年 3 月 25 日，拉普拉塔省代表大会正式在图库曼召开，有些省份如乌拉圭、巴拉圭没派代表参加，玻利维亚只派少数代表参加。7 月 9 日，代表大会正式宣布拉普拉塔联合省（或称南美联合省）独立。其范围名义上包括前拉普拉塔总督区的所有地区，但实际上已不包括乌拉圭、巴拉圭和玻利维亚。1819 年，阿根廷宪法颁布。因这部宪法不许各省自治而引起各省不满，1824 年，乌拉圭、巴拉圭分别建国。1825 年玻利维亚退出了联邦，联邦范围仅限于现在的阿根廷。

大哥伦比亚共和国成立

1818 年，玻利瓦尔在委内瑞拉建立第三共和国后，便着手组建一支远征军以解放西班牙人殖民统治的心脏——哥伦比亚。1819 年 5 月，玻利瓦尔率军出其不意地出现在了波哥大，经过艰苦的战斗，玻利瓦尔远征军击溃了西班牙殖民军，攻克波哥大，解放了哥伦比亚。1819 年 8 月，哥伦比亚共和国成立。3 个月后，哥伦比亚宪法颁布，玻利瓦尔当选为哥伦比亚总统。此后，玻利瓦尔致力于从西班牙统治下解放南美大陆剩余部分。1821 年，他率领军队消灭了委内瑞拉的西班牙军队。与此同时，玻利瓦尔的副手苏克雷已开始着手解放厄瓜多尔的事业，并于 1822 年赢得胜利。不久，厄瓜多尔同哥伦比亚、委内瑞拉一起组成了大哥伦比亚共和国。

圣马丁远征秘鲁

圣马丁是南美解放运动的领导人之一。1814 年起，圣马丁组织训练了一支骁勇善战的"安第斯军"，并指挥它于 1818 年解放了智利。1820 年 8 月 20 日，圣马丁率军队乘军舰从智利出发，9 月 8 日在秘鲁首都利马南部登陆。一上岸，圣马丁就宣布解放奴隶，组织人民武装。他指挥军队对西班牙控制的边远地区进行进攻，以孤立利马的西班牙军队。这些策略非常成功，圣马丁终于打败了数量占绝对优势的西班牙殖民军队。1821 年 7 月，秘鲁宣告独立。不久，圣马丁将军队指挥权交给玻利瓦尔，悄然隐退，在欧洲度过了余生。

阿亚库巧战役

阿亚库巧战役是拉丁美洲独立战争中的一次重要战役。1824 年 12 月 9 日，由苏克雷率领的起义军与西班牙殖民军在秘鲁南部阿亚库巧附近平原上发生激战。苏克雷采用将敌人分割切断、用骑兵中间突破的战术，打乱敌军阵线，击溃了敌军，俘获了包括殖民总督在内的 14 名将军及数千官兵，从而迫使敌军投降，承认秘鲁独立。这是反对西班牙殖民军的一次关键性的胜利。

玻利维亚独立

1809 年，玻利维亚人民发动了武装起义，这是南美洲人民为自由而拿起武器进行斗争的开始。同年，拉巴斯的一部分居民也发动起义。但两地的起义队伍很快都被西班牙军队击溃。1824 年，苏克雷在阿亚库巧战胜西班牙军队，民族解放斗争迎来转机。苏克雷率领哥伦比亚军队进入玻利维亚，同玻利维亚人民共同作战，于 1825 年推翻了西班牙的殖民统治。不久，玻利维亚宣布独立。

古巴独立战争

古巴人民反对西班牙殖民统治的起义于 1868 年率先在古巴东部奥连特省爆发。是年，《雅拉宣言》发表，古巴宣布独立。次年颁布宪法，规定古巴为共和国，废除奴隶制。西班牙派军镇压，双方于 1878 年签订《桑洪条约》，古巴停止武装斗争，作为条件，西班牙同意大赦并释放奴隶，但并未兑现。1879 年 8 月，马蒂、马塞奥发动起义，由于准备不足和双方力量悬殊，遭西军残酷镇压。1895 年 2 月，起义再次爆发，马蒂率军在古巴东岸登陆，队伍迅速扩大，在圣地亚哥附近与马塞奥领导的军队会师。9 月宣布成立独立的古巴共和国。

10 月，戈麦斯与马塞奥率军自东向西展开"突进战役"。西班牙殖民当局先后派 20 多万正规军镇压，在全岛遍设集中营。马蒂和马塞奥相继于 1895 年 5 月和 1896 年 12 月在战斗中牺牲。历经 3 年奋战，古巴人民在 1897 年解放全国大部分土地，西班牙被迫同意古巴自治。当古巴独立战争取得决定性胜利时，美国对西班牙宣战，侵入古巴。1898 年 12 月，美西签订和约，宣布古巴脱离西班牙"独立"。1901 年古巴召开制宪议会，在美国代表监督下，古巴将美国国会通过的《普拉特修正案》作为附录载入古巴宪法。古巴沦为美国的保护国。1902 年 5 月，古巴正式独立。

墨西哥狄亚士独裁

1876 年，在战争中从事土地投机而暴富的狄亚士发动军事政变，攫取了总统职位。从 1876 年至 1911 年，狄亚士统治墨西哥长达 35 年之久，其间只在 1880~1884 年由冈萨斯任过一期总统，但实权还是操在狄亚士手里。首先得到狄亚士政权好处的是大地主，另外狄亚士对天主教会采取勾结、笼络和控制的政策。狄亚士出卖墨西哥资源，允许外国资本家在墨西哥开采矿山、开办工厂、修建铁路、经营种植园，对人民则进行残酷剥削和压迫。

巴拿马运河

巴拿马运河是沟通太平洋和大西洋的国际运河。1878 年，法国从哥伦比亚政府取得运河的修筑权，并于 1879 年动工，但没有成功。1898 年 12 月到 1900 年 2 月，美国与英国历经旷日持久的谈判，终于签订《海约翰—庞斯福特条约》，英国承认美国单独开凿巴拿马运河。1902 年 6 月，美国用 4000 万美元购买到法国巴拿马运河的租让权及财产。1903 年 11 月"巴拿马政变"后，美国强迫巴拿马政府签订不平等条约，取得运河的开凿权和运河区的"永久租借权"。

美国 1904 年开工修建运河，1914 年完工，1920 年正式开放，运河全长 81.3 千米，约缩短两洋间的航程 1 万千米。美国把运河区变成"国中之国"。巴拿马人民为了收复运河和运河区的主权进行了英勇不屈的斗争，迫使美国在 1936 年和 1955 年两次修改条约。1977 年 9 月 7 日签署的《巴拿马运河条约》规定，从 2000 年开始，美国完全撤出运河区，运河的经营管理全部由巴拿马承担。

墨西哥资产阶级革命

1910 年，农民、工人、城市小资产阶级、民族资产阶级和部分军队进行起义。在斗争中，著名南部农民英雄萨帕塔和北部起义领袖比利亚领导起义队伍在各处摧毁大地主农庄，把土地分给农民。起义军向首都墨西哥城进军，并于 1911 年 5 月推翻代表地主、帝国主义和天主教反动集团利益的迪亚斯军事独裁统治，但国内反动派勾结美国，于 1913 年发动政变，建立反革命政权，美国还出兵支持反革命政权。墨西哥人民再次起义。以工农为主体的武装力量于 1974 年 8 月再一次推翻了反革命政权，并挫败了美国的干涉。1917 年墨西哥建立了资产阶级政权，制定了新宪法。1910～1917 年的墨西哥资产阶级革命深重打击了国内封建势力、帝国主义和州势力，为墨西哥发展民族经济创造了条件。

19 世纪的欧洲

法国"七月王朝"

七月王朝始于 1830 年法国七月革命，1848 年法国革命后被第二共和国取代。1830 年，资产阶级对被剥夺选举权大为不满，因而发动七月革命，法国国王查理十世退位。查理十世指定的继承人是亨利（1820～1883 年），然而亨利并未继位，路易·菲利浦依靠资产阶级的支持登上王位，史称七月王朝。

1831 年和 1834 年法国里昂工人起义

里昂是法国中南部的一个重要城市，一向是丝织业的中心。19 世纪早期，当地的丝织业以工场手工业为主，家庭手工业同时大量存在。丝织工人多半是小作坊主和帮工。他们给资本家订货加工，按件计酬。1831 年，里昂有 3 万多帮工和 8000 多小作坊主。他们反对资本家任意压低工资标准。资本家开头被迫答应，马上又食言。11 月 21 日晨，丝织工人离开作坊，走上街头。他们的旗帜上写着："工作不能生活，毋宁战斗而死！"23 日，起义工人完全占领了里昂市。政府从外地调来大批军队镇压。12 月初，起义被镇压下去。1834 年 4 月，里昂工人再次起义。这一次他们不仅提出增加工资，而且提出了建立共和国的口号。在里昂城内，工人同军队激战 4 天，最终失败。

批判现实主义与巴尔扎克

19 世纪初的法国，阶级矛盾异常尖锐。正是在这一时期，以巴尔扎克为代表人物的批判现实主义文学兴起。巴尔扎克一生著有多部作品，其中最著名的是《人间喜剧》。这是一部包括《高老头》《欧也妮·葛朗台》等 90 多部小说的总集。巴尔扎克用尖利的笔锋，将百丑群集、散发铜臭的资本主义社会全貌描绘于纸上。

圣西门

圣西门伯爵（1760~1825 年），法国社会哲学家和改革者。他被认为是法国社会主义之父。圣西门出生在巴黎，美国独立战争期间在法国军队中服役，也曾参加法国大革命。圣西门在土地投机生意中赚了大钱，但又在各种冒险投资中散失殆尽。圣西门认为社会应当由有资质的贵族（特别是科学家和实业家）来组织和管理，而不是由权力或财富的世袭贵族来组织管理。社会的管理原则应当是为了所有人利益的联合体。他的哲学思想体现在他一系列的论文中，他的追随者将这些哲学思想进行了系统化（圣·西门主义广为人知）。

夏尔·傅立叶

夏尔·傅立叶（1792~1837 年）是法国著名哲学家、经济学家、空想社会主义者。

傅立叶出身于商人家庭。他批评当时资本主义社会的一些丑恶现象，希望建立一种以法伦斯泰尔为基层组织的社会主义社会，在这里，个人利益和集体利益是一致的。他认为脑力劳动和体力劳动、农村和城市的差别完全可以消除，并且首次提出妇女解放的程度是人民是否彻底解放的衡量标准。但是，他的学说在当时无人理会，被认为是"大脑患病的产物"。

罗伯特·欧文

罗伯特·欧文（1771~1858 年）是一位英国的空想社会主义者，也是一位企业家、慈善家，现代人事管理之父，人本管理的先驱。

他是 19 世纪初最有成就的实业家之一，是一位杰出的管理先驱者。欧文于 1800~1828 年在苏格兰自己的几个纺织厂内进行了空前的试验。人们有充分理由把他称为"现代人事管理之父"。

空想社会主义

空想社会主义也叫乌托邦社会主义，是科学社会主义产生以前出现的带有空想性质的社会主义学说。19 世纪初，资产阶级与无产阶级的矛盾开始显露，空想社会主义思想因而盛行。以法国的圣西门、傅立叶和英国的欧文为主要代表。

马克思批判地继承了空想社会主义思想，使之成为马克思主义的三个来源之一。空想社会主义不能阐明资本主义剥削制度的本质，未能发现资本主义发展的规律，找不到能成为社会创造者的社会力量。它是一种不成熟的理论，是和当时不成熟的资本主义生产状况、阶级状况相适应的。

无政府主义

无政府主义是一种社会政治思潮，其基本观点是否定一切权威和任何形式的国家政权，主张个人绝对自由，建立一个没有国家的、完全平等和绝对自由的社会。无政府主义形成于 19 世纪 40 年代。其创始人是法国的蒲鲁东。他在 1840 年写的《什么是所有权》一书中倡导互助主义，主张通过建立人民银行和根据契约原则在生产者之间实行产品的等价交换，以达到消灭剥削和人人自由、平等的"无政府状态"。

8 小时工作制

1817 年 8 月，英国空想社会主义者罗伯特·欧文最早提出"8 小时工作制"问题。

1833 年，在欧文的支持下，具有同情心的工厂主约翰·菲尔登、约翰·多赫尔蒂等人发动了一场争取 8 小时工作制的运动。1833 年 11 月 25 日，他们在曼彻斯特成立了"全国更生社"，其宗旨是帮助工人阶级获得 8 小时的工作和全天的工资。

遗传学鼻祖孟德尔

奥地利遗传学家孟德尔（1822~1884 年）被公认为遗传学鼻祖。

孟德尔从小爱好园艺，虽然因为家庭经济困难没有读完大学就当了修道士，但他的志趣始终在科学上面。由于孟德尔的研究方法和结论远远超过当时的科学技术水平，因此他的学术成就并未得到社会的承认。1865 年，孟德尔将他的遗传规律研究成果写成论文《植物杂交试验》并发表，但欧美各国科学家都不予理睬。直到他去世近 20 年后的 1900 年，他的理论才被后人重新发现并得到普遍应用。后来，人们为了纪念他，就把遗传规律称为孟德尔定律。

法国二月革命

19 世纪 40 年代后期，法国工农业下降，大批工人失业，社会矛盾激化。资产阶级反对派以"宴会"形式举办的政治性集会，得到广大人民群众的响应。基佐政府两次禁止预定于 1848 年 1 月和 2 月举行的"宴会"，引起群众不满。1848 年 2 月 22 日，巴黎市民举行大规模的示威抗议活动，并同军警发生了冲突。次日，示威演变成武装起义，巴黎到处筑起了街垒，许多国民自卫军和正规士兵拒绝执行实行镇压的命令，倒向革命。国王路易·菲力普被迫罢免基佐，先后任命莫雷和梯也尔组阁，但愤怒的群众要求废除王政，建立共和国。2 月 24 日，起义群众几乎控制了巴黎，并开始向杜伊勒里宫进攻，国王逃奔英国。资产阶级共和派成立临时政府，2 月 25 日，法兰西第二共和国成立，七月王朝灭亡。

法国六月起义

制宪会议召开后，资产阶级下令禁止集会、结社；1848 年 6 月 22 日又下令解散国立工厂。一场群众性的，有组织性、计划性的六月起义随即爆发。工人们喊出"打倒人对人的剥削"的口号，提出"解散制宪会议，起草新宪法"等纲领，令资产阶级惊慌失措。6 月 24 日，制宪会议宣布解散执行委员会，授予共和派将军卡芬雅克以独裁大权，负责镇压起义。由临时政府建立的别动队也参与了镇压。起义者与镇压者双方力量相差悬殊。26 日，轰轰烈烈的六月起义宣告结束。这次起义的失败使无产阶级的力量受到严重的削弱。

路易·波拿巴政变

1848 年 12 月，路易·波拿巴当选为法兰西第二共和国总统，其就职后，任命代表君主主义势力的秩序党组阁，在 1849 年 5 月举行的议会选举中，秩序党大获全胜，复辟君主制的时机成熟。但由于秩序党中拥护波旁王朝的正统派和拥护七月王朝的奥尔良派互相争权夺势，遭到人民反对。路易·波拿巴利用这一形势以及资产阶级希望结束政局动荡和建立强有力政府的愿望，发动政变。1851 年 12 月 1 日到 2 日，路易·波拿巴调集军队进入巴黎，宣布解散议会，逮捕秩序党分子及一切反对他的议员。14～21日举行的全民投票中，多数票赞成政变。1852 年 1 月新宪法颁布，将总统任期由 4 年改为 10 年。1852 年 11 月，路易·波拿巴就恢复帝制问题举行公民投票，得到多数人的赞同。12 月 2 日是拿破仑举行加冕礼 48 周年的纪念日，路易·波拿巴正式宣布法兰西第二帝国成立。因其是拿破仑侄子，故自称拿破仑三世。

《巴黎和约》

1856 年 3 月 30 日，英国、法国、奥斯曼土耳其帝国、撒丁、俄国、奥地利和普鲁士在法国巴黎签订了《巴黎和约》。该和约的主要内容是：列强各国共同保证奥斯曼帝国的"独立和完整"；俄国撤回对土耳其东正教居民的保护权，土耳其苏丹答应不分种族和教派改善土耳其人民的状况；黑海划为中立区，各国商船可以自由航行，但各国军舰禁止出入，俄土两国均不得在黑海沿岸设置兵工厂；俄国收复克里米亚半岛和塞瓦斯托波尔要塞，但把多瑙河河口和比萨拉比亚南部割给摩尔多瓦，把卡尔斯退还土耳其；摩尔多瓦和瓦拉吉亚的宗主权名义上仍属于土耳其，但其权益由欧洲列强共同保障；多瑙河航行自由，对一切国家商船开放。《巴黎和约》对欧洲国际关系及各国政治力量对比产生重要影响。它使俄国丧失欧洲霸主地位，国际地位大为降低。英国和法国则由此控制土耳其，取得了在近东的优势地位。

第一国际

19 世纪五六十年代，随着各主要资本主义国家相继开展或完成工业革命，工业无产阶级队伍壮大，各国成立了独立的工人组织，国际间的联系日益增多。1864 年 9 月28 日，英、法、德、意、波等国工人为声援波兰人民起义，在伦敦召开国际大会，宣告成立国际工人协会，英国工联领袖奥哲尔当选为主席。马克思为大会起草了成立宣言和临时章程，被选为德国通讯书记。第一国际在马克思和恩格斯影响下，发扬无产阶级国际主义精神，积极支持各国的罢工斗争，支持波兰、爱尔兰的民族解放斗争，声援 1871 年巴黎公社革命。第一国际在团结各国工人阶级、传播科学社会主义的同时，对蒲鲁东主义、工联主义、拉萨尔主义、巴枯宁主义等各种错误倾向进行了批判。巴黎公社失败后，各国资产阶级政府对第一国际进行疯狂迫害，1872 年海牙大会决定将国际的总委员会从伦敦迁往美国。此后第一国际停止了活动，1876 年第一国际在费城召开最后一届代表大会，根据马克思的建议正式宣布解散。

巴黎公社

1871 年 3 月 18 日巴黎工人起义，夺取了政权，梯也尔政府逃往凡尔赛。26 日进行了巴黎公社委员会的选举，28 日正式成立巴黎公社。布朗基派、新雅各宾派（多数派）和蒲鲁东派（少数派）掌握公社委员会的领导权。公社砸碎资产阶级军事官僚机器，废除征兵制，取消旧的警察机构、法院、旧官僚制度等；建立了公社委员会及其分工领导的10 个委员会作为无产阶级自己的政府，兼管立法与行政权。公社颁布一系列法令保护工人利益，重视发展人民的文化教育事业。5 月 27 日，凡尔赛反革命军在普鲁士军队的帮助下，攻入巴黎。经过激烈的巷战，28 日公社失败。巴黎公社在工人运动和共产主义运动史上占有极其重要的地位，为国际共产主义运动留下了极宝贵的经验。

梯也尔

1823～1827 年，梯也尔撰写了《法国革命史》（10 卷）并获得成功。七月王朝时期，他历任国家参事、财政部秘书、内政大臣、农业和商业大臣。1871 年 2 月，他被国民议会任命为法兰西第三共和国行政首脑，残酷镇压了巴黎公社起义。同年 8 月，他当选为共和国总统，1873 年辞职。

法国工人党

1879 年在马赛举行的法国全国工人代表大会上，通过了成立法国工人党的决议。随后，盖德和拉法格在马克思的亲自指导下制订了党纲，并于 1880 年在哈弗尔代表大会上通过，称为《哈弗尔纲领》，法国工人党正式成立。纲领规定：必须建立无产阶级政党，进行革命斗争，推翻资产阶级统治，实现生产资料社会化，建立社会主义社会。不久，党内出现盖德派和可能派的斗争，两派于 1882 年正式分裂，盖德派保留了法国工人党的名称。

雨果

维克多·雨果（1802～1885 年），19 世纪浪漫主义文学运动领袖，人道主义的代表人物，被人们称为"法兰西的莎士比亚"。

雨果的创作历程超过 60 年，其作品包括 26 卷诗歌、20 卷小说、12 卷剧本、21 卷哲理论著，合计 79 卷之多，给法国文学和人类文化宝库增添了一份十分辉煌的文化遗产。其代表作有长篇小说《巴黎圣母院》《悲惨世界》《海上劳工》《笑面人》《九三年》，诗集《光与影》，短篇小说《"诺曼底"号遇难记》等。

英国"宪章运动"

英国工业革命基本完成的过程中，无产阶级的力量迅速壮大。1836 年，在洛维特领导下成立了"伦敦工人协会"。次年，伦敦工人协会提出了致国会的请愿书，并在 1838 年以《人民宪章》的名义公布。宪章共 6 条，中心内容是要求实行普选制等。历史上将这场为实现宪章内容所做的斗争称为"宪章运动"。"宪章运动"曾掀起过 3 次斗争高潮。英国宪章运动是英国无产阶级第一次独立的政治斗争，其参与者主要是工人。他们成立了具有政党形式的全国性政治组织，在国际工人运动史上具有重要意义。但是，当时英国无产阶级在政治上尚未成熟，缺乏一个用正确革命理论为指导的政党来领导。而且，运动组织者内部存在着激烈的派别斗争，这是"宪章运动"失败的主要原因。

英国两党制

19 世纪晚期，大资产阶级和大地主对英国的统治主要是通过自由党和保守党两大政党来实现的。保守党代表资产阶级化的大地主的利益，自由党则是工业资产阶级和金融寡头的代表。19 世纪最后 30 年间，两党轮流执政，其纲领主张虽有变化，但在对内缓和工人斗争与对外加强殖民扩张的基本政策上是一致的。

伦敦工人协会

伦敦工人协会是英国宪章运动前期的工人组织，1836 年 3 月 16 日在伦敦成立。主要成员为手工业者和工人，领导人为洛维特。协会利用集会、请愿和印发演说词来宣传自己的主张，旨在"以各种各样手段使社会上一切阶层获得平等的政治权利和社会权利"。1837 年 6 月，伦敦工人协会起草了《人民宪章》，成为宪章运动的纲领。

《共产党宣言》

1847 年，"共产主义者同盟"在伦敦召开代表大会，德国、英国、比利时、瑞士、波兰等国的共产主义者参加。代表大会委托马克思和恩格斯为同盟起草纲领。马克思和恩格斯经过长期的理论探索和社会调查，发现资本主义虽然在人类发展历史上起到了革命性的作用，并且带来了巨大的生产力，但它自身的矛盾必然导致其被社会主义所取代，而只有工人阶级才有力量来实现社会主义，并最终走向共产主义。

1848 年 2 月 24 日，在英国伦敦一家不大的印刷所里，印出了一本小册子。这本德文的小册子看上去极为普通，也没有署名，却在后来震撼了全世界，影响人类的发展进程。它就是由马克思和恩格斯共同撰写的《共产党宣言》。《共产党宣言》创立了崭新的科学共产主义学说，完整、系统地论述了科学共产主义的基本思想，是当时"共产主义者同盟"的纲领，也成为后来国际共产主义运动的指南。从此，社会主义从空想变成了科学。

拜伦和狄更斯

19 世纪初期，英国资产阶级革命风起云涌，以拜伦为代表的资产阶级文学思潮——积极浪漫主义文学应运而生。拜伦的诗篇有火一般的热情，诗笔奔放流畅。他猛烈地抨击资本主义社会的黑暗和残暴。到 19 世纪 20 年代，随着资本主义的发展，以狄更斯为创始人的批判现实主义逐渐代替了浪漫主义。批判现实主义用犀利的笔锋、辛辣的嘲讽展现出英国资本主义社会的丑恶画面，并猛烈地抨击资本主义制度，引发人们对资本主义丑恶与罪恶的憎恨。

芬尼运动

芬尼运动是开始于 19 世纪 50 年代的爱尔兰人民反对英国统治、争取民族独立的运动。1801 年，爱尔兰被并入英国。1858 年，在爱尔兰的都柏林和美国纽约同时成立 3 个组织，统称芬尼（以爱尔兰传说中的盖尔人英雄芬尼·马库尔统帅的民团命名），纲领是反对英国殖民统治，建立共和国。其武装力量称"爱尔兰共和军"。芬尼组织曾多次举行武装密谋活动和起义，但均告失败。19 世纪 70 年代后，芬尼运动衰落。

达尔文的"进化论"

1831 年，达尔文（1809~1882 年）以"博物学家"的身份，自费搭乘英国政府组织的"贝格尔号"皇家海军考察船开始了环球考察。

1859 年 11 月，达尔文经过 20 多年的研究而写成的科学巨著《物种起源》出版。在这部书里，达尔文提出了"进化论"的思想，说明物种由低级到高级、由简单到复杂的演变过程。《物种起源》的出版在欧洲乃至整个世界都引起轰动，沉重打击了神权统治的根基。顽固派诬蔑达尔文的学说"亵渎圣灵"，以赫胥黎为代表的进步学者则积极宣传和捍卫达尔文主义。到 19 世纪 70 年代，达尔文的进化论已为学术界普遍接受。

维多利亚女王

维多利亚女王（1819~1901 年），英国女王（1837~1901 年在位），肯特公爵爱德华之女。18 岁时继承其伯父威廉四世的王位。在位期间，积极参与朝政。在对外关系上，竭力主张对外扩张，掠夺殖民地，使英国建立了庞大的殖民地，成为"日不落帝国"。对内发展工商业，完成了第一次工业革命。在位期间，英国工业发展迅速，一度取得世界贸易和工业的垄断地位，在世界各地称霸一时。与首相皮尔·迪斯累里合作，支持他们进行各项改革。统治期间，英国资产阶级代议制民主进一步发展与健全，在政策、立法上推行自由主义的改革，包括国会选举制度的改革、文官制改革、教育及劳动立法等方面的改革。她在位时期被资产阶级史学家称为英国历史上的"黄金时代"。

费边主义

"费边主义"亦称"费边社会主义"。1884 年，以韦伯夫妇和萧伯纳为首的英国少数资产阶级知识分子创立"费边社"，旨在以古罗马统帅费边的迂回渐进战术改造英国资本主义社会，使之和平转入社会主义。1889 年出版的《费边论丛》为这一思想奠定了基础。费边社成员编辑刊物，出版大量小册子和论著鼓吹阶级合作与社会和平，用所谓"地方公有制的社会主义办法使资本主义过渡到社会主义"，即应当通过选民投票，民主选出地方自治的市政府机关，逐步掌握自来水、电灯、电车等公用事业所有权，以逐步改良来实现"社会主义"。这是一种反对马克思主义的阶级斗争理论和社会革命学说的错误思潮，它最完整地体现与迎合了资产阶级的自由主义政策。1900 年费边社并入英国工党，仍用改良主义观点研究各种社会和经济问题，反对和破坏无产阶级革命运动。

英国工党

英国工党成立于 1900 年 2 月 27 日，是英国的主要政党之一，也是政党纲领较接近马克思主义的政党。英国工人运动兴起较早，起初按行业建立了各种工会组织，1868 年进一步成立了全国性的统一组织——职工大会（工联），1900 年成立了"工人代表委员会"并推选出自己的党选候选人，1906 年组织正式改名为工党。

剑桥大学

13 世纪初，英国的卡姆河畔建起了一座大学城。迄今为止，城内还保存有英国各个时代的建筑，它是世界上最古老的大学之一。这所大学著称于世，还是在近代才开始的。剑桥大学建校初期，主要讲授语法、修辞和逻辑，同时也开设一些数学、几何、天文和音乐方面的课程。1669 年，当艾萨克·牛顿来到剑桥教授数学后，剑桥才名声大噪，并成为培养一流数学家的摇篮。1871 年建立的卡文迪什实验室，进一步提高了剑桥大学在科学界的地位。自建室以来，卡文迪什实验室先后共有 25 位科学家成为诺贝尔奖奖金获得者。至今，该实验室仍是全球物理学研究的中心之一。剑桥大学内著名的菲茨威廉博物馆，收藏着价值连城的古埃及、古希腊、古罗马的各种文物珍品，还有许多中世纪和近代作家的大量手稿、欧洲著名画家的作品等。

三国协约

19 世纪，在争夺巴尔干的斗争中，法、俄为对抗共同的敌人德国日益接近，并于 1893 年签订秘密军事协定，规定在遭受三国同盟进攻或威胁时互相支持。进入 20 世纪，因德、英矛盾升级，英、法亦为共同对德而接近，于1904年签订协定，就双方瓜分非洲等殖民地的矛盾达成协议。俄国在日俄战争中失败，不再是英国主要竞争对手。1907年，英、俄缔结协定。至此协约国最终形成，成为帝国主义战争中两大军事集团之一。第一次世界大战期间，日本、意大利、罗马尼亚、美国等24个国家先后加入协约国。1917年十月革命后，苏俄宣布退出。自1918年初起，英、法、美、日等帝国主义曾以协约国名义对苏联发动三次武装干涉，均被挫败。

剑桥大学

德意志西里西亚纺织工人起义

1844年6月4日，西里西亚纺织工人们高唱控诉资本家残酷剥削和压迫的歌曲《血腥的屠杀》经过一家工厂的门前，有一名工人遭到毒打和拘留。这一暴行激起工人们的愤怒，3000多名纺织工举行了起义。起义遭到政府军的镇压而失败。这次起义虽然失败了，但其精神鼓舞了广大工人群众。西里西亚织工起义同法国里昂工人起义和宪章运动一样，是国际工人阶级最早的独立运动，标志着无产阶级已经以独立的力量登上了政治舞台。

容克

容克是德语Junker一词的音译，原指无骑士称号的贵族子弟，后泛指普鲁士贵族和大地主。它起源于16世纪，第二次世界大战后基本消亡。在德国文献中，容克被分为作战容克、宫廷容克、议院容克和乡村容克等不同类型。容克地主阶级在政治方面属于极端的保守主义，主张君主专制，崇尚武力，赞成对农业采取保护主义，其代表人物是俾斯麦。

1871年，普鲁士"自上"统一德意志，标志容克资产阶级统治的最后形成。帝国国会中的德意志保守党和国会外的农民同盟均代表容克利益，军队中的军官也多出身于容克，从而使整个德意志帝国打上容克的烙印。魏玛共和国时期，容克敌视共和政体，支持希特勒执政。

1848 年德国革命

1845~1846 年的农业歉收和 1847 年的经济危机，使工人、农民和小资产阶级的处境严重恶化。1848 年德国革命的基本任务是消除封建割据，实现国家的统一。3 月初，德国巴伐利亚首先爆发革命。3 月 13 日，奥地利首都维也纳人民推翻了梅特涅政府，3 月 18 日，普鲁士首都柏林人民起义成功。随后其他各邦也相继起义。马克思、恩格斯参加了这次斗争，并发表了《共产党在德国的要求》。由于德国资产阶级自由派害怕无产阶级起来革命，向与封建势力妥协，到 1848 年底，革命失败。奥地利恢复了君主专制，普鲁士成立了地主官僚政府，其他各邦反动统治也相继恢复。革命虽然失败，但为德国统一创造了条件，并打击了封建势力。

康德及《判断力批判》

伊曼努尔·康德（1724~1804 年），启蒙运动时期最重要的思想家之一，德国古典哲学创始人，著有《判断力批判》一书。在《判断力批判》中，康德把人理解为"完整的生命"，并由此出发把人的"理论理性"和"实践理性"通过审美判断联结起来。

在审美鉴赏中，"事物自身"向鉴赏者"显现"出"自己"的意义，鉴赏者在"现象"中"看"到"本质"，从经验中的"有"中"看"到了"无"，召唤那个"无—本体—事物自身"到我们面前来。"无—非存在"并非人主观强加给"自然"的，"世界"作为"整体"存在于"作为整体的自然"之中，世界有一个"无""在"。哲学正是在"整体"尚未"完成"时，"看"到了"整体"，提前进入"整体"。"整体论"可以理解为哲学的目的论，它使世界万物有始有终，有"自己"。"理性"将"自然"作为人们"生活世界"的有机组成部分，使它不仅仅是我们的工具，而且将其"评鉴"为"事物自己"。"自己"就是"自由"，"自由"的意义只向"人""开显"。人必须是理性者，是自由者，是目的。

黑格尔

19 世纪初德国最著名的哲学家，唯心主义辩证法的集大成者。出生于符腾堡斯图加特城的官僚世家。黑格尔哲学的最大成果是他的辩证法思想。黑格尔系统地批评了几个世纪以来占统治地位的形而上学的思维方式，结束了它的统治地位，恢复了辩证法的思维方式，并把它提升为客观真理和普遍规律。当然，黑格尔的哲学是他那个时代的产物，与任何一种哲学一样，带有不可避免的局限性。黑格尔哲学的唯心主义体系和辩证的方法是有矛盾的，他的学说中进步的一面同保守的、甚至是错误的一面掺杂在一起。黑格尔哲学中方法和体系的矛盾，反映了他所属的德国资产阶级革命和妥协双重性格的特点。辩证法在黑格尔那里，只是在神秘的、抽象的形式下表达了资产阶级革命的要求，而没有直接引出行动的结论。

费尔巴哈

德意志杰出的唯物主义哲学家和无神论者，出生于巴伐利亚的兰得休特城一个法学家庭。他曾经在海德堡大学、柏林大学和爱尔兰根大学学习神学、哲学、植物学和心理学等，听过黑格尔的课。

他在哲学方面的主要观点是：自然先于精神，是一切存在的基础。人是自然的一部分，是感性的存在。感性肉体是基础，灵魂是属性。但是，在社会观方面，费尔巴哈又是唯心主义的。1849年以后，他对现实生活更加失望，逐渐远离尘世。费尔巴哈晚年生活清苦，但坚持学术研究。

叔本华及《作为意志和表象的世界》

叔本华（1788~1860年），悲观主义大师，生于德国但泽。1819年发表重要哲学著作《作为意志和表象的世界》。1860年9月21日病逝。

叔本华在《作为意志和表象的世界》一书中，开篇就宣称："'世界是我的表象'：这是一个真理，是对于任何一个生活着和认识着的生物都有效的真理；不过只有人能够将它纳入反省的、抽象的意识。认为人们不能把精神归于物质，只能通过精神认识物质。人类不能靠先考察物质，再考察思想来发现现实的奥秘。人类绝不能从外面得到事物的真正本质，只能得到印象和名称。探索心灵的深处，才可能获得开启外部世界的钥匙。因为凡已属于和能属于这个世界的一切，都无可避免地带有以主体为条件的性质，并且也只是为主体而存在。世界即是表象。"

歌德与海涅

德意志文学家歌德是19世纪初欧洲启蒙文学的重要代表。他的作品体现出反封建的精神和对民族统一的要求，代表作有《少年维特之烦恼》和《浮士德》等。而海涅是德意志这一时期最杰出的革命民主主义诗人，他的诗歌歌颂工人斗争，充满了革命精神，代表作《时代的诗》，《德国——一个冬天的童话》等。

尼采及《悲剧的诞生》

《悲剧的诞生》是德国现代哲学家尼采（1844~1900年）第一部较为系统的美学和哲学著作，写于1870~1871年。从书名来看，本书是对作为文学形式之一的悲剧的探讨，但实际上包含着比较丰富的内容，阐述了作者的许多哲学思想，因而可说是他的哲学的诞生地，是一本值得重视的著作。

《悲剧的诞生》一书的主要目的不在于对悲剧进行纯理论的探讨，而是从人生哲学的角度探讨了悲剧与人生的关系，提倡一种审美的人生态度，建立起一种悲剧人生观。

尼采的著作对后世的影响无疑是巨大的。他的思想具有一种无比强大的冲击力，它颠覆了西方基督教的道德思想和传统的价值，揭示了在上帝死后人类所必须面临的精神危机。雅斯贝尔斯说尼采和克尔凯郭尔给西方哲学带来了战栗，而此战栗的最后意义尚未被估价出来。

存在主义哲学

存在主义崛起于20世纪20年代的德国，是20世纪上半叶最具代表性的西方哲学思潮。其代表人物有德国的海德格尔、亚斯贝尔斯，法国的萨特、马塞尔、卡缪等。存在主义哲学认为哲学的基本问题是个人的生存问题。哲学研究的出发点是"存在"而非"本质"，因为"存在先于本质"。

存在主义的主要观点是：

1. 真正的知识通过直觉来源于个人的情感。

2. 真理不是人们的发现，而是个人选择的结果。

3. 知识的可靠性不能用一般概念加以衡量。

4. 做人就是谋求自由，也就是进行选择。

5. 人在他自己的选择中变成他自己，从而获得人的价值。

6. 因为人自由地进行选择，所以他从属于或生活于某一团体，而仍不失为一个个体的真正自我。

经验主义哲学

经验主义还称为经验论。它是认识论学说，与理性主义相对立。因这一学说的主要代表人物弗朗西斯·培根、霍布斯、洛克、巴克莱、休谟等都是英国人，故经验主义常称为"英国经验主义"。

经验主义和理性主义作为较典型的认识论理论，并且形成了两个既互相对立、互相斗争，又互相影响、互相渗透的学派而在哲学史上出现，则是在西欧早期资产阶级封建革命时期前后，即16世纪末至18世纪中期的历史现象。

经验主义哲学的核心思想是：认为感性经验是知识的唯一来源，一切知识都是通过经验而获得的。经验主义还分为唯物主义的经验论和唯心主义的经验论。

人本主义

人本主义是德文 Anthropologismus 的意译，又译为人本学。希腊文则源于 antropos 和 logos，意为人和学说。通常指人本学唯物主义，是一种把人生物化的形而上学唯物主义学说，以19世纪德国的费尔巴哈和俄国的车尔尼雪夫斯基为代表。

其主要哲学观点是：

1. 反对宗教神学和思辨哲学（如黑格尔），把自然和人看作是由某种神秘的、虚幻的和超自然的力量所支配的观点，要求恢复人和自然的真面目。

2. 人是自然的一部分，心灵不能脱离肉体而存在。

3. 人是生物学意义上的人，而不是社会学意义上的人。

实用主义哲学

实用主义是美国本土产生的历史最为悠久，影响最为广泛的哲学流派，是"美国精神"的代表，自19世纪70年代诞生以来，除了20世纪30~50年代其风头被分析哲学压下去之外，直到目前在美国仍占据主导地位。其代表人物是皮尔斯、詹姆斯和杜威。它的主要哲学观点是：

1. 客观经验与现实等同。

2. 任何事物都处于变化的过程中。

3. 事物变化并非向着预定的遥远目标，而是向着切近的目的，而它又将成为下一个切近目的的手段。

4. 目的是完成的手段，手段是未完成的目的。

卡尔·马克思

马克思是科学社会主义的奠基人，世界无产阶级革命的导师。1818年5月5日出生子普鲁士莱茵省特利尔城一个犹太籍律师家庭。1835~1841年，先后在波恩大学和柏林大学学习法律，1837年，开始钻研黑格尔哲学，并加入青年黑格尔派的"博士俱乐部"。1841年大学毕业获哲学博士学位。1842年10月至1843年3月，任《莱茵报》主编。1843年6月，和燕妮结婚。同年秋，迁居巴黎。1844年2月，主办《德法年鉴》杂志。这时发表的一些作品表明他已成为唯物主义者和共产主义者。马克思对历史唯物主义和剩余价值学说的两大发现；使社会主义从空想变成科学。1847年，应邀同恩格斯一起参加正义者同盟的代表大会，并将其改组为共产主义者同盟。同年出席共产主义者同盟第二次代表大会，受大会委托，同恩格斯一起起草了同盟纲领，这就是科学共产主义的纲领性文献《共产党宣言》。《共产党宣言》的发表，标志着马克思主义的诞生。19世纪五六十年代，在极端困难的条件下，他完成了马克思主义经济理论体系，于1867年发表《资本论》第一卷；第二、第三卷由恩格斯于1885、1894年整理出版。

1864年9月，国际工人协会即第一国际成立后，马克思被选为总委员会委员，兼任德国通讯书记。他为第一国际起草了《成立宣言》《临时章程》和其他许多重要文件，是第一国际的实际领袖和灵魂。1871年巴黎公社革命期间，受第一国际总委员会委托，写了《法兰西内战》，系统地总结了公社革命的经验教训，发展了无产阶级革命和无产阶级专政的理论。晚年受种种疾病的折磨，仍致力于帮助各国社会主义政党的成长和人事理论研究。1883年3月14日病逝于英国伦敦。

恩格斯

全名弗里德里希·恩格斯（1820~1895年），德国社会主义理论家及作家、哲学家、马克思主义的创始人之一、马克思的亲密战友，国际无产阶级运动的领袖，世界无产阶级的伟大导师和领袖。

俾斯麦

奥托·冯·俾斯麦（1815~1898年）是普鲁士德国容克资产阶级最著名的政治家和外交家，"自上而下"统一德国的代表人物。

俾斯麦生于普鲁士的一个容克贵族世家。19世纪40年代，俾斯麦的政治态度顽固保守，竭力维护容克阶级的旧有利益，声称德国统一乃是妄想。自19世纪50年代后，俾斯麦的政治态度发生了一些变化。他已经受到资产阶级思想的影响，并且意识到，德国的统一是无法阻止的，要挽救普鲁士君主政体和容客利益，只有掌握统一运动的领导权。

1862年，俾斯麦出任普鲁士的宰相兼外交大臣。当时普鲁士政府和以资产阶级自由派为主的进步党在有关军费预算的问题上发生了尖锐的冲突（即宪法纠纷）。国王威廉一世虽然解散了议会，但是，新选出的议会中进步党仍占有不少的席位，并于1862年9月再次否决军费预算。在这种情况下，俾斯麦被普鲁士国王任命为首相兼外交大臣。他一上台，便采取了强硬的立场，并在议会上对代表们说："我们这里不是英国，我们这些大臣是国王的奴仆，而不是你们的奴仆。"9月30日，他在议会预算委员会上宣布："德国不能寄希望于普鲁士的自由主义，而要寄希望于它的武力。当前各种重大问题的解决，不是靠演说和大多数人的决议，而要靠铁和血。"统一德国依靠"铁和血"，即凭借暴力，这是俾斯麦统一德国的纲领和信条，"铁血宰相"也由此而来。

铁血政策

德国近代史上普鲁士通过王朝战争实现德意志统一的政策。1862 年，俾斯麦就任普鲁士首相前夕，曾对英国保守党领袖狄士累利说："很快我就将担负普鲁士政府的工作了。我的首要任务是重组军队……一支令人敬畏的军队一旦组成，我将抓住最好的借口对奥宣战，解散德意志议会，压服小邦，实现普鲁士领导下的德意志民族统一。"同年，他就任普鲁士首相后在议会发表演说时又宣布："德意志看得起普鲁士，不是它的自由主义，而是它的实力……当前各种重大问题的解决，不是靠演说和大多数人的决议……而是靠铁和血。""铁血政策"一词由此而来，后来成为战争政策的同义语。

贝多芬

1770 年，贝多芬诞生于德国波恩的一个宫廷歌手家中。贝多芬的音乐启蒙老师是聂耶菲——一位精通作曲技术的音乐家。他为贝多芬打下了坚实的音乐基础，并帮助他去维也纳向莫扎特学习。贝多芬后来又向海顿学习对位法。到 30 岁时，贝多芬举行了首次个人音乐会，从而巩固了自己作曲家的地位。受法国资产阶级革命的影响，贝多芬在创作中充分体现了革命热情和英雄气概，他勇于创新，在音乐史上起到了承前启后、继往开来的作用，并因此而被称为"乐圣"。贝多芬的一生是不幸的，他 26 岁就丧失了听力，终身未娶。但孤寂的生活并未打消他坚持"自由、平等"的理想和热情，他始终坚持创作。世界音乐史上的不朽之作《第九交响乐》就是贝多芬在完全丧失听力以后创作的。

巴赫

巴赫（1685~1750 年），德国古典作曲家。巴赫的先祖都是宫廷乐师，家庭的贫困使巴赫无法受到系统正规的音乐教育，只能靠自学。经过不懈努力，最终巴赫成了一名优秀的风琴演奏家。巴赫虽终身处于困难的境遇和屈辱的地位，但他却始终保持着不屈不挠的创作意志。在德国民乐的基础上，巴赫集 16 世纪以来复调音乐之大成，创作了几百部作品。虽然很多是宗教音乐，但绝不拘泥于教会音乐的规范。他大胆革新，对欧洲古典音乐和后世音乐的发展产生了十分深远的影响，被称为"欧洲音乐之父"。

奥匈帝国

1866 年普奥战争爆发，奥地利战败，被迫退出德意志以外并同意解散德意志联邦。奥地利的势力受到严重削弱，国内民族矛盾剧烈激化。为维护帝国统治，奥地利被迫与匈牙利贵族地主妥协。

1867 年 5 月，帝国议会讨论《奥匈协定》具体条文。6 月，帝国议会与匈牙利议会达成协议，《奥匈协定》生效。

普法战争

19 世纪 60 年代后期，普法矛盾日趋激化。1870 年 7 月 19 日，法国以西班牙王位继承权问题为借口向普宣战。战争开始后，法军不断失败。8 月 4 日，普军越过边界进入阿尔萨斯。9 月初，法军在色当溃败投降，从皇帝、元帅、将军到士兵 10 万多人全部被俘。9 月 4 日，巴黎爆发革命，推翻了法兰西第二帝国，建立了第三共和国，法国成立了资产阶级的"国防政府"。普军于 9 月 19 日包围巴黎。1871 年 1 月 28 日，双方签订停战协定。5 月，又签订《法兰克福和约》，法国割让阿尔萨斯和洛林，并赔款 50 亿法郎。普法统治者勾结，共同镇压了巴黎公社。普鲁士国王威廉一世于 1871 年 1 月 18 日在法国巴黎凡尔赛宫举行加冕典礼，就任德意志皇帝，建立了德意志帝国（德意志第二帝国），从而完成了统一。

色当惨败

1870 年 8 月 18 日，法国元帅巴赞指挥的莱茵军团被普军围困在梅斯，麦克马洪伯爵奉命率新编沙隆军团前往梅斯解围。普军所向披靡，将沙隆军团逼至法国边境。法军失利，全部撤至色当。毛奇指挥的普军在色当用 700 门大炮猛轰法军营地，色当硝烟弥漫，全城一片火海，法军死伤无数。接着，普军 20 万人向色当发起猛攻，法军支撑不住，被迫举起白旗。9 月 2 日，被围的拿破仑三世率官兵向普鲁士国王投降，色当战役结束。

《哥达纲领批判》

1875 年 3 月，威廉·李卜克内西同拉萨尔派的哈赛尔曼发表了共同起草的充满拉萨尔机会主义观点的《哥达纲领》。它鼓吹资产阶级改良主义，否认无产阶级革命和无产阶级专政，主张采取合法手段和平过渡到社会主义，宣扬资产阶级民族主义，反对无产阶级国际主义等。同年，马克思写成《哥达纲领批判》，严厉批判了《哥达纲领》中拉萨尔主义的观点，进一步阐明了马克思主义原理。马克思在文中特别强调只有通过暴力革命，推翻资产阶级统治，才能获得彻底解放。论证了工农联盟的原理，并且明确指出，从资本主义向共产主义过渡时期的国家，必须坚持无产阶级专政，决不能走别的道路等。《哥达纲领批判》是马克思主义反对各种机会主义的锐利武器和光辉文献。

三国同盟

普法战争后，德、法结下世仇。19 世纪 70 年代，德、俄关系恶化，俄国在争夺巴尔干的斗争中，与奥匈帝国矛盾尖锐。德、奥于 1879 年 10 月在维也纳秘密缔结了针对俄、法的同盟条约。其后，意大利因与法国争夺突尼斯失败，要求加入德奥同盟，于 1882 年 5 月在维也纳签订《德奥意三国同盟条约》。条约规定：如意大利受到法、俄进攻，德、奥须以全部军队援助；如俄、奥发生战争，意大利将守中立；如德国受到法国进攻，意大利则站在德国一边参加战争。至此，三国同盟正式形成，成为帝国主义战争的两大军事集团之一。第一次世界大战伊始，意大利宣布中立，1915 年加入协约国。1914 年 10 月和 1915 年 10 月，土耳其和保加利亚先后加入同盟国。1918 年，同盟国战败并瓦解。

施利芬计划

第一次世界大战初期德军实施的战略计划，由前总参谋长施利芬伯爵于 1905 年制定。施利芬是闪电战理论的创始人，主张以优势兵力袭敌于不备，围而歼之，速战速决。针对在未来战争中德国将面临与法、俄两线作战的情况，他主张，首先在西线迅速打垮法国，然后再全力打击俄国。其作战计划是：在东线用少量部队顶住俄国，集中兵力于西线因瑞士地形复杂，不适宜大部队快速运动，德军右翼应穿越地势坦荡的比利时，以镰形攻势包抄到法军的正面防御阵地的后面，攻占巴黎后，将法军围歼在德、法、瑞边境。然后，转向东线。1906 年，小毛奇继任总参谋长后，对施利芬计划做了部分变动，加强了西线左翼和东线的兵力，削弱了西线进攻力量。第一次世界大战初期，由于德军在马恩河战役中的失利，施利芬计划破产。

青年意大利党

1815 年维也纳会议后，封建君主专制在意大利复辟成功。政治分裂的意大利国家林立，多数国家仍处于外国统治之下，资本主义的发展也因此受到阻碍。就在这一历史条件下，1831 年，青年意大利党诞生。其主要创始人为居赛普·马志尼。该党提出"自由、平等、博爱、独立、统一"的口号，强调走"自下而上"的道路，主张用革命手段推翻奥地利的统治及意大利各邦的君主专制制度。该党的活动有力地唤醒了意大利的民族意识，并在人民中广泛传播了民主共和思想，为 1848 年革命做了思想准备。

1848 年欧洲革命

1848 年 1 月，意大利西西里巴勒莫人民起义，揭开了 1848 年欧洲革命的序幕。在这场席卷了欧洲许多地区的革命中，法国的革命斗争最为激烈，并直接推动了 1848 年德国的三月革命爆发。接着，匈牙利、捷克、波兰、罗马尼亚相继掀起了民族解放斗争。巴黎工人的六月起义则把革命推到高峰。这次革命虽以失败告终，但它在不同程度上打击和动摇了封建制度，为资本主义在欧洲的进一步发展创造了有利条件，同时也锻炼和教育了无产阶级。

加富尔任撒丁王国首相

加富尔是意大利著名的政治家，他认为英国的君主立宪制是最好的制度，鼓吹以撒丁王国为中心实行自上而下的统一。1852 年，加富尔担任撒丁王国首相。他对撒丁王国的内政进行了一系列改革，提高了撒丁王国在意大利诸邦中的地位。1859 年，他同拿破仑三世缔结协定：意法共同对奥作战，以把奥地利赶出意大利，撒丁王国割让萨伏依和威尼斯给法国作为回报。但是拿破仑三世背弃诺言，单独同奥地利签约停战，把威尼斯留给了奥地利。1860 年 3 月，在加富尔的游说下，意大利中部四邦并入撒丁王国。

红衫军登陆西西里岛

1860 年 5 月，加里波第为援助同年 4 月发生的西西里农民起义，组织了著名的"红衫军"（因身着红衫而得名）前往西西里岛。5 月末，加里波第的军队在西西里登陆，与当地的起义军会合，很快击溃了西班牙的波旁王朝军队，并以撒丁国王的名义建立了政权。7 月，加里波第被推举为西西里的"独裁者"。之后，加里波第与加富尔谈妥，用"全民投票"的方式将西西里和那不勒斯并入撒丁王国。至此，除威尼斯和教皇领地外，撒丁王国统一了意大利全境。1861 年 3 月 17 日，第一届意大利议会开幕，撒丁国王维克多·艾曼努尔成为意大利国王，加富尔任总理大臣兼外交和海军大臣。

意大利统一

那不勒斯解放后，撒丁王国的军队进入那不勒斯境内。1860 年 10 月末，南意大利正式并入撒丁王国。1861年，意大利王国正式成立，撒丁王国的国王登上了意大利王国的王位。但此时的威尼斯和教皇辖地尚在外国控制下，最后统一尚待完成。1866年，普、奥战争爆发，意大利加入普鲁士一方作战。战争在短期内以普鲁士胜利而结束。根据《维也纳和约》，威尼斯被归还给意大利。1867年10月，罗马举行公民投票，根据投票结果，罗马教皇国被合并入意大利王国，教皇世俗权力被取消。意大利统一终于完成。

马可尼发明无线电报

马可尼是意大利著名发明家，1874年生于波洛尼亚的地主家庭，早年就读于波洛尼亚大学。毕业后，从事有关无线电报的研究工作。1896年，马可尼发明无线电报，次年在英国申请到此项发明的专利权。1897年，以他的名字命名的马可尼无线电报有限公司成立，马可尼任董事长。1903年，英国、意大利、加拿大、美国、德国、日本、比利时等国，都普遍装备了马可尼发明的无线电报装置。马可尼是无线电报的伟大发明者。其毕生都投入到无线电报的发明和发展事业上。他本人也由此获得1909年诺贝尔物理学奖。

三次瓜分波兰

18世纪中叶，波兰的封建农奴制危机和无政府状态发展到了顶点，中央政权瘫痪，边防空虚，国力衰弱。1763年10月，波兰国王奥古斯都三世病故，俄国女皇叶卡捷琳娜二世趁机加紧了对波兰的控制。面对严重的民族危机，部分波兰贵族掀起爱国革新运动，维护国家独立，结果引起外国的干涉——俄、普、奥三国分别于1772年、1793年和1795年三次共同瓜分波兰。波兰国土被全部瓜分，人民被异族长期奴役，直至第一次世界大战后才复国。

普加乔夫起义

18世纪末期，俄罗斯民间流传着彼得三世仍然活着的各种传说。于是，生活阅历十分丰富的普加乔夫自称彼得三世，在1773年9月17日，聚集一支80人的当地哥萨克队伍起义。由于起义者在檄文中明确宣布要给人民以土地、水源、草场、自由和粮食，加上有彼得三世这个外衣，普加乔夫的队伍一路受到各族人民的欢迎，他们纷纷投奔起义队伍。起义军很快发展到3万多人，并攻下了东南地区的中心城市奥伦堡，把前来支援的政府军打得溃不成军。叶卡捷琳娜二世任命比比科夫元帅为征讨普加乔夫的总司令，调集大批精锐部队参加镇压行动。不久，一伙儿哥萨克士兵背叛了普加乔夫，把他捆绑起来，送交了军队。1775年1月10日清晨，普加乔夫被送上了断头台。普加乔夫起义是俄国历史上最大的一次农民战争，虽然失败了，但它对沙皇专制统治和腐朽农奴制度是一次沉重的打击。

俄土战争

为争斗俄国南方的出海口，彼得一世时就长期同土耳其进行战争。18世纪中期，沙皇叶卡特琳娜二世在位时，俄国夺得第聂伯河至布格河之间的土地，并占领克里米亚的叶尼卡列和刻赤，势力扩张到黑海，打通了通向黑海的门户。在1806～1812年的战争中，俄土双方最后签订了《布加勒斯特和约》，土耳其将比萨拉比亚割让给俄国。

1828～1829 年的俄土战争，俄国获胜，双方签订《亚得里亚堡条约》，俄国占领了多瑙河口和附近岛屿，以及高加索的大片土地，加强了其在巴尔干的势力，使土耳其在一定程度上依附于俄国。1877～1878 年，俄土再战，土耳其再次失败，被迫签订《圣·斯特法诺和约》，俄国占有了巴统等地，并占领南比萨拉比亚。通过数次战争，俄国攫取了大片土地，势力大大加强。

维也纳会议

1814 年 10 月到 1815 年 6 月，战胜拿破仑帝国的欧洲各国代表在维也纳召开国际会议。操纵国是俄、英、普、奥四大国，俄国沙皇亚历山大、普鲁士国主腓特烈·威廉三世和他的首相哈登堡、奥地利皇帝弗朗西斯一世和他的首相梅特涅、英国外交大臣卡斯尔累出席了会议。其目的是进行分赃，同时要恢复法国大革命以前欧洲的旧秩序，并且防止法国东山再起。

十二月党人起义

起义发生在俄历十二月，故名。俄国一批年轻的贵族军官，受到法国启蒙思想和国内进步思想家拉吉舍夫等的影响，于 1816 年建立"救国协会"，不久瓦解；1818 年成立"幸福协会"，包括"南方协会"和"北方协会"，其宗旨是推翻沙皇专制制度，消灭农奴制，建立资产阶级共和制或君主立宪制。南、北方协会计划于 1826 年秋举行起义。1825 年 11 月 19 日，沙皇亚历山大一世猝然死去，俄国出现皇位虚悬局面。北方协会领导人决定利用十二月十四日军队向新沙皇宣誓之日提前起义，但遭到血腥镇压；南方协会获知消息后举行起义亦被镇压，起义失败。十二月党人坚持废除农奴制，为俄国资本主义发展开辟了道路，起义唤醒了新一代的革命家，促进了俄国民族解放运动。

欧洲宪兵

1848 年夏、秋，俄军打着"解放者"的旗号，先后开进摩尔多瓦和瓦拉几亚，镇压了两公国的革命运动。此后，它又把目标指向匈牙利。匈牙利革命具有全欧的性质，如果它的革命取得胜利，势必引起整个欧洲革命的进一步高涨，特别对沙俄在波兰和东南欧的利益造成严重威胁，沙皇心急如焚。恰在这时，奥地利政府向沙皇求援，早已按捺不住的尼古拉一世立即狂叫起来："敌人出现在哪里，我们就打到哪里。"5 月，15 万俄军侵入匈牙利。匈牙利革命不久就被俄军血腥镇压。事实表明：沙皇俄国不但镇压国内人民革命，而且镇压欧洲其他国家的革命运动，成为欧洲反动势力的主要堡垒，起了一个宪兵的作用。因而，人们把沙皇俄国称为"欧洲宪兵"。

克里米亚战争

19 世纪中叶，俄国力图击败土耳其，控制黑海海峡，插足巴尔干半岛，引起了英法的反对。1853 年 6 月，俄国出兵占领土耳其附属国摩尔多瓦和瓦拉几亚。10 月，土耳其对俄宣战，战争爆发。11 月，俄国海军在黑海南部全歼土耳其舰队，直逼君士坦丁堡。1854 年 3 月，英、法对俄国宣战，撒丁王国加入英、法一方，后来战事集中在克里木半岛进行。1855 年秋，英、法、土联军攻占了俄国的黑海要塞塞瓦斯托波尔。1856 年 3 月，双方签订《巴黎和约》，和约规定，俄国让出多瑙河三角洲和比萨拉比亚南部，并不得在黑海保留舰队和设立兵工厂。这次战争动摇了沙俄在欧洲大陆的霸主地位，充分暴露了农奴制度的腐败与落后，在一定程度上促进了俄国 1861 年废除农奴制的改革。

俄国 1861 年改革

19 世纪中叶，农奴制已成为俄国资本主义发展的严重阻碍。克里米亚战争的失败，更加暴露了俄国农奴制度和沙皇专制制度的腐朽。俄国农民运动不断高涨，在内外交困的形势下上台的沙皇亚历山大二世（1855~1881 年在位）被迫于 1861 年春（俄历二月十九日）颁布了《关于农民脱离农奴依附关系的 1861 年二月十九日法令》。该法令由 17 个文件组成，主要内容有：农民有人身自由；农奴在获得人身自由时，应交付大量赎金才能得到一块份地。这次改革使俄国资本主义的发展得到了必要的劳动力、资金和市场，使俄国走上了资本主义的发展道路，但改革后的俄国保存着大量封建残余。

门捷列夫的"元素周期律"

元素周期律的发现者门捷列夫（1834~1907 年）是俄国化学家、教育家。1855 年毕业于圣彼得堡中央师范学院，1859~1861 年被送往德国深造，回国后任彼得堡工业学院和彼得堡大学教授。1869 年，他发现了后来成为自然科学基本定律的化学元素周期律，并据此预见了 12 种尚未发现的元素。1868~1870 年，他写成《化学原理》一书，最先用周期律的观点系统地阐明了无机化学的基本原理。

柴可夫斯基

俄罗斯作曲家柴可夫斯基（1840~1893 年）出生在维亚特斯基省的一个贵族家庭。柴可夫斯基 10 岁便开始学习钢琴和作曲。22 岁入彼得堡音乐学院学习作曲，毕业后任教于莫斯科音乐学院，1877 年离开。此后他在梅克夫人的资助下，专事音乐创作，这期间有很多优秀作品问世。柴可夫斯基作品繁多，最著名的有《胡桃夹子》《天鹅湖》《罗密欧与朱丽叶》等。他的音乐真挚、执着，注重对人心理的细致刻画，充满感人的抒情性，同时又带有强烈的、震撼人心的戏剧性。具有俄罗斯民族那种特有风格的旋律，浓重、丰富的和声，显示出制曲家本人的个性气质，富有难以言传的魅力。柴可夫斯基被誉为"俄罗斯之魂"。

劳动解放社

1888 年，俄国出现了第一个马克思主义组织——"劳动解放社"。它是普列汉诺夫（1856~1918 年）侨居日内瓦时成立的。其主要成员有阿克雪里罗得、捷依奇、伊格纳夫等。普列汉诺夫原是民粹主义者，1880 年因沙皇的通缉逃往国外。他在国外侨居的前期，研究了马克思、恩格斯的著作和西欧工人运动的经验，探索了民粹派失败的原因，从而接受了马克思主义，并决心把马克思主义传播到俄国。"劳动解放社"为在俄国传播马克思主义做了不少工作。他们把《共产党宣言》《雇佣劳动与资本》《社会主义从空想到科学的发展》等经典著作译为俄文，在国外印好，秘密散发。普列汉诺夫还写了批判民粹派和介绍马克思主义的一些著作，如《我们的意见分歧》《论一元史观的发展问题》等。

《火星报》

《火星报》是由列宁创办的第一份全俄马克思主义政治报纸。1900 年 12 月在德国莱比锡创刊，先后在慕尼黑、伦敦、日内瓦出版。报头刊有"星火可以燎原"的口号。编辑部成员有列宁、普列汉诺夫、马尔托夫、罗得、波特列索夫和查苏利奇。列宁是该报的主编和领导者，他在该报发表了许多有关俄国社会民主工党的建设和无产阶级斗争，以及反映并评述国内外的重大事件的文章。在列宁的倡议和参与下，编辑部制订了俄国社会民主工党党纲草案，并得到大多数地方的社会民主工党组织的拥护，而且筹备党的第二次代表大会的召开。这次大会宣布《火星报》为党的中央机关报，并选出新的编辑部成员：列宁、普列汉诺夫和马尔托夫。为加强中央委员会的领导，列宁于 1903 年退出编委会。从第 52 期起，该报被孟什维克篡夺。《火星报》共出版 112期，1905 年 10 月停刊。

列夫·托尔斯泰

列夫·尼古拉耶维奇·托尔斯泰（1828~1910 年）俄国作家、思想家，19 世纪末20 世纪初最伟大的文学家，19 世纪俄国伟大的批判现实主义作家，是世界文学史上最杰出的作家之一，他被称颂为具有"最清醒的现实主义"的"天才艺术家"。主要作品有长篇小说《战争与和平》《安娜·卡列尼娜》《复活》等，也创作了大量的童话，是大多数人所崇拜的对象。他的作品大多描写俄国革命时人民的顽强抗争，因此被称为"俄国十月革命的镜子"。列宁曾称货他创作了世界文学中"第一流"的作品。

高尔基

高尔基（1868~1936 年），全名马克西姆·高尔基，原名阿列克赛·马克西莫维奇·彼什科夫，也叫斯克列夫茨基，苏联伟大的无产阶级作家，列宁说他是"无产阶级文学最杰出代表"，社会主义现实主义文学奠基人，无产阶级革命文学导师，苏联文学的创始人。

列夫·托尔斯泰

布尔什维克

布尔什维克党是苏联共产党的前身。"布尔什维克"俄语意为多数派。1903 年，在俄国社会民主工党第二次代表大会上，以列宁为首的马克思主义者同党内机会主义者围绕党纲、党章问题展开了激烈的斗争。后来，在选举党中央委员会和党的机关报《火星报》编辑部成员时，拥护列宁的人占多数，被称为布尔什维克，反对列宁的马尔托夫派占少数，被称为孟什维克。

1912 年 1 月，俄国社会民主工党第六次全俄代表会议把孟什维克驱逐出党以后，布尔什维克成为独立的新型政党。1918 年 3 月，布尔什维克党改名为俄国共产党，1925 年 12 月又改名为苏联共产党，简称联共（布）。

孟什维克

孟什维克是俄国社会民主工党中的一个派别。孟什维克是俄语少数派的音译，与布尔什维克相对。孟什维克由马尔托夫领导，主张信任群众行动的自发性，涵盖无产阶级民众的所有行动。

1917 年二月革命后，孟什维克与临时政府合作。十月革命后，布尔什维克夺取政权。1921 年，苏维埃政府宣布孟什维克非法，大部分孟什维克高层移居国外。

流血星期日

1905 年一月三日（俄历），彼得堡普梯洛夫工人为抗议厂主开除 4 名工人举行罢工，很快得到其他工厂的声援。8 日发展成为全市总罢工，参加人数达 15 万人。期间，加邦牧师鼓动工人去冬宫向沙皇呈递请愿书，布尔什维克劝告工人不要去请愿。但工人普遍对沙皇抱有幻想。一月九日晨，彼得堡工人偕同家属约 15 万人举着宗教旗帜、圣像、十字架和沙皇画像，唱着祷歌前往冬宫请愿。当队伍行至冬宫前的广场时，遭到沙皇军警的突然射击，1000 多人被当场打死，2000 多人受伤，鲜血染红积雪的广场。因那天是星期日，史称"流血星期日"。惨案唤起了广大人民群众的觉醒，在布尔什维克的领导下纷纷拿起武器反对沙皇专制制度，导致 1905 年革命的爆发。

俄国 1905 年革命

1905 年 1 月 22 日（俄历一月九日），彼得堡工人及其家属约 15 万多人上街向沙皇请愿，惨遭镇压，1000 多人死亡，2000 多人受伤。这次惨案使俄国工人放弃了对沙皇的幻想，开始投入反沙皇的斗争，成为革命的起点。10 月，革命运动发展为全俄政治总罢工，成立罢工领导机关工人代表苏维埃。12 月 18 日，根据布尔什维克党的建议，莫斯科苏维埃决定举行政治总罢工。22 日发展成武装起义，成为 1905 年革命的最高潮，1906 年 1 月 1 日，革命被镇压，革命走向低潮。1905 年革命是列宁主义诞生后的第一次重大的革命运动，锻炼了布尔什维克党和广大劳动人民，为二月革命和十月革命做了准备，是十月革命的一次"总演习"。

俄国二月革命

第一次世界大战给俄国带来特别严重的经济和政治危机，社会矛盾异常尖锐，革命形势迅即趋于成熟。1917 年 3 月 3 日（俄历二月十八日），彼得格勒普梯洛夫工厂工人罢工，得到许多工厂工人的声援。9 日，罢工人数增加到 20 万。10 日，发展为全城政治性总罢工，提出"打倒沙皇""打倒战争""要面包"等口号。26 日，工人响应布尔什维克党的号召，罢工发展成武装起义。4 月 12 日，起义席卷全城，首都驻军也参加了起义。起义的工人和士兵逮捕政府大臣和将军，占领政府机关，推翻了沙皇专制统治。各地工人、士兵纷纷推翻当地政府。革命后，建立了工兵代表苏维埃。资产阶级在孟什维克和社会革命党的帮助下，成立了临时政府。俄国出现了两个政权并存的局面。

巴甫洛夫

20 世纪初，俄国生理学家巴甫洛夫（1849~1935 年）开始研究高级神经活动。他通过实验发现，当食物落到狗的口中时，它会分泌出唾液。这种反射活动是狗和其他一切动物生来就有的，巴甫洛夫称它为"非条件反射"。但在后来的实验中，他又发现，除了食物刺激口腔会引起狗的唾液分泌以外，其他，比如光、声音等，也能引起狗的唾液分泌。他把这种现象称为"条件反射"。这项重要发现为人类在生理学方面的研究做出了巨大贡献。巴甫洛夫也因此获得了 1904 年诺贝尔生理学或医学奖。

维也纳三月革命

19 世纪中叶，奥地利的封建专制统治引起了资产阶级和劳动人民的强烈不满。1848 年 3 月，首都群众举行示威，遭到政府军的镇压。示威群众群情激奋，游行于是发展为起义。迫于国内形势的压力，首相梅特涅辞职。起义群众又包围了皇宫，迫使皇帝同意颁布宪法，并改组内阁。三月革命使资产阶级靠人民的革命力量取得了部分政权。

捷克民族解放运动

捷克王国长期处于奥地利帝国的奴役之下，资本主义发展受到严重阻碍，要求民族独立的呼声日渐高涨。1848 年 6 月，捷克资产阶级自由派在布拉格召开奥地利境内斯拉夫人的代表大会。会上，自由派主张投靠哈布斯堡王朝的势力，保存奥地利的统治。而民主派则坚持革命的立场，并领导了 6 月起义，但以失败告终。捷克民族解放运动逐渐走向低潮。自由派公开叛变，转而支持哈布斯堡王朝，镇压匈牙利革命。

匈牙利民族解放战争

1848 年革命前夕，匈牙利也是哈布斯堡王朝统治下的一个封建国家。1848 年法国革命爆发后，推翻哈布斯堡王朝统治、争取民族独立成为匈牙利人民的强烈愿望。在维也纳三月革命的推动下，1848 年，起义在佩斯爆发。革命迅速蔓延，奥皇被迫同意成立匈牙利责任内阁，但转而又镇压匈牙利革命。由于人民军队的英勇奋战，奥军败退到奥地利境内。次年 4 月，匈牙利议会通过独立宣言，宣布匈牙利独立。但因俄国出兵镇压，匈牙利革命最终失败。

诺贝尔与"诺贝尔奖"

1866 年，瑞典化学家诺贝尔成功制造了液体炸药，但这种炸药易在受到震动和摩擦时自动引爆。诺贝尔于是开始研究一种安全炸药。诺贝尔把液体炸药吸入一种硅土里面，这样，即使遇到一定的温度、摩擦或震动，这种固体炸药也不会自动引爆，世界上第一次出现了能够安全运输的固体炸药。这种炸药必须经过引爆后才能爆炸。为此，诺贝尔又发明了引爆装置雷管。1875 年，诺贝尔发明了胶质炸药。1887 年，又发明了无烟炸药即我们现在使用的炸药。

诺贝尔去世前曾立下遗嘱，把自己一生的积蓄捐献出来当作基金，将其利息作为奖金，每年对物理学、化学、医药学、文学和促进世界和平有特殊贡献的人予以奖励。后来又增加了经济奖。这就是现在世界上最著名、学术声望最高的"诺贝尔奖"。

西班牙王位继承战争

西班牙国王查理二世无嗣，法王路易十四之孙菲利普被指定为继承人，并于1701年继位。英、荷遂联合早想争夺西班牙王位的奥地利组成抗法大同盟。1701年3月，战争爆发。反法联军在意大利、德意志、尼德兰3个战场取得重大胜利。在西班牙战场上，菲利普五世进行了顽强的抵抗。1711年，该战场形势转而有利于法、西。同时，英、法在北美展开争夺殖民地的战争，英军取得优势。战争后期，法国在军事上稍有起色并在西班牙站稳了脚跟，英国一时难以取胜。于是，英国率先与法国秘密谈判，并于1713年签订了《乌特勒支和约》。奥、法也于1714年签订了《拉斯塔德和约》。在这次战争中，英国扩大了殖民地，确保了海上优势，而法国的势力却大大削弱。

西班牙人民反法起义

1808年4月，西班牙发生政变，国王查理四世被推翻，其子斐迪南七世上台。拿破仑乘机占领了马德里，让自己的哥哥约瑟夫·波拿巴当上了西班牙国王，并把西班牙国王父子都投入了监狱，西班牙自此处于拿破仑的控制之下。拿破仑的占领引起葡萄牙和西班牙人民的反抗，各地反侵略游击斗争不断。1808年5月2日，拿破仑下令将西班牙国王父子送往法国。这激起了西班牙首都马德里人民的起义，马德里人民奋战一天后失败，上千人阵亡，数百人被处死。尽管马德里人民起义失败了，但它掀起了西班牙人民全国性的反法游击战争。西班牙人民的反抗拖住了法国30万军队，这对于各国人民最后打败拿破仑起到了重要的作用。

西班牙"黑暗的十年"

西班牙"黑暗的十年"指的是1823~1833年。1820~1823年西班牙第二次资产阶级革命结束后，斐迪南七世再次复辟。其间，他实行恐怖统治，变本加厉地对革命人民进行报复。1823~1833年这10年间，有5万余名革命者被投入监牢，3万余人被枪杀、绞死。

美国内战

西进运动

18世纪末至19世纪末的美国西进运动，是美国国内的一次大规模移民拓殖运动，是美国人对西部的开发过程，也是美国城市化、工业化和美利坚民族大融合的过程。这场西进运动对美国的经济、政治和社会都产生了重大而深远的影响。"直到目前为止，一部美国史在很大程度上可说是对于西部的拓殖史"。西进运动彻底改变了美国的面貌。大片荒地被开垦出来，大批的资本主义农场建立起来，西部农业的发展为工业的发展提供了大量的粮食、原料、出口产品和国内市场；使美国的劳动力布局有所改变；促进了国内统一大市场的形成，东西部互补性贸易迅速发展；西部资源的开发和利用还满足了工业发展的需要，交通运输业也飞速发展。美国的西进运动激发了美国人的创造力和经济活力，提高了美国的综合国力和国际地位，对美国整个国民经济的起飞具有重要的意义。

门罗主义

美国总统詹姆斯·门罗（1817~1825 年在位）为了反对沙俄由阿拉斯加南下扩张，以及英国和"神圣同盟"插足拉丁美洲，于 1823 年 12 月 2 日在致国会的咨文中阐述美国对外政策原则时宣称："美国不干涉欧洲事务和任何欧洲国家在美洲现存的殖民地和保护国，但任何欧洲列强都不得干涉西半球的事务，否则就是对美国安全的威胁和不友好的表现。"同时还提出"美洲是美洲人的美洲"的口号，这就是"门罗主义"。

莫尔斯电码

1832 年，美国画家莫尔斯（1791~1872 年）乘邮轮返回美国，旅途中，他结识了一个叫杰克逊的电学博士。杰克逊向他介绍了电磁知识，莫尔斯完全被电迷住了。他想："电能够在一瞬间传到千里之外，加上电磁铁在有电和没电时都能做出不同的反应，如果利用它的这种特性不就可以传递信息了吗？"于是，莫尔斯决定放弃绘画，发明一种用电传信的方法——电报。他为每一个英文字母和阿拉伯数字设计出代表符号，这些代表符号由不同的点、横线和空白组成，这就是电信史上最早的编码，后人称它为"莫尔斯电码"。

废奴运动

19 世纪上半叶的美国，曾存在着两种互相对立的社会制度，在北部各州，发展起来了资本主义工商业，而在南部诸州推行的则是种植园奴隶制。南方的大种植园主们推行这种奴隶制，严重阻碍了北方工业资本主义的发展，成为阻碍历史进步的因素。于是，美国北部兴起旨在推翻南部种植园奴隶制的废奴运动，并逐渐成为一场各自由州的联合政治运动。

"地下铁道"

为了帮助黑人奴隶逃出那充满罪恶的蓄奴州，废奴主义者们组织了一整套接应逃亡奴隶的线路和方法。他们称这一逃亡线路为"地下铁道"。这条"地下铁道"设有各个"车站"——同情黑奴的人的住宅，过路的黑人可以歇脚、投宿；有"火车"——逃亡的奴隶群；有"乘务员"——熟悉道路和情况的领路人。当时的一些伟大的废奴主义领袖，如约翰-布朗、哈里特·塔布曼都是著名的"乘务员"。约翰·布朗领导的起义把这场运动推向高潮。废奴运动是南北两种社会制度矛盾尖锐的产物，是美国南北战争的序幕。

种植园制度

美国内战前，南方各州实行由奴隶从事农业劳动的制度。大种植园一般分为几个农场，每个农场都有监工，在种植园劳动的黑奴们的境地十分悲惨。种植园的主要农作物为棉花、稻子、烟草和甘蔗等。

旧金山

旧金山是美国加利福尼亚州的著名城市，当地的华侨叫它三藩市。19 世纪 40 年代以前的旧金山，还是墨西哥的一片荒凉之地，1846 年，在美国入侵墨西哥的战争中，美国海军第一次占领了这个地方。当 1846 年美国迫使墨西哥割让领土的条约尚未签订时，有人在旧金山附近发现了金矿。消息传出，全国轰动，大批美国人从东部蜂拥而至，资本家还在海外招募了契约华工来淘金开矿，于是著名的加利福尼亚淘金热开始了。华工们望着周围埋藏着丰富金矿的山岭，就把这里称为金山。

到了19世纪50年代，澳大利亚的墨尔本附近也发现了金矿，又吸引了大量的淘金者，人们也称那里为金山。因美国的金山发现得较早，以后为了区别这两座金山，就把早先在美国加利福尼亚州发现的金山称为旧金山。

美墨战争

1845年，美国强占了墨西哥的得克萨斯，但美国种植农奴主想要占有墨西哥更多的领土，于是美国以边界纠纷为借口，于1846年发动了对墨西哥的战争。美国海、陆军分三路，入侵墨西哥，1847年，美攻占墨西哥城，墨西哥政府被迫议和。1848年2月2日，双方签订《瓜达卢佩·伊达尔戈条约》，战争结束。美国吞并了墨西哥的得克萨斯、新墨西哥和加利福尼亚等约235万平方千米的土地，几乎是墨西哥的半壁江山，作为报偿，美国付给墨西哥1500万美元。这场战争对美国的发展影响巨大。

《汤姆叔叔的小屋》

1852年，哈丽特·斯托夫人的小说《汤姆叔叔的小屋》在美国出版。该书的中心人物汤姆是一个信奉基督教、品德高尚的奴隶，他被卖给一个名叫西蒙·莱格里的道德堕落的白人种植园主，遭受了非人的待遇，命运凄惨。

该书发行后引起轰动，在一年内印刷了120万册，并被改编成戏剧，演出上百场。斯托夫人的《汤姆叔叔的小屋》作为当时最流行的一部小说，激发起群众对奴隶制的痛恨和对黑奴的同情，鼓舞了成千上万的人们参加废奴运动，并间接地导致了美国内战的爆发。林肯曾经说过，是斯托夫人发动了美国南北战争。

美国的两党制

民主党成立于1828年，代表北方工业资产阶级的利益；共和党成立于1854年，代表南方奴隶主的利益。内战以前，双方在奴隶制等问题上尖锐对立。内战后，共和党长期执政，变成大工业家和银行家的政党；民主党则变成资产阶级化了的南方大衣场主、富农和南方资产阶级的政党。美国向帝国主义过渡的时期，两党差别逐渐消失，都代表垄断资产阶级的利益，对外进行扩张。在垄断资产阶级的支持下，美国形成两党制，共和党和民主党轮流执政、垄断政权，使其他政党没有上台的机会。两党制对协调美国社会矛盾与利益冲突，维系美国资产阶级民主政治的运作发挥了重大作用。当然，其实质仍是美国资产阶级专政的工具。

美国南北战争

美国南北战争又称美国内战（1861～1865年），是由北方工业资产阶级要求发展资本主义工商业与南方种植园奴隶主要求扩展奴隶制的矛盾引起的。1860年，反对黑人奴隶制的共和党人林肯当选总统，成为战争爆发的导火线。最终战争以北方的胜利结束。

南北战争是美国历史上第二次资产阶级革命，废除了黑人奴隶制，为资本主义的进一步发展扫清了道路，但战后美国资产阶级仍然推行种族歧视政策。

三K党

三K党（Ku—Klux klan）是美国历史上最悠久、最庞大的恐怖主义组织。

Ku—Klux 源于希腊语，意为"集会"；Klan 取自 claa，意为苏格兰民族（该组织几个创始人为苏格兰后裔）。因该组织名称中三个词起首字母都是K，因而被称为"三K党"，又称白色联盟和无形帝国。

美国南北战争结束后，南部的奴隶主和庄园主为镇压黑人和维护奴隶制度，于1866年5月在田纳西州的普拉斯基城组成三K党。在1869年，三K党被政府解散。1915年，在佐治亚州亚特兰大城又重新建立了三K党，成员蔓延及全国。1928年三K党改名为"森林武士"，但一般仍称为三K党。

三K党常与提倡种族歧视的一些法西斯组织交往，相互支持并成为美国反动势力推行种族主义的工具，经常对黑人和进步人士使用私刑、绑架和屠杀等恐怖行为。

林肯

亚伯拉罕·林肯（1809~1865年），美国内战时期的总统，出身于农民家庭，没有上过学，但通过顽强的刻苦自学，攻读了历史、法律、哲学等方面的书籍。1834年，25岁的林肯当选为伊利诺伊州议员，开始了他的政治生涯。

1860年，林肯当选为美国总统。由于美国南方蓄奴主义者发动叛乱，美国南北战争爆发，战争初期，北方仓促应战，节节败退。在这危急关头，林肯签署了《宅地法》，同年，又颁布《解放黑人奴隶宣言》，宣布废除各州奴隶制，解放的黑奴可以参加联邦的军队。这两个文件调动了农民和黑奴的积极性。从此，北军取得了节节胜利。1865年4月14日晚，林肯在剧院遭到枪杀，第二天辞世。林肯总统带领美国人民废除了奴隶制，促进了美国资本主义的发展，受到美国人民的永久爱戴。

爱迪生发明电灯

1877年起，美国发明家爱迪生（1847~1931年）开始致力于电灯的研制工作。他发现，灯泡内的空气使灯丝氧化是灯丝寿命短的主要原因，因而努力提高灯泡内的真空度。1879年10月，爱迪生把碳化棉丝置于灯内，抽成真空后将灯密封，通电后持续照明了40小时。但爱迪生并不满足这一进步，他希望他的灯能够持续照明1000小时以上。为此，他试用了包括胡须在内的1600多种材料。最后，找到了碳竹丝，碳竹丝灯连续工作了1200小时。1880年5月"哥伦比亚号"汽船上安置了115盏这种灯，成功地使用了15年。

"五一"国际劳动节

1886年5月1日，美国芝加哥、底特律、纽约等城市的35万工人为争取每日8小时工作制而举行联合罢工，组织示威游行，芝加哥的无产阶级走在斗争的最前列。5月3日，美国资产阶级当局出动警察对芝加哥罢工工人进行大肆镇压，当场打死6名工人。次日，3000名工人在事件发生的草市广场举行抗议集会，混入人群的破坏分子向会场投掷炸弹，警察向工人群众开枪，4名工人被炸死，200多人受伤，数百名工人被捕。后来，美国当局又将几名工人领袖判处死刑。这一切激起了世界进步舆论的抗议，美国工人阶级的英勇斗争得到了国际无产阶级的有力声援。1889年7月，第二国际成立大会通过一项决议：为纪念 1886 年 5 月 1 日美国工人的总罢工，决定以后每年的 5 月 1 日为国际无产阶级的节日，号召各国劳动者应该按照本国条件所允许的方式，组织"五一游行示威"，这就是"五一"节的来历。

马汉

马汉（1840~1914 年）出生于美国的一个爱尔兰移民家庭，毕业于美国海军最高学府安那波利海军学院。1890 年 5 月，他出版了《1660~1783 年制海权对历史的影响》一书，在美国引起强烈反响，接着，又出版了《1793~1812 年——制海权对法国革命和帝国的影响》《内尔逊生平——英国制海权的化身》，这三部书被认为是马汉制海权理论的三部曲。它们一脉相承，互相联系，构成一个统一体。19 世纪末的美国，国内的垄断资本不断膨胀，所以积极要求进行海外扩张，这就需要一支强大的海军力量，马汉的军事理论适应了当时美国的社会需要，受到美国的欢迎，马汉成为军政界举足轻重的人物，两度出任海军学院院长。马汉制海权理论对美国海军的发展产生了深远的影响，美国海军界将他奉为"现代海军之父"。

美西战争

1895 年，古巴爆发反对西班牙殖民统治的起义，1896 年，菲律宾发生资产阶级革命。美国在古巴等地的经济利益受到影响，决定利用这一时机夺取西班牙的殖民地。1898 年 2 月 15 日，美国战舰"缅因号"在哈瓦那突然被炸沉，美国以此为借口，于 4 月 22 日向西班牙宣战。5 月，美国在远东的舰队摧毁在菲律宾马尼拉湾的西班牙舰队，并占领马尼拉。6 月，美军在古巴登陆。7 月占领圣地亚哥，接着又占领西属波多黎各。西班牙被迫求和。双方于 1898 年 12 月 10 日签订《巴黎和约》。美国从西班牙手里夺得菲律宾群岛、波多黎各和关岛，美国付给西班牙 2000 万美元。古巴形式上独立，但据 1901 年美国国会通过的《普拉特修正案》，实际上古巴沦为美国的保护国。美西战争加强了美国在太平洋地区的势力，也进一步加强了美国对拉丁美洲和亚洲的扩张。

门户开放政策

1899 年，美国政府先后向英、俄等六国政府提出在中国实行所谓"门户开放"、贸易机会均等的照会。美国在承认列强在华"势力范围"和已经获得的特权前提下，要求"利益均沾"。

门户开放政策的提出标志着美国侵略中国的新阶段。美国作为一个大国，有了它独立的对华政策，而不再追随和附和其他国家，充当次要的角色，它在列强侵华活动中的地位有了显著的提高。从此，美国更积极、更活跃地参加帝国主义大国在中国的角逐。

大棒政策

大棒政策是美国总统西奥多·罗斯福提出和实行的武力威胁与战争讹诈的外交政策。他曾在一次演说中援引了一句非洲谚语"手持大棒口如蜜，走遍天涯不着急"来说明他任内的外交政策，后发展成所谓"大棒加胡萝卜政策"。

20 世纪初，美国凭借其大为增强的军事经济力量，积极推行向外扩张计划，加强了对拉丁美洲，特别是加勒比海地区的侵略。罗斯福根据马汉的制海权理论，主张以武力为后盾，迫使拉丁美洲国家"循规蹈矩"，听命于美国。在大棒政策的指导下，美国凭借武力，多次公开干涉拉丁美洲国家的内政。1903 年，罗斯福参与策划并出动海军支持巴拿马政变。1904 年，美国又出动军舰，迫使多米尼加共和国将一切关税交给美国管理。美国推行大棒政策的地区，并不限于拉丁美洲。罗斯福一再出动武装力量，肆意干涉他国的做法，激起拉丁美洲各国的强烈反对，也引起本国广大人民群众的不满。

17~19 世纪的亚洲

大盐平八郎起义

19 世纪 30 年代，日本大富豪勾结幕府官吏任意抬高米价及物价，城市居民无法生活下去。大阪"町奉行"属下的"町与力"（办理民政警务的下级警官）大盐平八郎目睹平民的惨苦遭遇，不胜悲愤。1837 年，他带领大阪的手工业者、小商人和下级武士举行起义。起义者捣毁米店，放火焚烧豪商邸宅，声势浩大的起义震动了大阪全城。起义虽然很快就被镇压下去，但在它的推动下，摄津、越后、周防等地相继爆发了同样的起义。

伏见、鸟羽之战

1868 年 1 月初，倒幕派军队发动政变，宣布废除幕府将军制，成立以天皇为首的新政府。幕府将军德川庆喜于 1 月底亲率大军从大阪出发，进攻京都，与新政府军在京都西南的伏见、鸟羽发生激战。最后新政府军以少胜多，德川庆喜被迫投降。革命胜利后，新政府于同年 7 月改江户为东京，确立为首都，定年号明治，开始了明治维新。

"明治三杰"

"明治三杰"指的是推动日本明治维新的三位杰出代表：大久保利通、西乡隆盛、木户孝允。

大久保利通，1830 年 9 月 26 日出生在一个下级武士家庭。17 岁步入政界，成为萨摩藩实力派人物，并成为倒幕运动的领袖之一。1873 年他以参议身份任内务卿。任职期间，他建立了一支近代的常备军。1878 年 5 月被刺身亡。

西乡隆盛，1828 年 1 月 23 日出生在一个下级武士家庭。1865 年投向倒幕运动，与木户孝允等建立"萨长倒幕同盟"，策划"王政复古"。1868 年日本戊辰战争爆发后，指挥政府军取得鸟羽、伏见之战的胜利。1872 年任近卫都督，受领元帅称号。1873 年因主张"征韩"失败，辞职回乡。1877 年 2 月在反动士族拥戴下发动叛乱，挑起日本西南战争。9 月兵败自杀。1889 年明治政府大赦，恢复其名誉。

木户孝允，1833 年 6 月 26 日出生于一个医生家庭。1859 年步入仕途，他力主联合强藩。在推翻幕府统治，建立明治维新政权中起了巨大作用。1873 年他主张制定宪法，优先内治，反对征韩论。1874 年兼任文部卿，主张普及小学教育，重视培养人才，提高国民文化水平。

"黑船事件"

明治维新前的日本同当时的清朝一样，都处于闭关锁国的状态。1853 年 7 月 8 日（大清咸丰三年、日本嘉永六年），美国为了打开日本的门户，派遣美国东印度舰队司令官、海军准将马修·佩里率领 4 艘战舰，驶入德川幕府咽喉要地江户湾相州浦贺海面（今东京湾神奈川县南部）。由于日本长期处于闭关锁国的状态，当地民众从来没有见过蒸气动力、全身黑色的美国军舰，所以当地人称之为"黑船"。"黑船事件"迫使日本打开了国门，同时也刺激了日本统治者开始了维新变革。

明治维新

19 世纪中期，日本仍处在德川幕府的统治之下，实行闭关锁国政策，是一个落后的封建国家。在西方资本主义的入侵下，面临着沦为半殖民地的危险。但在经过倒幕运动后，1868 年，新上台的明治政府大胆地进行维新变革，使日本迅速地发展成为一个先进的资本主义国家。同时，虽然明治政府顺利地摆脱了沦为半殖民地的危机，但却迅速地走上了侵略和压迫其他民族的道路，成为一个新兴的帝国主义国家。

靖国神社

靖国神社是日本近代史上军国主义的精神支柱，它建于 1869 年（明治维新第二年），最初叫"东京招魂社"，1879 年改称靖国神社。它将明治维新以来在历次战争中死去的亡灵作为神来祭祀。

靖国神社坐落在日本东京九段北，占地 10 万多平方米。神社大门外两侧各竖一座高约 10 米的石塔。石塔建于 1935 年，塔身上有 16 块浮雕，反映的都是为日本侵华战争树碑立传的内容。1895 年日本侵占台湾、1931 年"九·一八"事变占领中国东北、1932 年进攻上海等侵略行径都作为"追慕"的"光荣史迹"而雕在那里。在神社一侧的陈列馆里，陈列着当年侵华日军的武器、战利品、遗物、遗书和照片。神社大殿里供奉着日本明治维新以来历次对外战争中 246 万多名战死者的牌位，其中大多是死于对外侵略战争的军人和战犯。1978 年 10 月，东条英机等 14 名甲级战犯和 2000 余名乙级、丙级战犯的牌位也被移进这个神社。

靖国神社既是日本的国家宗教设施，也是军事设施，它从一开始就与军国主义有着密不可分的关系。在日本对外侵略中，军国主义势力利用靖国神社煽动崇拜天皇、为天皇陛下赴死的军国主义情绪，为侵略战争服务。后来，靖国神社改为独立的宗教法人，但其作为军国主义精神支柱的影响依然存在。

明治天皇

明治天皇（1852~1912 年）即日本天皇睦仁。江户幕府末期和明治维新时的日本天皇。1860 年被立为皇太子。1867 年 1 月即位，同年 10 月下达讨幕密诏，依靠维新倒幕派，推翻了江户德川幕府的统治，12 月颁布《王政复古大号令》。1868 年 3 月发布《五条誓文》，4 月迫使江户幕府投降，7 月改江户为东京，8 月在京都举行即位大礼，9 月改元明治，建立一世一元制。1869 年批准奉还版籍，迁都东京。1871 年实行废藩置县，取消将军领地。1872 年废除禁止土地买卖的法令，承认土地私有制和买卖自由。1873 年改革地税，实行征兵制。1881 年发布《军人敕谕》。1885 年采取内阁制。1889

年颁布《大日本帝国宪法》，确立近代天皇制。1890 年召开帝国议会，这些措施被视为明治维新的重要内容。通过这些改革，日本开始实现富国强兵，同时也走上了对外扩张的道路。明治天皇在位的 45 年，正是日本走向近代化的时期，也是日本资本主义迅速发展的时期，在日本发展史上是一个重要转折点。

日本入侵琉球、朝鲜

明治维新后，日本在其本身尚未摆脱对欧美国家的屈从地位时，便已开始走向对外侵略扩张的道路。1872 年，日本把琉球国王绑架到东京，强迫琉球国王宣布他是日本的琉球藩王。1871 年，琉球船只在台湾海岸遇难，日本便以此为借口，于 1874 年发动侵略中国台湾的战争。1875 年，日本侵入朝鲜的江华岛。1876 年，日本强迫朝鲜订立《江华条约》。从此，日本侵略势力伸入朝鲜。1879 年，日本正式吞并琉球，将其改为冲绳县。

《大日本帝国宪法》

日本以天皇名义颁布的第一部宪法。1889 年颁布，1947 年颁布新宪法后被废除。它是在明治维新各项改革基本完成后，以德意志帝国宪法为蓝本制定的。由文告、发布宪法诏敕以及文本三部分组成。

宪法规定：天皇神圣不可侵犯，总揽任命内阁、立法、司法、行政、军事、财政、外交等权力。宪法规定议会由贵族院和众议院组成，前者由皇族、华族及敕任议员组成，后者由公选议员组成，但有财产资格限制。设置枢密院，名为天皇咨询机构，实为凌驾于议会和内阁之上的最高决策机关。

宪法还允许日本臣民在法律许可的范围内，享有言论、出版、集会和结社等自由，有服兵役和纳税的义务。帝国宪法的颁布和实施，确立了日本的君主立宪制，维护了地主、资产阶级联合专政的统治秩序，标志着以军部为核心的近代天皇制的形成。

日俄战争

甲午中日战争后，日、俄在远东的矛盾日趋尖锐。俄国联合法、德迫使日本放弃辽东半岛。1898 年，俄国强行租借旅顺和大连。1900 年，俄国出兵占领中国东北三省。1903 年 4 月，俄国拒绝从中国撤兵。1904 年 2 月 8 日，日本偷袭俄国太平洋舰队，日俄战争爆发。1905 年 3 月，日军在沈阳附近击溃俄军主力；5 月，俄国波罗的海舰队又在对马海峡遭日本海军伏击，几乎被全歼。此时，俄国国内爆发革命，美国担心日本过分强大而出面调停。9 月 5 日，双方代表在美国朴次茅斯签订和约。据此，日本夺取了中国辽东半岛和俄国库页岛南部，以及对朝鲜的独占权。日俄战争改变了远东国际关系的格局，俄国被削弱，日美矛盾开始突出。

浮世绘

浮世绘，也就是日本的风俗画，版画。它是日本江户时代（1603～1867 年，也叫德川幕府时代）兴起的一种具有独特民族特色的艺术奇葩，是典型的花街柳巷艺术。主要描绘人们日常生活、风景和演剧。浮世绘常被认为专指彩色印刷的木版画（日语称为锦绘），但事实上也有手绘的作品。在亚洲和世界艺术中，它呈现出特异的色调与风姿，历经 300 余年，影响深及欧亚各地，19 世纪欧洲从古典主义到印象主义诸流派大师也无不受到此种画风的启发。

歌舞伎

歌舞伎是日本典型的民族表演艺术，起源于17世纪江户初期，并发展为一个成熟的剧种，其演员只有男性。歌舞伎与能乐、狂言一起保留至今。

歌舞伎的始祖是日本妇孺皆知的美女阿国，她是岛根县出云大社巫女（即未婚的年轻女子，在神社专事奏乐、祈祷等工作），为修缮神社，阿国四处募捐。她在京都闹市区搭戏棚，表演《念佛舞》。这本是表现宗教的舞蹈，阿国却一改旧程式，创作了《茶馆老板娘》。阿国女扮男装，身着黑衣，缠上黑包头，腰束红巾，挂着古乐器紫铜钲，插着日本刀，潇洒俊美，老板娘一见钟情，阿国表演时还即兴加进现实生活中诙谐情节，演出引起轰动。阿国创新的《念佛舞》，又不断充实、完善，从民间传人宫廷，渐渐成为独具风格的表演艺术。

朝鲜

大院君改革

19世纪中叶，由于封建地主阶级的残酷剥削和压迫，朝鲜国内的阶级矛盾极其尖锐。同时，在封建统治阶级内部，各集团间的朋党倾轧也十分激烈，政变频仍。为了挽救李氏王朝的统治，1863年掌权的兴宣大院君推行改革。他对内标榜四色（当时朝鲜统治阶级内部的四个派别：老论、少论、南人和北人）平等，剪除外戚势力，禁止新设书院，以加强中央集权；对外强化早已实行的"锁国攘夷"政策，企图使朝鲜与外界隔绝，以防止外国资本主义势力的入侵。

《江华条约》

1875年9月，日舰"云扬号"驶入朝鲜的江华海峡，制造了所谓"云扬号"事件。次年2月，日军又侵入江华岛，强迫朝鲜签订"友好"条约。当时在位的闵氏集团被迫与日本侵略者签订了所谓的《日朝修好条规》，即《江华条约》，接着又签订了《朝日修好条规附录》《朝日贸易规则》等。按这些条约规定，除釜山外，朝鲜再向日本开放仁川、元山两港；朝日"自由"通商，日货免纳关税，日币在朝鲜各通商口岸可以自由流通，等等。《江华条约》是殖民主义者强加在朝鲜身上的第一个不平等条约。

壬午兵变

在日本侵略者与本国封建统治者的双重压榨下，广大人民的处境十分悲惨，各地接连爆发起义。1882年（壬午年）7月，汉城驻军数千人在柳万春、金长孙的领导下举行起义。起义军队攻进汉城后，占领了武器库，释放被捕的士兵和无辜群众，烧毁日本公使馆。起义军还冲进王宫，闵妃化装成宫女逃走。8月，起义遭到镇压。壬午兵变是朝鲜近代史上人民第一次反侵略反封建的武装起义，沉重地打击了日本侵略者和朝鲜封建统治者。

甲午农民战争

1894年朝鲜农民反封建和反外国侵略者的起义，又称东学党起义。1876年，日本强迫朝鲜签订不平等的《江华条约》，英、法、德、俄、意、奥亦援例签约。朝鲜变为半殖民地半封建的社会。

内政腐败，外患交迫，民不聊生，致使各地小规模的起义不断。甲午农民战争是朝鲜历史上规模最大的农民起义。

印度

黑洞事件

普拉西战役之前，孟加拉纳瓦布的西瓦吉与英国殖民者展开了激烈斗争。1856年6月初，西瓦吉率军攻占英国在卡西姆巴扎的商馆，6月16日，又统率5万大军包围了加尔各答。6月20日英国人投降。这时英军将领霍尔威尔声称，西瓦吉的手下人把146名英国俘虏塞进一间黑房子里。第二天打开房时只有23个人还活着。英国殖民者提出强烈的抗议。这就是历史上著名的"黑洞事件"。它被英国殖民者用作煽动民族仇恨、发动新的侵略战争的借口。"黑洞事件"发生一年以后，英国发动普拉西战役，占领孟加拉，并以孟加拉为基地，向印度沿海和内陆渗透，印度逐渐沦为英国的殖民地。

印度民族起义

19世纪中叶，印度各阶层和英国殖民者之间的民族矛盾迅速激化。1857年初，印度西北各省的农村中，传递着神秘的烤薄饼。2月，这种被看作起义信号的薄饼传到了德里城下。士兵中也开始传递同样象征的信号。5月10日，密拉特发生了以士兵为骨干的起义，起义者不久后进入古都德里，各地的起义迅速发展。起义波及北印度和中印度广大地区，中心是德里、坎普尔、勒克瑙等。从6月上旬到9月中旬，起义者进行了英勇的德里保卫战。9月中旬，在血战6天之后，德里陷落，印度民族起义转入相持阶段，游击战一直坚持到1859年。这次起义沉重地打击了英国的殖民统治，增强了印度人民的反英斗志，推动了印度民族独立运动的发展。

詹西女王

詹西女王拉克西米·芭伊是印度传奇式的民族女英雄。1857年印度民族大起义爆发后，詹西人民在女王芭伊的率领下，全体动员起来，投入战斗。她亲自率领起义军打死了英军在詹西的最高指挥官，占领了军火库，恢复了詹西土邦的独立。这引起英国殖民当局的极端仇视。英军再次进攻詹西，激烈的炮战持续了5天，英军虽蒙受惨重伤亡，但城内的起义军消耗更大，芭伊决定亲临战场，在守卫瓜寥尔城的战斗中，她一人同英军骑兵拼杀。敌人乱刀一齐向她砍来，一刀正中她的头部，但她仍然挥刀猛杀。又一刀砍在女王的胸口，就在落马的一刹那，她用尽全力把那个英国骑兵砍下马去。女王牺牲了，年仅23岁。

印度国大党

代表印度资产阶级和地主利益的民族改良主义政党，全称印度国民大会党。英国殖民官吏休谟于1885年12月28日在孟买所创，主要成员是地主、资本家、商人、高利贷者和资产阶级知识分子。成立之初，主张通过宪法的手段在印度实现立宪和代议政治，带有浓厚的改良主义色彩。19世纪末，随着大量的中小资产阶级及知识分子的加入，以提拉克为首形成激进派，主张印度独立。1905 年 10 月，针对殖民当局分割孟加拉省的法令，掀起全国规模的抗议活动，并发展为抵制英货、提倡国货的运动。次年，在激进派坚持下，国大党第一次提出"自治、提倡国货、抵制英货、民族教育"四点纲领。1907 年，温和派和激进派分裂。1916 年，两派重新联合。国大党成立初期，揭露了英国官吏的专横残暴，要求自治、独立，唤醒了印度人民的民族意识。

泰戈尔

罗宾德拉纳特·泰戈尔（1861~1941 年），印度著名诗人、文学家、作家、艺术家、社会活动家、哲学家和印度民族主义者，生于加尔各答市一个有深厚文化教养的家庭，属于婆罗门种姓。1913 年他凭借宗教抒情诗《吉檀迦利》获得诺贝尔文学奖，是首位获得诺贝尔文学奖的印度人（也是首个亚洲人）。他与黎巴嫩诗人纪伯伦齐名，并称为"站在东西方文化桥梁的两位巨人"。泰戈尔是向西方介绍印度文化和把西方文化介绍到印度的很有影响的人物。

泰戈尔与印度近代文学

19 世纪末，印度出现了一位杰出的文学家泰戈尔。他是世界著名的诗人和作家，14 岁开始写诗，1881 年出版了第一部诗集《黄昏之歌》，从此声名大振。他一生创作了 2000 首诗歌，出版了 50 部诗集，写了长篇和中篇小说 12 部，短篇小说 100 余篇，剧本 20 余种，还写了许多政论和哲学论文。他的代表作有《飞鸟集》《故事集》等。他的作品格调明朗，技巧高超，主题大多为歌颂民族英雄、宣扬爱国主义、深切同情劳动人民、提倡民族大团结等。

印尼、伊朗、奥斯曼、越南

苏拉巴蒂起义

印度尼西亚盛产香料，因而为欧洲殖民者所垂涎。从 16 世纪末开始，荷兰人便侵入印度尼西亚。他们疯狂的掠夺激起了印尼人民不断的反抗。17 世纪末，苏拉巴蒂领导的反荷起义爆发。苏拉巴蒂在勃艮安起事，随后占据了巴苏鲁安。他得到了当地农民的广泛支持，其辖区日益扩大。1706 年在与东印度公司的战役中，苏拉巴蒂受伤后不久去世。荷军重新占领了巴苏鲁安，起义军的势力被大大削弱。此后，苏拉巴蒂的子孙们坚持与荷兰殖民者斗争了几千年。

爪哇人民大起义

1825 年，蒂博尼哥罗在斯拉朗发动了武装起义。他号召人民共同消灭荷兰殖民者，数日内有近 6 万农民响应起义。起义军很快占领了日惹附近地区，并包围了马吉冷和荷军大本营日惹。起义军的节节胜利，大大鼓舞了爪哇广大地区的人民群众。抗荷斗争不仅波及日惹王国，而且蔓延到其他地区，几乎席卷了爪哇岛的中部和东部。在荷兰殖民者的残酷镇压下，人民大起义于 1830 年前后失败。蒂博尼哥罗领导的反荷起义歼灭了约 1.5 万名殖民军，给荷兰殖民者以沉重打击。

巴布教

巴布教是从伊斯兰教的一个教派发展而来的，它的创始人赛义德·阿里·穆罕默德 1820 年出生于一个棉布商人家庭里。穆罕默德自称为"巴布"。"巴布"的意思是门，表示真主的意志要通过此门传达给人民。1847 年，巴布自称为先知，写了一本《默示录》。《默示录》里，巴布宣称一切人都是平等的，并预言一个公正的王国即将到来。同时，巴布还提出许多符合商人利益的主张，如欠债必还，用法律手段限定高利贷的利息，统一货币制度，改良邮递方式等。起初，巴布只是把注意力集中在国王和官吏身上，没有面向广大下层人民，影响还不大。1847 年，巴布被捕之后，巴布教徒也受到迫害。巴布教开始向下层人民进行宣传，开始赢得广大人民的热情支持，巴布教的影响也日益扩大。

奥斯曼帝国的衰败

到 17 世纪中期，土耳其人建立的奥斯曼帝国还是幅员辽阔的军事封建国家。由于统治者只注重军事，帝国的经济逐渐衰落，人民生活日益穷困，统治集团却依然穷奢极欲，导致人民起义不断爆发。到 18 世纪后半期，帝国境内被压迫民族掀起了争取独立的斗争。统治阶级内部也出现了混乱，帝国面临土崩瓦解的局面。随着奥斯曼帝国的衰落，俄、奥、英、法等列强乘机对其侵略。从 17 世纪末到 18 世纪末，俄国夺取了土耳其许多领地。法、英等国则与土耳其签订了一系列不平等条约。19 世纪，奥斯曼帝国已经濒临瓦解。

越南勤王运动

19 世纪末 20 世纪初，越南人民反抗殖民者的斗争达到高潮。越南统治集团内部也分化出了主战派。1885 年，阮朝大臣尊室说在顺化发动起义，袭击殖民军。阮朝皇帝成宜帝也来到顺化，发出檄文，号召各地文绅"勤王"。1885～1896 年，各地爱国文绅和封建官吏纷纷响应，从北圻的兴安、清化，到中圻的广治、平定，勤王运动此起彼伏，持续不断。由于各地勤王起义分散孤立，最后都以失败告终，成宜帝也被流放到阿尔及利亚。

17～19 世纪的非洲

蒙巴萨反抗葡萄牙

16 世纪初，葡萄牙人用极其野蛮的手段征服了东非沿岸城市。1631 年，蒙巴萨苏丹带头起来反抗葡萄牙的残暴统治。他率领部队杀死了葡萄牙殖民行政长官。奔巴岛和东非沿海其他城镇相继响应。经过反复斗争，1698 年，葡萄牙终于被赶出蒙巴萨，次年又从鲁伍马河以北完全撤出，龟缩于莫桑比克。葡萄牙从此在非洲一蹶不振。

黑奴贸易的兴盛

欧洲殖民者在征服美洲的过程中，大批屠杀印第安人，致使美洲人口锐减。利欲熏心的贵族商人看到美洲劳动力的不足，便将非洲黑人运到美洲以牟取暴利。15 世纪40 年代，葡萄牙殖民者开创了兜捕和贩卖黑人为奴的先例。到 16 世纪，兜捕和贩卖黑奴的规模越来越大。1502 年，第一批黑人被贩运到美洲圣多明各岛。1513 年，西班牙国王正式颁发执照允许贩卖黑人。从此，贩卖黑奴就成了由政府支持的"合法"行业了。16 世纪初到 18 世纪末是贩卖黑人的"兴盛"时期。

埃及穆罕默德·阿里改革

埃及人民战胜法国侵略者后，1805年，地主商人穆罕默德·阿里夺取了政权。他在执政期间，实行了一系列改革措施，主要有：改革土地制度，发展工业，建立新军，改革文化教育。穆罕默德·阿里的改革，促进了生产力的巨大发展及阿拉伯文化的繁荣，培养了一批接受西方资产阶级思想和科学技术的知识分子，加强了国家的统一，对埃及历史产生了重大影响。

埃土战争

穆罕默德·阿里为了维护地主商人的利益，不断发动对外扩张战争。1831年，埃及与奥斯曼发生冲突，埃及遂出兵叙利亚，占领耶路撒冷、大马士革等地，并向小亚细亚推进，直逼君士坦丁堡。后因沙俄出面干涉，双方签订停战条约。1839年，第二次埃土战争爆发，土军渡过幼发拉底河，向叙利亚推进，打到了阿勒颇。6月初，埃及军队展开反攻，并在尼西布战役中歼灭了土耳其军队的主力。7月4日，土耳其海军投降。这时，英国等殖民国家出兵干涉，埃及屈服，并沦为欧洲列强的半殖民地。

利文斯顿在南非的探险

1840年，利文斯顿受"伦敦传教协会"的派遣，到南非传教。他用了33年时间，先后4次深入南非，进行探险和考察。1854~1856年，他横越南部非洲大陆，完成了从大西洋到印度洋的探险。在考察期间，他先后发表过《传教旅行》《赞比西河及其支流》等。利文斯顿的探险，揭开了"非洲心脏"的秘密，有助于世界对南非自然和社会状况的了解。

利比里亚独立

美国为了扩张势力，企图在废奴的旗号下，建立新的殖民地。1821年，"美国殖民协会"在今蒙罗维亚建立美国黑人移民区。1824年，这个新的殖民地被称为利比里亚。1841年，黑人约瑟夫·罗伯茨开始领导黑人争取独立。1847年7月，罗伯茨在蒙罗维亚召开人民大会，宣布利比里亚独立，并以美国宪法为蓝本制定了一部新宪法，规定利比里亚为共和国。罗伯茨当选为第一任总统。但是，美国拒绝承认利比里亚的独立，直到1862年，林肯政府才予以承认。

埃塞俄比亚西奥多改革

19世纪上半叶，埃塞俄比亚处于分裂割据时代。出身于贵族家庭的卡萨逐渐统一了全国，并于1855年称帝，是为西奥多二世。西奥多二世上台后推行了旨在推动国家进步的改革。改革的主要内容有：削弱诸侯权力，加强中央集权；休养生息，发展经济；建立一支新式军队。西奥多二世的改革，触动了封建主的利益，一些封建诸侯发动叛乱。英国乘机于1867年进攻埃塞俄比亚，在马格达拉平顶山一战中，西奥多被困，自杀身亡。

阿拉比抗英

埃及资产阶级对伊斯梅尔的卖国政策和外国资本的经济侵略深感不满，资产阶级民族主义思潮兴起。"青年埃及协会"的领导者阿拉比于1879年将该协会与"祖国协会"联合，建立了祖国党。此后，阿拉比先后向政府请愿、示威，要求撤换内阁，实施宪法。1881年，政府被迫解散内阁，重新组阁，任命阿拉比陆军大臣兼海军大臣。新内阁颁布宪法，又采取一系列措施大大削弱了英、法财政监督的权力。英、法侵略者立即以武力相威胁。1882年英国重兵攻陷亚历山大港，之后占领开罗。阿拉比被放逐到锡兰，抗英斗争失败。

马赫迪反英大起义

1881年，苏丹穆罕默德·艾哈迈德自称"马赫迪"（救世主），号召人民进行"圣战"，赶走外国侵略者，并于12月发动了武装起义。1883年11月，起义军歼灭英国远征军1万多人。1885年1月，攻克首都喀土穆，击毙殖民头子戈登。6月，马赫迪病逝后，其弟子和助手阿卜杜拉继位。阿卜杜拉自称哈里发，把苏丹建立成独立的封建神权国家，定都恩图曼。起义领袖将没收的大地产据为私有，封建等级关系取代了起义时期的公产平均制度。1896年，英、埃联军大举入侵苏丹。1898年9月，恩图曼陷落。1899年11月，阿卜杜拉战死，起义最后失败。这次起义是非洲近代史上最大的反殖武装起义，极大地鼓舞了非洲人民的反帝斗争。

马赫迪

马赫迪（1844~1885年），苏丹马赫迪起义领袖，马赫迪国缔造者。原名穆罕默德·艾哈迈德·伊本·阿卜杜拉。生于栋古拉以南拉巴卜岛一个造船工人家庭。早年钻研伊斯兰教义，苦心修行，游历传教，熟谙人民疾苦。1881年6月自称先知派来的救世主马赫迪，号召人民开展圣战，推翻埃及统治。同年8月发动起义，率义军歼灭埃及军队120余人。后转战西部山区，并派密使发动各地起义。他善于鼓动，精于谋略，攻城多用围困战法，野战多用伏击、奇袭等战术。1883年1月攻占苏丹第二大城市欧拜伊德，11月在希甘地区伏击英埃远征军，歼敌近万人。1885年1月攻陷首都喀土穆，击毙殖民总督戈登。同年6月定都恩图曼，建立马赫迪国。不久病逝。

埃塞俄比亚抗意战争

1889年5月，埃塞俄比亚同意大利签订了《乌查利条约》。其中第十七条规定埃塞俄比亚在与其他欧洲国家交往时，"可以"请求意大利协助。但意大利故意将"可以"改为"同意"，进而曲解为"必须"。1890年，意大利据此宣布对埃塞俄比亚实行"保护"。1895年又对埃塞俄比亚发动了大规模的侵略战争。这年9月，孟尼利克二世发表《告人民书》，表示要抗敌卫国。1896年3月，埃塞俄比亚人民取得了阿杜瓦会战的胜利，意大利侵略军伤亡1.1万人，4000人被俘。意大利被迫在10月缔结和约，承认埃塞俄比亚是独立的主权国家，并给予赔偿。埃塞俄比亚抗意卫国战争的胜利，是非洲军队第一次击败占优势的帝国主义军队。它保卫了民族独立和国家主权，鼓舞了非洲人民的反帝斗争。

英布战争

布尔人是荷兰在南非移民的后裔，19世纪在南非建立了三个国家：德兰士瓦共和国、奥伦治自由邦和纳塔尔共和国。19世纪末，英国为实现连接它在非洲南北的殖民地"二C计划"，以开普敦为据点，大肆向北推进。为争夺南非，英国殖民者与布尔人之间不断发生冲突。

1843 年英国吞并纳塔尔共和国后，企图吞并其他两个共和国。1897 年，两个共和国签订军事同盟条约，联合对付英国。双方加紧备战。1899 年 10 月 9 日，布尔人要求英国撤走集结在德兰士瓦边境的军队，将双方争端交第三者仲裁，遭到英国拒绝。10 月 11 日，布尔人向英军发起进攻，战争爆发。战争初期，布尔人取得一些胜利。攻入开普敦和纳塔尔。至 1900 年，英军继续派遣增援部队，战局有利于英军。同年 3 月，英军攻占布隆方丹，宣布兼并奥伦治。6 月以后相继攻占约翰内斯堡、比勒托利亚。9 月，宣布兼并德兰士瓦。布尔人转而进行游击战争，骚扰和打击英军。英军大规模增援。战争中双方损失惨重。经荷兰政府出面调停，双方于 1902 年 5 月签订了《韦雷尼京和约》，布尔人承认英国的统治权；德兰士瓦和奥伦治划归英国，英国赔偿布尔人 300 万英镑。1910 年两地并入南非联邦，成为英国的自治领。

南非重建

为了恢复金矿生产，英国政府与清政府于 1904 年签订《保工章程》，招募 6 万多名华工到德兰士瓦。1905 年，南非的黄金生产超过之前水平。在政治上，英国重提"联邦"方案。1908 年召开了开普、纳塔尔、德兰士瓦和奥兰治 4 个地区代表的国民会议，就"联邦"问题达成了协议。会议决定，联邦议会设在开普敦，行政首都设在比勒陀利亚，司法首都设在布隆方丹。1909 年，英国国会公布了南非法案。1910 年 5 月 31 日，南非联邦正式宣告成立。

现代文明

第一次世界大战刚刚结束，野心勃勃的德、意、日便沆瀣一气，将整个世界拖向第二次世界大战的深渊。但正义终将战胜邪恶。随着邪恶轴心的覆灭，和平再次降临人间。

十月革命和苏联的建立

二月革命

1917 年，俄国爆发资产阶级民主革命，因此次革命爆发于俄历二月，因此被称为"二月革命"。在第一次世界大战爆发之后，俄国社会矛盾重重，经济也走到了崩溃的边缘。1917 年 3 月 3 日，彼得格勒（今圣彼得堡）的工人举行罢工示威，之后几天，工人们越聚越多，形势愈发紧张。10 日，这次罢工已经升级为政治总罢工，其目的是反对饥饿、反对帝国主义战争、反对沙皇制度。沙皇政府对此实施武力镇压，甚至开枪射击参加罢工的工人，罢工进一步升级为武装起义。12 日，彼得格勒全城都燃起了起义之火，之后便迅速席卷全国。15 日，末代沙皇尼古拉二世无奈之下宣布退位，不过他推举了皇位继承人，那就是他的弟弟米哈伊尔·亚历山德罗维奇·罗曼诺夫大公。可是因为彼得格勒的全部军队都与示威者站在同一战线，3 月 17 日，大公拒绝继承皇位，于是，统治俄国三百余年的罗曼诺夫王朝宣告灭亡。二月革命之后，俄国出现了两个政权同时存在的局面，两个政权分别是工农兵代表苏维埃和资产阶级临时政府。

《四月提纲》

俄国新成立的资产阶级临时政府并不打算从一战中抽身，反而调转枪口对付苏维埃政府和反战的群众。此时，布尔什维克党的领袖人物列宁结束了在外流亡的生活，返回俄国。1917 年 4 月，布尔什维克代表会议正式召开，列宁在会上做了《论无产阶级在这次革命中的任务》的报告，也就是《四月提纲》。提纲主要内容如下：俄国资产阶级民主革命大体上已完成，此时应该向社会主义革命阶段过渡，使无产阶级和贫苦农民的专政得以实现；新建立的国家政权形式不应该是议会制共和国，而应该是苏维埃共和国；提出了两个口号——"绝不支持临时政府"和"苏维埃享有全部政权"。在经济上，列宁认为应该把地主的土地统统没收，实现土地和银行国有化，应由工农兵代表苏维埃对社会生产和分配进行监督。《四月提纲》意义重大，它对俄国从资产阶级民主革命过渡到社会主义革命的路线、方针和策略都进行了规定，指引着俄国革命向前发展。

十月革命

俄历 10 月 25 日，也就是 1917 年 11 月 7 日，在列宁和布尔什维克党领导下，俄国首都彼得格勒的工人赤卫队和士兵率先发动了武装起义。起义军的信号是在涅瓦河上停泊的"阿芙乐尔号"巡洋舰的炮声，信号发出后，起义军开始进攻冬宫，并在深夜时攻破冬宫，将临时政府成员逮捕，临时政府总理克伦斯基逃跑，临时政府垮台。是夜，全俄苏维埃代表大会在斯莫尔尼宫召开，会议宣布临时政府垮台，由苏维埃掌握中央和地方全部政权。次日，列宁在大会上做工作报告，《和平法令》和《土地法令》也在大会上获得通过，大会还宣布第一届苏维埃政府——人民委员会正式成立，由列宁担任主席，世界上第一个社会主义国家由此诞生。彼得格勒武装起义的成功，为苏维埃政权胜利前进创造了极佳的条件。

《和平法令》

《和平法令》是俄国苏维埃政府推行的首个重要的对外政策法令，它由列宁起草，于1917 年 11 月 8 日在全俄工农兵苏维埃代表大会上获得通过并颁布。《和平法令》建议第一次世界大战全部参战国马上停战，进行公平民主的和谈，争取达到不割地、不赔款的和平局面；号召英、法、德三国工人阶级，要不惜一切代价为和平事业和反剥削奴役的事业而奋斗。社会主义国家对外政策的基本原则在《和平法令》中首次公布。1918 年 3 月初，苏维埃俄国和德国签署《布列斯特和约》，宣告正式退出第一次世界大战。

"战时共产主义"政策

从 1918 年 3 月开始，新生的苏维埃俄国便遭到了协约国的大规模武装干涉，俄国国内反革命势力也趁火打劫，发动叛乱，俄国国内战争正式爆发。1918 年 9 月 2 日，全俄苏维埃中央执行委员会宣布苏维埃共和国是"统一的军营"，要求以"全部为了前线，全部为了打倒敌人"为指导原则，将各项工作都转到战时轨道上。为了全力支援战争，苏维埃政权实施了一系列非常措施：开展余粮收集制，即农民必须把粮食和其他农产品依照规定的数量上交国家；在工业上，大工业和中等工业都收归国有，对小工业开展国家监督；不再实施自由贸易，粮食和日用工业品均需配给；在全国成年人中实行义务劳动制，等等。这些政策被统称为"战时共产主义"政策，这些政策的推行，也是出于战争和经济被破坏的无奈之举。它所起到的作用十分显著，有力地捍卫了苏维埃政权，为国内战争的胜利打下了坚实的基础。

新经济政策

1920 年末，俄国人民肃清了国内的反动势力，并击溃了协约国的武装干涉，国内战争以胜利告终。然而战争结束之后，"战时共产主义"政策非但没有收缩或解除，反而被加强了，于是一系列严重问题相继出现，俄国经济处于崩溃边缘，人民生活在水深火热之中。尤其是广大农民开始强烈抵制余粮收集制，他们提出自由经营和自由贸易的要求，却被政府断然拒绝，反苏维埃的农民暴动和骚乱在许多地区爆发，军队也受到了影响。苏维埃政府开始重视这些情况，列宁也亲自开展调查。他们最终认识到，为了与新环境相适应，苏维埃政府必须对经济政策予以调整和改变。1921 年 3 月，在列宁的建议下，俄共（布）第十次代表大会通过了"新经济政策"，以解决国内问题，实现向社会主义的平稳过渡，政策规定：废除余粮收集制，用征收粮食税代替；农民可以使用土地、出租土地以及雇佣工人；产品交换和私人在地方范围内进行的商业活动不受限制；重建国家银行，对货币流通事务进行统一管理，并进行货币和财政改革；私人可以经营中小企业和国家暂时没能力兴办的企业，外国资本家可以在俄国经营租让企业或与苏维埃国家组织合营股份公司。新经济政策的颁布，使俄国的生产力水平得到提高，得到了广大人民，特别是农民的支持，工农联盟得到了进一步的巩固，顺利缓解了国内矛盾。截止到 1925 年，苏俄国民经济基本上恢复到战前状态。

苏联的建立

十月革命胜利以后，不仅俄国成立了苏维埃政权，一些独立的苏维埃政权也在非俄罗斯民族和地区相继成立。在苏俄国内战争阶段，为了对共同的敌人进行打击，各苏维埃政权紧密团结在布尔什维克党的周围，形成了军事政治联盟。战争取得胜利之后，列宁提出一个建议，那就是以自愿平等为前提，成立"苏维埃社会主义共和国联盟"。1922 年 10 月，俄共（布）中央十月全会审议通过了列宁的建议。同年 12 月，苏维埃社会主义共和国联盟第一次代表大会顺利召开。1924 年 1 月，苏联第一部宪法在苏维埃社会主义共和国联盟第二次代表大会上获得通过，如此一来，苏维埃社会主义共和国联盟的形式在法律上得以固定。

第一次世界大战之后的世界

巴黎和会

一战结束后，如何瓜分胜利果实成为摆在协约国阵营面前的首要问题。1919 年 1 月 18 日，协约国集团召集交战各国在法国巴黎凡尔赛宫召开会议，讨论如何拟定对战败国的和约，以及如何建立战后国际新秩序。参加巴黎和会的国家有 27 个，与会代表

1000多人。会议对外宣称要通过媾和使世界保持永久和平，而其实质却是美、英、法、意、日五国对战争赃物进行分配和对世界进行重新瓜分。和会的最高委员会共设10名委员，英国、法国、美国、意大利、日本五国各有两人出任，也被称为"十人委员会"，后来日本和意大利先后退出，整个局面由美国总统威尔逊、英国首相劳合·乔治、法国总理克列孟梭共同主持。三个人各怀心思，在和会上极力捍卫自己国家的权益。法国为了确保自己在欧洲大陆的霸主地位不被动摇，想要分割德国领土。英国既想对德国的经济实力进行限制，又不愿使德国被过分削弱，因为英国还要以德国来制约法国。美国为了成为世界霸主，企图通过"十四点纲领"来操控会议。在进行了几个月的拉锯战以后，由于世界各地革命形势高涨，主要战胜国勉强达成了协议，拟定了对德和约。而早在4月30日，德国代表团便被召至巴黎，可是一直到5月7日，才允许其进入和会。为保护本国利益，德国代表团提出了修改和约的请求，但被拒绝，不得已之下，只好无条件接受和约。6月28日，《协约及参战各国对德和约》也就是《凡尔赛条约》，于凡尔赛宫镜厅正式签署。按照和约的规定，德国的军备受到限制，要将很多土地割让给战胜国，交付巨额赔款，德国的殖民地也被协约国瓜分。另外，巴黎和会还有一个重要议题，即从经济上对苏俄实施封锁，以达到将苏维埃俄国扼杀在萌芽阶段的目的。

巴黎和会原本是为解决战后问题、奠定战后和平而召开的大会。不过，这个会议不但没有解决各国列强争夺殖民地、谋取世界霸权的矛盾，反而因对德国的苛刻勒索，而在德国人心中埋下了仇恨的种子。正如法国元帅福煦所说："巴黎和会并没有创造和平，只是带来了二十年休战而已。"

凡尔赛体系的建立

在签署了《凡尔赛和约》之后，协约国又先后与奥地利、保加利亚、匈牙利、土耳其等战败国签署了和约。1919年9月10日，协约国与奥地利签署《圣日耳曼条约》，它规定匈牙利不再归奥地利管辖，而成为独立国家，奥地利承认捷克斯洛伐克、塞尔维亚—克罗地亚—斯洛文尼亚王国（1929年改称南斯拉夫）的独立国家身份，不允许德奥合并；1919年11月27日，协约国与保加利亚签署《纳伊条约》，它规定保加利亚分别向罗马尼亚、塞尔维亚—克罗地亚—斯洛文尼亚王国和希腊割让大片领土，并失去通往爱琴海的出口；1920年6月4日，协约国与匈牙利签署《特里亚农条约》，它规定匈牙利把2/3左右的领土分别割让给罗马尼亚、塞尔维亚—克罗地亚—斯洛文尼亚王国、捷克斯洛伐克及奥地利；1920年8月10日，协约国与土耳其签署《色佛尔条约》，奥斯曼帝国约3/4的领土丧失，其中大多数成为英、法等国的殖民地或保护国，只不过表面假称是"国联委任统治"。以上这一系列和约均是由协约国与德国及其盟国签署的，它们共同形成了对战败国领土及其殖民地重新分割的体系。因为《凡尔赛和约》在其中占有很大的分量，所以这个体系被称作"凡尔赛体系"。

华盛顿会议

为了重新对远东和太平洋地区的殖民地和势力范围进行划分，由美国提议，美、英、日等国家于1921年11月12日至1922年2月6日，在华盛顿再次召开了一次国际会议。从本质上来说，华盛顿会议是巴黎和会的延续，其目的是解决《凡尔赛和约》

未能妥善处理的关于限制各国海军军备的问题，以及各国在远东、太平洋地区，尤其是在中国的利益纠纷。会议表面上宣称将一切秘密外交废除，但其实一切重大问题均是事先商定好的，商定者当然是美、英、法、日四国的代表团。通过这次会议，《四国条约》《五国海军条约》《九国公约》等条约得以签署，与中、日问题相关的一些协定获得通过。

华盛顿会议上签署的这些条约，对《凡尔赛和约》中的某些条款进行了修改和补充，对于巴黎和会上悬而未决的一些问题也进行了处理，使得第一次世界大战后帝国主义列强在亚太地区新的国际关系结构得以确立，这新的关系结构被称作"华盛顿体系"。华盛顿体系的形成，标志着帝国主义战胜国完成了他们在全世界范围内对世界秩序的重新构建。由凡尔赛体系和华盛顿体系构成的国际关系新格局，历史上被称为"凡尔赛—华盛顿体系"。

缺乏"安全感"的法国

《凡尔赛和约》的签订，为法国提供了切实的安全保证，不过法国并未感到安心，关于具体原因，主要有两方面，一是德国并未被彻底肢解，二是英、美两国并未以条约形式对法德边界给予保障。因此，法国依旧为获取安全感而不断努力。法国对付德国的手段，最常用的就是与他国结盟，不过战后英国不再和法国结盟，法国的盟友只能从德国周边的中小国家中选取。在 1920 至 1924 年这段时间，法国相继和比利时、波兰、捷克斯洛伐克签署了军事协定或同盟条约，如此便形成了一个由法国牵头、以德国为针对目标的同盟体系。除此之外，法国还和捷克斯洛伐克、罗马尼亚、南斯拉夫构建了"小协约国"，为的是提高自己的影响力，对德国进行限制，抵制苏联。除去这些举措，为了有效防卫德国，自 1928 年始，法国还利用 8 年的时间，花费巨资建造了一条马其诺防线。

英国的衰落

第一次世界大战使英国付出了沉重的代价。战后，英国失去了其海上霸主的地位。而其在经济上遭受的损失则更为惊人。数据表明，经过这场战争，英国的物质损失达 5.7 亿英镑之多，并损失掉将近 1/4 的海外投资。战争之前，英国是美国的主要债权国，然而战争使英国国债迅速增加，使英国变成了美国的债务国。本来是世界唯一金融中心的伦敦也风光不再，而随着英国金融实力的衰弱和国际金融地位的下降，本来具有稳定地位的英镑也不再坚挺。为了使经济尽快复苏，英国政府一方面着手改革财政，一方面加速资本和生产的集中，以缓解内部竞争，提高英国产品在世界市场中的竞争力。然而这些政策并未达到预期目标，1920 至 1930 年这十年中，在资本主义世界经济中，英国所占比重持续下降，1913 年其工业生产占比为 14%，到 1930 年，这个数值下降到 10%。

经济的持续萧条还导致了英国国内政局发生了变化。在 1924 年之前，英国政权始终由自由党和保守党轮流执掌。战后两党的分歧加大，彼此拆台，谁都不愿支持对方组织政府。1923 年，工党领袖雷姆赛·麦克唐纳获得了自由党的支持，成立了第一届工党政府，工党第一次成为英国的执政党。工党上台后，在资产阶级所能接受的范围内，推行了一些对劳动人民有利的福利措施，不过对于某些实质问题，工党的政策相对于保守党、自由党来说，几乎没有任何改变。不到一年的时间，工党的执政便宣告完结。

德国建立魏玛共和国

1919 年 1 月 19 日，德国的国民议会选举大幕正式拉开，在总共的 421 个席位中，社会民主党获得 163 个，高居榜首，仅有 22 个席位被独立社会民主党获得，而德国共产党对这次选举持抵制的态度。2 月 6 日，国民议会于魏玛召开，宣布建立共和国，历史上称之为"魏玛共和国"。2 月 11 日，经过国民议会的选举，艾伯特当选总统。社会民主党联合民主党和人民党共同组阁，总理一职由谢德曼担任。6 月，总理一职由鲍威尔接任，他派遣时任外交部长的米勒去巴黎签订《凡尔赛和约》。7 月 31 日，新宪法《魏玛宪法》在国民会议上获得通过。相较于之前的宪法，这部宪法有了一定进步，它是德国历史上第一部资产阶级宪法。魏玛共和国时期，德国的资产阶级在政治活动中的分量变得越来越重，不过由于受到左派与右派极端分子的威胁，共和国建立之初就有诸多隐患：左派指责社会民主党以出卖工人利益为代价阻止共产革命；右派对民主制度极其反对，要求德国重返以前帝制的态度很坚决。

意大利法西斯政权的建立

与欧洲其他主要国家相比，意大利一直都比较贫弱。虽然是第一次世界大战的战胜国，但意大利并没有从战争中捞到什么好处，反而在战后陷入了严重的经济和政治危机当中，一时间国内民族主义情绪开始泛滥。广大民众对政府的无能颇有微词，他们强烈希望有强大的政府和铁腕人物来执掌意大利的政局，并以武力开疆拓土。

正是在此种历史背景下，意大利的法西斯势力强势崛起。1919 年 3 月，墨索里尼成立"战斗的意大利法西斯"组织。1921 年 11 月 7 日，"战斗的意大利法西斯"组织在罗马举行了第三次代表大会，大会正式宣布组织更名为"国家法西斯党"，并确定了党徽、纲领等，墨索里尼被选为该党总裁。罗马代表大会结束以后，墨索里尼和国家法西斯党开始了夺取意大利国家政权、建立法西斯独裁统治的行动。1922 年 10 月，墨索里尼指挥该党的准军事组织"黑衫军"进军罗马，以武力夺取政权。10 月 31 日，墨索里尼出任内阁总理一职，第一届法西斯政府正式成立，意大利走上了法西斯专政的道路。

美国的"柯立芝繁荣"

被第一次世界大战所累，英、法、德等欧洲国家的经济都遭受重创，如此一来，美国便获得了对外扩张的绝佳机会。借助第一次世界大战，美国大肆敛财，由原来的债务国摇身一变成为债权国，进而取代欧洲成为世界经济霸主，美国城市纽约也一跃成为世界金融中心之一。在这段时期内，美国以技术革新、资本更新为手段，再加上对企业生产进行合理的管理，使得生产效率得到大幅度提高，进一步加快了经济发展的脚步。在 1923 至 1929 年秋，美国每年的生产率增长幅度有 4% 之高；工业生产差不多实现了翻番；国民总收入在 1919 年为 650.9 亿美元，到 1929 年达 825.1 亿美元；人均收入在 1919 年为 620 美元，到 1929 年达 681 美元。

工业生产的迅猛发展是此次美国经济繁荣的主要特征，尤其是汽车工业、电气工业、建筑业和钢铁工业发展势头极其强劲。以汽车为例，从 1919 至 1929 年，其实际生产量增长了 255%, 汽车数量也由 1050 万辆增长到 2600 多万辆。从美国普通大众的角度来看，这一时期失业率降低，生活水平有了显著提高，收音机、洗衣机、小汽车等生活消费品走进了千家万户。聚集了大量人口的大城市越来越多，人们建造了众多高耸入云的摩天大厦，蔚为壮观。因为这个经济高速发展的繁荣时期，美国的执政者是柯立芝总统，所以历史上称之为"柯立芝繁荣"。不过，表面风光无限的"柯立芝繁荣"背后也潜藏着诸多隐患，尤其是农业发展始终滞后，采煤、造船等旧工业部门产能不足，还有国民收入分配不均、贫富差距越来越大等，这些都给美国人的幸福生活蒙上了一层挥之不去的阴影。

亚非拉民族民主运动

土耳其资产阶级革命

在第一次世界大战中，土耳其成了战败国，等待它的是被协约国瓜分的命运。为了使民族独立主权不被侵犯，以及建立民族国家，一场资产阶级革命运动在凯末尔的领导下轰轰烈烈地展开了。1918 年，反抗英、法占领者的游击斗争率先由土耳其安纳托利亚农民发起。1919 年，为了更好地领导民族解放运动，凯末尔将各地的护权协会统一起来，成立了土耳其民族代表委员会。1920 年，在凯末尔的带领下，土耳其民族资产阶级与苏丹政府正式决裂，建立国民政府，临时总统和国民军总司令由凯末尔兼任。新政府奉行"主权在民"的原则，宣布《色佛尔条约》等苏丹政府与外国签署的条约不具效力。这一年，新政府还大败苏丹哈里发军。1922 年，希腊军队在英国的支持下入侵土耳其，新政府奋起抗击，取得了最后的胜利，协约国不得不在 1923 年与土耳其签署《洛桑条约》，对土耳其本土的主权统一与领土完整予以承认。

取得民族独立解放之后，土耳其人将奥斯曼帝国一举推翻，建立了土耳其共和国，总统一职由凯末尔担任。之后，凯末尔政府实行了多项资产阶级民主改革措施：废除苏丹制度，采取政教分离制度；大力发展资本主义民族经济；发展世俗教育，开展文字改革，不再使用阿拉伯字母，改由拉丁字母代替；将各种陈规陋习废除等。这些资产阶级性质的社会改革举措，使土耳其的独立地位得以巩固，并逐渐迈上民族复兴之路。

印度的"非暴力不合作"运动

"非暴力不合作"思想学说的创立者是印度民族主义者莫罕达斯·卡拉姆昌德·甘地，这一学说形成于甘地早年在南非从事律师工作期间。甘地认为，印度必须从英国的统治中独立出来，不过独立的手段并非一般意义上的武装斗争，而是采用和平的方式，即对英国殖民者实施"不合作"和"非暴力的抵抗"，这种斗争方式被称为"非暴力不合作运动"。1915 年，甘地结束了国外的生活，返回印度，开始对自己的理论学说进行大力宣传。

第一次世界大战之后，印度的民族独立运动达到巅峰，英国殖民当局只是一味武力镇压。1919 年，印度群众举行抗议集会，殖民当局向人群射击，将近 400 名群众身亡，这便是耸人听闻的"阿姆利则惨案"。1920 年 12 月，甘地提出的"非暴力不合作计划"，获得印度资产阶级政党国民大会党通过，宣布不再奉行大战期间同英国合作的政策，而要运用"和平和合法的手段"使印度获得自治。不合作运动主要措施如下：放弃英国之前授予的爵位、封号和名誉职位；对法院和司法机关予以抵制，罢课，罢业；不购买英国布匹，"家家户户恢复手工纺织"；循序渐进地开展抗税活动。在20世纪20年代到30年代这段时间，非暴力不合作运动几经起落，曾一度发展成为全印度范围内规模最大的群众运动，给予了英国殖民统治以沉重打击，使印度人民的民族自尊心和自信心得到普遍增强。

埃及华夫脱运动

第一次世界大战爆发后，英国为了进一步控制和奴役埃及，宣布埃及为自己的保护国。战争结束以后，英国并未放松对埃及的控制，埃及人民对此极其不满，于是展开抗争运动。华夫脱党（"华夫脱"音译自阿拉伯语"代表团"）是埃及最主要的资产阶级政党，该党提出以和平手段争取埃及的独立，得到了埃及人民的普遍支持。

1918年冬，埃及资产阶级民族运动领袖、华夫脱党创立人扎格鲁尔等人向英国殖民当局提出抗议，要求英军从埃及撤离，承认埃及是独立国家。他们还成立代表团，做好了到伦敦与英国政府谈判的准备，甚至提出了到巴黎和会申诉的要求。1919年春，英国殖民当局不仅对这一合理要求直接否决，而且将华夫脱党领导人逮捕，这一行为激怒了埃及人民，他们举行了轰轰烈烈的反英大起义。1919年3月，开罗学生首先走上街头，举行和平示威，之后不久，全国范围内掀起了一股学生罢课、工人罢工、商人罢市的风潮。后来，和平示威升级为自发性的武装起义：在开罗这样的大城市，市民搭起街垒，开展巷战；在广大农村地区，农民开展游击战，多变灵活地打击英军，还毁坏铁路，破坏英军的运输线。起义迅速发展壮大，迫于埃及人民的巨大压力，1922年2月，英国政府有条件地承认埃及独立。

尽管取得了较大的成果，但埃及人民依然不屈不挠地斗争着，他们的最终目的是取消英国在埃及的所有特权和争取国家的彻底独立。

墨西哥资产阶级革命

19世纪70年代，得到美国支持的反动军官迪亚斯发动政变，窃取了墨西哥总统的职位。1876至1911年，迪亚斯手握重权，成为墨西哥名副其实的独裁统治者。他奉行反动政策，激起了墨西哥中下阶层人士的强烈不满。

1910年，墨西哥民族资产阶级和自由派地主利益的代表马迪罗被推举为总统候选人。他提出保护民族工业、反对独裁、建立宪政国家，却因此身陷囹圄。马迪罗逃出监狱之后，呼吁人民举行起义，将迪亚斯政权推翻，并将土地分给农民。广大墨西哥农民积极响应马迪罗的号召发动起义，于1911年5月将迪亚斯政权彻底推翻，迪亚斯逃亡外国。11月，马迪罗出任总统。不过，掌权之后的他并未履行当初的承诺，甚至下令将起义军解散，此举引起广大群众的抗争。

1913年2月，反动军人胡尔塔在美国政府的支持下发动政变，篡夺了政权。墨西哥人民为了防止迪亚斯式的反动政权再次出现，在全国范围内开展了声势浩大的革命斗争。斗争的主要领导者，是以卡兰沙为首的资产阶级自由派。1914年4月，美国公然派兵对革命活动进行干涉，墨西哥人民被彻底激怒，广大墨西哥军民奋起抗争，革命取得了节节胜利。1914年7月，胡尔塔逃亡国外。卡兰沙夺取政权，并当选为总统。

11 月，迫于压力，美军只好撤退。

为了巩固政权，卡兰沙进行了一系列的社会改革，并于 1916 年 12 月召开了立宪会议，1917 年 2 月，民主派代表姆希卡起草的宪法在会议上获得通过。这部宪法的性质是资产阶级民主主义，其主要内容如下：国家对所有土地、河流和矿藏保有所有权；外国垄断组织占有的土地、矿山和油田，国家有权收回；国家可以运用恰当手段拆散大地产；工人有结社和罢工的权力；劳动时要有相应的保护措施，每周工作 6 天，每天工作 8 小时，不允许雇用童工，等等。

不可否认，墨西哥资产阶级民主革命的重要成果便是这部宪法。墨西哥资产阶级革命不仅对国内封建势力进行了有力打击，也扑灭了美帝国主义侵略者的嚣张气焰。

世界经济危机和各国家应对措施

经济危机的爆发及其表现

1929 年 10 月 24 日（星期四），美国纽约股票市场有近 1300 万股股票被出售，开盘不到 1 小时，股票价格就迅速下挫，时至中午，价格达最低点。这种股票市场大崩溃的情况以前从未出现过，并且不久就从华尔街蔓延到美国各地，人们称这一天为"黑色星期四"。没过多长时间，加拿大、德国、日本、法国等国也相继出现股市大崩盘，其殖民地、半殖民地和其他不发达国家也未能幸免，一场持续数年、破坏性巨大的世界性经济危机爆发了。

这场经济危机给资本主义世界造成了前所未有的损失。在这场危机中，各国工业生产大幅下降，与 1929 年相比，美国 1932 年工业产值下降 46.2%，德国下降 40.2%，日本下降 37.4%，意大利下降 33.2%，法国下降 31.9%，英国下降 20%。受经济危机的影响，各国国民收入大幅降低，1929 年美国的国民收入为 873.55 亿美元，到 1933 年时为 395.84 美元，减少 54.69%；英国、法国、德国同期减少分别为 14.6%、30%、40.4%。各国农业经济也受到很大影响，农产品严重"过剩"，粮食价格直线下降，在美国甚至出现如此场景：棉花无人采摘，只能烂在田地中；大量牲畜被活埋；很多牛奶被倾倒入密西西比河；相当数量的咖啡被倒进大海中或充当火车燃料。

这次经济危机还使许多人失业，1933 年美国的失业率为 24.9%，失业人口达 1700 万，德国失业人口 800 万，英国 400 万。经济危机进一步引发政治危机，失业工人联合起来游行示威，在职工人也举行罢工活动以表达对资本家和政府的强烈不满。迫于压力，资产阶级政府坐立难安，绞尽脑汁寻求解决办法。

英国的应对措施

为了减轻经济危机带来的损失，英国政府实施了多种措施。在货币金融方面，不再实施英镑金本位的政策，而是以英镑大幅贬值为手段，在国际市场上提高英国商品的竞争力。在对外贸易上，为了保护国内生产和市场，英国宣布抛弃自由贸易，推行保护关税政策，《进口税法》也于 1932 年 2 月正式颁布。在工业方面，国家对工业结构进行宏观调控，并加强了对公共事业的控制。在农业方面，国家及时调整农业生产结构，想方设法提高农民收入，降低英国对海外粮食的依赖程度。尽管英国推行了一系列的反危机措施，但直至第二次世界大战爆发，英国的经济水平仍低于其他主要资本主义国家。

法国的动荡局势

经济危机的爆发，使法国的政局陷入动荡之中，阶级矛盾愈演愈烈。从 1927 年夏至 1932 年春，法国共更换了 8 届内阁，究其原因都是因其难以有效缓解经济危机。1932 年 5 月，新一次议会选举召开，获得大选胜利的是"左翼联盟"，它由激进党社会党和一些小资产阶级民主派组成。不过，左翼政府在对付经济危机方面依旧没有行之有效的办法，如此一来，国内的大资产阶级在政治上逐渐右倾，向法西斯主义靠拢。

在这种背景下，法国的法西斯组织和半法西斯组织应运而生，他们极力反对议会制度，主张建立独裁统治。后来，斯塔维斯基金融投机丑闻曝光，牵扯到很多政坛人物，1934 年 2 月 6 日，右翼势力和一些法西斯组织借此大做文章，纠集暴徒，企图解散议会、篡夺政权，不过未能如愿。经过此次事件，法国内阁的更替频率变得更快，但国内严重的政治和经济问题却始终无法得到解决。

罗斯福

1936 年法国举行议会大选，左翼三大政党——社会党、激进党和共产党组成的人民阵线取得重大胜利，社会党一跃成为议会中最大的政党。6 月，首届人民阵线政府成立。人民阵线政府甫一成立，就制定了一系列旨在对抗经济危机的政策，如加强对法兰西银行的控制、给中小企业提供贷款、改善劳动者的工作条件和福利等。然而这些政策受到了右翼势力和大资产阶级的猛烈攻击，人民阵线内部也产生了分裂。1938 年 11 月，人民阵线彻底瓦解。

虽然人民阵线运动未能经受住资产阶级右翼势力的进攻，但它有效抵制了法国的法西斯主义，从而避免了法国像德、意、日三国那样走上法西斯独裁道路，具有一定的进步意义。

美国的"罗斯福新政"

美国的第 32 届总统选举在 1932 年 11 月 8 日举行，民主党候选人富兰克林·罗斯福获得了 472 张选票，而共和党候选人胡佛仅获得了 59 张选票，就这样，在世界经济危机最严重的年份，罗斯福正式当选为美国总统。面对严峻的经济形势，罗斯福并不悲观，为了激起美国民众的信心，拯救濒临崩溃的美国经济，挽救资本主义制度，他宣称国家会对经济进行干预。在竞选中，罗斯福还提出要实施"新政"，并做出了重新振兴农业、实现铁路复兴、整顿银行和证券交易的承诺。1933 年 3 月 4 日，罗斯福正

式上任。为克服严重的经济危机和加强国家资本主义，他全面实施"新政"。从上任至1941年美国加入第二次世界大战期间，罗斯福推行了775项相关的政策法令，为保证这些计划得到执行，他还成立了一系列相关机构，历史上称这段时期为"新政时期"。因国家金融体系已处在崩溃的边缘，罗斯福上任第一天就下达了全国银行暂停营业的命令。接着《紧急银行法》在国会上获得通过，规定对银行进行清理改组，发放了30亿美元贷款帮助大银行恢复营业，严禁黄金出口，保障存款安全，实行宽松的货币政策，取消美元金本位制，宣布美元贬值。与此同时，为了促进工业生产、投资和对外贸易，开始实施适度的通货膨胀政策。为推行这些政策，政府共花费了350亿美元，实行赤字财政；还实行向垄断组织倾斜的政策，如增加对垄断企业的补助、贷款等；同时向广大劳动人民做出一定程度的让步。

尽管罗斯福新政没能将经济危机完全消除，但却使美国经济一步步走出低谷，慢慢复苏。到1940年，美国国民收入已与1929年经济危机爆发前持平。自1939年起，国际局势日益恶化，罗斯福把主要精力用于国际事务，新政逐渐宣告结束。

德国走向法西斯主义

纳粹党成立于1920年9月30日，是德国的法西斯政党，全称是"德意志民族社会主义工人党"。纳粹党成分复杂，在主要领袖中，不得不提的是希特勒，此外还有施特拉塞、赫斯、戈林、戈培尔等。纳粹党集19至20世纪以来的各种反动思想于一身，对种族优劣论、个人独裁论和生存空间论进行大肆宣扬，对民主主义、马克思主义和犹太人则极端仇视。

当时，德国受到凡尔赛体系的严苛限制，导致国内民族复仇情绪逐渐高涨，而此时又爆发了经济危机，这一切都使德国这个基础薄弱的民主共和国几近崩溃。面对此种危局，德国垄断资产阶级决定以独裁专制取代民主制度。纳粹党领袖希特勒抓住时机，大肆笼络人心，最终得到垄断资产阶级的支持。1933年1月30日，希特勒被任命为德国总理。希特勒上台后，将魏玛共和政体废除，并解散了国会，取消所有反对派政党，对共产党、进步人士展开搜捕和屠杀。1934年，德国总统兴登堡去世，希特勒更是将总统和总理的职务合二为一，成为德国的"元首兼国家总理"，一手掌握党、政、军大权，德国从此走向法西斯主义。希特勒认为，由他一手建立的帝国是历史上神圣罗马帝国（第一帝国）和德皇威廉一世的德意志帝国（第二帝国）的延续，因此将其称为"第三帝国"。

日本的法西斯化

日本经济基础薄弱、国内市场狭小，难以抵抗经济危机的冲击。为了缓解经济危机带来的危害，日本统治者加大力度推行国民经济军事化，大幅度提高军事支出和军事订货，以保护垄断资产阶级的利润不受损失。由此，军需和通货膨胀联合到一起，形成"军需通货膨胀"，如此一来，军阀（军部）和财阀（资本家）紧密地结合到一起，称为"军财抱合"。"军财抱合"在一定程度上推动了军国主义在日本的进一步深化。随着经济危机的持续和军国主义思想的泛滥，法西斯思想在日本得到了广泛传播，而日本法西斯化的主要决策者和推动者便是军部，军部的企图是以天皇的名义为幌子，建立法西斯独裁政权，以实施对外侵略扩张行动。为达目的，军部法西斯分子不择手段，接连制造了多起暗杀、政变等恐怖事件。如，1930 年年初，首相滨口于东京车站遇刺，次年身亡；1931 年，法西斯组织"樱会"在陆军省官员的支持下发动政变，后因时机不成熟等问题而中止；1932 年 5 月 15 日，首相官邸、内大臣官邸、警视厅、政友会本部、三菱银行总店、日本银行等，相继遭到以士官学校学生为主体的陆海军法西斯分子的袭击，首相犬养毅不幸身亡。

走向战争

九一八事变

1931 年 9 月 18 日晚上，日军在沈阳柳条湖将南满铁路一小节单面路轨炸毁，并反咬一口，污蔑罪魁祸首是中国军队。接着，日军以此为理由发动突然袭击，炮轰由中国军队驻守的北大营和沈阳城，九一八事变爆发。

对于日本这种侵略性的行为，南京国民政府奉行不抵抗政策，日军则趁机扩大攻势，截止到 19 日，辽宁、吉林两省的二十座主要城市被日军占领，到 24 日，日军占领了除辽西一隅外的辽宁省全部领土；在吉林地区，日军于 19 日攻占长春，21 日攻占省会吉林市。

为观察国际社会的反应，日军在将吉林和辽宁两省的大部分地区攻占后，一度暂停北进和西进。不过南京国民政府的一味妥协、国际帝国主义的绥靖政策，使日本再也没有顾忌。11 月，日军出重兵对黑龙江发起攻击，次年 1 月又出兵辽西。1 月 3 日，日本占领锦州。2 月 5 日，哈尔滨沦陷。在九一八事变爆发后不到一百天的时间里，日军占领的中国东北三省的土地大约有 80 万平方千米，差不多是 2.5 个日本那么大。1932 年 3 月，日本操控的伪"满洲国"成立。12 月 6 日，满洲里被日军占领。1933 年 1 月 3 日，山海关沦陷。2 月 23 日，日军攻打热河，不到 10 天，热河沦陷。可以说，九一八事变奏响了日本对中国及亚洲与太平洋地区进行全面侵略的序曲。

德国积极扩军备战

纳粹党一直都以使德国摆脱《凡尔赛条约》的束缚、争取"生存空间"为宗旨，所以希特勒上台后没多久就积极扩军备战。在进行战争所必需的原料中，德国只有煤炭储量充足，石油、橡胶、铁矿石、铝、锰、铬、锑、铜、锡等都需要从外国引进。为了防止在战争中被封锁，无法进口所需战略物资，德国开始推行"自给自足"政策，大力发展作为军备工业基础的重工业，扩充战略原料代用品的生产，并集中力量，加紧进口战略原料，扩大战前储备。这段时间，德国的军费开支每年都有大幅度的提高。

在《凡尔赛条约》中，原本有限制德国扩充军备的规定，1935 年 3 月 16 日，德国公然撕毁条约，宣布实行普遍义务兵役制，并极力扩充陆、海、空三军的规模。截止到 1939 年 9 月第二次世界大战爆发时，德国陆军（包括野战部队和各种其他部队）已达 270 万之众，共 105 个师；空军第一线飞机达 4320 架；海军有 5 艘战列巡洋舰和袖珍战列舰、57 艘潜水艇、8 艘巡洋舰、22 艘驱逐舰以及其他种类的舰只。

意大利侵略埃塞俄比亚

墨索里尼上台后，一心想要称霸地中海，染指位于东非和北非的英法殖民。而

1929 至 1933 年的经济危机对意大利造成了非常沉重的打击，在墨索里尼看来，要想减轻国内经济压力，进行武力扩张是必经之路。墨索里尼的第一个目标便是埃塞俄比亚（时名阿比西尼亚王国），但要达到目的，英国和法国的态度非常重要，因为北非等地是这两个国家的传统势力范围。然而当时的英国和法国正急于拉拢意大利对抗德国，所以对意大利的侵略行为采取了绥靖政策。1935 年 10 月 3 日，墨索里尼认为一切条件都已具备，遂发起了侵埃战争。担任此次行动总指挥的，是由墨索里尼任命的东北非意军总司令德博诺将军。意军兵分三路展开进攻，在北、中、南三路军中，北路军为主力。11 月 16 日，巴多利奥接任总指挥一职。埃塞俄比亚的军队总人数达 45 万至 50 万，不过士兵缺乏训练，武器装备也比较落后。但埃塞俄比亚军民众志成城，与敌人展开了殊死搏斗，使意大利侵略者速战速决的企图破灭了。面对意大利明目张胆的侵略行为，西方大国只是一味地姑息。英法控制的国际联盟害怕受到世界舆论的谴责，称意大利的行为是侵略行为，并宣布对意实施经济制裁，不过包括石油在内的重要战略物资却未被列入禁运名单。意军甚至还可以随意使用英国操控的苏伊士运河。美国则宣布保持"中立"，不允许美国船只运送武器给交战双方，但允许向交战国运送包括石油在内的重要战略物资。很明显，这些政策对意大利有利，对埃塞俄比亚则是十分不利的，这无疑助长了意大利的嚣张气焰。1963 年 5 月，埃塞俄比亚首都亚的斯亚贝巴被意军攻陷，国王海尔·塞拉西一世逃亡英国。9 日，墨索里尼正式宣布，埃塞俄比亚并入意大利王国。

日本"二二六"兵变

在法西斯化的进程中，日本陆军法西斯分子分裂为两个派系。一派是"皇道派"，其成员多是低级军官，他们与民间激进法西斯组织沆瀣一气，主张继续发动政变，使天皇以军队为依托，直接统治国家，前陆军大臣荒木贞夫大将和教育总监真崎甚三郎大将是他们拥戴的对象。另一派是"统制派"；其成员多为日军的中坚干部，如时任陆军省军务局长的永田铁山、时任关东军宪兵司令官的东条英机，他们主张以军部现有地位为依托，联合官僚和财阀，将内阁实权攥在手中，建立"高度国防国家"，加快对外侵略的步伐，如此就必须对军队的行动予以"统制"（约束），该派也因此而得名，时任陆军大臣的林铣十郎是他们拥戴的对象。在斗争中，两派矛盾不断激化。

1936 年 2 月 26 日拂晓，1400 多名驻京士兵在皇道派青年军官的率领下发动了叛乱，他们对首相官邸和警视厅等地展开袭击，内大臣斋藤实、大藏大臣高桥是清、陆军教育总监渡边锭太郎被刺死，侍从长铃木贯太郎身受重伤，首相冈田启介幸免于难。叛军还提出了如下要求：解散议会，由真崎担任首相一职，成立"维新内阁"，将林铣十郎革职等。兵变发生后，陆军首脑一时间拿不定主意，甚至想过满足叛乱部队的要求。不过后来思及倘若对擅自使用部队的行为不予禁止，那天皇制军队的基本秩序就会遭受破坏，天皇制秩序本身也会受到威胁，遂下决心平叛，29 日叛军缴械投降。这就是"二二六"兵变。经过这次兵变，皇道派式微，而以统制派为核心的军部法西斯势力的地位得到巩固。

西班牙内战

1931 年，西班牙爆发了革命，西班牙第二共和国成立。刚刚诞生的西班牙第二共和国始终处于风雨飘摇之中，左右翼极端分子相互攻击、政府改革失败等，使得政治对立迅速演变为军事对抗。

1936 年 2 月 16 日，左翼联盟人民阵线在西班牙大选中获得胜利。掌权后的人民阵线，先后推出了一系列与社会改革和促进民主相关的政策。这些政策引发许多民族主义者、法西斯主义者、保皇党等的不满，他们阴谋发动武装叛乱推翻共和国。1936 年 7 月 17 日，西属摩洛哥的武装分子首先发动了叛乱，叛乱在第二天就蔓延到西班牙本土各驻军城市，西班牙内战爆发。叛军的首领是西班牙驻摩洛哥和加那利群岛殖民军将领弗朗西斯科·佛朗哥。

西班牙人民与叛军展开了坚决斗争。自 7 月 30 日起，德、意法西斯明目张胆地使用武力干涉西班牙的内战。刚开始，两国出动空军将叛军士兵以及各种武器弹药运送至西班牙国内，之后更是直接派出本国士兵组成干涉军，悍然入侵西班牙。而对这种法西斯行径，英、法等国则持不干涉、观望的态度。

8 月，包括英、法、德、意、苏在内的 27 个国家签署了对西班牙内战"不干涉"的协定，不允许各国向西班牙运输武器，不允许西班牙所购武器过境。1937 年 1 月，美国国会通过决议，将"中立"的范围扩大至西班牙内战交战双方，禁止向任何一方出售武器。其实，受"不干涉"政策和武器禁运政策影响较大的是西班牙共和军，因为佛朗哥叛军可以从德、意获取武器装备。此时，西班牙共和国迎来了援军，他们是由 50 多个国家的进步人士和共产党人组成的"国际纵队"。1936 年 9 月，由于有德、意法西斯的支持，叛军攻占了全国三分之二的领土，他们接下来的计划就是攻占首都马德里。

1936 年 9 月到 1937 年 3 月期间，佛朗哥先后发起了四次针对马德里的大规模攻势。共和军的实力原本就远远不及佛朗哥叛军，而这时共和军中又出现了叛徒，他们与佛朗哥叛军里应外合，使得共和军无法抵抗叛军的咄咄攻势，不断败退。1939 年 1 月 26 日，巴塞罗那被叛军攻占。2 月 27 日，英、法两国对佛朗哥政权的合法性予以承认。由于长期被战火蹂躏，马德里基本上已经没有了防御能力，只有市内的共和军与国际纵队少数人还在战斗，直至 3 月 28 日才被迫投降。

4 月 1 日，内战宣告完结，西班牙从此走上了佛朗哥独裁的道路。可以说，西班牙内战是第二次世界大战爆发的前奏，是世界民主进步力量与法西斯势力的一次较大规模的较量。

德国吞并奥地利

德国与奥地利这两个国家的主体民族都是德意志民族，两国的合并问题也已经存在很久了。第一次世界大战结束以后，为了对德国进行限制，协约国坚决禁止德、奥合并。刚刚战败的德国想实现合并也是有心无力。后来纳粹党掌握了德国政权，德国人便又萌生了德奥合并的想法。最开始，希特勒本想通过扶植奥地利的纳粹党人，资助他们在奥地利内部开展颠覆活动，以达到德奥合并的目的。然而，颠覆活动并未获得成功，不过希特勒一直没有放弃吞并奥地利的想法。1935 年，对奥地利也存觊觎之心的意大利出兵侵略埃塞俄比亚，无暇再和德国争夺奥地利。1936 年 3 月，德国趁机出兵将莱茵非军事区占领，完全置《凡尔赛条约》和《洛迦诺公约》的规定于不顾，英、法两国也并未进行干预。鉴于时局，奥地利总理于1936年7月同德国签订了秘密协定，通过这份协定，德国取得了奥地利内政和外交的控制权。英、法等国并未因奥地利问题而对德国采取强硬政策，这促使德国采取了更大胆的侵略行动。

1938年2月12日，德国发兵20万驻扎在德奥边境，在德国贝希斯特斯加登高山别墅里，希特勒与奥地利总理许士格尼谈判，希特勒拿出一份丧权辱国的协定，强迫许士格尼签字。奥地利人民不想当亡国奴，发起了轰轰烈烈的救国运动，上百万人签名请愿，请求政府坚决抵抗德国的侵略。迫于广大人民群众的压力，许士尼格决定在3月13日进行全民投票，以决定奥地利是否独立。3月11日，德国向奥地利发出最后通牒，要求奥地利推迟进行全民公投。12日黎明，德军悍然入侵奥地利。13日，在奥地利北部城市林茨，希特勒与奥地利纳粹党代表人物阿图尔·赛斯-英夸特签订《关于奥地利和德国重新统一法》，规定奥地利正式并入德国。15日，希特勒在维也纳发表演讲，宣布奥地利成为德国的一个省。奥地利由此成为第二次世界大战前夕第一个被法西斯德国吞并的国家。

慕尼黑阴谋

在轻而易举地将奥地利吞并后，德国把侵略目光对准了捷克斯洛伐克。捷克斯洛伐克的位置处于欧洲中心，战略地位非常突出。希特勒早就觊觎捷克斯洛伐克，于是他打算利用苏台德问题（第一次世界大战之前数百年前，苏台德地区一直属于奥匈帝国，帝国战败后，该地区并入捷克斯洛伐克）打开突破口。1933年，在希特勒的授意下，纳粹分子康拉德·汉莱因于捷克斯洛伐克苏台德区建立了"苏台德德意志人党"。汉莱因依照希特勒的吩咐，在捷克斯洛伐克不断制造事端，要求苏台德区脱离捷克斯洛伐克，被捷克斯洛伐克政府拒绝。1938年5月19日，希特勒向德捷边境调遣了四个摩托化师，向捷克斯洛伐克政府施压。捷克斯洛伐克并不妥协，而是奋起抗争。双方军队厉兵秣马，大战一触即发。这便是历史上说的"五月危机"。最后，由于英、法两国的干涉，希特勒的阴谋并未得逞。

1938年9月12日，也就是"五月危机"过后不久，苏台德区发生反政府暴乱，不过被捷克斯洛伐克政府镇压。汉莱因逃亡德国。德军抓住这次机会，在德捷边境集结大军，史称"九月危机"。"九月危机"的出现，使国际局势变得愈发严峻。9月29日，一场讨论捷克斯洛伐克问题的会议在德国的慕尼黑举行，参加会议的主要有德国元首希特勒、英国首相张伯伦、法国总理达拉第和意大利首相墨索里尼。30日凌晨，由四国首脑签订的《慕尼黑协定》正式出台。协定规定捷克斯洛伐克必须从该年10月1日起，在10日之内将苏台德区的驻军撤走，并不得破坏目前的任何设施，将之全部移交给德国。捷克斯洛伐克的政府代表没能参加会议，只有当四国首脑签字后，他们才被召见。几个小时后，捷克斯洛伐克政府被迫宣布接受《慕尼黑协定》。协定签订后不到半年，捷克斯洛伐克被德国灭亡。

《慕尼黑协定》的签订，使德国的经济和军事实力得到了大幅度提高，也加速了第二次世界大战的爆发。可以说，英法等国的绥靖政策非但没有为他们带来期望中的和平，反而使他们最终自食恶果，在之后的第二次世界大战中蒙受了极其惨重的损失。

三国邪恶轴心的形威

德、意、日三国的法西斯政权建立后，均奉行霸权政策，对外急速扩张，企图重新瓜分世界。出于急速扩张的需要，希特勒需要能够支持他的盟友，他将目光投向了意大利。德、意两国在争夺巴尔干半岛和多瑙河地区的问题上本来存在着矛盾，但意埃战争爆发后，英、法对意大利进行制裁，德国乘机拉拢意大利，德、意关系开始缓和。1936 年 10 月 24 日，德、意签署议定书，即德国同意意大利兼并埃塞俄比亚；意大利也答应在埃塞俄比亚给德国以特权；双方均承认西班牙的佛朗哥政权；在重大的国际问题上，两国采取共同方针；两国合作发展空军力量；在巴尔干地区和多瑙河流域，两国划分经济势力范围，并将奥地利划入德国的版图中。此议定书的签署，标志着法西斯侵略集团初具雏形。1936 年 11 月 1 日，墨索里尼在米兰发表演讲时宣称："罗马和柏林之间的垂直线不是障碍，而是轴心"，欧洲各国可以围绕这个"轴心"来合作。这样，"柏林—罗马轴心"正式形成。

德、意的合作刺激了日本法西斯。日本意图称霸亚太地区，但也因此而与美、英、法矛盾日深，日本迫切需要在欧洲寻找盟友，来牵制美、英、法。而此时的德国也需要一个远东太平洋地区的合作伙伴，以此来分散英、法、美等国的注意力。由此，共同的利益使德、日很快走到了一起。1936 年 11 月 25 日，双方签订了《德日反共产国际协定》，协定使德、日在反对共产国际、反对苏联、推行侵略扩张等方面步调一致。1937 年 11 月 6 日，意大利又同德、日签订了《关于意大利加入德日反共产国际协定的议定书》，至此法西斯的"柏林-罗马-东京轴心"正式形成。为了在军事上密切配合，1939 年 5 月 22 日，德、意又签订了"钢铁盟约"，规定若一方卷入战争，另一方应该在军事上给予援助。一年后，日本也加入了这一盟约。自此，三国正式结为军事同盟。

《苏德互不侵犯条约》

在吞并捷克斯洛伐克之后，德国把下一个侵略目标定为英、法在东欧的盟国波兰。在对波兰提出领土要求并遭到波兰的拒绝后，希特勒于 1939 年 4 月 3 日批准了侵略波兰的"白色方案"。在战争阴云笼罩之下，1939 年 4 月到 8 月，英、法、苏三国针对缔结互助条约和军事协定的问题展开谈判。然而因有诸多问题不能达成共识，谈判以失败告终。此刻苏联面对的国际形势异常严峻，邻国波兰危机四伏，日本向苏联不断发动战争挑衅，苏联还得时刻警惕德国与英法结成反苏同盟。在这种种压力之下，苏联决定改善和德国的关系。1939 年 8 月 23 日，苏、德两国在莫斯科正式签署《苏德互不侵犯条约》。

条约中的主要条款如下：双方承诺不对对方使用武力；任何一方都不允许参与直接或间接反对对方的集团或联盟；当第三国对其中一方进行武力攻击时，另一方不准以任何形式支持第三国；对于那些与彼此相关的事务，双方要紧密联系，共享情报；处理双方发生的争端，应以和平解决为原则。除了这份《苏德互不侵犯条约》，双方还签署了一份秘密附加协议书，协议书划定了苏德两国在东欧的势力范围。

《苏德互不侵犯条约》的签署意义重大，它从根本上消除了英、法、德缔结反苏阵线的可能性，也使得苏联与德国不至于先起战端，从而使苏联获得一段喘息的时间，以扩充自己的战备。不过条约的签署也使得希特勒的侵略野心愈发膨胀，并使开始形成的反法西斯统一战线遭到破坏。此外，苏联同德国密谋宰割东欧弱小国家的行为，也是令人十分不齿的。

第二次世界大战全面爆发

德国闪击波兰

1939 年 8 月 31 日晚，一小撮德国党卫队士兵化装成波兰士兵，对德国边境城市格莱维茨（今属波兰）的一个电台发动"攻击"，还用波兰语播送"反德"宣传广播。为使效果更加逼真，他们临走时，还扔下几具身穿波兰军服实则为德国死囚的尸体。德国人之所以这么做，无非是想要制造事端，以借口受到"侵略"，来发动对波兰的战争。果然，希特勒宣布德国受到"侵略"之后立刻下达了"反攻"的指令。9 月 1 日黎明前夕，在波兰港口城市但泽（今波兰格但斯克）执行"友好访问"任务的德国军舰率先开炮攻击当地的波军基地。大约半小时之后，德军兵分三路，从西南、西北和北部入侵波兰，共动用士兵 160 万、飞机 2000 多架、坦克 2800 辆。英法两国向德国递交了停止军事行动的照会，但德国断然拒绝。迫于国内外的舆论压力，英法两国只好按照之前与波兰签署条约的规定，于 9 月 3 日分别向德国宣战，第二次世界大战在欧洲拉开序幕。

面对德国人的入侵，波兰军民奋起反抗。然而装备落后的波兰军队难敌德国的装甲机械化部队，德军开展的是快速突进的闪击战，波兰主力部队被分割成小块，然后被各个击破。9 月 7 日，德军占领了波兰走廊，随即又强渡维斯瓦河，打开了通向波兰首都华沙的通道。16 日，华沙地区被德军团团包围。17 日，波兰政府流亡国外。之后德军出动 1100 多架飞机轰炸华沙。9 月 28 日，华沙沦陷。

西线战争

希特勒侵略波兰之后不久，根据同盟和互助条约，英、法对德宣战，但只是表面说说而已，两国依然按兵不动。在法、德边境，有一条著名的"马其诺防线"。它全长达 200 千米，这条现代化防御工事是在法国陆军部长马其诺主持下修建的，因而有此命名。但是它并没有起到预期的作用，因为这条原计划通向比利时海边的防线，却因为比利时的中立国身份，只修到了比利时边界，只算得上是半条防线而已。而号称欧洲最强大的法国陆军，在德国闪击波兰的时候，只是躲在这半条防线之内作壁上观。这是因为希特勒闪击波兰的行动已经震慑了法国，法国政府怕德国进攻自己，根本不敢对波兰施以援手，英国也是如此，他们甚至寄希望于美国的调停。德国攻占波兰后，英法仍旧毫无动静，他们希望希特勒向东面进攻。每日法军的战报，都说着同样的话："西线战争，无事可述。"由 1940 年 10 月 18 日德军最高统帅部发布的资料显示，德军在西线有 196 人阵亡，356 人受伤，144 人失踪；在这段时间内，法国有 689 人被俘；而截止到 1939 年 12 月 9 日，驻扎在法国的英军仅有 1 人阵亡。后来，人们用"静坐战""假战争"或"奇特的战争"来称呼战争史上这种不可思议的现象。

德国入侵丹麦和挪威

德军攻占波兰后，并未像英法期望的那样，向东进攻苏联，反而准备侵略西欧。

但在进攻西欧之前，希特勒决定先攻占战略地位非常重要的丹麦和挪威，因为只要控制了这两个国家，德国就能控制北海和波罗的海，如此便能确保德军西进时北翼部队的安全，以及牵制在大西洋和波罗的海的英国海军的行动，使德国海军可以顺畅地进入这些海域。1940年4月9日凌晨，德国突然出动陆海空三军进攻丹麦和挪威，仅用半天时间就占领了丹麦。而在挪威，德军遇到了英勇的抵抗。挪威在受到入侵后几个小时，就对德宣战。因挪威前国防部长吉斯林的背叛，德国军队在当天傍晚占领了挪威的首都奥斯陆。英法为了与德军争夺这块战略要地，调遣军队登陆挪威，英德海军也在挪威沿海进行了交战，尽管多艘德舰被击沉，但整个战局大势已定。6月初，自顾不暇的英法军队撤出挪威。不久之后，挪威全境被德军占领。

德军西进

在希特勒的西进计划中，攻占北欧只是开端，在控制了挪威以后，不等战役彻底结束，希特勒就下令大举进攻西欧。1940年5月10日拂晓，德军不宣而战，出重兵进攻荷兰、比利时、卢森堡及法国。从数量上来说，英、法、比、荷的总兵力与德军不相上下，英法等国完全可以抵抗德军。不过法国政府认为，南段有马其诺防线，法国可以以逸待劳，先和德国进行消耗战，之后再反击也来得及；而在中段，也就是防线北面的法比边界南端，可以据守天险阿登山区和马斯河，使德军的主力部队难以行进，所以只留部分兵力在此进行监视；北段是法比边界北端，此地一直是双方争夺的焦点，法军将主力部署在此地，以抵挡德军。德军的进攻始于右翼，先密集轰炸荷、比和法国北部的机场，夺得制空权。与此同时，德军空降部队袭击荷、比后方，将机场、桥梁、渡口和一些战略据点控制。5月14日，鹿特丹被德军攻占。15日，荷兰宣布投降。17日，布鲁塞尔被德军占领。28日，比利时宣布投降。然而之后德国的行动却出乎法国政府的意料，作为攻击主力的德军装甲机械部队迅速穿过100多千米长的阿登山区，入侵卢森堡。卢森堡国小势弱，毫无抵抗能力，一天之内便沦陷。12日晚，德军前锋抵达马斯河，比预定的时间提前了整整48小时。13日下午，借助空军的掩护，德军开始渡河。法国政府此时才意识到情况不妙，但已无兵可调。15日，强大的德军坦克部队攻进法国北部平原，之后向英吉利海峡逐步逼近，将近40万英、法、比联军被包围在敦刻尔克海岸区域。5月27日到6月4日这段时间里，30多万英、法、比等国士兵冒着德国战机的狂轰滥炸，顺利实施了"敦刻尔克大撤退"。敦刻尔克大撤退的成功，为日后盟军的大反攻保存了有生力量，对整个战争都具有极其重要的意义。然而此次撤退也使得整个欧洲大陆落入纳粹德国之手，6月22日，迫于德军的强大攻势，法国宣布投降。

不列颠之战

法国投降之后，希特勒将下一个侵略目标定为英国。早在1940年6月，德国为了防止和英国正面对抗，曾向英国发出妥协信号，不过被英国首相丘吉尔断然拒绝。所以，德国特意针对英国制订了名为"海狮"的作战计划。按照这个计划，德国会派遣步兵先在英国南部登陆，接下来攻占伦敦，断绝其与外界的联系，最后攻占英国全境。不过要保证登陆行动顺利开展，首先必须做的就是将英国的空中力量彻底消灭。执行这项任务的，是德国帝国大元帅戈林。

1940 年 7 月到 10 月，英国本土遭到了德国空军的大范围连续空袭。德军出动的飞机将近有 2500 架，飞行架次多达 4.6 万，投放炸药达 6 万吨，英国也投入近千架飞机迎战。1940 年 8 月中旬至 9 月上旬是不列颠空战进行得最为激烈的时期，德国空军不但猛烈空袭英国的机场、兵工厂等军事目标，还于 9 月上旬开始不分昼夜地空袭伦敦等城市。以首相丘吉尔为领导，英国军民紧紧团结在一起，对入侵者展开全力抵抗。由于在本土上空作战，英国皇家空军充分利用了这一优势，他们还结合刚发明的雷达进行早期预警，因此取得了辉煌的战绩。希特勒认为取胜的希望十分渺茫，并且此时德军已经开始进攻苏联，于是希特勒在 9 月 17 日下令无限期推迟"海狮计划"，德国空军对英国的战略空袭也就此停止。在人类战争史上的所有空战中，不列颠空战绝对称得上是最惊心动魄的一战了。尽管英国损失惨重——死伤人数达 9 万，被炸毁的建筑物多达 100 万栋，但英国人民并未屈服，而是坚持下来并取得了胜利。在所有侵略行为中，这是希特勒第一次未能如愿以偿，英国人民为反法西斯的第二次世界大战添写了光辉的一笔。

战争的扩大

德国入侵苏联

1941 年 6 月 22 日黎明，德国法西斯突然进攻苏联，一个半小时之后才向苏联宣战。与德军协同作战的还有意大利、罗马尼亚、匈牙利和芬兰等国军队。法西斯这次投入的总兵力达 550 万人，坦克 4300 辆，飞机近 5000 架，总共 190 个师（其中德军 153 个师）。战争伊始，德军对苏联的各主要目标进行空袭和炮击，如苏联西部各重要城市、交通枢纽、军事据点以及正在调动中的苏军，之后以坦克和机械化部队为先锋，在从波罗的海到黑海 1500 千米左右的战线上全面推进。不到一天时间，苏联就有将近 1200 架飞机被击毁，其中有 800 多架是在起飞之前就被击毁的。苏军难以抵挡德军的攻势，只能边战边撤。9 月，德军北路部队将列宁格勒重重围困，中路部队推进至斯摩棱斯克，距离莫斯科仅有 400 千米左右，南路部队则将基辅攻占。尽管德军的伤亡比率达到 15%（伤亡人数达 55 万左右），但无论是兵力和装备都优于苏联，苏联面对的形势并不乐观。

莫斯科会战

在希特勒看来，只要德军能攻陷莫斯科，就算是打赢了对苏战争。因为莫斯科作为苏联首都，既是全国政治、经济、军事和文化中心，也是铁路交通枢纽，战略意义十分重大。

1941 年 9 月 30 日，中路德军将兵力集结到一起，开始实施针对莫斯科的"台风"行动。其兵力包括大约 78 个师（包括坦克师 14 个、机械化师 8 个，占东线装甲机械化部队的 60% 以上），180 万人，1700 辆坦克，约 1390 架飞机。10 月 15 日，苏联政府的部分机构和外交使团暂时从莫斯科撤离。之后莫斯科宣布进入紧急战争状态，市民也被动员起来，参与到保卫莫斯科的战斗中，其中有 45 万人（妇女占大多数）参与修筑防御工事，有 12 万人组成民兵师和巷战小组。由于苏军的顽强抵抗，法西斯的进攻势头被有效遏制。

11 月 15 日，德军集中 51 个师，再次攻打莫斯科。苏军的三个方面军拼死抵抗。莫斯科地区的冬季十分寒冷，刚进入 12 月，气温就降至摄氏零下 20 度到零下 30 度。本来，在希特勒和德军统帅部的计划中，不用等到冬季，德军就可以将苏联攻克，因此德军并未准备御寒装备。如今天寒地冻，德军的冻伤人数比战斗伤亡人数还要多，飞机、坦克和汽车也不能顺利发动。仅 11 月 16 日到 12 月 5 日，德军的伤亡人数就达 15.5 万，777 辆坦克遭受损失。此时德军陷入尴尬境地，已没有可以抗击苏军反攻的预备队（战争中的机动兵力编组），苏军瞄准时机，在 12 月 6 日开始反攻，一举夺取了战争的主动权。截止到 1942 年 1 月中旬，苏军击毁和缴获坦克达 1500 辆，消灭敌人数量达 55 万。德军被迫后撤了 150 至 300 千米。第二次世界大战开战以来，德国陆军从未遭受过如此巨大的打击，莫斯科会战的结束宣告希特勒对苏闪击战彻底失败。

《大西洋宪章》的签署

随着苏德战争的爆发，第二次世界大战的战场进一步扩大，美、英等国急需进一步协调各国反法西斯的战略。1941 年 8 月 9 日到 12 日，在大西洋的美国军舰上，英国首相丘吉尔和美国总统罗斯福进行会晤。8 月 14 日，两人联合发表《罗斯福和丘吉尔的联合宣言》，史称《大西洋宪章》。

宣言大意如下：两国不寻求领土或其他方面的扩张；不承认通过侵略造成的、与人民意志不相符合的领土变更；尊重各国人民自由选择自己国家政府形式的权利，并希望被武力剥夺主权和自治权的民族重获这些权利；不分大小，不分战胜国或战败国，各国在贸易和原料方面都享受平等待遇；促成各国在经济方面进行全面合作；摧毁纳粹，重建和平世界；各国都享有在公海不受限制自由航行的权力；各国都必须削减军备，放弃使用武力，解除所有侵略国家的武装。《大西洋宪章》中提到的对法西斯国家作战的目的和重建战后和平的目标，从侧面体现了资产阶级民主政治的一般性原则。该宣言进一步推动了国际反法西斯统一战线的形成，对打败法西斯侵略集团起到了积极作用。

日本偷袭珍珠港

苏德战争爆发后，日本认为此时最紧迫的事是加紧掠夺南方丰富的战略资源，以此来解决在中国战场上遇到的资源短缺问题。在此背景下，1941 年 7 月，日军向印度支那（通常指原属法国殖民地的越南、老挝、柬埔寨三国）南部进军。对于日本的举动，美国立即做出应对，不仅将日本在美的资产冻结，而且下令禁止向日本运送石油等战略物资。英国和荷兰也与美国保持一致步调。这对资源匮乏的日本是巨大的打击。为了解决石油问题，日美举行了谈判，但是长久的拉锯战并没有取得成效。见日美关系难以调和，日本立即制订了"南进"计划，妄图通过占领印度支那和南洋诸国来取得石油资源。为进一步扫清南进道路上的阻碍，日本决定向美、英、荷开战，并加快了备战的步伐。为了不引起美国的怀疑，日本还假意派遣"和平特使"去美国谈判，直至战争打响。

1941 年 12 月 7 日（夏威夷时间的星期日）上午 7 时 55 分，秘密航行 12 个昼夜的日本联合舰队抵达美军基地珍珠港附近，舰队司令山本五十六一声令下，日军舰载机对珍珠港发起突袭。毫无防备的美军损失惨重，包括 8 艘战列舰在内的近 20 艘大型舰船被炸，200 多架飞机被毁，2334 名士兵阵亡，港内的美国太平洋舰队几乎全军覆没。而日本方面仅有 29 架飞机和 6 艘潜艇损毁以及 100 人阵亡。

日本偷袭珍珠港事件震惊了整个美国。12 月 8 日，美国对日宣战，英国、澳大利亚、荷兰、中国等二十多个国家也随即对日宣战，太平洋战争爆发。11 日，德、意对美宣战。至此，这场空前的战争已使全世界约 4/5 的人参与进来，称它是世界大战可谓名副其实。

世界反法西斯同盟成立

太平洋战争爆发后，有越来越多的国家加入世界反法西斯阵营当中。12 月 22 日，美、英领袖提议，凡是对轴心国作战的国家，都签订一项同盟宣言。宣言草案由美国提出，又与英、苏商讨修改完善，最后以急电的形式发给各盟国。1942 年 1 月 1 日，《联合国家宣言》由美、英、苏等 26 个国家的代表在华盛顿签订。宣言中明确表示赞同《大西洋宪章》的宗旨和原则，规定各签字国政府必须保证将自己的所有军事和经济力量用于反对法西斯侵略集团，绝不单独和敌方缔结停战协定或和约。后来，又有 21 个国家签署了该宣言。《联合国家宣言》的签署，是世界反法西斯同盟正式形成的标志。从此时开始，全世界的反法西斯力量团结成一股力量，为反法西斯战争的最后胜利铺平了道路。

战争的转折

中途岛海战

太平洋战争爆发后，南洋诸岛先后被日军攻占。然而日本人低估了美军的实力，1942 年 4 月 18 日，16 架 B25 型飞机从美国航空母舰上起飞，对日本的东京、横滨、名古屋、神户等城市展开轰炸，日本全国一片哗然。本来日本对于是否实施中途岛作战计划一直犹豫不定，现在为了稳定局势，决定将之付诸实施。在所有的美国军事基地中，中途岛是距离日本本岛最近的一个，也是美太平洋舰队西进不可或缺的补给基地。倘若中途岛受到威胁，美国太平洋舰队一定会不惜一切代价进行救援，所以要想歼灭美国太平洋舰队，中途岛是绝佳的地点。

1942 年 6 月 4 日，日本对中途岛进攻的序幕正式拉开。实施作战行动的这只海军舰队可算得上是日本海军史上最庞大的一支舰队，该舰队不仅有 200 多艘军舰（包括 8 艘航空母舰），而且配备了约 700 架飞机和 7500 人的登陆部队。虽然美国所能集结的兵力在数量和质量上都处在下风，但美军此前已拦截了日军的情报，对日军舰队的动向了如指掌，因此做好了万全准备，在主要作战海域部署了主力军，可随时对日本实施反伏击。6 月 4 日到 5 日，双方的海空大战在中途岛海面上演。日军有 4 艘航空母舰、1 艘巡洋舰、322 架飞机损毁；美军有 1 艘航空母舰、1 艘驱逐舰、147 架飞机损毁。开战以来，日本之所以能在太平洋战场上取得一定胜利，很大程度上依仗的是航空母舰以及经验丰富的舰载机飞行员，而这些都在中途岛海战中遭受了极大损失。

中途岛海战是太平洋战争的转折点，日本受此重创后，再也不具备发动大规模海空作战的实力。本来太平洋战区的战略主动权掌握在日军手中，现在彻底被美军抢去了。

斯大林格勒保卫战

莫斯科会战中，苏军虽然取得了胜利，但也损失不小，所以需要休整，无法再组织有效的反攻；而德军虽然惨败，但也并非全线崩溃。双方在战后都积极备战，为的是在下一阶段的战争中占据主动。1942年春，苏军展开了多次反攻，但都没起到很好的效果，反而得不偿失，使战局开始向着不利于苏联的方向转变。德军则趁机展开了第二次夏季进攻。

这次进攻与德军1941年的全面进攻有所不同：因为军力不够，希特勒决定把优势兵力部署在南线，分两路展开攻击，一路的进攻点是斯大林格勒（今俄罗斯伏尔加格勒），另一路的进攻点是高加索。1942年7月17日，德军将苏军防线撕破，攻入顿河河曲，奏响了斯大林格勒战役的序曲。到25日，德军从卡明斯基和下切尔斯卡亚两地渡过顿河，严重威胁着斯大林格勒的西面和西南面。28日，斯大林下令，要求苏军严防死守，"寸土不退"。

8月23日，德军推进至斯大林格勒近郊。9月13日，借着坦克和火炮的掩护，德军攻入市区，苏联军民拼死反抗，双方短兵相接，展开了激烈的巷战，均损失惨重。自11月19日开始，苏军开始反攻，对德国30万大军从南北两侧进行钳形包围。德方虽然有援军，但被苏军打退。

1943年2月2日，德国第6集团军被苏军围歼。除去阵亡的14万人，集团军司令鲍鲁斯元帅、24名将军、2500名军官以及约9万名士兵全部缴械投降。这时，进攻高加索的德军为避免遭受与第6集团军同样的命运，将已经攻占的部分油田丢弃，慌忙撤离，希特勒的南线作战计划彻底失败。苏军最终取得了斯大林格勒战役的胜利。

经此一役，希特勒法西斯遭受重创，被迫转入战略防御。而苏军则掌握了战争主动权，开始战略反攻。

斯大林格勒保卫战意义重大，不仅是苏联卫国战争的转折点，也是第二次世界大战的转折点。

阿拉曼战役

第二次世界大战北非地区的主战场是阿拉曼，它地处埃及北部，距亚历山大港仅100千米。北非战事开始于1940年，当英法在欧洲战场遭到重创之时，意大利趁机对法宣战，并于该年7月起，从埃塞俄比亚和厄立特里亚两地进攻驻扎于东非的英军；9月，意军入侵埃及。

1941年初，英军开始反击，重创意军，收复不少失地。同年2月，素有"沙漠之狐"之称的隆美尔奉命率领德军"非洲兵团"援助意军。德意联军在利比亚境内发动猛烈进攻，迫使英军败退至埃及境内。1942年6月，以坚固著称的"不屈要塞"托布鲁克被隆美尔攻克，7月初，隆美尔军逼近阿拉曼，开罗面临严重威胁，伦敦方面深受震动。

8月4日，丘吉尔亲自来到开罗，任命蒙哥马利担任第8集团军司令。经过详细部署，蒙哥马利决定在10月下旬展开反攻。这时候，因为战线过于绵长，德意联军的给养得不到补充，攻势已经停止。相反，英军这时已休整了一百多天，精神和体力都得到了很好的恢复。

1942年10月23日晚，蒙哥马利指挥英军攻打阿拉曼以西的德意联军。尽管双方参加战斗的兵力在编制上均为12个师（包括4个坦克师），但实际上英军大约有23万人，1400多辆坦克，2000多门火炮，1200架飞机；而德意联军仅有大约10万人（其中德军人数连一半都不到），558辆坦克，350架飞机，1200多门火炮。英军利用地空协同的装甲机械化部队展开攻击和进行侧翼纵深迂回，德意联军因为燃料不够而攻势不继，惨遭大败。11月4日，这场第二次世界大战中规模最大的沙漠消耗战宣告结束。德意联军人数损失了一半有余，坦克仅剩下12辆，隆美尔的助手和9名意军将领成了英军俘虏。要不是残兵败将最后向西撤退了1200千米，那极有可能这支德意联军会全军覆灭。

阿拉曼战役有效遏制了法西斯国家在北非的进攻势头，使整个北非战局得以扭转，战略主动权自此转到了盟军手中，盟军战略反攻的新篇章也由此开启。

意大利投降

自从加入战争以来，意大利在巴尔干、地中海和非洲接连失败，士气受到严重打击。另外，由于常年战争，其本土多次遭受空袭，生产被破坏，食品短缺，物价飞涨，经济到了崩溃的边缘，人民反战情绪日渐高涨，北部工业城市的工人不断罢工以示抗争。意大利此刻已深陷军事、经济和政治等诸多危机中，没有能力再将战争继续下去。1943年7月25日，意大利发生政变，墨索里尼政府倒台。遵照国王的命令，总参谋长巴多里奥元帅组建了意大利新政府，之后又秘密与美英谈判，9月3日，意大利在西西里正式投降，9月8日，发表了停战宣言。盟军随即从意大利南部登陆。不过，罗马附近的德军却立即出兵，将罗马重重围困。9月10日，无处栖身的意大利王室和巴多里奥内阁只好到布林迪西盟军占领区暂避。10月13日，巴多里奥政府正式向德国宣战。在同一天，苏、英、美三国发表宣言，对意大利是共同作战者的身份给予承认。意大利的投降，是法西斯集团开始解体的标志，反法西斯阵营取得了阶段性胜利。

《开罗宣言》与德黑兰会议

在第二次世界大战中，1943年是各主要战场形势发生根本转变的转折之年，战略进攻的主动权已经被盟国牢牢掌握。由于面临协同作战、加快战争进程和战后世界安排等诸多问题，美、英、苏三国首脑经过商议，决定在德黑兰召开国际首脑会议。按照美国人的想法，参加会议的应是美、英、苏、中四国首脑，不过斯大林对此坚决反对，最终决定在德黑兰会议召开前后，单独在开罗召开中、美、英三国会议。

开罗会议于1943年11月22日至26日召开，会议的主要内容是商讨联合对日作战计划和战后如何处置日本的问题。最终，美、英、中三国政府首脑罗斯福、丘吉尔和蒋介石签署了《开罗宣言》，宣言中指出，三国之所以对日作战，绝不是为了获取私利和扩张领土，而是为了制止和惩罚日本的侵略行为；对日本在第一次世界大战开始后夺得的太平洋上的众多岛屿，三国均不予承认；使朝鲜恢复独立自主，等等。《开罗宣言》明确交代了对日作战的宗旨，表达了获取最后胜利的决心，并规定日本必须无条件投降。

11月28日到12月1日，战时第一次苏、美、英三国首脑会议在德黑兰召开，会议主要讨论的是在西欧开辟第二战场的问题。经过数次商讨，因为苏联和美国达成共识，英国被迫放弃在地中海发动主攻的作战方案。会议最终决定：1944年5月，美英军队从法国北部登陆，开辟以西欧为主要区域的第二战场。除此之外，对于如何处置德国、波兰疆土的变动，成立国际组织，以及苏联参加对日作战等问题，三国首脑也交换了各自的意见。会议最后通过《德黑兰宣言》，宣布在对德作战时，三国会保持行动一致，而且在战争结束后继续开展合作。

《开罗宣言》和德黑兰会议有效地维护和巩固了世界反法西斯联盟，加快了反法西斯战争胜利的步伐。不过，大国主宰国际事务的倾向在德黑兰会议中得到充分反映，深刻影响了之后的国际形势。

盟军的反攻及战争的结束

诺曼底战役

1944年春，战争形势变得对盟军更加有利，这使得盟军登陆法国、开辟第二战场成为可能。盟军正式任命美军艾森豪威尔将军为总司令，英军蒙哥马利将军为地面部队总指挥。

1944年6月6日1时30分，登陆战役正式开始。为了对德军进行牵制并开辟和控制登陆场，盟军3个空降师率先在诺曼底德军防线后方实施空降着陆。6时30分，先头部队的5个师也分别展开登陆行动，目标是5个不同的滩头。在此次突击作战中，盟军动用了1万多架飞机，其中约2000架运输机，此外还动用了4000余艘各类舰艇。对于盟军的主攻方向，德军统帅部没有做出准确判断，最终做出了错误的指挥，导致德军的援军无法及时增援，使盟军在登陆后得到了休整及巩固登陆场的时间。6月12日，盟军先头部队将原本独立的滩头阵地进行了有效联通，登陆的盟军人数已达32万多人，在人数上超过了参战的德军。盟军在登陆滩头进行集结和休整之后，便依照事先制订的作战计划，朝内陆进发。8月下旬，巴黎被盟军解放，诺曼底战役宣告结束。

诺曼底战役的取胜，是盟军成功开辟欧洲第二战场的标志，法西斯德国自此陷入双线作战、腹背受敌的尴尬困境，这加速了法西斯德国的灭亡。在世界战争史中，要说规模最大、最为经典的两栖登陆作战，非诺曼底战役前期的登陆战莫属。

雅尔塔会议

战争进行到1945年，德国败局已定。1945年2月4日到11日，美、英、苏三国领导人罗斯福、丘吉尔和斯大林在苏联克里米亚半岛的雅尔塔召开会议，他们对处置德国问题、波兰问题、远东问题和联合国问题进行了深度讨论。2月11日，苏、美、英秘密签署了《三国关于远东问题的协定》，也就是《雅尔塔协定》。依照协定，在欧洲战争结束后的两三个月时间内，苏联会有条件地对日开战。在第二次世界大战期间所举行的国际会议中，雅尔塔会议影响重大，它对同盟国联合力量击败德、日法西斯起到了十分积极的推动作用，有利于对德国进行制裁，保持战后世界和平。同时，《雅尔塔协定》也划分了美、苏的战后势力范围，深刻影响了战后国际关系格局的形成。

德国投降

1945 年春，同盟国军队兵分两路，对德国本土进行东西两线进攻。希特勒妄图守住柏林，于是将 100 万防卫兵力集结起来，在柏林以东建立了 3 道防线，设定了 3 层环城防御圈，还将整个市区划分为 9 个防御区，派重兵把守。在攻打柏林的战役中，苏军共投入大约 250 万人，在数量上明显占优。4 月 16 日，借助炮火的掩护，苏军在很短时间内就将德军外围防线和防御圈突破，重重包围了柏林市区，还在易北河与西线美军顺利会师。26 日，苏军运用多路向心突击战术强攻柏林。由于有坦克和重炮的协助，苏军推进得比较顺利，接连攻克了德军的防御点。27 日，苏军已经攻入市区中心。29 日，德军被苏军分割成三部分，彼此失去联系。30 日，德国最高权力机构的象征——国会大厦被攻占。这一天，希特勒在总理府自杀身亡。5 月 2 日，防守柏林的德军缴械投降，战役正式结束。5 月 8 日，美国总统杜鲁门、英国首相丘吉尔发表声明，宣布欧洲战争正式结束。5 月 9 日，斯大林向全苏联人民发表声明，宣布反法西斯战争胜利结束。6 月 5 日，苏、美、英、法四国签订《接管德国最高权力宣言》，协定将德国划分成四个占领区和柏林特别区，由四国分别接管。

波茨坦会议

为了解决战后世界的安排、战争胜利果实的分配以及尽快逼迫日本法西斯投降等问题，苏、美、英三国政府首脑斯大林、杜鲁门和丘吉尔（7 月 28 日以后由新任首相艾德礼接替）于 1945 年 7 月 17 日到 8 月 2 日在柏林郊外的波茨坦召开第三次会议。会议对占领德国的基本原则做出了如下规定：不允许德国保留任何武装，摧毁德国所有军事工业和纳粹组织，严厉惩治战犯；实行政治生活民主化政策，经济上消除过分集中现象，加大力度发展农业和手工业。除此之外，三国领导人在德国赔偿问题、波兰问题上也取得了一致意见，并规定了与对日作战、赔款等相关的问题。

7 月 26 日，《波茨坦公告》（全名《中美英三国促令日本投降之波茨坦公告》，尽管中国代表并未参加会议，但《公告》是在征得中国的同意之后发表的）正式发表。《公告》要求日本马上无条件投降，并再次强调《开罗宣言》的条款必须得到执行。与此同时，还宣布盟国攻占日本后，将在日本推行非军事化和民主化政策。苏联在对日宣战后，也承认并签署了《公告》。波茨坦会议的召开，使第二次世界大战结束的进程进一步加快。

日本投降

1945 年 7 月 16 日，美国原子弹试爆成功。此时的日本法西斯虽已濒临崩溃，但仍负隅顽抗。鉴于登陆作战用时长、牺牲大，加之想在苏联加入战争前逼迫日本投降，美国决定用原子弹对付日本。1945 年 8 月 6 日，美国在日本广岛投下第一颗原子弹。当时广岛人口 34 万，原子弹爆炸当天，八万八千多人死亡，负伤和失踪的为五万一千多人；全市七万六千幢建筑物，四万八千幢完全毁坏，两万二千幢严重毁坏。8 月 8 日，依照《雅尔塔协定》，苏联正式对日宣战。9 日，苏联远东军兵分三路向盘踞中国东北的日本关东军发动了猛烈总攻。这天上午 11 时 30 分，美国将第二颗原子弹投至日本长崎。

由于受到美国和苏联的双重打击，日本法西斯已无丝毫胜算。8 月 14 日，日本政府被迫接受《波茨坦公告》，8 月 15 日中午，天皇的投降诏书通过电台播出。1945 年 9 月 2 日上午 10 时，在停泊于东京湾的美国军舰"密苏里"号上，举行了日本向盟国投降的签字仪式。日本法西斯至此彻底失败，第二次世界大战也宣告结束。全世界人民经过艰苦卓绝的斗争，终于赢得了伟大的胜利。

二战后的时局

联合国的建立

因为利益，国家之间难免会产生矛盾、发生冲突，为了解决这个问题，许多国际协约组织和会议应运而生，如红十字国际委员会、万国邮政联盟。因有第一次世界大战的前车之鉴，为了保证国家之间友好相处，巴黎和会宣布建立国际联盟。不过国际联盟依然没能阻止第二次世界大战爆发，它的存在似乎没有了意义。之后，美国人提出一个建议，那就是建立一个新的世界性组织，当时的美国总统罗斯福第一次提出了"联合国"一词。1942 年 1 月签署的《大西洋宪章》第一次正式使用"联合国"一词。1943 年 10 月，建立联合国的问题又在苏、美、英三国外长会议上被正式提了出来。1944 年 7 月，美国邀请中、苏、英三国代表在华盛顿近郊的敦巴顿橡树园举行会议，会议对联合国的大体框架进行了深一步的规划，并草拟了《联合国宪章》。

1945 年 4 月 25 日，以美、苏、英、中为发起国的联合国成立大会在美国旧金山市开幕，50 个国家的 282 名代表出席了会议，美国国务卿斯退丁纽斯、苏联外交人民委员莫洛托夫、英国外交大臣艾登、中国国民政府代表宋子文为四大国的首席代表。经过两个多月的会谈，会议最终通过了《联合国宪章》。10 月 24 日，《联合国宪章》正式生效，这一天也成为联合国日。美国纽约被定为联合国总部。联合国组织机构庞大，主要机构有联合国大会（简称"联大"）、安全理事会（简称"安理会"）、秘书处、经济及社会理事会（简称"经社理事会"）、国际法院以及托管理事会（该理事会已于 1994 年停止运作）。

联合国是世界人民反法西斯胜利的产物，然而在联合国成立之初，它却成为美国推行霸权主义的工具，但随着第三世界国家的崛起，联合国在解决国际争端中发挥的作用越来越大。

纽伦堡审判和东京审判

在第二次世界大战即将结束之时，美、苏、英、法四国政府于 1945 年 8 月 8 日在伦敦正式签署协议，对战后控诉和惩罚战犯等事宜进行了规定，此次会议还通过了审判战犯的法律依据《国际军事法庭宪章》。随后，国际军事法庭在盟国政府的组织下于德国东南部的历史名城纽伦堡成立，其主要职能是审判 22 名被控犯有密谋罪、破坏和平罪、战争罪、种族屠杀罪以及反人类罪的纳粹德国甲级战犯，这次审判被称为"纽伦堡审判"。与此同时，为了从根本上肃清德国纳粹思想，控方还对包括德国内阁、纳粹党政治领袖集团在内的 6 个组织进行了起诉。

纽伦堡国际军事法庭于 1945 年 11 月 20 日正式开庭，在经过 10 个月的审判之后，审判达到高潮，1946 年 9 月 30 日，法官宣读了长达 250 页的判决书，被告人以及各组织受到了应得的惩罚。曾被希特勒指定为接班人的盖世太保（纳粹德国秘密警察机构）缔造者赫尔曼·戈林、纳粹德国外交部长里宾特洛甫、纳粹德国最高统帅部参谋总长威廉·凯特尔等 10 名战犯被判处绞刑。

在得到盟国授权之后，驻日盟军最高统帅麦克阿瑟于 1946 年 1 月 19 日颁布了《特别通告》及《远东国际军事法庭宪章》，宣布在日本东京设立远东国际军事法庭，对日本战犯进行审判，这次审判被称为"东京审判"。1946 年 4 月 29 日，包括东条英机在内的 28 名甲级战犯（审讯期间，永野修身、松冈洋右死亡；大川周明因被诊断患有精神疾病而免予起诉）被远东国际军事法庭正式起诉。执行审理任务的法官，是由美国、中国、英国、苏联、加拿大、法国、澳大利亚、荷兰、印度、新西兰和菲律宾这些胜利的同盟国共同任命的。1946 年 5 月 3 日，远东国际军事法庭首次开庭，1948 年 1 月 2 日，审判正式完毕。在这段时间内共开庭 818 次，只审判记录就长达 48412 页，出庭作证的有 419 人，进行书面证明的有 779 人，受理证据达 4300 多件，判决书有 1213 页长。1948 年 11 月 4 日，远东国际军事法庭对 25 名日本首要战犯进行了宣判，其中东条英机、板垣征四郎、土肥原贤二、广田弘毅、木林兵太郎、松井石根、武滕章 7 人被判处绞刑。

虽然不能说纽伦堡审判和东京审判是绝对公平公正的，如日本甲级战犯岸信介等并未被起诉等。但从整体上看，这两次审判代表着正义打败邪恶、和平打败战争、光明打败黑暗，它在有效遏制侵略战争、保护正义力量、促进世界和平、开辟用战争之外的方式解决争端的新道路等方面都起到了非常积极的作用，历史意义十分重大。

人类历史上的三次能源革命

蒸汽机的发明吹响了第一次能源革命的号角。有了蒸汽机，人们用煤炭做燃料来开动机器。此后不久，科学家又发明了以石油产品为燃料的内燃机。19 世纪 70 年代，科学家先后发明了具有实用价值的电动机和发电机。19 世纪 80 年代，建成了中心电站，并从技术上解决了电能的远距离传输问题，完成了人类历史上的第二次能源革命。第三次能源革命是原子能的应用。原子核裂变时能释放出巨大的能量。1942 年，科学家费米等人建成了世界上第一座利用核裂变能量的装置——原子反应堆。

欧洲联盟

第二次世界大战后，欧洲国家基于经济、政治等诸多方面的考虑，开始走上联合的道路。1946 年，英国首相丘吉尔号召建立"欧洲合众国"。1950 年，法国外长舒曼提出实现欧洲国家统一的思想。1951 年，法国、联邦德国、意大利、比利时、卢森堡和荷兰 6 国外长签署《欧洲煤钢联营条约》。

1957 年，六国又签订《罗马条约》，建立了欧洲经济共同体、欧洲原子能共同体。60 年代，这三个共同体合并为"欧洲共同体"。后来，英国、爱尔兰、丹麦、希腊、西班牙和葡萄牙等国先后加入，欧共体扩大到 15 国。

1991 年 12 月 9 日至 10 日，欧共体首脑会议在荷兰的马斯特里赫特召开，最后签署了经济货币联盟条约、政治联盟条约等，总称欧洲联盟条约。

《欧共体政治联盟条约》规定：西欧联盟隶属欧洲政治联盟，是欧洲政治联盟的防务机构，负责制定欧洲的防务政策，并与北约保持一定联系。实行共同外交和安全政策的具体领域将由欧共体 12 国首脑会议或外长会议一致确定，具体实施措施将通过特定多数表决制决定。

1991 年马斯特里赫特会议的召开是欧洲一体化进程中具有里程碑意义的事件，标志着一个联合欧洲 12 个国家、涵盖三四亿人口的联盟从此诞生。

不结盟运动

不结盟运动萌发于冷战年代。1956 年，南斯拉夫总统铁托、埃及总统纳赛尔和印度总理尼赫鲁举行会谈，针对当时东西方两大军事集团严重对抗殃及广大中小国家的情况，提出了不结盟的主张。1961 年 9 月，在南斯拉夫、埃及、印度和印度尼西亚等国的倡议下，第一次不结盟国家首脑会议在南斯拉夫首都贝尔格莱德举行，25 个国家出席了会议，不结盟运动正式形成。

不结盟运动奉行独立、自主和非集团的宗旨和原则；支持各国人民维护民族独立、捍卫国家主权以及发展民族经济和民族文化的斗争；坚持反对帝国主义、新老殖民主义、种族文化和一切形式的外来统治和霸权主义；呼吁发展中国家加强团结；主张国际关系民主化和建立国际政治、经济新秩序。

凯恩斯主义

凯恩斯主义是资本主义世界经济危机的直接产物，是适应国家垄断资本主义的需要而产生的。以前占统治地位的经济学说，把完全竞争和充分就业假设作为既定的前提，但资本主义世界经济危机证明这两种假设都是不符合现实的。凯恩斯提出，资本主义自发作用不能保证资源使用达到充分就业水平，因而国家有必要采取干预经济的一系列政策，这样就可以使资本主义解决"失业"，仍是"理想的社会"。垄断资本为国家干预经济、生活的政策提供了理论基础。

1936 年，凯恩斯发表《就业、利息和货币通论》，用"边际消费倾向递减规律""资本边际效率递减规律"和"流动偏好规律"说明资本主义通常存在有效需求不足的问题。他主张由国家实行旨在刺激总需求的宏观财政政策和货币政策，以达到充分就业，缓解经济危机。凯恩斯的理论得到广泛传播和应用。20 世纪五六十年代，在对凯恩斯理论长期化、动态化的过程中，形成了解释、补充和发展凯恩斯理论的两大派别：以 P. 萨缪尔森为代表的新古典综合学派和以罗宾逊为代表的新剑桥学派。他们都在不同程度上发展了凯恩斯理论。在 20 世纪六七十年代以前，凯恩斯主义在西方经济学界长期占据统治地位。

20 世纪 70 年代以后，西方出现滞胀，凯恩斯主义的原有理论难以进行解释和提出相应政策，并受到货币主义、供给学派、理性预期学派、新自由主义等的严重抨击。

世界银行

世界银行是根据 1944 年美国布雷顿森林会议上通过的《国际复兴开发银行协定》成立的。它是联合国下属的一个专门机构，是为经济发展提供融资的主要国际金融机构。世界银行是世界上最大的政府间金融机构之一，总部设在华盛顿。

目前世界银行将利用其资金、高素质的人才和广泛的知识基础，把帮助发展中国家走上稳定、持续、平衡发展之路作为其贷款政策的目标。

未来学

未来学是研究未来的综合学科，又称未来预测、未来研究。它通过定量、定时、定性和其他科学方法，探讨现代工业和科学技术的发展对人类社会的影响，预测按人类需要所作选择实现的可能性。狭义的未来学着重研究现代工农业和科学技术发展的综合成果，探讨未来社会的发展前景；广义未来学指关于地球和人类未来的一般理论。"未来学"一词，是德国学者 O. 弗莱希泰姆在 1943 年首先提出和使用的。20 世纪 50 年代后迅速发展。

世界贸易组织

世界贸易组织的前身是关税与贸易总协定。

关贸总协定是关税和贸易政策的国际性多边协定，1947 年由美国等 23 个国家在日内瓦制定，宗旨是减少关税和贸易障碍，取消歧视待遇，充分利用世界资源，促进各国生产，扩大国际交换，创造就业机会。

1993 年 12 月 15 日，乌拉圭回合谈判结束后，各国部长在 1994 年 4 月发表《马拉喀什宣言》，正式同意乌拉圭回合谈判重要成果——建立世界贸易组织取代关贸总协定，促进世界经济的发展并带来世界范围内的贸易、投资、就业及收入的更大增长。

国际货币基金组织

国际货币基金组织是世界上最重要的经贸金融组织。1945 年 12 月 27 日成立，1947 年 11 月 15 日成为联合国的专门机构。宗旨是：稳定国际汇兑，消除妨碍世界贸易的外汇管制，在货币问题上促进国际合作，并通过提供短期贷款，解决成员国国际收支不平衡时的资金需要。最高权力机构为理事会，由各成员国组成，每年开会一次，各国投票权由所缴的基金份额多少决定。执行董事会处理日常业务，由 22 名执行董事组成。其中出资最多的美、英、法、意、日和沙特阿拉伯 6 国各 1 人，其余 16 名按地区选举产生。总部设在美国华盛顿，负责人为总裁。中国是该组织的创始国之一。1980 年 4 月中国恢复在该组织的代表权，并参加历届会议。

欧元的启动

欧元是欧洲 12 国的基本货币单位。这 12 个会员国分别是：爱尔兰、奥地利、比利时、德国、法国、芬兰、荷兰、卢森堡、葡萄牙、西班牙、希腊、意大利。

1999 年 1 月 1 日，欧元正式启动。具体而言，从这一天起欧元开始在银行记账、结算、支票等非现金交易中使用。自 2002 年 1 月 1 日起，欧元现钞开始在市场上流通。到 2002 年 6 月 30 日，各成员国旧货币失效，取而代之的欧元全面流通。欧元的诞生是"二战"后国际金融界出现的最重要的事件之一。

石油危机

石油危机为世界经济或各国经济因石油价格的变化而产生的经济危机。迄今为止，被公认的三次石油危机，分别发生在 1973 年、1979 年和 1990 年。

第二次世界大战后，石油在世界能源消费结构中的地位日趋重要，西方工业国对亚非拉石油的依赖日益严重。为了满足迅速增长的市场需求，国际石油卡特尔加紧控制和掠夺亚非拉的石油资源，引起了亚非拉产油国的强烈不满和反抗。

20 世纪 50 年代初期，沙特阿拉伯、科威特、伊拉克等国也为实现利润对半分成的税收法与石油公司展开斗争，并获得胜利。伊朗由于提出实现利润对半分成的要求遭到英国石油公司的拒绝，便效法墨西哥，开展了石油国有化运动。亚非拉产油国通过与石油垄断资本的长期较量，逐步认识到国际石油卡特尔之所以能够长期垄断产油国的石油勘探、生产、提炼和销售，并控制油价，在于它是一个联合的国际性组织，它的背后有几乎整个西方帝国主义做靠山。显然，要摆脱国际石油公司的控制，必须摆脱自发的、分散的、孤军作战的不利状况，只有组织起来进行联合，才能保障产油国的利益。

冷战

"冷战"指西方资本主义集团对社会主义国家进行的封锁等非武装的对抗行为，后来逐渐发展成为苏联、美国两个超级大国的争霸。

第二次世界大战结束后不久，以美国为首的西方政治集团，竭力想颠覆新生的社会主义国家。他们不仅通过战争，即所谓"热战"，还依靠除军事对抗形式之外的一切形式反对社会主义的活动，其表现为组建军事集团、进行军备竞赛、在国外建立军事基地、干涉他国内政、扶植代理人进行局部战争等。"冷战"成为特定历史条件下的一种状态，与"热战"一词相对应。

冷战这个词起源于 1947 年 4 月 16 日伯纳德·巴鲁克在南卡罗纳奇伦比亚的一次演说。此外，1946 年丘吉尔访问美国，在这次访问中他发表了著名的"铁幕"演说："从波罗的海边的什切青到亚得里亚海边的里维斯特，一幅横跨欧洲大陆的铁幕已经拉下。"由此间接表示冷战的开始。

到 20 世纪 90 年代苏联解体、东欧剧变之后，国际社会几乎一致认为冷战时期已基本结束。

朝鲜三八线

三八线是位于朝鲜半岛上北纬 38 度附近的一条军事分界线。第二次世界大战末期，盟国协议以朝鲜国土上北纬 38°线作为苏、美两国对日军事行动和受降范围的暂时分界线，北部为苏军受降区，南部为美军受降区。日本投降后就成为南朝鲜和朝鲜民主主义人民共和国的临时分界线，称作"三八线"。

三八线以北为朝鲜民主主义人民共和国，以南为大韩民国。三八线总长度 248 公里，宽度大约 4 公里。

仁川登陆

仁川登陆是在朝鲜战争期间，美军在朝鲜半岛的仁川进行的一次登陆作战。

朝鲜战争爆发后，北朝鲜军队势如破竹，解放了朝鲜半岛 90%的领土，南朝鲜军队和美军固守在釜山一隅。为了扭转被动的战争局势，联合国军总司令麦克阿瑟决定在率大军在仁川进行登陆。仁川位于朝鲜半岛东西方向最狭窄的"蜂腰部位"，战略地位非常重要。

在登陆前，美军不断发出假信息，诱使北朝鲜军队南下，致使仁川等地防守空虚。1950 年 9 月 15 日夜，麦克阿瑟率领 230 艘舰船、4.5 万人驶抵仁川港外。凌晨两点，麦克阿瑟下达了进攻命令，军舰上的大炮猛轰仁川港外的月尾岛，将北朝鲜守军全部消灭。随后，美军战斗机又对以仁川为中心半径的 40 千米以内的目标进行轰炸，阻止北朝鲜军增援。随后美军开始登陆，很快占领了仁川，并开始向汉城推进，切断北朝鲜军的补给线。北朝鲜军被迫北撤。

北约建立

北大西洋公约组织是根据 1949 年 4 月 4 日美国、英国、法国、荷兰、比利时、卢森堡、加拿大、丹麦、挪威、冰岛、葡萄牙、意大利在华盛顿签订的《北大西洋公约》而成立的。之后，土耳其、希腊、西德相继加入。它是为了对抗苏联在军事上和意识形态上的扩张而建立的。

华约建立

华约全称为华沙条约组织。1955 年 5 月 14 日，苏联、捷克斯洛伐克、保加利亚、匈牙利、民主德国、波兰、罗马尼亚、阿尔巴尼亚 8 国针对美、英、法决定吸收联邦德国加入北约一事，在华沙签订了《友好互助合作条约》，同年 6 月条约生效时正式成立了军事政治同盟——华沙条约组织（简称华约），总部设在莫斯科。

条约规定："如果在欧洲发生了任何国家或国家集团对一个或几个缔约国的武装进攻，每一缔约国应……个别地或通过同其他缔约国的协议，以一切它认为必要的方式，包括使用武装部队，立即对遭受这种进攻的某一个国家或几个国家给予援助。"

1991 年 7 月 1 日，华沙条约缔约国政治磋商委员会在布拉格举行会议，与会各国领导人签署了关于华沙条约停止生效的议定书和会议公报，华沙条约组织正式解体。

第一颗人造地球卫星

1957 年 10 月 4 日，苏联发射了世界第一颗人造地球卫星，标志着人类的航天技术已进入一个崭新的时期。

这颗人造卫星，其主要仪器设备是化学能电池无线电发报机。人造地球卫星是靠具有巨大推进力的巨型多极火箭送上太空的。苏联第一颗人造地球卫星发射成功，揭开了人类向太空进军的序幕，大大激发了世界各国研制和发射卫星的热情。

东欧剧变

随着苏联的解体，自 20 世纪 80 年代中后期开始，东欧各国的共产党相继失去执政党的地位，国体和政体也发生了变化。各国重新选择了资本主义，走上了"回归"路。这就是通常所说的"东欧剧变"。东欧剧变来势迅猛，历时很短，引起了全世界的震惊。

东欧剧变从波兰和匈牙利两国开始。随后，民主德国、捷克斯洛伐克、保加利亚相继发生剧变，成为继波兰和匈牙利之后的第二轮冲击波。

1989 年 12 月 17 日，罗马尼亚蒂米什瓦拉市因驱逐特凯什·拉斯洛神父而引发流血事件，局势立刻紧张起来。12 月 25 日，齐奥塞斯库夫妇被处决，匆匆成立的救国阵线委员会接管了政权，改罗马尼亚社会主义共和国为罗马尼亚，保留共和制，实行多党制。罗马尼亚事变是东欧剧变中最激烈也最出人意料的一次事变。此后，南斯拉夫和阿尔巴尼亚也卷入了剧变的漩涡。

东欧剧变是东欧社会主义事业的失败，使世界社会主义、共产主义运动陷入低潮。

另外，就世界范围来说，它改变了以雅尔塔体系为基础的世界格局，对以后的世界局势产生了重大影响。

阿波罗载人登月

1969 年 7 月 16 日早晨 9 点 32 分，美国阿波罗号宇宙飞船连同它的 36 层楼房高的土星 5 号火箭，在肯尼迪角的 39A 综合发射台发射升空。在飞船上的是民航机长尼尔·阿姆斯特朗和两个空军军官小埃德温·奥尔德林上校和迈克尔·科林斯中校。第三天下午，他们进入了绕行月球的轨道，美国东部时间 7 月 20 日下午 4 点 17 分 42 秒在月球着陆。之后，他们对仪器进行全方位的检查，检查了 3 个小时之后，他们穿上了价值 30 万美元的特制太空衣，降低了登月舱内的压力，开始踏上月球表面。

阿姆斯特朗竖起了一面 3 英尺长 5 英尺宽的美国国旗，它是用铁丝缚在旗杆上的。他们还存放了一个盛有 76 国领导人拍来的电报的容器和一块不锈钢的饰板，上面标着："来自行星地球的人于公元 1969 年 7 月第一次在这里踏上月球。我们是代表全人类和平来到这里的。"

他们收集了大约 50 磅石块供科学研究之用，并测量太空衣外面的气温。他们还摆出一长条金属箔来收集太阳粒子，架起测震仪来记录月球震动，并架起反射镜把结果送给地球上的望远镜。在半夜里他们回到"鹰"舱。在月球上停留了 21 小时 37 分钟之后，他们返回了地球。

阿波罗的成功登月，在人类文明史上具有划时代的意义，它首次将人类文明带入了地外空间，显示了人类文明的伟大成就，开辟了人类的空间时代。

计算机的发明

1946 年 2 月 14 日，ENIAc（The Electronic Numerical Integrator AndComputer）在费城面世。ENIAC 代表了计算机发展史上的里程碑，它通过不同部分之间的重新接线编程，拥有并行计算能力。ENIAC 是第一台普通用途计算机。

ENIAC 是由美国政府和宾夕法尼亚大学合作开发研制的，美国物理学家莫奇利任总设计师。这个世界上第一台电子管计算机，用了 1 8000 个电子管，1 500 多个继电器，耗电 150 千瓦，占地达 170 平方米，重 30 吨，运算速度每秒钟 5000 次。

尼克松

1913 年 1 月 9 日，尼克松生于美国加利福尼亚州洛杉矶附近的约巴林达镇。1934 年获惠特尔学院学士学位。后进杜克大学专修法学，1937 年获法学士学位。1937～1942 年在加利福尼亚州惠特尔当律师。1938 年 6 月加入共和党。1940 年，尼克松与特尔玛·凯瑟琳·罗恩结婚，有两个女儿。1942 年至 1946 年在海军服役，升为海军少校，复员后曾两次入选参议院。

1946 年，尼克松当选为美国众议院共和党议员，开始步入政界。1950 年当选为美国联邦参议员。1952 年，他作为艾森豪威尔的竞选伙伴，当选为美国副总统，任副总统 4 年。1956 年他再度当选为美国副总统。1960 年尼克松竞选总统，以微弱票差被约翰·肯尼迪击败，1962 年竞选加利福尼亚州州长时落败后暂时离开国家权力中枢。1964 年再度竞选总统失败。竞选失败后，尼克松先后在洛杉矶和纽约从事律师工作。

1968 年尼克松重返政坛，在当年的美国大选中，他击败民主党人汉弗莱和独立竞选人华莱士，当选为美国第 37 任总统。1972 年 1 月连任。执政后，尼克松对内的目标是抑制通货膨胀，重振美国经济。对外提出尼克松主义。

尼克松于 1972 年 2 月首次访问中国，打开了两国关系的大门，成为访问中国的第一位美国总统。访华期间，中美两国政府发表了著名的《上海公报》。尼克松为打开中美关系大门并为改善和发展中美两国关系做出了重要贡献。1973 年，越南战争结束。同年，苏联领导人回访美国，双方宣告冷战结束。1974 年 8 月 8 日，尼克松因"水门事件"辞职，成为美国有史以来第一个自动辞职的总统。

尼克松

1994 年 4 月 18 日傍晚，尼克松在新泽西家中突患中风，当即被送往康奈尔中心急救。21 日下午起，他陷入"深度昏迷状态"，22 日在纽约康奈尔医疗中心逝世，享年 81 岁。

尼克松 1962 年写了《六次危机》一书，记叙他自己的生活经历。退出政坛后，他在隐居式生活中大量读书，尤其偏爱政治家的著作。读书之余以笔耕为乐，于 70 年代末和 80 年代先后出版了《尼克松回忆录》《真正的战争》《领袖们》《不再有越战》《1999：不战而胜》《超越和平》等。

法兰西第四共和国

法国在第二次世界大战后建立的资产阶级共和国。1945 年法国光复后，环绕政体问题，各派政治力量展开激烈斗争。1946 年 10 月制宪议会通过新宪法，宣告第四共和国正式建立。该宪法确立两院议会制，并对共和国总统的权力作了严格的限制。

第四共和国建立初期由共产党、社会党、人民共和党组成联合政府，随着国际冷战的发展，共产党于 1947 年 5 月被逐出政府。此后，该政府受到以共产党为首的左翼和以法兰西人民联盟为首的右翼的两面夹击，只能依靠第三势力的松散支持。

《布鲁塞尔条约》

第二次世界大战后成立的第一个西欧军事联盟组织。由英国发起，法国、荷兰、比利时和卢森堡等国参加。1947 年 12 月，在苏、美、英、法四国外长会议未能就德国问题达成协议之后，英国主张西欧联合加强防务，以对付苏联。在美国支持下，1948 年 3 月 5 日，英开始同法、比、荷、卢等国举行谈判。3 月 17 日，五国外长在布鲁塞尔签订为期 50 年的《布鲁塞尔条约》，1948 年 8 月 25 日生效。

非洲独立运动

第二次世界大战结束后，非洲各国人民反对殖民统治、争取民族独立的斗争蓬勃发展并取得重大胜利。20 世纪 50 年代末，非洲独立国家从二战前的 3 个增至 9 个。在

六七十年代，非洲的独立运动如日中天，各国的民族解放运动团结合作，互相支持，使绝大多数非洲殖民地先后获得了独立。

非洲国家的独立为非洲地区的发展和振兴创造了条件，同时壮大了发展中国家的力量，给殖民主义、帝国主义和霸权主义以沉重打击。现在，非洲国家在世界政治舞台上发挥着日益重要的作用，成为推动世界和平与发展的一支不可忽视的力量。

日内瓦会议

1954年4月26日至7月21日，苏、美、英、法、中国外交会议在瑞士日内瓦国联大厦举行。会议主要讨论如何和平解决朝鲜问题和关于恢复印度支那和平问题。

7月21日，与会各国签署了《越南停止敌对行动的协定》《老挝停止敌对行动的协定》《柬埔寨停止敌对行动的协定》，会议最后发表了《日内瓦会议最后宣言》。

万隆会议

万隆会议是1955年4月18日至24日在印度尼西亚万隆召开的反对殖民主义、推动亚非各国民族独立的会议，又称第一次亚非会议。由缅甸、锡兰（今斯里兰卡）、印度、印度尼西亚和巴基斯坦5国发起，邀请阿富汗、中国、柬埔寨、老挝、泰国、埃及、菲律宾、尼泊尔、伊朗、约旦、伊拉克、黎巴嫩、土耳其、也门、沙特阿拉伯、越南民主共和国、埃塞俄比亚、苏丹、利比亚、利比里亚、黄金海岸（今加纳）、叙利亚、日本、越南等国家和地区参加。中国总理周恩来率代表团参加。会议广泛讨论了民族主权和反对殖民主义、保卫世界和平及与各国经济文化合作等问题。会议期间，某些原殖民主义和帝国主义国家利用一些国家制造纷争和矛盾，并对中国发出诋毁性言论，企图分裂会议。周恩来提出"求同存异"方针。

在中国和大多数与会国努力下，会议一致通过了包括经济合作、文化合作、人权、附属地人民问题和关于促进世界和平和合作宣言等部分的《亚非会议最后公报》，确定了指导国际关系的10项原则。这10项原则是和平共处五项原则的引申和发展。会议号召亚非各国团结一致、和平相处、友好合作、共同反对帝国主义与殖民主义，被称为万隆精神。

古巴导弹危机

古巴导弹危机，又称加勒比海导弹危机，是1962年"冷战"时期在美国、苏联与古巴之间爆发的一场极其严重的政治、军事对抗。事件爆发的原因是苏联在古巴部署导弹。这个事件被看作是"冷战"的顶峰和转折点。在世界史上，人类从未如此近地站在一场核战争的边缘。

肯尼迪总统遇刺

1963年11月22日，美国总统约翰·肯尼迪在美国南部的得克萨斯州达拉斯市遇刺身亡。据美国通讯社报道，肯尼迪是被行刺者用步枪击中头部死去的。这天中午，他乘飞机到达达拉斯进行访问。接着，他乘汽车从机场去达拉斯市区，准备在那里发表一篇演说。肯尼迪夫妇和得克萨斯州州长康纳利夫妇同乘一辆敞篷汽车，从欢迎的人群中间缓缓驶过。当车队驶经一座大楼的时候，从大楼五层楼上的一个窗户里射出三发子弹，其中一发击中了肯尼迪的太阳穴。半小时后，肯尼迪就在医院里死去。同车的州长康纳利也被击中两枪，受了重伤。

柏林危机

柏林危机共有三次，第一次发生于 1948 年，又称柏林封锁，是冷战开始后最早发生的一次危机，其导火线为 1948 年 6 月 24 日苏联阻塞铁路和到柏林西部的通道。1949 年 5 月 11 日，苏联宣布解除封锁，停止行动之后，危机缓和。第二次发生于 1958 年，苏联发出最后通牒，要求英美法 6 个月内撤出西柏林驻军，后来以苏联让步完结。第三次发生于 1961 年，苏联重新提出西柏林撤军要求，事件以苏联在东柏林筑起柏林围墙作结，美苏关系以苏联冻结柏林问题而得以缓和。"柏林危机"是战后美苏之间出现的第一次"冷战"高潮，是"冷战"加剧的重要表现。

赫鲁晓夫经济改革

赫鲁晓夫在执政期间，对苏联经济进行了改革和调整。在农业方面的改革措施有：第一，改善计划体制。1955 年以前，国家给农庄、农场下达的生产计划指标多达 280 项，从 1955 年起，改为只下达农产品收购指标一项，农庄有权自行安排生产。第二，改变农产品采购制度。苏联从 20 世纪 30 年代起实行农产品义务交售制，农庄每年要向国家义务交售一定数量的农产品，其价格低于成本。1958 年，苏联政府取消义务交售制，实行国家统一的收购制和统一的采购价格，并规定采购价格应高于农产品的生产成本。从 1952~1964 年，农产品采购价格平均提高了 2.54 倍。其中谷物提高了 7.48 倍，畜产品提高了 15.09 倍，经济作物提高了 58%。第三，解散机器拖拉机站，使集体农庄拥有农业机器。

匈牙利事件

匈牙利事件发生于 1956 年 10 月 23 日至 11 月 4 日。1956 年 2 月，苏共二十大对斯大林全面否定之后，东欧各国共产党出现了持不同政见者。在匈牙利，民族历史的爱国主义狂热，使这种动荡局面进一步恶化。

苏联为了平息匈牙利的动荡不安，将斯大林的忠实追随者、不受匈牙利人欢迎的匈牙利共党领导马加什·拉科西拉下台，却进一步强化匈牙利人对民主化的要求。农业歉收和燃料短欠使局面越来越严重，广大人民对苏军撤出匈牙利的要求也越来越强烈。

戴高乐主义

戴高乐主义是 20 世纪 50 年代末至 60 年代末，法国总统戴高乐制定的法国独立自主外交政策的基本构想和指导原则。戴高乐主义就其本质而言可称为法兰西民族主义，它包括三方面的思想：民族主义思想、集权主义思想和独立自主思想。

法国五月风暴

戴高乐任法兰西第五共和国总统后，推行了一系列内政外交政策，使法国经济发展，国际地位获得提高。但独立发展核力量耗资巨大，遭到左翼和右翼的反对，总统的独断专行引起人们的不满，政府反对罢工的立法导致工人的反抗，削减小农户的政策也激起农民的抗争。由于经济情况不好，失业人数多达 50 万，青年学生面临着毕业即失业的威胁。1968 年，各种社会矛盾日益尖锐，以青年学生为前导，法国掀起了五月风暴。

布拉格之春

布拉格之春，是 1968 年 1 月 5 日开始的、捷克斯洛伐克国内的一场政治民主化运动。1968 年 4 月，捷共中央召开全会，通过了《行动纲领》，宣布"将进行试验"，"创立一个新的、适合捷克斯洛伐克情况的、富有人情味的社会主义模式"。在政治方面，主张党政分开，不能用党的机构代替国家机构、经济领导机构和社会组织；坚持和发扬社会主义民主，保证集会、结社、迁徙、言论和新闻自由；主张以民族阵线为基础，实行社会主义的多元化政治体制。在民族问题上，主张建立捷克和斯洛伐克两个民族的联邦制国家。在经济方面，纲领提出实行有计划的市场经济。其主要内容是：第一，改革计划体制。主张国家主要职能应是制定长远发展战略，确定重大比例关系，并对特别重要的部门规定指令性指标。此外，一切经济活动都应利用税收、价格、利润等经济手段，通过市场机制进行调节。第二，规定工商企业和农业合作社都有独立自主权，包括自聘自选领导人、自主经营、自由竞争、自愿联合等。第三，成立工厂委员会，该委员会有权决定厂长的任免、利润的分配和职工的福利待遇等。第四，取消外贸垄断，企业有权独立进行外贸活动，国家只根据市场情况采取相应的调节措施。第五，改革价格政策，缩小固定价格范围，逐步向自由价格过渡。在对外政策方面，主张在进一步发展同苏联的"联盟和合作"的同时，加强同一切国家的互利关系。

《四月行动纲领》把经济和政治体制改革结合起来，受到了广大人民的欢迎。各界群众举行各种集会讨论国家生活中的各方面问题，出现了"布拉格之春"的民主、开放局面。但不久，捷克斯洛伐克的政治经济改革，由于苏军侵占而未能全面付诸实施，便夭折了。

"七七宪章"运动

"七七宪章"运动因 1977 年 1 月 1 日发表《七七宪章声明》而得名。它是各种信仰、各种宗教和各种职业的人们自由的、非正式的社会团体，其宗旨是维护"人权"和公民自由，有组织有计划地开展反共反政府活动。它的组织者和发言人主要有哈韦尔博士、帕托奇卡教授和哈耶克教授等。

水门事件

在 1972 年的美国总统大选中，为了取得民主党内部竞选策略的情报，1972 年 6 月 17 日，以美国共和党尼克松竞选班子的首席安全问题顾问詹姆斯·麦科德为首的 5 人闯入位于华盛顿水门大厦的民主党全国委员会办公室，在安装窃听器并偷拍有关文件时，当场被捕。

事件发生后，尼克松曾一度竭力掩盖开脱，但在随后对这一案件的继续调查中，尼克松政府里的许多人被陆续揭发出来，并直接涉及尼克松本人，从而引发了严重的宪法危机。

1974 年 8 月 8 日晚上，尼克松不得不向全国发表电视演说，宣布辞去总统职务。

苏联解体

1991 年 12 月 25 日，苏联最高苏维埃主席团主席戈尔巴乔夫宣布辞职的事件，为立国 69 年的苏联画上句号。在 1991 年年底，俄罗斯总统叶利钦同白俄罗斯及乌克兰的总统在白俄罗斯的首府明斯克签约，成立独立国家联合体，通过建立一个类似英联邦的架构来取代苏联。除波罗的海三国和格鲁吉亚外，其他苏联加盟国纷纷响应，离开苏联，苏联在此时已经名存实亡。1991 年 12 月 25 日，戈尔巴乔夫宣布辞职，将国家权力移交给俄罗斯总统。第二天，苏联最高苏维埃通过最后一项决议，宣布苏联停止存在。从此，苏联正式解体。1991 年 12 月 25 日 19 时 32 分，红旗从克里姆林宫上降落。

南南合作

因为世界上的发展中国家绝大部分都处于南半球和北半球的南部分。于是从 1960 年代开始，这些国家之间为摆脱发达国家的控制，发展民族经济，开展专门的经济合作，即南南合作。如：中国与拉丁美洲的合作（即是发展中国家与发展中国家之间的合作）。

南南合作是广大发展中国家基于共同的历史遭遇和独立后面临的共同任务而开展的相互之间的合作。1955 年召开的万隆会议确定了南南合作"磋商"的原则，促进了原料生产国和输出国组织的建立，提出了在发展中国家间实施资金和技术合作，因此被认为是南南合作的开端。

七十七国集团

七十七国集团是发展中国家在维护自己经济权益的斗争中逐渐形成和发展起来的。第二次世界大战后，亚非拉广大发展中国家虽然获得了政治上的独立，但在经济上并没有获得真正的独立，依然受国际经济旧秩序的影响。1963 年，第 18 届联合国大会讨论召开贸易和发展会议时，73 个亚、非、拉国家，以及南斯拉夫、新西兰共同提出一个联合宣言，形成"七十五国集团"。后来肯尼亚、韩国、越南加入，新西兰宣布退出。1964 年 6 月 15 日，在日内瓦召开的第一届联合国贸易和发展会议上，发达国家和发展中国家在一些重大问题上产生尖锐分歧。77 个发展中国家和地区联合起来，再次发表了《七十七国联合宣言》，要求建立新的、公正的国际经济秩序，并以此组成一个集团参加联合国贸易和发展会议的谈判，因而该集团被称为七十七国集团。虽然后来成员国逐渐增加，但集团名称仍保持不变。

德国统一

1990 年 10 月 3 日零点，德意志民主共和国与德意志联邦共和国正式实现统一，组成统一、独立、主权的德意志联邦共和国。定都柏林。宪法沿用原联邦德国的《基本法》。国旗和国歌亦均沿用原联邦德国的国旗和国歌。10 月 3 日定为德国统一日，即国庆日。R. 魏茨泽克为统一德国的第一任联邦总统。科尔为统一德国的第一任联邦总理。1990 年 12 月 2 日举行第一届全德联邦议院选举，基督教民主联盟—基督教社会联盟、社会民主党、自由民主党进入联邦议院。基督教民主联盟—基督教社会联盟和自由民主党继续联合执政，联邦总理仍由科尔担任。

德国统一的实现，是欧洲历史的重要转折，它不但对于德意志民族的发展，而且对欧洲联合进程和整个欧洲形势都具有重要意义，在世界政治和经济中也是一件有重要影响的事件。

南斯拉夫解体

南斯拉夫解体首先是由经济危机引起的。20 世纪 80 年代，南斯拉夫的市场看上去很繁荣，但繁荣背后隐藏着危机，如通货膨胀，最高时曾达 2400%，各种罢工事件不断；政治权力过分下放，中央政府几乎只剩下外交和国防的权力。1980 年铁托逝世后，南斯拉夫联邦政府实行了国家元首集体轮流的做法，无法形成一个坚强有力的领导核心。铁托经济政策的失误在于没有按照经济规律办事，没有建立国内的统一市场，而是各个共和国均衡发展。工人与管理层之间、各共和国之间、中央与地方之间、企业之间都是以各种协议形成"自治"。这种关系不是市场的、有机的，而是人为的、行政的，因此，离心力大于向心力。在民主化的浪潮中，知识界以为只要采取西方的政治制度，南斯拉夫的一切问题就会迎刃而解。1990 年，南斯拉夫通过《政治结社法》实行多党制。1991 年，从斯洛文尼亚开始，一个接一个的共和国宣布独立。内战随即全面爆发。

和平的隐忧

1973 年世界经济危机

是第二次世界大战后严重的一次经济危机。1973 年 11 月，经济危机首先从英国开始，美、日、法等国相继卷入。于 1975 年下半年渡过最低点，经济转而回升。其主要表现是：工业生产普遍持续大幅度下降，整个资本主义世界工业生产下降 8.1%；大批企业破产，股票行情大跌，美、日、西德等 10 国两年内资本超过百万美元的公司破产 12 万家以上，股票价格下跌总额达 5000 亿美元；失业人数剧增，创战后最高纪录，所有资本主义国家总失业人数 1975 年月平均为 1448 万，美国 1975 年 5 月失业率为 9.2%；物价上涨，国际贸易和国际收入逆差严重，发达资本主义国家国际贸易入超达 203 亿美元，国际收支逆差为 392 亿美元。危机过后，各国经济没有出现全面高涨，而是进入滞胀时期，经济发展速度减慢相对停滞，通货膨胀和物价上涨严重，失业率居高不下。

英阿马岛战争

英阿马岛战争是第二次世界大战后南大西洋首次爆发的一场规模较大的海上冲突。1982 年 4 月 2 日，战争正式爆发。4 月 2 日，阿军在马岛登陆，岛上英军投降，3 日，阿军占领南乔治亚岛。英国迅速做出反应，4 月 5 日组成特混舰队开往南大西洋；25 日攻占南乔治亚岛；29 日，舰队主力抵达马岛水域。4 月 30 日，英军开始对马岛实施海、空封锁；5 月 2 日，英核动力攻击潜艇用鱼雷击沉阿贝尔格拉诺将军号巡洋舰；5 月 4 日，阿机以空舰导弹击沉英谢菲尔德号驱逐舰；5 月 21 日，英军在圣卡洛斯港登陆，阿军进行抗登陆。由于阿三军抗登陆作战不够协调有力，空军飞机损失严重，主要武器供应困难。6 月 14 日，英军攻占马岛首府斯坦利港，守岛阿军投降。

伊朗门事件

1985 年 6 月，美国环球航空公司飞机上的人质从大马士革回到美国，这件事使美国意识到，实际上是伊朗在背后牵线的结果。当时，美国同伊朗中断关系 6 年，时任美国总统安全顾问的麦克法兰及其助手与伊朗代表进行了极为隐秘的会谈，会谈中由以色列担保，本着一飞机军用物资交换一名人质的原则，分别于 1985 年 9 月、1986 年 7 月和 11 月释放了三名人质。

1986 年 5 月，麦克法兰秘访伊朗，伊朗官员不仅同麦克法兰进行接触，并且向美国提出一系列条件，美国只答应第一条即提供巴列维国王购买并已付款的飞机和坦克配件及其他武器。因要求未得到满足，伊朗议长拉夫桑贾尼于 11 月 4 日突然公开了麦克法兰访问伊朗的秘闻，立即引起国内外巨大的震惊。

洛克比空难

泛美航空 103 航班是泛美航空飞往法兰克福－伦敦－纽约－底特律的航线。1988 年 12 月 21 日，它成为恐怖袭击目标，飞机在苏格兰边境小镇洛克比上空爆炸，270 人罹难。

这次炸弹袭击被视为一次对美国象征的袭击，是史无前例的最严重的恐怖活动。此次事件亦重挫泛美航空的营运，该公司在空难发生的 3 年之后宣告破产。

美军突袭巴拿马

1989 年 12 月 20 日，美军将隶属于美军"南方司令部"的 1.3 万名驻军分为五路，同时向巴拿马城及其周围目标发起突然袭击。至傍晚，美军又得到本土第 82 空降师、第 5 步兵师的部队约数千人的增援，总兵力达到 2.4 万人，大大超过 1 万多人的巴拿马国防军。

战争换不来宁静的巴尔干

巴尔干地区是欧洲东南门户，历来是兵家必争之地。它位于欧亚两洲的接壤处，是欧洲的下腹部，扼黑海、地中海的咽喉，战略位置十分重要。同时，巴尔干及地中海地区有丰富的煤、铁、石油和棉花等资源，各国垄断资本都在这里加紧渗透，使该地区成了列强争夺的焦点。另外，这里民族成分复杂，宗教多样，自古以来，就是欧洲的火药桶。

巴尔干地区长期是各大国觊觎的对象，多次遭到大国的统治。14 世纪下半期，奥斯曼帝国入侵巴尔干；19 世纪中期，奥匈帝国也开始将巴尔干的西北部地区纳入自己的统治之下；俄国自从 15 世纪以来一直打着解放"斯拉夫人"的旗号在巴尔干地区争夺势力范围。

近 100 年来，巴尔干前后发生了 7 次大战争：1912～1913 年塞尔维亚、黑山、希腊和保加利亚结盟，针对奥斯曼土耳其的战争；1913 年塞尔维亚、黑山、希腊和罗马尼亚一起反对保加利亚的战争；第一次世界大战；1919～1923 年的希腊和土耳其之间的战争；第二次世界大战；二战后的希腊内战和波黑战争。

中东战争

第一次中东战争：1948 年 5 月 15 日，以色列同阿拉伯国家发生了大规模的战争，史称第一次中东战争。

第二次中东战争：英法两国联合以色列，于 1956 年 10 月 29 日出动大批军队向埃及发动了突然袭击。第二次中东战争爆发。第二次中东战争又称苏伊士运河战争。

第三次中东战争：1967 年 6 月 5 日凌晨 7 时 45 分，以色列几乎出动了全部空军，对埃及、叙利亚和伊拉克的所有机场进行了闪电式的突然袭击。空袭半小时后，以色列的地面部队也发起了进攻，阿拉伯国家奋起反抗。10 日战争结束。这就是历史上的第三次中东战争，也称"六五"战争或"六天战争"。

第四次中东战争：1973 年 10 月 6 日，埃及、叙利亚为收复在第三次中东战争中失去的土地，经过周密的准备之后，对以色列发动了突然袭击，第四次中东战争爆发。这次战争，在历史上又被称为"十月战争""斋月战争""赎罪日战争"。

两伊战争

两伊战争是发生在伊朗和伊拉克之间的一场长达 8 年的边境战争。

1980 年 9 月 22 日晨，伊拉克调集大量飞机对包括伊朗首都德黑兰在内的 15 座城市和空军基地进行空袭，并出动地面部队 5 个师及 2 个旅、1200 余辆坦克，向伊朗进攻。从 1982 年 3 月起，伊朗军队转入反攻。1982 年 6 月 29 日，两国边界又恢复战前状态。1982 年 7 月 13 日，伊朗集中 10 万军队，向伊拉克南部巴士拉地区发动猛烈进攻。经过多次拉锯战，至 9 月底伊朗军队控制了伊拉克境内面积约 200 多平方公里的狭长地带。从 10 月开始，伊朗 5 万军队深入伊拉克境内，对巴格达造成威胁。

伊拉克军队前后组织 7 次反击，将伊朗军队阻挡在边界一带。1983 年 2 月以后，伊拉克基本守住了防线。至 1984 年 3 月底，伊朗的攻势基本停止。从 1984 年 4 月开始的 4 年多时间里，双方在边境地区互有攻守，战争转入长期消耗战。至 1988 年 7 月，伊朗所占伊拉克领土几乎全部丧失。伊朗于 1988 年 7 月 18 日宣布接受联合国停火决议。

两伊战争前后历时 7 年又 11 个月，是 20 世纪最长的战争之一。战争使交战双方两败俱伤。两国军费开支近 2000 亿美元，经济损失达 5400 亿美元，双方的综合国力因此受到很大的削弱。

"沙漠风暴"

1991 年的 1 月 17 日凌晨 2 时 40 分，停泊在海湾地区的美国军舰向伊拉克防空阵地、雷达基地发射了百余枚"战斧"式巡航导弹。以美国为首的多国部队开始实施"沙漠风暴"行动，海湾战争爆发。海湾战争也加速了苏联的解体和两极格局的终结，客观上有利于多极化趋势的发展。海湾战争后，苏联最终解体，为两极格局画上了句号。美国在海湾战争中大获全胜，成为冷战后唯一的超级大国，但这并没改变世界基本力量的对比，相反，加速世界向多极化发展。

"沙漠军刀"行动

自从 1990 年 8 月 2 日伊拉克 10 万大军以闪电战的方式入侵科威特以来，以美国为首的多国部队已经完成了阻止伊军继续南下的"沙漠盾牌"行动和"沙漠风暴"大空袭行动，使伊军遭受了惨重损失。1991 年 2 月 24 日凌晨 4 时，代号为"沙漠军刀"的地面进攻开始了，由来自 11 个国家的 53 万大军，从 4 个主攻方向分 6 路切入伊军防线。这是第二次世界大战结束以来规模最大的地面军事行动。

"沙漠军刀"行动实施了 20 世纪 80 年代美军提出的"空地一体战"的战术思想，以装甲部队和担负侦察、攻击、运输的直升机协同作战，气势磅礴地压向侵科伊军。

"沙漠军刀"行动是海湾战争中的最后一次军事行动，这次行动，迫使萨达姆全面接受了美国的条件，在人类战争史上有一定影响。

科索沃战争

科索沃战争是由科索沃危机引发的，而科索沃危机则根源于南斯拉夫联邦的解体。1999年2月6日，塞尔维亚和科索沃阿族代表在巴黎附近的朗布依埃举行和平谈判，谈判的基础是美国特使希尔草拟的方案。该方案的主要内容是：尊重南联盟的领土完整，科索沃享有高度自治，南联盟军队撤出科索沃，"科索沃解放军"解除武装，按当地居民人口比例组成新的警察部队维持治安，北约向科索沃派遣多国部队保障协议实施。这个方案对双方来说都难以接受，阿族坚持要最终走向独立，并且不愿解除武装，南联盟则不同意科索沃获得自治共和国的地位，亦反对北约部队进驻科索沃。但是，主持谈判的北约表示，这个方案的80%内容不许改变，必须接受，否则将受到惩罚，对南联盟而言将遭到北约的军事打击。在谈判陷入僵局后曾一度休会，3月15日复会，阿族代表于18日签署了协议，但塞尔维亚方面仍然拒绝签字。3月19日，北约向南联盟发出最后通牒，3月24日，北约发动了对南联盟的空中打击，科索沃战争爆发。

"9·11"事件

2001年9月11日上午10点29分（美国当地时间），纽约市世贸中心双塔摩天大楼被恐怖分子劫机撞毁，共有2823人遇难，另外还有105人失踪，直接经济损失高达1000亿美元，间接经济损失难以估算。这就是人们谈之色变的"9·11"事件。这一事件直接导致美国华尔街股市休市一周，欧洲和拉美股市、亚洲股市都遭受巨大冲击。

"9·11"事件是进入21世纪以来在国际安全领域发生的最重大的事件。这是一起典型的恐怖主义行为。恐怖和反恐怖是进入21世纪以后的新型战争。这种战争辨不清敌人，找不准战场，因此给国际安全领域带来了一连串新问题。

"9·11"事件也是世界历史的一个转折点。此后，非传统安全问题日益突出，世界安全形势更为复杂多变。

由于这些方面的影响，世界主要国家都将重新调整自己的安全战略，国际关系也会出现新的变化。

美伊战争

伊拉克战争又称美伊战争，共有4国参与作战。伊拉克战争之前，联合国一直没有通过美国开战的决议，然而美国绕开联合国直接发动战争。

2003年3月20日，以美国和英国为主的联合部队正式宣布对伊拉克开战。澳大利亚和波兰的军队也参与了此次联合军事行动。军事行动是在美国总统乔治·W.布什对伊拉克总统萨达姆·侯赛因所发出的要求他和他的儿子在48小时内离开伊拉克的最后通牒到期后开始的。

第二章　野史追踪

"野史是民众的历史"，它作为历史的一个侧面而存在。野史大多是民间口口相传的鲜为人知的历史活动，没有书面记载，故虚构的成分较多，但不排除为真实历史事件的可能性。本篇穿越古今，不仅囊括了世界各地名门贵族、帝王将相、帝后王妃的传奇故事，更有世俗风情、平凡人物的奇闻轶事，让你从另外的角度和层面感受历史，思考历史。

古代时期野史

奈费尔提蒂王后"化男身"辅政事

古埃及法老阿门诺菲斯四世即位后不久，便摒弃古埃及长期尊崇的神祇而独尊太阳神为至高无上。法老对他的新信仰迷恋若狂，甚至改名为埃赫那顿（意思是"信奉太阳神无往不利"），并将亚马尔纳命名为埃赫特阿顿，用以颂赞天神。

埃赫那顿这个人行为古怪，甚至样子也跟常人有明显不同，但王后美貌异常，她与法老夫妻恩爱，信仰一致。

埃赫那顿身体一天天衰弱，逐渐不能继续掌权，那位意志坚强的埃及优雅贵妇就假扮男人，以保丈夫的王位。

尽管后代法老蓄意抹杀，不使人记起奈费尔提蒂，但只要奈费尔提蒂精致的塑像仍在，世人是始终不会忘记她的。

古埃及哈希普苏特女王喜着男装

哈希普苏特执掌王权，始于嫁给同母异父兄弟图特摩斯二世为妻。图特摩斯二世驾崩后由其子继位，但是这位太子并非哈希普苏特亲生。初登基的图特摩斯三世掌握不了实权，野心勃勃的母后摄政，不久将儿子撂在一旁，自封为"王"；虽名义上与儿子共享统治地位，但她已独揽大权。从此，她似乎对"称孤道寡"着了迷。在留存下来的一些画像中，她穿着男性服装，头戴着法老的传统头饰。甚至于一些雕像中，还可见她戴上法老只在大典礼上才戴的礼须。

哈希普苏特无疑想把自己塑造成能征惯战的英雄，因为她在商业和建筑方面虽然颇有成就，地位却不稳固。在她与儿子21年的"共同"统治中，假胡子的女人面孔一定令很多具有正统思想的人耿耿于怀，图特摩斯三世对僭夺其权力的女人则显然满腔怨恨。哈希普苏特死后，图特摩斯三世成为埃及的唯一统治者。

古埃及王室的血统关系

"漠特埃姆维阿"是阿蒙霍特普三世母亲的名字。考证结果表明，他母亲的名字可能是一个米坦尼公主的埃及名字。归属于埃及帝国的米坦尼是当时亚洲西部的一个山地古国。这位不远万里地来到底比斯宫殿的米坦尼公主既可能是人质，又可能是一份特殊贡品。阿蒙霍特普三世的父王收留了这位异地公主，阿蒙霍特普三世就是他父王和这位公主的儿子。也就是说，阿蒙霍特普三世已突破了埃及王室血统，这在当时是一件丢人的事。

可能因为父王在这方面有了先例，所以阿蒙霍特普三世在他当上法老的第二年，就同一个并非来自正统王室的平民女子结婚了。阿蒙霍特普三世倒不是出于反王室传统而这样做，这主要是由于这位平民出身的女子长得实在太漂亮了。在那纵情享乐的年代，没有人在乎什么传统。这位平民女子叫泰伊，于公元前1416年因美貌绝伦而被选进宫，成了阿蒙霍特普三世的怀中人。

古埃及法老的王室继承制

古埃及法老统治时期，王室继承实行的是长子继承制。如果没有同父同母的兄弟，国王的女儿和她同父异母兄弟结合也能延续朝代，但政权将落到女性手中。妻子只能维持这个血统的正统地位，这血统又传与将来继承王位的人。男性一直掌握着权力。女人除了延续这个血统之外，一般是排除在国王职能之外的。由于有了这样的同父异母兄妹结婚，因此第十八王朝统治的时间很长。后来更换朝代之后，拉美西斯二世要了他的一个妹妹做王后，但她毫无实权。继承的法则是从兄到弟，一直到这一支的尽头，然后是从叔父到长兄的儿子，这也说明男性在王室中的优越地位。埃及文明在历史变迁中，仍然保留古非洲的种种风俗。赫鲁斯和塞思两人在争权夺利上就继承了王位传代的两种相互对立的体系。这样看来，兄妹结合可能是在沿袭了古非洲的习俗下的另一种这样的延续的标志。

埃及法老的后宫佳丽

"后宫佳丽三千"是中国古人对于皇帝奢侈腐化生活的评价，然而，世界上的皇帝差不多都是如此。在埃及法老的后宫里，也是美女如云，佳丽众多。后宫是王后及其周围的人的起居室，与王宫毗邻或全无瓜葛，形成一个活跃的独立单位，雇有许多管理人员。这些人也无法避免别人的监控，因为在埃及历史上，后宫阴谋经常出现，法老还有可能送命。

在后宫中地位很高的，自然是国王的孩子，但也有国王意欲叫他有所成就的官吏的孩子，以及必须悉心照料，在后宫居住的贵妇、"宫中美女"或"国王心上人"，但与妃子地位不同。中帝国时期的一个故事讲述斯内夫鲁法老如何消遣，让20个后宫女子划船。这20个女子都是"美丽动人，乳峰坚挺，秀发盘髻，她们的乳汁还不曾有小儿吮吸过"。新帝国时期，经常将这些贵妇人送给十分爱国、热心、仕途亨通的朝臣为妻。当时的外交性交换中，女人是为人所称赞的礼物，但是这些丰富了法老后宫的异族美女的待遇远没有外国公主的待遇高。外国公主是国王之间的个人馈赠，通过这一方式的联姻可以确保生出的子嗣不退化。大多数法老都有很多子嗣，数目相当可观。它既体现了埃及崇高的威望，又意味着君王的生机勃勃。

古埃及图坦卡蒙法老死于谋杀

　　古埃及以其灿烂的文明和神秘的传说吸引了无数历史学家和考古学者。在开罗南700多公里的尼罗河西岸，埋葬着30多个法老，学者们称之为"帝王之谷"。

　　1922年，考古工作者在"帝王之谷"内发现了距今3000多年前十八王朝的法老图坦卡蒙的陵墓。图坦卡蒙是著名的阿蒙普特四世（即埃赫那吞）王后尼费尔提提的女婿。这位君主政绩平平，没有什么大作为。他大约于公元前1361年登基，当时年仅10岁，娶了一个12岁的少女。19岁时他便死去了（也有人认为他死时18岁）。这些就是史料传说对他生平的全部介绍。图坦卡蒙的陵墓是迄今为止所发现的最完整、最有价值的古代埃及法老的陵墓。

　　1972年和1976年图坦卡蒙墓中出土的部分珍贵文物先后在伦敦、华盛顿展出，吸引了成千上万的欧美观众，再次轰动了整个世界。图坦卡蒙之死又一次成为人们津津乐道的话题。

　　古老、神秘的图坦卡蒙之墓发掘成功后，人们终于见到基本上完整的法老墓葬，也第一次看到了法老的葬制。

图坦卡蒙法老的纯金面具

　　整座墓由前室、墓室、耳室、库室组成。除墓室外，所有的地方都放满了家具、器皿、箱匣等各类器物，其中包括墓主人的宝库。墓中的每件器物，都以金银珠玉装饰而成。在墓室中还发现了两尊真人大小的乌木镀金雕像，据学者们认为是图坦卡蒙的形象。这两尊雕像生动逼真、栩栩如生，充分反映了古代艺术家们高超的技术和丰富的想象力。在8年的挖掘过程中，考古人员在墓中发现了2000多件文物，墓中奇珍异宝非常丰富。

　　图坦卡蒙的木乃伊被密封在重重的棺椁之中，在棺材外面的4层是涂金的木椁。最里面的是黄金打制成的棺椁。当揭开裹在木乃伊脸部的最后一层亚麻时，人们突然发现图坦卡蒙的脸上靠近左耳垂的地方有一处致命的创伤，创伤是怎么造成的？凶手是谁？这一切都成了谜。

有关专家结合一些文献史料的记载和刚出土的壁画文物可以大体得知：由于图坦卡蒙登基时年纪非常小，只得同老臣阿伊共掌大权。他在 19 岁时突然死去。在他死后，他的年轻皇后请求赫梯王派一王子与她完婚。可是赫梯王子在来埃及途中被人杀害。接下来，老臣阿伊继承了王位。

可是，从这些零散的资料与传说中无法揭开图坦卡蒙猝死之谜，谜底在哪里？也许仍长眠于尼罗河充满神奇色彩的土地下，我们只有期待更多的出土资料来揭开这个谜底，也许会由此发现更多不为人知的谜团，从而为世人留下更多的悬念和无限的遐想。

亚述皇后塞米勒米斯始创阉割

《奥德赛》中记载，在古代"大陆"住着一个叫厄刻托斯的国王。流浪汉和乞丐常常要被胁迫送往厄刻托斯那里，他会用锋利的刀子把他们的鼻子和耳朵割下来，扯下来他们的隐秘器官扔给狗吃。

我们不能确定，究竟历史上是否真有厄刻托斯其人，但我们可以肯定，在古希腊，作为一种惩罚手段，阉割曾被实行过。奥德修斯就是如此对不忠的牧羊人麦兰提俄斯进行惩罚的：他把后者的鼻子、耳朵都割下来，将他的手臂和生殖器砍下来拿去喂狗。

麦兰提俄斯的情况在严格意义上说还不算阉割，而仅是残忍地伤害被杀前的人。赫兰尼俄斯说，尼比伦是第一个将少年男子进行阉割的民族——色诺芬认为是大居鲁士将这种暴行引进波斯。还有一个说法广为流传，认为是亚述皇后塞米勒米斯始创这种惩罚。

萨德斯和以弗所的太监们充当了西布莉和阿耳忒弥斯的圣所里的庙奴。在拉德岛海战还没开始的时候，波斯人威胁爱奥尼亚人若不归顺他们就要把他们的少年男子阉割。可是战斗的胜利并没有使波斯人把自己的威胁付诸行动。

波斯王兄弟残杀发明国际象棋

国际象棋和中国的象棋一样，是一种大众化的游戏方式，中国的象棋起源于项羽和刘邦的楚汉战争，国际象棋是否也起源于战争呢？如果是，那又是哪一场战争呢？

关于国际象棋的起源，有多种说法。其一传说中古时代的波斯，加富在与兄弟托克汉德争夺王位时杀了托克汉德，为了向伤心欲绝的母后说明悲剧的经过，就命令才智之士创造了这种游戏。

尽管关于国际象棋的起源有很多传说，但成为定论的则是以下这种说法公元前 326年，亚历山大大帝向印度西北部进军，遇到大批纵列的骑兵、战车和大象抵抗。在称为"四军"或"四部"的印度古代棋盘游戏的棋子上，已具体而完整地反映出传统印度军队这种包括 4 个独立性的编制。公元 5 世纪左右，印度上述古代游戏为一种看来近似国际象棋的游戏所取代，从那时起即有文字记载可考。不久，这种颇为人们喜欢的游戏又从印度传到邻近的波斯（现在的伊朗）。

波斯在国际象棋的发扬和传播方面起了很重要的作用。公元 7 世纪，信奉伊斯兰教的阿拉伯人侵入波斯，继而东征西讨，先后把国际象棋传播到西班牙、西欧、君士坦丁堡，并由维京长舟带往北欧远方。就这样，国际象棋由波斯传到世界各地。

古波斯女孩入宫做宦官

赫拉克利德斯的书中记载，波斯国王拥有后宫佳丽三百，"她们白天睡觉，以便夜里有精神玩乐，常在灯下奏乐吟唱，与国王共度良宵。她们也要陪伴国王外出狩猎"。

当时波斯的风俗是：不仅用男孩，而且也用女孩入宫做宦官。

提麦奥斯描述的第勒尼安人的传统，女仆必须一丝不挂地侍候男人。泰奥彭波斯也证明了这一点。他补充说："按照第勒尼安人法律，女人是公共财产。她们对自己的身体倍加爱护，而且经常与男人或者她们自己进行体操练习；在男人面前赤身裸体变得习以为常。她们不是和丈夫一起吃饭，而是与身边随便一个男人进餐，并且跟任何她们所喜爱的人一同喝酒；她们天性喜欢饮酒，且模样姣好。第勒尼安人抚养长大的孩子往往不知道自己的父亲是谁。他们长大以后，也像上辈人那样过日子，经常举办宴会，并且随心所欲地与女人发生性关系。"

阿蒙霍特普三世为爱妃修建"别宫"

阿蒙霍特普三世的宠姬泰伊王妃有一次想在西底比斯的王庄为自己修建一座"别宫"，法老立刻满足了她的愿望。新宫殿刚修好，泰伊王妃又想，要是周围有湖水环绕就更美了，她的想法又得到了满足。王妃一声令下，平野起宫阙。顷刻之间，乐园、楼阁、流瀑、洞室就在沼泽、平沙之上出现。阿蒙霍特普三世为美妃挖掘的那个人工湖被史料记载了下来："这个湖有 1850 米长，350 米宽，14 天的工夫就完成了。"3000年来，这个人工湖从来没有干涸过，也不曾满溢过，水面总维持在同一个标准。湖水深达数米，底层为砂石。由于尼罗河离它不到 2 公里，河水得以流进湖内。泰伊王妃的新宫落成典礼由阿蒙霍特普三世亲自主持，一条叫"阿顿之光"的船载着他和王妃在美丽平静的人工湖上游弋。

向死而生的苏格拉底

苏格拉底（约公元前 469~前 399 年）是世界古代历史上最著名的思想家，曾被后世誉为希腊的耶稣，西方的孔子。可就是这样一位先哲，却被莫须有的罪名推上法庭，糊里糊涂地被用毒酒处死在监狱中，这实在是令后世人疑惑不解。

时光倒流到公元前 399 年，希腊雅典的一个普通法院里，正在审理一起政治犯的案件，被告就是已经 70 多岁的苏格拉底，他是以"亵渎神灵，蛊惑青年""煽动反民主情绪"两项罪名受到起诉的。面对法庭的审判，苏格拉底慷慨激昂，侃侃而谈："雅典的兄弟们，我敬爱你们；但是我将服从的是上帝，不是你们，只要我有生命与力量，我将永不停止宣扬与传授哲学……我是上帝派遣给雅典城的牛虻；我们的国家像一匹硕大高贵的骏马，由于它体积大、行动迟缓，需要时时叮咬它，才能使它精神焕发。所以我总是跟着你们，说服你们，并且在你们办事不公正的时候责备你们。"但是，雅

典这匹骏马却不喜欢牛虻的叮咬，执意想把这只"牛虻"消灭掉。一个月以后，苏格拉底在狱中接过当局为他准备好的致命毒酒，镇定自若的一饮而尽，永远地离开了他深爱的雅典。

大约在公元前469年，在希腊雅典城邦一个普通石匠的家里，一个小男孩来到了世上，被取名为苏格拉底。当他长大成人的时候，正值希腊战争连绵不断，苏格拉底多次亲身参加了战斗，在战争中接受血与火的洗礼。因此，他不像前代的哲学家们那样成天坐在书斋里潜思冥想，而是把眼光从茫茫宇宙转向了芸芸众生，积极地融入社会，向社会传播他的哲学思想。传说中的苏格拉底其貌不扬，也不修边幅，经常打着一双赤脚，穿着一件破旧的长袍，为此还得到了一个"雅典的小丑"的外号。他白天很少待在家里，而在各种公共场所却能经常看到他的身影：早晨他沿着运动场散步，上午总是出现在市场上，总之在人最多的地方都能看到他的出现。每次他都安静地和各行各业的人探讨各式各样的问题，耐心倾听别人的看法。

苏格拉底的一生都爱好智慧、追求智慧，他是第一个把"人"自身列入哲学命题的人，认识人类自己从他开始成为哲学的中心主题之一。哲学开始走下云端，进入了千家万户，开始审视生命、伦理和善恶。他提出"知识即美德，无知即罪恶"，主张"真知必行""知行合一"。他反对人们追求物质享受和社会地位，认为人应该注意自身的素质和德行的完善，过一种文明而简朴的生活。他主张社会各行业均应该让有专长的人来管理，甚至国家政权也不例外。

同时，苏格拉底还是一个教育家，他从母亲为人接生孩子受到启发，自称是知识的"接生婆"，注重诱发学生的自己的想法，实质上是一种独特的启发式教育方法。苏格拉底是一个真正的教师，大哲学家柏拉图就是他的得意门生。

苏格拉底生前既有大批忠实的崇敬者，也有大批激烈的反对者。当他受到莫须有的罪名被审判时，他的学生色诺芬和柏拉图在法庭上就原告们提出的罪状进行了逐条反驳。但这一切都无济于事，法庭最后还是宣布苏格拉底有罪。根据雅典的法律，在法庭对被告进行判决之前，被告有权提出一种不同于原告所要求的刑罚，供法庭二者选一。而苏格拉底公开表示他的言行是有利于社会的，根本谈不上什么犯罪，他甚至认为，最合理的判决是让他终生在雅典卫城的圆顶厅享受国家提供的免费餐。而在朋友们的规劝下，他答应提出另一种刑罚，提议对他罚款30明那（当时的一种货币单位），这也是一种很轻的处罚方式。也许是他的言行激怒了法官们，结果大大出乎爱护他的人的意料，他被判了死刑，不过这在民主气息浓厚的雅典也实在是令人吃惊不已。

宣判的那天，恰逢雅典的一个祭祀日，按照当时法律，不能处死犯人，于是苏格拉底又多活了30天。这一段时期，他过得很平静，他的朋友们买通了监狱看守，制定了越狱计划，极力劝他逃走，但被他拒绝了，认为自己应该服从国家的法律。"无论如何，别人不义地把我处死，我自己有什么理由因此而自惭形秽呢？不光彩的不是我，而是那些定我罪的人。"苏格拉底从容地走向了死亡。据说雅典人在苏格拉底死后也感到后悔，又匆忙把起诉他的其中几个人判处了死刑。但真相是这样吗？

1979年4月8日，《纽约时报画刊》发表了著名记者斯东的文章。他认为雅典是欧洲思想、言论自由的发源地，不可能因为传播某种激进的思想，就把一个受人尊敬的大哲学家处死，真正的原因是苏格拉底犯下了其他不可饶恕的罪行。色诺芬和柏拉图

历史知识大博览

为了美化自己的老师，有意隐瞒了一些重要情节。那么，使苏格拉底被处死的真正罪行是什么，却不得而知。

人们从苏格拉底坦然受刑的行为推测，他的死只能说是历史的悲剧。不管是什么罪名，他都是清白无辜的，他实际上是死于自己的信念。

皇帝提比略选择隐居生活

在许多人的眼中，皇帝是一国之尊，荣华富贵，权势显赫。为了它，古往今来，多少英雄豪杰争夺不休，成功的人被称为千古风流人物，失败者也付出了毁身灭家的代价。而罗马皇帝提比略则在大权在握的时节离开繁华的都城罗马，避居乡野，过着流放般的生活。这位行为怪异的皇帝，引起了后人的极大兴趣。

公元26年仲夏的一天，天刚蒙蒙亮，一队约有十来人的小队伍匆匆忙忙地离开了罗马城，走在人群最中央的便是如日中天的皇帝提比略。当时的占星术士说，从提比略离开罗马时行星相互的位置来看，他是绝不可能再回来，还有人宣称他不仅不会回来，而且不久就会死在外面。除了第二个预言的时间不太准之外，这两个预言都神奇地应验了！谁也没有想到皇帝的这次出行竟真的会成为和罗马城的永别！

提比略生于公元前42年，是罗马帝国的创建者屋大维（即奥古斯都）的养子。他9岁丧父，母亲改嫁屋大维，他也开始生活在皇帝的身边，15岁时就曾跟随屋大维到高卢视察前哨阵地，22岁时初次指挥战役，夺回了多年前罗马军团失去的几面旗帜，从此开始声名大振。他不仅以常打胜仗出名，更是以体恤士兵著称，因而得到了人们的爱戴。提比略登上皇帝的宝座也并非一帆风顺，屋大维最先选中的是大将阿格里巴，但阿格里巴不幸死在战场上。屋大维把提比略收为养子，但实际上平日里最器重的却是提比略的弟弟德鲁苏斯，可德鲁苏斯又不幸少年夭折。为了达到能成为帝国领导者的愿望，提比略被迫与已经怀孕的妻子离婚，娶了屋大维寡居在家的女儿朱莉亚为妻。朱莉亚嫁给提比略的时候，还带来了和死去的前夫所生的两个儿子，日后他俩也成了提比略有力的竞争对手。屋大维在他的两个外孙渐渐长大的时候，就开始慢慢疏远提比略，把所有的希望都寄托在外孙盖恩斯和卢西乌斯身上。提比略一气之下离开罗马城。公元2年和4年，屋大维钟爱的两个外孙相继死去，德意志和高卢等地又发生了叛乱，屋大维紧急召回了提比略，并立即派他去镇压叛乱。提比略经过5年的艰苦战争，终于平定了叛乱。当他当上罗马皇帝时，已经是一个55岁的老人了。

离开罗马的皇帝并没有像占卜师预言的那样很快死去，也许是他命不该绝，有一次他们在一个山洞吃饭的时候，洞口的岩石突然塌陷下来了，压死了一些仆人，近卫军长官谢雅努斯不顾个人的安危，全身地跪伏在提比略的身上，使他幸免于难。但11年后，他还是死在了那个地方。

在隐居期间，提比略数次变换居住地点，有时在米塞努姆海角的一个山洞里暂住，但待的时间最长的还是卡普里岛。当时位于坎巴尼亚海岸的这些地方多是罪犯的流放地，因此也有人认为提比略是"自我流放"。这些地方的地理位置优越，交通非常方便，风景如画，气候宜人。卡普里岛这个地方还有一个最大的好处，它只有一条路通向陆地，靠海的三面全是悬崖峭壁，这样外人就很难接近，幽静而安全。虽然身居乡野，提比略还是能通过书信遥控国家的政治生活。

据说在隐居期间，提比略曾经有两次想返回罗马。一次是公元32年，他的船驶到了靠近人工湖的花园，在台伯河沿岸设置了警卫以防止人们接近他，但他最终还是没有登陆；另一次是公元33年，他沿着阿庇安大道走到第七个里程碑（离罗马城不到6.4千米），但他只是在遥望了罗马的城墙后便返回了。除此之外，他还时常独自漫步在罗马城郊，多次站在台伯河边长久地凝望着自己的都城，流露出恋恋不舍地神情。这些太令人不可思议了，作为堂堂帝国皇帝，他随时可以跨入自己的都城。虽然罗马近在咫尺，但却好像有一条看不见、不可逾越的鸿沟阻挡了他的脚步，他为什么要视罗马城为不可接近的洪水猛兽呢？

提比略长期离群索居，引来了历史学家猜测纷纷。有人认为，提比略这样做，是为了遮掩自己的"庐山真面目"，制造一种神秘感，躲在暗处发号施令，既隐蔽又主动，对维护他的统治非常有利。

古罗马历史学家塔西佗认为皇帝归隐原因有二：一是近卫军长官塞亚努阴谋篡位，二是提比略曾以恐怖政策闻名，隐居生活多少可以消弭个人恩怨。另一个历史学家苏托尼乌斯则认为，提比略是因为儿子们的死亡受到打击，从而心灰意冷。

提比略在位23年，因性格怪诞、行为诡异而使得后人对他评价不高。但现代的一些历史学家还是公正地指出：一些人可能由于政见关系，夸大和渲染了他的"怪异"和"残暴"，事实上他统治时期的罗马虽然比不上奥古斯都时代，但也算国泰民安；他个人崇尚节俭，与当时罗马盛行的以挥霍浪费为主的流行风气格格不入；他从不轻易对外用兵，几十年罗马得到和平发展；他还注重发展手工业和贸易，使国库积累丰厚，这些都是不能否认的。至于他为什么会隐居，只有期待未来考古发现来解决这个历史悬案了。

执政官苏拉突然引退

古罗马执政官苏拉实在是一个难以说清的人物，最令人争论不休的是他的行为，出身社会底层，费尽心血登上权力的最高峰以后，却突然宣布辞职，以一个普通公民的身份，隐居到了他的一座海滨别墅里。有人说金钱、情欲、权力是人类社会的三大欲望，其中又以权力欲最具有诱惑力。古往今来，有多少中外的统治者为了得到更多的、更高的权力，钩心斗角，兵戎相见，甚至不惜以生命为代价。因此苏拉的突然引退成为历代学者一直感兴趣的话题。

公元前138年，苏拉出生于一个破落的贵族家庭，其祖辈曾做过罗马执政官，后因触犯罗马法律关于不许私藏金银器皿的条款，而受到罗马元老院的严厉制裁。从此以后，家庭一蹶不振，迅速败落下去。到苏拉时已是一贫如洗，甚至沦落到没有存身之地的境地，他只好与一个被释放的奴隶同住一屋。为了生活，苏拉不得不去从事一向被人看不起的职业——去当演员和滑稽小丑。因为他的一张白皙的脸上总是有点点红斑，好像"桑葚撒在面粉上"，使人一看就喜欢上了他所具有的滑稽相。再加上苏拉刻意表演，感情投入，善于迎合观众，在罗马娱乐界崭露头角，小有名气。而经过这些复杂的经历后，也使苏拉对人生、对社会很有一番自己的见解，他既羡慕先辈的官场得意，家道昌盛，又不满意自己无所作为的处境。他发誓要改变自己的命运，成为一个像自己的祖辈那样呼风唤雨的人物，为了实现这一野心，他无时无刻不在努力地寻找着机会。

到了而立之年，苏拉的生活还是没有任何的起色，就在他快要绝望的时候，突然时来运转，连续几个偶然的机会，为他实现个人的野心打下了基础。首先，有点积蓄的苏拉出入于青楼间，结识了一位有钱的、比他大20多岁的妓女，苏拉用他的感情投资换来了这位妓女对他的信赖，妓女在临死前，把她全部的家产都给了苏拉，这些财富足以使苏拉跻身于贵族行列。苏拉在蒙骗妓女的同时，也恭顺地取得了继母的宠爱。继母去世后，苏拉又继承了继母的一大笔财产。两笔巨额财产使苏拉彻底告别了贫穷，一夜之间从一个破落子弟摇身一变，成为罗马社会上有名的财主。人们开始对他刮目相看，从那时开始，他放弃了一向被人瞧不起的职业，步入了政坛，所以有很多人说苏拉是站在两个女人肩膀上站起来的。

公元前111年至公元前105年，罗马属国、位于东非的努比亚掀起了反抗罗马的朱古达战争。由于罗马小农破产，兵源已显不足，加之军队腐化，战斗力大大削弱。至公元前107年，朱古达战争已进行到第七个年头，罗马仍然没有在战争中占到任何优势，战争难分难解。罗马政府深为此事而感到头疼，所以派执政官马略带兵前去平叛。苏拉随马略出征，他利用一个合适的机会，同朱古达的岳父交上了朋友。朱古达与其岳父有矛盾，苏拉利用他们之间的矛盾，一举生擒了朱古达，迅速结束了这场令罗马人深感头疼的战争。苏拉也因此被罗马人当作民族英雄来崇拜，这一切，使苏拉身价倍增。政治上有一定资本的苏拉又认识了罗马实权人物大祭司之女麦特拉，并娶她为妻，使他网罗了更多的罗马上层势力。

苏拉50岁那年，东方的本都国王反叛，元老院决定出兵东方，但在军队统帅人选一事上，苏拉与马略竞争激烈。苏拉借助麦特拉及贵族派的支持，终于当选为执政官，同时取得了军事的统帅权。但当他一离开罗马，马略便控制了元老院，杀死了包括苏拉女婿在内的许多苏拉拥护者。苏拉闻讯，便带领少量部队，匆匆赶回罗马，暂时夺回了控制权。马略虽战败，但当苏拉重去东方时，他又在罗马推翻了苏拉的势力。苏拉在匆忙之中结束了在东方的战争，率领4万大军回师罗马，与马略派开始了一年半的血战。整个罗马城血流成河，10余万人死于非命。最终，苏拉夺回罗马，马略兵败外逃。这次战争首开了罗马人攻打罗马城的先例，苏拉也因此在罗马历史上留下了骂名。

公元前82年11月，苏拉取得了这场战争的彻底胜利，率领军队长驱直入罗马城，苏拉由此被罗马元老院授予无限期的独裁官，集立法、行政、司法、经济、军事等大权于一身，成为一个无冕之王。以前，独裁官一职是国家处于危难之时才选举产生的，任期不得超过半年。而现在苏拉变独裁官为终身制，表明自己要永坐宝座。为了维护在罗马的统治，苏拉还实行恐怖政策，颁布《公敌宣言》，对马略党人大肆捕杀，弄得整个罗马人人自危，苏拉由此被人称为"一半是狮子，一半是狐狸"。

然而，令人不可理解的是，苏拉在取得终身独裁官的第三年，突然宣布隐退。权力和财富，是苏拉一生追求的目标，为了实现这个目标，他不惜以道德的沦丧、国家的灾难和人民的生命为代价。而正当他的权力如日中天时，却莫名其妙地引退，其中的原因实在是让人琢磨不透。

据说，当苏拉决定放弃权力时，他曾在广场上发表过一次演说。在演说中，他提出，如果有人质问他引退的原因，他可以毫不保留地回答。当然，在场的人都惧怕他，没有一个人敢冒着生命的危险去质问他的。

后人对苏拉的引退问题存在着截然不同的说法。有人认为，苏拉在3年独裁统治后还政于民是明智之举；有人认为是苏拉大幅度的改革无望而急流勇退；还有人认为是苏拉在满足权力欲望后厌倦战争、厌倦权力、厌倦罗马而向往田园生活；还有一种说法认为苏拉得了严重的结肠溃疡，腐烂的肌肉竟长出虱子来，随着病情的加重，这些虱子爬得到处都是，苏拉的这种病况让他无法管理朝政，只能引退以度残年。

公元前78年，苏拉因肠出血而死去，永远地带走了事情的真相，给后人留下了一个说不完的话题。

恺撒为妻子的奸夫辩护

在恺撒家的一次晚宴上，恺撒把一位罗马政坛的新人——普布利乌斯·克劳狄乌斯引见给妻子庞培娅。克劳狄乌斯被高傲、雍容、年轻而又不失性感的庞培娅深深吸引了。

恺撒家在公元前62年举行了一次庆祝善良女神的聚会。这一天，就在妇女们畅谈作乐时，一个化装成女人正在与主妇庞培娅幽会的男子被她们发现了。这就是克劳狄乌斯。

此后不久，公元前61年1月，这桩风流案开始由元老院审理。

5月，审判开始了。

站在法庭上的恺撒扫了眼陪审团的众人，又看了看神情沮丧的克劳狄乌斯，对众人先施一礼，然后说："各位。"法庭里立刻安静下来，所有的人都在仔细倾听，被害人则局促不安地盯着他，"关于这件事的情况我所要说明的就是我对这件事一无所知。那么，对克劳狄乌斯，我不能指证什么。诸位，我和庞培娅离婚的唯一原因，就是在善良女神的节日以后，有关庞培娅声誉的言论四起，我觉得我恺撒的妻子是不应当受到任何名誉的怀疑的。"

很快，陪审团以31票对25票宣布克劳狄乌斯无罪。

埃及女王克娄巴特拉擅长媚术

在弱肉强食的政坛，柔弱的女性一直少有建树，而埃及女王克娄巴特拉却利用女性的柔弱和她特有的媚术一次次拯救了她的国家。不仅如此，她还以爱情将西方古代世界两位最杰出、最具才智而又处于权力顶峰的男子征服了，并将他们融进和服务于自己的事业。

当罗马的军事统帅恺撒进入埃及以后，为了使埃及脱离罗马属州而独立，并把这个勇敢的独裁官玩弄于股掌之间，她充分施展了性的手段。关于这个，苏托尼阿斯有如下记载：

"那一天，她细心地化了妆，用'返老还童湖'的水沐浴，再用香皂去除污垢，然后涂遍掺有乳香和蜂蜜的香油，头发也抹上蛇油，眼睛涂着‘华珠’（含有孔雀石的粉末）。装扮完毕后，她叫人将她如象牙般玲珑剔透的娇躯裹在毛毯里，由两个人将她抬进恺撒的卧房。解开毛毯外的皮带后，恺撒一脸愕然和迷惘，因为芳香四溢的毛毯打开后，一个梦幻似的年轻女子嫣然站起，她瑰丽、莹洁无瑕的肉体就像白金一般地辉耀着……而恺撒就这样被她征服了。"

克娄巴特拉在恺撒死后又将顾盼有情的眼睛瞄向了另一位罗马将军安东尼。那艘巨大的金尾画船在小亚细亚东岸的塔尔苏斯一靠岸，热情奔放、英俊潇洒的安东尼就如醉如痴，他整理10次后才上了大船，把自己的整个身心和毕生的事业都奉献给这位"临凡的女神"。

在她死后，人们把她评价为"无与伦比的女人"。认为她和特洛伊的海伦一样，象征着女人征服男人心的力量。

埃及艳后相貌平平

长久以来，无论是在各种文学作品中，还是银幕上，传说中的埃及艳后都拥有无比美丽的容貌。甚至有一种说法，将她与希腊传说中的海伦与中国唐代的杨贵妃并列为世界古代三大美女。《震惊世界的女人》一书是这样描述克娄巴特拉的："她有像青春少女那样的苗条体态；有一双乌黑发亮的大眼睛，高高隆起的鼻子比普通妇女更显得高贵，一头乌黑发亮的长发，衬托出细腻白皙的肌肤，使裸露的肢体如脂似玉；微微翘起的嘴唇，似笑非笑，蕴藏着一种高深莫测的神秘。可以说她既具有东方美女的妩媚，又具有西方美人的丰韵，可谓天姿国色。"法国哲学家帕斯卡甚至在其《思想录》中写道："假如克娄巴特拉的鼻子长得短一些，整个世界的面貌就会改变。"而美国著名影星伊丽莎白·泰勒在好莱坞巨片《埃及艳后》中所扮演的克娄巴特拉，更是引起人们无尽的遐想。

然而另一方面，我们不得不承认，尽管在野史、传说和文学作品处处有关于埃及艳后的说法，但有关她本人真实的文献资料却是非常罕见。所以，到底历史上真实的克娄巴特拉是什么样的，也成了困扰人们的话题。

要找到这个问题的答案，最好的办法莫过于在克娄巴特拉那个年代流传至今的雕像中寻找。可是，要寻找保存至今的2000多年前的雕像实在不是一件易事，其中能够保存完好的就更是凤毛麟角了。在德国柏林博物馆有一尊据称是全世界保存最好最完整的埃及艳后的肖像。遗憾的是，如果这尊肖像确系埃及艳后本人的，那就令人大失所望了。因为从肖像看上去，克娄巴特拉只是一个平平常常的女人：头发简简单单地打个髻，风格朴实，她的鼻子应该属于鹰钩鼻，而且她的嘴也并不性感。她甚至没有佩戴任何珠宝，包括耳环和项链。

不久前，有些考古学家根据出土的古埃及雕像证实，真实的克娄巴特拉其实相貌平平甚至有些丑陋。据报道，英国国家博物馆曾推出了这位埃及女王的展览，展品中有11尊女王的雕像。从雕像来看，女王的个头矮小短粗，身高只有1.5米左右，体型明显偏胖，甚至脖子上还有很明显的赘肉，牙齿长得也毫无美感；她的衣着相当朴素，长相很一般，脸上轮廓比较分明，看起来有些严厉。这难道就是真实的埃及艳后吗？

有专家分析，托勒密王室为了保持血统的纯正，曾实行近亲婚配的制度，所以克娄巴特拉就有可能在某方面还会有缺陷。英国《泰晤士报》根据这些雕像，采用电脑技术绘制出克娄巴特拉的肖像，结果呈现在人们眼前的古代埃及艳后，原来竟是个又矮又胖的丑女人！但人们不禁要问，如果这是真的，那她有什么特殊的魅力使得恺撒和安东尼都对她如此着迷？

对此，英国方面的专家解释说，实际上只是在克娄巴特拉死后，她与恺撒及安东尼的浪漫情史才开始让后人产生兴趣，随着时间的推移，经过各种艺术加工和民间的渲染，到最后就将克娄巴特拉塑造成了美艳妖冶、风情万种的女王。

英国媒体对克娄巴特拉形象的"更正"则立刻遭到了埃及人的同声谴责。为了维护他们心目中至高无上的"女神"，埃及各方人士与"英国佬"展开了一场舌战。埃及大学文物学院前院长布鲁非苏尔说："克娄巴特拉脸部的细腻光华和神韵是无可辩驳的，她挺拔的鼻子和端庄的五官在古今世界女王中再也找不到第二个。"埃及吉萨文物局长扎西哈瓦斯博士也指出："英国人说克娄巴特拉丑陋和肥胖是毫无根据的，他们应该到埃及卢克索神庙去看一看，这座神庙里有保存完好的克娄巴特拉的浮雕；如果克娄巴特拉像英国学者描述的那样丑陋，那么为什么身边绝对不缺美女的罗马帝国的两位盖世英豪会不顾一切地拜倒在她面前？"还有人批评说，《泰晤士报》采用电脑技术绘制出来克娄巴特拉的肖像只不过是想多卖几份报纸而已。更有甚者，一些比较情绪化的埃及人甚至把这件事和几年前的戴安娜之死拉扯到一起。他们声称：英国人可能故意制造了那次车祸来阻止英国前王妃戴安娜和埃及人多迪谈恋爱，因为英国人害怕戴安娜这位"英国美人"嫁给一个埃及人。此次英国人无端攻击埃及艳后也同样是"不怀好心"。

不过争论归争论，到目前为止，克娄巴特拉到底是什么样的容貌这个问题还无法找到答案。

埃及艳后原来是位才女

由于受传说的影响，后人往往会有一种错觉，即认为克娄巴特拉只是凭借其美貌而获得恺撒等人的欢心，由此得以维护自己对埃及的统治。不过近些年来，新的考古发现证实，这位埃及艳后其实是一位非常聪明、智慧非凡的女王。有关研究者也一致认为，不论克娄巴特拉到底相貌如何，单凭她使埃及得以在强大的罗马帝国虎视眈眈之下暂时保全，就表明她必定是一位很有才干的女人。作为古埃及王国的统治者，一方面要应付国内的夺权斗争，另一方面又要应付外来的危机，这仅仅依靠美丽显然是不够的，所以克娄巴特拉无疑应有很敏锐的政治头脑。不久前，考古学家找到了克娄巴特拉当年亲笔签署的政令和她曾经居住的古城，这些都足以证明这位女王远非只靠美貌，而是靠智慧来治国安邦的。

发现克娄巴特拉亲笔签名的政令纯属偶然。在德国的柏林博物馆里保存着一具再普通不过的古埃及木乃伊，以至于在被收藏入馆的100多年间，从来没有引起考古学家或者研究人员的注意，谁也不会想到它的身上居然隐藏着一个天大的秘密。后来，比利时的纸草考古学家简·比根获得批准对这具木乃伊进行全面研究。有一天，他突然发现木乃伊的布片里夹着一张古老发黄的草纸，凭他的第一感觉，这绝对是古埃及某个时代的文件。于是他小心翼翼地从木乃伊身上一点点剔出了那片 16 开大小的草纸，结果他发现，纸草上竟写满了密密麻麻的古埃及文字！如获至宝的比根马上对这张纸片进行了特别鉴定。借助于普通放大镜，比根识别出，这是一份古埃及某个王朝的正式公文，上面还附有收件日期，他断定这是埃及某个农民与某位先生之间的普通合同。然而令人遗憾的是，比根没有再做进一步的研究就急不可待地把其成果发表在考古权威月刊上。随后，一名荷兰历史学家万·明尼看到这篇研究论文后，立即察觉到可疑之处，他认为仅从发表的图片看，这份文件绝非私人间的合同，而极有可能是地地道道的古埃及政府文件。明尼当即向出版社要来了文件的放大照片，当他把这张照片输入电脑后，明尼当即就断定这确实是埃及王宫的文件。当古埃及历史学家将文件抬头的年份换算了出来后，公元前 33 年 2 月 23 日的结果让研究者们大吃一惊。公元前 33 年，这不正是克娄巴特拉七世统治下的托勒密王朝吗？接下来的发现更让人吃惊。文件的内容显然是手写的，从笔力来看，似乎出自一名男性官员之手。文件的具体内容，是埃及国王答应给罗马帝国大将军卡尼迪斯以优惠的商品进出口关税——允许他每年免税向埃及出口 1 万袋小麦，进口 5000 安普耳的上好埃及美酒。在这份文件的末尾，有一个娟秀的单词，这个单词的字体显然跟文件内容的字体完全不一样，并且带有很明显的女性笔迹的特征。当那个单词在 40 倍的专业放大镜下显现清楚以后，明尼失声惊叫了起来：genestho，这不就是古埃及国王签署法令时的希腊用语"同意"的意思吗？埃及国王、公元前 33 年、罗马帝国大将军，加上女性签字——这毫无疑问就是克娄巴特拉的亲笔签名。

发现克娄巴特拉亲笔签署的政令的消息传出后，世界考古学界为之振奋。大英博物馆的考古专家们对荷兰历史学家明尼的学术水平深感佩服，他们深信，明尼发现的手稿绝对是克娄巴特拉亲笔签署的，因为作为一名严谨的学者，明尼的研究从来没有错过。大英博物馆希腊与罗马古董馆副馆长苏珊·沃尔克十分肯定地说："这肯定是克娄巴特拉亲笔签名，因为文件的内容可以追溯到公元前 33 年，正是克娄巴特拉七世统治时期，这是埃及艳后留下的唯一一笔迹。"沃尔克进一步分析认为，这份手写文件不仅仅是一份政府公文，更具体体现了克娄巴特拉的政治手腕。古希腊著名的历史学家普鲁塔克在其名著《希腊罗马名人传》中曾有过这样的记录："埃及艳后克娄巴特拉在恺撒死后，急欲求得安东尼的庇护，但却碰了一个软钉子。于是，克娄巴特拉马上把主攻方向转向安东尼手下最得力的大将卡尼迪斯，以贿赂的手段最后买通了这位影响力非凡的罗马大将。卡尼迪斯后来说服了安东尼，让他同意庇护克娄巴特拉，而安东尼也从此陷入埃及艳后的温柔陷阱中不可自拔。"尽管普鲁塔克把一切描写得绘声绘色，但历史学家和考古学家却从来没有发现过可以证明这些史实的确凿证据。而这次发现的克娄巴特拉的亲笔签名文件，无疑是"埃及艳后"收买罗马帝国大将的铁证。另一位埃及远古史学家阿兰鲍曼表示："这份文献的发现，说明'埃及艳后'绝非只凭美色来保家卫国、捍卫自己王位的。她运用的技巧跟我们现在处理国际关系时的做法并没有什么两样。这才是'埃及艳后'美丽与智慧的真正体现。"

不久后，美国考古学家戈迪奥和他的埃及同事在亚历山大城遗迹的发现，更进一步地证明了埃及艳后克娄巴特拉的非凡政绩。他们潜入亚历山大港外海海底的时候，看到了一条又一条的街区、一座又一座的雕像，那就是埃及艳后克娄巴特拉和她的最后一个情人安东尼共筑的爱巢——亚历山大城。这次考古发掘证明了在克娄巴特拉统治时代，古埃及仍保持着极度的繁荣，同时也证明了"埃及艳后"不仅美丽，而且还有着杰出的才干，否则不可能将埃及治理得如此井井有条。

英国伦敦大学学院埃及古物学者奥卡萨·艾尔·达利在一批以前从未被发现过的中世纪阿拉伯文献中也发现了一个惊人内幕：埃及艳后克娄巴特拉可能还是一个富有才华的古代数学家、化学家和哲学家。在对这份中世纪阿拉伯文献进行翻译后，艾尔·达利惊讶地发现，这份几近失传的文献，记载的许多内容都与早期埃及的历史有关，而文献中描写的埃及艳后克娄巴特拉，竟是一个富有才华的数学家、化学家和哲学家！文献记载道：克娄巴特拉精通多种语言，她的第一语言是希腊语，同时会说拉丁语、希伯来语、亚拉姆语和埃及语；她曾经写过好几本科学书籍，而且每周都要和一组科学专家开会讨论科学难题。艾尔·达利相信，写下这批文献的古代阿拉伯作者肯定获得了有关克娄巴特拉的第一手资料，甚至可能亲眼看到过她自己撰写的科学书籍，可惜这些书籍现在早就失传了。美国加利福尼亚埃及玄术博物馆馆长利莎·斯奇瓦帕奇认为，由于在千百年前，古埃及著名的亚历山大图书馆曾被人纵火焚毁过，所以许多古埃及书籍，包括克娄巴特拉自己撰写的科学书也许都在这场大火中被付之一炬。不过，一些中世纪的阿拉伯作家，像艾尔·巴克里、亚库特等人都曾在文章中谈到过克娄巴特拉。在他们笔下，克娄巴特拉当年在亚历山大城设计的建筑计划是"史无前例地庞大"，并开凿运河把尼罗河河水引入亚历山大。还有，被称为古代世界七大奇迹的亚历山大灯塔，虽然希腊文献中的记载是在公元前270年左右由亚历山大大帝的手下托勒密·索特命建筑师兴建的，但阿拉伯历史学家伊布恩·阿布·艾尔哈卡姆却认为它可能是克娄巴特拉的杰作。

艾尔·达利还认为，人们之所以将埃及艳后看作是一个爱勾引男人的风流女王，完全是因为后人对她的认知全部来自她的敌人——罗马人。在古埃及钱币上铸刻的克娄巴特拉，不过是一个很普通的女人，绝非人们印象中的杀人于无形的美人。她的敌人之所以将她形容成一个性感尤物，只是想让世人以为，她不是靠自己的才华，而只是靠风流手段才令罗马的两大统帅对她俯首称臣的。

"傻子"皇帝克劳狄

公元41年1月24日，罗马正是乍暖还寒的时候，地中海沿岸的初春，带着咸味的海风不时吹来，更是增加了几分寒意。但这一天却并不显得冷清，罗马城中的人们三五成群地伫立在街道两边翘首期盼，或是在街头巷尾走来走去。元老院议事厅里灯火通明，人声鼎沸，这样熙熙攘攘的情况已经持续了两天，一切似乎还没有停止的迹象。原来在3天前，罗马帝国皇帝盖乌斯被近卫军在皇宫里刺杀，现在元老院正在为新皇帝的人选争执不下。突然，大墙外面一阵混乱，人们疑惑地看过去，只见皇帝的近卫军正众星捧月般地簇拥着一个人走来，他就是被暗杀的皇帝的叔叔，罗马人众所周知的"傻子"克劳狄。

当皇帝被暗杀的时候，时年已50多岁的克劳狄正好亲眼目睹了一切经过，吓得躲

在窗帘后面簌簌发抖。近卫军发现后将他拖了出来，本来准备杀了他灭口，但看到他又老又丑、胆小怕事，才放过了他。当元老院的元老们为了新皇帝的人选几天来争论不休的时候，近卫军们就恶作剧般地拥立他为皇帝。

军营里的士兵们不断高呼着克劳狄的名字，议事厅里却如死了一般的寂静，元老们面面相觑，好长时间才缓过劲来。近卫军和士兵们拥有强大的武装，他们的意志不能违反，尽管内心有一万个不愿意，元老们还是赶紧争先恐后地把元首一切惯有的权力和头衔授给了克劳狄。于是，罗马历史上第一个由近卫军拥立的、也是唯一以"傻"著称的皇帝克劳狄，就这样在垂暮之年传奇般地登上了罗马权力的最高峰。更叫人百思不得其解的是，当时的罗马帝国经过长期的对外扩张，已经成了一个以地中海为内海、横跨亚非欧三大洲的大帝国，这个"傻子"皇帝统治这个庞大的帝国竟达13年之久。人们不仅要问：他到底仅仅是貌似痴呆、大智若愚呢，还是真的低能、受人操纵、愚弄？

克劳狄的"傻子"称呼由来已久。克劳狄于公元前10年出生于罗马行省高卢的首府——鲁恩，他的父亲德鲁素斯就是这个省的总督。虽然出身高贵，但童年和少年时期的克劳狄是不幸的。无情的病魔不仅损害了他的健康，毁坏了他的容貌，而且影响了他的智力和思维正常发育，身体弱不禁风，行动迟缓笨重，也不善于和人交谈，为此他饱受痛苦、歧视和嘲笑，是奥古斯都家族有名的"丑小鸭"。

不过，历史记载中的克劳狄却充满了矛盾，众说不一，并由此引发了后人长期的争论。

根据一些史料记载，貌似痴呆的克劳狄一世，不但学术上有自己的见解，在政治上也颇有建树。克劳狄当政前的皇帝胡作非为，使罗马帝国事实上已经陷入了危机，国库空虚，元老大半丧亡，整个国家处在一个非常危险的境地。克劳狄面对这么一大堆烂摊子，处理问题时所表现出来的信心、意志和智慧令所有人都赞叹不已。登上帝位后做的第一件事就是重赏近卫军士兵，感谢他们的拥戴之功，并因此缓解了皇帝与军队之间的关系；以宽容、合作的姿态同元老院建立了良好关系；下令取消对有关被控叛国罪者的审讯；召回了一些被放逐的元老，并归还了他们被没收的财产等。这些措施在国家政治生活中创造了一种难得的团结气氛。在外交上，他归还了前皇帝从希腊不择手段弄来的雕像等一些珍贵艺术品；同时又御驾亲征，率领罗马军队横渡泰晤士河，征服了一些重要的城市和小国家。克劳狄也很重视与民众的关系，一上台就宣布废除了一些不合理的赋税，向行省居民赠送公民权，提高他们的政治地位，扩大了帝国统治的基础。

当时罗马最著名的斯多葛派哲学家塞涅卡，对他的描述、评价却是前后截然相反，甚至是自相矛盾。在公元42年的一封信里，他称赞皇帝是"恺撒之后最好心的人"；但在不久后的一篇讽刺文里，他又把皇帝描绘成一个暴君、傻瓜，讥讽他会在死后变成一个南瓜，在当时的人眼中，南瓜是愚蠢的象征和代名词。后来的历史学家塔西佗等人也沿用了这种说法，一面称赞克劳狄在统治初年宽厚仁慈，把国家治理得井井有条，赢得了士兵和公民的喜爱；另一面又嘲笑他是个毫无主见的笨蛋，只会听从妻子和奴仆们的意见行事，不像是一个皇帝，更像是一个奴仆，苏托尼乌斯在他的《十二恺撒传》里写道："由他自己决断的事甚至没有他的妻子和被释奴命令的多，因为他总是依他们的利益和希望做事。"总而言之，同时代的历史学家大都倾向于否定他，认为他的确是一个傻子。

在 20 世纪上半叶西方历史学界掀起了对克劳狄个性特征、功过是非的再评价和再研究热潮，但结果同以前大致相同，学者们各执己见，看法不一。看来要想彻底揭开蒙在克劳狄脸上的面纱，只有期待更多的考古资料的问世，从而还历史的本来面目。

克劳狄死于公元 54 年，死因不明，据说是被他的妻子用毒蘑菇害死的，经过 12 个小时的痛苦，一句话没说就死去了，死后被元老院奉为神。

这样，克劳狄从生到死，都留下了一个个难解之谜。

尼禄王热衷于演唱游艺

尼禄对文艺演出十分痴迷。从小就受到熏陶的他在幼年时期就在竞技场上表演特洛亚游戏。

但人们在公元 59 年时见证了他的那不勒斯首场公开演出。当时，剧院因地震而产生强烈震动，不为所动的他坚持把曲子唱完。他在那儿一唱就是好几天，跟他一起用膳的演员们听他夸口说，只要他把嗓子稍微润一润，任何歌曲他都能唱得清脆悦耳。

首次公演的成功使他备受鼓舞，罗马演出的规定时间还未到，他就从公元 60 年起创办称为"尼禄尼亚赛会"的五年赛会，其中音乐（包括诗歌、朗诵和演说）、体操和赛马等都是比赛项目。

公元 67~68 年，皇帝身份被他扔在一边，在希腊到处登台亮相的他是以艺术家的身份出现的，他希望在那里博取荣誉与夸奖，"返回罗马时，伟大的尼禄果然不同凡响"。

尼禄置皇帝的尊严于不顾，不仅自己热衷于演唱游艺，而且蔑视权贵，无视传统，时人以为伤风败俗，而实际上离经叛道的事，他也做得出来。中老年元老和贵妇们在他的命令之下，不得不在青年人的游戏中登台。

尼禄与罗马城的毁灭

公元 1 世纪，古罗马城十分繁荣，一度成为欧洲的政治、文化、经济、贸易中心。然而后来，这座繁华的都市竟在一场大火中变为废墟。究竟谁是这场灾难的罪魁祸首？古今史学家对此一直存在着争议。

公元 64 年 7 月 18 日，罗马城内的圆形竞技场附近突然发生了一起可怕的火灾。顺着当日的大风，烈火迅速蔓延，一直持续了 9 天之久。全城 14 个区被烧毁了整整 10 个区，其中 3 个区化为焦土，其他各区只剩下断瓦残垣。在罗马城历史上，这是被记入史册的一次空前的大灾难。大火吞噬掉了无数生命财产，许多宏伟壮丽的宫殿、神庙和公共建筑物被付之一炬，同时遭到这场浩劫的还有在无数战争中掠夺来的金银财宝、艺术珍品以及不朽的古老文献原稿。

按照当时流行的说法，是尼禄下令放的这场大火。尼禄在罗马历史上以残暴著称，幼年丧父的尼禄由其母亚格里皮娜抚养成人。亚格里皮娜这个女人阴险多谋、酷好权势。公元 54 年她以残酷手段毒死尼禄的父亲克劳狄，年仅 17 岁的尼禄便是她在毒死克劳狄后推上皇帝宝座的。尼禄也是个残忍凶暴、骄奢无度、放荡不羁的君主，经常在宫廷中举办各种盛大的庆典和赛会，宫女时常被命令佩戴着贵重的装饰品裸体跳舞，作为君主的尼禄整日不理政事，肆意挥霍，纵情享乐。他还常以多才多艺的大艺术家自诩，扮成诗人、歌手、乐师乃至角斗士亲自登台表演，甚至还在希腊率领罗马演出队参加各种表演比赛，并以此为荣。罗马国库在尼禄纵情享乐、挥金如土下渐渐耗损殆尽。于是他增加赋税，任意搜刮，甚至以"侮辱尊敬法"等莫须有的罪名没收、掠夺富人的财产，试图扭转危机。帝国各地和各阶层对尼禄的残暴压榨都感到非常愤怒。

公元64年发生在罗马城内的火灾，据说尼禄不但坐视不救，且涉嫌唆使纵火，因此被怀疑是罗马大火的纵火者而遭到众人的谴责。传闻说他纵火焚烧罗马古城仅仅是因为对简陋的旧城感到厌烦或是为了一观火光冲天、别开生面的景致而取乐。据说当时他登上自己的舞台（一说花园的塔楼），看着烧成一片火海的罗马，在七弦琴的伴奏下，一边观赏狂暴的大火造成的恐怖情景，一边高声吟诵有关古希腊特洛伊城毁灭的诗篇。甚至在这场大劫之后，他还在罗马城已遭受巨创的基础上，在帕拉丁山下把自己的"黄金之屋"修建起来。这座"金屋"里的陈列，不仅有金堆玉砌的宫廷建筑中常见的装饰，而且有林苑、田园、水榭、浴场、水池和动物园，供人领略其特有的湖光水色、林木幽邃的风景。黄金、宝石和珍珠把整个宫殿内部装饰得富丽堂皇。餐厅的天花板用象牙镶边，管中喷出股股香水。在浴池里则是海水和泉水的混合物。尼禄看到这座豪华别致的建筑物时，赞叹说"这才像个人住的地方"。传说尼禄还想建立一座以他的名字来命名的新首都。

为了消除群众对他的不满情绪，尼禄便找别人当他的替罪羊。他下令逮捕那些所谓的"第一批受迫害的基督徒"，并说他们就是纵火嫌疑犯。通过这种暴行，尼禄企图转移人们的视线，使人们憎恨那些"纵火犯"。但群众的眼睛是雪亮的，这种可笑的伎俩反而更加使这个暴君的凶恶面目暴露无遗。

亚历山大大帝和亚洲皇妃大夏式的婚礼

公元前327年，亚历山大大帝入主中亚细亚，打败了大夏贵族奥克修阿尔特斯。希腊将士们在中亚大草原上点燃篝火以庆祝胜利，罗克珊娜被拉来跳舞助兴。亚历山大坐在一把临时找来的披着兽皮的"宝座"上正和士兵们共享胜利欢乐，此时突然被一位美丽女郎的身影吸引住了。

她黑发黑眼，内在含蓄，黛绿双蛾，鬓发如云，腰肢似柳，具有典型东方女性美。见她彩油飞舞，羽衣飘逸，翩翩起舞，袅娜多姿，亚历山大随即就有了娶这位女子的想法，也就是说，意志坚强的大帝被东方美女"以爱情征服了"。

依照中亚大夏国的习俗，亚历山大和罗克珊娜举行了婚礼。当时希腊有一位叫阿埃蒂恩的军人，他是个画迷，见到此情此景便即兴创作。于是，公元前327年举行的亚历山大和罗克珊娜大夏式婚礼的场面被他挥笔描绘了下来："新郎新娘被一群童男童女包围着。女童们用力把新娘按倒在床上，新娘被取下面纱，脱掉乡鞋后，把新郎往已躺在床上的新娘身边推去……洞房的花烛和火把忽明忽暗，暗红的基调更烘托了这种气氛。"

马其顿亚历山大大帝之死

亚历山大大帝一生纵横无敌，他曾率领马其顿希腊联军发起对波斯帝国的远征，用近10年的时间把东方广大地区征服，从而建立了横跨欧、亚、非三大洲的庞大帝国，然而，这位纵横天下的大帝于公元前322年夏在巴比伦猝死，他到底死于什么原因呢？

生于马其顿都城伯拉的亚历山大大帝（公元前356~前323年）出身于新兴的王族家庭，他的父亲就是腓力二世。他小时候曾拜著名哲学家亚里士多德为师，从而受到良好的希腊文化教育，他16岁就随父出征，从而学得不少军事知识。他公元前336年即位，并先后平定宫廷内乱，制服北方诸侯反叛，击败了希腊各邦的反马其顿运动。公元前334年春，亚历山大带领着他的马其顿希腊联军，穿过赫斯斯湾海峡远征波斯。公元前333年，在小亚细亚伊苏城附近把大流士三世率领的波斯军打得落花流水，并俘获了大流士三世的母亲、妻子。公元前327年夏，利用印度诸国之间的矛盾，亚历山大占领印度西北的许多地区。但是由于当地人民的顽强抵抗以及战士的厌战情绪，再加上当地气温高，瘟疫流行，亚历山大被迫撤军。公元前324年，亚历山大军队分别从海陆两路回到了巴比伦。

公元前323年夏，亚历山大突然暴病而亡，这时他正准备着一次新的远征。是何种疾病夺去了亚历山大的生命？史学家们有许多不同的看法。

第一种看法是他死于恶性疾病，苏联学者塞尔格叶夫曾在《古希腊》中提过。在《亚历山大新传》这本书中，美国学者高勒将军认为"亚历山大由于长期在沼泽地区作战而染上恶性疾病，在6月13日晚上发作，从此离开人世"。他来不及留下遗嘱，更没时间指定由谁来继位，持同样看法的还有中国史学家吴子谨教授。

第二种看法是，英国著名史学家赫·乔·韦尔斯认为："在巴比伦，亚历山大有一回酩酊大醉以后，突然发烧，从此一病不起，不久就死去了。"《大英百科全书》也有这样的看法："在一次超长的酒宴之后，他突然一病不起，10天之后，即公元前323年6月13日去世了。"

第三种说法是亚历山大为毒药所害。在古希腊史学家阿里安的《亚历山大远征记》中说，部将安提帕特鲁送给亚历山大一副药，正是这副药让亚历山大命丧黄泉。还说药是盛在一个骡蹄壳里，由安提帕特鲁的儿子卡山德送到亚历山大那里去，这副药是亚里士多德替安提帕特鲁配的。卡山德的弟弟埃欧拉斯里是亚历山大的御用侍从。由于亚历山大不久前曾冤枉过他，他一直怀恨在心。但到底是什么原因使得这位正处于人生、事业巅峰的亚历山大大帝一病不起，至今仍不得而知，后人只能面对着他所建立的不朽功勋大发感慨。

恺撒大帝与他的私生子

在《哈姆雷特》一剧中，莎士比亚曾借哈姆雷特之口说"弱者，你的名字叫女人"。而在《裘力斯·恺撒》中，与此话形成鲜明对比的却是他对布鲁图的高度赞扬——"这才是一个真正的男人"。布鲁图何许人也？传说是恺撒大帝与其情人塞尔维利娅的私生子，也是后来阴谋刺杀恺撒的主要策划者之一。

罗马历史上已有尼禄弑母夺权的事迹，那么布鲁图杀父又是为什么呢？他真的亲自参与了刺杀行动吗？

公元前44年3月15日，在庞培议事厅，当每个谋杀者都向恺撒身上捅刀时，布鲁图也刺了一刀，恺撒对别的刺杀者拼命进行反击，并一面喊叫一面挣扎，然而当他看到布鲁图手里的匕首时，竟然默默地用外袍蒙上了头，心甘情愿地挨刺。另有一些人写道："当布鲁图向恺撒行刺时，恺撒用希腊语说道：'是你！我善良的孩子？为什么？'看来，恺撒在将死之时，仍认为布鲁图就是自己的孩子。"

普鲁塔克在给恺撒和布鲁图作传时，是以这些为基调的："恺撒不但深爱塞尔维利娅而且也爱布鲁图，虽然他不过是私生子。"在普鲁塔克看来，恺撒如此仁慈地对待布鲁图，正是源于这种爱。

但当恺撒和庞培为争夺最高权力而开始内战时，人们没有料到的是，布鲁图没加入恺撒一方，而是站到处死自己的父亲的庞培一边。尽管如此，恺撒仍爱着布鲁图。他告诉下属，不许在战争中令布鲁图死亡。如果布鲁图投降，就俘虏他，如果他誓死不当俘虏，就随他便，总之千万不可伤害他。

恺撒对布鲁图可谓仁至义尽。普鲁塔克说，假如布鲁图愿意，他甚至可以成为恺撒最亲密的朋友。那么布鲁图到底为何要一向反叛恺撒，甚至一定要杀死他呢？从根本上说，布鲁图与卡西约一伙作为共和派，他们极端仇视君主专制制度。面对有称王企图的恺撒，布鲁图表示了坚决的立场："为国家自由而死，是我们刻不容缓的职责！"

种种迹象表明，大义凛然的布鲁图对恺撒大帝可谓是恨之入骨，积怨不浅。在他心中，恺撒即是暴君的代表，而除暴安良是他作为"真正男人"所必定要做的，刺杀恺撒天经地义。

罗马皇帝君士坦丁皈依基督教

多神宗教一直是罗马帝国的国教，罗马帝国的历代皇帝多次镇压基督教徒，然而，君士坦丁当上皇帝后，这个传统被打破了，据说，君士坦丁本人是个虔诚的基督教徒。

公元313年，罗马皇帝君士坦丁发布米兰敕命，帝国内施行宗教信仰自由政策，初次确定基督教与其他宗教享有同样权利。

君士坦丁信奉基督的故事长久以来一直不断鼓舞着基督教徒。在公元337年君士坦丁逝世后不久，塞沙里亚（罗马帝国在巴勒斯坦的都城）主教优西比乌把君士坦丁信奉基督教这件事收录在《君士坦丁传》中。故事是这样的：公元312年10月某一天，君士坦丁率领部队向罗马城进军，想从死对头马克桑蒂亚斯手中把罗马夺过来。君士坦丁在落日余晖映照的天空中看到了一个巨型十字架，旁边写着一行字句："凭这个标记取胜。"同一天夜里，君士坦丁在梦里见到了基督，基督吩咐他擎着带有基督标记的军旗进攻，不这样不能获胜。

君士坦丁立刻下令匠人用纯金打造旗标，上面以宝石缀成一个代表基督名字的图案，表示他效忠基督。另根据一些材料记载，在兵士的盾牌上还特别漆上一个十字架，在台伯河密尔维安桥上，君士坦丁的军队大败敌军；君士坦丁的死对头马克桑蒂亚斯在台伯河里淹死。君士坦丁旗开得胜，进入罗马，从此成了坚定不移的基督徒。

古埃及祭司的神奇法术

历史悠久的埃及神庙以奇迹众多而闻名于世，然而谁又知道，这些奇迹是僧侣们用其精湛的"巫术"创造出来的。时至今日，在尼罗河畔由岩石中凿出的阿布辛拜勒神庙里，仍旧每年要两度庆祝盛大的事件——法老拉美西斯二世、太阳神的诞辰日及其即位的周年纪念日。在这样的日子里，在寺庙供奉太阳神拉美西斯的神殿里聚集了众多信徒，认为拉美西斯像突然闪亮的奇迹一样。

古埃及祭司们其实是依靠一系列化学技术而创造"奇迹"的。例如，他们通晓制造不怕烧的混合剂的方法。他们还会通过加入砷及其他元素的办法，提炼外表酷似金、银的合金铜。

祭司们为了制造天神的幻像，还大量使用光学器具。他们用这样的器具把事先绘成或雕塑好的神像投影到神殿的墙壁上。古代闻名的亚历山大的神庙就凭借这样的幻影赢得了无上的权威。最初只是一块不大的彩斑，在祭坛附近的墙壁上出现了，然后它逐渐形成一尊神像。

为了创造"奇迹"，古代的祭司们应用了各种各样的不同领域的知识。

为了使更多人认可"奇迹"，埃及的僧侣还普遍采用了机构的幻觉艺术。埃及的神仙，确切地说是模拟机器的物体，会点火、举手、开关门户等。神殿中还安装了一些机器蛇、机器鸟，可以发出嘶嘶声、鸣叫声。

古印度恒特罗教的"轮宝供养"仪式

在恒特罗教的教义中，新生命孕育于男女交合之中，是人世间最大的创造性能源。这一能源需与"宇宙大能"汇成一体，所谓的"轮宝供养"就是其仪式，举行享受鱼、肉、酒、谷物与性五种"享乐"。为达到"提升"和"超越"之目的，这种仪式通常以打破世俗禁忌的方法进行。例如必须吃牛肉（印度人禁止吃牛肉），乱伦和杂交也都是必做之事。"轮宝供养"三更半夜在特别的厢房举行，当参加者进入厢房后，女性脱下她的胸衣，由仪式的指导者"上师"把它放在一只箱子里保管，当初始仪式结束后，每个男子到箱中取一件胸衣，其今夜的明妃"莎克蒂"乃是胸衣之所有人，即使对方是他的母亲或姐妹也不例外。然后一男一女围着中间的"上师"坐成一圈，"上师"自己的"明妃"在他身旁，乃是一位全裸少女，或者在地板中间画一个巨大的女性生殖器代表女神。于是，依次进行"五种享乐"。最后是性交仪式，要一面口念真言，一面采用种种象征"神圣结合"的姿势，在忘我的境界中达到与宇宙大能融为一体的境界。

古印度人制造宇宙飞船之谜

在人们的印象中，高速飞行器械肯定是现代人的发明。但是，考古学家的发现却给出了不同的答案。因为，考古发现，古人不但能够造飞行器械，还能造宇宙飞船。

近年来，人们竟然根据印度古文献仿造出了飞行速度达5.7万公里/小时的飞船。当然，从现代科技的角度去看，也许这是小事一桩。这份文献是从一座倒塌的史前时代的庙宇地下室中发现的，这份资料以古代梵文木简写成。而这种飞船就是大名鼎鼎的"战神之车"。

这份资料详细记载了"战神之车"飞船的驱动方式、构造、制造飞船的原料乃至飞行员的训练与服装等众多细节，篇幅达6000行之多。据记载，"战神之车"的飞行速度如换算成现代计算单位应为每小时5.7万公里。

这就是说，当人类发明了火车、飞机、飞船并为自己的发明所陶醉的时候，他们根本就没有想到，这些看来非常现代化的工具在几千年前就可能已经存在了，这真让科学家们尴尬了一回。

说起"战神之车"，还要从印度南部古城甘吉布勒姆的424座神庙说起。这些神庙据说最多时曾达到1000座，因而"寺庙之城"就成为这座城市的当之无愧的称号。在这些神庙中，除了湿婆、毗湿奴、黑天、罗摩等众多古印度的神灵雕像外，还有一种飞船的雕塑。这种被雕成不同样式的飞船上面刻有众多神话人物，但"战神之车"却是它们共同的名称。据说这些飞船就是这些神话人物乘坐的坐骑。

研究者们发现，"战神之车"是一种多重结构的飞船，绝缘装置、电子装置、抽气装置、螺旋翼、避雷针以及喷焰式发动机都装备在了飞机上。文献中多次指明飞船呈金字塔形，顶端覆盖着透明的盖子。这简直就是传说中的飞碟。

这份文献是1943年从印度南部的迈索尔市梵语图书馆一座倒塌的庙宇地下室中发现的。这些神话故事因为它的发现开始变得更加扑朔迷离了，究竟这些人是神话人物还是真实人物？究竟这种飞船是地球人所造还是外星人所造？连科学家们也无法回答这些问题。

飞船的驾驶方法也被记在这份文献中，也就是说早在史前时代，飞船和飞船驾驶员就出现在了印度这个地方。这样看来，人类的科技真像魔术一样神奇。

人类社会卖淫的源头

大约3000多年前的"巫娼"，即后来被称为"宗教卖淫"的古巴比伦时代是人类社会卖淫的开始。这种宗教的卖淫，最初在巴比伦寺院的殿堂里出现，"巫女"或"舞女"提供肉体给前来拜神的过客，同时也会得到一定的香钱。这种香钱，既是付给卖淫的"巫娼"的酬劳，又是一种祈愿的神圣仪式。

后来由于基督教神父的百般辱骂和诋毁，这种神圣的仪式被视为异端陋俗、魔鬼的余孽，从此，这种卖淫从庙宇中被驱赶到市场上，成为一种商业形式。被罗马视为"春花"女神的"傅罗拉节"，就是以妓女傅罗拉命名的。每年春情萌发的季节，罗马的妓女要在一周的时间里，在众目睽睽下，跳各种各样放荡的裸体舞蹈。古埃及人在举行祭礼时，尼罗河边的各色男女，跳着淫秽不堪的舞蹈。在古代欧洲、巴比伦、埃及、希腊以及日本和印度等国，也大都经历过"巫娼"阶段，仍带有蒙昧时代的"群婚"制的残痕，终于导致后来娼妓的形成。

原始娼妓的管理制度

早在吠陀时代卖淫业就已经出现了。没有亲人的孤女，经常被逼去卖淫；死了丈夫的寡妇，有许多也以卖淫为生。她们很明显是出于经济原因而不是宗教的原因卖淫。但 Muham madan 的法规规定对娼妓进行监管，由政府下令指定城中一个叫 Shaltan Pura 或称为 Derillme 的区域，让妓女在那里公开卖淫，政府又特地委派一个专司妓女的注册纳税事务的监督官吏，对一切妓女进行监督管理，有时嫖客要求领妓女或舞妓回家，须得经过监督官允许。原始娼妓的设立不是为了满足放纵的原始的性欲，解决生活的大问题才是其主要的目的，想通过两性的交合，取悦专管繁殖职权的神灵，祈求他们思佑，希望动植物迅速繁殖，人丁兴旺。这种礼俗，就是根据初民的思维定律而来的。因为初民对于相似律过于相信，认为凡是类似的原因，就能导致相近的男女两性的交合，就能够繁衍出后代，由此推论性交能使万物繁生，所以只要在繁殖神前进行交欢，就能够五谷丰登，百果繁茂。

宗教娼妓制度

最初的娼妓，本是用来拜神的，带有宗教性质而不具经济性。

在部落时代，大多宗教都默认娼妓的存在，让她们在神庙里执行职务。久而久之，娼妓在教士的势力之下，便成为一种有组织的制度。娼妓的性质，既经改变，也就成为一种营业。乃至国家成立，虽不禁止这种赢利的事业，但要求分享这种事业所赚的钱财，在这种条件下，才允许娼妓卖淫。因此，政府对于操卖淫职业者在法律上做了规定，她们必须向政府交纳若干税款，政府才给予牌照或许可证作为凭证。在很多国家，政府更用法规，对娼妓卖淫价格作了清楚的规定。政府指定卖淫的场所，或者娼妓自动地云集于某处地方以便嫖客问津。这个时期的娼妓，尽管不是政府直接经营，可政府一方面从法律上保护它，另一方面用法规进行管理，娼妓卖淫所得的"夜度资"由政府所得；国家更特设专司征收税捐、注册给凭等项事务的官员，事实上和国家经营没有差别，所以这个时代的娼妓制度，可称为国营娼妓制度，以与宗教娼妓制度相区别。

巴比伦寺庙中的卖身女

远古时代流传下来的极大地影响西亚地区的《吉尔加美什》史诗中曾对妓女的命运做出这样的安排：女神阿卢鲁创建了一个高大魁梧的怪物，名叫恩基都，他在辽阔的草原上生活。恩基都实际上是游牧部落的象征，他的出现威胁到了在平原上生活的吉尔加美什的国民。

吉尔加美什"从爱神庙中选择了一个妓女，一个快乐的产物"以对付恩基都。这个妓女及时找到了恩基都，"使自己赤条条以满足他那炽热的欲望。他们六天六夜一直睡在一起"，之后，"恩基都就变得虚弱不堪了"。汉谟拉比时代又过了 1000 年之后，历史学家希罗多德的书中记述："每一个土生土长的妇女在其一生都必须有一次进入寺庙之中，并坐在那里把自己交给一个陌生的男人……在一个男人在她的裙兜里放进一枚银币并且带她到外面与之交媾之前，她是不允许回家的……这种妇女别无选择——她只能跟着那抛钱币给她的第一个男人走。当她和他发生过性关系之后，就被免除了她对于女神的责任，她就可以回家了。"

古希腊人为高等妓女修建纪念物

在古希腊人的生活中，高等妓女扮演着十分重要的角色。她们与一般妓院中的姑娘们不同，社会地位及所受的教育方面差异最为明显。赫尔比格写道："很多高等妓女由于良好的教育、聪明的才智及乖巧的嘴儿而显得与众不同。她们会赢得当时最杰出的社会名流——文学家、艺术家、将军、政治家等的爱慕，让他们对自己不离不弃，使他们在与自己的交往中，身心都得到满足。大多数希腊人都很赞赏她们。古希腊的文化历史表明，名妓们几乎对显赫人物及重要社会活动都施加过影响，许多同时代人不会认为这有什么不妥。在波利比奥斯时代，以著名的吹笛手及高等妓女的名字来命名亚历山大城中最漂亮的建筑物。在庙宇及其他一些公共建筑里，名声显赫的将军和政治家们的塑像旁会摆放着这些女子的塑像。由于思想开放的人们没有那么严格的道德要求，他们因此转而尊重起那些跻身于上层社会的高等妓女来，向她们献花环，甚至为她们修建纪念物。"

古希腊高等妓女的爱情

古希腊高等妓女也有很多动人的爱情故事。其中最著名的是米蒂利尼的卡雷斯所著的《亚历山大故事集》第十卷中的故事："有一次，奥达提斯和亚代尔都梦见了对方且互相爱慕，因此他们渴望见到素未谋面的对方。于是扎里亚代尔派人前往女方家里提亲，但被回绝了。赫蒙提斯邀请当地豪门贵族参加女儿的婚宴，希望奥达提斯在客人中挑选中意的人做丈夫。但是奥达提斯环视一下他们，竟然哭着走向房前的酒坛，因为扎里亚代尔不在。她已派人告诉扎里亚代尔，她父亲要她举行婚宴的地方要越过了顿河。仅带了一个车夫，乘着马车从百里之外赶来。他走进大厅，看见酒坛旁边哭着斟酒的奥达提斯，他走上前去说：'奥达提斯，我是你期待已久的扎里亚代尔。'她看着眼前英俊的陌生人觉得很像她的梦中人，她破涕为笑，忙把杯子递给他，他则用马车把她带走。"

古希腊高等妓女的化妆术

在高等妓女们的生活中，化妆品是必不可少的。阿里斯托芬的一部未完之作提到了妇女梳妆打扮的工具，其中有：苏打、假发、紫色装饰品、指甲钳、镜子、化妆用油彩、铅白颜料、轻石、束胸带、镶边、丝带、红色颜料、托臀带、眼影、柔软的羊毛装、面纱、海草颜料、金发饰、女子晨服、紫色镶边的礼服、腰带、薄纱短斗篷、带拖裙的礼服、镶嵌宝石的项链、耳环的垂饰、无袖衫、梳子、耳环、手镯、扣形首饰、扣形发饰、扣形脚饰、葡萄串状的耳环垂饰、扣形踝饰、发夹、自娱器、项链、饰链、戒指、美容石膏、弯形的耳环垂饰以及大量叫不上名字的东西。喜剧作家阿莱克西斯描述了高等妓女是如何熟练地借助化妆让自己的美丽呈现，并且增添其本身没有的魅力。除了要精心打扮，高等妓女生存的秘诀还有举止乖巧，熟悉男人的脾性，并且能很敏锐地从男人的弱处捞取钱财。

古希腊卖淫业兴盛

公元前 4 世纪时，古希腊的卖淫业十分兴盛，在大街随处可见妓女们整齐地排列着搔首弄姿。她们身披透明的薄纱衣，乳房袒露在外，任何一个男人都可以从中选出他看中的妓女。

要想得到她们，只需很少的钱，而且没有一点儿危险。有一个叫美提士的妓女，被人称为"漏壶女"，因为她有一个漏壶，每次她都用这漏壶来计算接待客人的时间，既可做到按时付酬，又不浪费接客时间。以上种种情景，可以看出当时卖淫业的兴盛程度。

当时古希腊的高级妓女多是艺妓。她们天资聪颖，出身低贱，幼年时期，就学习艺妓才能和参加社交活动，成人后出入上层社会，成为有名的艺妓，成功者甚至能永载史册。例如政治头脑很强、会舞文弄墨的阿斯比西亚就是艺妓出身，她开始时是雅典首席执政官伯利克里的情妇，后来继伯利克里妻子成为"第一夫人"，留名后世。

"空中花园" 与古巴比伦国王

作为世界古代七大奇迹之一，古巴比伦的空中花园让人惊叹不已，"想象其形而心向往之"。

巴比伦空中花园是新巴比伦国王尼布甲尼撒二世所建。因为他美丽的王妃塞米拉米斯常常思念她那山清水秀的故乡，加之，她也不习惯于巴比伦炎热干燥的气候和单调的平原景色。所以，尼布甲尼撒二世下令在巴比伦城中建起立体式的空中花园，以博取王妃的欢心。

但是，现在对于空中花园为尼布甲尼撒二世所建的说法，不少人产生了质疑。他们认为空中花园更可能是在尼尼微而不在巴比伦。修建者不是新巴比伦国王尼布甲尼撒二世，而倒有可能是早他 100 年的亚述国王辛赫那里布，为什么有如此说法呢？

被誉为西方"历史之父"的希罗多德在其书中对巴比伦金碧辉煌的宫殿和神庙建筑以及房屋、街道、商贸甚至连浮雕、装饰等多处细节都做过仔细描述，并且盛赞巴比伦的"美丽远远超过了世界上的任何城市"。可是书中他却单单不提空中花园，这是一个疑点。

同样也是罗马史学家的色诺芬在其著作中赞美了巴比伦城墙的雄伟壮观，但对空中花园却也是只字不提。难道根本没有存在过这样一个建筑？

而且，人们至今没有找到有关尼布甲尼撒建造空中花园的记载，不过在有关亚述国王辛赫那里布的许多文献记载中却不止一次地提到他在尼尼微城中建有一座美丽的花园，并引城外的河水入城中浇灌花木。而辛赫那里布的后代也常常提及，他们常在尼尼微的这个人造山形花园中以捕杀从笼子里放到园中的狮子和野驴为乐。

尼布甲尼撒二世死后 23 年，波斯人出兵占领新巴比伦城，他们还改变了幼发拉底河道，使河道远离了巴比伦城。按理说，巴比伦空中花园的花木肯定会因为缺水而枯萎，在百年之后不可能还保持郁郁葱葱。可是在尼尼微的浮雕却表明，亚述人不仅采用"水泵"抽水浇灌人造花园，还用水槽将山泉引入园中。即使无人灌溉，花园依然可以苍翠如初。

以上两种说法都是言之有理，证据确凿，看来，今天的人们不仅不能看到那美丽的空中花园的"倩影"，连它是否存在也只能是一个猜测。

新巴比伦王国修建过通天塔

如今的人们，已能利用航天飞机深入宇宙，更能用望远镜探望宇宙深处的秘密，但人们还是很向往更遥远的天外，希望能达到世界的顶端。这种愿望自古有之。

基督教经典著作《旧约·创世纪》第 11 章曾有这样一段记述：古时候，天下众多的人口，全都说着同一种语言，人们在向东迁移时，走到一处叫示拿的地方，发现那里是肥沃的平原，就定居下来。他们商定在这里用砖和生漆修建一座城和高耸通天的塔，以此传播声名，免得四处流散。这件事惊动了耶和华，他看到城和大塔就要建成，十分嫉妒人们的智慧和成就，便施法术变乱了人们的口音，使人们的言语各不相同。结果工程不得不停顿下来，人们从此分散到了世界各地，大塔最终没有建成，后人把这座大塔称作巴别，"巴别"就是"变乱"的含义。

如何看待《圣经》中这段记述，史学界众说纷纭，有的人认为《圣经》中这段传说，有所根据，认为《创世纪》记载的那座大塔的原型，就是古代两河流域（即示拿）新巴比伦王国时代巴比伦城内的马都克神庙大寺塔。这座大寺塔，被称作埃特曼安基（意为天地之基本住所）。它兴建于新巴比伦国王那波帕拉沙尔（公元前 626 年～前 605 年）在位时，到其子尼布甲尼撒（公元前 604 年～前 562 年）在位时才建成。这一传说也反映了新巴比伦王国时代，巴比伦城内居民众多、语言复杂的情况。公元前 5 世纪，古希腊历史学家希罗多德在其所著的《历史》一书第 1 卷 181 节中，记载了如下事实："在这个圣域的中央，有一个造得非常坚固、长宽各有一斯塔迪昂（古希腊长度单位，约合 185 米）的塔，塔上又有第 2 个塔，第 2 个塔上又有第 3 个塔，这样一直到第 8 个塔。人们必须循着像螺旋线那样地绕过各塔的扶梯走到塔顶的地方去。那里有一座宽大的圣堂。"希罗多德说塔共 11 层，可能是把塔基的土台或塔顶的庙也计算在内了。公元前 331 年马其顿亚历山大到巴比伦时，这座大塔已非常破败。为了纪念自己的武功，亚历山大曾有意重建此塔，可是，据估算，光是清除地面废料，就需要动用 1 万人，费时 2 个月。由于工程浩大，亚历山大只好放弃了这个打算。

相反，有的学者不同意《圣经》中提到的通天塔就是新巴比伦时代马都克神庙大寺塔的观点，认为在巴比伦城内，早在新巴比伦时代以前就曾有两座著名的神庙，一座叫作萨哥—埃尔（意为"通天云中"），一座叫作米提—犹拉哥（意为"上与天平"），它们很可能就是关于通天塔的传说的素材。但是，有关这两座神庙，没有更多的史料可以提供参考。

史前的处女禁忌

史前人类迈入一夫一妻制家庭的重大事件之一就是"处女禁忌"，它反映着原始人的心理与观念，反映着现代家庭建立的艰难历程。直到今天，在男子和女子的潜意识中还或多或少残留着处女禁忌的余渣。因此，对于处女禁忌这种神秘的文化现象加以科学地分析，就能从一定程度来研究婚姻史、民俗学、心理学，并且通过分析、研究，使人们正确地认识人类的童年。

处女禁忌在澳大利亚的一些原始土著部落中依然存在。如果部落里有人结婚，人们就纷纷前来祝贺，大家尽情地喝酒、跳舞。当婚礼的狂欢达到高潮时，部落里的一些人就会把新娘簇拥到另一个房间里，用石器或其他工具破除她的童贞。然后，由一个人将沾有处女血的东西拿出来向大家展示。至此，婚姻仪式才算真正完成。

事实上，处女禁忌在人类早年是一种很普遍的现象，曾经在各部落流行过。在澳大利亚的某些原始部落中，当姑娘到青春期时，就由部落中受人尊敬的年老的妇女弄破其处女膜。位于非洲赤道附近的马萨、马来亚的沙凯族，苏门答腊的巴塔斯族都有类似的习俗。史学家通过研究了解到：这种习俗告诉了我们有关史前人类进入文明社会之前心理状态和婚姻状态的某些信息。

那么是由谁来弄破处女膜呢？有些部落请新娘的父亲，有的则由新郎的朋友，有的则由部落里德高望重的人物。在西里伯尔的阿尔福族那里，这种奇怪的角色由新娘的父亲来担当；在爱斯基摩人的某些部落里，由巫师来弄破新娘的处女膜。在《马可·波罗游记》中曾介绍过，中国云南边境某些少数民族向陌生人献出童贞；在古希腊，在神庙前处女向神的代表献出童贞；在中世纪，欧洲姑娘的初夜权被当地的领主所占有，等等，这些可能也是一种处女禁忌的遗风。在印度的不少地区，新娘的童贞由一种木制的"神像生殖器"来破除。总之，完成这一使命的绝不是新娘的丈夫。

史前人类流行过的一些现象反映了一种群婚的残余，也反映了在人类社会后期有了一夫一妻制婚姻后，贞操观念才发展了起来。在上述一些原始部落里，无论新郎、新娘，还是部落里其他的人都不仅不重视处女的童贞，甚至对童贞怀有深深的恐惧，因此出现了由第三者帮助破除童贞的婚姻现象。心理学家对这种婚姻现象表示难以理解，对原始人类史和民俗学缺乏了解的人则认为是不可思议的。但是处女禁忌却真实地存在过，并且至今还在世界的某些地区真实地存在着。

人们对原始部落实行处女禁忌的原因迷惑不解，并一直试图来解开谜底，科学家也为此做出了许多努力。"心理分析学之父"弗洛伊德认为，从害怕流血和战栗与新奇的角度来解释，都不会触及这种禁忌典仪的要害。他认为，就女性来说，新婚会导致器官的受损和自恶的心理创伤，这种心理常常表达为对于逝去的童贞的惋惜和怅惘，表现为对夺去其童贞的人的一种深刻的恼怒。而为了使将来要与这个女子共度一生的男人避免成为女子内心恼怒的对象，避免女子因童贞的丧失而对丈夫产生报复和敌对的心理，部落里就十分流行处女禁忌。而对男子来说，由于原始人把女子看成是令人恐惧的、神秘的，他们害怕女子在初婚这天会将某种不祥带给自己。因此，做丈夫的都认为处女禁忌是非常必要的。

有的学者认为，处女禁忌是性自由的群婚生活时代的一种心理沉淀。史前人类的性自由留下了不少像婚姻性自由等群婚残余。处女禁忌由丈夫以外的第三者，并且常常由男性通过仪式真实地进行。据史学家对澳大利亚部落的研究，处女禁忌仪式有时由多个男子公开地进行并有一定的仪式。这其实是对古代群婚生活的一种回忆，也说明人类已远离古代的群婚生活，逐渐向文明迈进。

还有一种解释认为，这是一种焦灼和期待心理造成的。原始人在面对各种新奇的事情时总是伴随着一种紧张、神秘的心理，作为紧张心理的外观，往往产生种种仪式。当夫妇有了第一个孩子时，当庄稼刚刚成熟时，当家畜刚生了小家畜时，当一块林地刚刚开垦时，原始人都会产生这种紧张的心理，并用一定的仪式来表示，就像今天展览会开张、建造大厦要剪彩一样。结婚作为人生的一大里程碑，比出生、成人意义更加深远，作为一种纪念，采用忍受某种折磨的类似成人礼一样的仪式，也就比较容易理解了。

另有一些学者认为，这是族人为了防止对处女流血出现恐惧的疯狂心理。原始民族大多对红色有一种神秘的心理，原始埋葬中的殉葬品常常是一些红色的粉末，认为它能注入生命的活力。另一方面，原始人为了更加勇猛，常会喝敌人或动物的血，血会引起原始人类疯狂的杀欲。在安达曼群岛上的土著那里，十几岁的女孩子初潮时有许多禁忌，例如不得用原来的名字，不得外出等。神秘的处女禁忌也可能是因类似于月经禁忌那种恐惧感而引发的。害怕流血会带来可怕的祸害，而新人婚礼的喜庆与这种祸害总是矛盾的，为此，就由新郎之外的第三者来承受可能带来的祸害。

这些专家各执一词的推测，究竟哪一个更接近事实的真相我们还无法判定。如果真的存在时间隧道，可以让我们回到那时那地，相信一定能解开这个谜。

古埃及人将新生女婴的阴蒂环割

从桑索斯在他的《吕底亚历史》一书中可以了解到："吕底亚国王阿德交米提斯第一个将女人阉割，他如此做是为了能将男太监用女人来代替。"从这个写得并不十分清楚的段落中仍然可以推测出，阉割女人就是将卵巢摘除，让她们不能生育。

"埃及人将新生女婴的阴蒂环割，使之没有女性特征，犹太人也是如此。"斯特拉博的这个注解所指的似乎有不同意义；很明显，这里指的是阴蒂的包皮被环切，至今在阿拉伯、埃塞俄比亚、波斯及中非的一些部落中，这种做法还很盛行。在一些情况下，也许这种包皮环切有其相当合理的因素，比如"非洲女人就认为比较突出的阴蒂起了皮肤瓣的作用，应该将其割去"。我们可以从以上所述中断言，希腊人不是不知道阉割，只不过是极少付诸行动而已。他们的高尚情感将这种野蛮行为排斥了，他们并不像东方人那样认为阉割有奇效。

古埃及人的"净礼"形式

在古埃及人的伦理道德思想中，性被视为一种肮脏的概念。女子的经血是不干净的，这种观念波及性行为本身上，同时也使人们认为和女人接近的男人会变得污秽不堪。在神庙祭祀上，特别禁忌女色，正如任何形式的通奸在那种场合都会遭到禁止一样。在代尔—麦地那，工匠们的女儿或妻子来月经时，可以不参加劳动，这种形式也称为"净礼"。除了一份至今保存在都灵博物馆中的纸草书，更自由地体现了动物界和神界交媾的场景以外，情爱动作在人物画像里是不会得到体现的。同时也暗示了当时只能通过象征性的形体透露出对情爱的追求。与图画上的审慎态度不同，文字在描写情爱场景方面具有得天独厚的优势，不仅有对性爱游戏的动作技巧的详细描述，还有对男女情欲得到发泄和满足之后将会产生的后果的描写。他们用诗歌赞颂欲望喷薄而出的力量，文学故事描写其炽热而疯狂的势头，双方身体的诱惑撩起的情欲迅速膨胀，即刻渴望肌肤的接触刺激。这些描写都是对于禁欲主义的一种勇敢的挑战。

古印度寡妇殉葬的风俗

"萨帝"是古印度寡妇殉葬的风俗。即丈夫死后，在尸体焚烧之前，妻子必须走上柴堆，由其亲生儿子举火点柴，焚烧其母。整个过程中，儿子不应对母亲有怜惜之心，而应认为这是顺从母亲意愿，可使她在九泉之下享福，亲友也应当同时上前祝贺，而不应流露出一丝畏惧。

这一习俗的形成时间，说法不一，但可以肯定的是，它是性别歧视的产物。但在吠陀时代遗留的文献中，还没有发现与殉葬风俗相关的记载。不过，有的学者发现在吠陀时期，"有个别寡妇随丈夫尸体被焚烧的事例"，因此在这一时代，殉葬风俗的主角是出于对丈夫的难以割舍之情而主动殉葬的寡妇。但是到了史诗时代，这种风俗开始到处流传。在《罗摩衍那》史诗中就记载了吠陀婆底殉葬的事。在《摩诃婆罗多》史诗中，提到般度的妻子玛德利殉夫的事。还有克里希纳的父亲沃苏得沃死后，一起殉葬的是他的4个妻子德沃吉、莫德拉、劳海丽和莫迪拉等。据记载，公元前4世纪，在旁遮普的迦特族中也十分盛行寡妇殉葬。

古埃及人的避孕方法

早期的埃及人已经对怀孕有了比较科学的认识。他们认为避孕就是在精液没有进入子宫之前就把它擦掉，或者在阴道里插入一块海绵状的、能吸水的织物吸干精液，也可以通过堵塞阴道与子宫之间的颈口，以防止精液进入子宫，达到避孕的目的。《康恩纸草书》其中记载了关于避孕的方法，如用由蜂蜜和泡碱（碳酸钠）制成的黏性混合物，或者用奥伊特软糖制剂可以实现避孕的目的。

当然，其他一些药方与科学的论据比起来更具有乐观色彩。在一本纸草医学古文献中记载，避孕者为了避孕，在做爱前用一种名叫"咪咪"的草药烧烟"熏"阴道，在此后连续四天的每个早晨，避孕者要喝一种由动物脂肪"姆埃特"草药和淡色啤酒熬制成的汤药。不过，这种做法更容易导致轻泻效果而不是避孕。

古罗马人的麦饼联姻

在麦饼联姻礼的结婚仪式上，大祭司和朱庇特祭司都要出席。

实际上在举行仪式的前一天婚礼就开始了。新娘要在这一天将自己少女时代穿过的衣服连同小时候玩过的玩具献给神灵，并穿上结婚新装——一件精心织成的短袖束腰外衣和一件羊毛紧身褡。一条罩在头上的红色大面纱"flammeum"是最重要的。新娘头发的梳理要格外地重视。按照习俗要用一把弯头的铁矛将她的头发梳成6条辫子。在麦饼联姻或买卖婚姻的仪式上，新娘要说"Quantotu caius，ego caia"。这样一句引起较多争论的套语，据赖特策恩施泰因解释，这句套语的意思是："你是一家之主，我将为你生儿育女。"在最古老的年代，新婚夫妇的供品是水果，或者是前面提到过的麦饼，后来才以动物为供品，一般是猪或小公牛。

古印度人的古怪禁忌

古印度人有很多古怪的禁忌，在他们看来，出门做事前都会出现一定的预兆来显示吉凶，遇见打满水的人、拿着扫帚的清洁工；大清早看见母牛；男的右眼跳、女的左眼跳等都预示着吉兆。而在他们看来不吉利的事是：出门看见顶空水罐的人；黑猫穿过马路；打喷嚏或狗叫。他们还认为小孩降生之日，村里任何人都不可下地干活，不然庄稼会枯萎。

其他小的禁忌就更多了，一个人在上班路上若听到别人的喷嚏声，要想逢凶化吉，就应马上转身，返回家去。一只乌鸦从右边朝左飞是凶兆，看见乌鸦或听见狗的叫声，都是不吉利的象征。连走路也有不成文的规定：男人走路先迈右脚，女子走路先迈左脚。但是部队士兵，接到行军令后，却要先迈左腿。起床时看见猫过马路或旅行者经过，则是凶兆；而上班时发现豺狼，则预示着一帆风顺；看见孔雀也是一件幸运的事。

生孩子的讲究也很多。若第四胎生女孩，便会倾家荡产，第一、三、五胎生女孩最好；第五胎若生女孩，会发财致富等。

奥林匹克运动会的起源

今天的奥运会，已经不仅仅涉及运动员的比赛，而且成为国家间综合实力竞争的一场"没有硝烟"的战争。每当四年一度的奥运会到来之际，人们都会寻思：这场空前的运动盛会是怎样起源的呢？

有人说，奥林匹克运动会起源于祭祀的活动。我们现在都知道，奥林匹克运动会这个名称，是来源于古希腊的奥林匹亚。这是当时希腊风景最为优美的地方，坐落于伯罗奔尼撒半岛的一个平坦幽静的山谷里。希腊人因为它美，就把它献给万神之首宙斯，并在这里修建了宙斯大庙。因为当时希腊常常发生战争，人民苦不堪言，于是就经常在宙斯大庙举行各种各样的祭祀活动，表达对和平的希望和对战争的诅咒。而在这些祭祀活动中，渐渐就有了一些竞技活动的端倪；同时统治阶层利用了这些祭祀活动，在主办这些祭祀活动时加入越来越多的竞技项目，目的是锻炼百姓的体魄以赢得战争。尽管统治者本着"战争"的目的，而民众一心渴望和平，但是殊途同归，致使古希腊的运动盛会得以产生并且久盛不衰。第一届正式的奥运会是公元前776年举办，以后每四年一次，一直到公元394年，已经举办了293届，但是罗马皇帝狄奥多西不知为何突然下令禁止举办奥运会，于是这场盛会中断了1000多年，直到1896年才在雅典恢复。至今新奥运会也有

100 多年的历史了。

有人根据希腊民间传说，认为奥运会起源于争夺公主所举行的角斗。据说古希腊有一个波沙王国，国王爱诺麦有一个美若天仙的女儿，自小视若掌上明珠，百般疼爱。后来女儿长大了，国王决定亲自挑选一个好女婿。当时希腊普遍"尚武"，于是爱诺麦决定比武招亲：所有想做驸马的青年必须和老国王比赛战车，如果胜了，就可以娶到公主，但如果败了，就要被长矛当场刺死。当时许多人以为老国王一把年纪了，就有点轻视他，而国王爱诺麦老当益壮，加上他的马是千里挑一的良驹，于是前后有 13 个求婚者作了长矛下的冤鬼。这样，即便公主再貌美如花，也没有人再拿自己的性命冒险了。招亲大会冷清了好些日子，正当老国王要把女儿许配给邻国一个王子之时，公主的恋人皮罗西出现了。令人感到奇怪的是，战车比赛进行到一半时，国王的车子突然翻了，这样皮罗西就赢得了比赛。原来，公主怕恋人出事，就偷偷派人把国王车上的钉子拧松了。国王当然不知道，还以为皮罗西神勇，很高兴地把公主许配给了他，最后把王位也传给了他。皮罗西为了庆祝自己的婚礼，在奥林匹亚举办了大型的祭奠，感谢宙斯对他的保佑，而在祭奠活动中，皮罗西安排了许多战车、角力等竞技活动。于是人们认为皮罗西是奥林匹克运动会的发起者。

其实在祭奠活动时举办竞技活动，一直是希腊人的习俗。荷马史诗的《伊利亚特》中就有这样的记述：希腊将领帕特洛克在攻打特洛伊城时战死，在众将领为他举行的葬礼上，就安排了战车、拳击、角力、跑步、铁饼、标枪、射箭等比赛。按照这样的推说，奥林匹克运动会恐怕还要更早。1981 年，考古学家在雅典西南挖掘出一座古代大型运动场遗址，大约能盛纳 4 万多观众，并且有一条可供 13 名运动员一齐起跑的长达 170 米长的跑道。更令人吃惊的是考古学家推证出，在公元前 1250 年，这个运动场曾举办过大规模的运动会，这就比现在有记载的第一次奥运会（公元前 776）整整提前了 500 年。

还有传说认为奥林匹克运动会起源于神的启示。据说伯罗奔尼撒半岛上国家林立，相互之间征战不已，但伊利斯国王伊菲道斯热爱和平，想避免战争，于是就向太阳神阿波罗祈祷，阿波罗神谕：若想阻止战争，就要恢复奥林匹亚祭奠，奉献牺牲，并要在祭祀中举行形式多样的竞技活动，以求能使众神娱乐，于是伊菲道斯带着神谕出访其他国家。在他的带动下，各国一律休战，后来为了感谢神谕，又集体创办了奥林匹克运动会。

还有相当一部分人认为，奥林匹克运动会不是古希腊人的首创，而是由外民族传入的，其中绝大部分又主张是受克里特文化的影响。据文献记载：克里特人在祭祀等活动中，往往加入一些如跳高、赛跑、拳击、斗牛等竞技项目。后来克里特文化衰落之后，希腊人承继了这一传统。

最早的奥林匹克运动会不允许女性参加

奥林匹克运动会现在已成为国际体坛上的一大盛事，它对人类的和平与进步做出了重要贡献，曾有过交战国家因奥运会而停战的佳话。然而，谁又能想到，在最初的奥林匹克运动会中，女性被拒之门外。

在最初的奥林匹克运动会上，都是男人的天下，所有参赛者全裸出赛。女性连看都不准许。公元前404年，有一个少年拳手皮西多拉斯的母亲打破了这一禁制，皮西多拉斯的父亲去世后，这位寡母接替了原来由父亲进行的训练工作，她还穿上男人服装往竞技场观看儿子出赛。

皮西多拉斯获胜，她跃过栏杆向儿子祝贺时，穿的男人服装褪了下来。她并没有受到惩罚，原因是她的父亲、兄弟及儿子都是优胜者，但为了防止类似事件的发生，此后规定，教练也要一丝不挂。到了罗马时代，女性才准许参观比赛，后来更准许女性参赛。当然，至此就不容许全身赤裸了。

古希腊人的阉割仪式

叙利亚女神迦洛斯进行祭拜时，牧师们自阉。"人们在特定的日子聚集到寺庙前；许多'女祭司'和男人们一道为诸神祝圣，这些神我们已提及许多。他们举行秘密仪式，用刀子把自己的手臂割开，并互相将对方的脊背撕咬。很多人围站一边，伴奏吹笛、击鼓，还有人即兴吟诵诗歌，唱圣曲。这一切都发生在寺庙外，所有表演者都不能到寺里面去。'女祭司'们就是诞生于这样的日子里：随着响起的笛声、进行的仪式，许多人变得越来越疯狂，他们中有不少人原本只是来看热闹的人，但随后也加入行动当中。轮到顺序的年轻人将衣服脱掉，大喊一声，跳到会场中间，将一支利刃举起——多年来，有许多剑与它一样都用于此目的。只见他一抓起利刃就立即把自己阉割了，随后手里拿着割下之物穿越全城。不论他扔那东西到哪家房子里，他都会得到一套女性服饰作为回报。"这就是整个的阉割仪式。

古希腊众多的裸体雕塑

人们现在已经可以从各种渠道欣赏到琳琅满目的古希腊雕塑，每每大饱眼福之后，都不禁生出一个疑问：为什么几乎所有的古希腊雕塑都是裸体的呢？

这个问题困扰了几个世纪的学者，他们的回答也大相径庭。居于主流的一种观点认为：古希腊以裸体为表现对象的人体雕塑艺术特别发达，这主要与当时战争的频繁和体育的发达有关。那是一个弱肉强食的时代，为了征服另一城邦和不被别的城邦征服，古希腊统治者对公民从小就要进行体能训练，选拔士兵时，不论男女，在竞技场上都要裸体进行比赛。古希腊法律中有这样在今天看来极不人道的律令："体格有缺陷的婴儿一律处死。"甚至为了达到一种"优生优育"，还有这样的规定："老夫有少妻的，必须带一个青年男子回家，以便生养体格健全的孩子。"这在客观上造就了希腊人崇尚裸体的民俗。据史料记载，在当时的全民性竞技比赛上，人们并不以裸体为耻，无论男女，为了显示自己健美的身体，常常一丝不挂，甚至特意突出自己的性器官。

古希腊人认为，"健康的精神寓于健康的躯体之中"。他们把具有健、力、美的躯体视为神的馈赠，并成为人们最高追求和崇拜的目标。他们理想中最完美的人是：具有宽阔的胸部，虎背熊腰的躯体，能掷铁饼的结实胳膊，善跑善跳的矫健腿脚。于是，古老的奥运会就成了炫耀和展示人体的盛会，运动员个个赤身裸体，参加拳击、摔跤、格斗、赛跑、赛马等各种比赛。据史料记载，不仅民间崇尚裸体美，而且统治阶层也有这种倾向。公元前4世纪，亚历山大王在特洛伊城曾率士兵围绕英雄阿喀琉斯的墓裸体赛跑。专家认为，正是这些奠定了希腊大量裸体艺术雕塑得以产生的社会人文基础。

但是近来有些学者对这一观点进行了反驳，认为希腊裸体雕塑是当时盛行性自由和性快乐主义的产物，其中学者潘绥铭的解释很有独到之处。他认为人类的裸体有3种性的特征。第一特征是男女生殖器外形的不同；第二特征是男女体形和体表的不同；第三特征是男女心理、气质的不同。这3种特征构成性吸引和性审美的3个层次：生理的、心理的和习俗的。古希腊的裸体艺术之所以发达，并非来自体育竞技，而是由于当时普遍流行性快乐主义的缘故。它的表现原则有三：第一，不隐讳外生殖器；第二，身体结构理想化，例如把女性乳房塑造为圆锥形或高耸的形状，臀部往往异常突出；第三，以动态和神态来刻画第三性特征。有一个著名的传说可以作为古希腊性快乐主义流行的佐证。《千禧日记》里有一个故事：《荷马史诗》中的《伊利亚特》曾经描写为了争夺美女海伦，希腊人与特洛伊人进行了10年大战，希腊各城邦都不堪其苦，于是召开了元老会讨论要不要停战。元老院在讨论中认为，为了一个女人打如此长时间的仗实在是不值得，应该马上回去。但是没想到海伦突然出现在他们面前，讨论者马上缄口不言，全都惊讶于海伦的美貌，于是立即改口说，哪怕再打10年也值得。

还有人认为古希腊的裸体雕塑起源于原始社会时的裸体风俗。原始社会时，人们往往裸露自己的生殖器，并以此为美。他们把性看作是上天的恩赐。在今天的非洲许多土著中，还有显露外生殖器的风俗。而希腊人显然继承了这一风俗，他们不仅以男性裸体为美，更以女性裸体为美。

古希腊有众多裸体雕像的原因是什么，至今还是一个谜，但古希腊的裸体雕像是西方裸体雕塑和绘画艺术的源头，它以其独一无二的完美，将永远为世人所瞻仰。

古罗马妇女梳理头发的方式

阿曾列乌斯在小说《变形记》中有一段非常精彩的描写："头发是身体最高贵的部位。造物主把它放在最突出的地方。身体其他部分的风度要靠多彩的服装和鲜艳的色调来体现，而头发的魅力却来自它的天然光辉。女性只要脱掉所有的衣服，取下一切装饰品就可以展示她的自然美，因为她们红润的皮肤比金色的衣裳更可爱。女人若不把如此高贵的头发伺候好，即使衣着再华丽，首饰再贵重，也不会为她增添一分姿色。"

妇女不但要把头发卷得很好看，而且还要把它们用各式各样镶嵌宝石的金发夹束在一起。除发夹以外，缎带、发网、珍珠帽以及带钻石的冕状头饰也是经常使用的。你只要看看硬币上的头像或国王皇后和其他贵族夫人的塑像就知道什么是发型了。

罗马人用处女守护圣火

在厄比妮亚那个时代，供奉罗马灶神威斯塔的神庙里，一年四季圣火都燃烧着，共有6个处女守护着圣火。她们担当守护神庙圣火的重要宗教职务，共同在称为灶神院的地方居住。她们以灶神庙中永远燃烧的圣火为守护对象，以此来纪念史前时代每一次生火的艰难。由于灶神崇拜以火为中心，并且火纯洁无垢，因此，罗马人认为守护神庙圣火的只能是处女。

守护圣火的处女除了生病之外，一般不能离开她们所居住的罗马公会所东南的女灶神庙。每天每名处女至少值勤 8 小时，主要负责保持神殿内圣火不熄灭。她们还有诸如到圣泉去取水，为公众祈福以及烹制祭礼仪式上用的祭品等其他职责。守护圣火的处女在庆祝农作物收成的节日上有更多的宗教任务，而更不可思议的是，她们必须参加生育祭礼。由于这些处女被整个罗马人的社会公认圣洁无垢，因而她们还受命保管条约、遗嘱、珍宝和其他重要文件等。或许这种服务是她们自愿提供的，委以如此重任也常看作是对她们的敬意。

守护圣火的处女享有的特权与荣誉是其他罗马妇女所没有的。但是守护圣火的处女也有严格的纪律约束，一旦犯错就要受可怕的处罚。如果她们玩忽职守，祭司长通常以鞭笞来惩罚任由圣火熄灭的守护圣火的处女，对不贞的则处以活埋。后一项表明了罗马人认为守护圣火的处女一定要纯洁。

被活埋的守护圣火的处女在长达 1000 年的历史中不到 20 人，这其中部分原因可能是严厉的惩罚起到了相当大的威慑作用。当然那 20 个遭活埋的女性中，也许有些是被冤枉的，起因是罗马人认为受人尊敬的处女如果行为不端，可能会引起军事失利及其他灾难。

古罗马人喜爱看角斗士表演

古罗马统治者最喜爱的娱乐活动就是角斗士表演。格斗是在斗兽场里进行的，通常有两种方式，一种是让奴隶与奴隶格斗。角斗士在格斗时手持刀剑和盾牌，实际上是互相残杀，直到其中一人倒在地上死去方算结束；另一种方式是让奴隶与猛兽格斗。奴隶主专门养了狮子、老虎等凶猛的野兽，格斗时使猛兽处于饥饿状态，而把角斗士"喂"得饱饱的，奴隶主坐在看台上"欣赏"人与兽厮杀，看到奴隶被野兽撕吃时则高声叫好。看过电影《角斗士》的人们，恐怕没有谁不被这种血腥场面所震撼。如果你到罗马城旅游，站在空旷的罗马竞技场，这种感觉就更强烈了。

面对这座"欢乐的屠场"，你肯定会思考这样一个问题：创造了高度文明的古罗马人，何以对这样残忍的表演如痴如醉？

史学家们没少争论这个问题，并且提出了好几种假设。有人认为古罗马人爱看角斗士表演和政治活动关系十分紧密。在当时的罗马，政治活动的主要场所有元老院、浴场和角斗场。元老院是罗马的直接议政机构，而浴场则是平民的主要集会场所，而在角斗场中举行的角斗活动，恰恰最易于迎合和笼络平民。有野心的贵族往往通过举办角斗士表演来拉拢民心，巩固其政治地位。例如曾有一个叫赛马修斯的贵族，费尽心力找来了所需的强壮奴隶和猛兽，准备举办一个大型的角斗士表演。可是在比赛前一天晚上，29 名奴隶被政敌秘密勒死了，结果由于没有举办成功而导致平民的强烈不满，使得他的政治地位岌岌可危。另外，据历史记载，著名的奥古斯都皇帝曾严格限制贵族举办角斗士表演，以防止他们拉拢民心危及自己的统治。可是这种说法还是没有回答中心问题：为什么古罗马平民那么喜爱观看角斗士表演呢？

还有人认为这和古罗马人提倡尚武斗勇的风气有关。当时的罗马致力于对外扩张，罗马帝国最兴盛时曾控制了整个地中海，其势力范围之广，扩及欧亚非三大洲。因为长期战争，所以统治者必须想方设法让人民保持战斗传统，为此，他们想出了角斗士表演这个办法，以在公共场合培养一种剽悍勇猛的嗜血风气。考古学家在庞培遗址发现了一个用黏土做成的奶瓶上绘有角斗士图像，这说明当时获胜的角斗士就像现在的体育明星一样，是被人崇拜的。而到了后来，罗马曾经有长达 200 年的和平时期，这时作为战争的一种变体，角斗士表演显得就更重要了。

阿基米得用镜子打败罗马

"给我一个支点，我将撬动地球。"历史上有多少中外英雄曾经引用过这句话，来表达自己建功立业的雄心壮志。其实这句话本来是古希腊著名的数学家和物理学家阿基米德所说的，他在向叙拉古国的国王解释其杠杆原理时，说出了这一句著名的"狂言"。

阿基米德公元前 287 年出生在希腊西西里岛的叙拉古，他的父亲是一位很渊博的天文学家和数学家。在父亲的影响下，阿基米德从小就热爱学习，善于思考，喜欢辩论。到 11 岁的时候，他漂洋过海来到埃及的亚历山大里亚城，向著名的欧几里得的学生柯农学习哲学、数学、天文学、物理学等方面的知识。他继承了欧几里得证明定理时的严谨性并有所突破，他的才智和成就远远高于欧几里得。他的贡献主要是在物理学方面，被人誉为"力学之父"，另外他在工程技术方面也颇有建树，是一个理论与实践相结合的天才科学家。

据传，公元前 213 年，罗马的执政官马塞拉斯率领军队攻打叙拉古城。阿基米德在保卫叙拉古的战役中充分发挥了他的聪明才智，利用杠杆原理制造了一批在城头上使用的投石器。在罗马人入侵时，许多又大又重的石块以飞快的速度投向从陆上侵入的敌人。罗马人的小盾牌根本抵挡不住，被打得丧魂落魄，只得争相逃命。之后当他们一看到城墙上出现绳子或木架子之类的东西，就以为阿基米德再次开动机器了，惊叫着"阿基米德来了！"抱头跑得远远的。阿基米德还发明有一种巨大的起重机式的机械巨手，它们分别抓住罗马人的战船，把船吊在半空中摇来摇去，最后抛到海边的岩石上，罗马人惊恐万分，只好撤退到安全地带。阿基米德不仅用人力开动那些投石器，还利用风力和水力，将有关平衡和重心的知识、曲线的知识和远距离使用作用力的知识运用到了这场战争中，重创罗马入侵者。

最令人称奇的是，当罗马人的战船退到机械手够不着的地方时，阿基米德让全城妇女老幼手持镜子，排列成一个扇形，利用抛物镜面的聚光作用，把阳光聚集到罗马战船上，让它们自己燃烧起来。罗马的许多船只都被烧毁了，但是他们却找不到失火的原因。防不胜防的罗马军队被阿基米德的发明弄得焦头烂额，面对这种情况，无奈的罗马军统帅马塞拉斯也不得不自嘲：这是一场罗马舰队与阿基米德一个人的战争。

古罗马人沉溺于沐浴

在罗马共和国建立初期（约公元前400），上流社会突然兴起了大修澡堂之风。罗马帝国版图日益扩大并强盛后，各城镇也继而扩展，公民生活优裕，社会各阶层盛行沐浴之风。其时，公共澡堂很受欢迎。罗马城内的澡堂是最豪华的，其内有热气室、热水浴池、冷水浴池和凉气室。如果一个人跑去洗澡，往往先在特设娱乐室里打球或者做些别的锻炼，随后脱光衣服在热气室内直到全身热汗淋淋，再用油洗净，然后洗热水澡，凉了之后便跳进冷水浴池以强身健体。热澡堂就像一间附设芬兰蒸汽浴或土耳其浴及公共游泳池的现代健身室。

但这并非罗马热澡堂的全部内容。罗马和其他城市的大型热澡堂规模宏大且气派，内有大理石柱、精美拼花地板、穹隆天花板、喷水池和塑像。罗马城内卡拉卡拉皇帝修建的澡堂，方圆11公顷，可供1500多人同时洗澡。罗马市中心戴克里先皇帝的热澡堂占地更广。很多热澡堂除游戏室、热气室和浴池外，还有酒吧、商店和咖啡座。

罗马热澡堂因获得国家和私人捐助，通常收取很低的入场费，有些甚至无须交费。所以无论是富人还是穷人，只要是公民便可拥往热澡堂去过过瘾，或者夸耀一番。

澡堂是拥挤巨大的喧嚷场所，为何人们还会乐此不疲地沉湎于泡澡堂呢？人们从旧电影及盛传的传说中，知道罗马人祭祀酒神的秘密宗教仪式通常在个人领域悄悄地举行。但在澡堂里有更多足以诱惑人异想天开的事物，想染指的人也很容易发现捷径。在很长的一段时间，许多澡堂允许男女共浴，因此经常招致大群娼妓大肆交易。其他公共澡堂里，许多男男女女赤身裸体，在热气室和浴池里动手动脚，也引发不少今日称为换妻的放浪行为。澡堂终致丑事频出、臭名远扬，所以公元2世纪哈德里安皇帝颁布了禁止男女共浴的禁令，而从此男女两性洗澡时间就不同了。

澡堂也是狂饮者的最佳场所。不管在运动室或热气室里，总会感觉口干舌燥，那就更易借口喝上几大杯酒。酒使人迷失本性，结果口角和打架之类事情不断发生，喝得烂醉的人较受人注意，小偷扒手也趁机下手，流氓又借机抢劫，因此澡堂安全也成为人们头疼的事情。

不少罗马人也从沐浴风俗中看到堕落腐化的迹象。富人们喜欢夸耀财富，他们华衣盛装来到公共澡堂，带一群奴隶在两旁伺候，替主人宽衣，用油脂为主人身体按摩，再用金属或象牙制成的上有槽纹的刮板把皮屑刮净，然后全身抹上珍贵的香水。有些年老有德的人看到沐浴前的体操和游戏及涂油脂刮皮屑的夸耀行为，不禁皱起眉头。

现在，曾经辉煌奢华的罗马澡堂已成为众人观赏的废墟，罗马大厦在穷奢极欲中坍塌了。人们在追寻古罗马昔日遗风的同时不能不感慨世事的变迁和历史的无情！

古罗马人的沐浴方式

早期的罗马人纯朴、健康、高尚，这不仅表现在思想上，而且在爱护身体方面也有所体现。

他们沐浴、抹油和打扮的方法据说都很纯朴、健康、"没有堕落"。可是大约到了罗马帝国初期，或者更早一些，那些高尚的人渐渐堕落成了女人气十足的纵欲者。他们在豪华浴厅的热水里一泡就是几个小时，然后要往身上洒香水，还要情妇为他们梳妆打扮、涂脂抹粉。

浴场的服务员从吊瓶里取出添加了香料的油来为顾客涂抹周身，摆动刮皮具来刮除油渍和污垢。

康斯坦丁时代，罗马有 9 条这样的供水渠道。通过这 9 条水渠将水送到 11 间大型的公共豪华浴厅，浴室一般有 850 间，还有 135 处公共喷泉以及平民百姓家的普通浴室。卡拉卡拉、戴克里先和康斯坦丁这几位皇帝在位时设计建造的豪华浴场是最有名的。后来的建筑师如迈克尔·安吉罗等人把这些浴场的庞大围墙用来建筑大教堂。戴克里先浴场的一部分被改成玛利亚教堂，另一部分则被改建为极好的古文化博物馆。

罗马帝国覆亡之谜

公元 410 年，哥特人首领阿拉里克率领日耳曼蛮族大军攻占了有"永恒之城"之称的罗马城，西罗马帝国逐步走向灭亡。但这次事件并不是西罗马帝国灭亡的真正原因，那么西罗马帝国覆亡的原因何在呢？

在公元 410 年攻克罗马城以前许久，哥特人就在逐渐沿用罗马人的风俗习惯，而在边远地区居住的罗马人，几百年来，也不断接受蛮族文化的影响，同时日耳曼民族雇佣的罗马士兵也日渐增多，他们对罗马当然不是忠于职守。

因此，阿拉里克于公元 410 年攻克罗马，并非对罗马帝国致命的打击。不过，因为那是罗马帝国 800 年来第一次被打败，心理上的伤害，很难估量，也许比破坏建筑物更加不能挽回。这个原因使人们更加容易理解为什么阿拉里克攻克永恒之城在历史上一直被看作是罗马帝国灭亡的象征；而汪达尔王盖塞里克于公元 454 年攻陷罗马时烧杀抢掠更甚的事实，反而不算什么。

最近掌握的证据对解释罗马因何在公元 5 世纪为哥特人不费吹灰之力一举攻克也许帮助很大。1969~1976 年，在英国南部赛伦塞斯特展开的挖掘工作，在一座公元 4 世纪末 5 世纪初的罗马人的墓群里，找到了 450 具骸骨，多数骨头中的含铅量，是正常人 80 倍之多，儿童骸骨则更加厉害。这些人可能死于铅中毒，虽然未能证明这一点。

罗马人对他们的优良供水系统引以为傲，通常都以铅管输送饮用水。罗马人用铅杯喝水，用铅锅煮食，甚至用氧化铅代替糖调酒。吃下如此多的铅，一定会全身无力，吃下大量的铅还有另一个恶果，就是丧失生育能力。后期的罗马皇帝经常鼓励夫妻生育更多子女，可能是为预防人口减少，虽然并无精确详细的人口消长数字证实有这种现象。即使吸收微量的铅，对生殖能力也有影响，所以罗马人很可能因为喝了含铅的酒和水而致死及致帝国覆亡。

罗慕洛抢亲

中国汉字的迷人之处在于，每一个字都有他的来历，都有一段有趣的故事。例如结婚的"婚"字，有许多语言学家就认为起源于古代抢婚的风俗："婚"字可以拆为"女"与"昏"，这说明古代女子出嫁是在"太阳落山之后的黄昏"时候进行的，为什么要在黄昏时候呢？因为这个时候方便抢亲。但是学者们却一直找不到关于中国古代存在抢婚风俗的证据。然而在西方的史料记载中，人们却发现这种抢婚风俗在古罗马普遍流行。古罗马有女子出嫁，"未婚妻"不能直接由娘家走到夫家，而是必须在家里等待"未婚夫"来"抢"。待到男子将他的"未婚妻""抢到"家里后，必须手持长矛挑开女方的头发，之后才能开始举行婚礼。那么古罗马为什么盛行这种奇特的抢婚风俗呢？据说起源于罗马城创建者罗慕洛诱拐萨宾妇女的事件。

特洛伊城被希腊人攻克之后，特洛伊王子埃纳亚逃到台伯河入海口，受到拉丁国王的热情接待，并招他为婿。这样埃纳亚的后代在此创建了阿尔巴城，开始了漫长的世袭统治。传到努米托雷为王时，他的弟弟阿穆利奥觊觎王位，就发动政变囚禁了努米托雷，又下令处死了他的儿子，逼其女儿西尔维亚充任女祭司，以免她结婚生子来报复自己。从此阿穆利奥就高枕无忧，安享欢乐了。但是他万万没有料到，战神马尔斯却悄悄地让西尔维亚怀孕，并生下了双胞胎罗慕洛和瑞穆斯。于是愤怒的阿穆利奥处死了西尔维亚，并将她的孪生儿子装进竹篮，投入台伯河中。河中起了巨浪，篮子被冲到岸上。饥饿的婴儿从早上啼哭到晚上，结果引来了一只母狼，母狼却没有伤害他们，而是将他们衔回狼窝，像慈母般喂养这两个可怜的婴儿，于是有人说母狼是西尔维亚的化身。两个孩子七八岁时被猎人带回家中，抚养成人。兄弟二人都天生神力，勇猛无敌。他们杀死了阿穆利奥，迎回了外祖父努米托雷。努米托雷就把台伯河左岸的一片土地赐给两个外孙，让他们在这里共建新城。城堡建成之后，兄弟二人为争夺王位大动干戈，结果罗慕洛杀死弟弟瑞穆斯，并以自己的名字命名新城，这就是罗马城名字的由来。

可是，罗慕洛创建了罗马城之后，城中的居民都是早先跟着罗慕洛弟兄征战的兵将，大多数人都没有妻子；而且由于罗马城是个新城，生活较为穷困，所以周围城邦的人都不愿意把自己的女儿嫁到这里。于是百姓常有不满的叛乱举动，罗慕洛的统治岌岌可危。在这种情况下，罗慕洛心生一计，他放出风声，让人四处宣扬罗马城发现了"康苏斯"神的祭坛，并邀请邻邦萨宾城和其他城邦的人们来罗马城举行大型的康苏斯节日庆祝仪式。可是在节日庆祝正热火朝天的时候，突然从四面八方拥来了全副武装的罗马青年，他们拿着武器，抢走了所有来罗马的妇女，其中大多数是萨宾妇女。萨宾人知道后，非常气愤，就纠集了其他城邦的人来讨伐罗慕洛，一向以武力著称的罗慕洛自然不甘示弱，于是在罗马城外两军对垒，一场血雨腥风转瞬即来。在这个关键时刻，被抢的萨宾妇女披头散发跑到两军之间，一会儿呼唤父兄，一会儿呼喊丈夫，接着放声痛哭，两军士兵大受感染，纷纷放下武器，最后由罗慕洛和萨宾统帅塔提乌斯达成协议，罗马人和萨宾人合成一个公社，由他们两人共同统治。为了纪念这件事，罗马人后来就都采取抢婚的形式来结婚了。

古希腊的婚礼仪式

希腊人的订婚仪式比诗歌里所描绘的要简单，女方的家庭及嫁妆比姑娘的品格更被人看重。

当人们按照法律举行仪式时，女方的父亲在家中置办酒席，庆祝女儿与女婿的结合。

在举行婚礼之前，仍有一些当地规定的风俗仪式。当然，首先要感谢神明的降福，主要是感谢赫拉和宙斯。祭品不用牲畜苦胆，这不难理解，因为没人希望自己的婚姻包含着无尽痛苦。

有时候，准备结婚的人们也会拜祭雅典娜、阿耳他神仙。按规矩，举行婚礼的当天向阿佛洛斯神像祈福。在许多地点，新娘通常献上自己的几缕头发和腰带，或者其中之一，头发象征着自己如花的年龄已经逝去，而腰带则象征着自己将变成女人。

献祭前后，新娘要用邻居的小男孩从泉眼里或者河里打来的水沐浴。新娘在众目睽睽之下泡在河里沐浴是一些地方的风俗。

古希腊人酒宴上的同性之恋

在古希腊人的酒会上，侍候吃酒的主要是一些年轻的奴隶。这些奴隶手脚灵活，且举止大方得体，恰到好处地传递盛酒的高脚杯。

卢奇安记述了一次酒会的情形："一个侍酒童是位年轻漂亮的奴隶。他笑意盈盈地站在克勒俄逊摩斯的身后，我知道这笑容掩藏着秘密，所以悄悄注意起来。不一会儿，正当这位漂亮的伽倪墨得斯再次过来给克勒俄逊摩斯斟酒时，我看见克勒俄逊摩斯摸了一把他的手指头，而且，我似乎觉得他递酒杯的同时也递过几枚银币。那个男孩子因为被他触摸而会心一笑，但我想他并没发现钱币，结果那两枚银币叮叮当当地掉在了地上。这使得哲学家和男童满脸通红。邻桌的几位朋友纳闷这是谁的钱，谁也不知道这钱怎么会出来。因为这个男孩子谎称不知道，而靠近这叮当响声的克勒俄逊摩斯装作心不在焉的样子。所以这事就此不了了之，因为多数人不了解内情。然而，我相信阿里斯坦涅忒斯和我一样心照不宣。原因是，没多久，他就借此机会将那个男孩子打发出去，免得再生意外。"

古希腊男童的发源地

据提麦奥斯记载，全希腊男童的发源地是克里特岛，从阿基梅内斯的《克里特历史》中得知，克里特人认为是他们古代的国王约诺斯把伽倪墨得斯强奸了。不论是宙斯还是约诺斯劫走伽倪墨得斯，在克里特及希腊其他城邦，长期以来强奸少年男子是个既成的习俗。

在希腊，成年男子可以提前三四天向他的朋友们宣布他打算对至爱之人非礼。如果他把该少年藏起来或不让他到事先说好的某条街上，将是莫大的耻辱，因为这只能意味着他的少年恋人是配不上他的。当他们相遇时，如果朋友们觉得成年情人的地位及其他方面，甚至优于对方，那么依照传统的习惯，他们会假装对这个情人追逐，实际上却很高兴地让他们继续前行。但如果情人不如少年，他们就会强行夺走少年。不过，当情人带少年进他的房子时，他们的追逐就停止了。之后，年长的情人会将一件礼物送给少年，并带他到他想去的任何地方，而且这一过程的见证人会跟随他们。在一场隆重的宴会后，他们返回城去。两个月后，这个少年被打发走时应该带着丰厚的礼物。他的法定礼物除了大量的贵重物品外，另外还有一件军用器械、一头公牛和一个酒杯。

亚马孙女人国

亚马孙是一个异常凶悍的女性国度，这一族发源于小亚细亚的峡谷和森林之中，其大体位置在希腊以东黑海沿岸的庞图斯地区，都城在铁尔莫东河畔的泰米细拉。据说亚马孙人有两个女王，一个负责战事，另一个则负责政务，并一同管理整个国家。相传每一个亚马孙女战士长大成人时都会烧掉或切去右边乳房，以方便于投掷标枪或拉弓射箭。亚马孙人在女王的统治下，相信自己是战神阿瑞斯的后代，此外她们也崇信狩猎女神阿尔忒弥斯。战争、狩猎、简单的农业构成了女人国女人的全部生活。绝大多数的亚马孙女战士都是在马背上作战，精于骑射，甚至有不少亚马孙人以雇佣兵的身份出现在世界各地的军队中。

男人不能进入亚马孙人的国境，为了避免种族灭绝，她们一般会一年一度地访问临近部落加加里亚人，之后所生的若是女婴，就妥善抚养起来，倘若是男婴，一般直接杀掉，偶尔也送还给他们的父亲。

亚马孙武士多次与希腊英雄交过手，例如大力神赫拉克勒斯的 12 件苦差之一就是取走了亚马孙女王的那件漂亮黄金腰带，因为误会他又杀死了女王希伯吕忒和她的很多侍女。于是，女王之妹安提奥帕为了报仇，率军入侵希腊，结果战死在提秀斯所率领的军队中。《荷马史诗》的《伊利亚特》也提到，亚马孙女人国曾经援助特洛伊，在第十年时女王为阿喀琉斯所杀。

《哥伦比亚百科全书》这样描述亚马孙女人国：亚马孙是一个尚武的部落，生活在小亚细亚。这是一个女权制的社会，妇女善于打仗和管理，男人操持家务。每个妇女必须杀死一个男人才能结婚，而且所有的男婴在出世后就必须被杀死。据说她们英勇善战，征服了小亚细亚的许多地方，如佛里吉亚、色雷斯、叙利亚的许多地方。

古希腊历史学家希罗多德的《历史》中对亚马孙女人国的轶事做了详尽的描述，其中最为详尽的是亚马孙人与希腊人的最后一场战争。希腊人最后打败了她们，并准备把大量俘虏运到雅典，可是当船到海上时，由于看守不严，亚马孙女战士杀死了押运她们的希腊人。但是她们却对航海知识一无所知，于是随船漂流到黑海东北部的亚速海地区，遇到了塞西亚人，旋即与他们发生了战斗，可是一旦塞西亚人发现这些身着男人服装的剽悍女人，马上放下武器，转而向她们求爱，这样最终他们中的年轻男子和这些女武士生养孩子，组成了一个"女权制部落"。希罗多德说这是绍罗马特亚人的起源。至于希罗多德自己有没有见过亚马孙女战士，我们就不得而知了。

查理大帝的加冕事出偶然

法兰克王国是公元 5 世纪末到 10 世纪末由法兰克人在西欧建立的封建王国，在罗马帝国逐渐衰落的时候，法兰克人正逐步崛起。他们原来居住在莱茵河下游地区，属于日耳曼人的一支。公元 486 年，一位叫克洛维的人率领军队把西罗马人赶出了高卢地区，以巴黎为首都，建立了墨洛温王朝。8 世纪前期，管理宫廷事务的权臣查理·乌特逐步掌握了王国的实权。公元 751 年，马特之子"矮子丕平"废掉墨洛温王朝国王，自立为帝，建立了加洛林王朝，但新王朝最强大的局面却是由丕平的儿子—查理大帝开创的。

查理生活的年代正是西欧封建化过程急剧进行的时候，查理所实行的政策措施客观上加速了这一进程，得到新兴封建地主阶层的拥护。查理是位好战的国王，为了建立一个强大的国家，他长年累月率军四处征战，使法兰克王国的版图不断扩张。经过50多次战争，查理使法兰克王国成为控制西欧大部分地区的大帝国：西临大西洋，东到多瑙河，北达北海，南至意大利中部，差不多囊括了昔日西罗马帝国的全部国土。

公元795年，罗马教皇阿德一世逝世，查理支持利奥三世当选为新的教皇，利奥三世为了答谢查理，在罗马为他大唱赞歌，从而引起了罗马贵族的不满。反对者冲进教皇官邸，逮捕了利奥三世，准备将他送进修道院受刑，扬言要刺瞎他的双眼，割掉他的舌头。利奥首先向拜占庭国王求救，却遭到了无情的拒绝。想法逃出监狱后他又向查理求援，查理亲自带兵护送利奥三世回罗马，用武力平息了这场纠纷。利奥三世对查理感激涕零，不惜抓住一切机会报答他。机会终于来了。公元800年12月25日，教皇召集了附近地区所有愿意参加弥撒的人们来到圣彼得大教堂，当晚一切显得格外隆重，教堂内灯火通明，音乐悠扬地回荡着。弥撒仪式开始了，查理望着基督像，全心地沉浸在仪式的庄严之中。突然，教皇利奥三世大踏步地走到查理面前，将一顶西罗马皇帝的皇冠戴到他头上，并高声宣布："上帝为查理加冕，这位伟大的带来和平的罗马皇帝，万寿无疆，永远胜利！"参加仪式的教徒也齐声高呼"上帝以西罗马皇帝的金冠授予查理，查理就是伟大、和平的罗马皇帝和罗马教皇的保护人！"

教皇利奥三世本想用这样的方式给查理一个意外的惊喜，但他的做法并没有得到预期的效果，反而使查理感到突然和无所适从。查理觉得，"皇帝"这样的称号太令人反感了，自己并不需要被授予这些所谓的荣誉。他更担忧这个加冕背后的无穷隐患：拜占庭的罗马人对于他的皇帝称号肯定会万分仇恨，这甚至会对法兰克王国产生不可估量的后果。查理事后后悔地说："如果知道教皇的策谋，就不会在那天去教堂，尽管那是一个伟大的节日。"

事实上，不管查理是否愿意罗马教皇为他加冕，他在实质上已经成为古罗马帝国的合法继承人和基督教世界的保护者，这次加冕是中世纪历史上的一件大事，影响极其深远，奠定了教廷和王廷对西欧进行双重统治的政治思想基础，开创了中世纪教皇为皇帝加冕的先例。它象征着皇帝的权力来自上帝，受之于教皇，暗含着教皇权力依然高于皇帝的意思，为日后的教权与王权之争埋下了祸根。

查理曼大帝的日常饮食和衣着打扮

查理曼平常饮食并不讲究，用餐也很简单，每逢节日盛典他才开设盛大宴会并邀廷臣与教会贵族参加。查理曼最喜欢吃烤肉，特别是烧烤的野味。宫廷御医经常规劝他改吃煮肉，但即使是到晚年，他也往往自行其是而不肯听从医生的话。他不仅食欲很好，而且食量也大，要让他在宗教斋戒中做到禁食是几乎不可能的，他经常抱怨斋戒对自己的健康不利。不过，查理曼对饮酒却没有多大兴趣，他对水果与饮料则较喜爱。

查理曼平时不讲究衣着，总是身着典型的法兰克人的服装。在麻布制作的衬衣衬裤

之外，罩着镶有丝边的麻布外套，腰缠丝带，脚穿长麻纱袜，鞋子是用麻线或皮革制成的。总之，身上所穿的一切都用廉价的麻布。在冬季，水獭皮和貂皮做的衣服被查理曼穿来御寒。在节日期间，他就穿着华贵的服装，身着织金的袍服，脚蹬缀满宝石的靴子，外衣系上金束带，并戴上光彩夺目的缀有黄金与宝石的王冕，看起来雍容华贵。

彼得大帝喜欢做木工活儿

少年时代，彼得就养成了 3 种自己的独特爱好。在他众多的玩具里，石匠、木匠、细木工和铁匠用的工具无一不全。成人时，他至少已精通了 12 种手艺。只要是他做的木工活和车工活，都可以称为精品。热爱劳动也是彼得和他的先祖及后代截然不同之处。随着时间的流逝，木制的玩具被真枪实弹所代替，并出现在现实的生活里。彼得和他同伴在普列奥勃拉斯科耶村的广阔天地中，组织和模拟各种军事游戏。在军事游戏中，彼得的两位亲密伙伴后来成了他的得力军师。彼得还对航海和造船十分感兴趣。按彼得自己的话说，正是由于两件事引起了他对这方面所产生的前所未有的巨大兴趣。一件是雅科夫·多尔戈鲁基讲给他的一个故事，说从前有一件法宝，不用走路，只要坐上它就可到达自己想去的遥远的地方。另一件是一条破旧的木船，坐上不但能逆水而行，而且可以逆风而驶。

轰动世界的《彼得大帝遗嘱》

1836 年，法国出版了一本署名为德奥的回忆录，回忆录中最重要的一部分是《彼得大帝统治欧洲的计划》，也就是后来轰动世界的《彼得大帝遗嘱》。这份遗嘱披露了俄国沙皇彼得大帝企图称霸欧洲进而征服世界的野心。主要内容有 14 个部分，分别是：第一，俄国长期保持战争和扩张状态第；二，后继者务必要大力网罗人才；第三，要力争参与欧洲事务；第四，瓜分波兰；第五，征服瑞典；第六，采取王室联姻政策；第七，与英国结盟通商，第八，沿黑海、波罗的海分别向南北扩张；第九，挺进君士坦丁堡与印度；第十，控制奥地利地区；第十一，挑动奥地利和欧洲各国发生争端；第十二，统治希腊地区；第十三，挑拨法、奥关系，制服其中一个；第十四，征服日耳曼和法国。

我们要想知道这份遗嘱的真假，必须先了解这份遗嘱的披露者，也就是回忆录的作者德奥是何许人，有没有接触到遗嘱的可能性。

1724 年冬天，彼得一世在芬兰湾地区巡视，偶感风寒，不料竟转成肺炎——当时无法治愈的疾病，从此一病不起，来年 1 月 7 日，彼得预感不祥，赶紧让人准备纸笔要写遗嘱，谁知道刚写下 "吾欲传位给……" 寥寥数字就手腕无力，接着马上召唤公主，准备口授，公主到来时彼得已经不省人事，一语不发，1 月 8 日凌晨，这位俄罗斯历史上最著名的皇帝就 "驾崩" 了。公主叶丽萨维塔·彼得罗夫娜继承了皇位，这就是俄国有名的色情女沙皇伊丽莎白。伊丽莎白是个荒淫无耻、极度好色的女人，她在宫中养了许多 "面首" 供她欢愉，此外还有许多秘密情人。在这些男人中间，有一个法国人尤其受到女皇宠幸，他就是法国间谍德奥。

德奥得到伊丽莎白信任以后，不仅可以自由出入于皇宫，而且可以翻阅皇室档案。

有一年，德奥陪同女皇在圣彼得堡城郊的沙皇夏宫里游玩，意外地发现了一份题为《彼得大帝统治欧洲的计划》的秘密文件，敏感的政治嗅觉告诉他这可是件好东西，定能得到上司的嘉奖，于是一字不漏地抄录下来，并迅速将其呈献给法国国王路易十五。

如此看来，德奥非但有接近《彼得大帝遗嘱》这样绝密文件的机会，而且以他的职业看来，他也实在没有撒谎的可能。

尼采的著作被其妹妹篡改

在西方思想史上，尼采恐怕是最有争议的人物了。在相当长的时间内，尼采的书在中国不再出版，他的名字也成为"禁忌"，一旦沾上，就被认为是法西斯主义者。直到新时期以来，尼采才渐渐为中国人重新认识，甚至出现了"尼采热"。

事实上，把尼采说成是法西斯主义的思想先驱，是没有根据的。希特勒在《我的奋斗》中没有一处引证尼采。而尼采一生对种族主义和反犹主义相当反感，这两大主义正是法西斯主义的基石。那么为什么有些人会常常把尼采与纳粹和法西斯联系在一起呢？有些学者认为，这是因为有人篡改了尼采的著作。

那么篡改者是谁呢？人们普遍认为是尼采的妹妹伊丽莎白·福尔斯特·尼采。最早提出这一看法的是德国的尼采研究者卡尔·施莱希塔，他于1958年出版了《尼采事件》一书，对尼采妹妹的篡改行为进行了揭露，认为她伪造了尼采的书信，歪曲了尼采的思想。

众所周知，尼采终生未婚，他一生最亲密的女人就是他的妹妹伊丽莎白·福尔斯特·尼采。而伊丽莎白却有浓重的种族主义理想，后来又嫁给了反犹主义者波恩哈特·福斯特。婚后她追随疯狂的丈夫到巴拉圭建立条顿移民村，以实现自己的种族主义理想。但是移民村的计划最终流产了，福斯特自杀了。而伊丽莎白还没有从失去丈夫的悲痛中解脱出来，就传来了哥哥尼采发疯的消息。于是她在1897年从巴拉圭赶回魏玛，照料生活不能自理的尼采。在照料尼采的同时，伊丽莎白也搜集整理了尼采的手稿，然后又垄断了尼采著作的出版权。尼采死后，伊丽莎白以尼采著作权威的解释者自居，同时伊丽莎白在整理出版尼采的手稿过程中，一面扣压一些手稿，一面篡改一部分手稿，使之渐渐与法西斯主义靠拢。在尼采的著作中，受到篡改最为严重的是晚年的《权力意志》。

尼采晚年时曾计划写一本名叫《重估一切价值》的书，但没有完成，只留下一大堆残篇手稿，后来伊丽莎白和尼采的朋友彼得·加斯特一起把这些手稿整理成书，取名为《权力意志——重估一切价值》出版。在这本书上，有浓重的种族主义思想，而伊丽莎白宣称这才是尼采最重要的著作，是他的代表作。

1961年，意大利学者蒙梯那里和科利为了翻译尼采的著作，来到德国魏玛，在歌德、席勒档案馆查阅了尼采的全部手稿，结果发现伊丽莎白大量篡改了尼采的手稿。《权力意志》的原稿有374条格言体的片段，可是伊丽莎白删去了104条，在采用的270条中，又有137条被改动，结果致使尼采著作的原面目遭到严重歪曲。为了恢复原貌，蒙梯那里和科利将尼采的著作汇编成《新的批判尼采全集》的尼采著作汇编。而德国尼采研究专家施莱希塔也编辑出版了尼采晚年手稿，取名为《80年代遗稿选编》。

还有人指出，伊丽莎白不仅篡改了尼采的手稿，而且还在言行上把已经去世的尼采置于法西斯思想先驱的地位。当时，伊丽莎白俨然是尼采的代言人，她在 20 世纪 20 年代公开赞赏墨索里尼，后来希特勒参观尼采文献档案馆时，她在希特勒面前大谈反犹主义与种族主义，此外她还到处演讲、写文章，极力把墨索里尼和希特勒说成是她哥哥的理想的"实现者"，并为此得到希特勒荣誉像章的奖励，以致在第二次世界大战之后，人们在回忆这些情况时，把尼采和法西斯联系在一起，也就没什么奇怪的了。

但是也有人对尼采妹妹伪造说不以为然。他们认为伊丽莎白所编辑出版的尼采文本虽然有不翔实之处，但是她所依照的，正是尼采的手稿，从大量的手稿中编辑成书，自然要有所取舍，不然不加选择地全部收录，那也不能算作是一本书。而且施莱希塔所编辑出版的《80 年代遗稿选编》，除了顺序不一样外，内容却完全一致，而尼采所采用的是格言式的文体，前后逻辑性并不强，所以仅仅顺序的改变不是什么大问题。

所罗门财宝

大约在公元前 11 世纪的时候，犹太人部落首领大卫攻占了耶路撒冷，统一了以色列和犹太，建立以色列—犹太王国，耶路撒冷成为国家的首都和宗教中心。大卫死后，他的儿子所罗门即位。所罗门是古代以智慧闻名的帝王，史料上记载了一个这样的故事：大约在公元前 965 年的一个晚上，年幼的以色列新继位的国王所罗门做了一个奇怪的梦，梦中见到了上帝耶和华，他慈祥地对所罗门说："你需要什么，尽管对我说出来，我会满足你的要求。"所罗门说："耶和华，我的神啊！如今你使我继承王位，但是我的年纪太小了，根本不知道怎样管理国家，请您赐给我智慧，让我可以明辨是非。"耶和华对他说："我答应你的要求，赐给你聪明智慧，甚至在你以前没有像你的，在你以后也没有像你的；你所没有要求的我也赐给你，就是富足、尊荣，使你在世的日子，列王中没有一个能与你相比。"传说中的所罗门就这样成了以色列历史上空前绝后的一代国王，以智慧和财富著称于世。

实际上，由于所罗门的非凡智慧和才能在当时得到了四方的尊敬与朝拜，邻国每年都会派遣使臣来进贡金银财宝和名贵香料；同时，在所罗门统治期间，以色列的手工业、商业特别是对外贸易都达到了鼎盛。当时的所罗门王可谓是富甲天下，这一时期也由此被人们称为"黄金时代"。根据《圣经》记载，所罗门王在公元前 10 世纪的时候，花了 7 年的时间修建了一座雄伟的犹太教圣殿——耶和华神庙，它结构严谨、造型美观，教徒们都去那里朝觐和献祭敬神。在神殿中央有一块长 18 米、宽 2 米的"亚伯拉罕圣岩"，下面修建了地下室和秘密隧道，据说下面存放着所罗门王数不胜数的金银珠宝，这就是历史上举世闻名的"所罗门财宝"。

财宝从一开始就被聪明的所罗门王藏在海外。因为在所罗门王统治时期，他常常派船只出海远航，而且每次回来的时候总是金银满舱。由此人们得出了一个结论，在茫茫大海中，必定有一处宝岛是所罗门王储藏财宝的地方，而那些满载而归的金银珠宝就是从那个小岛上运回来的。

于是，人们纷纷出海去寻找这个传说中藏有财宝的小岛。1568 年，西班牙航海家门德纳率领一支考察队来到了太平洋上的一个小海岛，只见当地的土著居民个个都佩戴着金光闪闪的黄金首饰时，欣喜若狂，以为自己找到了传说中"所罗门财宝"的藏宝地，于是就给当地取名为"所罗门群岛"，并在岛上展开了大面积的搜索，结果一无所获。

自此以后，这些人所未知的岛屿首次以"所罗门群岛"的名称出现在人们眼前，许多人也纷纷慕名前来此地寻宝。但是所罗门群岛是由6个大岛和900多个小岛组成，它们都有着相似的地貌：多山，河流交错，岛上覆盖着90%的热带雨林，并且散布在60万平方千米的海面上，所以寻起宝来困难重重。

可也正是因为所罗门群岛是一个由那么多小岛组成的地方，在一处没有找到宝藏并不意味着这里就真的没有宝藏。所以一直以来，前来寻宝的人还是络绎不绝，只是所有的人最后都得到了相同的结果，两手空空地离开了。

英王威廉二世的死亡

自古宫廷多纷争。在权势和财富的驱使之下手足相残、杀母弑父之事可谓比比皆是。人称"红面庞"的威廉二世也是因为此类原因而丧命于狩猎场的。

1100年8月的一个黄昏时分，英王威廉二世在新林骑马狩猎。新林占英国南部一大片土地，当时是皇家狩猎苑。威廉的弟弟亨利和一些随从同行。一行人分为几个狩猎小组，国王和他的亲信顾问蒂雷尔一组猎鹿。国王看见一只赤鹿跑过，立刻射了一箭，射中了赤鹿，但是它没有死。很长一段时间威廉坐在马鞍上不动声色，他用手挡着夕阳的斜照光线，想看清楚那只受伤的赤鹿的行走路线。

蒂雷尔就在此时射了一箭，鹿没有射到，却把国王射中，国王向前面倒下去，那支箭在国王摔到地上的时候更深地插入他的胸膛，国王当时便没了气息。蒂雷尔急忙跑出树林向法国逃去。亨利则和其他的人策马飞奔，赶到临近的收藏皇室财宝的曼彻斯特，亨利把财宝抢到并确实予以掌握后，便马上赶回伦敦，加冕登基为亨利一世。此时，距威廉去世之日仅3天，众人从猎鹿的树林离开时，威廉二世仍然暴尸荒野。

威廉一世共有3个儿子，威廉二世是老二。威廉一世在世时已给3个儿子分家，留给长子罗伯特的是法国的诺曼底，给次子威廉的是英国，亨利则没有土地，只获得一笔财富。大哥与二哥经常争执不下，甚至兵戈相见，但是二人在1096年以诺曼底为抵押，向威廉借了他们所需的钱。罗伯特在1100年夏季启程返国时，还娶了一个十分富有的女人。威廉决定，决不让哥哥还债把诺曼底赎回，他开始计划强夺诺曼底。新林猎鹿驾崩事件就是在做这种准备的时候发生的。

同时，亨利为了篡夺英国王位，已把形势看得非常清楚，出乎意料之外的新发展对他篡位的计划有所妨碍，所以亨利先下手为强，其后只需对付一个哥哥而不必再与两位兄长争雄。威廉驾崩，罗伯特又远在他乡，亨利成功篡夺了他原本无权过问的王位。

马可·波罗没有到过中国

在中国的中学历史教科书上，就赫然写着，马可·波罗是13世纪意大利著名的大旅行家，他从1271年随父亲和叔父从威尼斯出发，经由地中海、伊朗高原、新疆南部，历时三年半，终于到达了元大都。马可·波罗在中国生活了17年，足迹几乎遍及中国每一寸土地，当他回国后，由他口述的《马可·波罗游记》风靡世界，并成为第一部向西方介绍中国的著作，被人称为世界奇书。我们今天打开这本游记，发现它不仅资料翔实，而且文笔生动，着实引人入胜，无怪乎当时西方许多人看了此书，都争着要来中国寻宝。

但是，据德国学者徐尔曼的考证，马可·波罗一家最远都没有出过意大利，又怎么能远行中国，且在中国待了17年之久，还受到皇帝的优待，这肯定是在撒谎。

事实上，马可·波罗的记述中存在着太多失真的地方，例如在提到忽必烈改建都城时，他认为理由是"皇帝陛下根据星占学家的卜算，认为金中都将来要发生叛乱"。还有他自称受皇帝宠幸十年之久，但是在中国却找不到任何这方面的史料。

马可·波罗

基督教产生地不是巴勒斯坦

许多研究基督教的学者现在都认为基督教于公元1世纪在巴勒斯坦地区产生。

苏联科学院人种学研究所一级研究员、著名宗教学者约·阿·克雷维列夫在其所著的《宗教史》（该书是苏联方面自十月革命以来第一次对宗教史进行系统而全面的论述的专著）一书中却对上述说法提出了不同意见，他认为教会关于基督教起源的传统说法，必然将基督教的产生仅仅同巴勒斯坦联系起来。因为根据"福音书"，想象中的基督教创始人，生卒都在巴勒斯坦。但是，只要不为有关耶稣这个人物及其作为基督教创始人的信条所束缚，那么，基督教产生的地点问题，便可通过既知的事实来加以解决。依据大量事实可以做出结论，基督教不是在居住于巴勒斯坦的犹太人中间，而是在散居异地——可能是小亚细亚或埃及的犹太人中间产生的。《新约》和《启示录》都是用希腊文写成的。关于存在亚拉姆文或古希伯来文原本的推测，没有任何事实依据。居住在巴勒斯坦的犹太作者不大可能用异邦语言给巴勒斯坦的读者写书。而散居希腊化各国的犹太人，都用希腊文说和写；因此，只有用希腊文书写才能满足他们的需要。不过，《新约》的希腊文本是否能够证明，由于其作者不是犹太人，所以基督教不是在犹太人当中产生的呢？这种假设不大能够成立。首先，《新约》和希腊文本在遣词造句方面，充满浓厚的闪米特语味道。其次，基督教跟犹太教在思想内涵上的联系非常显豁，没有推断它不是从犹太教中衍生出来的。由公元1世纪中叶至下半叶这个地区的整个历史情况证明，当时的社会存在着极端紧张的政治气氛和思想气氛。一般都以弥赛亚降临说作为思想武器去反对罗马统治的起义，此起彼伏，连绵不断，最终导致了公元66~73年爆发的犹太战争。约瑟福斯·弗拉维优斯对战争的来龙去脉作了细腻的描写。按年代，这场战争发生于基督教产生和原始基督教社团形成的时期。弗拉维优斯谈到法利赛党和撒都该党以及奋锐党、艾赛尼派和西卡尼派，但对基督教却只字不提。由于原始基督教学说的特点与犹太教其他派别相比表现得更为鲜明，基督教徒对待战争的特殊立场，必然会以某种形式表现出来，也必然会引起起义营垒中的思想家和罗马当局，尤其是作为战争积极活动家之一的这位史学家的注意。由此可以推测，当时在犹太人中基督社团并不存在。

事实是，已知的基督教最早文献资料谈到的只有小亚细亚才存在基督教社团。仅凭这一点不足以证明基督教产生于犹太人散居之地，但将上述其他情况综合起来考虑，这点却非常重要。

圣母玛利亚未婚生耶稣

耶稣是基督教教义记载中的救世主，耶稣的母亲是圣母玛利亚，那么，他的父亲是谁呢？这位圣女究竟是与谁发生关系后生下耶稣的呢？

在西方基督教历史上，到了12世纪早期，玛利亚还只是作为一名贞洁的天使形象而存在。她之所以贞洁是因为她保持了女童身。据《圣经》记载，玛利亚未婚而孕便生下了耶稣。尽管已为人母，却仍未有过性行为。后来在圣伯尔拿的鼓吹下，随后西欧各地建立众多西妥修会的教堂，这些教堂里的修道士们愿意献身于圣母玛利亚，并在他们的教堂内增设了专门的女士小教堂。欧洲许多著名的大教堂都纷纷效仿这些教堂的做法，并取名为"圣母院"（意即"我们的夫人"），其中法国的巴黎圣母院名气最大。至13、14世纪，圣母玛利亚逐渐演变成高贵女士或善良母亲的形象，不仅淑女贵妇们狂热地崇拜她，就连大多数男性也被她的美丽和圣洁所折服。

长期以来，欧洲人民都把圣母玛利亚视为基督信女、童贞女以及母亲的复合体形象的化身。

圣保罗为免受撒旦的引诱而结婚

圣保罗一生崇拜基督，是基督教徒中的典范，是基督教中最伟大的神子之一，这位虔诚的基督教徒，并非如人们想象中那样地提倡禁欲，而是对男女之间的婚姻看得很开。

圣保罗针对一些基督教徒淫乱的事，在《歌林多前书》中提出了一个要旨：结婚是为了免受撒旦的引诱。在圣保罗看来，婚姻的存在也不是为了生存和繁衍，与人类的生物目的完全无关。这是因为在圣保罗的观念中，一切性交都是罪恶的，就是合法夫妇的性交，也因为有悖于全心全意地服侍主这一信念，使人不能得救和进入天国。在圣保罗看来，婚姻中丝毫不存在任何积极的东西，夫妇之间也说不上什么美的、有价值的情感。这就是圣保罗在给另一个他曾经访问过的加拉太教会的信中所说的，"隋欲和圣灵相争，圣灵和情欲相争，这两个是彼此相敌，使你们不能做所愿意的"。圣灵和情欲是矛盾、不相容的，他认为信仰基督的人就应当连肉体和私欲都一起钉在十字架上，不能存在这些私欲，才能完全为主服务。因此，他教导说："你们当顺着圣灵而行，就不放纵肉体的情欲了。"至于没有婚姻关系的男女之间的性交行为，也就是私通，特别是《旧约》中说到的与已婚女子和丈夫以外的男人性交，在基督教中是被视

野史追踪

为犯了侵犯他人财产罪的，应该受到神的谴责。因此，婚外性行为是比婚姻更不符合基督教的伦理道德的。正是由于如此，圣保罗才认为婚嫁是消除淫乱欲望的唯一办法，但他认为婚姻并不是一种好办法，他认为从根本上消除淫欲是最好的办法。

中世纪的妇女是如何生产的

中世纪的妇女一般都用坐姿或下蹲的姿势分娩。如果健康情况允许，产妇会采用有助于利用重力的姿势。

妇女生产通常是在家中进行，一般在从主住宅中隔离出的小房间里，这间小屋必须是不通风的。农村妇女没有条件拥有选择房间的权利，就得在主住宅中的地板或干草堆上生产了，产妇可以得到她们的女性仆人或亲戚的帮助。

大多数情况下助产士（有时还会带有助手）会来给产妇接生。但总体上来说，产房几乎总是妇女独有的空间，男医生只有在不得不动手术的情况下才会出现。

在妇女生产的过程中，常常会在其所在的房间内生一堆火，而由于房间里人数很多，产间里温度会再升高些。高温被认为是对产妇和新生儿有益的。此外，还得烧热水进行清洗工作。贵族或富裕的家庭里的产妇有精心准备的产房。地板要清扫过，床上铺有最好的床罩，房中的一切都准备得当。

15 世纪时，使用生产凳来使产妇在生育过程中保持身体竖直向上的方法出现于意大利，并且这一方法很快在整个欧洲流传。当没办法弄到这种特殊形状的马凳时，人们有时会将产妇放置于两张并排的椅子上，让她的身体在二者中间保持平衡。当然此法只适用于那些大腿肌肉很发达的妇女来尝试，身体状况较弱的产妇则有时会采用坐在另一名妇女的大腿上，然后借助她的腿来生孩子。产婆通常会按摩产妇的腹部来减缓疼痛和加快分娩进程。

为了使妇女自然分娩或引产时更容易些，人们想出了不计其数的方法。据说，产妇有时会被鞭打或看其他人被鞭打来引产。根据德国的一个传说，一位晚产的皇后被抬到一间屋子看 20 个人被鞭打，其中两人被打死。皇后被所见事物惊吓而顺利生产。

为了减缓生产过程中的疼痛，可在产妇腹部放一块暖和的布。除此之外很少使用其他有效的方法。因为在当时人的眼中，阵痛被认为是生产中必然发生的，是自夏娃时代起上帝给所有女人的惩罚。任何缓解阵痛的行为都被认为是对上帝的反对——他要听到女人忏悔的叫声。

在分娩时，产妇会试着从周围助产的人中得到力量。那些好心的助产者会为其提供各种鼓励和支持。有时候，石头会被当成护身符使用，玉则被认为是对顺利分娩有巨大帮助的东西。

若分娩困难且情况严重，比如胎儿的胎位不正，就得使用助产工具了。其中最令人生畏的工具就数一种钝钩了，当胎儿臀部朝下而引起难产时，助产士会用它来钩住孩子的腿部助产。其他令产妇望而生畏的助产工具还有尖钩（即钩针）和小刀。使用它们通常能够挽救了产妇的性命，但会因此而伤到孩子，有时甚至一部分一部分地取出孩子。中世纪时，尽管接生婆们（特别在城镇地区）总是随身携带铁钩，但大多数这类手术还是由外科医生执行。在用铁钩之前，他们在其他接生者的帮助下确认胎儿是否已死在产妇腹中，然后才会肢解死胎。对于一位已经饱受数小时折磨的母亲来说，看到她的接生婆拿起尖钩无疑更让她悲痛。

当母亲因精疲力竭无力将婴儿产出或婴儿胎位不正被卡在里边时，会选择剖腹产。整个中世纪，外科技术几乎毫无发展，所以那些剖腹产术大都以悲剧结尾。虽然众所周知，妇女在这种手术中可能难逃一劫，但手术依然要进行，因为这至少意味着母婴可以被分开埋葬。当然也有成功的例子。传说，瑞士阉猪人贾克布·纳福尔的妻子于1500年难产。他先后请来了13位产婆和2位医生，但他们都没能帮上忙。绝望中，他亲自为妻子进行了剖腹产手术，结果母婴都存活下来了。

巫女—中世纪与魔鬼发生性关系的女人

熟悉《格林童话》和《安徒生童话》的人可能会对书中的一个现象很奇怪，那就是为什么会有如此众多的女巫，而且大多数女巫都以反面的角色出现。原来，基督教中认为一切罪恶都是因为撒旦（魔鬼）在作怪，因此，几乎全部的著名神学家都十分重视探讨"撒旦问题"。奥古斯丁把撒旦解释为"大术士、魔法师和巫师"。而此类"巫士"之中，"女巫"远比"男巫"多得多，人们习惯于把邪恶、魔鬼一类的概念与妇女的形象相提并论。在1450年至1550年间，瑞士鲁克来宁州，共32名"巫士"被指控，其中女性占了31名。有关巫女的罪行和消灭巫女的细则，在15世纪一本作者不详的手册中有详细记载。这本被称为《巫女之锤》的册子，证明这类妇女曾同魔鬼，即撒旦本人有过性行为。结果，"魔鬼的仆人"——"巫女"便成了那些恐惧男魔或女魔爬上他们床上的人们的敌人，应该把"巫女"绞死或烧死才解恨！

在中世纪的宗教裁判所的说法里，巫女是和魔鬼发生过性行为的女人，能够用咒语引来天灾人祸：水涝、天旱、骤风、冰雹、狂浪、雷鸣、闪电、不孕、中邪、瘟疫、早产等。宗教裁判员则编造"巫女狂欢舞会"的详细情况：巫女们彼此背对着跳舞，亲吻撒旦的屁股；子夜时分享晚宴——未受洗礼的婴儿心肝和肉；癞蛤蟆是巫女最爱吃的；接着便是纵情享乐，巫女和撒旦交媾……

保罗四世开创教皇性节制

1555~1559年在位的保罗四世，是开创教皇性节制纪元的真正先驱。但遗憾的是，牧师与忏悔者在惩罚自己的同时却又往往犯下新的道德罪。

那时候，在宗教界中提倡祈求上帝宽恕的自惩。教士常常命令忏悔者脱掉她的衣服，以便能够更好地抽打她。有时，这个听忏悔的教士觉得自己也罪孽深重，于是，教士和忏悔者都脱掉了衣服，两人互相鞭打。打着打着，两个人认为罪过已经赎清，上帝已知道他们各自受到了惩罚，于是两个人都停了下来，赤裸身体迎面大笑，在哈哈大笑中拥抱在一起，去干那互相安慰的事儿去了。

在比利时西比伊珀尔，有一个教士说服了一个女修道院的9个修女脱光了衣服互相抽打，而他同时用鞭子向她们身上有罪的部分抽打。这10个人都对自己的情欲难以驾驭——受惩罚时又犯了罪。在这九9个修女又犯了新的道德罪之后，大概这个幸福的小伙子对自己的肉欲不得不以同样的方式抑制。很显然，教士感到很刺激，他和9

个修女都发生了性关系。

中世纪欧洲修道院的组织形式

修道院首先是一个经济组织。作为一个经济组织，它力求"依靠成员的力量使一定人口的社会问题得以圆满地解决。这些纯经济组织之所以以宗教的形式出现，是因为时代的关系，还因为早期基督都是站在共产主义立场上对古代世界进行反对，而依当时的生活条件，共产主义还不能实现"，不过制造了越来越多的无产者，同时越来越需要共产主义的组织。修道院便是这样的组织。

另一方面，修道院是在私有财产权和继承权都很完备的时代产生的。因为，允许在修道院里结婚和婚姻的保持，同修道院为了生存而实行的共产主义在根本上是不相容的，因为血缘关系历来要比一切人为的结构要有凝聚力，而修道院内的共同生活无疑是这些人为的而非血缘关系的结构。为了避免这个危险（确实必须避免这个危险），修道院只好拒绝婚姻。僧侣和修女只能把社团作为自己的家庭，不得再结婚组成别的家庭。

教会为禁止淫乱专制的睡衣

中世纪早期罪恶感流行，与以前经常强调人的灵魂将随肉体的死亡而消逝的观念，有着密切的关系。人们开始憎恶性欲，追求内心的感受，自答成为一种性行为的发泄渠道。所有的这一切，都是为了平衡自己的内心世界。这种狂潮与热情的突起，甚至让教会都感到意外，教士们似乎察觉到了某种藏在这种行为背后的动机。直到中世纪后半期，这类抑制性欲的陋习还非常盛行，这与教会对人性的解释有着密切的关系。教会禁止淫乱，理由也正是教会训谕所表明的那样。然而，性欲不仅使人得到了满足，还使人们联想到了动物的行为。基于这一点，中世纪制作出了一种特别的睡衣，这种睡衣相当宽大，中间还留有一个洞。男女做爱时，穿着这种睡衣就可以进行，并且使丈夫与妻子之间在肉体上保持了最少的接触，同时，这种衣服还降低了男女做爱时的兴奋程度。

教皇利奥三世为罗马皇帝下跪

教皇利奥三世虽然是在教廷阁员们一致通过后当选的，但是罗马贵族并不欢迎和拥戴他。公元 799 年秋天，利奥被罢免，被锁在一个修道院里。后来，在朋友们的帮助下，他逃出了修道院，历尽艰难险阻，最终逃到了法兰克国王查理曼那里去寻找庇护。然而罗马教廷的使者很快出现在查理曼宫廷里，他们指责查理曼国王窝藏通奸犯，查理曼不得不把利奥请出来当面对质，之后又把利奥遣送回罗马，然后组织了法国人和罗马人的联合集会，由会众对他进行审判。

公元 800 年，趁查理曼在罗马时，利奥不仅使自己免于受审而且又重新坐到了教皇的宝座上。作为回报，利奥三世按外交方式把神圣罗马皇帝的桂冠戴在了查理曼的头上，并以效忠的形式跪在皇帝面前。他是第一个也是最后一个跪在皇帝面前的教皇。

《源氏物语》的作者紫氏部是一个寡妇

日本文学史上最早、最优秀的长篇小说是《源氏物语》，它影响了整个日本的文学发展，被人们誉为世界文学长廊的经典之作。

这本书虽然是日本文学的奠基之作，但对本书的作者人们所知甚少，甚至都不知道她的真实姓名。

一般人把她称为紫式部，主要是因《源氏物语》女主人公紫姬为世人流传，而其兄长又曾任式部丞一职，此名即是集紫姬的紫及式部的官衔而得名的。她之所以不愿透露真实姓名，最主要的原因是她是11世纪时晶子宫中的一位女官。当时贵族妇女的名字除了公主之外，一般是不公开的。

尽管她的大部分具体事迹和她的姓名仍然是个谜，但许多学者已在过去数百年间对她的生活方式和生平勾画出了一个十分清晰可靠的轮廓。其中很大一部分资料，都从《紫式部日记》中取材的。这部日记她写了4年之久，至今仍然保留着，其内容不是十分明确。

紫式部出身于势力极大的藤原家族旁系的一个家庭。她大约在公元1000年与御林军军官藤原宣教结为夫妇，生下一个女儿。藤原在结婚一两年后就去世了。

年纪尚轻就已经成了寡妇的紫式部在家中静居，相传《源氏物语》就是在这时开始动笔写的。她通过父亲的关系在1005年或1006年进宫做了女官，主要是给一条天皇19岁的皇后晶子讲解白居易诗及《日本书纪》。一条天皇于1011年驾崩后，晶子便和她的侍女搬往一座较小的宫殿。

《源氏物语》对许多文学工作者而言，最不理解的一点，并不是作者的隐姓埋名，而是作者竟是一个女人。当时的妇女，即使是贵族也没有几个能看明白文学著作，更不用说执笔进行创作了。

那么一名女子又如何能写出日本最伟大和最早的小说呢？不过，较之有关紫式部的其他谜团，这点很容易解答。在那个时代，汉文多是日本男人阅读、书写的内容。汉文在当时是标准文字，日文则只用在日常琐务方面以及供女人使用，故而用日文书写的大体上是女人。

与其他小说相比，想象力丰富和规模庞大是《源氏物语》的特色。全书大致围绕年轻皇子光源氏和他周围各色人物展开情节。在丈夫死后，紫式部可能要找点事做以打发时间，因而着手写《源氏物语》；随后她入宫侍奉晶子皇后时，仍没有间断写作。

教皇约翰十二世开妓院

教皇约翰十二世被人指责在圣彼得大教堂外开了一个妓院。据说这是当时罗马城中最高级的妓院。这个妓院不但本身华丽、气派得像王宫一样，而且里面的物品陈设也都是来自世界各国的珍奇之物：埃及的象牙、波斯的猫眼，以及东方的玛瑙、古董和翡翠等，不只这些，还有各种当时不知其名的奇花异草——显而易见，这些花草是从外地运来的，不是罗马的，它们被专门雇佣的农民侍种着。

虽然名义上这个高级妓院是蒂娜丝——一位罗马富商的遗孀经营的，但实际上，她是约翰十二世的情人，除了提供自己的身体给教皇外，还要为教皇管理这个妓院及里面的高级妓女们。这些妓女非常放荡，使出浑身解数勾引来这儿的罗马上层社会的显贵们。

中世纪流行骑士爱情崇拜

贵妇崇拜本身并非什么理想主义。骑士为一位他从未谋面的贵妇而比武决斗，谁最后胜利赢得代表她的颜色的物品，谁就会得到她的爱情的奖赏。他在洗澡、吃喝了一通之后，有权和贵妇同床，次日早晨他又继续上路远行。奇怪的是骑士一旦失败，就得不到任何奖赏，两手空空地离去；而他为之而战的贵妇却任何时候都不会落空，也就是说，她在任何时候都能得到不合法的享受。因为这时胜利者就要取代那位骑士。这名胜利者必须证明他不仅在同男子战斗时所向披靡，同女人战斗时同样能取胜。换言之，生孩子的权利如今已经属于刚刚同她的朋友厮杀获胜的人。

这类事情我们不能说是很崇高，但这对骑士的整个家庭生活都应是极其重要的。这一套背叛欺骗当然是互动的，整个骑士阶级的夫妻双方都是通奸的参与者。这必定会在全部家庭生活中反映出来。儿女和家庭感情全被排除在骑士的理想世界之外。

中世纪充满性意味的服饰

中世纪初期，人们并不有意隐瞒性行为。人们的道德观念可由他们所穿的衣服反映出来，男子的外套一般无法遮住下身和臀部，下身用一只小袋套住，事实上这只小袋是为突出男子的下身才套用的；女子穿的裤子则紧紧包住臀部，她们的乳房极其丰满，夸张一点说，可放立一支蜡烛。公元610年，爱尔兰的阿尔斯特女王带领着她的宫廷命妇来见库楚雷恩，为了显示对库楚雷恩的尊敬，她的宫女们上身没穿衣服，并将裙子撩起"以便将下身显露"。当时的医生也没有接受教会关于性欲的规定，医生们认为，禁欲是不理智的，也是对身体有害的，医生有时还会要求病人增加性交次数，作为一种治病的手段。早期教会认为卖淫是正当的。托马斯·阿奎那说过，卖淫是道德必不可少的附属物，"如果想使一座王宫没有异味，那么，就一定要在宫殿里修建一处污水池"。

中世纪欧洲男女共浴的风俗

公共浴池是比纺纱房更高一级的公共娱乐场所。人们去纺纱房是以劳动为借口的，而去浴池是以健康和清洁为借口的。除了公共纺纱房和"试婚制"，公共浴池是这一时代创造的另一个露骨的调情场所，前者相对而言更有共同的、群众化的性质，而后者更具有个人的性质。

在公共浴池里，男人最多是从浴池出来时围块兜布在前面，或者用一把浴帚遮羞。女人穿得也极少，只是一领小小的围裙，把身子勉勉强强遮住。女子甚至比男人更愿意暴露自己。同时，他们靠优美的发式和耀眼的首饰，如项链手镯等，用以突出赤裸，给人一个"脱"的感觉。这样她们成了媚态十足的"脱衣"女郎。在此情况下，人们为了别人和自己的乐趣，把最初的需要变成了一种游艺。

共同沐浴的风俗在 13、14 世纪之前就极为盛行。只是在此之后，各地才颁布禁止男女共浴的条例，做出了男女在不同时间或不同地点分别洗澡的规定。

中世纪的贞节带

在中世纪，有的丈夫为保护妻子肉体上的贞节，使用了一些专用器械。

"贞操带"或者是"维纳斯之带"便是其中之一。它的构造能保证女人大小便，但不能和男人发生性关系，上面配有十分复杂的锁，她们的丈夫、未婚夫或情人掌管着钥匙。

贞操带往往是用金银制成的，颇为贵重，纹饰精美，很有艺术性，根据流传最广的说法，贞操带是帕多瓦的暴君弗朗切斯科二世的发明。另有一个说法，说大多贞操带是在贝加莫制造的，所以它除了叫"维纳斯之带"之外，还被称为"贝加莫锁"，所以当时人们说："用贝加莫的办法把老婆或者情人锁起来。"看来，这东西是同时在几个地方发明的。

当一个年轻人来求娶少女的时候，那少女的母亲得意扬扬地告诉他，从 12 岁开始她的女儿便戴上了贞操带，并且日夜不离身。年轻人很看重未婚妻是否是处女，于是碰了碰她的胯，如果摸到衣裳里面的铁带子，立即表示满意。新娘被送入洞房以后，新娘的母亲把精心保管多年的钥匙交给新郎，让他打开那把精心制作的锁，从此他便成为这钥匙的唯一主人。新郎首先注意的是"贞操锁"，过了一段时间，他会向等在门外的新娘的父母和朋友们得意扬扬地宣布："锁和大门完好无损。"

中世纪的贵宾有享受漂亮主妇的权利

在中世纪，贵宾来家，主人要把成年的女儿或者漂亮的侍女打发去陪宿，这差使有时甚至还要由主妇来完成。这就是所谓的"放心丈夫"的风俗。穆纳在《傻瓜园》中说这种风俗直到 16 世纪在荷兰还有："荷兰至今保持着这样的风俗：贵宾来家，主人放心地打发他的妻子去侍候他。"

贵宾如果长得英俊，那么妻子对扮演这个角色是很乐意的，因为他十分地叫人放心，当然这不是指丈夫放心而是指妻子。这一点，我们也可以从一篇法国骑士的长诗中看出来。诗里说到妻子得把这个角色让给美貌的女仆，因为她的丈夫还醒着，而且大概是不太赞成这个风俗。原文如下：有这样的客人伯爵夫人感到很高兴。她吩咐下人为他烤一只肥鹅，在他房间里铺好华贵的被褥。她在去睡觉的时候，叫来了最漂亮、最有教养的女仆，悄悄对她说："亲爱的孩子，去他那里伺候他吧！我倒挺乐意自己去，但是在伯爵面前感到不好意思。再说伯爵还醒着。"

日本风流歌舞妓形成

在歌舞妓的演剧历史上，歌舞妓起源于出云阿国在京都四条河原能舞台上演出的念佛舞蹈。不容忽略的是，阿国歌舞妓在近世登台演出之前，就已伴随着日本民间的盂兰盆会的魂祭歌舞，自然构成了风流艺能的骨骼支架。歌舞妓的戏剧风流，是个漫长的历史过程，它经过了从民间祭祀歌舞的孕育到瓜熟蒂落的发展阶段。

元禄歌舞妓的黄金时代，歌舞妓舞台艺术创造才算踏入正途，"荒事""和平""所作事"这 3 种典型的舞台风范才得以完成。

歌舞妓使庶民的内心世界，七情六欲得以宣泄，并尽显其人性风流之特性。人性风流是江户时代的封建闭关锁国的特定历史时期，普普通通市民百姓社会生活的基本内容。同时，还因为人性风流也是江户时代的普通民众对未来美满幸福生活的唯一向往。所以，歌舞妓这一戏剧舞台也是对江户时代民众风俗、情感生活、情欲偏好的人性风流的充分展现。

日本中世纪的婚俗

在中世纪以前，日本的婚俗始终处于一个发展过程中。早在魏晋时代，《魏志·倭人传》记载日本当时是一夫多妻制，"其俗国大人皆四五妇，下户或二三妇"。到唐代，日本还有招养婚存在，即女方将男子招到自己家做上门女婿。平安时代出现了服役婚，要在妇方劳动 3 年后男方才能娶走女方，相对来说，妇女还是比较自由的，"到了室町时代（1392~1467 年）日本发展成嫁娶婚的婚姻形式"。中世纪前，日本婚姻风俗史是从招养婚到嫁娶婚的过渡阶段，是以女性为家族中心的。

日本从奈良和平安时代才真正出现了媒人。日本昌泰（公元 898~901 年）年间僧人昌住著有一本字书《新撰字镜》，其中将媒字解释为"媒，妁也，仲立"。和铜三年（公元 713 年），日本《常陆风土记》记载的普通人家的男子与女子的结婚嫁娶形式还比较自由，祭神时，男女可以相互以对歌的形式表达情感，合意的话二人就到僻静的地方由男子向女方赠送定情礼，称为"聘财"。

直到 16 世纪，结婚才有了像今天这样完备的仪式。

欧洲皇帝驻跸和临幸

伯尔尼市政会的记录记载了西吉兹蒙德室帝于 1414 年出席康士坦茨会议时顺道在伯尔尼逗留的情形："市政会决议，皇帝驻跸期间，酒客可以免费领取美酒，还颁布了一道命令，让美女们做生意的到各处楼馆免费招待客人。"

皇帝旅行共动用了 800 匹马，随从人员之多就可想而知。看来皇帝对接驾，尤其对妓女十分满意，因为另一处说道：

"后来皇帝在王公和骑士中间对伯尔尼城献给他的两样东西赞不绝口，那便是醇酒和美人的抚爱。而'女人街的美人'为此开出来的账单，市政当局不得不出来来支付！"

雷根斯堡纪事中，有另一位皇帝于 1355 年驾临雷根斯堡时的记载：

"在皇帝临幸本城期间，妓院夜夜有丑闻传出。妓院在乐师住所对面，公共许可状是由政府颁发的。"

1438 年维也纳的账册中，有阿尔布列希特二世在布拉格加冕后临幸此地时市政当局的开支登记，其中包括妓女的招待费用："妓女用酒 12 阿赫特林，妓女接驾付酬 12 阿赫特林。"

法国宫廷化装舞会

文艺复兴时代的艺术家舞会，疯狂放荡到了极点。巴黎妇女身穿男装参加舞会重新成为妇女们乐此不疲的时尚，她们以此来放纵地消磨时光，因有女士在场时大多数男子表现得非常谨慎，而在男人之间就肆无忌惮了。从某种意义上说，女人穿上男装，似乎就成了男人了。而为了证明她的确已成为一名男人，往往她表现得比男人更无所顾虑。三月革命前的绘画，大部分都使人很容易感到当时节庆活动的放荡。

古典服装在化装舞会上出现，服装尽可能地少是它的特点。我们可以回忆一下拿破仑三世的情妇，即美女卡斯蒂里昂内女伯爵有一次参加宫廷舞会时所穿的服装。

在一则现代报道中是这样描写的：

"在最后一次的宫廷化装舞会上，主要以体态婀娜著称的美女卡斯蒂里昂内女伯爵最为引人注目，她身穿福楼拜所著小说《萨朗波》中女主人公的服装到场。她着一袭高高上提的连衣裙，极其雪白匀称的脚上穿着一草鞋，所有脚趾都闪烁着钻戒，而左膝上方是镶满钻石和祖母绿的价值连城的镯子。"

欧洲各国皇帝的婚礼仪式

作为一国之君，皇帝的婚礼仪式当然大受瞩目，在近代的欧洲，这种婚礼仪式的程序尤为繁琐。

17世纪初，神父向婚床祝福的习俗还在欧洲各国沿袭，直到法律规定教堂成婚是认可婚姻的唯一仪式之后才废除。每当有新人结婚时，新郎新娘当着众人公开躺到婚床上，同盖上一床被子，然后神父祝福他们。神父请上帝赐福新郎新娘在床上传宗接代，生出继承人。当时欧洲各国民众普遍不把结婚看成宗教行为，而把它看作法律行为，是合法的契约行为，因为一切契约都是公开签订的，所以才公开躺到床上。

在皇室宫廷或王公贵族中间实行这个风俗时，新郎甚至可以缺席，新郎新娘在婚前可以没有见过面，新郎可以由受权办理交易的全权使臣来代替他。

皇室的婚礼也是十分豪华的。英诺森特在52岁那年当上了教皇。第二年，他安排他的孙女皮里塔以壮观的礼仪在梵蒂冈结婚，他的女儿们和她们的母亲都出席了在罗马教皇宅邸里的婚礼早餐。

与其女儿的婚礼相比，英诺森特的孙女的婚礼要奢华好几倍。当时，几乎罗马所有的高官显贵都来到了婚礼现场——教皇的圣殿。婚礼进行了三天三夜。在罗马最著名的乐队的伴奏下，新郎从新娘的祖父——教皇英诺森特的手中接过新娘，这是新婚典礼必经的程序。当时最奢华的宴会在婚礼之后被人们尽情地享受着——一切器皿、酒具、餐桌都是金制的，各种飞禽走兽，都成了金盘中的美味，人们一次又一次地举杯，金杯中的琼浆玉液被他们一饮而尽。

日本皇宫内教坊的舞蹈形式

《日本全史》记载，早在公元7世纪持统天皇执政时期，在皇家宫廷中一种"踏歌"的风流舞蹈就开始流行起来。日本的历史文字中记载，中国正月十五元宵节的晚上，彻夜地举行民间歌舞的形式是日本踏歌风俗的起源。

后来这种舞蹈形式成为在天皇的带领下与群臣在宫廷之中举行"踏歌"的娱乐活动。公元 742 年，在圣武天皇执政期间，为了对皇家宫廷的风纪进行整顿，专门组织了童男童女的"踏歌"活动。后来，"踏歌"又演变成为以皇宫内教坊为中心的舞蹈形式。随着在天皇宫廷内院里举行舞蹈的风俗习惯的开始，"踏歌"的形式便渐渐地在民间流传开来。

在日本奈良时代的公元 766 年，太政宫府为了整顿社会风纪，便下达了通令，禁止夜间举行"踏歌"。

欧洲萨克森宫廷的淫逸之风

德意志各国宫廷之中，强者奥古斯特的萨克森宫廷通常被认为是淫逸之风最盛的地方，代表人物有远近闻名的宠姬柯泽尔伯爵夫人、阿芙洛拉·封·肯尼斯马克、戈埃姆夫人、艾斯特列伯爵夫人等。同时，华沙和德累斯顿延续多年的狂欢，其奢靡和豪华总是艺术地表现出来。因而在淫佚这方面，德意志另外几十个国家的宫廷一点也不逊色。

举一个例子，威廉·拉索尔勋爵这样评价卡塞尔宫廷："蔑视体统在这儿居然被看得有一点神圣。"另一位旅行家说巴登·杜尔拉赫公爵"成天与后宫里的 160 多位佳丽寻欢作乐"。养 20～30、50、100 甚至更多正式的姬妾是大大小小君主们最爱的做法之一。慕尼黑宫廷，特别是卡尔·亚尔贝特时代芬堡的习俗，在安德里安·凡·德尔·维尔夫醉生梦死的春宫画里刻画得十分露骨，不需要做任何说明。

马丁五世教皇喜欢色情小说

教皇在世俗人的眼光中，都是一副道貌岸然、正正经经的形象，谁又能将教皇与色情小说联系在一起呢？然而，在 1417～1431 年，身居教皇职位的马丁五世却偏偏有这个嗜好，他还雇佣了一个叫波吉欧·布拉希奥里尼的色情小说作家作为他的秘书长。

波古欧·布拉希奥里尼，这个秘书长为了深刻了解教皇的想法，为他效劳，就在教皇的办公处安放了一张写字台。然后他搜集种种色情的故事，趴在桌子上专门写作色情传奇小说。他的这些色情故事是以手抄本的形式传播的。可以看出他在这份职业上，真可谓是"勤勤恳恳""兢兢业业"。这些书后来就公开付梓发行了。在不到 25 年的时间里，先后共出了 26 版。印量大得可怕，但依然是每次再版以后，都很快地被抢购一空，在市面上互相传送，这些书成了游手好闲的人们的一份热销货。1555～1559 年，保罗四世教皇当政，动手编了一本《违禁书刊目录索引》，这时，波吉欧的著作就被呈给监察官们接受审查，以便进行修改和编订。

一谈到淫秽的故事就不那么正儿八经、规规矩矩的马丁五世教皇很喜爱布拉希奥里尼的作品。布拉希奥里尼在给他朋友的一封信中写道："教皇（马丁五世）在得知一个修道院院长知会他，他有五个儿子，都乐意为他去打仗的时候，教皇颇为开怀。"在这当中，马丁五世教皇的丑恶面目显露无遗。

法国修道士和修女的爱情

在艾贝拉德教导未来的教皇塞莱斯丁三世过程中，他的另一个更为标准且举止文雅的学生出现了，她就是美国的赫劳伊斯。艾贝拉德使出以前用来诱惑情人的所有技能，并认定她是他的唯一。

他通过赫劳伊斯的叔叔做了她的家庭教师并住进了她家，这样做的目的是为了便于诱奸她。

当赫劳伊斯已经怀上了他的孩子时，艾贝拉德只好让她装扮成修女的模样，把她带到他的老家——法国西北部的布列塔尼半岛。在那里，他的儿子可斯特勒布出世了。他们秘密地结婚了。但是他们的婚姻遭到了赫劳伊斯全家的反对。他们贿赂艾贝拉德的一个仆人进入他家中，阉割了他。虽然巴黎市民对他深表同情，但艾贝拉德却是无比窘迫。

教皇西科特斯四世犯有鸡奸罪

西科特斯四世因其乱伦在历史上臭名昭著，他很可能已经陷于乱伦而无法自拔。他自己的 6 个近亲、非婚生的儿子或"外甥"在他的帮助下当上了教廷内阁阁员。人们认为他不但有乱伦行为，而且还犯有鸡奸罪。他身边常常有四五个男青年，名义上是他的侍从，实际上并非如此。他有两个年轻漂亮的外甥，一个是皮特罗·雷阿雷奥——据说是他与自己妹妹乱伦生的儿子；一个是鸠里亚诺·德拉·罗维尔，两者都是"他的肉体享受的工具"。

当年的一位编年史学家曾经说过："下列最可憎的行为就完全可以作为西科特斯四世不光彩的记载：圣卢西亚那地方的红衣主教的家人呈递了一份请求书给他，要他批准他们家在一年中的 6 月、7 月和 8 月可以犯鸡奸罪而不接受惩罚。在请求书的末尾，他写道：'想做就去做吧。'这件事在教廷里影响很大，民间的种种丑行，一旦得到教皇在文字方面的批准，就成了抹不掉的历史。"

卜迦丘编著色情故事戏教会

卜迦丘的《十日谈》是文学史上的经典名著，但是，这本书在教会国家里却屡遭查禁，这是为什么呢？

卜迦丘于 1348 年编著了《十日谈》，分别以 10 个不同的人的口吻叙述了收集到的 100 个故事。

卜迦丘是以对贞节观的憎恨和反叛，以及反对中世纪禁欲主义来写这本书的。

在《十日谈》中，第二天故事之"把魔鬼关进地狱"也许是最著名的故事了：年轻漂亮的女孩阿莉白十分仰慕耶稣基督，偷偷地溜出家门逃到西贝斯沙漠里去修行，在那里，她遇到了修道士鲁斯谛科，他要这女孩子仿照他的样子做，教她侍奉天主的方法，"把魔鬼关进地狱"。然后，他脱光衣服，赤裸着跪下来像是要祷告的样子，女孩子也学着他的样子，把衣服脱光，在他对面跪了下来。

当时神职人员满口"上帝""阿门",却对妇女大肆勾引,神父利用权力,十分蛮横地对妇女加以拘留或引诱她们和自己睡觉。至于女修道院,已经变得和妓院一样,修女们和教士大肆通奸,因为他们都"信奉上帝"。

由于这本书忠实地、深刻地对那个时代作了刻画,它以写实而有说服力的笔触,对传统的束缚、教会的禁忌和道德的教条加以勇敢地突破,以性的情节的突破,鼓吹了人性、人的自由和幸福,在文学上成为文艺复兴的先导。

达·芬奇用丽达戏鹅隐喻性爱

达·芬奇的画《蒙娜丽莎》举世闻名,这幅画的含义至今让人难以捉摸,他的另一幅画——与《蒙娜丽莎》同样神秘的《丽达与天鹅》也逐渐引起了世人的注意。此画一般看来很是平常无奇,不过是一位牧鹅女很喜爱自己的鹅而已,实际上,画里面有着动人的故事:丽达是古希腊埃托利亚国王的公主,有洁癖,常去欧洛斯河洗浴。她那美妙诱人的裸体引得主神宙斯都心动了,于是就变成一只天鹅游到她跟前。丽达非常喜欢这只天鹅昂首高歌的姿态,就与它嬉戏玩耍起来……后来,丽达生下了波吕丢刻斯和海伦。

达·芬奇在此画上展现了丽达与天鹅亲热的情景,他选择这种题材本身就表达了他的艺术理想——表现情爱。这幅作品应该是隐喻象征的。

在这幅画中,这只天鹅不仅高大雄壮,有一种昂首挺胸的姿态,最特别的是,他画了一只黑天鹅,这个神话实际上展现了女性对男性性器的抚摸。

利用卜迦丘的故事能够理解这个神话的内涵,美丽动人的贵族小姐卡德丽娜深爱小伙子理查,两人竟等不得洞房花烛,便合谋了明修栈道、暗渡陈仓的计策:小姐喊着天热,非要在阳台上睡,说是要听着夜莺叫声才能入睡,双亲没办法,只好答应她。深夜无人时,理查冒险爬上阳台,卡德丽娜早等在阳台上了。两人紧紧相拥热吻,"也不知叫那夜莺唱了多少次动听的歌曲"。天大亮后,双亲开门探视女儿,却见女儿一丝不挂抱着一个男子未醒,那只叫了一夜的夜莺依然握在女儿手里……

蒙娜丽莎的原型

几百年来,《蒙娜丽莎》——达·芬奇所创作的这幅名画,是世界上最永恒的女性阴柔美的象征。画中的女子天生丽质,带着谜一样的迷人微笑。从风格上讲,这幅画和同时代其他的画都不一样。更让人产生疑问的是,画上面没有签字,也没有日期,更没有透露画中人的名字,那么达·芬奇创作时的原型究竟是谁?对此,学术界和民间一直争论不休,因而长期以来流传着不少有关蒙娜丽莎身份的说法。

很多人认为,画中人可能是当时意大利社会上层的某位贵妇人,他们还提出几位极有可能的候选者,包括伊莎贝拉·德艾斯特、伊莎贝拉·古亚兰达以及塞西利娅·加莱拉妮等。另有一些人认为,蒙娜丽莎不是别人,其原型就是达·芬奇的情妇。也有相当一部分人认为,画中人是当时佛罗伦萨城内的一位名妓。此外,也有人声称画中人是达·芬奇的母亲。最令人感到新奇的是,有人对达·芬奇的面部线条与画中人的面部线条进行了研究后,认为二者的线条非常相似,于是得出结论:这是达·芬奇的自画像！而他之所以把自己画成女人，只不过是因为达·芬奇天性好玩。像前一段时间的畅销小说《达·芬奇密码》中就坚定地认为《蒙娜丽莎》是达·芬奇本人的女版自画像，甚至更进一步推测达·芬奇很可能是个极其自恋的同性恋者。还有一些人则干脆认为，《蒙娜丽莎》是达·芬奇的即兴发挥，根本就没有什么原型。

种种争论，一直持续了400多年的时间。不过，最近的一项研究结果似乎正逐渐澄清着史实。该项研究表明，"蒙娜丽莎"的真名叫丽莎·吉拉迪妮，她是一位名叫弗兰西斯科·吉奥康多的意大利丝绸富商的妻子。更有趣的是，早在1550年，便有人提出了这一观点，只不过直到今天才找到证据而已。

就在前不久，来自意大利佛罗伦萨市的教师吉乌塞普·帕兰蒂，在经过了25年的时间对达·芬奇的一生进行研

蒙娜丽莎

究后，将自己的成果全都写进了他的著作《蒙娜丽莎真有其人》中。该书出版发行后，立即引起不少人的关注。

在25年当中，吉乌赛普·帕兰蒂一直在研究佛罗伦萨市的档案，试图在这里获得突破。功夫不负有心人，他终于找到了明显的证据。经过研究发现，达·芬奇一家与丝绸商弗兰西斯科·吉奥康多的关系非常密切。1495年，吉奥康多娶丽莎·吉拉迪妮为妻。帕兰蒂还指出，其实早在1550年，专门描写意大利文艺复兴艺术家的传记作家吉奥·瓦萨里便认为这位丝绸商的妻子是《蒙娜丽莎》的原型，因为这位作家本人与吉奥康多一家的私交甚好。如今看来，瓦萨里的这一说法是可信的。实际上，《蒙娜丽莎》这幅画还有另外一个鲜为人知的名字——"拉·吉奥康多"，这个名字正好与瓦萨里的说法相吻合。

在对佛罗伦萨市的档案进行了长年研究后，帕兰蒂发现，达·芬奇的父亲、公证人赛尔·皮埃罗·达·芬奇与赛尔·弗兰西斯科·吉奥康多相识多年，建立了密切的社会关系，为后者做了很多事，包括帮助他们兄弟写契约，还于1497年帮助他解决了与佛罗伦萨修道士的货款纠纷。据帕兰蒂考证，蒙娜丽莎是达·芬奇父亲朋友的妻子，她的名字叫丽莎·吉拉迪尼，出嫁前居住在基安蒂市。帕兰蒂发现的丽莎的结婚登记表证明，1495年3月5日，16岁的丽莎于与年长她14岁的赛尔·弗兰西斯科登记结婚。弗兰西斯科的第一任妻子卡米拉·鲁塞拉伊在1494年去世，丽莎是吉奥康多的第二任妻子，出嫁时只有16岁。

在自己的著作中，帕兰蒂指出，吉奥康多非常爱自己的妻子，甚至专门在家中修了个小礼拜堂，使妻子能在那里祈祷。在临终前，吉奥康多立下遗嘱，将全部财产都留给了丽莎，并把她称为"心爱的、忠实的妻子"。此外，帕兰蒂还透露，当时佛罗伦萨城中一位酒商也认识丽莎，这位酒商曾在日记里写道："丽莎·吉拉迪尼的生命属于佛罗伦萨和基安蒂……我也是基安蒂人，我想记下她的故事。"丽莎 24 岁那年，达·芬奇的父亲请儿子为她画像。当时达·芬奇正被一场财务纠纷所困扰，为了帮儿子一个忙，达·芬奇的父亲自己拿出一笔钱，然后告诉儿子这是丽莎和她丈夫出的画像费，于是，达·芬奇欣然完成了这幅人物肖像。

此外，帕兰蒂还找到了，这对夫妇生下的 5 个孩子中的 4 个孩子的档案：皮埃罗生于 1496 年；卡米拉生于 1499 年；安德里生于 1502 年；吉奥康多生于 1507 年。其中，卡米拉和妹妹后来成为修女。

帕兰蒂表示，他一直没有找到丽莎的死亡档案，但具体时间可能是在 1540～1570 年之间。因为从 1540 年开始，当地居民的死亡档案管理混乱，许多档案都是空白，但自 1570 年后，死亡档案步入正轨。帕兰蒂还发现，1570 年，也就是丽莎的丈夫去世一年后，她把在奇安蒂的一个农场转让给自己的小女儿鲁多维卡修女，这个农场是丽莎的嫁妆。帕兰蒂认为，丽莎之所以转让这个农场，可能是为了换取鲁多维卡修女同意照顾她，因为当时她已经 60 岁了。

由于破解蒙娜丽莎之谜的贡献，一些学者给予帕兰蒂很高的评价，不过仍有一些人对这一结论表示怀疑。对此，帕兰蒂强调自己并没有进行任何虚构，只是把搜集到的资料整理成书而已。他说："我不是写小说，我要用事实说话，我的书里只有真实的历史资料。"

关于这幅名画的创作过程，也是文艺复兴时期最大的谜团之一。前不久，意大利研究人员宣布，他们找到了达·芬奇在佛罗伦萨的工作室，而这正是《蒙娜丽莎》诞生的地方。

在佛罗伦萨市中心的桑蒂西马·安兹亚塔修道院里，三名研究人员还发现了一个从修道院通往一个工作室的隐藏的楼梯和门口。经考证，人们发现这就是达·芬奇在 16 世纪初进行创作的画室。画室还用壁画进行了装饰，其中一幅壁画描绘的是一张被群鸟围绕的有翅膀的天使的脸。专家认为这表现的是"天使报喜"的主题，与佛罗伦萨乌菲兹美术馆保存的达·芬奇创作的一幅"天使报喜"图使用的是类似的技法。专家们认为，这些壁画是达·芬奇和他的学生们画上去的。也正是在这个地方，达·芬奇遇到了激发他创作出名画《蒙娜丽莎》的那个女人，也就是佛罗伦萨丝绸商人弗朗西斯科·吉奥康多的妻子，因为吉奥康多一家在这座修道院有一个小礼拜堂。当时，达·芬奇还在这里创作了《圣女和抱孩子的圣安妮》，目前保存在意大利国家美术馆里。

在过去的 100 年里，这座修道院一直由军事地理研究所占用。直到最近对修道院的部分设施进行修缮时，专家们才发现了达·芬奇的这个工作室。佛罗伦萨保存与恢复委员会主席克里斯蒂娜·亚西迪妮表示，发现这个工作室是一件令人激动不已的事件，她说："我们需要进行更深入的研究，但发现这些壁画的确鼓舞人心。"

几百年前，专注于意大利文艺复兴人物的传记作家吉奥·瓦萨里曾在《艺术家们的生活》一书中写道，当修道院的修道士带他进入他们的房间时，他看到过达·芬奇当年使用的东西。可是直到现在，达·芬奇的工作室才被确认。达·芬奇研究专家阿莱桑德罗·维佐西表示，达·芬奇工作室的发现可以使学者们更好地理解达·芬奇当年的创作情况。

米开朗琪罗的"怪癖"与其创作

大利文艺复兴时期出现过一位多才多艺的巨人。他不仅是伟大的雕刻家、画家，而且也是一位杰出的建筑家和诗人。这个人就是米开朗琪罗。

米开朗琪罗是欧洲文艺复兴时期雕塑艺术上最具代表性的人物，他创作的人物雕像气魄宏大，雄伟健壮，蕴含着无穷的力量。他的大量作品显示了写实基础上非同寻常的理想加工，典型的象征了当时的整个时代。但是生活中的米开朗琪罗却给人以"怪人"的感觉。

年轻时代的米开朗琪罗因酷爱学习而陷入了绝对的孤独。别人都把他看成一个孤芳自赏、性格乖僻、疯疯癫癫的人物。米开朗琪罗总是表现得举止粗俗，与社会格格不入，社交活动总使他感到腻烦。这与达·芬奇的相貌堂堂、举止优雅、风度翩翩、受到上流社会人士的喜爱形成鲜明的对照。他只和几位严肃的人士来往，没有其他朋友。他终身未婚，生平只爱过著名的德·贝斯凯尔侯爵夫人维多利阳·柯罗娜，然而却是一种柏拉图式的恋爱。

米开朗琪罗创作时需要绝对的孤独是他的又一个怪异之处，只要旁边有一个人在场，就能将他的情绪完全扰乱。他必须获得一种与世隔绝之感，方能得心应手地工作。为身边琐事所纠缠，对于他来说简直是种折磨。

在他塑造的成千上万的人物形象之中，他没有遗忘过一个。他说，只有预先回忆一下以前是否用过这个形象，然后才能决定是否让人动手勾画草图。因此，在他笔下，从来没有重复现象。在艺术上他表现出让人难以想象的多疑和苛求。他亲手为自己制造锯子、雕刀，不管是什么细枝末节，他都不信任别人。

米开朗琪罗追求完美有时达到苛刻的程度，一旦他在一件雕像中发现有错，他就将整个作品放弃，转而另雕一块石头。这种追求完美的理想使他毁掉了不少成型的作品，甚至在他的才华达到炉火纯青的地步时，他所完成的雕像也并不多。有一次，他在一刹那间失去了耐心，竟打碎了一座几乎竣工的巨大群像，这是一座名叫《哀悼基督》的雕像。

米开朗琪罗一生孜孜以求，从不懈怠。一天，红衣主教法尔耐兹在斗兽场附近与这位已是风烛残年的老人在雪地里相见了，主教停下车子，问道："在这样的鬼天气，这样的高龄，你还出门上哪去？""上学院去。"他答复道，"想努一把力，学点东西。"

骑士利翁纳是米开朗琪罗的门徒，他曾把米开朗琪罗的肖像刻在一块纪念碑上，当他向米开朗琪罗征求意见，问他想在阴面刻上什么的时候，米开朗琪罗请他刻上一个盲人，前面由一条狗引路并加上下面的题词：我将以你的道路去启示有罪之人，于是不贞洁的心灵都将皈依于你。

米开朗琪罗给司礼官画像——非驴非人

意大利文艺复兴时期的人体艺术二杰是达·芬奇和米开朗琪罗，在二人当中，米开朗琪罗更是达到了绘制裸体人物的艺术高峰。米开朗琪罗的人物绘画和雕刻，主要是裸体或半裸体。在15世纪，画家们还需某种理由，如描述宗教题材、古希腊神话题材等才能描绘裸体，但到了米开朗琪罗手里，正如古希腊雕刻家那样，追求真实、一丝不挂成为自然。裸体最能有力、明确地表现人物形象。米开朗琪罗认为自己独有的艺术风格在于展现裸体。正如他自己所说的："只展现裸体人物的美。"在礼教还很森严的封建时代，米开朗琪罗的这种艺术风格引出了一段趣话。当时，正是教会鼓励"贞洁运动"时期，教皇的司礼官赛斯纳向教皇说"这么多一丝不挂的人只能画在浴室和旅馆里，决不能画在这样肃穆的地方。"米开朗琪罗听后非常气恼，待赛斯纳一走开，就立刻把他画成一个蟒蛇缠身、长着驴耳朵的鬼判米诺，由地狱群魔包围着。事后，不管赛斯纳如何请求教皇和米开朗琪罗，艺术家都不肯改正。

教皇幽默地对司礼官说："如果米开朗琪罗把你放在炼狱中，我还可以想办法拯救你，但他把你安在画的地狱里，那我是毫无办法了。"以致这位司礼官的非人非驴的尊容，至今仍可在西斯廷礼拜堂的墙壁上看到。后来，教皇也企图要他修改所在教堂的正面建筑上的《最后的审判》一画，因为上面"点缀的人体暴露得过于无耻"。米开朗琪罗听后也不为所动，说："告诉教皇，这只是无关紧要的小事，非常容易安排，只要他能把这个世界改造，这些人像也就随之变好了。"

提香创造意淫偶像

作为描绘人体艺术的超级大师，提香对于维纳斯女神有着不可割舍的情愫，他创造出了众多的神形不同的维纳斯。

提香所做的一系列以维纳斯为主角的作品，如《维纳斯与音乐师》《维纳斯与丘比特》《乌比诺的维纳斯》《对镜的维纳斯》中维纳斯的形象往往都具有丰满的、健硕的肉体和旺盛的生命力。提香笔下的裸体是最率直的，具有逼真的布局，身体是饱满的，富有弹性。1538年所做的《乌比诺的维纳斯》，其模特儿是一个威尼斯的美女。维纳斯虽然也是卧躺着的，但提香把维纳斯从优美的大自然的怀抱中移到一张豪华的卧榻上。女主人的脚旁睡着一条哈巴狗，女仆正在后房整理衣服，鲜花摆在窗台上，使观者产生了亲切的感觉，形象生动。浓郁强烈的生活气息取代了《沉睡的维纳斯》中洋溢着的那种圣洁高雅的气氛。维纳斯不仅来到了人间，而且走进了贵族的房间。她张着一双热情的大眼，注视着周围生活的一切，没有一点恶意。这是对于欢乐生活的充分肯定。

提香晚年的女性裸体画达到了最高的水平。她们在100多幅风景画的前景中的那种真实感让人吃惊。提香笔下的女性多是成熟、健硕的妇女。那些成熟的女性，兼有丰肥与温柔的气韵。他笔下的维纳斯以肥硕之美对古希腊的端庄观念有极大的冲击力。他的《花神》把盛夏呈现了出来，而不是让人想到春天。画中女性那丰腴圆熟的肉体发射着丰满和成熟的荣光，比少女更有诱惑力。

丁托列托迷恋两性对比

两性关系是许多画家都要着力表现的主题，然而，以两性对比为目标的画家却是少之又少，而丁托列托就是这少有的画家之一。在他的作品中，常常出现两性对比，带有明显的调情和色情色彩。《伏尔甘捉奸维纳斯和马尔斯》这幅画是他的一幅代表作品，丁托列托在这幅画上的用意非常明确，他并不是去谴责维纳斯。正在酣睡的孩子表明维纳斯正值生理健壮期，她那丰满性感的肉体与弓腰驼背的火神形成了鲜明对照。

从丁托列托众多的作品中，我们可以看出，他似乎对两性差异对比很感兴趣。在另一部作品《洗浴的苏珊娜和二长老》中，画家又展示了一个戏剧性情节。这幅画的寓意也含糊不清，作者的真正用意是在赞美苏珊娜的美妙裸体呢，还是在讥讽那两个窥浴的长老呢？也许两者都有。苏珊娜被两位长老窥浴的故事出自圣经：苏珊娜嫁给了巴比伦的巨商约基姆为妻，夫妻恩爱，过着富裕舒适的生活。有一天，她在家中花园的池水里沐浴，被两个色心未退的长老偷看，她那迷人的肉体激起了长老的欲念，两位长老动起了那肮脏的念头，企图玷污她，但被严词拒绝。两位长老怕丑行暴露，就恶人先告状，诬告苏珊娜不贞。埃及法老没有辨明是非，处事不公，把苏珊娜定为死罪。最后的结果是先知查清案情，洗清了苏珊娜的冤情，两个长老被处以烙刑。

文艺复兴时的妓院

文艺复兴时期，妓院和娼妓被公然认为是婚姻和家庭必不可少的保护伞。那时，各国都设立妓院，认为能够"最妥善地保护婚姻和处女的童贞"，一些纪事作品和论文中这样说，批准开设妓院或事后核准的官方告示中也这样说。反对派有时也驱逐妓女，关闭妓院，但后来又往往以这个理由重新开张。

文艺复兴时期，哪怕在最小的城镇也会有一两家妓院。在比较大的城镇，常常整整一条街都是妓女居住。在大城市和港口城市，妓女甚至要占满整整一个街区。她们有的在妓院里共同生活，有的紧靠着妓院单独居住。除了在街上和在家里接客之外，妓女还到别处去做生意。当时，客栈常常和妓院同流合污，当然还有许多的公共浴池。在许多城市里，妓女最爱出没的活动场所就是公共浴池，如果公共浴池缺少妓女光顾，就由本浴池的女工代其职。

欧洲在文艺复兴时期梅毒流行

提起梅毒，人人心惊肉跳，真是谈"梅"色变。

第一次发现梅毒是在15世纪末，是当时人类最恐惧的灾祸。人类生活中看做最大的乐趣的东西，突然被打上了可怕的、叫人心惊胆战的烙印。资本主义通过哥伦布之手占领了新大陆，而新大陆将这个该死的礼物送给了欧洲。这是世界历史性悲喜剧的顶峰. 被发现的新大陆的土著，事先便向将来摧残他们的、一心掠取黄金的欧洲人复仇了。欧洲只想掠夺他们的黄金，而他们却在欧洲的血脉中注入烈火，现如今，数百年过去了，还叫千百万人痛心疾首，坐以待毙。

为了应付这"该死的礼物",人们采取了暴力的手段,在梅毒蔓延期间查封了所有的妓院,全部妓女被关了起来或被撵出城外,直到传染期过去。在梅毒第一轮猖獗时期,即16世纪头二三十年,经常使用此法。在梅毒不很流行或者由于某种原因未查封妓院、未驱赶妓女的地方,"女人街"也是行人稀少。许多男人过去经常来此玩乐,如今担心传染上梅毒,加上幽压,于是不再光顾。许多妓院老板在这些年代向市政会申请推迟约定的付款期,或减少租金。这类请求的理由都是经营惨淡,无力付款。嫖客人数下降的同时,妓女人数也下降了。以前有十来个妓女的妓院,当时只剩下三四个人。

文艺复兴时期的谢肉节

作为成人参加的活动,谢肉节鼓吹的主题便是色情。这个节日成为让人们发泄肉欲的正式机会。许多地方庆祝谢肉节时都把巨大的阳具作为节日的象征,出会时,巨大的阳具被抬在巡游队伍的前面。

男男女女脸上都戴着假面具,身上穿着丑角的服装,把他们平日以真面目出现时不敢干的荒唐事放心大胆地干出来。男人凑在意中人的耳边表白他的愿望和爱情,纵使她也戴着假面具,其言词的热烈也足以叫她脸红。女人连她平日万万不敢启齿的话在这时也能说出来。按照丑角可以乱说乱动的规则,大胆的男子能够肆意妄为。他们最无法无天的行为也会被人们宽容。等待着奇遇的女人会鼓励胆小鬼绝不要错过这个好机会。因为谁也不认识谁,人们可以"胡作非为"。她不知道他曾经无耻地调戏过她,他也不知道自己曾为他的厚颜无耻而欢心,不知道她让他实现了全部愿望。

文艺复兴时期的婚浴

文艺复兴时期的婚浴,是"持续数天的婚礼的一部分",并非一般意义上为了清洁而洗的澡,它有时甚至成为整个婚礼庆典的高潮。婚浴常被安排在婚礼仪式之后,作为婚宴的压轴戏。宾客和乐师簇拥着新人去浴室洗澡。当然这也是为了清洁,但这并非主因。目的是为了在喝酒、唱歌和欢乐中结束新人的婚礼。当时的人们认为:婚浴可以逗趣、做游戏和开猥亵的玩笑。

即使到了男女分开洗澡的后来,浴后仍有充分的机会弥补损失,因为当时应运而生了这样一个风俗:分开洗完澡后的男女一起唱歌跳舞,开怀畅饮。用不了多少时间人们就明白,越是少穿衣服,越是跳跃自如,所以男女双方都不愿意在游戏或跳舞时先把衣服穿好。这无非又是在制造露骨的调情的好机会。

文艺复兴时期的试婚习俗

中国人有句俗话说:婚姻是终身大事。在中世纪的欧洲,对于中国的这句俗话有一个实实在在的注释——试婚风俗。

这个风俗的每一特色确实都是对某地区财产关系的反映,而首当其冲的,是继承权的特色。

这种风俗在农民中的表现是：各地区的农民都把已待字闺中的女儿的卧房安置在较远的角落。

由此得出，农家的年轻人肯定迟早会发生关系，不会有任何约束，像动物一般疯狂地使自己的情欲得到发泄……

在市民阶层中间，这个风俗的性质不尽相同，因此情况也有区别。尽管我们掌握的资料不足，我们仍然有几分把握说，这个阶层的姑娘假如有一次或几次允许一个她钟情的追求者进她的房间，甚至允许他躺到她的床上，说这两个年轻人真的发生了关系还为时尚早。因为，每一个现象都有它自身的逻辑。在这件事上，逻辑致使这个风俗在市民阶层中间只不过是一种原始而不文明的调情方式。

"试婚"在市民阶层中间实际上只是原始的调情方式，而在贵族中间也存在试婚习俗，这个习俗的目的不只是调情，而是与农民的目的相同，是一种互相检验的方法。

王公贵族在这方面的风俗是与农民完全一致的，因为两者在这方面有相近的利益。在王公贵族中间，婚姻的主要目的是繁衍后代，以便保存遗产，延续香火。所以在王公的宫廷中至今仍保留"试婚"。

文艺复兴时期的庆典要用裸体妓女

根据文艺复兴时期的惯例，暖季举行庆典活动时，把鲜花抛在游行队伍的脚下或是抛向在场的民众，任务往往由妓女来担当。她们在激发节日情绪上的作用绝不局限于这一方面，她们并非跑龙套的角色，献花之后，她们的表演可与任何一个贤淑端庄的良家妇女相媲美。她们的活动常常一直延续到整个庆典结束，是全部娱乐中最精彩的节目。

庆典活动中一个相当普遍的风俗是：一个或几个美丽的妓女裸体欢迎王公贵族。这个节目在所有庆典活动中都是主要部分。舞会开始后，妓女并不被送出栅栏同一般的观众坐在一起。

相反，通常贵族和宫廷里的人同她们跳舞，而高傲的富绅眷属则只有在看台或露天舞台上充当观众。庆典期间也举行各种演出，如赛跑、比赛等。最美丽的妓女有的扮成象征性人物或神话人物；有的跳狂热的激情舞蹈或者彼此之间互相比赛，竞逐本城设立的美女奖。所谓"妓女赛跑"是最为流行的活动，因为这能刺激观众的情欲。

文艺复兴时期的堕胎药

在大多数英国诗人的心目中，过去的时光总是"昔日的好时光"，有一个诗人说："在昔日的好时光里，这样的事情总是不断发生。"什么事呢？说出来可能会让那些封建卫道士吓一跳——堕胎。

在当时，堕胎风靡一时，多发生在那些把祖宗看成是贞操和道德楷模的人身上。其中一个证据是，有史以来用于治疗"闭经"的药物可以罗列一大堆。每一个稳婆都不乐意公开建议失足少女的"可靠"的药物，在文艺复兴时期药物种类已不胜枚举。有一张留传至今的单子，其中药物竟达250种，一般是水药，由各种各样的植物配制而成，可以疏通经血。有几种十分奇特，例如"药性强劲，孕妇慎用"。有些药药性温和，可也有些药吃了会有生命危险。然而，最抢手的恰恰是那些最危险的药，也最令人相信。例如顿河桧和黑穗黑麦。关于前者的使用，资料最多。

人们对顿河桧的功效深信不疑，从它无数的别号"童贞迷迭香""童贞棕榈""童贞木""胎儿杀手"等中可以看出：这是最受欢迎的堕胎药。对于追求爱情的妇人和闺女，它永远能安慰她们，使她们看见希望。即使在微型的花园里，有备无患的妇女也会种上许多顿河桧，精心地照料。姑娘长大成人后，她的较年长的同伴就会私下告诉她，这种树能帮助解决问题。每个少女都心照不宣，对别的少女私语："小伙子们彼此照应，咱姑娘们也该互相帮助。"

堕胎在当时并不被看作罪恶，所以能够非常自由、容易地推荐或搞到打胎药。在规定要实施刑罚的地方，其实很少有照规定行事的。

总之，就像前面所说的："这样的事还是经常出现。"

俄国皇宫选美方式

俄国的第一个沙皇是伊凡四世，这个"头号"沙皇脑子里有着奇怪的想法。他特别看重床第之欢，为此，他还专门进行了一次皇宫"选美"活动。

1547 年，17 岁的伊凡四世亲政后，这位"雷帝"觉得生杀大权和床第之欢是最能表现一个男子气概的两个方面。因此，他一面让莫斯科大主教加冕他为自己祖父伊凡三世和父亲瓦西里三世心思已久而不敢贸然采用的沙皇称号，一面从莫斯科向各行省发出"选美"通知。在各省府进行初选后，总数约有 1000 人的最秀丽的少女被送往莫斯科，其中就包的阿纳丝塔霞。女官对这些送到莫斯科的美女进行细致入微的全身检查，合格者被安置在皇宫旁的配殿内，等待沙皇召见她们并从中择一的那一天。当那天来临时，这些筛选出来的佳丽们天亮即起，施展所有的能力和条件来装扮自己，然后依次而入，一个接一个地在坐在宝座上的沙皇面前向他深深施礼。

当伊凡四世把那块等于是皇后桂冠的方手帕递给秀美绝伦的中选者阿纳丝塔霞时，她竟然满面羞红，害羞地立在沙皇身旁。这种崭新的情感体会，对于 8 岁丧母、在宫廷倾轧和纷争中长大的伊凡四世来说还是头一次。连沙皇自己也吃惊于自己会坠入如此温柔之情中。1547 年 2 月 3 日，他们的婚礼在升天大教堂举行。

君主专制时期牧师诱惑女人的手段

牧师们在秘密忏悔期间专门从事引诱活动，而且都特别擅长。他们引诱男人，也引诱女人。引诱男人时，他们声称男人的天职就是把妻子献给上帝及其仆人，即使是发现了妻子的不忠，也不能发怒，要忍耐，只有忍耐，才会得到上帝的恩赐；诱惑女人时，他们说女人本来就是为了献身上帝而存在的，而献身上帝就要献身于上帝的仆人——教士们和牧师们，由此来判断一个女人对上帝是否虔敬。忠于上帝就要听从上帝使者的每一句话，这样死后才能进天堂，否则就要下地狱。

1535 年 2 月，阿尔摩多瓦那的一个教区牧师有很多性犯罪行为，如常去妓院与妓女鬼混；在忏悔室内对异性进行不道德的诱惑活动；拒绝给一个年轻妇女赦免，直到她与他发生性关系，因而他受到谴责。但他受到的惩罚很轻微——交 10 个金币的罚款，然后在家禁闭 30 天。但在这 30 天内，他派人把那些他看中的女人都带到了家中，供他淫乐，所以这种"惩罚"根本未收到成效。

意大利酒神节庆典

酒神利伯尔更是由生殖之神转化而来的。因为在意大利各地，人们对酒神的崇拜变成了对男性生殖器的崇拜。当酒神节的庆典来临时，人们将一尊巨大的木制男性生殖器雕像放入马车，马车载着它四处穿行，最后由一位夫人顶在头上。如今，我们虽已无法得知罗马人最初的酒神形象是为了起护佑土地丰收的作用，还是也与生殖有关，但生殖器崇拜的象征意义是肯定而合理的。很快，在这一崇拜中又加入其他因素。奥古斯丁写道：

"拉努乌姆城的酒神节为期一个月。在此期间，全城到处是粗野的打闹谩骂，一直持续到雕像被人拉进广场，仪式才结束。雕像从马车上卸下之后，由城中声望最高的夫人献上一只花冠。"

"最后，还要让一位已婚女子于剧场中当众向生殖器雕像祈祷，求它保佑丰收和驱逐邪恶，而这种事，甚至连妓女都不屑去做。"

"但对文明初萌的人类来说，他们确信生殖器雕像会给男人和女人们带来幸福。"

西班牙"无敌舰队"覆灭另有原因

顾名思义，"无敌舰队"就是天下无敌。然而，西班牙的"无敌舰队"却上演了一出"以多负少"的悲剧，"天下无敌"变成了"人尽可欺"。

为了争夺海洋霸权，西班牙和英国于 1588 年 8 月在英吉利海峡进行了一场举世瞩目、激烈壮观的大海战。这次海战，西班牙实力强大，武器先进，战船威力巨大，且兵力达 3 万余人，号称为"最幸运的无敌舰队"。而当时英国军队规模不大，整个舰队的作战人员也只有 9000 人。两军相比，众寡悬殊，西班牙明显占据绝对优势。但是，出人意料的是这场海战的结局以西班牙惨遭毁灭性的失败而告终，"无敌舰队"几乎全军覆没。从此以后西班牙急剧衰落，海上"霸主"的地位被英国取而代之。

为什么强大的"无敌舰队"竟然在寡弱对手面前不堪一击，一战而负呢？大致有三种意见。

一是基础说。西班牙的强盛，只是表面上的暂时的虚假繁荣。西班牙国王腓力二世加强专治统治，搜刮民财，连年征战，专横残忍，挥霍无度，激起了广大人民的愤恨，国内危机四伏。这次战争根本是不得民心的。

二是指挥失当说。另有学者认为，"无敌舰队"的惨败是由于国王用人不当造成的。1588 年 4 月 25 日，西班牙国王在里斯本大教堂举行授旗仪式，任命大贵族西顿尼亚公爵为舰队总司令，率领舰队远征。西顿尼亚出身于名门望族，在贵族中有较高威望，深得国王信赖，所以被任命为舰队统帅。但是他本来是一名陆将根本不懂海战，对指挥庞大的舰队在海上作战毫无经验，而且晕船。对这项任命他始料不及，根本没有任何思想准备和信心指挥这场战争。他也曾要求腓力二世另请高明，但未被获准。试想，这样的将领指挥海战，哪有不败之理？

三是天灾说。这种说法认为"无敌舰队"遇上了天灾，而不是人祸。它首先遇到的对手，是非常可怕而又无法战胜的大西洋的狂风巨浪。这是进军时机选择不当造成的。在"无敌舰队"起航不久即遇到大西洋风暴的袭击。"无敌舰队"许多船只被毁坏，淡水从仓促制成的木桶中漏出，食物大量腐烂变质，水手们疲惫不堪，大多数步兵也因为晕船而失去战斗力。"无敌舰队"还没有与英国交战先折兵，战斗力大大受到削弱。不得已，西顿尼亚带着这样一支失去战斗力的舰队与英军开战，从而导致厄运的发生。回国时，在苏格兰北部海域，再次遇到大风暴，一些舰船又被海浪吞噬或触礁沉没。至此，"无敌舰队"几乎已全军覆没。

虽然"不以成败论英雄"，但胜者为王，败者为寇。看来，"无敌舰队"覆亡的原因值得所有的军事家深思。

近代时期野史

君主专制时期的宫廷礼仪

英国绅士素以彬彬有礼和保守而著称于世，尤其是君主专制时期的英国贵族，然而，在查理二世当政时期，他却把法国式的浪漫与开放带回了英国宫廷。在法国的宫廷中度过了流放岁月的查理二世，在 1660 年复辟时期，把法国宫廷的道德礼仪带回了英格兰。这些道德礼仪被用来反对新执政的清教政府所鼓吹的禁欲主义，因此很快得到了人们的广泛欢迎。带着浓密的、鬈曲的垂到胸部的法国式假发的查理二世和他的朝臣们，在弯腰鞠躬时以一种被称为"法国式的甩发"的方式，迅速敏捷地把长长的卷发甩回脑后。他们口操流利的法语，跳起舞来典雅端庄，奉守一套与凡尔赛礼仪类似的更正规的新的礼节。但与此同时，因为刚刚从清教徒的约束中解脱出来，所以他们的野蛮放纵已经达到了前所未闻的程度。骄傲、像下层人那样吹牛、以狂欢勾引女人以及在玩纸牌时能作弊为荣是当时的绅士所具有的特征。

君主专制时期的宫廷御林军

历史上的专制君主总是愚蠢至极，他们附庸风雅，爱面子，却从不肯做一些实际的工作，连军队这样国家必不可少的武装力量也会被他们纳入装饰门面的范围之内。在符腾堡，"御林军"中选入了最魁伟的小伙子。这支"御林军"中的一个人当时这样描写到：

"服装考究的御林军穿黑领红制服，折角硬领衬衫，箍袖，上唇蓄着黑胡子。马靴和裤子窄得要命，裤子里前后还得衬一层厚纸，所以很难坐下，坐下后又很难站起。在街上或者在阅兵中摔倒在地的人算是倒了霉。必须由别人扶起他，还至少得有两个人扶，他的纸腿才能站在地上，因为他自己没法站起来。"

普鲁士国王腓特烈·威廉一世的那些彪形大汉也是同样一副滑稽相。在这里，真正的力量被可笑的门面代替了。一旦到了真正的作战之时，不知道君主们的这些装饰门面的"玩具御林军"会做何表现？到时候，又怎样才能捞回丢尽的脸面呢？

欧洲宫廷流行情妇崇拜

在常人眼里，君主没有情妇是不可能的。国王情妇的地位通常比合法的妻子还高——后者常常只是传宗接代的机器。路易十四的情妇，著名的蒙特斯旁夫人在凡尔赛宫的一层楼中拥有20间房，而王后仅仅是在二层楼中有11间房子而已。

君主的正式情妇可以以与合法妻子相同的身份在公众场合抛头露面。她的宫邸有荣誉卫队站岗，通常还有荣誉女官伺候。蒙特斯旁夫人的拖地长裙，由服侍她的女官长努埃尔公爵夫人托着后襟，而王后的拖地长裙后襟却被一名普通的侍童托着。蒙特斯旁夫人出门时，总是由一队御林军保护着。一篇关于她的文章中写道："不管她到哪儿，行政长官和总督都会组织盛大的欢迎仪式，各界都派给她请安的代表团。她乘坐着一辆6匹马拉的马车在全国各地游玩，后面还跟着一辆6轮马车，那是她的女官们的交通工具，再后面是七头骡驮的行李，由12名骑兵在一旁护驾，简直让人觉得置身在童话世界里。"

法国国王喜欢夜访宫廷命妃

在宫廷与宫廷贵族中养情妇和情夫已是司空见惯。每个王公都有若干宠姬，每个宫廷都有许多迷人的妓女随侍君主左右，其中大多数是宫廷贵族出身，但王公的床前也有许多市民出身的侍妾。英国国王亨利八世先后召两个面包师傅的女儿进宫，法国的路易十一有几位外室都是市民出身，勃兰登堡选帝侯约阿希姆一世和一个翻砂工的遗孀西朵雯姘居。我们还可以举出上百个名字。宫廷命妇往往都是王公们正儿八经的姬妾，贵妇取得宫廷命妇名号，常常不过是表示，她如今有幸成为君主或王子的妻子。对于法兰西斯一世的宫廷，索瓦尔说过，这个宫廷里的每一位命妇都必须随时应召，以满足国王的淫欲。

国王喜欢在夜间突然对某一位宫廷命妇进行拜访。命妇们的房间让国王安排得随时都能找到她们，反正每个房间的门他都能打开。因为公认的君主专制主义逻辑是："和国王上床，不算丢人；只有委身于小人物，才是婊子。和国王和贵人相爱不算卖淫。"

名画《玛哈》的模特

但凡看过西方绘画册的人，想必都会对两幅油画过目不忘，她们就是《着衣的玛哈》和《裸体的玛哈》。这两幅画实在是太美了，让人回味无穷。两幅画中人物姿态都相同，双掌交叉于头后，身躯斜卧于床上，人物美丽丰满。这是两幅同一构图的青年女子着衣和裸体画像。《着衣的玛哈》穿一件紧贴身白衣，束一玫瑰色宽腰带，上身套一件黑色大网格金黄色短外衣，以红褐色为背景，使枕头、衣服和铺在绿色软榻上的浅绿绸子显得分外热烈。而在《裸体的玛哈》上，背景减弱了，美人的娇躯在软榻上墨绿色天鹅绒的映衬下曲线分明。

　　两幅画的作者戈雅1746年3月30日出生于萨拉戈萨市附近的福恩特托多司村。父亲是一个手工业者，母亲是一个没落贵族的女儿。这样的家庭环境不可能给他多少艺术熏陶。传说中他有一天在村边的墙壁上乱涂乱画，碰巧一个修士走过，只看了一眼，就认定这个孩子有着神奇的绘画天赋，于是就说服他的父母，然后把他带到城里的修道院学习绘画。后来他就到欧洲各国游历，凭借他的勤奋和聪明，终于成为全世界著名的画家。

　　从戈雅的《玛哈》问世那天起，人们就对"玛哈"以谁为模特争论不休，时至今日，依然众说纷纭。

　　有人说《玛哈》是以和戈雅有特殊关系的阿尔巴公爵夫人为模特的。1792年，马德里很有影响力的阿尔巴公爵夫人的新居落成，为庆祝乔迁之喜，她举办了一个盛大晚宴。不料第二天上午公爵夫人神秘死亡，这个案情相当轰动，人们猜测和当晚的客人有密切关系。谁知在调查过程中，戈雅回忆起他与公爵夫人热烈、混乱的关系。另外，有人指出，《玛哈》中的女子在外貌上也和公爵夫人神似，以此，很多人都持此说，并凭空生发出许多艳情故事。作家孚希特万各的长篇小说《戈雅》中，就对此事作了极度的夸张和渲染。然而许多严谨的学者不以为然。他们认为，"玛哈"绝对不会是阿尔巴公爵夫人。第一，画中的人物外貌与公爵夫人只是有些"相似"而已，而在许多特征上都不一致。第二，这两幅画起初是由当时的宰相戈多伊收藏的，而阿尔巴公爵夫人与戈多伊素来不和，怎么可能把自己的裸体画交给他呢，向来高傲的公爵夫人是绝对不可能忍受这种奇耻大辱的。第三，当时在西班牙，画裸体画是禁止的，当人体模特更为人所不齿，地位尊贵的公爵夫人又怎么可能让自己的裸体展览呢？此外，还有好事者翻出了公爵夫人生前的健康体检表，发现她的身材和"玛哈"几乎没有共同之处。

　　还有人说，戈雅画此画的模特是当时宰相戈多伊的一个宠姬。由于戈多伊极为宠爱这位美女，对她百依百从，而美人知道戈雅的大名，就央求宰相让戈雅给自己画一张画像。戈多伊就把戈雅请到家里。可是戈雅画了《着衣的玛哈》之后，大为这位宠姬的美色所动，就要再画一幅裸体画。可是刚画完，宰相就闯了进来，严词指责了戈雅，认为画裸体是一种亵渎行为。可是事后，戈多伊发现这幅《裸体的玛哈》更为完美，就保存了下来。持这种说法的人认为，只有这样，才能解释：这两幅画为什么最初为戈多伊所收藏。

　　另外还有人说"玛哈"是一位商人的妻子。据说一位商人重金请戈雅为他的妻子画像。可是戈雅见到这位美夫人之后，为她国色天香的娇姿所倾倒，于是说服她画一张裸体画。不料一位仆人无意间看到了此事，就密报了主人。商人闻知后，大为恼怒，气势汹汹地跑到戈雅的画室，结果在墙上挂着的，赫然是一幅衣着华丽的贵夫人画像，于是转怒为喜。原来聪明的戈雅在画裸体画之前，先飞快地画了一张着衣的画像。这也就解释了为什么两张画像构图体态都完全一样。

莫扎特死于旋毛虫病

　　奥地利作曲家沃尔夫冈·阿玛迪乌斯·莫扎特是世界上最伟大的音乐家之一，他

在短暂的35年生命里，创作了将近600部作品，其中《费加罗的婚礼》《德国舞曲》《土耳其进行曲》等大量的音乐作品，人们至今百听不厌。可是这位作曲家却死得相当凄惨。1791年12月5日，莫扎特逝世，当天晚上天气很冷，而且风雨交加。他的妻子正卧病在床，送葬的人，寥寥无几，在半路就解散了。莫扎特是被看守公墓的一个老头下葬的，老头待他当作一个孤魂野鬼葬于众多死于瘟疫的人当中。而他的遗孀康斯坦斯病好后嫁给了一个瑞典的外交官，直到17年之后，才想到去那个公墓查找莫扎特下葬的地址，然而，那时物是人非，已经没有人知道了。

沃尔夫冈·阿玛迪乌斯·莫扎特

更为凄惨的是，莫扎特死得不明不白，其死因一直争论到今天也没有结论。当年莫扎特患病后，维也纳最好的两名医生对他进行了救治。他们试图通过放血和冷敷的方法使莫扎特退烧，但于事无补。莫扎特死后，这两名医生也没有解剖他的尸体，其中一位医生注意到莫扎特四肢肿胀，就做出了莫扎特死于汗热病的结论，但后人对此并不认同。人们对其死因有各种说法，有的说他死于肺炎，有的说他死于伤寒，还有的说死因是肾结石，说风湿热的也大有人在，据统计各种说法共有150种之多。

事隔200多年后，美国医学专家简·赫希曼指出，莫扎特很有可能死于旋毛虫病，这种病是吃了生的或没有煮熟的含有蠕虫的猪肉而引起的。旋毛虫病的症状是四肢肿胀、发烧，并且身体发痒。他的根据是发现了一封莫扎特在1791年10月底写给他妻子的一封信，信中说："煎猪排是何等的美味呀！我爱吃它，并祝你健康。"赫希曼接着阅读了有关莫扎特传记、历史文献和有关旋毛虫的科研报告。他发现，在莫扎特时代，由于牲畜宰杀的卫生标准极差，加上当时医疗条件落后，所以导致猪旋毛虫传染病普遍发作，当时有许多人死于这种疾病。而历史文献记载的莫扎特的症状和猪旋毛虫病是一致的。另外莫扎特12月5日在维也纳逝世，距离他写这封信仅44天，而猪旋毛虫病毒的潜伏期恰好是50天左右。

丹东死于通敌叛国罪

法国大革命时期，政治气象风云变幻，激烈动荡，诸多不安的因素威胁着新生的资产阶级政权。一批波旁王朝的流亡贵族更是勾结国外封建反动势力，伺机颠覆新政权。然而法国共和政府始终对此保持高度的警惕，为了防止国家机密被间谍盗卖给敌人，打击保王党残余分子与奸细的破坏活动，曾组建了著名的公安委员会和革命法庭，镇压了敌人内外勾结的破坏活动，保卫了共和国的安全。但是，在日益尖锐复杂的党派政治斗争中，"通敌"的罪名往往成为打击政敌的有力工具，凡持有不同政见者动辄就被扣上"通敌"的帽子。到1793~1794年雅各宾派专政时期，更是走到了极端，其至连雅各宾派自己的领袖人物也难以幸免，乔治·雅克·丹东便是其中之一。

丹东早年是一位律师，1798年革命爆发后被选入议会，曾任著名的科尔得利俱乐部主席、共和政府的司法部长等职，与马拉、罗伯斯庇尔一起并称为雅各宾派的"三巨头"，为拯救共和国做出了巨大贡献。雅各宾派专政建立后，丹东认为民主政治已经确立，主张对内实行法治，对外休战议和，提倡宽大和人道。他的这些主张引起了激进派罗伯斯庇尔、圣茹斯特等人的不满和反对，致使雅各宾派走向分裂。1794年3月30日，丹东被捕入狱，圣茹斯特指控他勾结米拉波，从王室领取贿金、图谋劫持国王路易十六外逃、与吉伦特派结盟、主张对敌人和解与宽容、与可疑的外国人勾搭、个人财产急剧膨胀……面对这些指控，丹东曾做了自我辩解："……我卖身？我？我这样的人是无价之宝，是买不起的。这样的人额上有用火烙上的自由和共和的印记"，"虚荣与贪婪从未主宰过我，从未支配过我的言行，这种情欲从未使我背叛人民的事业，我对我的祖国赤胆忠心，我把我的整个生命都奉献给了她"。然而，这些辩解没起到任何作用，就在这一年的4月5日，丹东还是以通敌叛国、危害共和国的罪名被判处死刑。

丹东一案可说是疑团重重，扑朔迷离。他是否真的犯了通敌叛国的罪名，这与他在法国大革命时期急剧膨胀的个人财富有着密切的联系。

大革命时期，法国社会上广泛流传着一句名言——"庇特的黄金"，"庇特"指的是当时的英国首相威廉·庇特（小），这句话的意思是由英国政府出钱包庇法国的流亡贵族及特务在法国从事间谍活动，旨在颠覆法兰西共和政府。早在有人诬陷马拉一案时，丹东就遭到流言蜚语的攻击，称他是"密探""英国间谍""王室走狗"，甘愿"把自己卖给任何一个想收买他的人"等。后经科尔得利俱乐部向各区及制宪会议、市政厅发出为丹东辩解的陈情书，流言蜚语才稍微平息。然而，丹东大批的私人财产却始终为人所怀疑。在革命期间丹东成了一个新型的资产阶级暴发户，在1790年底他还债台高筑，到1791年不仅偿还了所有债务，还购置了大片田产及新的住宅，物质财富出现令人瞠目结舌的膨胀。据说，丹东被捕后，在他的文件中发现了英国外交部给当时在巴黎从事阴谋活动的银行家别尔列格的指令信，要他向信中指定的一些人支付欠款，以作为效忠英国的报酬。人们怀疑丹东即是领取钱款者之一，否则信件怎么会在他手上。据此，史学家们推测，在最后审判丹东时，革命法庭曾出具丹东与英国勾结的证据。

1794年"热月政变"后，国民公会为那些在雅各宾派专政时期死去的议员平反时，恰恰没有提及丹东，这又引起了人们的揣测。1803年，一位保皇党人潜回巴黎时被拿破仑当局抓获，他在供词中称丹东曾经参与劫持路易十六外逃的密谋，并以此向英国人索取高额酬金。后来另一名保皇党人的回忆录中也有类似于此的记录。1851年公布的米拉波与王室代理人马克公爵的通信中曾提到"丹东收到3万里弗尔"，这更加使丹东的名声蒙上了一层阴影。

但是，差不多与此同时，也有人在为丹东辩解。1848年革命前夕，史学家韦尔奥梅精心收集资料，试图证明丹东的财产是取之有道的。著名史学家米什莱在自己的著作——《法国革命史》中称丹东是"大革命的天才""法国人民的象征"。后来的第二帝国和第三共和国的一些历史学家也纷纷著书撰文来证明丹东是一位伟大的革命家。毕生从事法国革命史研究的大史学家奥拉尔1902年出版了巨著《法国革命政治史》，他一生为丹东辩护，将丹东比喻成爱国主义的化身，唯一的革命巨人，认为"他表现出他是管理国家的巨人，即使他犯有一连串的错误，但在杀人和金钱方面，他是清白无辜的……"丹东的形象大大改变了，他又重新成为人们心目中的英雄。

谁知在 20 世纪初奥拉尔的学生马迪厄重新掀起了一场轩然大波。马迪厄经过数年研究档案资料、契约和文件等，仔细地计算了丹东的收入，认为丹东当时的收入远远超过了他可能得到的合法收入。在 1787 年丹东的全年收入为 1.2 万里弗尔，而到了 1794 年，其各种财产的价值总数已经超过了 20 万里弗尔。马迪厄认为这些钱财的来源可能就是保皇党人和英国特务提供的。此外，马迪厄还将 1789 年法国驻英大使的报告（其中提到一名英国间谍叫丹东）作为证据，认为丹东本人很可能就是英国间谍。

欧洲宫廷宠姬

路易十四的情妇蒙特斯旁夫人曾答应给精通下毒的妇人沃亚珍整整 100 万法郎来交换她的毒药，以便把路易十四过去和将来的所有情妇都清除，得以永远牢牢地拴住国王。蒙特斯旁夫人用这样的伎俩对付拉伐利耶夫人，而维特里夫人、昂古列姆公爵夫人和她自己的儿媳妇也用这样的伎俩对付她，为的是取代她。

在这里也必须挖掘出更深层的动机，即阶级统治的动机。要是觉得争夺国王姬妾地位的斗争完全是个人的事情，那就大错特错了。宠姬权势显赫，所以角逐这一地位的女士，人人都有一定的政治集团做她的后台，来为她撑腰。极想攫取大权的各派都希望当上国王宠姬的是自己人。换句话说，国王身边的争宠，一般是时代的政治纠纷的表现。较为重大的政治以外的纠纷使这些宫廷阴谋热闹无比，也使之具有了历史意义的色彩。当权的某位大臣和诸宠姬之间，或者争夺宠姬位子的几位女士之间的明里暗里的争斗，在 17 世纪中期之后的法国多如牛毛，司空见惯。

奥地利皇帝颁布女性继承诏书

公元 18 世纪的时候，奥地利历史上出现了一位非常杰出的女皇，她就是哈布斯堡王朝的玛利亚·特里萨女皇。她一生纵横驰骋在欧洲的政治舞台上，为哈布斯堡王朝的发展做出了巨大的贡献。

1717 年，玛利亚·特里萨出生在哈布斯堡王朝查尔斯六世的宫廷里。当时，她的出生并没有给宫廷带来一点欢乐的气息，这个刚刚出生不久的女儿使国王大失所望，因为查尔斯六世一直盼望皇后能为他生一个太子，好来继承、管理这个庞大的帝国。当皇后生下第二个公主时，查尔斯六世已经彻底绝望了，因为他心里清楚，皇后已经没有生育能力了。但查尔斯六世不是那种守旧的人，当他知道帝国不会有男性继承人的时候，便和皇后开始精心培养、教育他们的长女——希望她有一天能成为一个优秀的女皇。查尔斯颁布了著名的女性继承诏书，诏书中宣布：立长女玛利亚·特里萨为哈布斯堡王朝的女继承人。

亚历山大教皇供养瑞典女王克里斯蒂娜

亚历山大七世教皇既是一位知识分子，又是一名诗人。1654 年 6 月，瑞典克里斯蒂娜让位之后，亚历山大七世使她从新教转变过来，他为此深感骄傲。女王从此在帕拉左·法内兹宫定居下来，并把宫殿转变成一个文化中心，尽管亚历山大和教廷财政负担极为沉重，但她自己的津贴这一项，一年就是12万个五先令人头币。她在墙上挂满了非常淫秽的图片，并剥下所有雕像上的金属箔。

这个女人非同一般，她穿着男式服装。她向来访的达官显贵们介绍她最亲密的朋友埃巴·斯帕雷，说是她的"床上伴侣"，并且向任何人都保证埃巴的想法如同她的身体一样可笑——这使来访的客人大为震惊。

在正式的场合下，即使是她正在招待内阁阁员们，她也会丢开男人的装束，而且穿的衣服绝对刺激。亚历山大教皇称她为"一个野蛮地长大，并且有野蛮思想的女人"。

教皇利奥十世的加冕典礼

红衣主教法内兹把罗马教皇的三重冕戴到利奥十世的头上并说"你是王子们和国王们的父亲，也是地面上的统治者，接受这个用三顶王冠装饰的三重冕吧，你是代理我们的主耶稣的主教。"

然后，利奥穿着金丝衣服，戴着珠宝，骑着一匹白色的土耳其马，耀武扬威地走在游行队伍的前面，有包括国王、王子、贵族在内的2500多人参加了游行。他们先走到装饰着旗帜和用罗马神点缀着的圣徒的雕像前，然后又经过古罗马广场和椭圆形竞技场，最后到达拉特兰宫。

利奥十世专门建了一个拱形门洞来庆祝这次加冕，门洞上刻着铭志："智慧女神已跟从了战神，但是我们将把这维纳斯的统治永远继续下去。"

盛宴和焰火晚会在那天晚上举行。整个奢侈而华丽的表演花费了10万个金币。当天晚上，利奥十世和他来自西恩那的情人防方索·皮特鲁西在圣安基罗宫里秘密地庆祝他的加冕——这个男情人被他任命为教廷内阁阁员。

教皇克莱门特六世的"侍从妇人"

《天主教百科全书》竟然承认，克莱门特六世是"一个好吃者，是爱好一个丰盛宴会的人，妇人们可自由来往这个宴会"。妇人不仅可以进入餐厅，还可以进入装饰考究、布置华美的卧室。在克莱门特10岁的时候，他做了牧师，并且把一生大部分的时间都花在了女人身上。

即便他是大主教，他也在女人中间消磨时光，活得像个年轻的贵族。一位佛罗伦萨史学家如此写道："他没有因为自己的主教身份而对自己有所控制。高贵的妇人们也作为高职位教士接近他的卧房，特伦尼的伯爵夫人在这些人中与他更为亲近，以至于为了她，他有一段时间居然用情专一起来。"

彼特拉克把克莱门特描写成是"一个具有淫猥而可耻的谋略的教会里的狄俄尼索斯"。他还说克莱门特时代的阿维尼翁"最淫猥的欢乐的洪水冲出，它是一场令人震惊的放荡风暴，空前的最可怕的贞操毁灭"。

欧洲女修道院中的狂欢活动

君主专政时期，许多修道院特别是女修道院淫乱异常。在当时的天主教国家，有许多女修道院成为淫乱的聚集地。那里的生活放荡而逍遥。女修道士甚至在会客室里也会对她们的崇拜者表示出积极迎合的态度，当然这里不能超出用手势调情的范围。穆拉诺修道院的风气，不仅呈现在卡萨诺代的笔端，也出现在彼尔尼茨的论述中。彼尔尼茨说："两个月的时间内，当她的丈夫离家远去特拉·菲尔玛的时候，王太子经常去她家里，但后来遭遇的麻烦以及他与生俱来的没有恒心，导致他放弃了对玛泰雅夫人的追求而拿穆拉诺修道院的一位修女来作为她的影子。王太子必须让他的爱情服从一整套规矩。那位修女要求他在温柔的国度里四处漫游之后才让他向快感的首都长驱直入。"

蒙标桑修道院院长路易莎·奥兰丁娜女伯爵，在修道院里生了不少于 14 个孩子，据说他们是属于几个男人的。这位女士不但没有因此感到羞愧，反而把此事公开，据有关材料记载：

"修道院院长路易莎·奥兰丁娜，法尔茨选帝侯腓特烈五世的女儿，生了那么多的私生子，以致她有这样一句口头禅：'拿我生过 14 个孩子的肚子发誓。'"

莎士比亚另有其人

莎士比亚是迄今为止世界上最伟大的剧作家，他的作品深刻而生动地反映了 16～17 世纪英国的社会现实，集中代表了欧洲文艺复兴时期的最高文学成就。他一生创作了 37 部戏剧、154 首十四行诗和两首长诗。世界闻名的悲剧《哈姆雷特》更是奠定了莎士比亚在世界文学史上的不朽地位。然而这样一个文化巨人，他的身世至今还是一个谜。

"莎士比亚"是演员威廉·莎士比亚的名字。他出生于英国埃文河畔特拉特福镇的一个小商人家庭。21 岁时离家外出谋生，当过剧场的杂役、演员。有关介绍他生平事迹的材料奇缺。当时也没有一个人可以说明那些伟大的作品是出自他手。并且在他去世时，居然没有引起任何人的重视，当时没有一个文人为他的逝世写一首哀诗。在威廉·莎士比亚的女婿霍尔医生的日记中，也找不到关于其岳父是著名作家的文字。在研究者对他的家庭、环境、学历进行考察之后，便产生了这些剧作是否出于其手的怀疑。威廉出生于一个小市民家庭，何以知道那么多豪华宫廷与贵族的琐事？他文化水平极低，剧中怎会有如此细致的生活与心理描述？即使像拜伦和狄更斯这样的大作家也怀疑演员威廉·莎士比亚是否写过那些作品，狄更斯还表示"一定要揭开莎士比亚真伪之谜"。

最初曾有人认为莎剧的真正作者是牛津第七世领主爱德华·威尔伯爵。此人对戏剧极感兴趣，可能是为了避开贵族社会的评议，才假借莎士比亚这个笔名发表作品。但是漏洞在于，这位伯爵逝世于 1640 年，而在此之后，莎士比亚的剧作继续出现，显然难以自圆其说。

大约是 1958 年，美国作家德丽雅·培根提出，莎剧的真正作者应该是英国著名哲学家弗兰西斯·培根。其理由如下：第一，莎剧题材极其广泛，既涉及天文、地理，又谈及宫闱，博大精深，较之演员威廉的出身和文化状况，其出自一位哲人之手更为合理。第二，当时正是伊丽莎白王朝在社会、宗教、政治等方面皆发生极大骚乱的时期，出版审查很是严格，上流社会、知识阶层也以写剧、演戏为耻。在这种情况下，可能有人假借莎士比亚之名撰写剧本。而培根才华出众、阅历丰富，最有可能是真正的撰写者。第三，在培根的遗嘱中，莎士比亚的墓碑上，和莎剧的台词中居然可以拼出几行密码，内容赫然是"莎士比亚作品系培根所著"！但是德丽雅的说法也很难站住脚，因为莎剧和培根其他的作品在语言风格、思维习惯等方面明显不同，至于密码问题，第一，培根没有理由在死前将真相隐藏于不为人知的密码里，第二，这种文字的拼凑很具有偶然性。

还有一种说法，认为莎剧的作者是莎士比亚的朋友、剧作家马洛。马洛是一个鞋匠的儿子，1587 年毕业于剑桥大学，取得艺术学士学位，是一个才华横溢的作家，其代表作是名剧《汤姆兰大帝》，1593 年他不幸被人杀害于伦敦。然而据美国文艺批评家霍夫曼的考证，当时被杀的只是马洛的一个替身，而马洛本人却回到意大利，继续进行他的戏剧创作，为了躲避仇杀，便以莎士比亚的名义发表作品。此外，莎士比亚的许多剧作例如《威尼斯商人》《罗密欧与朱丽叶》等都是以意大利为背景写成的。而演员莎士比亚从未到过意大利，怎能写出对意大利各方面情况十分熟悉的剧作呢？况且将马洛的作品和莎剧进行对比，我们就会发现二者的风格竟然非常相似！甚至如今在剑桥大学找到的马洛求学时的照片和第一版莎士比亚戏剧集上的照片极其相像。但是仍然缺乏事实上的依据，仍停留在推断与猜测中。

还有人认为莎士比亚其实就是英国女王伊丽莎白的化名，这是最为令人震惊的提法了。莎士比亚戏剧中众多角所处的环境与女王颇有相似之处，而且史载女王知识渊博，词汇量极为丰富，善于言谈，说话机智善辩，所以反映在莎剧里的单词量高达 21000 多个，一般人是很难做到这一点的。

莎士比亚的作品究竟是何人所写，很可能会成为永久之谜，但是历史上确实存在这样一个人，并且留下了这些永垂不朽的作品。每当人们在翻阅这些经典作品时，心中总要涌起对这个伟大作家的崇敬之情。

诗人拜伦长期漂流国外的原因

拜伦是 19 世纪英国杰出的诗人，至今在世界上仍享有盛誉。他 1788 年出生于伦敦一个没落的贵族家庭，10 岁继承男爵爵位。拜伦从学生时代开始写诗，1812 年发表的《恰尔德·哈罗尔德游记》是他的成名作。1816 年，拜伦离开英国移居意大利，之后在漂流的生活中写了许多歌颂自由的诗篇，未完成的《唐·璜》是他最著名的代表作。1823 年初，希腊民族运动高涨，拜伦放下正在写作的《唐·璜》，毅然前往希腊，参加希腊人民争取自由、独立的正义斗争，不幸于 1824 年 4 月 19 日死于希腊军中。从 1812 年离开英国之后，拜伦在有生之年就再也没有重返故土。

有人说，拜伦流亡国外的原因是他的政治信仰与英国主流思想相抵触，所以只好离开国家避难。拜伦在英国不仅是一个诗人，还是一个政治活动家和演说家。他向往当时的美国资产阶级共和国，公开为捍卫人权、反抗暴政而斗争。他为了维护工人的权益，在上议院发表演说攻击当时的托利党统治，同时与当时势力很大的在野党辉格党也不苟合。曾经有人找过拜伦，告诉他如果放弃自己的政治立场，那么将停止对他的攻击。《伦敦评论》的编辑约翰·司格特后来承认，他接受当局的指派，对诗人进行了不公正的攻击。然而拜伦对于反对派毫不屈服，他说："能够忍耐的，我将尽量忍耐；不能忍耐的，我将反抗，他们至多不过使我离开这个社会。对这个社会，我一向不奉承，一向没满意过。"

还有人说，拜伦之所以远走他乡，是因为他的个性不容于英国上流社会。1811年，拜伦在第一次到地中海各岸游历回来之后创作了长诗《恰尔德·哈罗尔德游记》，结果一举成名。在英国上流社会，拜伦成了最耀眼的明星，一时间贵妇小姐们纷纷拜倒在他脚下。可是好景不长，贵族们对拜伦追求自由的个性逐渐不满，于是纷纷对他进行攻击，温和一点的否定他的诗作，恶毒一点的诋毁拜伦的人格，甚至连他的跛脚也要攻击，谩骂和侮辱像暴风雨一样向诗人袭来。在这种情况下，诗人痛苦地说："如果那些叽叽喳喳的流言都是真的，我没有脸面居住在英国，如果那都是谣言，我也不稀罕这个英国！"于是，拜伦痛苦地离开了，也没有再回来。

也有人说，拜伦离开英国是因为婚姻变故。拜伦本来不是个喜欢受家庭束缚的人，而他的妻子密尔班克是一个比较庸俗的女人，她无法理解诗人的性格，也不能宽宥诗人的过失，于是在感到婚后的失落之后，就想和拜伦离婚，而仍然爱着妻子的拜伦坚持不肯。密尔班克就串通医生，开具拜伦有精神病的证明，不久干脆带着小女儿离开了拜伦。拜伦一直盼望着妻子回心转意，但是却等来了岳父的一封信，信中催促他赶快办理与密尔班克离婚的手续。诗人感觉到心灰意冷，英国再也没有东西值得他留恋了，他要与这个让他伤心的地方诀别，在浪迹天涯中修复心中的伤痕。

但是流传更广的说法是，因为拜伦的私生活混乱，致使他的声誉受损，所以不得不离开英国。其中，拜伦和他同父异母的姐姐奥格斯塔之间的关系尤为世人所嘲讽。拜伦自小就很喜欢姐姐奥格斯塔。后来奥格斯塔嫁给了一个军官，但是婚姻并不幸福，拜伦出于同情和奥格斯塔交往越来越多，但是后来同情演变成怜惜又发展成爱情。他在一首写给奥格斯塔的诗中这样说：

　　没有一个美貌的女人
　　有像你这样的魅力；
　　我听到你说话的声音
　　与水上的音乐无异。

可见拜伦对姐姐爱恋到了何种程度。很多人传言拜伦甚至与奥格斯塔生了一个女儿，这个女儿由拜伦的夫人抚养长大。乱伦是一种"畸恋"，拜伦也常常感到不安，他在另一首诗中说：

　　你的名字我不说出口，我不思索，
　　那声音中有悲哀，说起来有罪过：
　　但是我颊上流着的热泪默默地
　　表示了我内心深处的情意。
　　为热情嫌太促，为宁静嫌太久，
　　那一段时光——其苦其乐能否小休？
　　我们忏悔，弃绝，要把锁链打破！

历史知识大博览

野史追踪

我们要分离，要飞走——再度结合！

拜伦的这种放浪行为不能见谅于社会，所以他终于离开父母之邦，漫游欧陆，以至于身死他乡。

究竟是什么原因促使拜伦做出永远不再返回故土的决定呢？或许这其中还有许多不为人知的细节，所以直到今天仍然是一个悬案。

伦勃朗故意有伤风化

伦勃朗是 17 世纪荷兰的一位伟大的画家，在当时还很保守的社会风气中，像伦勃朗这样思想较为开放的画家，必然会遭到一些保守派的质疑。伦勃朗在青年时期画的一些画，被当时拥有小市民艺术趣味的批评家指责为"有伤风化"。

在这种情况下，伦勃朗没有被打倒，也没有沮丧沉沦，破罐子破摔。伦勃朗好胜的个性和无可比拟的才华，在种种挫折的打击下，闪亮出更加夺目的火花。伦勃朗面对法庭"有伤风化"的指责，又画了一幅人体画——《手持大卫王来信的拔士巴》。

这幅画重现了以色列大卫王和拔士巴的故事。据《圣经·旧约》记载，一天傍晚，以色列大卫王在阳台上漫步，偶然看见一个女人在沐浴，因此被其美貌深深打动。他差人询问，得知拔士巴之夫是手下的一个将领。大卫宣她入宫，竟然想霸占她，并将其丈夫派往前线作战而死。伦勃朗表现在这个主题时与鲁本斯不尽相同，他在表现人物的内心世界上颇费功夫。伦勃朗认为，人体是神圣的，描绘人体应不加修饰，但是，揭示人的思想情感与描绘人体美应同时进行。

《手持大卫王来信的拔士巴》便体现了伦勃朗的这一创作思想。画中的拔士巴正从浴池中走出，一丝不挂。但伦勃朗把人物安排在一间完全封闭的暗室内，一位老年使女正在为她拭足，大卫召她入宫的来信拿在右手上，她的表情十分为难。拔士巴对上前线的丈夫是忠诚的，她不乐意伺候大卫王。但是，对大卫的宣召她又无能为力，因而左右为难，低头思考，愁容满面。画面上的拔士巴不是一个优美的少女，而是一个身躯略胖的中年妇女。通过描绘这样一个裸体妇人的形象，表达出一种母性的苦恼和忧思。

牛顿晚年罹患精神失常

伊萨克·牛顿（1642~1727 年）是英国近代著名物理学家、天文学家、近代力学奠基人。一提起他，人们很自然地会想起苹果落地的故事：1665 年，牛顿在家乡林肯郡的一个乡村疗养。有一天，他坐在一棵苹果树下读书，突然一只熟透了的苹果从树上掉了下来，这引起了牛顿新的思考：苹果为什么会垂直落到地上？这个问题最终促成了一个伟大的原理——万有引力定律的产生。可以说牛顿的一生是充满智慧和创造的一生，而就是这样一位充满智慧的伟人，却在 50~51 岁期间突然精神失常，对于其中的原因，当时及此后数百年的时间里，众多的科学家都试图找出一种合理的解释，但还没有最终达成共识。有人认为这主要是由于劳累、用脑过度所致；有人则认为是外界强烈的刺激，引起了他精神的暂时"短路"，还有人提出是汞中毒的结果。

其中认为牛顿是由于劳累和用脑过度而导致精神失常的观点得到大多数人的支持。

关于牛顿专心工作的故事，就连小学生也可以随口说出一件来：有一次，牛顿请朋友吃饭，他却一直在实验室工作忘了时间，饿极了的朋友只好先吃了一只鸡，骨头堆放在盘子里。过了好久，牛顿才出来，看到盘中的鸡骨头，"恍然大悟"地说："原来我已经吃过饭了。"就又回到实验室工作去了。1687年，45岁的牛顿发表了《自然哲学的数学原理》，这是他一生最为重要的著作，该书以牛顿三大运动定律和万有引力为基础，建立了完美的力学理论体系。为做好这项工作，牛顿夜以继日地在实验室专心研究。他很少在夜间两三点钟前睡觉，有时一直要工作到清晨五六点钟。《自然哲学的数学原理》问世后，他又立即转入了光学的研究。如此高强度的工作使他不到30岁就已经须发皆白了，长期的用脑过度，极端紧张的工作，造成了科学家植物性神经功能紊乱，最终使他患上了精神失常的疾病。

还有人认为牛顿精神失常是受外界环境的强烈刺激所致。牛顿18岁便进入剑桥大学学习，很快就在科学界崭露头角，因自己的才华得到了很多前辈的赏识，在科学的道路上可谓一帆风顺。但1677年，他的恩师巴罗和一向爱护他的皇家学会干事巴格相继去世，这令他极度悲伤，曾使他的研究工作一度停止。在1689年，他被选为英国国会议员。来到灯红酒绿的伦敦后，他已不可能像从前那样再待在安静的实验室里，各种上流社会的交际应酬使得他的经济捉襟见肘，但多方努力都无法摆脱困境，最后，他闷闷不乐地回到了剑桥大学。1691~1692年，又有两件重大的事情对他的精神产生了极为不利的影响。一件是他母亲的去世，在此后相当长的一段时间内，他都一直精神不振。另外一件是他著作的手稿被烧毁。在他办完母亲的丧事回到剑桥大学后不久的一天早晨，当他从教堂做完祈祷回来，竟发现燃尽的蜡烛已将他书桌上摆放的有关光学和化学的手稿及其他一些论文都化为灰烬了。《光学》是他一生中仅次于《自然哲学的数学原理》的最重要的一部著作，《化学》也是他花费近20年时间辛勤研究的结晶，堪称一部科学巨著。对此，牛顿懊悔不已。他不得不重新整理《光学》手稿，至于《化学》他却再没有精力去做了。

还有一种较新的看法是，牛顿精神失常是由于汞中毒所致。有两位专门研究牛顿生平的学者，对牛顿遗留下来的4缕头发通过现代中子活化、中子衍射等先进手段来综合分析。发现牛顿头发中所含的有毒微量元素的浓度是正常人的好几倍，尤其是汞的含量更是高得可怕。许多学者由此断定：牛顿长期待在实验室里，经常接触有毒的金属蒸气，特别是汞，从而导致中毒精神失常。但这种说法也遭到很多人的置疑，因为牛顿一生中，只有在50~51岁期间精神失常过，其余都处于正常状态，而且我们也无法断定这4缕头发就是他患病期间的，就头发来推断他精神失常的原因太没有说服力了。其次，人头发的微量元素受外界影响很大，这4缕头发历经250多年，很难保证没有受到外界因素的干扰。现在医学上判定汞中毒的临床表现，如手指颤抖、牙齿脱落、四肢无力等症状，牛顿都不曾有过，所以汞中毒的说法很难令人信服。

时到今日，对于牛顿晚年精神失常的原因，人们仍然没有找到一个合理的解释。

伏尔泰公开与侯爵夫人相会

哲学家与平常人的最大区别是什么？看过伏尔泰的事迹你就会知道了。这位伟大的哲学家甚至以对待哲学的态度来对待爱情，将爱情作为一个哲学问题来分析。这位伟大的理性主义者至死还认为人类愚蠢行为的罪魁祸首是感情。他曾对一对新婚夫妇循循善诱教导说，使爱情永不褪色的最佳办法是不要爱得太狂热。他的典型的理性主义思想体现无疑。他与杜·夏特莱侯爵夫人那段世人皆知的风流韵事延续了16年，直到她去世。而且两人这段风流韵事一直是尽量以文明时尚的方式进行的——她的丈夫对他们之间的恋情表示默认，并且一直与两个偷情人相安无事地生活在一起，互不侵犯。当时的世人认可他们之间的恋爱关系，以致当他们之间不再存在性行为，夏特莱侯爵夫人渴望尽快了断与伏尔泰的关系以便对另一个男人投怀送抱时，伏尔泰因为礼仪规矩一直不同意她这样做。南希·米特福德在她近期的研究论文《爱情中的伏尔泰》中写道："他当时说，他没有遭到蔑视和耻辱，这应该归功于当时的公共舆论。他认为做人应该从一而终，应该珍惜这种20年之久的甜蜜结合。"

富兰克林大耍骑士作风

作为美国《独立宣言》的起草者之一的本杰明·富兰克林，是美国历史上杰出的理性主义思想家，尽管他能理性地对待一切问题，但这位著名的美国理性主义思想家在他童年时代和少年时代深受启蒙运动的影响。他在新英格兰生活，在性爱问题上具有理性主义者那种不在意的态度。

从中年时期开始，声名鹊起、家产丰富而且世故老练的富兰克林养成了一些骑士作风，但仅仅表现在口头上。他曾热烈地与凯瑟琳·雷鸿雁传书多年，但两人之间一直维持着一段所谓"温馨且又审慎的距离"。在伦敦时，有好几个女性崇拜他。虽然他与她们逢场作戏地嬉闹一番，有时还向他们说上几句甜言蜜语，但他与她们之间一直保持着纯洁关系。他只是亲吻那些与他结交的女士，允许那个厚颜无耻的皮里龙夫人坐在他的大腿上，很有礼貌地请求这位年轻的夫人赏赐他最后的恩惠。当然，对这种请求，她总是很体面地加以拒绝。

富兰克林关于爱情、性与婚姻的文章在美国人人皆知，影响极大。这些文章混合了文明犬儒主义、小资产阶级实用主义和朦胧的基督教道德。他在《穷人理查的年鉴》一书罗列的警句中，既有"玫瑰看，当心手，贤妻易得，不慎则失"这样的句子，也有"一个没有女人和灯火的房子就好像一具没有精神灵魂的僵尸"这样的句子。富兰克林看待性的态度是确确实实的理想主义，绝无半点放纵淫荡的意思。他写道："尽量不要性交。除非有益于身心健康和繁衍子嗣。绝不要让性交把疲倦和乏味带给人，更不要将自己或他人心灵的平静和名誉地位破坏掉。"

欧洲新娘必须公开证明自己是处女

在许多国家和地区，有一种非常粗鄙的习俗，即新娘必须公开证明她是处女。婚礼次日，她要把床单和内裤隆重地挂在窗外，向众人展示。血迹越明显，越应该兴高采烈，因为这样就显得新娘更加清白。布朗当曾对西班牙的这些婚俗有所谈及，他说："女人证明自己的清白还有一个办法，那就是在婚礼的第二天向众人展览前一天晚上搏斗后留下的血迹。例如，在西班牙，把有血迹的床单挂到窗外，同时还要大声叫喊：

'我们认为她是姑娘，她是处女！

阿雷蒂诺可以证实，意大利也有这样的风俗，类似的风俗什瓦本也有。如果一个丈夫说他的妻子出嫁时已不是处女，那她的父母可以或者应该证明他的错误。为此，要把结婚时的床单交给法庭过目。如果丈夫说了谎，就要被处以罚款并挨40大棒。如果他说的是真话，则应当立即宣布婚姻无效，并且新娘还要被逐出她父母的家门："因为她是在她父亲的家里堕落的。"在斯拉夫国家这样的风俗乃保留至今。

君主专制时期未婚女子占卜桃花运的方式

17、18世纪，几乎所有女人都努力地扶乩占卜桃花运。待字闺中的女子想知道她们能否嫁得出去；已为人妇的女子想知道会不会有个可心的情人，何时会出现。待字闺中的女子，常常在圣安德鲁节前夕占卜，因为圣安德鲁是盼望找个好丈夫的女子的庇护圣徒。占卜存在各种各样的仪式。姑娘首先要赤身裸体，因为只有这样才能获得这位感情有些奸诈的圣徒的指示。《古老迷信的新生》一书中这样写道：姑娘如果这样做了，情郎就会在梦中出现。

某些地方存在着这样的风俗，有强烈好奇心的姑娘赤身裸体，头伸到炉膛里，屁股尽量抬高。

其他一些地方，姑娘背对着卧室的房门，反手将鞋子扔到门上，或者转过脸去从一大堆劈柴中抽出一根。在前面一种中，鞋在地上弹跳几个意味着姑娘要等待的年数；在后面一种中，抽出来的劈柴倘若是直的，将意味着丈夫是个年轻人；弯的表示老头子。占卜的同时要向圣安德鲁祈祷，求圣安德鲁恩赐丈夫。

欧洲妇女的头饰

"爱美之心，人皆有之"，从古至今，女性花在衣着打扮上的时间几乎占去了她们生命中的大部分时间。从妇女头饰的变迁中可见一斑，这"顶上功夫"确实不可小瞧。

早在亨利四世时期，妇女们就将头发高高地向后梳起，在衬垫上做成波浪形，一般为心形的发卷。假发从此也流行起来，各种各样闪闪发光的珠宝饰物常满缀于头发上。

路易十四时代的女性发式充分体现了巴洛克的风格，以纤巧、繁缛的装饰趣味为特点，而且不停地发生变化来表现17世纪宫廷艺术的"堂皇而稍带冷漠的高贵爱好"。一种名为"尼龙发型"的发式在路易十四统治初期比较流行，两边剪得很短，鬈发垂肩，前额上的短鬈发常用发架加以固定，头顶上的头发梳向脑后挽成一发髻。当时还有一种名为"伤心"的带发架的鬈发。1671年，出现了一种名叫"冒失鬼"和"风卷式短发"的发型，一般用剪得很短的头发做成发卷，但这种发式流行的时间比较短暂。从1675年开始，头发从额头上高高梳起，在一个裹着丝绸的金属线框架上做成鬈发团。这种金属线框架被称为"梳妆台"，偶尔也把一些香粉扑在头发上。从17世纪后期开始流行丰后髻，而随后又被低髻取而代之。

18世纪中叶，发型还比较简便，但到18世纪80年代，有两种不同寻常的发式在法国出现。其中之一是将头发剪短的娃娃式发型，这种发式源于王后生病初期因需要而把头发剪得很短。

另一种发型是 1778 年首先出现的刺猬式发型，它是模仿男子的发型而形成的，把前面的头发剪短，然后做成鬈曲状，使之挂在面部上方，后面则做成长而松的发髻或发卷。

洛可可时代的童贞伪造术

一个女性的童贞本来只有一次，在现代发达的医学条件下，一位女性可以通过做手术获得多次童贞。然而，让人意想不到的是，这门"艺术"在文艺复兴时代就已产生，而不是洛可可时代和当代的特殊艺术。当时所有的药材商和药剂师都卖各种掩饰失贞的药品和药膏，能叫新的丈夫或情人不仅相信自己拔了头筹，第一个获得这个女人的爱，而且能眼见处女之血，更加确信无疑。

这些物品的交易大概十分兴旺，买家极多，以致史家们常有记载，说药剂师靠这项生意发财致富。15 世纪德国流浪大学生所做的一首歌中说："如果姑娘失去贞操，我使它完整如初。"

大多数男人都知道这种伎俩颇为盛行，所以，为了证明姑娘是否处女，依靠形形色色的法术，在婚礼之前便被悄悄使用。我们只举"贝褐炭水"为例。中世纪曾记载："姑娘喝了这水如果平安无恙，那她是处女之身，如果喝完就解手，那她就已失贞。"

从上述记载中可以看出，一方面，当时极其重视姑娘肉体的贞洁；另一方面，不断有人违犯关于婚前贞洁的规定。我们可以下此结论：女人常常在婚前就将自己奉献给未来的夫君；许许多多正经姑娘害羞地（在举行婚礼的喜日）戴上"贞操的荣耀的花冠"，虽然此前已经同很多青年练习过"投枪入圈"的游戏，也就是"男人和女人的较量——只有女人愿意，男人才会获胜的较量"。

君主专制时期的征婚广告

在现代的婚姻杂志上，征婚广告铺天盖地，因此人们也许会认为征婚广告是现代的产物，其实，在君主专制时期，各种各样的征婚广告已经见诸极端，为人类的婚姻大事贡献自己的力量。

例如，在某日的《柏林日报》上与其他分类广告一起刊登了以下两条广告："某犹太男子，30 岁，欲娶柏林生产女衬衫和连衣裙之大业主为妻……"；"某地主，男，40 岁，新教徒，欲结识有财产女士，地主尤佳……"

正像我们所说的那样，通过婚姻来获得资本拓展事业是最容易的。

有一位热心的亲属为一位女性征婚，在报上刊登了这样一则广告："本人为亲属征婚，女，20 岁，有文化修养，犹太人，浅黄头发，音乐天赋甚高，独生女。欲觅有情人为婚，嫁妆 5 万马克。唯请受过一流教育、收入可观、相貌英俊、出身上流家庭、且在首都居住之男士应征……"还不是拿金钱去交换感情吗？至于结果如何，我们不得而知。

相对而言，名声越大，出身越是高贵的人，公开宣布自己物质要求的广告就会更加厚颜无耻，这种情况不仅高度典型，而且高度符合逻辑。

从这些情形中，我们可以发现这样一种既定的事实：妇女在此等情况下感兴趣的仅仅是地位而已。

尼斯湖水怪

与许多令人不解的现象一样，尼斯湖水怪之谜多年以来一直困扰着我们。那么，尼斯湖水怪到底是怎样一种动物呢？

尼斯湖位于苏格兰北部的苏格兰大峡谷之中，它深约213～293米，长约39千米，平均宽度为1.6千米。由于它是淡水湖，终年不结冰，适宜于生物饮用，因此湖边水鸟云集，湖中鱼虾众多。在苏格兰大峡谷中有三个细长而深的湖，从西向东依次是：尼斯湖、洛奇湖和奥斯湖。本来只有尼斯湖的水通过尼斯河向东北注入默里湾，而洛奇湖、奥斯湖都通向大海，这三个湖是互不相连的。但当地人利用在地理位置上这三个湖处于同一峡谷中的同一条线上这一特点，开凿了一条名叫喀里多尼亚的运河，将大西洋一侧的洛恩湾与北海一侧的默里湾沟通，把这三个湖联结了起来。

许多人都坚信尽管现在还没有查明，但是尼斯湖中确实存在有一种怪兽。有些著名科学家认为，由于在几亿年前尼斯湖一带原是一片茫茫的海洋，后来通过地壳运动的作用，经过多次海陆变迁，尼斯湖逐渐从海洋演变成今天的湖泊，因而尼斯湖里很可能存在一种远古动物，至今仍然活着，只是到目前为止人类还没有认识它罢了。特别是近100多年来，不断有人声称曾亲眼看到过这个怪兽，但至今没有人能抓住它，像一个时隐时现的幽灵。据那些人描述，它的头和脖子像蛇一样十分细长，伸出水面的部分有一米多长。而人们争论的焦点是怪兽的巨大背部，甚至有人说它不止有一个背，而是有两三个背露出水面。在怪兽突出的肋腹部上，水像瀑布似的泻下来，瞬间湖面上就会掀起一阵恶浪。之后它又迅速潜到湖底，踪影全无。

1802年有一个农民在尼斯湖边劳动，突然看见湖中有一只形状很奇特的巨大怪兽出现，距离他只有45米左右。怪兽用短而粗的鳍脚划着水，气势汹汹地向他猛游过来，吓得他慌忙逃跑。

1880年初秋，一只游艇正在湖上行驶，突然从湖底冲出一只巨大的怪兽，它全身黑色，脑袋呈三角形，脖子细长，在湖中像一条巨龙似的昂首掀浪前进，使湖面上卷起一阵巨浪，湖中的游艇也被击沉，艇上游客无一幸免于难。这一消息轰动了当时的整个英国。同年，潜水员邓肯·莫卡唐拉为了检查一艘失事船只的残骸而潜入尼斯湖底。他潜入湖底后不久，急忙狂乱地发出信号。人们不知道发生了什么事，迅速把他从湖底拖上岸来。他说不出一句话，脸色发白，全身颤抖。休息和医治了几天，平静下来之后，他才把他在湖底看到的奇迹讲述了出来：正当他检查沉船的残骸时，突然看到湖底的一块岩石上躲着一只怪兽，远远望去好像一只巨大无比的青蛙坐在那里，形状十分可怕，吓得他差一点昏过去。

英国有一个名叫歌尔德的海军少校对此感到十分好奇，他访问调查过50个曾经亲眼见到过怪兽的人，将得到的各种材料加以综合研究和推测后，描述出了一个比较系统的怪兽的大概的模样：怪物呈灰黑色，背上有两三个驼峰，身长约15米，颈长约1.2米。然而他的推测并没有科学根据，只是一种假设。目前，仍然没人弄清楚它到底是一种什么样的动物。

英国及欧美许多国家陆续出版了一些书籍，专门介绍尼斯湖怪兽。有的印有怪兽模糊不清的彩色照片，有的附有怪物的插图。世界各地的媒体大肆渲染，把怪兽描绘得神出鬼没，奇异莫测，活灵活现，耸人听闻。但是不久之后，就再也没人见过所谓的怪兽了，相关的讨论也逐渐平息下来。

然而到了 1933 年，尼斯湖岸上的一些修路工人宣称看到了这个怪兽，约翰·麦凯夫妇和兽医学者格兰特也宣称见到了这个怪兽。格兰特后来说，有一次他在经过尼斯湖边时，湖水突然翻腾，哗哗作响，然后他看见一只与别人所描述的非常相似的怪兽在湖面上游着。这只怪兽有很大的背脊，还有一个细长的脖子，既像个恐龙，又像一头大象，粗糙的皮肤上布满了皱纹。

英国曾专门组成了"尼斯湖现象调查协会"，悬赏 100 万英镑，不管怪兽是死的还是活的，只要将其捉拿，都可以得到奖赏。很多人纷纷跑到尼斯湖畔，怀着碰运气的心情，日夜巡视，希望能幸运地捉住怪兽。可是怪兽却长时间地销声匿迹，像有意戏弄人似的，消失得无影无踪，再也不露出湖面了。那些原本希望获得 100 万英镑巨赏的人，不仅没有将怪兽抓获，甚至连怪兽的影子也未见过，只得失望地离开尼斯湖。

1972 年，以美国应用科学院专家赖恩斯为首的一个研究组，曾利用水下照相机，在对尼斯湖进行探险时，拍下了一个鳍脚，非常巨大。1975 年 6 月 19 日，研究组设置在尼斯湖的水下照相机拍下了几百张照片，但照片上什么也没有。当天下午 9 点 45 分，水下照相机附近出现了一个动物，但很快就消失了。由于照片中只出现了动物的极小一部分，人们无法看清楚它是什么。大约一个小时后，这个动物又出现了，可能由于闪光灯无法同步，要快或慢几分之几秒钟，照片上拍摄到的，只是一大片有黄色斑点的丑陋皮肤，同样无法弄清楚这个动物的种类。直到第二天凌晨 4 点 32 分，闪光灯及时地同步闪亮了一下，才抢拍了一个珍贵的镜头，一只活怪兽的轮廓（躯体和头部）出现在这张照片上：一个菱状躯体，一个细长的脖子成拱形地伸展着，脖子的一部分因阴影而模糊不清。最后是一个斑点，躯体上端伸出两个鳍脚，看上去似乎是一只怪兽吃惊地扑向照相机。据估计，这只怪兽大约长 6.5 米。不久，怪兽向水下照相机发起了一系列的攻击和碰撞，结果把水下照相机打翻了。有些学者根据这张水下照片来证明尼斯湖里确实存在着怪兽。但也有一些科学家认为赖恩斯等人错误地判断了照片，因而否定这些照片；有些学者甚至认为所谓"水下照片"是赖恩斯等人制造出来的一个骗局。

一直以来有不少学者对"尼斯湖怪兽之谜"持怀疑甚至完全否定的态度。他们认为，尼斯湖根本就没有什么怪兽，只是一种光的折射现象造成人们视觉上的错觉。有的则认为很有可能是尼斯湖底的一些具有浮力的浆沫石，在一定条件下浮上水面，随波漂流。由于视觉的错误，当人们站在湖岸边从远处望去，奇形怪状的浆沫石就往往被误认为是怪兽。

英国《新科学家》杂志 1982 年 8 月 5 日发表了罗伯特·克雷格（英国苏格兰一位退休电子工程师）撰写的《揭开尼斯湖怪物之谜》一文，他认为，根本不存在神秘的史前动物，只是漂浮在湖面上的古赤松树干。这种树干的形体以及它上下沉浮的现象，就使站在湖岸边的人们远远望去把它误认为是怪兽。其实，一浮一沉的古赤松树干就是人们所谓的怪兽。

但是，全世界许多著名的科学家仍坚信有一种至今尚未被人们查明的怪兽在尼斯湖中确实存在着。他们认为，几亿年前，由于地壳运动频繁，尼斯湖一带从一片浩瀚的苍茫海洋，经历了多次海陆变迁，逐渐演变成今天的面貌。因此，很可能有一种独特的尚未被人类认识的海栖爬虫类远古动物至今仍然生活在尼斯湖里。

虽然各界人士为了弄清尼斯湖怪兽的真面目做了各种各样的努力，但是到目前为止，还没有一个人给出的答案能令大家满意。到底尼斯湖中有没有怪兽？如果有的话，它是一种什么样的生物？一切尚无准确而可信的结论。

匈牙利人是中国人的后裔

凡是熟悉中国历史的人都知道，在秦汉时期，在中国北方活跃着一支强大的游牧部落——匈奴。秦朝名将蒙恬曾领军十万修筑长城，抵抗匈奴的入侵，《蒙恬传》说他"暴师于外十余"，"是时蒙恬威震匈奴"。西汉大将卫青、霍去病、李广等人进军匈奴的故事至今还家喻户晓；东汉时窦固、窦宪痛击匈奴的事至今还传为美谈；唐诗中的名句"但使龙城飞将在，不教胡马度阴山"，讲的就是汉朝军队与匈奴之间的战争。这说明，在秦汉时期，匈奴如后来的蒙古和女真，盛极一时。但是令人奇怪的是，我们知道蒙古入侵中原建立了元帝国，女真入关建立了大清帝国，可是匈奴呢？它在中国的历史舞台上逐渐没落以致消失了，而几乎与此同时，在欧洲却兴起了一支强悍的民族。大约在9世纪的时候，匈牙利人的祖先在多瑙河流域出现了。不知从什么时候起，民间就有这样一种传说，说匈牙利人是从中国迁徙到欧洲的匈奴人的后裔，许多中外学者也纷纷宣布自己的考证结果：匈牙利人是匈奴人的后代。早在欧洲中世纪时，不少西方学者已经记载了匈牙利人的生活，通过这些记述，我们显然可以看出他们和匈奴人有着相当密切的关系。卢白鲁克的著作《东行记》一书中这样说："扎格克河（今乌拉尔河）发源于北方巴斯柯梯尔国，古代匈奴人即来自此国，后变为匈牙利人也。"在15世纪约翰德·杜兹洛撰写的关于历代匈牙利国王的历史著作中，我们可以看到这样的结论："匈牙利人乃是匈人后裔。"而同时期的安东尼·本菲尼尤斯在写匈牙利历史时，也持这样的观点。到了18世纪，"匈牙利人起源于匈人"的见解更是非常流行，许多研究者都由此推断说匈牙利人是匈奴人的后代。可以这么说，在西方学者那里，之所以认为"匈牙利人是匈奴人的后代"，一般都是以"匈奴人就是匈人"这个假设为基础。历史上有明确记载的是，不知从什么时候起，欧洲多瑙河流域出现了一支游牧部落匈人，后来有一个匈人首领阿提拉建立了强大的"匈奴王国"，但是不久这个王国就灭亡了，之后他的一个儿子又在多瑙河平原上建立了匈牙利王国。因而有些西方学者得出结论：只要匈人是从亚洲迁来的匈奴人，那么已知匈牙利人是匈人的后代，便可以推断出匈牙利人也是匈奴人的后裔。可是到底"匈奴人"和"匈人"是不是一个概念呢？《剑桥中国秦汉史》便认为"匈奴与匈人是两个概念"。而有些学者指出"匈奴"与"匈人"是一样的，他们的发音相似，很可能是音误造成了这种区别。

而中国学者论证这个问题就更直接了。他们不认为匈牙利是以阿提拉为首的"匈人"的后裔，而认为原来在中国北部的匈奴由于式微，迁到中亚地区，后来又来到多瑙河，成为匈牙利人的祖先。据我国史书《随书·四夷传》载："铁勒之先，匈奴之苗裔也。种类繁多……拂林东则有恩、阿兰、北褥、伏温、昏等，近二万人。"所谓铁勒，就是从中国迁入的匈奴的一支，而中国学者普遍认为匈牙利人的祖先，就是铁勒人。但究竟铁勒中的哪一支才是迁入欧洲的呢？很多人认为是昏，因为它的读音与匈的读音"Hun"相同；也有人认为是北褥，还有人认为是恩曲，总之意见很不统一。

我国近代著名学者章太炎早就说过："今天的匈牙利就是我国古时的匈奴。已经考证出匈奴在东汉后期西迁，一支到了乌孙，一支到了大秦，到大秦的就是现在的匈牙利。"后来何震亚又从语言、历史、风俗习惯等多方面对匈牙利人和匈奴人进行了比较研究，证明章太炎的推论是正确的。第一，在语言方面，他认为匈牙利的"匈"是种族名，而"牙利"是地名，"匈牙利"的意思实际上是"匈人居住的地方"，而"匈奴"这一称呼是地处中原的汉族最先开始叫的，在很长时间内，汉民族对周围民族一般都采用一种"蔑称"，例如"夷""狄""蛮"等，"奴"也是其中一种，例如我们过去称日本人为"倭奴"——这说明"匈奴"很可能过去就叫作"匈"。第二，在风俗方面，据历史记载，匈奴首领单于每天朝拜太阳、夜祭月亮，而匈牙利皇帝也有祭拜日月的习俗。综合种种，匈牙利应该就是中国古时的匈奴无疑了。

路易十六王储夫妇盛大的婚礼

1775年11月，奥地利的圣马丁大教堂里，一场法兰西和奥地利两个伟大国家的伟大婚礼在此举行，整个欧洲所有人的目光都被吸引住了。法奥两国的国戚、政府官员及两国的盟友都聚集到了圣马丁大教堂。新郎、新娘跪在圣坛上，面对教廷特使的问话，他们两人的回答是一致的，愿意保证与对方结为连理，至死不渝。两天后，安东尼亚公主在500辆马车的护送下浩浩荡荡地离开了维也纳皇宫，踏上了去往法兰西的路途。

1776年5月14日，王妃的马车队到了巴黎。4名美丽的侍女走到马车门前，稳稳地扶住钻出车门的小王妃，将她搀扶到法兰西国王路易十五的面前。公主轻轻跪拜了国王，国王看了她一眼，便请她平身，甚至搀扶了她，还很和蔼地拥抱亲吻了公主的额头。

20名贵妇簇拥着王储妃来到了她的寝宫。

第四天，婚礼在法国凡尔赛宫如期举行。夜幕中的凡尔赛宫灯火辉煌，亮如白昼，四处闪耀着光芒。国王和一对新人坐在餐桌前，这对甜蜜的新婚夫妇接受了来自所有达官显贵的婚礼祝福。

路易十六的财宝

看过雨果《九三年》的人都知道，1793年是法国政治风暴最猛烈、最壮观的年头，革命与反革命，共和党与保皇党，暴动与镇压，民主与专制进行着无比激烈的斗争。巴黎街头终日群情激昂，人头攒动。有人集会、演讲、辩论，也有人在投机、偷窃、拍卖、乞讨。贵族们忍辱偷生，昔日的伯爵夫人成为女裁缝；贫民则趾高气扬，虽然穷得可怕。这一年还有一个令人胆寒的东西频频亮相，雨果描述它是"由许多生硬的直线构成一个轮廓，外形很像一个希伯来字母，或者古代的神秘字母之一的埃及象形文字"，它就是断头台，是1793年的法国天空下常常出现的东西。据统计，在恐怖时期，它夺走了超过4万人的性命，当中有贵族、教士、中产阶级，但更多是平民。1月21日，它斩下了从前认为无比高贵的国王路易十六的头；九个月后，玛丽皇后的头颅又断送在它锋利的刀口下。

路易十六是个懦弱昏庸的君主，1774年登上王位。18世纪的法国因为经过三次大战，农产品也歉收，政治动荡，危机四伏，贵族统治者却仍不顾人民死活，穷奢极欲。新兴的资产阶级对封建专制政体已极为不满，长久受压抑的平民渴望民主与自由。法国向来分富、贵、贱三个等级，属于第三阶级的农民和资产阶级长久以来饱受享有特权的教士（一级）和贵族（二级）的压抑，酝酿已久的不满情绪这时已趋白热化，改革的声音也越来越强烈。1789年7月14日，终于爆发了资产阶级革命。愤怒的群众像潮水般涌向封建堡垒巴士底狱。法国著名画家德拉克诺瓦的名画《自由引导人民》生动地再现了那波澜壮阔的历史时刻。8月26日国民议会发表《人权宣言》，废除等级制度，人民拥有言论、新闻和宗教自由，并行使民主权力。

1791年6月21日夜，路易十六和王后玛丽企图逃出法国，但被拦截并被送返巴黎。1792年国民议会废除帝制。1793年1月21日，国民议会控告路易十六勾结外人，泄漏军事机密，出卖法国，罪名成立，被判处死刑。九个月后，王后玛丽以同样的罪名也被送上断头台。玛丽王后是奥地利人，1774年嫁于路易十六。她贪得无厌，生活极为奢靡，向来不受法国人欢迎。据说，她在听到人民因没面包吃而暴动时，还问："怎么不吃蛋糕呢？"路易十六意志薄弱，优柔寡断，对玛丽王后言听计从。他曾舍弃多项政策和财政上的改革，使得民不聊生，人们普遍认为这是受玛丽王后怂恿的结果。不过，路易十六直到临死前，仍坚称自己无辜。他在走上断头台时高喊："我清白死去。我原谅我的敌人，但愿我的血能平息上帝的怒火。"

路易十六死后，关于他有一笔巨产的传说不胫而走。路易十六和玛丽王后生前都过着挥金如土、穷奢极欲的生活，尤其玛丽王后是喜爱珠宝和钻石出了名的，人们不相信他们死后没有留下任何财产。藏宝的地点众说纷纭，有几个地方似乎都言之凿凿。据说，巴黎卢浮宫里埋藏着一些金币、银饰以及珍贵文物，总价值达20亿法郎。也有人说在西班牙某处收藏着路易十六的财产。还有一种说法广为流传，是说路易十六在大革命不久就意欲将全部家当秘密转移至国外，由一条叫作泰莱马克号的帆船承担此重任。泰莱马克号是一艘长26米、吨位130吨的双桅帆船。它于1790年1月3日从里昂出发，准备前往英国，途经法国瓦尔市的基伯夫河下游时不幸沉没。船上装载着路易十六的250万法国古斤（一个法国古斤约合半公斤）黄金、王后的钻石项链（价值150万古斤黄金）、金银器皿以及两所修道院珍藏的祭祀圣器、50万金路易法郎和一些流亡贵族的私人财产。此事由路易十六一名家仆的后裔及修道院一名修士所证实。

俄罗斯女王怪诞的整人法

在中国历史上，暴君纣王曾用过残酷的刑法整治过冒犯他的人。在这方面，18世

野史追踪

纪初期的俄罗斯安娜女王丝毫不逊于中国的暴君桀纣。

她曾用最怪诞的方法惩罚了麦可王子。安娜女王因为十分恼怒于麦可王子在海外旅行时娶了一位意大利女子为妻，于是就剥夺了王子的贵族头衔，命令他在宫里扮一名小丑。

最糟的还在后头。女王为死了妻子的麦可王子找了一个新太太，并安排了一次古怪的，可能是有史以来最怪异、最屈辱的婚礼与蜜月旅行。安娜命令王子娶一名被认为是全俄罗斯最丑的女仆为妻。在娶了这位不幸的妻子后，王子还要忍受女王为他安排的屈辱。在婚礼上，先是一队畸形人列队进入礼堂，随后进来的是一辆由猪、羊、狗拉着的上面坐有一些乞丐与流浪汉的车子，忧愁寡欢的新郎与新娘最后进场，他们被关在一头老象背上的笼子里。

如此怪异的婚礼结束后，一场乱糟糟的婚礼早餐开始进行。然后，这个马戏团式的结婚行列游行过街头，来到冰冷的涅瓦河边。安娜已先行派人在河岸上建造了一座全部用冰块砌成、长80英尺、高32英尺的王宫。王宫内有一间蜜月套房，里面配有完全用冰雕成的一张四脚大床以及枕头、被子等。

在已经喝得大醉的宾客的欢呼声中，这对不幸的新婚夫妇由卫兵送入洞房，被迫躺在冰床上，度过第一个晚上。为防止他们逃走，安娜女王命令士兵守在冰门外。

这对新婚夫妇竟然奇迹般地熬过了这种奇冷无比的洞房花烛夜，而且这位丑陋的妻子竟然在9个月后为麦可王子生下了一对双胞胎儿子，全家人过着幸福美满的生活，这倒是出人意料的结果了。

俄国女皇叶卡捷琳娜二世的新婚之夜

中国历史上有武则天，俄国历史上则有一个叶卡捷琳娜二世。作为俄国历史上唯一的女沙皇，她有着与武则天类似的出身与经历。

叶卡捷琳娜于1729年4月21日出生于波莫瑞的什切青（现波兰的一个城市，18世纪属普鲁士管辖），原名索菲亚。

小时候，索菲亚在频繁的游历中对所有欧洲国王和亲王的家谱十分了解，宫廷中的尔虞我诈、明争暗斗，在她幼小的心灵里打上了深深的烙印。

彼得刚满15岁时，伊丽莎白就开始给他寻找一个合适的妻子。能对彼得忠实温顺，能给他生很多儿子，使罗曼诺夫家族的王位得已继承、永无后顾之忧的，索菲亚是最合适的人选。

彼得成为王位继承人后，伊丽莎白拣来挑去，相中了她的远亲索菲亚。她邀请约翰娜马上带索菲亚前往莫斯科。

1745年，索菲亚和彼得完婚，豪华盛大的宗教婚礼之后是晚餐和舞会。由于伊丽莎白急于让新娘、新郎早度春宵一刻值千金的新婚之夜，突然决定提前结束正值高潮的舞会。她帮着索菲亚（当时已改称为叶卡捷琳娜了）脱下服饰，为她铺好新床。后来人们渐渐离去，只剩下叶卡捷琳娜一人，酒足饭饱后的彼得来到了洞房，醉醺醺地说："要是仆人们看到我们睡在一起，那才有趣呢！"说罢，他就像一头死猪似的倒在床上靠着叶卡捷琳娜甜美地进入了梦乡，叶卡捷琳娜就这样度过了她的新婚之夜。

拿破仑是中毒而死

由于在法国人民心目中，拿破仑享有无上的威望，所以当他被流放后，在短短的时间内就逝世的消息传出时，很多人都曾对此事表示了怀疑。尤其是在法国人民中间，当时就有拿破仑被毒害致死的传言，并逐渐流传开来。他们认为，既然在英国人眼中，拿破仑是"刽子手"和"最可怕的危险人物"，那么当昔日的敌人成了自己的阶下囚，面对如此绝佳的机会，他们岂能放过他？同时，法国人民并不仅仅是出于对自己民族英雄的爱戴，才产生这种怀疑的，而是有所凭据的。

第一，据说在拿破仑贴身男仆的日记中曾记载到，拿破仑在狱中经常忍受慢性疼痛，这也一度成为他被人投毒致死的证据之一。曾随拿破仑一起流放到圣赫勒拿岛的仆人路易·马尔尚，在其日记中写道：拿破仑去世前"经常失眠，腿部肿胀无力，掉头发，偶尔抽搐，总是觉得口渴"。后来，瑞典牙医和毒药专家佛舒伍德在对日记进行仔细研究后认定，上述症状均与人服食砒霜后的情形类似。

第二，人们后来在对拿破仑的头发进行化验时，从结果中也发现了一些疑点。1957年11月，佛舒伍德在哥德堡的图书馆里，读到一篇新奇的论文，其中提到只需用一根头发就能分析出砒霜含量，这促使他开始着手验证自己的推论。3年后，他专程到巴黎从拿破仑侍从的后裔处索取拿破仑的头发。经过23年的努力，佛舒伍德用现代技术鉴定了拿破仑头发的化学成分。他发现越是接近头发根部，所含的砷就越多，而一般人头发中砷的含量是极低的。因为砷是一种有毒的化学元素，它的化合物——三氧化二砷就是砒霜，一种剧烈的毒药。拿破仑头发中的砷含量比正常人头发的含量高出40多倍。这一结果似乎足以证实拿破仑死于"中毒"的说法。后来，法国斯特拉斯堡的科学家也通过对拿破仑发样分析确认，其砷的含量是正常人的7~38倍。这些科学家认为，只有长时间的慢性砷中毒才会达到如此高的指标，所以他们据此认定拿破仑很可能是死于砒霜中毒。再后来，美国联邦调查局和法国巴斯德大学也对拿破仑的一根头发进行了分析，并从中发现了相当数量的砒霜。所有这些结果，无疑都在向人们昭示拿破仑死于中毒的"事实"。

至于凶手为何选择砒霜作为杀人的工具，怀疑者推测，除了因为它的毒性之外，还在于它无臭无味，难以在尸体上被检验出来，而且人们往往容易将砒霜中毒的症状与其他一些疾病的症状相混淆。但另一方面，有专家认为，根据历史记载，拿破仑是个非常小心谨慎的人，总是时刻保持着高度的戒备心理，他的皇后约瑟芬就曾亲口说过皇帝总担心被下毒害死的话；即便是在去往圣赫勒拿岛的船上，拿破仑也从不随意享用自己喜欢的食品，而是通常要让大臣们亲口尝过一小时后，才开始品尝。那么，如此小心谨慎的拿破仑又怎么会轻易中毒呢？究竟又是谁下的毒？围绕这些问题，多年来出现了各种各样的说法。

英国历史学家钱德勒等人认为，毒害拿破仑的最大嫌疑犯应是拿破仑的好友查尔斯·蒙托隆伯爵，他当年正是利用自己的这种身份所创造的便利条件，秘密在拿破仑饮用的酒中放入了砒霜，毒死了这位蒙难的法国皇帝。不过，在蒙托隆为何要投毒的问题上，研究者们又存有很大争议。

有人认为蒙托隆是谋财害命，持这一观点的研究者认为，根据当时的文件记载，拿破仑在其遗嘱中为蒙托隆留下了价值200万法郎的金币，在蒙托隆后代家中发现的文件也显示，身为律师的蒙托隆当时陷入了非常严重的财务困境。所以他们推测，很可能蒙托隆是为摆脱这种困境，才产生了"提前获得拿破仑遗产"的想法，并将之付诸行动。

还有一些历史学家则宣称，这是一起政治谋杀。他们分析蒙托隆应该是法国保皇党和英国的间谍。由于这两派力量都不希望他长命百岁，尤其是拿破仑的卷土重来，曾使他们胆战心惊，只有拿破仑的死亡才能彻底让他们放心。再有，当年为了防范拿破仑从南大西洋逃跑，英国还派遣了一支舰队和5000名士兵日夜轮流地监视圣赫勒拿岛，仅此一项每年所需的军费开支就高达800万英镑，如果拿破仑不在了，这笔额外的军费开支岂不是就节省下来了吗？在这种情况下，蒙托隆进入了他们的视野，成为他们除掉拿破仑的最好人选。对于蒙托隆伯爵而言，此举可谓是"一箭双雕"了，他当然会竭尽所能的不辱使命。有人认为，在法国国王路易十八的兄弟阿图瓦公爵指使下，蒙托隆曾多次阴谋杀害拿破仑。这位阿图瓦公爵作为法国王室的继承人，当然担心拿破仑复出推翻君主政体，所以非常支持暗杀拿破仑的行动。

还有一种离奇的说法，认为蒙托隆是因为"爱"才投毒的，提出这一说法的正是当年投毒者的后人——弗朗索瓦·德·孔戴·蒙托隆，他提出这种说法的依据是一本手记。近30年以来，弗朗索瓦一直潜心研究拿破仑在圣赫勒拿岛上度过的最后日子的记录。一次偶然的机会，弗朗索瓦在自家祖传的宅院中发现了一个暗室，暗室里藏有其先人蒙托隆伯爵撰写的一部关于圣赫勒拿岛生活的手记，伯爵在这本手记中记载了他和拿破仑在圣赫勒拿岛生活的情景。此外，历史学家还发现了伯爵与同时流亡到岛上的古尔戈将军合写的8卷回忆录和一些信件，其中一封信可能就是拿破仑的亲笔信。这些历史文献再一次证实了拿破仑被毒死的说法，凶手正是拿破仑的忠实随从——蒙托隆伯爵。手记中说，伯爵在圣赫勒拿岛上经常给拿破仑吃含有小剂量砷的药，但他此举并不是为了暗杀拿破仑，而是出于对他的无限忠诚的"爱"。伯爵希望能通过给拿破仑服食这种小剂量的毒药，使"伟大的皇帝"身体日渐衰弱，给人以一种患了重病的印象，从而最终促使狱卒能允许拿破仑返回欧洲大陆接受治疗。那么这个伟大的计谋为什么最终没能实现呢？弗朗索瓦推测，也许原因就在于拿破仑一直认为自己胃部有肿瘤，为了减轻胃部疼痛而经常服用止痛药。不幸的是，正是这些止痛药与砷发生了致命的"化学效应"，从而使他命丧黄泉。

不过，也有相当一部分研究者从科学的角度分析，认为拿破仑的中毒并非是人为的，而是另有根源。据介绍，拿破仑被放逐到圣赫勒拿岛时，在他所居住的卧室里贴着一种特殊的墙纸。这种墙纸长不到1米，但其成分中有一种富含高浓度砒霜的绿色涂剂。一些专家指出，圣赫勒拿岛位于南大西洋，岛上的气候非常潮湿，含有砒霜的墙纸受潮后会蒸发出水汽，这些水汽中同样也充满了高浓度的剧毒砷化物，进而污染了整个卧室的空气。拿破仑长期呼吸这种有毒物质，不可避免地导致慢性中毒而死亡，这大概就是我们今天所说的室内装修污染吧。当年监狱看守的记录上曾记载道"拿破仑在生命的最后阶段，头发脱落，牙齿露出了齿龈，脸色灰白，双脚浮肿，心脏剧烈跳动而死去"——这类似于砷中毒的症状。英国文献专家理查德认为，这或许能证明导致拿破仑死亡的真正原因的确是砒霜中毒，但并不是人为的。

有趣的是，近年来，随着科学技术的发展，"中毒"说也日益面临质疑。2002年10月，应法国《科学与生活》杂志之邀，法国3位权威人士利用同步加速器射线对拿破仑遗留下来的头发进行了细致的分析。这3位权威人士分别是巴黎警察局毒物学实验室负责人里科代尔、法国奥赛电磁辐射使用实验室专家舍瓦利耶，以及巴黎原子能委员会专家梅耶尔。《科学与生活》杂志将拿破仑遗留下的一些头发交给了3位专家，希望他们能据此为拿破仑之死下个结论。据介绍，这些头发共有19绺，有的是在拿破仑死后从其尸体上取下来的，也有的是在拿破仑在世时保留下来的。三位专家对每绺头发都进行了上百次的测量，结果显示：无论是在1821年拿破仑死后取下的头发里，还是在1805年和1814年拿破仑在世时保留下来的头发里，砒霜的含量都超出正常值许多倍，这一结论本来正是拿破仑被下毒致死的铁证。然而科学家们认为，关键的问题在于这些头发的取留时间相距16年。疑问也随之产生了，首先是不可能有人连续投毒16年，而且如此大量的砒霜足以使拿破仑在被流放前就至少被毒死三次了。其次是在长达16年的时间里，这些头发中的砒霜含量几乎一致，并均匀分布在整根头发上。这就表明头发上的砒霜不是拿破仑摄食到体内的，而是来自外部环境。专家们由此断定，拿破仑不可能是死于砒霜中毒。对此，专家们做出的推测是，头发中的砒霜可能来自以木材取暖、放置老鼠药、摆弄含砒霜的子弹等，而最可能的是来自某种护发剂，因为在19世纪时，法国非常流行用砒霜保护头发。

在此之前，曾提出"胃癌"说的瑞士研究小组也表示，拿破仑头发中所含的超过正常人数倍的砷，很可能与他嗜酒的习惯有关。因为当时的葡萄酒制造者通常用砷来干燥盛酒的盆和桶，而拿破仑是极其喜欢享用葡萄酒的。甚至还有一种解释认为，处处对人设防的拿破仑为了防止有人毒害自己，故意服食砒霜以增加抵抗力。

拿破仑死于医疗事故

2004年，美国旧金山法医检验部的法医病理学家史蒂文·卡奇公布了自己的新观点——拿破仑死于一名庸医导致的灌肠医疗事故，从而使有关拿破仑之死的谜团又增加了新的说法。卡奇认为，拿破仑生前曾出现胃部不适及肠痉挛等症状，而他的医生天天用灌肠的方法缓解症状，结果导致拿破仑体内水电解质平衡紊乱，最终引起心律失常而死。

卡奇指出，对拿破仑之死应负直接责任的是他的那些好心办坏事的医生，因为他们对拿破仑的病痛采取了不适当的医疗措施。拿破仑生前由于常年肠胃绞痛，为了缓解症状并且减轻痛苦，医生们时常给他使用灌肠剂。卡奇认为，"那些医生时常使用又大又脏的类似注射器之类的东西"给拿破仑灌肠，并定期把通常用来引发呕吐的石酸氧锑钾注入拿破仑口中，使他因此而经常呕吐。结果却是体液中的钙离子大量丢失，出现水电解质平衡紊乱，同时体重也急剧下降，变得瘦骨嶙峋。随后，医生们又给拿破仑使用了600毫克大剂量的氯酸汞导泻剂（一种灌肠剂），使其本已偏低的体内钙离子水平再次"一落千丈"。而身体已经极度虚弱的拿破仑在经过这般摆布之后，体内严重缺钾，其直接后果就是引发扭转型室性心动过速症状，即由于心跳不规律，输往大脑的血液突然中断，最终导致病人死亡。据史料记载，正是在这种野蛮治疗之下，叱咤一时的法兰西第一帝国皇帝仅仅两天就一命呜呼了。另外，卡奇还指出，拿破仑体内的砷可能来自吸烟或其他外部环境因素，但这无疑使他变得更容易患上扭转型室性心动过速症这种心脏疾病。

尽管卡奇的新理论讲得有板有眼，但这一说法还是遭到了一些人士的强烈反对。美国康涅狄格州著名医生菲尔·科尔索便认为这一推理有些牵强。他坚持认为，拿破仑遭受肠胃病痛折磨已经持续了相当长时间，从症状上来看很可能是胃癌。因此，无论医生采用了何种治疗措施，最终都无法使他逃脱死于癌症的厄运。

除了以上几种主要的观点以外，有关拿破仑的死亡原因还有一些影响不大的说法。比如有的人认为他是在桃色事件中被情敌所谋害；有的人认为他早在远征埃及和利比亚之时，就曾经染上过一种热带疾病，后来虽然经过治疗而痊愈，然而在流放期间恶劣的生活环境导致了他旧病复发，最终夺走了他的生命；还有一些人认为他是死于曾一度在圣赫勒拿岛上猖獗流行的肝病等。

拿破仑对美貌男子有特殊的爱好

滑铁卢一役之后，战败的拿破仑被放逐到大西洋的圣赫勒拿岛，随他同往的是数名男性随从，这时拿破仑的身边没有一个女人。

很多材料里面都曾披露，拿破仑本人是同性恋者。他纵容军队里的同性性爱，在著名的《拿破仑法典》中拒绝宣布同性恋违法。据说拿破仑的魅力没有人能够抗拒，在他权力的巅峰时期，他的统治手法更像妇人那样柔婉善诱。

拿破仑也承认自己和男人的友谊常常从肌肤相亲开始。他的一个部下这样写道："拿破仑告诉我说心不是体验情感的器官，在体验激情时男人不是靠心，而是靠另外一种东西，那东西是让我们传宗接代的那个玩艺……"

拿破仑的女仆也说过，皇帝十分喜欢美貌的男子。他的助手们都是些年轻的具有十足女性化的男子，拿破仑经常和他们调情。他的秘书回忆时说："皇帝常常来到我的房间，坐在我桌子的一角或是椅子的扶手上，有时甚至坐在我的大腿上。他会用胳膊搂着我的肩膀，轻轻地抚摸我的耳垂。从他的表情看，似乎他可以从中得到极大的乐趣。"

音乐大师贝多芬猝死之谜

天才似乎总要受到更多的磨难，世界音乐史上最伟大的音乐家贝多芬便是这样。他一生与病痛为伴，饱受折磨，尤其是耳朵失聪，几乎断送了他的音乐前程。由此他的精神支柱坍塌了，甚至曾一度绝望得企图自杀，终于，这颗音乐巨星于1827年3月26日下午5时30分陨落，给世人留下无限遗憾。

关于贝多芬是什么原因致死的，人们大都认为：这位作曲家的死是由严重酗酒而引起肝病所致，他在55岁时被发现患有严重肝病。但是英国尤维尔区医院风湿科顾问医师帕尔福曼对这种看法提出了异议。他认为折磨这位作曲家的许多病痛是一种少见的风湿病引起的，这种少见风湿病会使身体的每个器官发炎，并逐渐侵袭全身。贝多芬禁不住要自杀主要是因为这种病痛非常剧烈。最后，贝多芬被这种风湿病折磨致死。他还认为，如果用现代的类固醇给他治疗，给他做肝脏移植手术，贝多芬可以多活许多年，足以让他完成"丢失"的第十首交响曲。

法国著名作家阿尔方斯·卡尔是贝多芬的同时代人，他的《在椴树下》一书为贝多芬之死的原因和具体情况提供了新的线索，并详细介绍了自己的观点。他写道：作曲家死前不久的一天，他的侄子来信说自己在维也纳被牵连进一桩麻烦的事件中，只有伯父出面才可以帮他脱离困境。贝多芬接到信后立即徒步上路。夜宿于一家农舍，到了夜里，贝多芬感到浑身发烧，疼痛难忍。他辗转反侧，难以入睡。于是爬起身，赤着双脚到田野里徜徉。由于时间待得太长，夜寒侵骨，回来时他已冷得发

贝多芬

抖。主人从维也纳请来一位医生为其诊治。最后医生确诊为肺积水，生命危在旦夕。得知贝多芬病重的消息后，德国著名钢琴演奏家和作曲家胡梅尔来看他，但贝多芬已无法与其交谈，他仅用饱含感激的目光凝视着他。胡梅尔通过听音筒向他表示他的悲伤之情。贝多芬以听音筒依稀听见几句大声地喊叫之后，顿觉畅然，他两眼熠熠生辉，对老朋友说："胡梅尔，我果真是个天才吗？"说完后，他张大嘴，两眼直勾勾地瞪着胡梅尔，溘然长逝。

另外，还有一些研究专家试图从贝多芬的家庭关系上来揭开作曲家的死亡之谜。中国学者赵鑫珊在《贝多芬之魂》一书中认为：贝多芬的侄子卡尔长期的烦扰，大大损害了贝多芬的健康，给他的精神带来了莫大的痛苦，导致他过早地离开了人世。他的侄子在别人面前称呼贝多芬"老傻瓜"，而且只要人家看到他同这个"老傻瓜"在一起，他就觉得丢脸。只要贝多芬对他稍加严格，言语过重，这个无赖就会用自杀来威胁。尽管如此，贝多芬对他慈父般的爱还是有增无减，并且一再容忍他。1826 年 12 月 1 日，卡尔不听贝多芬之劝，硬要去军队服役，贝多芬只好陪他上路。就是在旅途上贝多芬得了严重风寒，从此一病不起。他回到维也纳时，完全是个去日无多的老人。可是伯父卧床不起的消息传到卡尔那儿后，他竟无动于衷，依然自娱自乐。严重的肺炎过后，接着便是肝硬化，最后引起水肿。有的学者非常明确地说：实际上，贝多芬是被侄儿气死或逼死的。

贝多芬真的是死于酗酒所致的肝病吗？亦有人说他的耳聋和他在爱情上的失意使得他的身心遭受极大的创伤，由此而抑郁成疾。有关贝多芬的死因我们现在去探究似已无必要，我们对他更多的只是崇敬和景仰罢了。

英国阿尔伯特王子改革王宫制度

维多利亚女王 21 岁时对她的表哥阿尔伯特王子一见倾心。第二次见面后，她赞叹道："阿尔伯特真的太迷人了！"第三次见面，她便向王子求爱，虽然她说自己配不上表哥。

年轻时，阿尔伯特在一所只招收男学生的大学读书，因此他对女性似乎不是特别感兴趣，当他知道表妹维多利亚爱上他的时候，他写信告诉她说不希望她的"腐化"和"贿赂"影响到他。王子的孤傲更使维多利亚为他着迷，两人很快就结婚了。

阿尔伯特王子开始对王宫的风气进行了整顿。他许多严格的新的规章制度迅速出炉，希望淫乱和私通的行为在宫中绝迹。其中一项，规定侍女和女官只能在一间特殊的接待室里与来访的男士会面，禁止在她的私人房间接见任何人，甚至包括自己的亲兄弟。另外还一项规定就是，如果哪个女人不坚守自己的贞洁，就算她地位再高、再富有，即使是国王的亲戚或者外国的贵宾，都不允许踏进皇室客厅半步。一位 70 多岁的老夫人年轻时曾与男朋友私奔，后来他们结了婚，共同生活了几十年，在道德方面人们从未指责过他们——但她也被挡在会客厅的门外。

多情诗人雨果用纵欲来报复妻子

维克多·雨果是 19 世纪法国前期积极浪漫主义文字运动的领袖人物，他活了 83 岁，创作生涯达 68 年，作品包括 26 卷诗歌、20 卷小说、12 卷剧本、21 卷哲理论著，这是世界文学艺术史上的一个奇迹。他的代表作《巴黎圣母院》《悲惨世界》等都是脍炙人口的作品。

雨果作为诗人敏感而又浪漫，因此后人称他为"伟大的情人"。爱情一直在他生活和创作中发挥重大作用，他一生都崇拜爱情、讴歌爱情，他自己说："爱，才是艺术家形象鲜明、思想新颖的无尽源泉。"他用真心去创造爱情，爱情也用纯洁、高尚、痛苦、磨难、嫉妒等来锻炼他。

他的妻子阿黛尔与他青梅竹马。1822 年 10 月 12 日，雨果和阿黛尔在圣苏比大教堂举行婚礼。第二年，22 岁的雨果便当上了一个孩子的父亲。雨果有着过人的精力，疯狂地追求两性结合的美，就在阿黛尔生下第四个孩子后，在巴黎的枪林弹雨中，他们的第五个孩子——女儿爱达兰降生。

这时雨果和妻子的感情有了裂痕。当时人们盛传评论家圣伯夫与雨果夫人阿黛尔有私情，雨果得知后不能忍受青梅竹马的爱人和别人私通，因此他利用纵欲报复妻子。他遇见了朱丽叶特。朱丽叶特是在出演雨果剧本中的一个小角色时与雨果相识的，在此之前，她已经做过好几个人的情妇。她容貌出众，并且懂诗歌，可以给雨果创作的灵感，雨果视之为风尘知音。雨果常常炫耀他如何征服了朱丽叶特，而且逢人便说朱出身不高贵，她曾经是个娼妓。此时的雨果有着健康的体魄和惊人的精力，对女性美不断追求，从女演员到侍女乃至各种轻佻女人都和他有短暂的情史。有人认为，其实他内心还是深爱妻子阿黛尔的，也许是妻子的不忠，也许是雨果自身的浪漫激情使他纵欲。

《呼啸山庄》的真正作者

在 19 世纪的英国小说界，出现了了不起的勃朗特三姐妹，他们分别是夏洛蒂、艾米莉和安妮。其中尤其是夏洛蒂和艾米莉更属天才女子，虽然没有悉数发挥自己的文学天赋，但她们也为世界留下了两部杰作，这就是大名鼎鼎的《简·爱》与《呼啸山庄》。

1847 年 12 月，《呼啸山庄》初版问世，作者署名为"艾利斯·勃哀尔"，出版商是托马斯·科特雷·牛比。但是在 1850 年本书出第二版时，出版商变成了夏洛蒂·勃朗特的出版人史密斯·艾尔德，并且从此之后，《呼啸山庄》的原稿再没有人见过，有人说是被史密斯·艾尔德毁掉了，但是史密斯·艾尔德为什么要毁掉原稿呢？没有人可以说出理由。在原稿存在的时候，就有人怀疑过《呼啸山庄》的作者不是艾米莉·勃朗特，如今原稿在人间蒸发掉了，并且出版人也改变了，著作权就引起了更大的争议。

由于以前再版的出版商是夏洛蒂·勃朗特的出版人，再加上夏洛蒂·勃朗特当时已经凭借一部《简·爱》名利双收，于是有人将《呼啸山庄》视为她的作品。但是夏洛蒂·勃朗特出面做了解释，说作品并非自己所著，并且在《呼啸山庄》的再版序言里，她还不厌其烦地为她的妹妹提供了写作时间上的证据。当时虽然还有人怀疑，但是这怀疑的风波总算是平静了下来。

其实，就在《呼啸山庄》初版的时候就有人指出，艾米莉·勃朗特完全具备写下这部杰作的可能性。"文如其人"是著名文艺批评家布封提出的观点，这个可以当作文学创作的一般规律。我们只要仔细了解一下艾米莉·勃朗特，就不难发现，《呼啸山庄》中沉闷和压抑的主题，艾米莉是熟悉和体验过的。夏洛蒂曾经这样评价她的妹妹："自由是她鼻中的空气，没有它，她就会死去。"日常生活中的艾米莉不信教，性格倔强，少言寡语，有强烈的自我意识。在《呼啸山庄》出版前，艾米莉曾发表了一组与《呼啸山庄》主题相近的哲理诗。并且从艾米莉别的作品中，我们都可以看出她简洁、明朗、集中和强烈的风格，而这些都是与《呼啸山庄》的风格接近的。

有关《呼啸山庄》著作权的争议在夏洛蒂·勃朗特的澄清下平静了下来。但是在 17 年后，英国《哈利法克斯卫报》上转载了一篇批评《呼啸山庄》的文章，作者再次对这本小说的作者提出疑问："谁能设想希兹克利夫，一个在从摇篮到坟墓的毁灭过程中从不闪避的汉子……竟出自一个胆小的隐居的女性的想象呢？"而认为小说当为夏洛蒂·勃朗特的哥哥布兰韦尔所著。

无独有偶，这篇文章被已故的布兰韦尔的朋友威廉·迪尔顿看到了，马上撰文支持这一观点，并且提供了强有力的证据：他曾经亲耳听到布兰韦尔念过《呼啸山庄》的开头部分，而那时候《呼啸山庄》还远没有出版。

迪尔顿说，他和布兰韦尔相互不服对方的诗作，于是约定各写一首诗比比高低。他们确定了时间地点，然后找了一位叫约瑟夫·雷兰德的人做裁判。那天布兰韦尔说要读一首叫《死神》的诗，可是却拿出来一部小说的开头部分，布兰韦尔非常懊悔，当场宣布自己输了比赛。但是迪尔顿说服了他，让他将拿来的东西读给大家听，只要写得好，一样顶事。当布兰韦尔读完之后，无论是裁判还是迪尔顿都惊呆了。"我从来没有见过这样有震撼力的文章！”迪尔顿说，“我敢肯定，它里面的背景和人物——就其发展而言——与《呼啸山庄》是一脉相承的。因为这件事给我的印象太深刻了，我不可能记错。”

而早在很久以前，布兰韦尔的另一个朋友爱德华德·斯楼恩就说过：“我一开始读《呼啸山庄》时，就已经能够预知故事中所有的人物和情节了。因为布兰韦尔一而再、再而三地向我念过他的手稿，这足以让我的头脑熟悉它们了……”

1872 年，又有一名叫乔治·塞尔·菲力浦斯的人宣称，曾经亲耳听到布兰韦尔说过：他要创作一部小说，小说的名字就叫《呼啸山庄》，背景是粗犷的沼地，人物是爱骂天咒地和好杯中物的约克郡老乡。甚至还有人这样说：凡是略微读过《简·爱》的，都会知道这本小说是一位女性写的；而凡是粗粗翻过《呼啸山庄》的，都会认为它绝对不会出自一位女性作家。

那时候这个文学兄妹的父亲勃朗特还在，于是迪尔顿跑到老人那里去求证。勃朗特毫不犹豫地说，他的儿子“完全不可能写出这样一部作品”，并且要求别人不要再为《呼啸山庄》的事情打扰他。

应该说，从人证方面，艾米莉·勃朗特无疑是占有优势的，但是这件事的关键证明——《呼啸山庄》的手稿，到今天还没有找到，客观上使这个文学悬案延续下来。

沙皇的 500 吨黄金

刚刚过去的 20 世纪之初发生了俄国的十月革命，改变了人类历史的进程。十月革命推翻了统治俄罗斯 300 余年的沙皇专政，最后一任沙皇尼古拉二世一家 7 口成为革命政权的阶下囚。末代沙皇有 4 个女儿，一个儿子，最大的 22 岁，最小的 13 岁。他们被转移到乌拉尔山区的叶卡捷琳娜堡。1918 年 7 月 17 日晚，在被关押了近一年后，他们突然被乌拉尔苏维埃政府秘密处决，行刑队长为尤乌洛夫斯基。同时被枪决还有他们的医生、司机、仆人等。随后，11 具尸体被拉到一个废弃的矿井，浇上汽油焚化。4 天后，白军攻克了叶卡捷琳娜堡，他们是来营救沙皇一家的，可惜晚了一步。沙皇一家的尸体多年来并未找到，在他们被枪决的地下室里血迹已被反复冲刷，并且当时也没有机会鉴定那些残留的血迹是否就是皇族之血。

沙皇一家的命运近代以来一直是个谜，各种传闻不断。没有确切的材料证明当时的确实状况。有人认为，白军看见的血迹只是御医和仆从的，沙皇一家被秘密流放；也有人认为沙皇被处死，而其家属则被放逐到一个秘密的地方。最广为流传的是，沙皇的小公主阿娜丝塔亚或小儿子阿列克赛斯幸免于难。因此，多年以来，不断有人自称是公主或皇子。而他们的目的是继承沙皇的遗产，这其中包括沙皇放在高尔察克叛军那里的 500 吨黄金。

沙皇在国外几家银行都有存款，据估计，他的财产约有 40 亿美元，在德国还有不少房地产。而其中最扑朔迷离的是俄罗斯帝国海军上将高尔察克所保有的沙皇 500 吨黄金。

早在俄国革命爆发之前，沙皇就预感局势不妙，命令驻扎在远东的海军上将高尔察克把 500 吨黄金秘密押运到海参崴。十月革命爆发，沙皇一家遇难，这 500 吨黄金就为高尔察克所有。当时英、美、法、日等国都对共产主义运动十分恐惧，争相联合起来妄图扼杀新生的苏维埃政权。俄国国内的白军也积极配合，高尔察克是领军人物。1919 年 3 月，高尔察克调集 40 万军队，在长达 2000 公里的东方战线对苏维埃政权发动大规模的武装进攻。白军一度节节胜利，很快越过乌拉尔山，逼近喀山，侵入伏尔加河流域。不过，苏联红军顽强奋战，在伏龙芝、夏伯阳等名将的带领下，击败了高尔察克叛军。11 月 14 日，红军攻占了高尔察克的老巢鄂木斯克，高尔察克率残部东窜。年底，在伊尔库茨克附近被活捉，并于 1920 年 2 月被处决。

关于那笔黄金的下落，有几种传闻。一种说法是：就在鄂木斯克沦陷前一天，即 1918 年 11 月 13 日，高尔察克令部下将 500 吨黄金装上开往中国东北边境的列车，一队士兵负责押运这批黄金，当然他们并不知道此行的真正目的。这队人马经过 3 个月的跋涉来到了贝加尔湖畔。铁路已被破坏无法通行。西伯利亚彻骨的严寒给行军带来极大的困难，暴风雪击打着人们，从身体到意志。为了尽快赶到目的地，领队决定坐雪橇直接穿过贝加尔湖面去中国边境。时已初春，西伯利亚仍是冰封水面，雪积盈尺。500 吨黄金被装上雪橇缓慢地朝对岸滑去。贝加尔湖宽 80 公里，这是一段不短的路程。突然，冰面出现断裂，在周围人惊愕的注视下，在一片惊呼声与噼里啪啦声中，装载黄金的雪橇以及周围押送的士兵一下子遭到灭顶之灾，沉入贝加尔湖 100 多米深的湖底。

又过了 20 年，也就是保有这个秘密 40 年后的 1959 年，贝克达诺夫利用一次大赦的机会返回苏联。他遇见了一个美国工程师，此人自称约翰·史密斯，众所周知，这是英语中最常用的名字，差不多相当于中国人叫张三或李四。也就是说那个美国人用的是假名。但贝克达诺夫还是告诉了他 500 吨黄金的秘密，也许是他需要一个帮手吧。他们一起潜入当年埋藏宝藏的地点，寻找这笔令人咋舌的财宝。时移世易，因为对地形不熟，他们找了一位当地姑娘达尼姬做向导。费尽周折，三人终于找到了当年那个教堂。

据说，他们顺利地找到了那笔黄金。三人都尽量带走能带走的部分。可想而知，这只是极少的一部分。随后，他们辗转穿越西伯利亚，准备逃离苏联。不料功败垂成，在他们准备穿越边境时，遭到围捕。贝克达诺夫当场被打死，史密斯与向导达尼姬侥幸逃生。

现当代时期野史

暴君博卡萨喊戴高乐 "爸爸"

中非是世界上最贫穷的国家之一，然而，就是在这样的一个国家里，产生了一个赫赫有名的暴君——博卡萨。更让人意想不到的是，这位暴君十分崇拜戴高乐，甚至叫戴高乐 "爸爸"。

在第二次世界大战期间，身为牧师的他被迫参军，但很快他就摆脱了牧师长袍的诱惑，熟悉并迷上了军旅的生活。由于他的聪明能干、热情待人，纪律严明、训练刻苦，人们很快就注意到这个健壮的小伙子，以至于法国军官破格让这位黑人士兵为战友们做示范。博卡萨非常喜欢战争，当大家问起他何以如此时，他只是淡淡地说："当你身临其境时，你就会被迫喜欢了。"他更喜欢法国军队，他对法国军队怀有异常深刻的感情。有人问他，你父亲不是为法国人所杀的吗？他的回答却是："那件事我早已忘怀，法国人不是我的仇敌，而是我的朋友和恩师。"20多年的法国军队的生活使他完全成为一个法国人，有人说他比法国人还法国人。拿破仑是他心目中最崇拜的偶像，另有一个非常有趣的事情是他还管戴高乐叫"我的爸爸"。当戴高乐1970年去世时，已是中非总统的他亲赴奔丧，跪在戴高乐的墓前"爸爸、爸爸"地叫个不停，别人拖都拖不起来，真挚之情，可见一斑。当然，法国人也十分器重他，当他终于脱下法国军装时，法国人把这位为法国效命23年，转战欧、亚、非的黑人晋升为上尉，并授予他十几枚勋章，由此可见，法国人对他也是青眼相加的。

暴君博卡萨食人肉

"一群衣衫褴褛的难民冲进了博卡萨豪华的餐厅和厨房，他们想知道，当他们食不果腹，在街头风餐露宿的时候，这位暴君正在享受着什么样的山珍海味。

"皇帝的厨房里放着几个2米多高的巨大冰箱，当他们打开冰箱的门时却惊讶地发现：冰箱里贮藏的全是一块块人的肢体，其中还有一具完整的小孩尸体。"

以上摘自王永前的《20世纪权力巅峰的变异者》。这讲的是前中非独裁者博卡萨实施暴政，吃人肉，让狮子吞食政治犯，残杀妇女儿童。1993年他倒台后，被"大赦国际"公开揭露，经非洲5国法官调查予以证实。这位独裁者的府邸背靠大山，前面有一条河，从外面进入总统卧室，总共有7个持枪士兵把守。

博卡萨掌握着全国人的生杀大权，太集中的大权使他变得残暴。他曾经患了一种非常痛苦的失眠症，在国内吃了90种草药都不见效，又去摩洛哥找专家，采用注射休眠疗法，白费了3个星期也不见好转。最后，他秘密去法国，找到神经病理学奠基人格·拉德就治。长时期的失眠使博卡萨陷于精神崩溃的边缘，从此开始沉湎于"火烤全人""狮吞活人"的游戏，使中非回到原始社会的野蛮状态。这件发生在人类20世纪历史中的事件让全世界震惊而愤怒。过分的权力集中，过度的独裁统治，使博卡萨在权力巅峰上精神变异，这也值得世人深思。

八国联军使用毒气弹

英、美、德、法、俄、日、意、奥侵华的八国联军进攻天津发生在1900年7月，当时的战争过后留下了诸多疑点，至今仍然难以解释清楚，其一：死者为何倚墙不倒？其二，英军曾经使用专门的毒气炮作为发射工具吗？其三，所放气体究竟是"绿气"还是"氯气"？其四，毒气炮如今流落何方？

以上这4个疑点如果被证实，将共同指向同一个结论——八国联军确实用过毒气弹。那么究竟史料是如何记载的呢？而且其时间要早于第一次世界大战，事实到底是否如此呢？

让我们先来看看历史遗留下来的4大疑点。八国联军进攻天津时，天津军民死伤惨重，而天津军民死伤的形状也颇为奇特。部分史料中有详细记载，颇让人心惊胆寒。清代的《西巡回銮始末记》中的描述详尽而细致："城内唯死人满地，房屋无存。且因洋兵开放列低炮之故，各尸倒地者身无伤痕居多。盖因列低炮系毒药掺配而成，炮弹落地，即有绿气冒出，钻入鼻窍内者，即不自知殒命，甚至城破3点钟后，洋兵犹见有华兵若干，擎枪倚墙，怒目而立，一若将欲开枪者，然及逼近视之，始知已中炮气而毙，只以其身倚钱在墙，故未仆地。"

照史料上记载，清朝官兵应该还是按照以往躲炮弹的方法，藏在掩体后面。但是，与以往不同的是，这次的"炸弹"爆裂后，绿烟弥漫，无论是否躲到掩体后面，只要闻到绿色烟雾的就会全部死亡。

第二，当年的《万国公法》明令禁止过使用一种叫作"列低炮"的武器，因为其屠杀人类非常残忍。然而，两门列低炮却经由英舰"阿尔及灵"号运载，于1900年7月10日出现在天津港海岸，并在7月11日投入到战斗之中。它们的到来还要从1900年春季说起，当时义和团以"扶清灭洋"为口号围攻英国在京驻华使馆，于是，英国海军中将西摩尔于6月10日率联军2000多人赴北京救援，在经过廊坊时受到重创，伤亡惨重。为了"制裁中国"，联军从南非战场上紧急调用了"列低炮"并迅速运往天津战场。

经过多方考证，这种列低炮炮弹炸处，绿烟四散，1米之内，人畜闻之即死。《万国公法》曾决定"战争中不得使用此炮"，当时签订的国家也包括英国，而现在它却违反国际公法。

到此，从各方面分析，结论逐渐明朗：英军从南非战场直接运到天津的"列低炮"就是毒气炮！那么，据此推测，毒气弹首次使用的时间应该是在南非，而不是以前所说的第一次世界大战。在世界史的相关资料中有关"英布战争"的记载显示，在南非东部的莱底斯战场上，英军就是使用这种炮毒死了很多士兵，加速了战争的胜利。

第三，绿色的气体究竟是什么呢？

氯气是一种具有强刺激性的黄绿色气体，大气中低浓度的氯气能刺激眼、鼻、喉；空气中含有万分之一的氯气就会严重影响人的健康。高浓度的氯气会引起人慢性中毒，产生鼻炎、支气管炎、肺气肿等，有的还会过敏，出现皮炎、湿疹等。根据史料记载所描述的情形，八国联军炮弹冒出的这种"绿气"极有可能就是"氯气"。如果氯气浓度极高时，人吸入则有可能马上窒息而死。

有关第一次世界大战中使用毒气弹的史料这样记到述：1915年4月，德军飞机向英法联军投下氯气弹，炸弹落地后，腾起团团黄绿色的浓烟，迅速向四周弥漫。靠近毒气弹的英法士兵纷纷倒下，头晕目眩，呼吸紧张，紧接着便口角流血，四肢抽搐起来，死后的人大多数还保持着生前的姿势。史料上的描写与八国联军在天津使用列低炮进攻清军后的情况极其相似。由此，不难断定，八国联军在天津使用的就是氯气弹。

那么，当年的列低炮如今又下落何方呢？这将是解开谜底最有力的证据。

在那次炮攻天津之后，史料中再也没有发现关于列低炮的记载，也没有发现联军使用毒气弹的记载。天津也成为唯一受过列低炮伤害的城市。那么这两门炮究竟去哪儿了？会不会是在战斗中被清军摧毁了？如果不是，那么在进攻北京的过程中又怎会没用到这种极具杀伤力的武器呢？如果是因为顾忌《万国公法》的约束，那么在天津的使用又怎么解释？一种比较可信的说法就是被清军炮击摧毁了。

这种被怀疑为毒气弹的武器在很大程度上促进了八国联军的胜利，根据相关专家的考证，毒气炮在天津至少使用了 3 次。1900 年 7 月 11 日，是第一次使用的时间。英国"奥兰度"舰准尉 G. 吉普斯在《华北作战记》文中提道："星期三（7 月 11 日）凌晨 3 点，中国人大举进攻车站，决心要攻下它。他们在黑夜中前进，终于到达车站……我们从大沽运来的 4 英寸口径大炮第一次使用上了。"当时，洋人已经顶不住武卫军和义和团针对老龙头火车站的共同进攻。于是，英军就从织绒厂后面向驻扎在陈家沟的武卫左军大营和攻打火车站的清军及义和团施放了毒气弹。绿烟飘来，数百士兵以及尚未分发的 600 匹战马均无一幸免，铁路旁的义冢堆尸如山。

日本天皇的日常生活

在常人眼里，高高在上、养尊处优的皇帝的婚姻应该十分顺利，然而，日本裕仁天皇的婚姻在战功前却经历了三大障碍：色盲事件、亲王去世、关东大地震。最终才终于成功，当时就有人感慨地说："真是越过了多少高山大川才达到这一步啊！"

任何一代天皇，最关心的就是继承人的问题，这不仅关系到国家今后的发展，而且也是天皇对列祖列宗应尽的义务。但是，皇后在婚后接连 4 胎生的都是公主，真是愧对祖宗。那个时代，科学还不太发展，人们还不知道染色体是什么东西，因此，他们把不会生儿子的责任全部推到皇后身上。所以，皇后自己也对此感到羞愧难言，埋怨自己不争气。不过，天皇总是安慰她说："我不介意，还有秩文宫和高松宫嘛（天皇的胞弟）！"

裕仁天皇对于此事从不介意，但是日本国民却没有如此宽容，他们十分介意此事。1933 年，裕仁皇后终于又怀了第 6 胎（第 5 胎流产了），幸运的是，这胎是男婴。皇后在饱受 10 年的委屈之后，终于用铁一般的事实向日本全国证明了她完全有能力生下皇太子。此时此刻，皇后真是万分感慨，感谢上苍赐下太子。从此，她可以毫无愧色地昂起头来做人了。

裕仁夫妇在生下了太子后，又生了次子义宫正仁和公主清富贵子，这样，他们就拥有了 7 个孩子。虽然他们很爱自己的孩子，但皇室的传统规定子女不得与天皇夫妇居住在一起，所以使得裕仁夫妇失去了平民百姓家那样的天伦之乐。

英国女王"站功"非凡

要想成为一个好的国家领导者，必须具备各种各样的本领。在这些本领当中，最基本的是哪一条呢？如果问英女王这个问题，她肯定会回答说：站功。

女王在每一年当中都会收到数以千计的邀请，如：参观学校、教堂、医院、托儿所、展览和部队驻地，为运动会开幕。轮船下水、建筑物竣工和慈善义演等主持仪式，以及出席各种各样的宴会和招待会。在这些礼仪活动中，女王一般一站就是几个小时，而且始终面带微笑且保持同一种姿势，仿佛一尊永远站立不动的塑像。这种站功，一般的人是可望而不可即的。

那么，女王的站功是怎么来的呢？很显然，这些本事不可能是数日之功，肯定与她从小受到的严格训练有关。

"静站"这项训练非常辛劳，而且苦不堪言。按照王室规定，她必须在指定位置上摆好优雅的姿态，不能左顾右盼，不能随意走动，而且始终保持笑容。这种训练一般都要在1个小时左右。这种训练往往累得她腰酸背痛、手足麻木。这对一个年仅十来岁的姑娘来说，实在是一种难以忍受的"折磨"。后来，伊丽莎白回忆说，那时，她特别渴望回到父亲即位前那种自由自在的生活中去。因此，她经常向上帝祈祷，盼望父亲早点为她生一个弟弟下来，使她能够摆脱这种"折磨"，但未能如其所愿，从而才使得我们能够有幸瞻仰这位女王的站功。

泰坦尼克号的沉没

电影《泰坦尼克号》自上映以来，在全球引起了巨大的轰动。人们在感叹影片宏伟的场面和感人的爱情故事的同时，也再次掀起了探讨泰坦尼克号沉没之谜的热潮。

泰坦尼克号是由著名船舶设计师托马斯·安德鲁斯设计的，该船是当时世界上唯一超过万吨的巨型客轮，全长259米，宽28米，泊位46328吨，排水量66000吨。船舱内设备齐全，豪华舞厅、酒吧、吸烟室、游戏厅、游泳池等均达到世界先进水平。地面上铺有厚厚的阿富汗纯毛红地毯，天花板上悬吊着豪华灯饰，墙壁上装饰有淡雅素洁的图画，在当时人们的心目中，泰坦尼克号是名副其实的"海上皇宫"。

1912年4月10日，在人们的欢呼声和乐队的礼乐声中，泰坦尼克号开始了它的首次航行。它从英国南安普敦港出发，船上共有2224名乘客，其中有不少知名人士和行业精英，如创建了著名的美国梅西百货公司的约翰·雅各布·阿斯特和伊希多·施特劳斯，巨轮的设计师托马斯·安德鲁斯等，还有很多的暴发户，乘坐泰坦尼克号首航在人们看来已成为身份的一种标志。泰坦尼克号犹如一位尊贵的"海上皇后"，起锚后在大西洋上平静地航行了4天。如果一切顺利，按计划到达目的地——美国纽约还有3天，而且横渡大西洋的新的航海速度也可能由泰坦尼克号来创造。此时此刻，快乐与兴奋之情洋溢在船上每一个人的心中，无论是船员还是乘客。

4月14日夜，泰坦尼克号正以高达每小时23海里的速度行驶着，观察员突然发现有一座巨大的游离冰山正靠近船体的前方，他迅速提醒舵手躲闪，然而太晚了，只听一声巨响，船体开始大幅度摇晃，船舱内发出各种响声，器皿纷纷坠落，人们的叫声更是尖锐恐怖。不久海水涌进船舱，许多人还在睡梦中，不知发生了什么事情。船上乱作一团，走廊里、甲板上、楼梯口处，挤满了不知所措的乘客，他们有的跳海，有的抱着桅杆不放，有的争先恐后地往橡皮筏上跳。

凌晨0时15分，第一道SOS求救信号从泰坦尼克号上发出，随后救生艇被有步骤地放到海里。人们争先恐后地跳到救生艇上，人性自私的一面在恐惧面前一览无余。船长史密斯为了控制局面决定和其他绅士一起先把生的希望让给妇女、儿童，男人们后上救生艇。凌晨2时20分，连同1500多名乘客和船员，"永不沉没"的泰坦尼克号葬身大西洋海底。

灾难发生后，西方国家媒体迅速以大量篇幅报道了沉船事件，对于沉船的原因和场景描述各式各样，莫衷一是。其中有一种"木乃伊诅咒"的说法充满了传奇色彩。

大约在 1900 年前后，考古学家在埃及古墓中发掘出一具刻有咒语的石棺，其文如下"凡是碰到这具石棺的人，都会遭难。"可科学家们并没有理会这些，他们打开了石棺，展现在他们面前的是一具木乃伊。

他们把石棺运回英国并在大英博物馆中展出。不久参加考古工作的成员莫名其妙接二连三地死去。一时间，关于木乃伊显灵的说法此起彼伏。大英博物馆也被迫把展览取消。10 年后，一位富有的美国人希望高价收买石棺和木乃伊并如愿以偿，当时正值泰坦尼克号首航，于是他便将他的"宝贝"运上了泰坦尼克号。可惜谁都没有注意到，在石棺上刻着的最后一句咒语是"将被海水吞没"，连上前面的咒语就是"凡是碰到这具石棺的人，都会遭难，将被海水吞没"。

当然，这种说法缺乏科学依据，科学家在寻找更多的证据来揭示泰坦尼克号的沉没之谜。

1985 年 8 月，泰坦尼克号的残骸被海洋地质学家找到。他们发现，沉没时船体被分裂成两大块的泰坦尼克号只剩下船头和船尾了。1991 年在泰坦尼克号沉没现场，海洋地质学家史蒂夫·布拉斯科和他的同伴将一块船壳钢板打捞上来。这块钢板碎块的边缘非常不整齐，他们在实验室里检验了钢板，结果表明，泰坦尼克号船壳钢板的质地有很大的易碎性。人们有理由相信，船体的沉没是冶炼技术问题造成的，正如史蒂夫所说，"那时的造船技术超前了，但冶金技术没有跟上。"

世界上许多船舶设计工程师也极为关注这一沉船事件。他们对各种报道进行搜集分析，推断应该是部分船舱施工建造不符合要求，以致遇到冰山后船体内的钢板被冰山撞扁，铆钉松动，并将船体从接缝处撕裂。

由此人们似乎找到了泰坦尼克号沉没的原因，但人们依然在寻找更多的沉船因素。据说，在沉没的前一天，泰坦尼克号曾收到过几次有关航线途中发现浮动冰山的报告，但船长等人并未对此给予足够重视，致使在有大量浮冰和游离冰山的海面上泰坦尼克号仍然保持高速行驶，最终遭遇不幸。而更让人震惊的是，为了表示自己设计的坚固，设计师居然不按船载客人的基数配备救生设备，致使灾难发生后出现救生艇根本容不下那么多客人的局面，最终使 1500 多条无辜的生命葬身海底。

《苏德互不侵犯条约》被疑附有秘密议定书

英国《曼彻斯特卫报》于 1946 年 5 月 30 日登了这样一则让人震惊的新闻：1939 年《苏德互不侵犯条约》附有一项秘密议定书，而且对其内容予以了披露。

不少西方学者推测 1939 年《苏德条约》附有秘密议定书。例如英国著名学者阿诺德·托因比等人编的《大战前夕，1939 年》一书载有《苏德互不侵犯条约》的秘密议定书的主要条款。法国当代著名史学家让—巴蒂斯特·迪罗塞尔在其《外交史》中断言：《苏德条约》存在着无可争议的秘密议定书。原纳粹德国上将蒂佩尔斯基希在其《第二次世界大战史》一书中叙述了关于希特勒将部分波兰领土划给苏联、对与苏联接壤的东欧小国不表示兴趣的问题，他实际上谈到了西方国家公布的《苏德条约》的秘密议定书的一些内容。英国学者艾伯特·西顿在其《苏德战争，1941 ~ 1945 年》一书也有《苏德条约》附有一份草率拟就、措辞模棱两可的秘密议定书的叙述。美国学者威廉·夏伊勒在其名著《第三帝国的兴亡——纳粹德国史》中还对《苏德条约》的秘密附属议定书的主要内容予以列举。奥地利的布劳恩塔尔也对《苏德条约》附有秘密议定书的说法持肯定态度。

中国一些学者近年来也认可《苏德条约》附有秘密议定书；有些学者还在书中介绍了西方国家公布的《苏德条约》的秘密议定书的内容。

但是，有关《苏德条约》的秘密附属议定书在苏联的出版物中至今尚未见到。1948年2月，苏联情报局在题为《揭破历史捏造者（历史事实考证）》的文件中对英、美单方面公布德国外交文件予以反对。收入《苏联对外政策文件汇编》第四卷的苏德互不侵犯条约中没有涉及秘密附属议定书的条款。阿赫塔姆江等人的《苏联军事百科全书》在谈到《苏德条约》时对秘密议定书没有提及。鲍爵姆金领导编写的《外交史》第三卷和维戈兹基等人编著的《外交史》第三卷也只字未提秘密附属议定书。萨姆索诺夫主编的《苏联简史》也持同样说法。曾参与1940年苏德谈判的别列日柯夫在其回忆录中不仅没有提《苏德条约》附有秘密议定书，而且认为："对1939年苏德条约问题，虚假报道堆积如山。"德波林主编的《第二次世界大战史》引用了1939年8月24日苏联《消息报》所发表的《苏德条约》的条款，不但对秘密附属议定书一点儿也没提到，而且批评说："资产阶级世界有人陷于伪造的泥潭而不能自拔，继续就条约和苏联的目的撒谎。"

中国学术界在有关苏联对《苏德条约》的秘密议定书的问题上有两种不同的说法：一种是认为苏联并未否认其存在；另一种是认为苏联否认其存在。

这样，1939年《苏德条约》是否附有秘密议定书的问题就成为人们争议的一个热点问题。弄清这个问题对于正确评价战前国际关系、深入了解第二次世界大战史具有十分重要的意义。

希特勒的"孩子敢死队员"

一个模样可爱的小男孩向一个美国兵走去。他很有礼貌地向美国兵问好，问是否可以给他一块巧克力。那个美国兵可能出于习惯，就将手伸进衣兜。这时，小男孩拔出手枪，向美国兵开火。美国兵当场被打死。

这就是在希特勒煽动下的本该纯真活泼的孩子吗？进行少年的"十字军"东征，将他们武装起来，一直是希特勒煽动和利用德国青少年，把他们当作可以利用的政治力量的险恶目的。希特勒在《我的奋斗》一书中这样煽动说："捕食的猛兽啊，眼睛里将再次发射出自由灿烂的光芒。"于是，不计其数的德国青年聚拢到希特勒的旗下。

1944年11月，一份命令所有1929年到1930年出生的男孩参加莱茵河沿线游击战的文件由德国青年团发出。在这一号召下，大批男孩进入了专门的训练基地接受训练。纳粹教官们教他们如何散发传单、切断敌人电话线、如何使用毛瑟枪、机关枪和手雷。这就是新建特殊少年民兵营的主要日常生活。这种军事化的训练使得一些少年在很短的时间内就成为战场上致命的杀手，特别是在1945年的头几个月，一些年龄更小的孩子，有的只有十一二岁，也悄悄地加入训练营，并开始在敌后从事各种破坏和恐怖活动。

为了掩盖身份，少年"敢死队"队员都身着便装，这样不但不会引起美军士兵们的怀疑，而且也容易在衣服里藏手枪、刀子甚至手雷这样的战斗武器。1944年12月底，纳粹的少年"敢死队"开始了疯狂的袭击。

类似文章开头那个小男孩向美军开枪的事件曾发生过很多，以致谈到这些小男孩的袭击时盟军的士兵们不寒而栗。因为这么近的距离，小男孩是不会失手的，一旦碰上几乎是必死无疑。还有些情况，一群少年集体行动，他们埋伏在路边，当美军的运输车队行驶过来的时候就发动袭击。这样的伏击战往往给美军造成很大威胁。有一次在比利时南部，经过几分钟的交火，美军死1人，伤4人。但是，车队继续向前行驶了一段之后又被迫停了下来，因为前面的桥被炸了。

希特勒

在进攻德国时，美军的推进严重受阻。这种阻力的主要来源就是那些疯狂的少年。他们搜集情报，转换路标，切断电线，撒铁钉，埋地雷，设陷阱，袭击盟军的车队，个个发誓要为他们"伟大的帝国和元首"战斗到最后一个人，要把美国佬全部干掉。少年的游击战成了美军士兵公认的重大威胁，尤其是纳粹的小侦察兵们给美军带来的威胁更大。

这些男孩深受纳粹毒害，为了"元首"，他们不惜献身，这是许多接触过这些狂热少年的美军士兵的最深感受。一名美国军官回忆：一个男孩发射火箭弹差点就把我们的坦克摧毁。等抓住这个小家伙的时候，我被气坏了。他跌倒在草地上，一边哭一边说"我应该为元首而死的"。有类似的事情发生的时候，许多美军军官把这些小男孩放了，可是一转眼他们又重新加入各种民兵组织，继续为他们的"伟大元首"而战。

20世纪20年代初期德国青少年运动开始发展。到了20世纪30年代，随着德国经济的复苏和军事力量的强大，青少年运动蓬勃发展，声势也越来越大，从最开始的停留在某种喊口号的狂热阶段逐渐向大规模标准军事组织过渡，青少年开始接受纳粹国防军和党卫军严格的军事训练。到1942年，德国有100多万名男孩参加了射击训练，为此还专门建立了少年军训营。他们都在军训营里经历了基本的步兵科目训练，出去后主要承担空袭报警、向导和救火的任务。1943年时，他们走上了高射炮手或者装填手的岗位。这时女孩子们也加入进来。1944年6月盟军在诺曼底登陆之后，少年自卫队在纳粹总参谋长赫尔穆特·墨克尔（Helmut Mockel）建议下组建起来，以纳粹"少年英雄"赫伯特·诺库斯 Herben Norkus）的名字命名，其任务是打击国内的投降派，并在德国边界开展游击战、恐怖暗杀和侦察活动。

1945年4月，希特勒大势已去，但是这些少年"敢死队"却不甘心失败的命运。他们根本不考虑希特勒即将灭亡的事实，继续在盟军经过的主要道路上设陷阱，在盟军可能入住的大型建筑物里埋地雷，只要有机会，不论何时何地，他们都会向盟军发起袭击。在被盟军围困的城市和乡村里，他们在墙壁和电线杆上张贴标语，扬言如有投降者，格杀勿论。他们还把那些盼望战争快点停止的人当作投降派，绑起来毒打，甚至杀害。

有一次，在奥尔登堡附近，一伙少年突袭了英国的车队。当时 16 岁的赫尔穆特·皮斯特拉也在其中。后来他回忆道："我们躲的时间太长了，食物和弹药都快用光了，许多人都快顶不住了。但是敌人来了，我们毫不犹豫地冲上去。唯一的反坦克火箭筒交到我们的头儿手里。英国车队驶过时，他向其中一辆装甲车开了火，而且他成功地摧毁了那辆装甲车。这时很多人开始拼命地逃跑。但是有几个胆大的仍然在向敌人开火，直到用光他们的弹药。"

1945 年 5 月德国战败，数千名疯狂的激进少年躲进巴伐利亚南部山区，继续抵抗，然而这些少年心中的希望却越来越渺茫。在随后 6 个月的围困中，美军在这些山区搜捕了大批的少年。至今，盟军的士兵们还对那些疯狂少年的袭击记忆犹新。他们中有些向美军缴械投降，有些还在顽抗。每当他们进入一个村庄或城镇，他们常常会遭到这些少年的伏击。这些孩子比那些成年人更危险、更狂热、更愿意为了他们的"元首"献身。然而随着纳粹帝国的土崩瓦解，希特勒的少年"敢死队"组织最终也走向了灭亡，究竟有多少少年牺牲在希特勒的蛊惑之中，至今既没有准确的统计数据，也没有幸存下来的人站出来说明什么，一切都已经尘封在历史的长河之中。

纳粹匿藏宝藏

1945 年 3 月底，第三帝国危在旦夕，纳粹元首希特勒正在进行最后的挣扎，为了有朝一日能东山再起，他命令其副手马丁·鲍曼负责设计一个转移柏林庞大的黄金储备和价值连城的艺术珍宝的方案。

马丁·鲍曼接到希特勒的指示后，经过周密部署，最终决定把这些财宝分批运送出来，一批运往色林吉亚丛林地区，另一批运往巴伐利亚南部。一方面，分批运送可以减少人们的注意，如被发现也可减少损失；另一方面，南部的这两个地方相对比较安全，背靠阿尔卑斯山，完全可以在柏林失守后作为负隅顽抗的据点。

让马丁·鲍曼始料不及的是，巴顿将军的装甲部队行动神速，运宝队刚到色林吉亚，盟军就跟了进来。希特勒匆忙下达了一项"就地隐蔽和疏散"的指令，于是这批财宝被仓促地隐藏在色林吉亚南部马克斯村附近的凯塞罗盐矿中。

1945 年 4 月，赫伯特·埃纳斯特少将率领隶属巴顿第 3 军团第 7 军的第 90 师装甲部队开到了色林吉亚，挖宝行动迅速展开。他们在那里找到了 550 只装有 22 亿德国马克的布袋，然后又在离地面 2000 英尺的矿洞中找到一批艺术珍品和许多罕见的古代制服，就此拉开了寻找纳粹宝藏的序幕。

4 月 8 日，他们又在一个 150 英尺长、75 英尺宽的地窖里找到了大约 7000 只口袋，口袋里面装满了金锭和金币。除此之外还有大捆的纸币以及金银假牙、表匣、眼镜架、结婚戒指和一串串珍珠项链等。很明显这些都是从战败国以及集中营的被害者那儿劫掠来的，其中黄金约有 250 吨，艺术珍品 400 吨，几乎欧洲所有纸币币种在地窖中都能找到。

运往色林吉亚的这批德国财宝已经找到，那么另一批财宝又在巴伐利亚南部的何处呢？

美军的情报人员从德国间谍那儿得知，用飞机押运的珠宝埋在了得克森附近的山脚下，同时运送财宝的代号为"杜哈"的专列和5辆卡车在到达巴伐利亚时也被盟军顺利截获。然而是否还有其他的黄金被运走了呢？

据说4月13日一架满载珠宝的飞机在党卫军将军斯潘卫的押运下飞往德国南方，同时载着52亿德国马克和黄金的两辆列车也随之驶离柏林，其代号为"杜哈"和"鹰"。除此之外，还有5辆装满珠宝的大卡车也离开了柏林，据说其目的地是距慕尼黑西南50千米的柏莱森堡的一个矿井。

盟军马上开始着手寻找那批代号为"鹰"的专列所运走的黄金。不久在密顿华特村附近爱因西特尔山上的一个山洞里，盟军发现了一处数量为1吨左右的纳粹金库，被证实是"鹰"专列上运送的那批财物。可令人百思不得其解的是，其数量为何如此之少。其他的大批财宝都到什么地方去了呢？有三种可能：一是分批藏起来；二是被人在路上抢走一部分；三是有人已发现了一些并取走。

经过一番调查，最终确认为第二种情况，即一大部分被别人抢走了。

失踪的黄金就此不知去向。多年来人们对它的下落发表了许多看法：

有人说，这批黄金很可能是德国人勾结美国军队，经过一番密谋后抢掠走的。他们甚至指出，这个集团在1945年6月7日从爱因西特尔山洞中搬走的金锭多达728块。五角大楼的发言人对这种说法提出批评，一再说这是无稽之谈。不管美国军方怎样为自己辩解，他们都无法抹杀曾组织过300多名人员专门调查此案的事实。而且爱因西特尔山洞的黄金失窃一事也被记载在美军第3军团的档案中，白纸黑字，无可否认，就连军队内部的一些官员也存有"不排除其中一部分落到非官方手里的可能性"的看法。

同时，另外一些人更执着地搜集着材料，从而较为详细地提供了这批黄金的下落：

1945年6月初，有两个自称为"德国平民"的神秘人物向第3军团驻密顿华特地区的指挥官麦肯齐少校透露了纳粹黄金藏匿的地点。麦肯齐听到这一消息，迅速与上尉博格开着一辆卡车前往藏匿地点。这两个"德国平民"所报告的事情属实，他们确实找到了黄金，并尽可能多地将这些黄金上搬车，途中，博格上尉将司机枪杀。两天后，有人发现他们分别化名尼尔和哈普曼躲藏在瑞士一个名叫维兹瑙的地方。也有人说，1946年5月博格又逃往南美，在那儿的一个大农场里过着神仙般的隐居生活。

黄金真是被麦肯齐与博格掠走的吗？由于没有更确凿的证据证实这一点，黄金失踪案恐怕仍然是美国陆军部卷宗上一宗无法破解的悬案。

"诺曼底"号巨轮被纳粹烧毁

1941年的深秋，法国巨轮"诺曼底"号静静地停泊在纽约港的88号码头，这个码头在哈得森河上，离繁华的42街不远。"诺曼底"号长达313.8米，仅比英国的"伊丽莎白皇后"号短0.61米。1939年9月1日，当它在公海上航行时，德国发动了对波兰的进攻，但它还是安全地驶进了纽约港。

"诺曼底"号在港口停泊一天就要花掉船东1000美元，因此，船上只保留了极少数船员以保养马达等重要设备。没有人想到会有人对该船进行破坏或纵火。"诺曼底"号的设计师魏德米·亚克维奇甚至认为,该船是有史以来建造的船只里防火性能最好的一艘。

在德国,希特勒的德军早就盯上了这只法国船。1940年6月3日,法国向德国投降。在这之后的两周,德军反情报机构的头目卡拉瑞斯的间谍机构阿勃韦尔就向纳粹在美国的间谍发出了命令:"严密注意'诺曼底'号!"希特勒和他的高级将领明白,美国一旦加入对德战争,这艘法国巨轮一次就能够运输12000名美国海军士兵到欧洲参战。

纽约市沿海地区和新泽西的港口城市是纳粹分子活动的温床。在一间间凌乱肮脏的小客栈里,住着从世界各地来的海员,其中有许多纳粹间谍和纳粹同情者。这些地方中最臭名昭著的一家是新泽西"高速公路客栈",另外两家是曼哈顿的"老牛肉"酒吧和新泽西的"施密德的吧"。"施密德的吧"里的一个侍者是德国间谍,他每次都伸长耳朵贪婪地听海员在喝多了酒后所泄露的海上消息。

1941年12月7日,日本偷袭了珍珠港。4天后,希特勒让德国议会不经表决就通过了对美国开战的宣言。他对他的副手叫嚣说:"我们总要首先开战!我们要永远打响第一枪!"

就在同一天的晚些时候,希特勒的密友、意大利独裁者墨索里尼也对美国宣战。

就像希特勒和他的高级将领所担心的那样,美国海军立即征用了"诺曼底"号,并对它进行了改装。许多人都热烈支持将该舰改装成军用运输船,大约有1500名民工像蝗虫一样涌向该船进行改装工作。

改装任务非常紧迫,必须在1942年2月28日以前完成。完成后,该舰将在舰长罗伯特·考曼德的率领下,驶离纽约港去波士顿。在那儿,它将要装上1万名士兵和他们的武器装备去大西洋沿岸的某个地方——毫无疑问,它的目的地将是英国。

但是,2月9日下午2时34分,"起火了"的喊声突然从船上响了起来。这时候,距"诺曼底"号远征欧洲只有3周的时间了。人们匆忙扑上船去灭火,但是,当天是一个大风天,火势很快就失去了控制,人们眼睁睁地看着火漫过了甲板,不到一个小时,整个船就变成了火的海洋。

火势不断蔓延,将近3000名民工、船员、海军士兵和海岸警卫队成员爬过"诺曼底"号的船舷,吊下绳子,顺绳子跳到码头上,有的干脆直接跳到踏板上逃生。纽约市的消防队员发誓说,这是他们见过的最猛烈的大火。

大约有3万纽约市民聚集到第12街观看这场大火。在他们中有一个头发花白个子矮小的老头,他就是"诺曼底"号的设计师魏德米·亚克维奇。他的脸上布满了愁容。因为他浓重的口音,警察没有让他通过警戒线到船边。实际上,就是魏德米·亚克维奇也对大火中自己的杰作无能为力。凌晨2时32分,"诺曼底"号终因灌水太多、倾斜过度而翻了过去,就像一条搁浅的大鲸鱼,躺在哈得森湾的水面上。

在每一条船都显得非常重要的时候,美国失去了一条最大的船,并有1人死亡,250人受了擦伤、扭伤、摔伤以及眼睛和肺部的灼伤。

一个如此巨大的海轮,在有大量防火设施的情况下,能够爆发大火,并在几小时内变成一堆焦炭,让几乎所有美国人都坚信有纳粹破坏分子渗透到船上,为了不可告人的目的，纵火烧毁了这条船。

珍珠港事件是罗斯福的"苦肉计"

珍珠港事件为何能发生，综合实力上落后于美国的日本，竟能从几千公里之外成功地突袭成功，这实在让人难以理解，难道其中另有隐情吗？对于这起美国历史上最惨痛的失败，长期以来，各国历史学家有着不同的说法。其中，有相当一部分研究者提出一个惊人的观点：珍珠港事件之所以发生，其实是美国总统有意设计的"苦肉计"！

第二次世界大战结束以后，由于不断有一些当事人将一些内幕公之于众，越来越多的人相信，其实美国早已获知日军的偷袭计划。他们认为，罗斯福之所以设计这一"苦肉计"，也确实出于无奈。因为当时美国国内孤立主义思想非常严重，使得罗斯福总统很多援助英、苏、中等国的计划受到掣肘。而作为极富远见的杰出政治家，罗斯福很清楚，如果不及时援助正在艰苦奋战的英、中、苏等反法西斯国家，等到轴心国确实控制了欧亚大陆后，美国将无力独自抵抗已经根基牢固的德、意、日轴心国。尽管从历史的选择看，美国早参战比晚参战有利，但国内的孤立主义只图眼前利益，不愿参战。所有这些因素逼迫罗斯福不惜以珍珠港为代价，来唤起民众的正义感，也粉碎孤立主义的幻想。

首先，从现有材料看，美国人当时已破译了日本的外交密码和至关重要的海军密码。早在1941年初春，美国人在一艘日本油轮上截获了一套完整的日本海军密码本。因此，在珍珠港事件之前，已经掌握了日本海军密码的美国高层决策者，不可能对日本的海军行动一无所知。很多人因此深信，罗斯福事先肯定知道了日本要偷袭珍珠港的情报。据说，有一位叫劳伦斯·萨福德的美国海军情报官，当时就破译了日本海军部海军军令部的密码，他们第一时间探听到日本的联合舰队正向珍珠港方向开进，并将这个情报通过美国海军作战部长斯塔克海军中将，送到了罗斯福那儿，而罗斯福看了这个情报后只说了一句知道了，就再没有下文。1941年12月6日，华盛顿方面曾破译了一份由14部分组成的电文的13部分。在读完了这13部分的内容后，罗斯福马上找来了他的首席顾问哈里·霍普金斯说："这就意味着战争。"事实上1941年时，美军的密码专家威廉·弗里德曼所领导的机关"魔术"，已能截获并破译出绝大多数日本人用九七式打字机发出的"紫色密码"外交电报。这些电报中就包括许多有关珍珠港的情报，例如：1941年9月24日，日本海军通过外务省致电檀香山总领事馆，要求了解美军太平洋舰队军舰在珍珠港的停泊位置；11月15日，日本外务省要求驻檀香山总领事馆每周至少报告两次珍珠港美军军舰的动向；11月18日，日本驻檀香山总领事馆向外务省汇报了美军军舰进珍珠港后航向变化角度和从港口到达停泊点的时间；11月28日，日本外务省要求檀香山总领事馆销毁密码和密码机；12月2日，日本驻檀香山总领事馆用低级密码继续报告美军的一举一动等等。随后，"魔术"就将最重要的情报由特别信使及时递交给总统、陆军部和海军部的部长、作战部长、情报局长、国务卿等军政首脑，而其他人极少能接触到这些情报。

还有一些说法认为，英国方面也早就破译了日军企图偷袭珍珠港的密电，但英国首相丘吉尔却有意扣留了情报，而其目的就在于迫使美国参战。最有力的证据就是，英国首相丘吉尔在得知珍珠港遭偷袭后的日记里写道：这是一个好消息！

当时，在掌握了日本舰队正在驶近夏威夷的情报后，罗斯福和他的顾问班子面临着3种选择：一是向全世界公布日本特遣舰队已经驶近，这样日本舰队调头退回日本；二是通知太平洋美军，命令他们做好战争准备；第三就是保密，让日本舰队继续驶向珍珠港偷袭。而罗斯福等最终选择了第三种，就是因为一方面他们相信驻防珍珠港的美军太平洋舰队能够抵抗日本人的进攻，而另一方面会刺激那些孤立主义者的神经。于是，华盛顿方面并没有将情报通知太平洋舰队司令金梅尔海军上将和夏威夷基地司令肖特陆军中将。对此，金梅尔将军后来在接受调查时曾指责海军部扣下了珍珠港将可能遭受袭击的有关情报，直接导致了1941年12月7日的灾难。

其次，事件发生之前，美国高层所下达的一系列奇怪的命令让人生疑问。一是在1941年初，将太平洋舰队包括1艘航空母舰、3艘战列舰、4艘巡洋舰、17艘驱逐舰在内的作战力量调拨给了大西洋舰队。此外，海军部还把舰队中素质最好的指挥官和水兵也成批调往大西洋舰队。为此，金梅尔曾多次向海军作战部长斯塔克陈述加强太平洋舰队实力的重要性。他在1941年9月12日写给斯塔克的信中言语恳切地说："一支强大的太平洋舰队，无疑是对日本的威慑，而弱小的舰队也许会引来日本人。"但海军部却丝毫不理会金梅尔的呼吁。更奇怪的是，当日本飞机对珍珠港狂轰滥炸时，太平洋舰队的主力——3艘航空母舰恰巧全部外出，因此逃过劫难。二是事变前美国方面曾向珍珠港紧急调集医务人员和药品。1995年9月5日，当时的美国总统克林顿曾收到一位名叫海伦·哈曼女士的来信。信中称，曾在第二次世界大战中任美军后勤部副主管的父亲向她讲述过一些关于珍珠港事件的惊人内幕：珍珠港事件爆发前不久，罗斯福总统紧急召开了一个由极少数军官参加的秘密会议。总统在会议上透露了一个惊人的消息：美国高层已经预见到日本海军将要偷袭珍珠港，可能造成大量人员伤亡和财产损失。他命令与会者尽快准备将一批医务人员和急救物资集结到美国西海岸的一个港口，随时待命启运。罗斯福总统特别强调禁止将会议内容向外透露，包括珍珠港的军事指挥官和红十字会的官员。面对与会官员的惊讶与不解，罗斯福解释说，只有当美国本土遭到攻击时，犹豫不决的美国民众才会同意他宣布投入战争。为了查证该女士的说法是否属实，美国红十字会夏威夷分会的工作人员对该会1941年至1942年财政年度报告的影印件和有关国家档案进行了查阅，结果也意外发现，美国红十字会和美军后勤医疗部队在珍珠港事件前一两个月确实曾进行过非常规的人员和储备物资紧急调动。这批额外补给，在偷袭珍珠港事件后的急救工作中发挥了重要作用。有关人员还从夏威夷红十字分会会长阿尔弗雷德·卡瑟尔的弟弟威廉·卡瑟尔的日记中发现，12月6日，夏威夷分会的全体人员奉命战备值班。这封信在当时引起了很大轰动，但由于哈曼不是当事人，而她父亲史密斯也已于1990年去世，所以人们对这一材料还有所怀疑。

另外，一些相关当事人的回忆，似乎也在向人们昭示这事情的真相。约翰·莱尼夫，一位荷兰退役海军上将，在其临终前曾向人们透露了他所知道的珍珠港事件内幕。1941年12月2日，时任荷兰流亡政府派驻华盛顿上尉武官的莱尼夫去找美国海军情报局的朋友聊天，闲谈中，一位美国海军情报军官指着墙上的一幅地图对他说"这里是日本特遣舰队正在东进的地方。"这使他大吃一惊。6日下午，莱尼夫再次来到海军情报局打听情况时，一名军官将手指指向墙上宽大的海图上，告诉他日本人正在离檀香山约400英里的地方。第二天，战争就爆发了。

人们还得知，就在珍珠港事件发生的前一天晚上，面对迫在眉睫的战争阴云，美国海军部长诺克斯、海军作战部长斯塔克、陆军部长史汀生、陆军参谋长马歇尔和商务部长霍普金斯以及总统罗斯福等人，竟少见地聚在白宫，一同消磨时光！以上种种疑点，再结合当时罗斯福等人的表现，使所谓"苦肉计"的猜测变得更加可能。因为在珍珠港惨败的消息传到华盛顿后，罗斯福立即召集阁僚开会讨论，而多年后人们在整理当年的纪录影片时竟发现：当陆军部部长史汀生走进白宫时，嘴角竟流露出一丝得意的微笑。

除了美国的一些研究者坚持这样一种观点之外，尤其是战争的发动者日本人，似乎也更倾向于相信这一说法。为了推卸战争责任，很多日本人坚信是美国人为了参加第二次世界大战，故意引诱日本人发动珍珠港事件的，《大东亚战争全史》的作者服部卓四郎和《偷袭珍珠港前的365天》的作者实松让就是其中的典型代表。

"二战"期间老布什差点被日军杀吃

第二次世界大战期间，美国前总统乔治·布什曾经和战友一起驾驶着几架美军轰炸机执行针对日本父岛列岛的轰炸任务，日军开枪将布什等人的飞机击落，机上的美军飞行员被迫跳伞逃生。但是，令人觉得不可思议的是，除了老布什一个人幸运地被美国潜艇救起，另外8名美军飞行员全部被日军俘获，并且对他们进行百般折磨，加以杀害。老布什侥幸逃脱的经历在美国可谓尽人皆知，但是，其他8名和他一起作战的战友究竟如何惨死于日军手下，却是一个保守了近60年的谜。

东京南部700多千米处的海面上坐落着父岛列岛，岛上驻有不少日军官兵。1944年9月2日，作为美国空军飞行员的乔治·布什只有20岁，当飞机被日军击中坠毁时，机上所有人员全部跳伞逃生，但是一个人——布什侥幸获救，另外8个人的遭遇则完全相反，他们全部被父岛列岛上的日军俘获并且受尽了各种折磨。更恐怖的是，其中4人居然被开膛破肚，肝脏和大腿上的肉被凶残的日本兵吃掉了。

空袭失败那天，最先被吃掉的是美军飞机话务员马弗，日军士兵用黑布蒙上他的眼睛，将他捆到一个新挖的坟墓前，然后"砰"的一下用剑把他的头直接砍了下来，顿时鲜血四溅，就在被杀掉的那一刻，马弗没有大声哭喊，而只是发出了一声很轻微的呻吟就死了。第二天，岛上的日军军官间条决定做顿"人肉宴"，由他和岛上的负责军官严吉雄一起享用。"人肉宴"的烹制是从外科医生寺木对马弗的尸体进行解剖开始的。一名曾经参与解剖的医生在战败后这样描述当时的过程：寺木先用刀切开了他的胸口，然后取出了他的肝。我负责从飞行员的腿上割下了一块肉，还在秤上称了一下。

就在马弗被肢解后，飞行员霍尔也惨遭毒手。间条得意地声称，用尖尖的竹子把霍尔的肝弄碎，然后用水煮，再加酱油、蔬菜，他说把他们的肝脏和大腿肉全部弄碎后再吃对胃有好处。

另外的两名飞行员并没有逃脱厄运，最初岛上的日军军官还让飞行员吉米做了一阵子翻译，数星期后，残暴的日军居然再次想起了"人肉宴"，于是，飞行员吉米和沃伦也被活活杀死了，另外 4 名美军飞行员虽然没有被吃，但是无一幸存，其中有一人是被日军活活用棒子打死的。

以上的叙述出自美国历史学专家詹姆士·布拉德利的著作《飞行员》，在其书中他率先披露了这一惊天惨闻。据说如今已经退休在家的老布什得知真相时，他的第一反应是不住地摇头，接着是长时间的沉默无语。布拉德利这样说："布什没有太多的震撼或惊恐的反应，毕竟他也是一名老兵，是经历过战火洗礼的一代人。"之后，老布什重返了位于东京南部 700 多千米的父岛列岛，他甚至十分难过地说："为什么就我一个人活了下来，难道真的是上帝在救我……这么多年了，我一直记得当年那些飞行员战友。"

作为唯一的幸存者，当时乔治·布什也从飞机上跳伞，同大伙一起落在海里。但是，幸运的是布什不仅没被日军俘获，而且遍体无伤、安然无恙地被一艘路过的美国潜艇救起。也许是大难不死必有后福吧，"二战"结束后，因其在坠毁之前，还准确地摧毁了日军一个关键的无线电台站，布什被授予"卓越飞行十字勋章"。从那以后，布什更是一路顺风，1948 年，他从耶鲁大学毕业，1971 年到 1972 年任美国驻联合国大使，1974 年任驻北京联络处主任，1976 年接任中央情报局局长，1980 年当选为副总统，1988 年底当选为第 41 任美国总统。

据说"二战"结束后，在关岛对日军进行审判时，日本战犯就已经供认曾经对 8 名美军飞行员实施过非人迫害，但是当时之所以保密了这些事实是为避免飞行员们的亲属过分难过和悲伤，于是美国政府只公布了他们全部遇害身亡的消息，而被害的所有细节一律被当成了"超级机密"。而布拉德利在着手写书之前是从作为审判的官方目击者，参与当年关岛审判的一名美国律师那里得到了不少手抄的审判资料，才开始有了写书的意向。他拿到的资料虽然零碎，但还是部分地记录了日军曾经供认的罪行，再加上一些日军战犯的一些证词，最终呈现给世人一个布拉德利版本的老布什逃生计。而书中又能够在多大程度上与历史真相重合恐永无定论。

山本五十六不是兰菲尔击毙的

1943 年，"伊号作战"结束后，山本五十六决定利用一天时间视察巴拉尔、肖特兰和布因等前线基地，以激励士气。让日军想不到的是，有关山本视察的详细日程安排的机密电报不仅被美国截获，而且他们引以为豪的极难破译的五位乱码只用数小时时间就被美军专家破译了，这份电报在无形之中也就成为山本的催命符。这也是美国军事情报领域在无线电破译方面继中途岛战役破译日军作战计划之后的又一辉煌成就。

美国太平洋战区总司令兼太平洋舰队司令切斯特·尼米兹清楚地知道，按照安排山本将进入瓜岛机场起飞的战斗机作战半径，正是干掉他的绝佳机会，如果干掉他，将给日本士气民心沉重打击。因为他不仅是日本海军中最出类拔萃者，而且由于他在偷袭珍珠港中的指挥得力，在日本政界和军界成为仅次于天皇和东条英机首相的第三号人物，被日本海军誉为"军神"。可是尼米兹没有因为兴奋而得意忘形。因为干掉山本不仅仅是军事行动，还牵涉到诸多的政治因素，因此一向谨慎的尼米兹仍不敢轻易拍板，而是请示华盛顿。

　　美国总统罗斯福在仔细征求了海军部长诺克斯和海军作战部长金海军上将的意见之后，授意可以干掉山本，但是为了维护美国的大国风范，一定要对截获日军情报的事情保密，制造伏击的假象。

　　驻瓜岛的第339战斗机中队承担了此次任务。4月18日凌晨时分，兰菲尔等6人的攻击组和米歇尔亲自指挥的12人作掩护组出发了，为避开日军雷达，他们必须绕道，选择总共飞行2小时，总航程627千米的方案。18架P-38全部加装了大容量的机腹副油箱，处于超负荷状态，因此飞行员不得不使用襟翼来增加升力，尽管如此，飞机还是几乎要滑行到跑道尽头才离地升空。

　　远在800千米外的山本也早早起床，准备行装开赴这场死亡之旅。

　　9时44分，山本以他一贯的守时作风，准点来赴这次死亡之约。几乎是大海捞针一样的长途伏击，竟然成功了！此时山本座机正准备降低高度着陆，突然一架零式战斗机出列，向右急转——远处10多架P-38正向北飞来，随即6架零式急速爬升，与米歇尔的掩护组缠斗起来。在接下去的短短3分钟时间，双方经历了一场你死我活的激战。

　　此时的卡希利机场上已经尘土飞扬，显然日军飞机正在起飞，中队长米歇尔不敢恋战，下令返航。返航途中，兰菲尔就迫不及待地向瓜岛报告："我打下了山本！"

　　兰菲尔最后一个着陆，着陆时燃料已经全部消耗干净，他是以滑翔方式落地的，他还没爬出座舱，机场的飞行员和地勤人员就一拥而上。作为击毙山本的功臣，兰菲尔中尉提前晋升为上尉，并获得最高荣誉国会勋章，但为了不暴露破译密码的机密，兰菲尔被立即送回国，直到战争结束才公开了他的战功。其他参战人员都被警告如果将战斗详情泄露出去，将受到军法审判。

　　山本座机被击落的2天后，日军搜索小队发现了他，他坐在飞机坐垫上，手握军刀，姿态威严，胸口佩戴着勋章的绶带，肩章上是三颗金质樱花的大将军衔，不用查看其口袋中的笔记本，单从左手缺了两个手指，就证明这正是山本五十六。经医护人员检查确定，一颗子弹从颧骨打进，从太阳穴穿出，另一颗从后射入穿透左胸，山本在飞机坠毁前就已身亡。之所以还保持着威严的姿态，那是飞机坠地后唯一的幸存者高田军医摆放的，高田最终也因伤势严重又无人救护而亡。

　　4月18日注定是美国人的纪念日，一年前的4月18日，杜立特尔率领的B-25轰炸机轰炸了东京，1943年4月18日，日本海军最出色的统帅山本被击毙。战后，击落了山本座机的话题随着1960年美军相关机密文件获准解密而被再次提起。认定由兰菲尔击落的理由是他在战斗结束后上报的战斗报告，而这份报告当时因出于保密原因一直没有公开，他的战友对此一无所知，一经美国国防部公开，究竟是谁击落山本的问题随之展现。

　　除了托马斯·兰菲尔的回忆之外，更多的证据显示，兰菲尔的僚机雷克斯·巴伯才是真正击落山本座机的英雄。山本的尸检报告显示，从后方射来的子弹使其致命，与兰菲尔从右攻击的说法出入较大。柳谷谦治为山本护航的零式战斗机飞行员中唯一在世者，也指出了兰菲尔报告的诸多疑点。其中最有力的说法是，在低空的两架P-38在双方机群遭遇之后，兰菲尔的飞机向左，迎战零式；巴伯的飞机才是向右紧迫山本座机猛烈开火的那一架。如果是兰菲尔击落了零式之后再掉头攻击山本座机的话，时间根本来不及，至少需要 40 秒，而山本座机从遭到攻击到被击落，不过区区 30 秒。日本东京航空博物馆在 1975 年的实地考察也显示，山本座机的两个机翼完好无损，与兰菲尔的报告完全不符，倒是与巴伯从后攻击的说法比较吻合。

以美国"王牌飞行员协会"为首的众多的民间人士和组织，对此进行了细致的研究和不懈的努力，查阅了大量相关资料，在很多专家学者的认可下，于 1997 年 3 月认定，巴伯一人击落了山本座机。如今生活在俄亥冈州特瑞邦农场的巴伯过着恬静平和的晚年。谈起击落山本的争论，他很平静，"没有兰菲尔左转攻击前来救援的零式，也不可能击落山本。而第 339 战斗机中队中队长约翰·米歇尔，具体策划并亲自指挥了此次战斗，才是最大的功臣。"

苏联窃取美国的原子弹秘密

人类在战场上投下的第一颗原子弹，为世界反法西斯战争做出了重要贡献，然而一场新的争端也由此而生，当时世界又一军事强国——苏联，也于 1945 年成功地爆炸了原子弹，其研制时间远远短于美国，那么，是什么使苏联科学家有了如此神力呢？

美国《纽约先驱论坛报》刊出文章，对苏联间谍供认窃取美国原子弹秘密的经过予以披露。

苏联是如何窃取美国原子弹秘密的，多年来一直是个谜。俄罗斯科学家和间谍发表的谈话以及俄罗斯新闻界一年来发表的大量材料揭示了这一谜底。

1941 年 6 月 22 日，德国入侵苏联。俄罗斯近期解密的谍报文件表明，在德国发动进攻的几个月内，莫斯科源源不断地收到了大量有关西方最秘密的武器情报。

1941 年 9 月 25 日，苏联驻伦敦谍报站站长阿纳托利·戈尔斯基把英国战时内阁所属的核咨询委员会 9 天前举行的一次会议的备忘录，转发给了莫斯科。他报告说，英国科学家保证，可以在两年内制造一颗铀弹。

一名代号为"树叶"的间谍也就是英国外交官、著名的剑桥间谍网成员唐纳德·麦克莱恩提供了这一绝密情报。麦克莱恩不但提供了制造原子弹的技术细节，而且还将英国把修建一座铀提炼厂列为最优先项目的消息透露了出来。

间谍头子亚茨科夫声称，拉恩在纽约有一个"熟人"，是个物理学家。这个物理学家说，他应邀参加制造原子弹的绝密工作。这个情报连同一项招募这名物理学家的建议由苏联在纽约的间谍传给了莫斯科。后来，这名物理学家就成了"珀修斯"，即"X先生"。

苏联原子弹之父库尔恰托夫在近期发表的 1943 年 3 月写给克里姆林宫上司的信中，证实了苏联设在欧洲和美国的间谍网取得的突出成就。他指出，情报来源发来的信息使苏联物理学家在"极短的时间内"把与核裂变有关的全部问题解决了，使之越过了"许多实验性阶段"。

俄罗斯近期解密的 1946 年 12 月 31 日的一份文件显示，莫斯科还从西方科学家那里得到了有关研制更先进氢弹的情报。这份文件就是物理学家库尔恰托夫写给国家安全委员会各位首脑的一封便函，上面明确注明已收到了关于"美国研制超级炸弹"的情报。1946 年 2 月，亚茨科夫离开美国。他说，在苏联于 1949 年 9 月进行了钚弹试验后，苏联间谍向莫斯科的提供情报的行为暂时停止了。

若真如上面材料所说，苏联人窃取了美国的原子弹秘密，那苏联（以及后来的俄罗斯）承认错误的勇气倒真让人敬佩。一向擅长谍报工作的美国人，是怎样被苏联人窃取了如此高级的秘密呢？苏联人所说的物理学家在制造原子弹的绝密工作中担任什么职务？这位 X 先生是谁？他是怎样将情报送出被严密封锁的研究机构的呢？这一系列谜团都随之而来，发人深思。

英国冒险转移全部财产经过

1940 年 7 月 2 日下午 5 点钟，一列装载着代号叫"黄鱼"的秘密货物的专车驶进蒙特利尔市的蓬纳文图尔火车站，这一天是纳粹德国闪电般攻陷法国巴黎后的第 17 天。加拿大银行的代理秘书戴维·曼休尔和外汇兑换管理局的锡德尼·T. 珀金斯正等待着迎接这列专车。这将是任何国家都不曾经历过的最大的一次赌博，无论在和平时期或者战时。

这列火车一到站，曼休尔和珀金斯被带去会见了英格兰银行的亚历山大·S. 克雷格。克雷格微笑着说："我们带来了极大数量的'黄鱼'。这批'黄鱼'是大不列颠帝国流动资产中很大的一部分。我们正在清理我们的地下储藏室，以备一旦敌人入侵。其余的东西也很快运到。"这位身材苗条的英国人以不动声色的英国方式说明来意。实际上这意味着加拿大银行是要接收英国所有能变成美元的资产。注意，是"所有"！

两个星期以前，英国首相丘吉尔召开内阁秘密会议，当时法国的沦陷给英国带来巨大压力，那次会议上丘吉尔决定玩一场冒险的赌博——把价值 70 亿美元的债券和黄金转移到加拿大去。

在一个国家里，老百姓的投资未经产权所有人的首先同意，而为了国防的目的就先行征用，这是没有先例的。但是，1940 年 6 月，当巴黎受到战争威胁时，丘吉尔政府立即采取了这一行动。当时决定联合王国所有英国公民，都需要把他们所拥有的全部外国债券的资产向财政部进行登记。这个决定意味着万一纳粹德国入侵成功，英国人会在加拿大坚持作战。

一个曾经参与这次行动的人说"在 10 天之内，储存在联合王国银行里的所有经过选择的债券、证券都被提了出来，分别包扎捆装在几千个像装运橘子的木条箱那样大小的箱子里，然后被送到集中地点。"这里集聚着英国在全世界的经商人和投资者世世代代挣得的巨大利润。这些资产，同英国作为帝国长年积累起来的数以吨计的黄金一起，将被送过海洋。可是，就在 6 月份的一个月之内，总吨位达 34.9117 万吨的 57 艘同盟国与中立国的船只，在北大西洋被击沉了。这场赌博的风险有多大，可想而知。

由海军上校西里尔·弗林指挥的英国巡洋舰"绿宝石"号被定为装载第一批秘密货物的船只。6 月 24 日深夜，"哥萨克"号驱逐舰以 30 海里的时速，冒着重重危险，迅速穿过浓雾，为转运财宝的船只护航。下午 6 时许，"绿宝石"号装载着满满一船财宝，从格里诺克港起航，从来没有一条船载运过这样多的财宝。弹药仓库里 2229 只沉甸甸的金条箱替代了炮弹枪支的位置，数以吨计的黄金使得仓库地板下面加固的角铁都被压弯了。另外的 488 箱证券，也价值 4 亿美元以上。

航程中天气变得越来越恶劣，大风迫使护航舰减速，形势也变得越来越难以预测。按照原来的计划，护航舰将沿着直线前进以便使"绿宝石"号能保持更高、更安全的速度，但是，大海的桀骜不驯极大地减缓驱逐舰前进的速度，弗林上校不得不决定"绿宝石"号单独航行。7月1日，刚过清晨5点，新斯科舍（加拿大东南部）半岛的海岸已隐约可见。清晨7时35分，"绿宝石"号终于安全地驶入港口码头。此时，一列专车正在码头旁边的铁路支线上等待着。码头在极度严密的措施之下被封锁了起来，每一只箱子在搬下"绿宝石"号时都清点了一遍，而当箱子装上火车时又以加倍的速度重新核查一遍。傍晚7时，火车开动。装载证券的车皮在蒙特利尔卸下货来，装载黄金的车皮则向渥太华疾驰而去。

当天夜里，当蒙特利尔市的街道安静下来，来往交通冷落的时候，一个大规模的行动开始了。太阳生活保险公司的24层花岗岩石建筑物，占据着蒙特利尔自治领广场的整个街区，是英国自治领中最大的一幢商业大厦。在它3层地下室的最底一层便是"联合王国战时安全存款"之家。刚过午夜1点钟，市内警察就封锁了从铁路调车场到太阳生活保险公司的几个街区，许多大卡车的车轮滚动起来。在身藏武器的、穿着便衣的加拿大国家捷运公司的保卫人员押送之下，一辆辆大卡车穿过大街，皇家加拿大骑警像鹰隼一般在四周来回盘旋。待最后一箱交清，经核查无误后，英格兰银行的存放部经理遂递给大卫·曼休尔一张收据单，请他代表加拿大银行在单据上签字。

继"绿宝石"号史诗般的航行之后，7月8日，又有5条船驶离英国的港口，它们装载了轮船所曾装载过的最大宗的混合财宝。它们分别是战列舰"复仇"号、巡洋舰"邦纳文图尔"号、"百慕大君主"号、"索贝斯基"号和"巴脱莱"号，并由4艘驱逐舰参加护航，这个船队装运了价值大约为17.5亿美元的财宝。黄金和证券继续不断地运到，据英国海军部的记录表明，在6、7、8三个月内，英国舰船（有几艘是加拿大和波兰船）运到加拿大和美国的黄金总值超过25.56亿美元。更令人惊讶的是，在那3个月期间共有134艘同盟国和中立国的船只在北大西洋上被击沉，而载运黄金的船只却全部安然无恙。

丘吉尔和他的内阁不仅仅把英国的超过70亿美元的一宗财宝，安全地转移到了加拿大，而且这样一个巨大的行动居然成功地保持了秘密，他们是这次赌博中的大赢家。先后大约有600多人参加了这次证券存放的秘密工作，黄金的运送则涉及大洋两岸的成千个海员和成百个码头工人。这样多的人能够把这样重大的一个机密保守得滴水不漏，这也是不可想象的。

这次神奇的转移，是"二战"中保持得最出色的机密之一。作家A.斯顿普根据前加拿大银行的锡德尼·珀金斯回忆起的一些最初的情节寻找到线索，挖掘了许多长期不为人们所知晓的事实和数字。之后，普利策新闻奖获得者、美国记者利兰·斯托又在加拿大和伦敦搜集大量鲜为人知的情节，经过深入采访终于写成了题为《我所涉及的最令人振奋的故事之一》的报道。

肯尼迪在白宫举办裸体舞会

美国第35任总统肯尼迪是一位十分具有个人魅力的总统。他在事业上做出了很大的成就，推动了美国民权运动的发展。在解放全国民权的同时，他也不忘享受生活，更是大肆解放自己的"性权"。他可谓是美国历史上最风流的一位总统。他甚至不顾国家形象，在白宫举办裸体舞会。

在总统府衙里，肯尼迪的生活更是多彩。白宫内经常美女如云，只要第一夫人杰奎琳不在白宫，肯尼迪总统就玩得特别痛快。肯尼迪总统特别喜欢裸泳，所以每当杰奎琳不在白宫时，他就令其亲信把一些早在白宫外等待的金发美女从白宫边门带进来，参加裸体舞会。

据当时的白宫管理员透露，在白宫内任职的金发女职员差不多半数以上都和肯尼迪有过亲密的关系（肯尼迪特别喜欢金发美女），而她们也以能够接近肯尼迪为荣。

肯尼迪喜欢拈花惹草这一癖好在白宫是十分有名的，早在他还是国会议员时，就已"名声"远播，甚至在他竞选总统时，还经常忙里偷闲，借机溜回办公室找位金发美女取乐一番。

墨索里尼写小说

墨索里尼是第二次世界大战期间臭名昭著的纳粹头子，他对独裁权力趋之若鹜，然而，让人意想不到的是，他还对小说情有独钟，尤其是色情小说。

1905 年，他看上了一个叫雷切尔的女人。雷切尔长有一头金发和一双多情而诱人的碧蓝的眼睛。墨索里尼对她百般讨好。为了取悦于她，也为了混点钱花，墨索里尼写了一本名为《红衣主教的情妇》的小说。这部格调低级下流的小说，连他自己都认为一钱不值。主人公是个淫荡好色的红衣主教，以勾引玩弄女人为乐事。但是雷切尔却对这本小说十分喜欢，书中一个为了挽救情人的生命而死的女仆最让她动情。狡猾的墨索里尼投其所好，以雷切尔作为书中女仆的名字。

后来，墨索里尼与雷切尔同居，但是婚后两人的生活却越来越艰难。

1910 年，墨索里尼的第一个女儿艾达出世了，这使墨索里尼一家的生活更加困窘起来。据说，墨索里尼和雷切尔曾经一连挨了好几天饿，目的是为了给小艾达买上一只最简陋的木制摇篮。

墨索里尼在此期间被弗利的社会党俱乐部选举为书记。他用自己的薪水编了一份只有 4 页的称为《阶级斗争》的小报。小报每周一期，整个 4 版全部由墨索里尼自己撰文。办报之余，他也喝喝酒，泡泡女人出些风头，但是比起结婚前收敛得多了。

办报之暇，墨索里尼重操旧业，又炮制了一部有关斐迪南公爵和其 17 岁的情人一起殉情的小说。这部小说有许多不堪入目的描写，和《红衣主教的情妇》那部小说一样低级下流。年轻时的墨索里尼写起三流小说来还真有几下子，并不只是一个小有名气的政客和煽动家。他一生都十分热衷于这种廉价的色情读物。

罗斯福与斯大林斗酒

罗斯福、斯大林、丘吉尔是第二次世界大战时期世界政坛上的三巨头。三人在联合打倒法西斯的同时，私底下却钩心斗角，甚至在酒席上也互不相让，留下了许多趣话。

1943 年德黑兰会议期间，三首脑频频为胜利庆贺。

喝酒不多的罗斯福很有节制，除非正式宴会，他在用餐时一般不喝酒。他在 1944 年写信给霍浦金斯时说："我已削减酒量，只在每天晚上喝一杯半鸡尾酒，没有别的了——决不喝别人敬的威士忌，也不在临睡前喝酒。"罗斯福平时喜欢摆弄调制鸡尾酒，他在德黑兰开会时就曾经调制好鸡尾酒给客人喝。他把酒递给斯大林，本以为斯大林会赞美他几句，但喝了一口之后的斯大林只是说："嗯，不错，可是它把胃搞得凉冰冰的。"

斯大林举行宴会时，总要把几瓶伏特加、葡萄酒和苏联白兰地摆在每位客人面前。斯大林在第一次举杯时，喝的总是面前的那一小杯伏特加，但他也总是留下半杯左右倒在前面另一只较大的杯中。在这之后，他一直用小酒杯喝葡萄酒，上了甜食时，再喝一小杯香槟。

丘吉尔不仅爱喝酒，而且也能喝酒。有人说，他在德黑兰会议上喝醉了，兴奋地推倒了酒杯。

丘吉尔的儿子曾提到他父亲"喝酒的名声大得出奇，其实他喝得并不那么多，一天也喝不了一瓶酒"。丘吉尔比较"习惯于喝威士忌加汽水"，他喝白兰地从没有超过两杯，他认为白兰地才是"酒鬼"喝的。

丘吉尔迷恋香槟

温斯顿·丘吉尔是"二战"时期世界政坛的三巨头之一，他的一生是充满传奇色彩的一生。他的政治生涯跨越两个世纪，从 19 世纪末到 20 世纪中叶第二次世界大战期间及战后，他曾先后两度出任英国首相。政坛伟人总是有美酒佳人相伴。但这位伟人不爱佳人，偏爱美酒。

丘吉尔有一个最大的癖好，那就是他非常喜欢喝香槟酒，尤其是喝法国一家有名的香槟厂——保禄爵产的香槟。在当时的上流社会里，尤其是在英国，喝香槟酒是一种身份的象征。而一般英国人喜欢喝略带甜而干口味的香槟，法国人则喜欢喝酷干口味的香槟，丘吉尔特别喜欢这样的法国香槟。保禄爵香槟厂的香槟更令丘吉尔百喝不厌。他在第二次世界大战前喝的香槟就是该厂 1928 年生产的；第二次世界大战中，他喝的香槟是该厂 1934 年生产的；第二次世界大战结束后一直到他逝世前，他大量享用的，是 1947 年该厂生产的一批香槟。

那么，丘吉尔是通过什么途径喝到他所珍爱的香槟的呢？原来他是通过伦敦一大酒行向保禄爵厂订酒的，他在最高峰时一年竟喝了 1000 箱香槟。诚然，作为首相的丘吉尔在请客时需要大量的香槟酒，但是，由此我们也可充分地看出他对香槟酒的喜爱。在他去世后，保禄爵酒厂因为丘吉尔对香槟酒十分迷恋，因此在征得他子嗣同意的情况下，于 1975 年新推出了以丘吉尔的名字命名的香槟酒"丘吉尔爵士"，以示对他的纪念。

庇隆夫人的遗体遭辱

庇隆夫人本名埃娃，1919 年出生于阿根廷首都布宜诺斯艾利斯。1945 年，已当上演员的埃娃与当时还是上校的胡安·多明戈·庇隆结婚。次年，庇隆成为阿根廷总统，

埃娃也就成了共和国的"第一夫人"。埃娃一生为穷人、孤儿和其他弱势群体奔走呼号，被称为阿根廷的"国母""精神支柱"。1952 年，年仅 33 岁的埃娃因癌症去世。

在她逝世后的几十年里，关于她的遗体问题一直风波不断。庇隆夫人逝世后，她的遗体一直放在总工会的大楼里，由一位西班牙医生为遗体做了防腐处理。1955 年，新的陆军情报局长就把埃娃的遗体从总工会大楼的二层搬走了。一时间谁也不知道下落。当时流传着一些传闻，有的说她的遗体被埋在了拉普拉塔河的河床里，还有的说庇隆夫人的遗体已被火化，骨灰放到了一个垃圾箱里，众说纷纭。到 1956 年，更发生了一件令人不安的事件。上述提到的那个新任陆军情报局长手下的一名军官开枪打死了自己的妻子，引来陆军情报局的人到他家搜查，在他家的阁楼发现一具遗体，原来是新任情报局长将庇隆夫人的遗体放在了这个军官的阁楼里。据传，因庇隆夫人天生丽质，死后依然容貌不改，尸体遭此军官侮辱。

爱因斯坦与妻子"约法三章"

爱因斯坦这个名字，妇孺皆知，他是 20 世纪世界上最伟大的科学家之一。在物理学领域，爱因斯坦做出了卓越的贡献，著名的相对论便是由他提出来的。然而爱因斯坦这位科学界泰斗并不仅仅作为一种象征、一个符号或是一个精神偶像，走下"神坛"的爱因斯坦也是一个普通人。他一生孤独，生活在喧嚣的世界中，在辉煌的孤独中思想。在家庭生活上，他的婚姻生活并不如意。

米列娃·玛丽琦是爱因斯坦的第一个妻子，她出生在匈牙利南部一个信仰希腊正教的家庭。虽然婚姻遭到爱因斯坦家人的极力反对，但他和米列娃的婚礼在 1903 年 1 月 6 日还是举行了。婚后爱因斯坦发现米列娃是个相当难处的女人，她很多疑，老是疑神疑鬼，甚至怀疑爱因斯坦是否忠诚于她，进而发展成一种神经质（她的姐姐佐尔卡曾患严重精神病）。爱因斯坦无法忍受妻子的多疑，夫妻感情一度出现裂痕。1914 年，爱因斯坦一家来到柏林，没多久夫妇就分居了，并且约法三章，互不干涉对方的私人生活，互不相扰，他们的婚姻本来就不美满，爱因斯坦并不全怨米列娃，他很矛盾，终于到了难以忍受的地步。

1919 年，爱因斯坦与米列娃离婚了。多年后，爱因斯坦在谈到米列娃时说："她对分居和离婚一直很不情愿，性情更加忧郁，常令她想起古老的美狄亚，这给我同两个孩子的关系投下阴影，我爱我的孩子。这幕生活的悲剧一直伴我到老。"是米列娃过于忧郁多疑的性格导致夫妻约法三章，还是由于爱因斯坦对表姐爱尔莎一直念念不忘导致夫妻失和，具体细节我们就不得而知了。

托尔斯泰的新婚之夜

俄国作家托尔斯泰以《战争与和平》而享誉全世界，然而，谁又能想到，就是这样的一个名人，在小时候，竟然勾引过自己的女仆和自己的远房姑妈。

成名后的托尔斯泰，开始认真地为自己物色一个人生伴侣。他经过了一番考虑和挑选，终于得到一个名叫宋雅的女孩的同意，于是他遗弃了与自己同居三年的农村姑娘阿克新雅，决定和宋雅结婚，宋雅是个庄重的少女，颇以自己能委身于名作家为荣。

洞房花烛之夜，一个涉世未深的少女面对一个性欲高亢的色情狂，场面可想而知。在以后的日子里，每当宋雅回忆起新婚之夜的场景，她就会惊恐万分。至此，性的恐怖一直困扰着她，她常常从梦中惊醒。此后，宋雅一直未能享受过性的乐趣。而托尔斯泰对于妻子的忧虑和恐惧不仅不加体恤，反而大为沮丧。他认为在床上，男人就应是主动者，是独裁者，是意识行为的支配者，而女人就应该为丈夫的快乐而做无条件的奉献与牺牲。在这方面，宋雅尽管已曲意逢迎，却还是无法使丈夫满足。宋雅还非常支持托尔斯泰的工作，她多次修改托尔斯泰的文稿，直到托尔斯泰完全满意为止，这份耐心和精力实在令人钦佩。就拿《战争与和平》文稿的修改来说，她曾将其原稿增删数次，并誊写7遍。

金赛与色情狂魔勾勾搭搭

以《金赛性学报告》闻名于世的性学研究专家金赛一生都对人类性行为十分着迷，为了进行这一课题的研究，他甚至与色情狂魔勾勾搭搭。

出于猎奇心理，迪金森最喜欢的是一位我们略去姓名的人。他患有似乎是家庭遗传的奇怪的双性恋行为。在他家庭跨代乱伦的不良影响下，他很小的时候就和祖母发生性关系，在以后几年的时间里，这个男孩就和他接触到的33位亲属中的17位发生了性行为。当他是成年人的时候，性欲更是极度膨胀，就像一个充满离奇趣味的"本我"。当迪金森向金赛介绍他时，这样写道："这个人已经和200个小女孩子发生过性关系，并和数百个小男孩发生了同性关系，还和无数成年男人甚至许多动物发生过性关系，并且他还有一套复杂的手淫方法。"这个人还搜集了大量的做爱照片，并为他的性行为做了详细记录，不仅按时间顺序描述了他的反应和行为，同时对他同伴也做了记录。

通过迪金森的介绍，1943年秋金赛开始向这个人进攻。他正确地猜到对方绝对渴求别人的赞同和承认。因此金赛一开始就像同事一样亲切对待他，把他当作追求科学真理的最佳合作者。

最后，对方答应和金赛在离家80公里的地方会面，这样就免得引起其他人的注意。就这样，金赛成功地与这个色情狂魔勾搭上了。

劳伦斯勾引有夫之妇

以艳情小说《查太莱夫人的情人》闻名于世的作家劳伦斯的日常生活也充满了"艳情"的色彩，有夫之妇弗丽达就被他勾引过。

劳伦斯与弗丽达初识于弗丽达的房内，恰好那天落地窗大开着，春风阵阵。他谈到女人时的态度使弗丽达愕然，他严肃地告诉她自己对女人已了解得很透彻了，打算不再接触她们了，弗丽达看出了他曾受过的痛苦。而后他们的话题转移到俄狄浦斯身上，巧合的是小说《儿子与情人》的第一稿已完成，也就是说劳伦斯已将所谓的俄狄浦斯情结形象化的实践完成了。在认识了解弗丽达之前，他对弗洛伊德的这一理论并未理解透彻。而弗丽达刚刚认识一位弗洛伊德的弟子，脑子都是未经消化的理论，她就为劳伦斯详细地说明。他们有很多共同的观点与话题。

受弗丽达的旺盛精力的感染，那天他们聊到天黑才作罢，劳伦斯披星戴月地在田野步行了5个小时才回到家。

劳伦斯在那以后又去特地拜访了弗丽达几次。初春的田野上、树林里、小溪边都有他们的足迹。弗丽达突然发觉自己爱上了劳伦斯。

一天，弗丽达留劳伦斯过夜，劳伦斯拒绝了。"但是，"他说，"你必须对你的丈夫说实话，而后我们一起远走高飞，因为我爱你。"

弗丽达受到深深的震撼。她曾想过让劳伦斯做自己的一个情人。1912年5月3日，弗丽达苦痛地挥泪告别儿女——儿子留给丈夫，女儿被送到祖父家。

"硬汉"海明威因患ED症自杀

海明威这位作为一代文风简约的语言艺术大师，其自杀之举引起世人的极大关注，各种各样探索海明威自杀之谜的作品不断涌现出来。归纳起来主要有两种观点：一种认为，海明威自杀是"精神抑郁症"造成的。另一种认为，海明威是因为对自己才思枯竭感到绝望而自杀。然而这两种观点都没有强有力的证据。肯尼思·林新近出版的《海明威传》，却给我们提供了思考海明威自杀之谜的新角度。

海明威自杀的真实动机始终没有定论，他在自己的遗嘱中是这样说的："我所有的希望已破灭，我那意味着一切的天赋如今已抛弃我，我辉煌的历程已尽，为维护完美的自我，我必须消灭自己。"但是，人们并不完全相信他自己对这一行为的解释。2000年7月，人们从一本新出版的海明威传记中窥见了这个谜团的冰山一角。这本传记的作者是肯尼思·林，他在书中明确指出，海明威在其成名后的很长时间里，一种我们今天所说的ED（勃起功能障碍）一直困扰着他，这种疾病严重地影响了他与几任妻子的关系和他相当一部分的家庭生活，ED造成的强烈的心灵痛楚更是他最终自杀的重要原因。

有一系列事实可以作为海明威在晚年是一个ED患者的佐证。海明威于1961年6月因为被医生认为患有"精神抑郁症"而被安排住进了圣玛丽医院的"自杀看护部"。通过医院护士精心看护，他的精神状态有所好转；新的一轮电休克治疗重新唤醒了海明威的性欲。他向罗姆医生抱怨说欲火难耐，罗姆于是立即打电话通知海明威的妻子玛丽前来。玛丽高兴地赶到海明威就诊的医院，与丈夫度过了一夜。但事后据玛丽说，那一晚"双方都没有完全满足"。玛丽在其后几个晚上再也没有与海明威同房。据罗姆医生后来回忆，海明威曾多次要罗姆在他面前发誓，永远不要将自己患有ED病的真相告诉世人。海明威与前几任妻子的分手，好像也可以旁证海明威患有ED症。在1961年6月，海明威与玛丽又经历了一次失败性的尝试之后，深深地对自己的ED症感到绝望，认为只有将自己的肉体消灭，才能维护自己的尊严。因此，海明威的自杀之举存在着一定的内在必然性。

纵观海明威的一生我们可以发现，在相当长的时间里，他的生活和创作一直都和ED对他的影响有密切的关系：ED首先将他的人格扭曲了，继而这种人格的扭曲又被带入了他的行为和创作中，最终彻底毁灭了他。在当今时代，有人会因为ED而自杀是一件让人难以想象的事情。人们不再会褊狭地认为自己会因为ED丧失了尊严，不会觉得ED可以将全部的生活摧毁。不仅如此，人们还有足够的机会获得帮助，还有足够的手段克服 ED，而海明威那个时代，这一切是不能办到的。

有人认为：如果肯尼思·林的论述能够成立的话，或者说海明威确实是一个 ED 患者，那么海明威在各种作品中创作的"硬汉"形象只不过是作为一个幌子来掩盖自己作为一个 ED 患者的事实。

毕加索对"逛街"情有独钟

艺术家总是充满激情，毕加索也不例外。1897 年，毕加索考进了西班牙皇家美术学院。在这里他结识了一批比他年长的朋友，毕加索经常和他们出去"逛街"，出入酒吧、赌场、妓院，并把在那些地方的见闻都画进了他的速写本。社会生活是创作的来源，毕加索的"逛街"并不是走马观花，他用一双画家的眼睛来审视这个世界。这些阅历影响着毕加索一生的创作。1907 年，毕加索开始创作立体时期的代表作《亚威农少女》。亚威农是巴塞罗那一条妓女街的名称。他每天都要出去"逛街"，并与那些妓女攀谈。在"逛街"的过程中，他可以看到搂抱着姑娘的满是伤痕的胳膊，看到街头女人做出各种打闹调情的动作，所以有人说，巴塞罗那的妓女街是毕加索学美术的第一个课堂。终于这段时期的"逛街"生活孕育出著名作品《亚威农少女》。我们也可以去深入他的精神世界，探视他

毕加索

一生毫不隐藏的性激情和癖好，了解他这一辈子对情爱的不舍追求，从另一角度去阐释毕加索为什么喜欢"逛街"。

巴黎节日庆典舞会

在当代，拉丁美洲的狂欢节和他们的足球一样有名，然而让人意想不到的是，在早期的巴黎，节日庆典舞会有着更为"狂欢"的性质。

对于许多上层正派女士来说，舞会是最便捷的常常也是唯一的全身心地痛快玩乐的机会，这时可以释放内心的激情，允许别人狂吻自己，等等。舞会的自由给予她们做这一切的权利。这正是正派的女士想要和应该利用的。这就导致了发生在慕尼黑的慈善舞会和化装舞会、柏林的类似娱乐晚会以及巴黎艺术家舞会等场合的臭名远扬的典型场面。

蒙马特尔的巴黎艺术家的"四种艺术"舞会以经典的方式说明了当代艺术家们举行的化装舞会和节庆活动有时是多么放肆。在这些娱乐活动中，女士们通常都喜欢以几乎赤裸来炫耀自己。袒露美丽的双腿和美丽的胸部被认为是无可厚非的。有时候，特别美貌的女士甚至一丝不挂地出现。

直到 20 世纪 50 年代，这种现象才具有了更加普遍的特点。大资产阶级粉墨登场，其他一切阶层，包括艺术家，都居于附属地位。一切都具有了野蛮的甚至兽性的性质。

新贵们给公共娱乐打上了他们行为方式的印记，正如他们给政治生活打上印记一样。在这一时代，甚至连小市民的妻子也因在舞会上一丝不挂而得到最大的快乐。袒胸露背的领口低得不能再低，甚至在英国宫廷中领口也低到几乎露出整个胸部。

人类历史上的"食人之风"

达尔文在《一个自然科学家在贝格尔舰上的环球旅行记》中，具体细致地描写了南美洲火地岛人吃人的惨相："在冬天，火地岛人由于饥饿的驱使，就把自己的老年妇女杀死和吃食，反而留下狗到以后再杀。"

无独有偶，英国赫胥黎在1863年出版的《人类在自然界的位置》一书中，详细地描述了非洲的食人风气："在非洲刚果的北部，过去住着一个民族叫安济奎，这个民族的人非常残酷，不论朋友、亲属，都互相吃食。"并且还说他们的肉店里面挂满了人肉，他们像宰杀牛羊一样宰杀战俘拿来充饥，还经常把卖不出好价钱的奴隶像猪一样养肥了，宰杀果腹。而在著名小说《鲁宾逊漂流记》中，对野人之间互相吃食的描述就更是惨不忍睹。

这些都是对近现代以来吃人现象的记述。有人说，人类历史上自古以来就存在着食人之风，现代的吃人现象，正是原始人食人之风的遗留。那么到底远古时代有没有食人之风？对于这个问题，有两种针锋相对的观点：一种认为远古时代就广泛存在食人现象；一种认为古代人类相互和平共处，并没有食人之风。

1940年，美国人类学家魏敦瑞在深入研究了北京猿人化石后，在他的论文《中国猿人是否残食同类？》中认为，北京猿人存在着食人之风："他们猎取自己的亲族正像猎取其他动物一样，也用对待动物的方式同样来对待他的受害者。"其根据是：北京猿人化石产地发现的头骨特别多，而躯干骨和四肢骨却特别少，并且颅骨往往还是打开着的。那么为什么要打开颅骨呢？魏敦瑞认为是为了取食脑子。

1961年，伯高尼奥提出了另外一种解释。他认真研究了印度尼西亚苏拉威西岛南岸的布晋人，发现他们在18世纪改信伊斯兰教以前有一种习俗：如果有人死了，就把死人送到远离住所的空旷地方掩蔽起来，等尸体干燥后，不用割下颈椎就能轻而易举地把头取下，然后用棍棒打击颅底，扩大枕骨大孔，取食脑子——他们认为吃食脑子会获得死者的智慧和优点。之后就将头颅极为庄重地运回村里，像神像一样祭拜。根据这个发现，伯高尼奥认为北京猿人洞里没有发现过颈椎，头骨比较多，而头部以下的骨骼很少，就是因为北京猿人也像布晋人那样，实行的是"两阶段"的葬仪。他认为远古人类不存在食人之风，而食取脑子，只是一种风俗，仅对死人而言，并且吃食的时候，对死者是极为尊敬的，毫无残忍的地方。

1979年，中国人类学家贾兰坡撰文批驳了伯高尼奥的观点。他对北京猿人化石做了深入仔细的研究之后发表《远古的食人之风》一文，在文章中，他认为美国学者魏敦瑞的分析是正确的。他肯定地说，远古的北京猿人绝对存在食人之风。他推测说，北京猿人在"吃人"之后，将被吃的人的头骨带回山洞作为盛水器皿，这就是为什么山洞里头骨多的原因。他具体提出了四个理由：第一，猿人头骨的颅底部分破裂，这应当是用棍棒敲破颅底，取食脑子的结果；第二，猿人洞有大量纵裂的长骨，这应该是取食骨髓造成的；第三，在猿人洞还发现了大量火烧过的人骨，应当是烧烤人肉后留下的；第四，洞穴灰堆里有很多人骨碎片，这明显是食用后留下的。

同年，吴汝康教授在《也谈"食人之风"》一文中，对此提出了异议。他认为北京猿人并没有食人风气。并且对以上四个方面一一进行了反驳。第一，头盖骨部是穹窿形的，厚薄比较一致，由于受力均匀，可以经受较大压力而不破碎；但头骨颅底部分有许多供神经和血管通过的孔道，骨质厚薄不一，受压后容易破碎。所以猿人的头骨颅底部分破裂，也是很正常的。第二，除了敲打之外，造成长骨纵向裂开的原因还有很多，例如泥沙侵入断裂的长骨髓腔，由于潮湿膨胀从而产生向外的压力，在这种力的长期作用下，就可以导致长骨发生纵裂。第三，骨骼是一种良好的燃料，北京猿人很可能用人骨作燃料，所以才会在山洞里发现大量的烧骨和骨骼碎片；此外，如果人骨靠近火源，也可能被火烧到。

外星人谜团

外星人在驾驶飞碟飞行于地球上空或者到地球上时，免不了发生事故，因而有些飞碟的残骸以及外星人的尸体，甚至是活外星人就落到了地球上。

1950 年美国在新墨西哥州回收了几具外星人尸体。这是地球上的人类首次有记载的发现外星人尸体的事件。这年年底，在该州的一个空军基地，曾降落了一个不明飞行物。二三辆吉普车迅速朝那个不明飞行物驶去，那是一个非常典型的圆状飞碟。飞碟里走出一个乘员，上了一个军官的吉普车，接着就开往了该基地的指挥部。这些乘员在指挥部待了约一个小时就回到了飞碟上，不久飞碟垂直起飞离开了地球。这显然是一次面对面的直接接触，但是没有人出来证实这件事。直到 40 余年后，即 1989 年 11 月末，才有一位科学家出来承认此事。这位科学家曾参与外星人的尸体处理工作。他说，有四具外星人的尸体一直保存在俄亥俄州的空军基地里。当时在任的杜鲁门总统曾下令所有相关人员严守这一机密，并同意对外星人的尸体进行研究。

透露这条消息的科学家是斯通·弗里德曼，当年他直接参加了对外星宇宙飞船残骸及外星人尸体的处理工作。据他讲，这 4 个外星人个头很小，呈深灰色的皮肤满是皱纹，但头和眼睛都很大。他们的耳朵和鼻子深陷于脸内部，从手肘到手腕的那截手臂特别短。很明显，外星人与人类长得很不一样，看起来也很恐怖。

此后，美国又发现和收到了数具外星人尸体。1953 年夏，在美国亚利桑利上空一个飞碟发生了故障，其中一部分碟体甚至陷在沙子里。美国军方派人赶到时，发现里面有 5 个外星人。这几个人和地球人长得比较像，只是胳膊特长，而且每只手只有 4 个手指，指间还有蹼，看起来像青蛙的蹼。其中一个还活着，但伤得很重，不久就死了。

另一艘坠毁于 1962 年的飞碟直径有 17 米，由一种在地球上找不到的金属制成。在飞碟残骸里发现两个类人的生命体，身体比地球人矮，只有 1 米左右，但头比地球人的头大，鼻子只有小小的突起，嘴唇很薄，还有一对没有耳廓的小耳朵。

据美国"20 世纪不明飞行物研究会"主席巴利先生透露，目前，美国回收的外星人尸体并被冷藏处理的至少有 30 具，分别放在几个秘密的地方。

外星人的尸体在世界其他许多地方也被发现过。1950 年有一个飞碟坠毁于阿根廷荒无人烟的潘帕斯草原。这个飞碟的圆盘高约 4 米、直径约为 10 米、座舱高约 2 米，有舷窗，表面光亮严整。这个飞碟正好被驱车经过的建筑师塔博博士发现了。在强烈的好奇心的驱使下，他停车走近物体。他从圆形物体的舷窗往内看，发现舱内有四张座椅。其中三张各坐着一个小矮人，他们一动也不动，显然已经死了。这些小矮人长得与地球人差别不大，有鼻子、眼睛和嘴巴，头发呈棕色，长短适中，皮肤黝黑，穿一身铝灰色的服装。只是第四张座椅空着。

第二天，等到他与朋友们再来看时，地上只留下了一堆灰烬，温度很高，站在旁边也能感觉到。他的一个朋友抓起了一把灰，手立刻就变紫了。后来，塔博博士患上了一种非常怪的疾病，连续发高烧，好几个月不退，皮肤破裂，像老树皮一样，成了不治之症。

这三个外星人的尸体被人们发现却未能回收到。于是就有人推测，可能第四张座椅上的那个外星人当时还活着，为了不让自己和飞碟落入地球人之手，就把飞碟和三个外星人的尸体悉数烧掉了。

苏联科学家杜朗诺克博士在南斯拉夫宣布：苏联一支科学探险考察队于 1987 年 11 月在戈壁沙漠中发现了飞碟。当时，它的一部分已埋在沙堆中，直径有 22.78 米。让人吃惊的是，这次发现的外星人尸体达 14 具之多，而且都没有腐烂，可能是沙漠中气候干燥的缘故。

设在法国巴黎的 "UFO 报告真实性科学协会" 主席狄盖瓦曾经在喜马拉雅山峰的冰雪中发现一个飞碟残骸和六个外星人的遗体。当时法国政府大力支持他们回收外星人遗体和飞碟残骸的工作，回收工作持续了数月才结束。从回收的外星人遗体看，它们身材矮小，只有 1 米左右，四肢瘦弱，但头和眼睛都比地球人大很多。他们还收集到许多金属残片，大的有 2~3 平方米，而这些金属在地球上仍没有找到。

在这一回收过程中，他们还找到了一些动物，如马、牛、狗、鱼，甚至还有一头大象和几百个鸟蛋。这让人感到莫名其妙。由于这些残骸都是被冰雪封冻起来的，因此很难断定其失事的时间，可能是几年前，也可能是在几千年甚至上万年前。

回收飞碟和外星人尸体数量最多的首推美国，但由于这涉及科技和军事机密，美国政府总是千方百计地掩盖事情的真相。日本著名作家矢追纯一，曾经付出了很大的精力拜访一些回收过外星人尸体的人员，从而掌握了大量相关资料，写成了《外星人尸体之谜》一书。该书受到世界飞碟研究界的高度重视。在这本书中，他详细叙述了自己在美国调查访问的情况。他认为这些年来美国回收飞碟和外星人尸体的事件有 46 起之多，现在存放在美国的外星人尸体仍有数十具，他们被冷冻在地下室的秘密器皿中，美国对外星人的尸体进行过解剖等等。

由此似乎可以判断，外星人的存在是确定无疑的，然而他们到底来自何方呢？据参加解剖的人说，外星人的肺与地球人是一样的，由此断定，他们的 "家乡" 也是一个氮气多于氧的地方。哪个星球有这种条件呢？目前尚未找到答案。

非洲的成年割礼仪式

割礼就是切除男孩包皮、切除女孩阴蒂的手术。乍得的图布人信仰伊斯兰教，对男孩、女孩同时都实行割礼。男孩在 12~14 岁时一般在距村庄较远的地方做手术。手术过程如下：男孩躺在一棵棕榈树下的石头上，把一张前面有眼的羊皮盖在身上。手术者把孩子的阴毛剃去，接着用羊粪填满包皮，然后一刀把包皮割去。手术后的男孩与他的同伴一块在野外一个临时搭建的棚子里居住，7 天之后再举行一次盛大的仪式。至此，割礼活动全部完成，男孩回村后人们就把他们当成年人了。女孩割礼一般在 8~12 岁时进行，要举行盛大的集体仪式，手术在仪式进行 7 天后才进行。手术后，盛有阴蒂的泥罐被放在村外，动手术的孩子中年龄最小的一位用棍子把罐子打碎，并一边打一边骂。伤口痊愈后，女孩们返回村里，人们从此就认为她们已经是成年人了。

印度妇女前额中间的吉祥痣

大多数印度妇女的前额中间，都有不同形状、不同色彩的吉祥痣。吉祥痣象征着吉祥、喜庆。

红色的吉祥痣一般最常见，过去，红色吉祥痣表示女子已经结婚，姑娘出嫁时，不仅要在头中间的发缝里涂朱红，还要在前额中间点个红色的吉祥痣，这种做法沿袭至今。因此妇女已婚的象征便是额前那颗痣，而且这种风俗只有印度教徒才有。此外，也有在男孩的头上点红色吉祥痣的习俗，这是吉祥如意、家人企盼小孩健康成长的意思。如今，人们又赋予吉祥痣新的美学含义，除了红色之外，又出现了黄、紫、绿、黑等多种色彩。

节日期间，特别遇上喜庆的日子，女子一定要点上吉祥痣。结婚成家的妇女，即使在平时也要点，否则就会被家中老人或亲友斥责："难道你的丈夫不在世了！"所以，不管在平时，还是节日期间，妇女都要点上一颗吉祥痣（颜色可以随自己心愿），从而避开周围的压力，并表示对丈夫的尊重。

黑手党的杀人方式

早期黑手党的杀人方式十分独特。如果某人调戏了某个黑手党徒的女人，黑手党徒便会将他杀死，并把他的生殖器塞在他嘴里；如果某人撞见了黑手党的某些罪行或知道其内幕却泄漏了秘密，就会被杀死并且把舌头割掉。

黑手党的另一个重要事务是调解平民百姓、土匪、盗贼，以及被威胁、受损失的人之间的矛盾。比如，有人失窃后可以同时向警方和当地黑手党人报告。往往是警方对案情一筹莫展，有时即便查到了也因对方势力太大而无能为力；而黑手党人则神通广大，只要失窃者愿意以失窃财物的 25% 作为酬劳，很快便可以得到丢失的财物；偷窃者也不仅可以免受法律的制裁，而且还可以从调解人那里得到一笔小钱作为补偿，彼此皆大欢喜。

除此之外，黑手党人还能调解官方与民众之间的关系。如果某个民众想得到一份官方证明，他只要去找黑手党人就可以了。这个黑手党人只要向他熟悉的官方人物打声招呼，很快就可以将证件交给民众。

奥姆真理教徒的日常生活

日本的奥姆真理教臭名昭著，对于这个令人痛恨的宗教，人们在恐惧的同时也产生了几分好奇，其教徒的日常生活究竟怎样呢？他们过着一种"超脱凡世"的遁世生活。

据一名曾经在1990年与教会脱离关系的女信徒透露：

"这里有两顿饭，主要吃水煮蔬菜之类的奥姆餐。喝的水是铁桶内通过电流的所谓的甘露水。由于长时间不许更换铁桶，于是在内侧长了许多青苔，有时甚至还发现了蚊子的幼虫。

"在集中修行时，还要严格地控制睡眠和饮食。一日两餐减为一日一餐，每天只有3个小时的睡觉时间。修行一般要持续两个月，那时我由于身体支撑不住，而患上了神经衰弱。此后将近一个多月总是失眠……而且在修行期间，要把父母和子女强行分开，小孩大声哭喊，也根本没有人理会，完全没有骨肉亲子之情。"

根据多名奥姆真理教原来的信徒回忆，要穿一件由奥姆真理教提供的衣服并使用教团准备的尿不湿才能进行入教仪式。然后，从麻原"尊师"那里领取一杯灰色饮料，一口气喝完后进入一间挂有"尊师"麻原照片和罗陀罗彩绘的小屋子。麻原"尊师"讲话的录音在屋子里回荡着。于是，每个人身体不知不觉地开始失去控制，绚丽的梦幻世界展现在眼前……

职业杀手

黑社会组织经常以暗杀形式制造流血恐怖事件，除了自己手下的杀手之外，它们还经常重金聘用一些善于杀人而又冷血的人为其卖命。因而"职业"杀手行业久盛不衰。

大毒枭埃斯科瓦尔在麦德林市郊区的芬卡·萨巴内塔农场开办了一个专门培训杀人技术的学校，由以色列退役军官古南担任教官。他们有正式的编制，气焰非常嚣张。

"我们的目的就是把别人杀死，而自己又能逃离现场。"古南训示学生时这样说。

古南每届招收50名学生，这个学校连办了7年，从这里走出数百名杀手。人们称他们为"车库杀手"。

为了有效对付车库杀手，麦德林市警察当局被迫通过一项特殊法令：凡是驾车高速行驶的摩托车手一律不准戴头盔。因为在光天化日之下，"车库杀手"从事暗杀活动时正是用头盔来掩盖自己的真面目的。

第一位登上太空的另有其人

1961年4月12日，在人类航天史乃至人类历史上，都是一个特殊的日子，上午9点07分，一艘5吨重的"东方号"飞船在苏联哈萨克中部的一个发射场发射升空，飞船的驾驶舱中坐着一位名叫尤里·加加林的年轻宇航员。飞船以每小时2.7万千米的速度，飞越苏联、印度、澳大利亚、太平洋和南美洲的上空，它在环绕地球飞行的同时，自身也在缓缓地自转。这次仅持续1小时18分的飞行震惊了全世界，它标志着人类第一次跨出大气层。很快，加加林的名字传遍了世界许多角落，这位年轻的宇航员一夜间不仅成了苏联人民的偶像，更成了全世界爱好航天事业人士心目中的英雄，被誉为"宇宙雄鹰"。他还获得了苏联政府颁发的社会主义劳动英雄称号。

然而，几十年过去了，伴随着苏联的解体和克里姆林宫大量保密档案的公布，人们开始对当年的这一事件产生了怀疑，加加林真的是当年第一个进入太空的人吗？

1945年，当第二次世界大战的硝烟还没有完全散尽的时候，另一场没有硝烟的战争却又悄悄地拉开了帷幕，那就是以苏联为首的社会主义阵营和以美国为首的资本主义阵营之间的"冷战"。双方在各个方面，特别是科技和军事上展开了大比拼。1957年，苏联成功地发射了人类第一颗人造地球卫星，这给了美国人极大的刺激。双方紧接着展开了载人飞船的实验，在下一个领域里又进行了新一轮的明争暗斗。

当苏联发射第二颗卫星时，科学家们在卫星上放了一条名叫"莱卡"的狗，虽然这条狗最后在卫星上死去，但是也足以证明，动物可以在宇宙飞船上生活一段时间。于是，载人太空飞行计划被提上了日程，苏联政府开始在试飞员中选拔"太空人"进行训练和实验，

这时，一个名叫弗拉基米尔·伊柳什的飞行员浮出了水面，成为当时最热门的人选之一。弗拉基米尔家庭出身非常显赫，他的父亲谢尔盖·伊柳什上将是苏联赫赫有名的飞机设计师，第二次世界大战中谢尔盖设计制造的伊尔-2攻击机为苏联战胜德国立下了汗马功劳。子承父业的弗拉基米尔也是一名出色的飞机设计师和飞行员，他对战斗机一直情有独钟，是苏联最优秀的飞行员，保持着10多项飞行纪录，在1959年更是创下了3万米的飞行高度记录，并因此获得了苏联最高勋章。没有人比他更适合成为进入太空的首选人员了，况且空间飞行计划的负责人中许多都是他父亲原来的部下和学生，试想一下，一个父亲是上将飞机设计师，本人又是最高勋章获得者，如果他的照片出现在世界各地报纸上，实在是太完美了。在荣誉的感召下，原来对进入太空兴趣不大的弗拉基米尔参加了苏联的载人空间计划，并秘密进行了艰苦的训练和准备工作。有一次，一张弗拉基米尔身穿太空服的照片被登在了西方报纸上，苏联官方立刻出面否认正在进行载人太空飞行的计划，因为政府需要的是绝对的成功，不愿意事先张扬这件事。直到最近人们才从一些资料上得知，在1961年飞上太空之前，至少有7位宇航员在训练和试验中献出了生命。

而在苏联解体后公开的档案中清楚地记载着，1961年4月7日，弗拉基米尔·伊柳什作为最合适的人选，踏入了飞船，开始了他的太空之旅。一切都进行得很顺利，但是，在返回地面降落时出现了一些问题。太空舱本来预计从第一或第七轨道着陆在苏联境内的，而实际上弗拉基米尔却从第三轨道着陆在中国境内。另外，他也没有按照设计好的方式从太空舱里被弹射出来，而是随着飞船一起在地面上硬着陆。幸运的是，他没有死亡，但是受了很重的伤，这样他就没有办法以最良好的状态面对宣传媒体的采访了。对于苏联政府来说，这绝对是一个很大的遗憾，所以，这次卫星发射和结果被严格封存起来，所有参与或了解这一计划的人都被命令对外保持缄默。弗拉基米尔也从苏联的各大媒体视野中消失了两年，官方宣布他由于车祸而在中国养伤，而人们很快发现官方的说法漏洞百出，开始说车祸发生在1960年，可是在一张1961年公

布的授勋仪式的照片中居然出现了弗拉基米尔的身影，政府又马上改口是在1961年，至于说到养伤的地点，则一会儿说是北京，一会儿说是杭州。

而就在弗拉基米尔飞行的第二天，加加林的名字才为政府高层所知道，5天后，苏联对外宣布加加林胜利地成了飞入太空的第一人。以前的低调处理和这次突然宣布的成功，在全世界获得了巨大的轰动效应。

而成为英雄的加加林之后的一些行为却开始反常，开始酗酒，还当众发表不合时宜的言论，甚至在一次公开的酒会上，他当着赫鲁晓夫的面摔碎了一个酒杯。人们后来推测很可能是由于他得知自己所得到的荣誉并不是真的，而自暴自弃。几年后，这位英雄在一次飞机试飞中失事，坠机身亡，而他的失事也笼罩着层层迷雾，给历史留下的是另一个谜。

至于弗拉基米尔·伊柳什呢，他后来成为苏霍伊飞机制造厂的首席试飞员，曾经试飞过140多种飞机。苏联解体后公布的材料显示，很可能他才是进入太空的第一人，真正的宇航英雄。20世纪90年代，伊柳什在电话中曾经表示愿意接受一家美国电视台就这件事的采访，然而当摄制组到达俄罗斯以后，他却选择了保持沉默，使这一历史之谜还不能真正地被完全解开，在离真相只有一步之遥的地方停住了，可是那一天也许不会太远了。

"红衣间谍"——赌场的侍应女郎

世界各国的赌场里总会有一群群的青春少女，在麻将桌旁"吃角子机"边总会出现她们的丽影。有的在替人拿牌、派牌，有的陪伴赌客观察当地的风景名胜，有的则为赌客排遣忧郁。一句话，满足赌客的一切需要，甚至不惜出卖色相讨赌客的欢心是她们的责任与义务。这批雇来的侍应女郎的职责就是为赌客服务。这批赌场上的"红衣间谍"简直是训练有素。

这批侍应女郎用色相服务作为致命武器。那些富翁、阔佬和花花公子们虽然腰缠万贯，但只要一迈进赌场，他们经常一夜间就输掉了全部财产，而且输得开心。

但只要赌客们被她们一带入大堂，她们就像苍蝇一样紧紧盯住不放，在前面给客人指路，把各处不同的赌博方法教给客人，主动陪客人喝饮料、攀谈，甚至跟客人卖弄风情，随意调侃，一定要使客人上钩，大大花费一笔才算罢休。

风流女谍的悲剧人生

玛塔·哈里是谁？长期以来，她一向被人们贬抑为20世纪的女妖。玛塔·哈里是第一次世界大战期间著名的女间谍，1917年在巴黎被处决，结束了她的女谍生涯。她的名字在间谍小说中已经成为以美貌勾引男子、刺探军事秘密的女间谍的代名词。有关她的传闻充满阴谋、淫欲。荷兰北部小城吕伐登是她的家乡，不久前因为给她建博物馆引起很多争议。对于这位裸体舞女兼间谍，吕伐登的居民为她感到耻辱，因而起初不愿为她建造博物馆。玛塔·哈里基金会做了大量的工作，终于说服了市民。基金会的人士认为，无论如何，玛塔·哈里毕竟也算是个人物，是位独立的女性和敢于向当时的制度挑战的女权主义者，像她这样有影响的女性在荷兰尚屈指可数。基金会希望博物馆能为吕伐登扬名，并从前来参观的游客身上获取可观的收入。

博物馆位于吕伐登一条小街的尽头，将展示大量实物，包括玛塔·哈里的充满激情的情书、绚丽多彩的舞台服装、光彩耀目的珠宝首饰、姿态各异的裸体照片和她被捕后写的一份自述。那么，玛塔·哈里真的是天生淫荡、阴险吗？她充满悲剧的传奇人生令人深思……

1903 年，舞娘玛塔·哈里出现在巴黎，她专门跳印度婆罗门神婆舞蹈，并在这个欧洲享乐天堂中引起不小的轰动。这位东方舞娘的身世很离奇：她出生在印度南部马拉巴尔角，是一位印度活佛与神庙中的舞娘所生。一出生，母亲就死了，她被几名神庙祭司收养。从会走路起，就被强迫学习祭祀神舞。

"玛塔·哈里"在爪哇语中意为"清晨的明眸"。她的身世富有东方传奇色彩，而且舞姿性感、撩人，这一切使她在巴黎迅速走红。同时，凭借独到的奉承男人的本领，她很快成为巴黎社交界红得发紫的高级交际花。姣好的容貌、机敏的头脑，令无数男人都拜倒在她的石榴裙下。

事实上，玛塔·哈里不是什么印度活佛与神庙中的舞娘的女儿，她的原名是玛格丽特·格特鲁德·泽勒，出生于默默无闻的荷兰北部吕伐登小城，吕伐登是一个以养牛和制酪为主的小城，古朴自然，幽静和谐。父亲是一家帽子店老板。这个未来名震欧洲的交际花直到 15 岁之前，在吕伐登度过了天真烂漫的童年，出落成一位出众的美人。15 岁时，玛格丽特被送入师范寄宿学校，道貌岸然的校长强暴了她，后来她也成了教师们的玩物。玛格丽特无法忍受屈辱的生活，急于摆脱困境。于是，与荷兰皇家东印度军的鲁道夫·里奥德上尉结婚。天真的姑娘不知道里奥德上尉是个彻头彻尾的赌棍、酒鬼和好色之徒，从此走入了地狱般的婚姻。1902 年 8 月，她与丈夫正式离婚，结束了 8 年的痛苦婚姻。1903 年，玛塔·哈里只身来到法国，定居巴黎，踏上冒险的生活之旅。

1896 年，她随丈夫来到印度尼西亚爪哇岛后，曾经私下秘密学习那种令她着迷的印度神婆舞蹈。到了巴黎，这种技能终于派上了用场，玛塔·哈里神秘的东方舞蹈使她获得了巨大成功并开始到各国巡演。借演出的机会，她结识了许多高级德国军官，于是她总是不断地能够得知一些国家机密。起初，他们是酒后无意中说的，后来，出于好奇，玛塔·哈里开始主动套取重要情报，她意识到自己手中掌握的这些情报价值连城。

1915 年，玛塔·哈里正式成为德国情报机关的间谍，并以巡演为掩护，被派遣到西班牙搜集情报。她的到来，令西班牙人痴狂，与社会名流们打得火热。于是，有关西班牙各方面的情报被源源不断发往柏林。可是好景不长，英国情报部门的密探开始跟踪玛塔·哈里，她与德国间谍机构的联系被英国情报部门通报给法国反间谍机构。

发觉被跟踪后，玛塔·哈里回到法国并设法与法国间谍头目拉杜见了面。她说自己可以为法国搞到德国的机密情报。但是，拉杜只是表面上同意了她的提议，仍然把她送到了中立国西班牙。此时正值第一次世界大战，拉杜的目的是通过玛塔·哈里将假情报输送给德国。

由此，她被法国利用，成了一名双料间谍。但是，后来法国因为一封莫名其妙的电报认定玛塔·哈里极有可能为德国方面提供了大量情报。1917 年 2 月 13 日，玛塔·哈里刚刚抵达法国边境，就被以间谍罪逮捕，同年7月宣布判处她死刑。

1917年8月15日，玛塔·哈里被带出巴黎女子监狱执行枪决。这一天，她刻意打扮了一番，戴上了一顶宽檐黑帽。临死前，玛塔·哈里拒绝被蒙上双眼。她说想看着那些杀死她的男人的眼睛。枪手扣动扳机前，她向他们送去了最后的飞吻。

颇具讽刺意味的是，1999年英国情报部门公开的20世纪初的情报档案显示，当年英国情报机构并没有掌握玛塔·哈里犯有间谍罪的真凭实据。玛塔·哈里死后，有人猜测说，是她的情人西班牙作家恩里克'戈麦斯向当局告密害死了她。也有人认为是他的妻子因为妒忌玛塔·哈里勾引了自己的丈夫，而设局陷害了她。

玛塔·哈里的头在她死后被保存在巴黎阿纳托密博物馆，经过特殊的技术处理她的头仍保持了她生前的红唇秀发，像活着一样。2000年，玛塔·哈里的头颅不翼而飞，估计是被她的崇拜者盗走了。玛塔·哈里基金会决定在她的故乡吕伐登为她建造一座博物馆，为一位声名狼藉的风流女子立碑扬名，不能不算是一件稀罕之事。但是，玛塔·哈里的一生充满悲剧色彩，她成功了，赢得了众多男人的青睐；但她也失败了，最后被男人利用。

"007"的原型

1974年，被喻为英国历史上最成功的间谍达斯科·波波夫的传奇经历被编成自传。此后，以波波夫为蓝本创作的詹姆士·邦德（007）系列电影也获得了极大的成功，据说，波波夫真实的间谍生活比起电影中的007来一点也不逊色。

1912年，英国间谍达斯科·波波夫出生在一个富裕的南斯拉夫家庭。波波夫生性风流是出了名的，算得上名副其实的花花公子。尽管艳史不绝，每到一处总要结识美女留情，但波波夫却是一名天生特务，能操流利的意大利语、法语、英语和少许德语，是一名不折不扣的语言天才，他迅即成为南斯拉夫特务网络的中心人物。

最初走上间谍路是在1940年2月，波波夫在家中接到好友约翰尼从柏林来的电报，约翰尼是波波夫1936年在德国弗赖堡大学结识的挚友，他们约好2月8日在贝尔格莱德塞尔维亚大饭店见面。而波波夫所不知道的是当时约翰尼已受雇成为纳粹间谍，这次来就是看准了波波夫在英国交游广阔，招揽他做间谍募集情报对抗盟军的。

关于当时的情况，在英国公共档案办公室新近解封的一批军情五处的机密情报档案中有比较详细的记载。1940年，波波夫不甘为德军所利用，于是主动请缨，马上找到了英国驻巴尔干国家的商务参赞斯德雷克，要求英国方面提供一些情报，以帮助他打入德国情报网。几天以后，伦敦批准了这个计划。波波夫依靠自己导演的双簧戏，成功打入德国间谍层，从此开始了他双重间谍的生涯。

档案还记载了波波夫制造隐形墨水的配方，显示他爱用酒杯混合隐形墨水。此外，他的档案还包括大量载有日期的文件、隐形墨水明信片、印上"已拆开"或"检查"邮戳的邮件，及他寄给女友的信件。

1941年7月，波波夫被派到美国去发展一个谍报小组。他的德国上司对他说："日本可能要同美国开战，我们也不能坐视。"此时，波波夫已经觉察到日本要偷袭珍珠港的种种迹象。

在征得英国情报当局的同意后，波波夫以南斯拉夫新闻部驻美国特派员的身份飞往纽约，在完成德国情报机构交给的任务后，他向美国联邦调查局通告了日本入侵美国的消息。经过英国情报机构与美国的斡旋，美国联邦调查局局长埃德加·胡佛召见了波波夫。

但胡佛似乎对他并不感兴趣，并因为波波夫生性风流，终日与法国电影明星纠缠在一起，而彻底把搜集情报的任务抛到脑后而大为恼火。虽然英国军情五处已通知联邦调查局，波波夫在为英国工作，但联邦调查局却对此存疑。胡佛最终虎视眈眈地指责道："你他妈的是什么骗人的间谍，自从你来到这里以后，没有一个纳粹狗与你联系。我领导着世界上最廉洁的警察机关。但你却在6个星期里搞了一套豪华的房子不说，还追逐电影明星，严重地破坏了我们的法律，甚至企图腐蚀我的部下。我再也不能忍受下去了！"

波波夫对胡佛说："我到美国，是为了帮助你们备战而来。我曾以各种方式给你们带来了严重的警告，确切地提醒你们，在什么地点、什么时间、什么人以什么方式将向你们国家发动进攻。"但胡佛根本不相信，波波夫扫兴而去。5个月后，日本偷袭珍珠港。

这次糟糕的会见使波波夫十分失望，情绪异常低落地离开了。

1942年11月，波波夫再一次踏上了英国的土地。盟军对德国发出一些假的警告，并对德连续实施了"斯塔基行动"和"马基雅维里计划"，为的就是迷惑德国人。在"斯塔基行动"中，他们向德国情报机关提供假情报，说英国在加莱港地区正准备发动一次大规模的两栖登陆，并把德国轰炸机群引诱到英国皇家空军的阵地，使德军处于易受攻击的境地。

在"马基雅维里计划"中，波波夫把伪造的文件和书信放到一个英国军官的遗体上，然后让这具遗体随海浪冲到西班牙海岸。遗体上的文件中有关于向希腊进攻的绝密卷宗，让德军"意外"地发现这具遗体和情报。同时，波波夫又在向德国人的报告中说，有许多英美军人应召在苏格兰接受跳伞训练，以及英国方面对最近的一起飞机失事事件顾忌重重等消息。柏林当局立即向撒丁岛增派部队，潜水艇也奉命开往克里特。结果，西西里的防御力量削弱了，使巴顿将军轻而易举地冲进巴勒莫城。

1944年5月上旬，随着情报的增多，双重间谍的工作量很大：他们认真编造和研究信息，使它们与盟军的战略计划相吻合，并取信于敌。然而，要想使如此众多的情报不出现纰漏简直不可能，果然，后来一些细节性错误引起了德国情报部门的注意。

1944年5月中旬的一个深夜，英国军情六处的人急匆匆地赶来告诉波波夫，让他乘敌人还未发觉，赶快回葡萄牙里斯本通知其他人员转移，然后潜逃到比利时。

波波夫于是星夜兼程地赶到里斯本，开始营救和组织逃亡工作。然而一切都为时太晚，那些正在工作的谍报人员都没能逃脱纳粹的魔爪，他本人也险些被纳粹抓获。

1944年6月6日盟军登陆法国前夕，他曾协助盟军瞒骗德国，令德军从盟军登陆的地点诺曼底转移到别的地方，居功至伟。

波波夫参与了"二战"期间许多重大情报活动。他对从事间谍工作的人的评价是：这是一群神秘的人，他们无孔不入，无处不在。胜利了不可宣扬，失败了不能解释。我的武器就是谎言和欺骗，我自己还卷入了一些违背正常社会准则的行为，包括谋杀。

但我并没有觉得内心不安，因为这只是战斗对我的考验。

英国在战后两年确认波波夫的功绩，在 1947 年向他颁授 OBE 勋章（即英帝国官佐勋章）。

波波夫有句名言"要使自己在风险丛生中幸存下来，最好还是不要太认真对待生活为好。"

世界上身价最高的间谍

沃尔夫冈·洛茨是继伊利·科恩之后以色列情报机构摩萨德又一著名间谍。他幼年在德国生活，后移居巴勒斯坦，第二次世界大战爆发后进入军队，1962 年被阿穆恩（以色列军事情报局）派往埃及。

沃尔夫冈·洛茨以一名德国旅游者和育马人的身份，踏上了埃及的国土。洛茨仅用了 6 个多月的时间，便结识了当地社会的精英人士。他尤其注意与埃及军官建立友谊，陪他们一起喝酒、打牌，在吃喝玩乐中得到了不少有价值的情报。

在法国期间，洛茨在火车上认识了一位德裔美国女子，名叫瓦尔特劳德，两人一见钟情，仅仅两周时间，便双双坠入情网。

当洛茨带着漂亮的妻子回到埃及后，每天早晨，洛茨总是站在一个 5 米高的塔楼上，手持高倍望远镜观察驯马，但他真正注意的并不是他的马。他只要把手中的望远镜稍稍向右移动一下，便可将军事基地内的一切活动尽收眼底。

洛茨夫妇的朋友极其广泛，除了骑士俱乐部的尤素福将军及年轻军官们之外，还有军事后勤专家阿卜杜勒·萨拉姆·苏来茫将军、军事反间谍局的福阿德·奥斯曼将军和穆赫辛·赛义德上校，乃至埃及共和国的副总统侯赛因·沙菲。他们都把洛茨视作值得信任的前纳粹军官，因此往往在不经意中吐露出许多宝贵的情报来。

一次宴会畅饮之后，洛茨恰好坐在阿卜杜勒·萨拉姆将军身边。将军负责陆海空三军的调动和弹药运输，因此，听他的谈话极为重要。

"近来忙吗？好久没见了。"洛茨客气地问候道。

"喔，是的，非常忙。我们的一个步兵旅从此地调到了运河地区，所以我就得去苏伊士几趟。"

"阿卜杜勒，有件事只有你能帮我。如果要打仗的话，请事先告诉我一声，这样我好买下足够的威士忌藏在这儿呀。"

"哦，你不用太着急，还得再等一段时间。足够的武器和弹药可以帮我们占领整个中东，但是光靠这个不行。军队的现状眼下十分糟糕。"

"什么？不会吧。"洛茨假装不解地说。

"当然，我们的精锐部队只是少部分。我们的士兵还缺乏训练，士气也不怎么高。"

"不过据我所知，你们有外国顾问帮忙，而且军队在苏伊士战争中也积累了实战经验。"

"的确如此，世界上最好的军事专家在为我们工作。但 5 分钟后，我们的人就开始指挥起他们了，自以为是的埃及人总是这样！而且，军队之间没有配合，或是完全失去了指挥，或是发出的命令相互矛盾。现在，我们所追求的是数量而不是军队的质量。

如果继续这样下去，我们就要付出更大的代价。”

“依你看，战争会在什么时候开始？”洛茨问道。

“下星期或下个月肯定不会打，但肯定是要打的。”阿卜杜勒将军笑着说。

当晚，沃尔夫冈·洛茨从马靴里取出了微型发报机，在卫生间里向特拉维夫总部发回了搜集到的重要情报。就这样，沃尔夫冈·洛茨在推杯把盏之中轻而易举地搜集到一些情报，并将它们源源不断地发回到阿穆恩总部。

1965 年春天，洛茨夫妇和瓦尔特劳德的父母在一次出游之后，一家人驱车返回开罗，刚到家门口，6 名大汉把他们全部用手铐拖走了。

随后，埃及安全机关检察长萨米尔·哈桑亲自审问了洛茨。原来，沃尔夫冈·洛茨也和在叙利亚的间谍伊利·科恩一样，是被测出发报位置而暴露的。埃及安全机关甚至录下了 3 年来洛茨收发的全部电讯号。事已至此，洛茨只得承认一切，说自己是德国人，只是图谋金钱才替以色列搜集情报。埃及人对此深信不疑，因为他们早已掌握了洛茨是前纳粹军官的铁证。

此外，洛茨还咬定所有活动都是他一人进行的，被捕 12 天后，埃及安全机关安排洛茨夫妇接受电视台的采访，洛茨想这正是一个告诉以色列情报机关这里到底发生了什么的好机会。

在采访中，洛茨承认自己当了间谍，是个见财如命的德国人。采访最后，记者问他是否想对德国的亲人说点什么时，他趁机说道：“如果以色列今后还派间谍来的话，它应当去找自己的公民，而不要再收买德国人或者其他外国人了。”埃及当局显然并没有意识到，以色列军方已经明白了洛茨的意思：我的假德国人身份还没有暴露，请设法据此采取营救。

1965 年 7 月 27 日，埃及法庭对洛茨夫妇进行了公开审判，洛茨被判终身苦役。

1967 年 6 月 5 日，第三次中东战争爆发。从监狱中可以听见以色列飞机在监狱附近投下炸弹的爆炸声，洛茨分析他们攻击的目标很可能是由自己提供情报的赫勒军工厂的位置，为此他心中暗暗感到高兴。

1968 年 2 月 3 日，第三次中东战争即“六日战争”之后，洛茨被叫到副官办公室，监狱副官通告了释放洛茨的决定。当时，洛茨听到自己获释并没有之前想象的那么兴奋，反而内心平静的出奇。在开罗机场洛茨等待回国的班机。突然，领事神秘地告诉洛茨，在他被释放的背后有过一场特殊的较量。

战争结束后，以色列开始同埃及就交换战俘的问题谈判，以色列情报机构长官梅厄·阿米特坚持要将洛茨列入战俘交换之列。自从科恩被叙利亚人绞死之后，阿米特就一直对没能营救这位间谍王子而感到自责和沮丧。但是以色列政界却不愿意公开承认洛茨是本国间谍。直到阿米特以辞职相威胁，最终才使洛茨得以逃出囹圄。最终，以色列政府表示，埃及释放在押的洛茨和瓦尔特劳德夫妇，以色列就可以释放包括 9 名埃及将军在内的 5000 名埃及战俘。洛茨听后大吃一惊，几乎不敢相信自己竟有如此之高的身价。这样大的代价换取两个人的性命，的确价值不菲，但究竟是不是身价最高的间谍我们不得而知，只是这样高昂的代价足以说明，一名优秀的间谍可以给他的主人带来的恐怕还不知是这些的多少倍！

20 世纪最大的间谍秘密

叛逃到西方的苏联克格勃绝密档案馆馆长瓦西里·米特罗欣，揭露了 20 世纪最大的间谍秘密，并出版了名为《剑与盾：米特罗欣的克格勃绝密档案和克格勃的秘密历史》一书，在英美等西方世界引起了一场史无前例的大地震。身居要职的米特罗欣带走的 6 大箱绝密情报中的秘密实在是太多了。

米特罗欣顺利叛逃

米特罗欣是如何得到绝密情报，然后叛逃的呢？

说起这段历史，也许美国人会为自己的肉眼凡胎而悔恨不已，因为 1992 年米特罗欣叛逃的时候先到了美国驻拉脱维亚的大使馆，但是驻美国使馆的中情局官员却因为被成千上万个以种种借口要求"叛逃"到西方的俄罗斯人弄得腻烦了，于是断然拒绝了米特罗欣的要求。遭到拒绝后，米特罗欣仓皇逃出了美国大使馆。他并没有逃远，而是匆匆溜进了与美国大使馆仅一墙之隔的英国大使馆。在与米特罗欣经过几个小时的长谈后英国人大喜过望：一条送上门的"大鱼"！当即同意他的叛逃要求，并且帮助他把 6 大箱的绝密情报资料一起弄出了拉脱维亚。

米特罗欣所带的 6 大箱绝密情报资料是他 1972 年至 1984 年任克格勃绝密档案馆馆长期间一点一点带回家的。这些记录着克格勃重大间谍活动的"小纸条"或者复印件被他塞在鞋底或者裤子里偷偷带回家，然后又把它们装进几个金属箱里埋入自家住所的地下。

考虑到俄罗斯反间谍部门可能仍把他视为眼中钉，肉中刺，叛逃到英国之后，英国反间谍部门立即给他找了一处安全的住所，并封锁一切有关他的消息，还给他换了新的身份。美国司法部前法官约翰·马丁说："米特罗欣带来的这些情报档案为我们了解很长一段时间来苏联间谍活动的规律和秘密做出了极大的贡献。"美国联邦调查局反间谍特工戴维·梅杰说："米特罗欣堪称我所知道的 20 世纪最重要的叛逃者之一。"美国联邦调查局副局长比尔·布莱恩特说，米特罗欣带来的绝密档案解决了许多悬而未决的间谍案。

箱子里隐藏的"天机"

6 只大箱子里塞满了各种各样的"小纸条"和"复印件"，这些小东西却几乎件件是"宝贝"，因为它们每个都披露了克格勃最绝密的间谍活动，其中最惊人的有：

苏联情报机构曾精心策划招募后来成为美国国务卿的万斯当间谍，但没有成功；也曾密谋把卡特总统的国家安全顾问兹格尼尔·勃列兹斯基招到克格勃的麾下，但最终也没有成功；克格勃在里根成为美国总统 5 年之前就开始研究如何"修理"他！这主要是克格勃的绝密招募计划。

克格勃还有过毁坏美国民权运动领导人马丁·路德·金声誉的计划。根据这项计划，克格勃散布谣言说，马丁·路德·金实际上跟当时的美国总统约翰逊勾结，想要出卖黑人的利益。非常有讽刺意味的是，美国联邦调查局也在同时损毁马丁·路德·金的声誉，散布谣言说，马丁·路德·金跟共产党有秘密关系。此外，最典型一例是：肯尼迪总统遇刺后，克格勃立即秘密指使特工在美国出版了一本耸人听闻的书——《奥斯瓦尔德刺客或者替罪羊?》，紧接着又仿造奥斯瓦尔德的笔迹给前中情局官员霍华德·汉特写了一封信。信和书的内容都有意无意地把肯尼迪的遇刺与中情局的阴谋联系起来。

此外，还包括克格勃秘密窃听计划、武器窃取计划、消灭叛逃者计划等在内的不计其数鲜为人知的绝密内幕。

有消息透露说，米特罗欣的 6 大箱子情报绝不止此，他带来的详细资料最早可以追溯到十月革命，最近可以了解到 80 年代时苏联重大的间谍活动。这些资料的曝光可以让十多桩尘封许久的美国间谍大案水落石出。

克格勃放在欧美的原子弹

根据米特罗欣提供的绝密材料，苏联克格勃间谍曾在美国和其他西方国家领土内偷偷屯集弹药、通讯设施，甚至微型原子弹。这恐怕是美国和西方国家想破脑袋也无法预料到的事情!

针对美国等西方国家重要的目标，如政府机构、水坝、城市供水系统、电网、弹药库等设施，苏联制定了具体详细的攻击措施。其中最绝密的一项计划是为引发美国的种族冲突，给美国社会造成总体混乱，在纽约、华盛顿或者其他重要的美国城市，白人与黑人社区交接处制造恐怖爆炸事件。

最令人震惊的是，在美国，克格勃的潜在攻击目标遍及全国，其中被列为头号攻击目标的是从得克萨斯州埃尔·帕勃到加利福尼亚哥斯达米萨的一条输油管；第二个目标是蒙大拿州的亨里·豪斯拦河大坝，因为一旦这个大坝被摧毁的话，纽约州的电力将彻底被毁。米特罗欣的绝密材料还包括克格勃如何在美国一些秘密场所隐藏武器、无线电台和钱财的计划。但美国有关当局从未发现这些藏宝地。

不知是米特罗欣带来的情报不准，还是他对美国的执法部门留了一手。不过，米特罗欣去年曾小帮了瑞士警方一把，结果找到了克格勃在瑞士境内的数个"藏宝地"。这些秘密武器通讯器材及活动经费隐藏地布满了饵雷，如果没有米特罗欣指点的话，那么，就算找到了"宝贝"，那些"寻宝"的警察也已经被炸得粉身碎骨，因为瑞士警察在打开一个"消防水龙头"的时候，整个地区发生了大爆炸。

米特罗欣说，克格勃制定这些计划的目的是：一旦东西方爆发大战，克格勃特工将全面引爆这些预先秘密埋设在欧美的爆炸物，破坏当地的战略目标，制造社会混乱，从而支援正面战场作战。

在米特罗欣的 6 大箱宝贝中，有着太多被人垂涎的绝密情报，以至究竟哪个秘密称得上"最大"，恐怕连米特罗欣自己也说不清楚。

美国"老虎部队"越战期间犯下滔天罪行

1967 年 7 月，代号为"老虎部队"的美国陆军部队一个排共 45 人空降到越南的一个小山村。落地伊始，这些美国兵就开始了大屠杀。无论男女老少，只要看到人，他们就开枪。一位老兵回忆道："无论他们跑还是不跑，都会有子弹向他们飞去。"这一骇人听闻的隐秘罪行正是包括美国全国广播公司、英国路透社、英国《独立报》在内

的多家西方权威媒体集中报道的有关美军在越南战争期间犯下的一宗大屠杀案。

事隔30多年后，谁还能重见当时的历史真相，又有什么证据能够彻底封住那些对此提出质疑的人的嘴呢？

美国饿亥俄小报《刀刃报》的一名编辑因为一次很偶然的机会，看到了五角大楼中秘密存档的一份有关美国在越南战争中，曾经屠杀过手无寸铁的居民的调查的绝密文件。报社的编委们意识到这样的惊天新闻如果没有确凿翔实的考证，是绝对不能说明问题的，这个即将曝光的惨案将是美军历史上的又一个"米莱大屠杀"（My Lai Massacre）（1968年，由于怀疑越南米莱村村民掩护北越军队，3个排的美军士兵开始了灭绝人性的大屠杀。几个月的婴儿在屠杀中也未能幸免，数百名越南平民惨死。这是美军历史上的一大污点）。于是，他们经过仔细商讨，决定委派数名记者前往越南和美国各州，采访当时的见证人，整个采访过程历时8个月。

经过细致的调查取证，很多证词和证据逐渐将事情呈现出这样一种情形：手无寸铁的村民被无辜枪杀，甚至还有一些士兵用刀将越南人的耳朵、头皮割下来，作为自己的战利品。据说，一个美国兵残忍地将一名越南女护士的头皮完整地切了下来，为的只是给自己的枪做个枪套！调查中，有27名士兵称从越南死者头上切下耳朵在当时是很普遍的现象。还有一些美国兵，把割下来的越南人耳朵串成一个项链，挂在脖子上炫耀。短短数天，至少100人在屠戮中死亡。

当地的一些老人回忆起当年的情景时更是泪流满面，一位七旬老妇人说，当年的那一幕她永远也不会忘记：几名美国大兵对着她的家扫射，就在这突如其来的入侵发生的几十秒之内，这位老人的丈夫、孩子全都倒在血泊中，只有她在美国大兵的枪下侥幸活下来。另外一位越南老人控诉道："他们对我们这些手无寸铁的人大开杀戒，我们不是士兵，我们不会对他们构成威胁，但是他们根本不管这些！"

对如此惨绝人寰的行径当年的美国大兵是如何描述的呢？

一名"老虎部队"的士兵说："我们过一天算一天，并没有指望活下去。为了生存，我们为所欲为。存活的唯一途径是杀戮，因为你不用担心死人会对你怎么样。"还有两名当时的老兵这样说"很多美国士兵已经杀红了眼，他们疯狂地把杀人当成一种乐趣。""曾经也有人看不下去，他们甚至举起枪要求战友停止杀戮。可是，'老虎部队'的指挥官却要求这些阻止杀戮的士兵闭上嘴，而且不许对任何人说这些事情。"情况不止于此，还有的说法是，这些士兵没有接受过任何指挥官的命令，他们对当地村民的屠杀完全是自发的。无论是自发的还是执行上级命令，"老虎部队"灭绝人性的犯罪行为似乎已经得到了证实。

既然犯罪事实确凿，法律就应该严惩战犯。这其中有一个名为威廉·凯力的中尉是事件败露后唯一被判刑的当事人。因谋杀了109名村民，他在1971年被判终身监禁，可是他坐了3年牢后即获假释，此后竟然优哉游哉地开始做起钻石生意。

五角大楼的反映似乎说明了他们有意无意地包庇态度。在一次新闻发布会上，美国军方表示：五角大楼不太可能会重新对这起事件进行调查。理由是，美国陆军曾经耗费4年半的时间对这支45人的部队进行详细调查。已证实有18名士兵被确信犯有战争罪行。但是，军方选择的解决方式不是提起指控，而是让这些人退役。

列侬是被谋杀的

凡是爱好音乐的人没有不知道"甲壳虫"乐队的大名，而对于乐队的创始人约翰-列侬更是崇拜万分，直到现在，还有不少人收藏"披头士"的唱片。这个成立于20世纪50年代的乐队，在20世纪60年代可以说是主宰了整个摇滚乐坛。吸引无数青年人的不仅是他们的音乐，还有爱德华七世时代的服饰和那一头拖把似的长发，他们所到之处，受欢迎的程度可以用狂热一词来形容。这支独特的乐队风靡了欧美各国，在世界各地巡回演出并发行了大量的唱片专集，给英国财政赚回了不少外汇。因此，1965年的时候，英国政府特意为乐队颁发了大英帝国勋章。而作为整个乐队灵魂的列侬，不但演唱出色，而且还具有非凡的创作才华，写了不少动听迷人的歌曲。随着他们的作品被制成唱片在国内外大量发行，列侬的名气也如日中天，拥有了越来越多的歌迷和崇拜者，许多人日夜守候在列侬可能出现的地方，只为能够得到列侬的亲笔签名。

可是，就是这样一位天才的音乐家，却于1980年12月8日的深夜，在纽约达科他寓所门口被人枪击而死。列侬的死震惊了全世界，成千上万的人为他的死悲痛、惊叹、沮丧、愤怒，以各种方式来哀悼他。歌迷的反应不亚于对谋害肯尼迪兄弟，或者像精神领袖马丁·路德·金的反应，因为在他们的心中，列侬已经成为一代人的象征。

历史定格在12月8日那个令人心碎的凄惨夜晚，列侬在录音棚里工作到了很晚才回家。当天一直下着小雨，透过雨丝看到属于他的那扇窗口中的昏黄的灯光，列侬不知不觉地加快了脚步。"列侬先生。"黑暗中有人叫着他的名字，他刚要转过身去，只见一个穿着黑雨衣的男子突然从阴影中冲了出来。同时列侬听见了一声巨大的枪响，等他醒悟过来时，一颗子弹已经飞快地穿进了他的胸膛，然后是第二发、第三发、第四发……这时家家户户的电视中正在放着同一个画面，那就是当天下午列侬在接受旧金山电视台的访问实况，电视上的列侬微笑着对电视机前所有看到他的人说："我希望前程万里。"

由于一切是在突然的情况下意外发生的，致使人们对整个事件的发生充满了疑惑：凶手为什么要杀死列侬？这是不是一次蓄意谋杀？

有人认为列侬是因为拒绝为可能是歌迷或崇拜者的凶手签名，便遭到了恼羞成怒的凶手的杀害。中国1981年第六期《电影世界》上刊登了一篇题为《"披头士"歌星约翰·列侬》的文章中说："他在纽约的大门口，因拒绝为人签名，被一个莫名其妙的凶手开枪打死。"而列侬的遗孀大野洋子则认为，凶手可能是个糊涂人，他们常想用制造轰动事件来使自己出名，于是，凶手把目标锁定在了当时红得发紫的列侬。

可是有人认为列侬的遇害并不简单，是一次有预谋的暗杀。事后很快就抓住了凶手，他是一个住在夏威夷的25岁的青年马克·查普曼，以前当过保安人员。在事发前两天，他来到纽约，住在离列侬家有9个街区的基督教男青年会里，并且和许多崇拜者一起到列侬的住所门口，希望得到列侬的亲笔签名。而在列侬给查普曼签名以后的几个小时，他再一次等待列侬的出现，并向他开枪。当警察抓住他时，发现他身上还带着有列侬亲笔签名的纪念册，可是凶手始终没有说出自己杀害列侬的动机。有人推测查普曼可能是个偏执狂或是歇斯底里症患者，这些人在情绪激动或受到某种刺激后便无法控制住自己的行为。

艺术界很多人也同意列侬是被谋杀的说法，因为列侬与"甲壳虫"乐队其他成员比，更加关注政治，其后期的作品包含有对社会的评论。列侬还是一个参加和平运动的积极分子，因此，他遭到过很多次攻击，生命也多次受过威胁。早在 1964 年，乐队在法国举行第一次音乐会时，列侬在后台就收到了一张纸条："我要在今天晚上 9 点钟把你打死。"在查普曼到达纽约的当天晚上，他叫了一辆出租汽车，去了格林威治村一趟。第二天晚上他就突然离开青年会，搬到希尔顿中心的一家饭店里去住，并且还大吃了一顿。第三天晚上他就开枪杀死了列侬，这实在是令人不得不怀疑，凶手极可能是受雇于人。

列侬的歌曲可以说是一代人最大的希望和最美的梦想的集合体，歌者虽然去了另外一个世界，那些优美的旋律永远留在了一代又一代人的心目中。

第三章　历史大事

法老与太阳神崇拜

太阳神是埃及中王国和新王国时期法老所崇拜的级别最高的神灵。新王国时期，埃及法老对它的崇拜最为鼎盛。

古王国时期，法老崇拜鹰神荷鲁斯，认为它是法老的保护神。第4王朝时，被希腊人称作赫利奥利波斯的太阳城的地位迅速上升。每一位法老都宣称自己是"拉神之子"。（拉神是太阳城的地方神。古埃及每个州和村落崇拜全国性神灵的同时，还崇拜当地的神灵。）后来，在公元前2000年左右，底比斯的一位王子登上王位，阿蒙神一跃成为全国性的神灵。它被想象成空气和光的结合体。最后，它与拉神合二为一，结成当时地位最高的神灵——阿蒙—拉太阳神。

全国性的神灵在埃及的确立，得力于法老、王室亲属和其他富有者的慷慨捐赠。随着朝代的更迭，对神的崇拜就由于某个法老的心血来潮而获得持久性，地方神也会成为全国的主神。有鉴于此，法老把对太阳神的崇拜的基础赋予自身，称自己为太阳神之子，崇拜太阳神的努力便与法老结下不解之缘。

一、修建金字塔

金字塔与太阳神是紧密联系的。金字塔的每一面都被打磨得非常光滑。大金字塔，即胡夫金字塔，它巨大的石灰石表面被砍凿得非常精细，石块之间甚至连刀片都插不进去。这样，金字塔就可以最大程度地反射阳光。金字塔塔尖更是终日处在阳光照耀之下。金字塔结构体现了埃及法老权力的至高无上，塔尖代表法老。这不言而喻向被统治者昭示：法老是太阳神之子，法老的权力来源于太阳神。

二、太阳神雕刻

新王国第18王朝时，阿蒙霍特普四世颠覆了对阿蒙神的崇拜，转而推崇阿吞神为埃及独一无二的天神。阿吞神也是太阳神，"阿吞"的意思是"太阳似的圆盘"。在阿蒙霍特普四世眼中，阿吞即日轮。出于对阿吞的崇拜，他把自己的名字改为"埃赫阿吞"，即"阿吞的灵魂"。

埃赫阿吞对阿吞的崇拜影响了埃及的视觉艺术，使埃及的雕刻吸收了一种新的充满生气的艺术气息。为了提升阿吞在民间的地位，一幅反映埃赫阿吞一家人的活动的雕刻首次向公众展示了法老在宫闱内和家中的情况。

三、修筑太阳神庙

埃赫阿吞的继任者将阿吞和埃赫阿吞从埃及人的记忆中全部抹除，重新确立了阿蒙太阳神的最高天神的地位。法老们开始大兴土木，修筑太阳神庙。

拉美西斯王朝统治时期，埃及历史上最伟大的神庙——卡尔纳克神庙修筑完成。它占地5000平方米，由阿蒙神庙、阿蒙神的妻子穆脱神庙以及女儿孔司月神庙组成，三足鼎立，成为规模可与金字塔媲美的建筑群落。神庙里有雕满象形文字和饰有莲花的大圆柱，还有方尖碑、祭坛、艺术作坊、图书馆等配套设施，珍藏着1700多件青铜像和800多件石雕像，成为埃及文化的宝库。

与卡尔纳克神庙相距不到1千米的卢克索斯神庙，历史比卡尔纳克神庙更悠久。它于公元前1392年动工，历时140年。它也是由阿蒙神、穆脱女神和孔司月神三神神庙组成的结构严谨的神圣建筑。

《汉谟拉比法典》的颁布

1901年12月~1902年1月，由摩尔根率领的法国考古队，在埃兰古都苏撒遗址发现了汉谟拉比法典碑。石碑由3块黑色玄武岩组成，高2.25米，底部周长1.9米，顶部周长1.65米。石碑上部是太阳神、正义神沙马什授予汉谟拉比象征帝王权力的权标的浮雕，下部用楔形文字刻着汉谟拉比制定的一部法典。这部法典就是著名的《汉谟拉比法典》，它是古巴比伦王国流传至今最完备的成文法典，对许多国家的立法都产生了重大影响，同时也是研究古代西亚国家社会经济和思想文化的重要史料。它把我们带回了4000年前的古巴比伦社会。

汉谟拉比法典

古巴比伦王国位于幼发拉底河和底格里斯河流域（两河流域）。这一地区是人类文明的发祥地之一。在公元前1900年左右，古巴比伦人就建立了自己的国家。公元前1792年，汉谟拉比成为古巴比伦国王。他统一了两河流域，建立起一个空前强大的中央集权国家。汉谟拉比勤于朝政，重视法治，关心农业、商业和畜牧业的发展。在他统治期间，古巴比伦成为一个政治稳定、经济繁荣、军事和文化兴盛的奴隶制国家。为了维护奴隶主阶级的利益、加强中央集权、巩固自己的统治，汉谟拉比制定并颁布了古代第一部比较完整的法典——《汉谟拉比法典》。

法典分为序言、正文和结语3部分。序言和结语概括了汉谟拉比的文治武功和立法的宗旨。正文共有282条，主要包括诉讼手续、盗窃处理、租佃、雇佣、商业高利贷和债务、婚姻、遗产继承、奴隶地位等。把当时已经成型的社会生活中的各类关系用法律形式固定下来。法典比较全面地反映了当时的社会情况，其内容之全面、法制之明确，在古代立法史上甚为罕见。

法典严格保护奴隶主对奴隶的所有权和奴隶主阶级的私有财产，维护奴隶主对奴隶和平民的经济剥削和政治压迫。它规定：逃亡的奴隶一旦被捕获，必须交还原主，盗卖奴隶或藏匿奴隶者处以死刑；奴隶是奴隶主的私有财产，可以被任意出卖、转让和抵押。

在巴比伦社会中，除了奴隶主和奴隶，还有自由民。法典处理自由民的内部关系，往往是"以牙抵牙，以眼还眼"的方式。比如，两个自由民打架，一个人被打瞎了一只眼睛，另一个人就要被打瞎一只眼睛作为赔偿；打断别人的腿，自己的腿也要被依法打断；打掉别人的牙齿，自己的牙齿也要被依法打掉。

为了巩固奴隶主的统治，法典还规定了一些更严厉的条款：逃避兵役的人一律处死；破坏桥梁水利的人将受到严厉处罚，直到处死；店主不把在酒店密谋的人捉起来，也要被处死。

法典对土地买卖、出租、抵押和继承等也做出了规定。除王室和部分神庙土地分给依附的平民耕种而不能交易外，其余土地都可以通过买卖而属于私人所有。这表明国家完全承认土地私有的合法性。法典对租佃、雇佣关系、高利贷、兴修水利、丈量土地、农业手工业生产、婚姻、家庭和继承等都做出了详细的规定。

依靠这部法典，汉谟拉比时代的巴比伦，成为古代东方统治最严密的奴隶制国家。

《汉谟拉比法典》的颁布标志着两河流域进入司法制度世俗化的新时期。它促进了古巴比伦奴隶制经济的发展，对后来的亚述法典、赫梯法典，乃至古希腊、罗马的立法都产生了重要影响。

《汉谟拉比法典》现在收藏在巴黎卢浮宫博物馆。

大流士改革

古代西亚的波斯帝国（公元前558年~前330年）对人类历史的发展起了巨大的作用。它鼎盛时期的疆土包括埃及、印度北部、伊朗、小亚细亚、叙利亚、巴勒斯坦、中亚和欧洲部分地区，辽阔的疆土为国际贸易的发展和各族人民的文化交流提供了有利的条件。波斯帝国的社会经济、政治制度和文化传统，对后来的亚历山大帝国、希腊化诸国等都产生了深远的影响。

当我们谈论古代波斯帝国的时候，必然要提到大流士及其改革。正是大流士所进行的承前启后的改革，奠定了波斯帝国到政治制度和经济制度的主要基础。

大流士（约前558年~前486年），古波斯帝国国王，出身于阿黑门尼德家族。他利用波斯帝国发生政变的机会，联合一部分波斯权贵，杀死政变领袖高墨塔，登基为王，继而镇压巴比伦、埃兰、米底等地起义，恢复了濒于瓦解的波斯帝国秩序。在位期间，大流士大大扩张了波斯帝国的疆域，形成了领土空前广阔的奴隶制大帝国。为了巩固政权和帝国的发展，从公元前518年始，大流士对原有的统治机构和古老的军事组织实施了一系列改革措施，史称"大流士改革"。改革内容包括：

一、建立军政分权的地方行政制度。全国分为 23 个行省，由总督和军事长官治理。总督只拥有民政权力，其职责是：受理诉讼，征收赋税，保持境内安宁，监督下级官吏，铸造银币和铜币。军事长官掌管行省的军队。各行省的军政长官互不统属，均对皇帝本人负责，以达到相互监视和牵制的目的。大流士还经常派遣名为"国王耳目"的要员巡视各地，秘密监视地方军政官员的言行，以预防任何谋反行动的发生。

二、进行军事改革，全国划分为 5 个大军区，每个军区统辖几个行省的军队最高指挥官均由波斯人担任。军队被编成万人团、千人团、百人队、十人队四级。在都城组建精锐的近卫军，军中高级长官均由波斯贵族充任。还组成以腓尼基人为核心的海上舰队，规模庞大。

三、为了加强中央和地方的联系，保证政令的畅通，保证军队的迅速调动，大流士继承并发展了亚述人修筑道路、设置驿站的制度，在帝国境内修筑若干条驿道。其中，最长最著名的是从小亚细亚的以弗所到苏撒的驿道，被称为"御道"，全长 2470千米。

四、整顿税收制度，制定统一的贡赋制度，统一全国的货币铸造制度。规定：只有国王有权铸造金币，各地只能铸造银币和铜币。金币"大流克"因成色足、重量准确，广为流行。

这些措施为巩固波斯帝国的统治和进行扩张打下了坚实的基础。在原始文明向奴隶制文明演进的过程中，大流士的大规模扩张使人类的交往范围第一次跨越了亚、欧、非 3 大洲，它庞大的版图包括两河流域、尼罗河和印度河流域 3 大文明中心，并接近第 4 个文明中心希腊的边境。他通过一系列比较成熟的制度，如行省制度、赋税制度、铸币制度和驿道制度等，把这些古代文明地区和其他相对落后的地区联系在一起，促进了各地经济的文化的交流。大流士不仅是波斯帝国的伟大君主，也是世界历史上的著名政治家之一。

波斯帝国是靠武力征服建立起来的，境内各地区之间缺乏统一的经济基础。波斯统治者对被征服地区的压迫与剥削导致反抗情绪十分强烈。公元前 334 年，马其顿国王亚历山大率军东侵，波斯军队节节败退。公元前 330 年，波斯国王大流士三世兵败被杀，波斯帝国灭亡。

波斯帝国灭亡之后，取而代之的亚历山大帝国、罗马帝国都从波斯帝国的经验和教训中吸取了许多有用的东西。所以，波斯帝国既为西亚、北非的文明做了总结，又为后来的希腊、罗马文明提供了借鉴，起了承先启后的作用。

古希腊奥林匹亚赛会：现代奥运会的起源

奥运会是奥林匹克运动会的简称，是国际奥委会组织的综合性竞赛会。它起源于古希腊的奥林匹亚赛会。

公元前 766 年，古希腊规定每隔 4 年在奥林匹亚举行一次运动竞技大会，这就是最初的奥林匹克运动会。奥林匹亚赛会对参赛成员有严格限制：若是希腊人，不论成年人、少年和儿童均可参加；若是非希腊人、奴隶或判过刑的人，则无权参加。妇女不仅不能参加比赛，也不能观看，否则将受到严厉惩罚。

最早的竞赛项目只有 200 码（大约 182 米）短跑，后来逐渐增多，主要有：摔跤、掷铁饼、投标枪、赛马和赛车等。除了那些犯叛国罪和对神不敬的人，每个有气力、身体灵活的希腊公民都可以参加。最受观众欢迎的是驾着马车赛跑的项目。比赛时，众马奔腾，车轮滚滚，尘土飞扬。观众的欢呼声伴着隆隆的车声、骏马的嘶鸣，方圆数十里都能感受到那种热烈的气氛。由于这种比赛需要自己有马，还要接受专门的训练，所以参赛的往往是贵族。

运动会结束后，戴着桂冠的优胜者受到国王和人们的崇敬和爱戴。有人甚至把他们当作神一样来崇拜。赛会的闭幕式上，还要举行"国宴"招待他们。最著名的诗人向他们奉献赞美诗，第一流的艺术家为他们在奥林匹亚建造纪念雕像。他们的名字很快传遍整希腊，有的时候还要通过各种方式向国外传扬。优胜者的家乡把他们当作出征凯旋的英雄来欢迎。

奥林匹亚赛会是古代希腊人生活中一项极为重要的事件。运动会期间禁止打仗，交战的双方会暂停攻击，等 5 天运动会结束以后再继续开火。后来，休战期延长到一个月，最后延长到 3 个月。最令人难以理解的是，即使在外敌入侵的时候，希腊人仍把运动会放在第一位。竞赛期间是希腊全国性的节日，每个希腊人都把能看到赛会当作一生幸福的大事。

奥林匹亚赛会对希腊生活的许多方面产生了巨大影响。希腊的各个城邦，因为这一全国性的运动会而有了共同的社会活动，有利于彼此接近，也增进了各城邦之间的文化交流和贸易往来，这就在一定程度上缓和了许多城邦之间的紧张的关系。此外，运动会还促进了希腊文化艺术，特别是雕刻艺术的发展。希腊著名的雕塑《掷铁饼者》，运动员肌肉健壮，线条流畅，准确生动地表现出一个青年运动员在掷出铁饼前一刹那间的紧张状态，被誉为不朽的艺术珍品。希腊人曾流行这样一句话：没有奥林匹亚赛会，就没有希腊雕刻。

古代的奥林匹亚赛会一共举行了 293 次。到 394 年，侵入希腊的罗马帝国皇帝狄奥多西下令禁止举行比赛，奥林匹亚赛会从此中断了 1500 多年。后来，经过法国人顾拜旦的倡议和努力，国际性体育组织——国际奥林匹克委员会决定恢复综合性的运动竞赛会，并定名为奥林匹克运动会。1896 年，第一届现代奥运会在雅典举行。以后仍然是 4 年一次，分别在不同的国家举行，而且参加者也不再限定为希腊人。如今，奥运会已经成为全世界人民瞩目的体育盛会。每隔 4 年，来自世界各国的运动员聚集在运动场上，向着"更高、更快、更强"的目标竞争拼搏，传递着人类大家庭的和平与友谊。奥运会成为人类和平与友谊的盛会。

罗马共和国的建立

罗马城起源于"母狼与婴儿"的典故。传说古希腊特洛伊战争中的英雄埃涅阿斯的后人在意大利中部一个名叫"拉丁姆"的地方建立一座城市，并成为国王。当王位传到努米托尔时，王位被其弟阿慕略篡夺，并把他的女儿西尔维娅列为侍奉灶神的圣女。依据规定，灶神的女祭司是不能结婚的，但是由于天神的安排，西尔维娅与战神玛尔斯生下了一对孪生子。阿慕略得知此事，下令把这对双胞胎投入台伯河溺死，以防止他们长大复仇。出于神意，这兄弟俩被一只母狼用奶水养活。后来，他们被路过的牧羊人收养，分别取名为"罗慕路斯"和"勒莫斯"。兄弟俩长大后，重新夺回了王位，并在台伯河边建立了一座新城。罗慕路斯用自己的名字命名这座城市为"罗马"。

　　大约在公元前510年，罗马进入共和国时期。罗马共和国是贵族专政的奴隶制国家。在王政时代末期，随着塞尔维乌斯·图里乌斯改革，罗马进入阶级社会，形成罗马共和国。它具有明显的贵族专政性质。共和国的最高行政权力由执政官掌握，执政官有两名，从贵族中选出，任期一年，平时有行政、司法权，战时指挥军队，但由于是两人掌权，互相牵制，权力不大。真正的权力中心是元老院，由少数贵族和卸任的执政官组成，决定国内外一切重大决策。此外，还有百人团会议，是全体成年男子参加的人民大会，形式上是最高立法机关，实际上受元老院控制。会议表决经元老院审批过的议案，表决时，第一等级富有者占优势，因此百人团会议也反映出贵族专政的特点。罗马共和国的阶级结构十分复杂，有贵族、平民和奴隶。共和国早期，平民与贵族的矛盾非常尖锐，平民采取各种方式进行斗争，直到公元前3世纪初，斗争才宣告结束。斗争的结果，平民取得一些胜利，但真正获利的是上层平民，上层平民与旧贵族融为一体，形成新贵族，广大下层平民仍受到压制，罗马仍然是贵族共和国。

　　自公元前5世纪起，罗马便不断向外扩张，经过两个世纪的对外侵略，罗马征服了整个意大利，控制了西部地中海，并占领东部地中海的一些国家，使罗马共和国由台伯河畔的小城邦成为地中海的霸主。到公元前2世纪中期，罗马共和国的经济发生巨大变化：首先是土地集中，形成许多奴隶主大农庄。与此同时，农民纷纷破产，城邦经济基础被削弱。其次是奴隶制的发展，战俘、奴隶大量流入罗马。奴隶被广泛投入到生产领域中，受尽残酷的压榨，因而引起奴隶的反抗斗争。第三，商业高利贷业也发展起来，出现一个靠经商发财的新兴阶级——骑士。骑士在政治上无权，因此往往同下层平民一起与当权贵族进行斗争。从公元前2世纪后半叶起，罗马共和国的各种弊端逐渐暴露出来，相继出现严重的社会斗争。公元前137年~前132年发生第一次西西里奴隶起义；公元前133年~前123年发生了以农民土地运动为中心的格拉古兄弟改革；公元前104年~前101年发生了第二次西西里奴隶大起义；公元前73年~前71年爆发了斯巴达克起义。这些起义和斗争，沉重打击了罗马奴隶主阶级，动摇了奴隶制城邦的经济基础。在社会矛盾和阶级斗争日益激烈的情况下，代表罗马城邦贵族奴隶主利益的共和政体，已不再适应罗马奴隶主阶级统治的需要，因此共和制逐渐向帝制转化。在这个过程中，许多政治野心家发动了长期的争权夺利的内战。公元前60年，由庞培、恺撒、克拉苏三人结成的政治同盟，实行集体独裁，史称"前三头政治"。后来，恺撒战胜其他两个对手，实行个人独裁。不久，恺撒被其政敌刺杀，前三头同盟结束。恺撒独裁实为罗马共和国灭亡的先声。公元前43年，又出现屋大维、安东尼、李必达三人的"后三头政治"。公元前30年，屋大维除掉其他两人而成为独裁者。至此，军事独裁的君主专制政权终于在罗马建立，罗马共和国灭亡，罗马帝国时代开始。

亚历山大帝国的兴亡

亚历山大大帝（前356年~前323年），古代马其顿国王，亚历山大帝国（前336年~前323年）的创立者。拿破仑赞誉他为"历史上最伟大的军事天才"，恩格斯也称赞"亚历山大是世界上最伟大的军事家、杰出的天才将领"。

亚历山大曾拜希腊著名哲学家亚里士多德为师，自幼接受希腊文化教育。他酷爱希腊文化，梦想不仅要征服世界，而且要使世界希腊化。16岁起，就跟随父亲参加军事征战，学到不少作战技术和军事知识。他继承王位后，仿效希腊，实行政治、军事改革：削弱氏族贵族的势力，加强君主的权力；改革币制，奖励发展工商业；创立包括步兵、骑兵和海军在内的常备军，将步兵组成密集、纵深的作战队形，号称马其顿方阵，中间是重装步兵，两侧为轻装步兵，每个方阵还配有由贵族子弟组成的重装骑兵，作为方阵的前锋和护翼。通过这些改革，马其顿迅速成为军事强国。

公元前334年，亚历山大率领3.5万人的大军和160艘战舰，向波斯进军，开始了远征东方的行动。当时波斯帝国已极度衰弱，亚历山大以凌厉的攻势轻易地征服了小亚细亚半岛。公元前333年，亚历山大的军队在伊苏大败波斯军队，打开了通往叙利亚、腓尼基的门户。

公元前332年，亚历山大挥师南下，攻占叙利亚，进入埃及，被埃及祭司宣布为"阿蒙神之子"（国王），他自封为法老，并在尼罗河口兴建亚历山大城，作为他伟大战绩的纪念。

公元前331年，亚历山大率军在底格里斯河东岸的高加米拉西与波斯军队主力决战，波斯惨败，大流士三世逃遁。亚历山大乘胜夺取巴比伦，占领波斯都城苏萨和波斯波利斯，以及米底古都埃克巴坦那。

公元前330年春，大流士三世被部将杀死，波斯帝国灭亡。亚历山大征服了整个波斯。一个横跨欧、亚、非三洲的亚历山大帝国建立起来，以巴比伦为首都。它的版图西起希腊、马其顿，东到印度河流域，南临尼罗河第一瀑布，北至药杀水（今锡尔河）。

公元前327年，亚历山大继续东进，经安息（帕提亚）、阿里亚、德兰古亚那，北上翻越兴都库什山脉，到达巴克特里亚（大夏）和粟特。公元前325年侵入印度，占领印度河流域。他还企图征服恒河流域，但是经过多年远途苦战，兵士疲惫不堪，加上疟疾的传染，毒蛇的伤害，兵士拒绝继续前进。亚历山大不得不在公元前325年7月从印度撤兵。公元前324年，东征结束。

公元前323年，亚历山大突然死去，靠武力征服建立的庞大帝国也随之瓦解。经过长期混战，在原来帝国版图内形成了许多独立的王国，其中以马其顿、埃及和塞琉古3个王国领域最大，后来这些国家相继被罗马所灭。

亚历山大远征是一次掠夺性远征，历时10年，行程逾万里，洗劫和烧毁了亚洲一些古老的城市，将成千上万的劳动人民掠为奴隶，以野蛮、残忍的手段毁灭了许多东方文明。

亚历山大东征以其独特的进攻和远距离机动作战方式，在世界战争史上留下了重要的一页。他孤军深入，以进攻为主，进行了数以百计的抢渡江河、围城攻坚，以及山地、沙漠和平原作战，多次速战速决战胜比自己强大的敌人。他对各兵种的运用，特别是骑兵的运用、陆海军协同作战、进军路线选定、战斗队形编成、作战指挥和后勤保障等方面，都有独到之处。

亚历山大帝国开辟了一个新时代，也就是希腊化时代（前323年～前3年）。这是一种希腊文化与近东埃及文明、波斯文明融合而成的新的文化，后来的罗马人正是在全面吸收希腊化文明的成果基础上创造了罗马文明。

日耳曼民族大迁徙

古代希腊人和罗马人把他们周边未开化的民族称为"野蛮人"或"蛮族"，它主要包括凯尔特人和日耳曼人。凯尔特人聚居的高卢（今法国）、不列颠地区被罗马征服前，日耳曼人还处于原始状态，很少受到希腊、罗马文化的影响。

日耳曼部落很早就居住在莱茵河以东、多瑙河以北、维斯瓦河和北海之间的广大地区，包括法兰克人、哥特人、萨克逊人、汪达尔人和伦巴第人等。他们一般具有相同的宗教信仰和社会制度，使用相近的语言。其社会结构由3部分组成：最上层为世袭贵族，通常是大地主；大多数日耳曼人是自由民，一般拥有自己的小块土地，而没有土地的人只好当佃农，替贵族劳动；最底层是既非自由民又非奴隶的阶层，他们被束缚在土地上，但不能被单独出卖。这种奴役形式同罗马帝国的隶农制相似，是中世纪盛行于西欧的农奴制的先驱。

日耳曼人性情憨厚、质朴，身体强悍有力，作战非常勇敢，他们视死如归，很少有临阵脱逃者，连丢掉盾牌或是遗弃伤员都被认为是奇耻大辱。他们的主要武器是一种又长又直的宽尖双刃剑，多用于砍杀，而不是刺杀。青年人要经过正式仪式，才能获得佩剑的权利。中世纪由扈从晋升为骑士的仪式就起源于此。每位杰出的武士首领都有一支扈从队，他们战时守卫在首领身旁，效忠他，服从他。首领则向他们提供给养、武器及战利品。这种制度有助于后来封建制的形成，因为封建制正是建立在骑士对封建领主忠诚的基础上的。日耳曼人的首领或国王主要是根据勇猛程度和出身选举产生。作战英勇、贵族出身的部落成员更有希望成为首领或国王。打仗时首领和国王身先士卒，奋勇冲杀，至于权力则较为有限，许多事务都由部落会议决定。

早在公元前1世纪，日耳曼人就开始向罗马帝国境内迁徙。不过，当时罗马军团十分强大，稳守边境毫不费力。随着帝国的衰微，罗马对边境的控制也频频告急。1世纪时，日耳曼人已经占据了东起维斯瓦河，西至莱茵河，南达多瑙河，北抵波罗的海的广大地区，罗马人把这片广袤的大地称为日耳曼尼亚。

4 世纪后期，由于受到来自匈奴的攻击，日耳曼人开始像潮水般涌入罗马帝国境内，由此形成了日耳曼部落大迁徙的浪潮。最先进入帝国的是西哥特人，但罗马政府对他们特别残暴，强迫他们种地、服兵役，甚至将他们卖为奴隶。西哥特人不甘屈辱，发动起义，罗马的奴隶、隶农、矿工也纷纷加入了起义队伍。公元 378 年，西哥特人同罗马帝国在阿德里亚堡决战，罗马被击败，皇帝瓦林斯被打死。公元 395 年，罗马帝国分裂为东西两部分。5 世纪初，西哥特人再次对罗马发动进攻，汪达尔人也由北方入侵。公元 410 年，罗马城被攻陷。西哥特人在洗劫罗马城和意大利半岛之后，又向西进军，最后定居在高卢南部和西班牙北部。公元 419 年，建立西哥特王国，这是罗马帝国版图内的第一个日耳曼人国家。汪达尔人则进入北非，建立了独立的汪达尔王国，结束了罗马帝国在北非的统治。伦巴第人则占领了北部意大利的波河平原，建立了伦巴第王国。其他日耳曼部落也纷纷冲进西罗马帝国。另外，日耳曼人中的盎格鲁人、萨克逊人、朱特人，则从原先居住的威悉河、易北河流域出发，登上不列颠岛，征服了原有居民凯尔特人，建立了自己的文明，盎格鲁—萨克逊人从此成为英格兰的主要民族。5 世纪初，西罗马帝国的土地已大部丧失，帝国名存实亡。公元 476 年，日耳曼雇佣军的首领奥多亚克废黜了西罗马最后一个皇帝罗慕洛·奥古斯都，西罗马帝国灭亡。

在日耳曼部落大迁徙过程中，西欧的奴隶制走向瓦解，在罗马因素和日耳曼因素的相互影响和激荡的基础上，西欧逐渐产生了新的封建制度。

玛雅文明的创立与消亡

在古代世界文明史上，玛雅文明似乎是从天而降，又戛然而止。在哥伦布发现美洲大陆之前，玛雅文明就早已集体失踪，异常璀璨的文化也突然中断，给世界留下了巨大的困惑。

自从 1839 年美国人约翰·斯蒂芬斯在洪都拉斯的热带丛林第一次发现玛雅古文明遗址以来，世界各国考古人员在中美的丛林和荒原上共发现了 170 多处被弃的玛雅古代城市遗迹。考古人员还发现，在公元前 1000 年~公元 8 世纪，玛雅文明北起墨西哥的尤卡坦半岛，南至危地马拉、洪都拉斯，直达安第斯山脉。这个神秘的民族在南美的热带丛林建造了一座座规模令人咋舌的巨型建筑。雄伟壮观的提卡尔城，其电脑复原图出现在人们面前时，许多现代城市的设计师也自叹弗如。建于 7 世纪的帕伦克宫，长 100 米，宽 80 米。乌克斯玛尔的总督府，由 22500 块石雕拼成精心设计的图案，分毫不差。这一切都使人感到，这是个不平凡的民族。

随着对玛雅文明的进一步考察，人们又惊奇地发现，几千年前的玛雅人竟有着无与伦比的数学造诣，有着独特的谜一样的文字。而且奇琴·伊察、提卡尔、帕伦克等地的巨型建筑也并非出自实际生活的需要，而是严格依照神奇的玛雅历法周期建造的。

玛雅人的历法和天文知识究竟精确到什么程度呢？他们测算地球年为 365. 2420 天，与现代人测算的 365. 2422 天相比，误差仅 0. 0002 天。他们测算的金星年为 584

天，与现代人的测算误差仅为 7 秒。这是多么令人难以置信的数字！几千年前的玛雅人还保持着一种特殊的宗教纪年法，一年分为 18 个月，每月 20 天。这种纪年法不是以地球上所观察到的任何一种天体的运行为依据的，以致有人认为，它是玛雅人的祖先依据另一个至今我们尚不知道的星球制订的。玛雅人至少在公元前 4 世纪就掌握了"0"这个数字概念，比中国人和欧洲人都早了 800 年至 1000 年。他们还创造了 20 进位计数法，数字演算可沿用到 400 万年以后。这样庞大的天文数字，只有在现代星际航行和测算星空距离时才用得上。玛雅人的历法可以维持到 4 亿年以后，他们计算的太阳年与金星年的差数可以精确到小数点以后 4 位数字。他们的象形文字由 800 个符号和图形组成，词汇量多达 3 万个。他们还有精美绝伦的雕刻、绘画和青铜艺术。

玛雅人巢居树穴，以采集为生。这样的原始部落怎么能产生这么高度的文明？

1952 年 6 月 5 日，人们在墨西哥高原的玛雅古城帕伦克一处神殿的废墟里，发掘出了一块刻有人物和花纹的石板。当时人们仅仅把它当作是玛雅古代神话的雕刻。但到了 60 年代，人们乘坐宇宙飞船进入太空后，那些参与过宇航研究的美国科学家们才"恍然大悟"：帕伦克那块石板上雕刻的，原来是一幅宇航员驾驶着宇宙飞行器的图画！虽然经过了图案化的变形，但宇宙飞船的进气口、排气管、操纵杆、脚踏板、方向舵、天线、软管及各种仪表仍清晰可见。这幅图画的照片被送往美国航天中心时，那些宇航专家们无不惊叹，一致认为它就是古代的宇航器。这似乎令人难以置信。于是，有些学者提出了一种大胆的看法：在遥远的古代，美洲热带丛林中可能来过一批具有高度文明的外星智能生命，他们走出飞船，教给了尚在原始时代的玛雅人各种先进知识，然后又飘然而去。玛雅文明中那些令人难以理解的高深知识，就是出于外星人的传授。外星人离去时，曾向玛雅人许诺重返地球。但在玛雅人的追求祭司预言天神返回的日子里，这些外星智能生命并未重新返回。这导致了玛雅人对其宗教和祭司统治的信心丧失，进而引起了整个民族心理的崩溃，终于使人们一个个离开故乡，各自走散。玛雅文明就这样消失了。

直到现在，人们仍然无法圆满地解释玛雅文明那众多令人不可思议的奇迹以及它突然消失的原因。玛雅文明之谜，也许有一天人们会解开。那一天远吗？

拜占庭帝国的崩溃

拜占庭帝国（公元 395 年~1453 年），又称东罗马帝国。在公元 395 年，罗马帝国正式分裂为东西两部分，东部以君士坦丁堡为首都，自称是罗马帝国的继承者，故称东罗马帝国。君士坦丁堡是古希腊移民城市拜占庭的旧址，故又称拜占庭帝国。它的统治中心在巴尔干半岛，领土范围包括巴尔干半岛、小亚细亚、叙利亚、巴勒斯坦、埃及、利比亚以及外高加索的一部分，仍然是一个地跨欧、亚、非三洲的大帝国。

拜占庭帝国的历代皇帝都以罗马帝国的正统继承人自居，保留罗马帝国的称号。所以，收复失地、重新统一罗马帝国，就成为早期拜占庭帝国统治政策的核心：

公元 527 年，拜占庭帝国迎来了查士丁尼的统治。他对内编纂法典，加强统治；

对外进行武力征服，占领了北非、意大利等地，以重建罗马帝国，恢复奴隶制度。他任命贝利萨留为元帅，向波斯帝国宣战。公元 528 年波斯军遭到惨败，随后波斯军一败再败。

查士丁尼再跟汪达尔人开战，贝利萨留率军出征非洲，击溃了汪达尔人。公元 534 年，汪达尔王国灭亡，其领土纳入拜占庭的版图。非洲战役最终使得拜占庭帝国控制了非洲广大的畜牧地区。

接下去连续数十年战事不断，原罗马帝国的地盘大多已并入拜占庭，连年的征战使拜占庭帝国的版图空前扩大。

到了公元 571 年，查士丁尼二世上台，和波斯的领土纷争再次爆发，波斯军攻破德拉城，拜占庭赔款求和。接着是双方的战和与反复纠葛，两败俱伤。数十年战乱导致两个庞大帝国军力日渐衰弱。7 世纪时，拜占庭帝国先后丧失美索不达米亚、叙利亚、巴勒斯坦、北非及南意大利和西西里岛，帝国版图大大缩小，已无法与查士丁尼时代相比。

7 世纪~12 世纪，是拜占庭社会由奴隶制向封建制过渡的时期，它是帝国早期的封建因素和斯拉夫人农村公社制度相结合的产物。

11 世纪末，帝国的封建制度最终确立，大贵族独立性增强，导致封建分裂倾向加剧。12 世纪末，帝国日趋衰弱，外族不断入侵，领土日益缩小。

此后威尼斯乘机取代了拜占庭的海上霸主地位。

14 世纪，商品货币经济发展，货币地租盛行，资本主义手工工场出现，由于帝国的反动统治和外族入侵，阻碍了资本主义的发展进程。14 世纪末，工商业开始衰落，封建剥削沉重，城市人民不断发动起义，进行反抗。在帝国岌岌可危之时，奥斯曼土耳其人不断向帝国发动进攻。

1326 年，奥斯曼夺取拜占庭在小亚细亚的重镇布鲁萨，控制了马尔马拉海峡，开始称为奥斯曼帝国。随着乌尔汗继承王位，拜占庭在小亚细亚的领土尽失。1359 年，奥斯曼帝国占领了整个色雷斯东部，1362 年奥斯曼帝国攻陷亚得里亚堡，切断了君士坦丁堡与巴尔干半岛其他地区的联系。1421 年，在苏拉德二世的领导下，奥斯曼帝国继续扩张，拜占庭再也没有喘息的机会了。

1453 年 4 月，土耳其人攻下君士坦丁堡。不久，土耳其苏丹在此建都，并将其改名为伊斯坦布尔。拜占庭帝国和君士坦丁堡终于成为了历史。1461 年，奥斯曼帝国终于征服了拜占庭帝国的全部领土，拜占庭帝国最后灭亡。

英法议会政治

议会政治是指国会或类似的代议机构在一国的政治生活中居于重要地位。中世纪时期，英国、法国、尼德兰、卡斯提、阿拉冈以及卡斯提与阿拉冈联合后组成的西班牙，议会政治已开始存在。英国是实行封建议会政治的典型国家，它的议会政治源于《自由大宪章》和《牛津条例》的制定。

　　《自由大宪章》制定于 1215 年。国王约翰登上英国王位后与法国发生了战争，为了筹集战争军费，约翰向各封建主征收款项，规定不交或迟交即受罚款。这种专横的做法，引起了世俗贵族的不满。加上约翰一向专横暴戾，勒索无度，也触犯了中小贵族和市民的利益。大封建主利用人们对约翰的不满，在市民和骑士支持下组织武装，进攻伦敦，迫使约翰于 1215 年 6 月签署了《自由大宪章》。主要内容如下：保障教会教职人员的选举自由；保障贵族、骑士的领地继承权，未经"王国大会议"同意，国王不得向直属附庸征派补助金和盾牌钱；国王不得干预封建主法庭司法审判权；未经贵族的判决，国王不得任意逮捕或监禁自由人或没收他们的财产。同时，少数条款还确认城市已享有的权利、保护商业自由、统一度量衡等。还规定，国王如果违背宪章，贵族有权对国王使用武力。1258 年，英国大贵族们又在牛津开会，通过了进一步限制王权的决议——《牛津条例》。《自由大宪章》和《牛津条例》的制定，在英国历史上具有重大而深远的意义，它首次打破了法律高于王权的原则，初步提出了组成国会管理国家的思想，奠定了英国封建社会制税原则的基础，纳税主体有权决定纳税事宜。

　　《自由大宪章》和《牛津条例》签署后，国王约翰和他的继任者都没有诚意遵守，人们于是继续进行斗争。1263 年，勒斯特伯爵西蒙·孟福尔联合骑士和市民打败并俘虏了国王。1265 年，英国召开了由封建贵族、主教以及各郡骑士代表和各大城市市民代表参加的封建主大会。1295 年，英王爱德华一世为筹集军费召开国会，出席会议的社会成分和 1265 年会议完全一致。此后国会经常召开会议，并以 1295 年的国会为榜样。于是 1295 年的国会被称为"模范国会"。1297 年国会正式获得了批准赋税征收的权力。14 世纪初，国会又获得了颁布法律的权力，同时成为王国的最高法庭。英国国会从 1341 年起，又分为上、下两院。上议院由教俗贵族组成，下议院由地方骑士和市民代表组成。至此，等级代表会议与国王相结合的统治形式在英国正式确立。

　　法国中世纪的三级会议在存在形式和开会方式上与英国国会有所区别，但对王权的制衡作用也是相当明显的。

　　1302 年，法王腓力四世与教皇发生冲突，为了寻求社会各阶层的支持，于是召开了法国历史上第一次三级会议。会议由高级僧侣、贵族和市民三个等级的代表组成，会议召开方式是由国王召集，三个等级分别开会，每个等级只有一票表决权。法国三级会议的职能是国王要征收新税，事先必须要经过三级会议同意；监督赋税的开支及国家有关和战等重大问题，都要交由三级会议讨论。

　　与英国、法国的代议机构相类似，尼德兰、卡斯提、阿拉冈以及从斐迪南到查理一世统治时期的西班牙的议会也有限制王权的作用。

　　总而言之，西欧各国大多自中世纪中期就形成了制约王权的议会政治，它们与东方集权专制国家在行政制度上的区别是非常明显的。

黑死病肆虐欧洲

1348年，一场大瘟疫开始肆虐整个欧洲。它的一种症状，就是患者的皮肤上会出现许多黑斑，所以当时人们称之为"黑死病"。它实际上是一种鼠疫，由黑鼠身上的跳蚤携带的病菌导致。14世纪，黑鼠的数量很多，一旦该病发生，便会迅速扩散。

1347年，这场鼠疫首先发难于地中海沿岸的西西里，然后传播到北非、整个意大利和西班牙，接着于次年传到法国；1349年传播到奥地利、瑞士、德意志和尼德兰；1350年传播到北欧斯堪的纳维亚和波罗的海沿岸诸国。后来又在1361年~1363年，1369年~1371年，1374年~1375年，1390年，1400年时有发生。历史研究证明，欧洲有2500万人死于黑死病，死亡人数之多超过历史上任何一种流行病。

在那些可怕的日子里，"葬礼连连不断，而送葬者却寥寥无几"。扛夫们抬着的往往是整个死去的家庭，把他们送到附近的教堂里，由教士们随便指派个地方埋葬了事。

法国马赛有5.6万人死于鼠疫，历史上著名的英法百年战争也曾由于爆发了鼠疫被迫暂时停顿下来。荷兰和弗兰德斯地区（欧洲大陆濒临北海的一个区域，后来分属于荷兰、比利时和法国）的情况也异常惨重，死亡人数之多令人难以置信。到处是荒芜的田园，无主的奶牛在大街上闲逛，当地的居民却无影无踪。奥地利维也纳曾经在一天当中死亡960人。德国的神职人员有1/3被夺去了生命，许多教堂和修道院因此无法维持。鼠疫也蔓延到英国的全国各地。由于农业工人死亡过多，一些庄园倾其收入也只够交纳房租。有的庄园甚至佃农全部死光。几乎占伦敦一半以上的人口死去。

黑死病的影响不亚于一场横扫欧洲的战争。现代医学家、社会学家认为它的影响相当于核武器的毁灭力量。它导致欧洲经济紊乱、社会动荡、物价上涨和风俗败坏。由于人口大量减少，一些人突然间继承了别人的财产而变富，他们继承了死者的土地、房屋、家具和农产品。物价的降低和财富获得的容易，加之人们恐怕再次经历黑死病，挥霍之风盛行。由于劳动力严重损失，农业、手工业生产在很大程度上受到了削弱，影响了社会经济的发展。人们的生活日益恶化。为了逃避灾难，人们四处迁移，导致欧洲的社会秩序也不安定，这在很大程度上影响了欧洲生产的发展与社会进步。

随着黑死病的日益猖獗，包括沉湎酒色在内的各种寻欢作乐的生活方式也在欧洲蔓延开来。在罗马、巴黎、科隆等欧洲所有的大城市，舞会、宴会、赛马彻夜不停，人们狂欢、纵酒达到了无以复加的程度。他们似乎要在人类末日来临之前耗尽世界上的一切财富。政府官员也趁火打劫，他们恣意地把国家的金银珠宝和其他财富据为己有而不受到任何惩罚。

黑死病对基督教也造成了很大的冲击。欧洲人一般笃信基督教，许久以来基督教成了他们强大的精神支柱。这次死亡大灾难，充分暴露出教会的无能，人们不但看到平素道貌岸然的牧师等神职人员争先恐后地逃离自己的团体，从而对宗教的传统权威产生了怀疑。当然，在怀疑传统基督教的同时，由于没有新的可供依靠的精神支柱，人们开始迷信，后来在欧洲长期流行的巫术就是在这个时候"发明"的。

文艺复兴运动

14、15世纪以来，在西欧封建社会内部，逐渐产生了资本主义的萌芽。随着资本主义的产生，资产阶级开始形成并且登上历史舞台。为了维护和发展政治、经济利益，资产阶级首先在思想文化领域发动了一场反封建、反教会的新文化运动。这场运动是从复兴古希腊、罗马文化开始的，因而被称为"文艺复兴"。它的内容也不限于文学、艺术，还包括政治学、历史学、哲学以及自然科学等。它实际上是新兴资产阶级在意识形态领域的革命，是一次思想解放运动。它的指导思想是人文主义。文艺复兴最早发源于14世纪的意大利，以后逐渐扩大到其他国家，16世纪达到全盛，17世纪中期结束，分为3个时期。

早期，从1321年到15世纪中期。这一时期，文艺复兴的活动主要在意大利，从佛罗伦萨逐渐扩大到罗马、米兰、威尼斯及那不勒斯等地。首先是文学，出现了著名的文学三杰：但丁、彼特拉克和薄伽丘。彼特拉克最早用人文主义的观点阐述古典著作，被称为"人文主义之父"。继而扩及史学，如布鲁尼的《佛罗伦萨史》和比昂多的《罗马衰亡以来的千年史》等。在文史领域中，人文主义观点和现实主义创作方法开始结合。

中期，从15世纪中期到16世纪中期。新航路的开辟刺激了西欧各国资本主义的发展。文艺复兴运动由意大利扩展到西欧广大地区，文艺复兴运动向纵深扩大。这一时期的特点是：文学艺术高度繁荣，史学和政治学名著涌现。在意大利，产生了著名的"艺术三杰"：达·芬奇、米开朗基罗和拉斐尔。杰出的政治思想家马基雅维利的《君主论》主张强权政治，反映了新兴资产阶级要求实现统一的愿望。在英国，具有代表性的是莎士比亚的戏剧，它歌颂乐观主义的生活态度，赞美友谊及爱情，主张自由平等，反对封建束缚和神权桎梏，反映了时代的要求。法国拉伯雷的《巨人传》以及西班牙塞万提斯的《堂吉诃德》也是这一时期具有反封建思想的杰出代表作品。

晚期，从16世纪中期到17世纪中期，在文学艺术持续发展、繁荣的同时，近代自然科学和新的人文科学相继诞生并取得了划时代的一系列成就。1543年，哥白尼的《天体运行论》发表，成为近代自然科学的开端。哥白尼提出了"太阳中心说"，否定了长期以来的"地球中心说"，摧毁了上帝创造世界的谬论。德意志学者开普勒和意大利科学家伽利略进一步证实和发展了哥白尼的学说，揭示了自然科学中的许多定理规律。近代自然科学的产生促进了唯物主义哲学的发展。培根是近代资产阶级唯物论哲学和实验科学的创始人，他提出了"知识就是力量"的名言。这一时期，自然科学和人文科学开始从神学中解放出来，"科学的发展从此便大踏步地前进"。

文艺复兴以反封建、反天主教会的斗争为主要内容，以破除迷信、解放思想和精神文明的创新为特征，是人类文明发展史的一个伟大的转折。

与中世纪相比，文艺复兴在意识形态领域最突出的变化是关于人的价值观念的转变。在中世纪，理想的人是消极、无所作为的，人在世界上的意义不足称道。文艺复兴发现了人的伟大，肯定人的价值和创造力，提出人要获得解放，个性应该自由；重视人的价值，要求发挥人的聪明才智及创造潜能；反对消极人生态度，提倡冒险精神；要求发展个性，反对禁锢人性，提倡乐观主义的人生态度。这种不可抑制的求知欲和追根究底的探求精神，为创造现世的幸福而奋斗的乐观进取精神，把人们从中世纪基督教神学的桎梏下解放出来。资产阶级正是在这种精神的指引下创造近代资本主义世界的。

文艺复兴还打破了宗教神秘主义一统天下的局面，破除了封建迷信，有力地推动了宗教改革运动。它也推动了政治学说的发展，为启蒙运动和资产阶级革命做了充分的思想准备。

意大利文艺复兴美术三杰

意大利绘画发展到 15 世纪，出现了文艺复兴美术三杰。他们是达·芬奇、米开朗基罗和拉斐尔。这一时期美术的主要题材还是宗教。

达·芬奇出生于 1452 年，16 岁时去佛罗伦萨学艺，很快就熟练运用雕塑与绘画的艺术手法，在当时的佛罗伦萨已小有名气。后来他去了米兰，在那里，他创作了举世闻名的壁画《最后的晚餐》。这幅画他画了 3 年。《最后的晚餐》取材于《马太福音》。耶稣与 12 个门徒聚餐，席间，他对大家说："你们中间有一个人出卖了我。"门徒们猝不及防，非常吃惊，问到底是谁。耶稣说："同我一样把手蘸在盘子里的人就是。"画面上的众门徒神态各异，生动传神，富有戏剧冲突和强烈的时空效果，能提起观众的情绪。

《蒙娜丽莎》是达·芬奇在当学徒时的作品。当时蒙娜·丽莎年仅 24 岁，是一位皮货商的妻子。她刚失去儿子，郁郁寡欢。但达·芬奇竭力表现出她难得的一丝微笑，富有无限的魅力。因为这幅油画，达·芬奇声名大噪。达·芬奇除了绘画外，还致力于科学研究。他对人体解剖学有细致的研究，并发明设计了降落伞、风车，也进行过关于飞机的构想和设计等。

米开朗基罗是与达·芬奇同时期的雕塑家，也出生于佛罗伦萨，13 岁进入作坊学艺，后参加人体解剖的实习，奠定了他的雕塑艺术生涯。他 21 岁到罗马，25 岁回佛罗伦萨，创作了《大卫》，声名鹊起。这座白大理石裸体雕像，表现了 1000 多年前以色列开国元勋大卫的形象，把人类的美、智慧、生命和力量表现得淋漓尽致。这座雕塑后来被安放在市政厅门前的广场上。

米开朗基罗的另一件著名雕塑是《哀悼基督》。它表现耶稣被钉死在十字架上，圣母玛丽亚抚尸痛哭的情景。这是他 20 岁时的作品，圣母在他的刀凿之下显得美丽绝伦。另外，他还创作了《摩西》《奴隶》等名作。在《奴隶》中，被缚的奴隶虽然垂死，但依然要进行不屈的反抗，体现了人类生命的尊严。

拉斐尔于 1483 年生于意大利乌尔比诺镇，13 岁那年去鲁吉诺作坊从师于维提（他是波伦亚派的画家）。1504 年，他到了佛罗伦萨，其时 21 岁。在那里的教堂里，他画了许多圣母像。拉斐尔创作的圣母像可谓艺术史上不可多得的杰作。他以世俗化的笔法，将传统的宗教题材描绘成现实生活中的理想美的化身，称颂一般人类母性的光辉，洋溢着幸福与欢愉。著名的一幅《椅中圣母》可谓神来之笔。据说拉斐尔在一次聚会中，见一位罗马美少妇，微笑地注视着心爱的小宝贝，同时温柔地把他搂在怀中，表情流露出自然而又满足的神情。拉斐尔捕捉到这一引发灵感的瞬间，立刻拾起一块木炭，迅速将方才那幅动人的情景画在身旁的一只木桶底上，回去完成了这幅杰作。另外，拉斐尔的《草地圣母》富有人情味，圣母逗爱圣婴，平静而愉悦，色彩与线条极为和谐，并有鲜明的节奏感。

拉斐尔其他作品还有《圣母婚礼》《圣礼辩论》《雅典学院》等，都体现了理想中的境界。有人这样评说，拉斐尔是理想的化身，达·芬奇是智慧的象征，而米开朗基罗是力量的凝聚。

达·芬奇

莎士比亚的戏剧创作

威廉·莎士比亚（1564 年~1616 年），欧洲文艺复兴时期英国最伟大的剧作家，卓越的人文主义思想的代表人物。1564 年，莎士比亚出生于英国的沃里克郡，少年时代曾在当地的一所文学学校学习。因父亲破产，未毕业就走上独自谋生之路。他当过学徒，也曾在乡村学校教过书，还做过其他职业。22 岁时，他来到伦敦，最初是给到剧院看戏的绅士照料马匹，后来当了演员。1588 年前后开始写作，先是改编前人的剧本，不久即开始独立创作。莎士比亚赢得了包括大学生团体在内的广大观众的拥护和爱戴，学生们曾在学校演出过他的一些剧本。

写作的成功，使莎士比亚赢得了骚桑普顿勋爵的眷顾，勋爵成了他的保护人。借助勋爵的关系，莎士比亚走进了贵族的文化沙龙。这使他对上流社会有了观察和了解，为他日后的创作提供了丰富的素材。

从 1594 年起，莎士比亚所在的剧团受到王公大臣的庇护，国王也给予关爱。因此，剧团常常在宫廷中演出，莎士比亚创作的剧本进而蜚声社会各界。1599 年，莎士比亚入伙伦敦著名的环球剧院，成为股东兼演员，逐渐富裕起来。1616 年，莎士比亚与世长辞。

莎士比亚生活在一个大转折时期。当时，中世纪蒙昧主义思想走向没落，资产阶级以个人主义为中心的世界观日益深入人心。莎士比亚以他的剧作，大胆地批判了封建制度的黑暗及其对人性的禁锢，强烈反映了新兴的资产阶级的要求，为人文主义在英国和欧洲的传播起了巨大的推动作用。莎士比亚的许多剧作都遗失了，流传下来的只有 37 部。

莎士比亚戏剧创作的最初 10 年，共创作了 9 部历史剧。这些剧本有的描写封建王朝内部的争斗，有的则概括了英国百余年的动乱历史。这些剧本的艺术成就不一，而最为人们津津乐道的是《理查三世》《亨利四世》和《亨利五世》。

莎士比亚还创作了《仲夏夜之梦》《威尼斯商人》以及《第十二夜》等喜剧。这些剧本大都以友谊、爱情、婚姻为主题，情节生动。作者以幽默、欢快的笔触和如诗如画的抒情语言，揭示了人们的感情冲突和现实生活中的矛盾，特别是塑造了一批勇气过人，而又执着、风趣、机智、温柔的女主人公形象。

莎士比亚成就最大的是悲剧。莎士比亚已看清理想与现实之间不可逾越的鸿沟，但他把这些归结为善与恶的道德冲突。他反对暴力，强调理性的作用，创作了一批辉煌而又抑郁、愤怒的悲剧剧作，揭露了资本主义原始积累时期已开始出现的社会罪恶与资产阶级的利己主义，表现了人文主义美好理想与残酷现实之间的矛盾。悲剧的主要内容是人与社会、人与人、人的内心深处的冲突，被称作"性格悲剧"和"社会悲剧"的典范。《哈姆雷特》是莎士比亚最重要的作品，这部悲剧以精湛的艺术形式、博大的思想内容表现出主人公人文主义理想的幻灭，反映了作者对人生价值和意义的探索。《奥赛罗》同样反映了文艺复兴时期深刻的社会矛盾。在《李尔王》中，莎士比亚通过王室家族的内乱和李尔王的大起大落，批判了资本主义社会伪善的人伦关系，肯定了同情、博爱的道德原则。《麦克白》是莎士比亚戏剧中心理描写的佳作。以上四部剧作被称作莎士比亚的"四大悲剧"。他对人性的深刻揭示，对时代精神与社会生活的高度概括，使莎士比亚的悲剧至今仍具有震撼人心的力量。

莎士比亚的剧作是西方戏剧艺术史上难以企及的高峰。他的戏剧展开了如此广阔的生活画面：社会各个阶层的人物都在剧中婆婆起舞，而每个人又有各自的爱憎、伤悲与欢乐，每个人都有鲜明的个性特征。莎士比亚是无与伦比的戏剧结构大师，他不受严格的传统体裁划分的限制，从而展现出人物更饱满的人性和丰富的精神世界。

莎士比亚生前并未享受过多的荣誉，他在死后的两百多年里也并未得到普遍的肯定。到了 19 世纪中叶，人们重新发现了莎士比亚，并形成了一门新学科——莎学。

新航路的开辟

15 世纪末~16 世纪初，欧洲人开辟了横渡大西洋到达美洲、绕道非洲南端到达印度的新航线，第一次环球航行也取得了成功，这在历史上被习惯地称为"地理大发现"。

15 世纪，由于商品经济的发展和资本主义的萌芽，欧洲各国对货币的需求大大增加。欧洲人狂热地追求货币，渴望获得制造货币的黄金。自从《马可·波罗游记》在欧洲流传以来，欧洲人一直把东方，特别是中国看成是遍地黄金的人间天堂，所以希望到东方去实现黄金梦的人比比皆是。

此前，西方通往东方的重要商路有3条：一条在北部，经小亚细亚、黑海、里海至中亚细亚；一条在中部，从地中海东岸经两河流域至波斯湾，再从海路到达东方各地；还有一条在南部，经埃及的亚历山大港到红海，再从海路到东方。长期以来，欧洲的贵族和商人迫切希望开辟一条绕过地中海东岸，直接到达中国和印度的新航路。

1487年，葡萄牙人迪亚士组织船队，沿着非洲西海岸向南航行，到达非洲最南部的好望角。接着，葡萄牙人达·伽马组织了更大的船队，于1497年7月8日从里斯本出发，先是循着迪亚士发现的航路，于同年的11月到达好望角，并从那里沿着非洲东海岸向北航行。1498年3月，达·伽马到达莫桑比克。之后，达·伽马又多次远航，打败印度洋上各地的抵抗，建立了许多商业和军事据点，控制了这条通往东方的航路。

葡萄牙人的成功，促使西班牙人积极寻找另一条通往东方的航路。1492年8月3日，在西班牙的支持下，哥伦布率领船队从西班牙一直向西航行，来到了一个岛屿。哥伦布以为到了印度，所以把当地人称为印第安人（即印度人）。哥伦布向南继续航行，又到达了附近的古巴和海地，发现了许多岛屿。1493年3月15日，哥伦布回到西班牙，向欧洲人宣布他已经找到了通往印度的航路。此后，哥伦布又多次到达美洲。哥伦布至死都认为他所到的地方是印度。后来一个叫亚美利加的意大利冒险家证实了哥伦布发现的并不是印度，而是欧洲人过去不知道的一个新大陆。后来，人们就把那里称为亚美利加洲，即美洲。

真正通过探险证实可以环绕世界航行的是麦哲伦。西班牙人虽然发现了美洲，但当时获得的利益远远不如葡萄牙人在印度获得的多，所以西班牙决意继续向西航行，以求从西面到达印度。1519年9月20日，葡萄牙人麦哲伦在西班牙的资助下，率领探险船队出航，先是沿着已经知道的航路向西航行，然后转向南，沿着美洲大陆摸索着南下，发现了美洲南部的海峡，后来人们把这里称为麦哲伦海峡。横渡太平洋后，1521年3月，麦哲伦到达菲律宾群岛，他被当地的土著人杀死。后来船队沿着已经熟悉的航路进入印度洋，再沿着葡萄牙人发现的航路于1522年9月返回西班牙。地圆学说得到了确认。

新航路的开辟产生了重大的影响。首先，它引发了商业革命。欧洲同非洲、亚洲之间的贸易扩大，同美洲开始有了联系，各地区的商品逐渐在欧洲市场上出现，开始形成世界市场；主要商路从地中海转移到大西洋沿岸，意大利的商业地位逐渐被西班牙、葡萄牙以及英国、尼德兰所代替。其次，它引起了价格革命。由于大量贵金属源源流入欧洲，金银价值下降，物价猛涨。新兴的工商业资产阶级获得了暴利，封建主逐渐衰落，劳动人民日益贫困。价格革命加速了西欧封建制度的解体和资本主义的发展。第三，欧洲开始了大规模的殖民掠夺活动，非洲、亚洲和美洲许多国家和地区，逐渐沦为殖民地、半殖民地，成为西方掠夺的对象。

殖民掠夺

殖民主义者用征服、奴役甚至消灭殖民地人民的残酷手段积累了巨额财富。殖民掠夺给亚、非、拉人民带来了深重的灾难，严重阻碍了这些国家和地区的发展进程。

新航路开辟后，葡萄牙和西班牙这两个中央集权制的封建国家积极向外扩张，最早走上了殖民侵略之路。

从 15 世纪起，葡萄牙人就在非洲西海岸的几内亚、刚果、安哥拉等地设立了殖民侵略据点。16 世纪初期，葡萄牙殖民者又占领了东非海岸的莫桑比克、索法拉、基尔瓦、蒙巴萨和桑给巴尔等地，并将这些据点作为从西欧到东方这条漫长航线上的补给站。1506 年和 1508 年，葡萄牙先后占领了亚丁湾入口处的索科特拉岛和波斯湾入口处的霍尔木兹岛这两个海上交通要津，从而控制了连接红海和亚洲南部的海路。16 世纪初，葡萄牙确立了印度洋上的海上霸权。为了控制印度，夺取卡利卡特的企图虽然失败了，但葡萄牙于 1510 年攻占了果阿，建立自己在东方的殖民总部。接着入侵了锡兰（今斯里兰卡）。1511 年，它夺去了马六甲，这是通往东南亚的交通咽喉。后来，葡萄牙人继续侵占了印度西海岸的第乌、达曼及孟买。此外，还在苏门答腊、爪哇、加里曼丹及摩鹿加群岛（今马鲁古群岛）建立商站。在中国又夺取了澳门，作为经营东亚贸易的中心。葡萄牙人还到达了日本，并于 1548 年在日本的九州设立了第一个欧洲人的商站。这样，葡萄牙就成为垄断欧亚之间及中国、日本和菲律宾之间贸易的霸主。

葡萄牙扩张的主要方向是非洲和亚洲诸国，但它也入侵了美洲新大陆。1500 年，葡萄牙一支远征队准备去印度，但在途中因赤道海流的冲击而偏离轨道，漂流到了南美洲的巴西。这样，巴西就成了葡萄牙的殖民地。

西班牙在海外建立的殖民地，要比葡萄牙的殖民地大得多，其主体部分在美洲新大陆。新大陆盛产金银，与东方香料有同等或更大的价值，因此西班牙便把主要注意力集中到这里。

哥伦布发现美洲，揭开了西班牙殖民者远征美洲的序幕。从 15 世纪末到 16 世纪初，西班牙人首先把加勒比海和西印度群岛纳入自己的势力范围，先后在海地、牙买加、波多黎各等地建立殖民据点，并以此为基地开始对中南美洲广大地区进行武力征服。1521 年，西班牙贵族科泰斯率军征服墨西哥，摧毁了印第安人古代文明的中心——"阿兹特克帝国"。1533 年，西班牙冒险家皮萨罗率军占领了印加人的首府库斯科，使印第安人古代文明的另一中心"印加帝国"也惨遭涂炭，从此沦为西班牙的殖民地。此后，西班牙殖民者在不足 20 年的时间内，相继征服了厄瓜多尔、乌拉圭、玻利维亚、哥伦比亚、阿根廷等地。到 16 世纪中叶，除葡属巴西外，整个中南美洲几乎全部成为西班牙的殖民地，西班牙在中南美洲建立起庞大的殖民帝国。西班牙在当地设立殖民政府，委派总督治理，并向殖民地大量移民。贵族、商人、僧侣纷纷涌入美洲，大肆掠夺印第安人的土地和财富，建立封建的大地产制。

从早期殖民征服的目的来看，西、葡两国王室积极组织和支持海外探险活动，大肆进行殖民掠夺，主要是为了扩大封建统治范围。葡萄牙人早在沿着非洲西海岸探险时，就宣布西非为葡萄牙王室所有，并求得罗马教皇认可。自哥伦布首航之后，西班牙派出的所有远征队每到一地，就将该地宣布为西班牙王室的财产，这都是典型的封建殖民侵略。

从早期殖民征服导致的直接后果来说，在海外，葡萄牙沿亚非海岸线建立了一个个殖民据点，控制了东西方商路，进行封建性的掠夺贸易。而西班牙不仅在中南美洲建立了庞大的殖民帝国，还将本国的封建制度移植到殖民地，建立了封建的大地产制。在国内，两国在殖民征服过程中掠夺了大量财富，使本国封建统治阶级有牢固的物质基础，当西欧其他国家的封建制度日趋解体时，西班牙和葡萄牙的封建制度却一度得到加强。两国将掠夺所得的金银财富大量用于维持庞大的官僚机构和对外的征服战争中，同时，王室、贵族和商人将大量的钱财花在进口各种商品上，以满足其奢侈的生活享受。因此，这些钱财不仅没有在两国起到资本原始积累的作用，反而打击了本国工业，延缓了资本主义发展的进程，使其很快丧失了殖民优势。

哥白尼创立日心说

哥白尼（1473年~1543年），波兰天文学家，日心说的创立者，近代天文学的奠基人。

哥白尼10岁丧父，18岁时进克拉科夫大学，受到人文主义者、数学教授布鲁楚斯基的熏陶，3年后回到故乡。当时已任埃尔梅兰城大主教的瓦琴洛德，派他去意大利学习教会法规。1497年~1500年间他在波洛尼亚大学读书，除教会法规外，还研究多种学科，尤其是数学和天文学。

哥白尼在意大利的时候，因舅父的推荐，1497年被选为弗龙堡大教堂僧正。1501年他从意大利回国，正式加入神父团体。随即他又请假再次去意大利，在帕多瓦大学，同时研究法律与医学。1503年，他在费拉拉大学获得教会法博士学位。1506年，哥白尼回到波兰，1512年，定居在弗龙堡。作为僧正，哥白尼把大部分精力都用在天文学的研究上。哥白尼从护卫大教堂的城墙上选一座箭楼做宿舍，并选择顶上一层有门通向城上的平台作为天文台。

当时的欧洲正处在黑暗的中世纪的末期。亚里士多德—托勒密的地心说早已被改造成为基督教义的支柱。然而，由于观测技术的进步，当时一些具有进步思想的哲学家和天文学家都对这个复杂的体系感到不满。哥白尼也接受了这种进步思想。他在意大利时研究过大量的古希腊哲学和天文学著作。他赞成毕达哥拉斯学派的治学精神，主张以简单的几何图形或数学关系来表达宇宙的规律。了解到古希腊人曾有过地球绕太阳转动的学说，他受到很大启发。他分析了托勒密体系中的行星运动，发现每个行星都有3种共同的周期运动：一日一周、一年一周和相当于岁差的周期运动。他认为，如果把这3种运动都归到被托勒密视为静止不动的地球上，就可以消除他的体系里不必要的复杂性。因此，哥白尼建立起一个新的宇宙体系——日心体系，即太阳居于宇宙的中心静止不动，而包括地球在内的行星都绕太阳转动。哥白尼把统率整个宇宙的支配力量赋予太阳，各个天体则都有其自然的运动。他系统而明晰地批判了地球中心说，并且从物理学的角度对日心地动说可能遭到的责难提出了答复。

哥白尼用了"将近四个九年的时间"去测算、校核、修订他的学说。但是，他迟迟不愿将他的《天体运行论》公开出版。因为，他知道他的书一经刊布，便会引起各方面的攻击。当哥白尼终于听从朋友们的劝告，将他的手稿送去出版时，他想出一个办法，在书的序中写明将他的著作大胆地献给教皇保罗三世。

《天体运行论》还有另外一篇别人写的前言。当时哥白尼已重病在身，他辗转委托教士奥塞安德尔去办理排印工作。这位教士为使这书能安全发行，假造了一篇无署名的前言，说书中的理论不过是为编算星表、预推行星的位置而想出来的一种人为的设计。这个"迷眼的沙子"起了很大的作用，在半个多世纪的时间里，骗过了许多人。1542 年秋，哥白尼因中风而半身不遂。1543 年，当一本印好的《天体运行论》送到他的病榻的时候，他已处于弥留之际了。

《天体运行论》出版后很少引起人们的注意。一般人不能了解，而许多天文工作者则只把这本书当作编算行星星表的一种方法。《天体运行论》在出版后的 70 年间，虽然遭到马丁·路德的斥责，但未引起罗马教廷的注意。后因布鲁诺和伽利略公开宣传日心地动说，危及教会的思想统治，罗马教廷才开始对这些科学家加以迫害，并于公元 1616 年把《天体运行论》列为禁书。然而经过开普勒、伽利略、牛顿等人的工作，哥白尼的学说不断获得发展，恒星光行差、视差的发现，使地球绕太阳转动的学说得到了令人信服的证明。

哥白尼的学说不仅改变了那个时代人类对宇宙的认识，而且根本动摇了欧洲中世纪宗教神学的理论基础。"从此自然科学便开始从神学中解放出来"，"科学的发展从此便大踏步前进"。

牛顿创建经典力学

牛顿（1642 年~1727 年）也许是有史以来最伟大的天才。在数学上，他发明了微积分；在天文学上，他发现了万有引力定律；在物理学中，他系统总结了三大运动定律；在光学中，他发现了太阳光的光谱，发明了反射式望远镜。一个人享有这里的任何一项成就，就足以名垂千古，而牛顿一个人做出了所有这些贡献。

牛顿生于 1642 年，是个遗腹子。年少时，他性情孤僻，上小学时，成绩也十分平常；12 岁进中学，由于寄宿在一位药剂师家里而学会了做化学实验。

1661 年，牛顿进入剑桥三一学院。他阅读了大量书籍，基本上掌握了当时的全部数学和光学知识。1665 年初大学毕业，由于伦敦正闹瘟疫，他回到母亲的农场里，度过了两年。这两年是牛顿创造发明最为旺盛的时期。他发明了二项式定理和微分运算，研究了颜色理论和积分运算，并继续思考动力学和引力问题。

1667 年，牛顿回到剑桥。1669 年，27 岁的牛顿当上了剑桥大学的卢卡斯数学教授。1678 年，因在光学问题上与胡克争论，牛顿深受刺激，性格内向的他不再发表文章，光学问题也被搁置一边，转而思考天文学问题。1679 年，胡克主动与牛顿通信讨论引力问题，这也促使牛顿重新研究早年的课题。

1684 年 1 月，胡克向当时的皇家学会主席雷恩和天文学家哈雷声称，自己已经发现了天体在与距离平方成反比的力作用下的轨道的运行规律，但他给不出数学证明。雷恩决定悬赏征解。哈雷 8 月份专程去剑桥，请教牛顿。牛顿于是在 11 月写出了《论运动》手稿。

向心力与半径的平方成反比，牛顿早就得出了这一结论。到了 17 世纪 80 年代，胡克、雷恩和哈雷也都独自发现了这一关系。但他们都没能证明其逆命题：在平方反比于距离的力的作用下，行星必作椭圆运动。只有牛顿给出了这一数学证明。

然而，即使确认了椭圆轨道与平方反比作用力之间的这种互推关系，也并不等于发现了万有引力。万有引力的关键在"万有"，它是一种普遍存在的力。首先，人们必须证明支配行星运动的那个力与地面物体的重力是同一种类型的力。牛顿最先想到这一点，著名的苹果落地的故事说的就是这段历史。

17 世纪 60 年代就已萌发的思想，为何直到 80 年代才重提？事实上，牛顿面临的一个主要困难是，他不能肯定是否应该由地心开始计算月地距离，因为这牵涉到地球对月亮的引力是否正像它的全部质量都集中在中心点上那样。

1685 年初，情况出现了转机，牛顿运用微积分证明了地球吸引外部物体时，恰像全部的质量集中在球心一样。在哈雷的鼓励下，牛顿全力投入写作一本著作。花了不到 18 个月的时间，科学史上最伟大的一部著作——《数学原理》，于 1686 年完成，并于 1687 年以拉丁文初版问世。

《数学原理》共分 3 篇。极为重要的导论部分，包括"定义和注释""运动的基本定理或定律"。定义分别是："物质的量""运动的量""固有的力""外加的力"以及"向心力"，注释中给出了绝对时间、绝对空间、绝对运动和绝对静止的概念。在"运动的基本定理或定律"部分，牛顿给出了著名的运动三定律，以及力的合成和分解法则、运动叠加性原理、动量守恒原理、伽利略相对性原理等。这一部分是牛顿对前人工作的一种空前的系统化，也是牛顿力学的概念框架。

《数学原理》的出版立即使牛顿声名大振。它开辟了一个全新的宇宙体系。正是从这里，人们获得了用理性来解决面临的所有问题的自信。《数学原理》出版后，牛顿不再考虑力学问题。1689 年，牛顿当选为国会议员。1690 年，他开始研究《圣经》。1695 年，他被任命为造币厂督办，1699 年被任命为造币厂厂长。1701 年，牛顿辞去教职。1703 年，他当选为皇家学会主席，以后每年连任。1727 年，牛顿去世。

"如果我比别人看得远些，那是因为我站在巨人们的肩上。""我不知道世人怎么看，但在我自己看来，我只不过是一个在海滨玩耍的小孩，不时地为比别人找到一块更光滑、更美丽的卵石和贝壳而感到高兴，而在我面前的真理的海洋，却完全是个谜。"从牛顿的名言中，可以窥见他博大深邃的精神境界。

惨绝人寰的奴隶贸易

从 15 世纪中叶~19 世纪末，非洲历史上出现了一次骇人听闻的大灾难，这就是马克思称之为"贩卖人类血肉"的奴隶贸易。西方殖民者一手制造了这场长达 4 个多世纪的历史悲剧。

15 世纪初，西方殖民者纷纷进行海外扩张。随着殖民扩张的发展，掠夺黑人作为奴隶的交易活动开始出现。到 15 世纪中叶，随着美洲被发现、种植园的创建、金银矿的开发，罪恶的奴隶贸易随之愈演愈烈。最早掠卖黑奴的是葡萄牙和西班牙殖民者。16 世纪下半叶，荷兰、丹麦、法国、英国等国的殖民者相继加入其中。18 世纪初叶，英国取得奴隶贸易的垄断权，利物浦成为奴隶中心市场。19 世纪前半叶，美国殖民者也大肆从非洲劫掠黑人，高价卖给矿主和种植园主作为奴隶，牟取暴利。西方殖民者把黑人作为商品转卖到西印度群岛和南、北美洲大陆的种植园里，也有的被运到亚洲其他国家。因此，奴隶贸易实际上涉及今天的欧、北美、亚、非和拉丁美洲五大洲。据统计，有 2 亿多非洲黑人惨遭此劫。他们有的在捕捉时被杀害，有的在贩运的路上被折磨致死，幸存下来的则被作为商品，多数被卖到了美洲种植园，过着牛马不如的生活。

奴隶贸易大致可分为 3 个阶段。15 世纪中叶~16 世纪 80 年代是初期阶段，以海盗式掠卖为主要特征；16 世纪 80 年代~18 世纪下半叶是以奴隶专卖组织垄断为中心的全盛时期；18 世纪末~19 世纪末是以奴隶走私为特点的"禁止"奴隶贸易时期。

奴隶贩子最典型的航线是三角形的。第一段航程是满载货物的船只从本国港口驶向非洲，这些货物有：盐、布匹、火器、五金和念珠等；然后将这些货物换成由非洲当地人从内地运到沿海地区的奴隶，再把这些受害者装进条件恶劣的船舱，沿着所谓的"中央航路"运过大西洋，到达目的地新大陆；最后一段航程是船只满载种植园的产品，如糖、糖浆、烟草、稻米等返回本国。

在这个三角航程中，奴隶的待遇是：难以忍受的拥挤、令人窒息的炎热和少得可怜的食物。饮食标准为每 24 小时供给一次玉米和水。奴隶如果绝食，就会遭到鞭打。若鞭打不奏效，贩子就用烙铁强迫他们进食。由于奴隶通常处在肮脏的环境中，因此，当流行病爆发时，为了防止疾病传播，生病的奴隶便被扔进海里淹死。奴隶不愿忍受痛苦而跳海的事情屡屡发生。

由于能获得巨额利润，即使在贩奴过程中黑人死亡率高达 80%，利润仍高达 10 倍。各既得利益集团都坚决反对任何控制或废除奴隶贸易的建议。非洲经纪人曾从这种贸易中获得巨额利润，他们也竭力反对所有废除这种贸易的建议。但不管废除奴隶贸易的运动如何，非洲大地上确发生过反对欧洲人的暴动。同样，南北非洲的种植园主，尤其是 18 世纪在英国议会中拥有席位的巴巴多斯的种植园主，也支持奴隶贸易。

奴隶贸易为西方殖民国家聚敛了巨额财富，成为资本原始积累的重要来源。它对美洲的开发起了极大的促进作用，但对非洲却是一场深重的灾难。曾是人类文明发源地之一的非洲大陆却因此失去大量人口，社会生产力遭到严重破坏。非洲人口占世界总人口的比重，由 1500 年的 11% 下降到 1900 年的 6.8%。非洲各国或部落之间经常发生争夺奴隶的战争，许多村庄被劫，城镇衰落，生产力遭到严重破坏，非洲社会倒退了几百年。这是人类历史上最为黑暗、最为可耻的一页！

19 世纪初，工业资本主义最发达的英国在世界范围内带头开始掀起了废除奴隶制的运动，从此，废奴运动在世界各地此起彼伏，形成一股不可阻挡的历史潮流。

1807 年，英国通过一项法令规定船只不得参与奴隶贸易，并禁止向英国殖民地运送奴隶。1833 年，议会通过了一项法令，在英国本土彻底废除奴隶制，并向蓄奴者提供 2000 万英镑赔偿费。英国进而说服欧洲其他国家以它为榜样，允许英国军舰捕捉挂别国国旗的贩奴船。

海地、美国和巴西分别于 1803 年、1863 年和 1888 年废除奴隶制，古巴大约也在 1888 年废除奴隶制。此后还有一些别的国家相继废除奴隶制，广大被压迫的奴隶迎来了他们的新生。尽管如此，世界范围的贩奴运动并没有戛然而止，断断续续的贩奴活动又持续了近百年，直到 19 世纪末才基本结束。

圈地运动

15 世纪以前，英国的生产还主要以农业为主，纺织业在人们的生活中，只是一个不起眼的行业。随着新航路的发现，国际贸易的扩大，处在欧洲大陆西北角的佛兰得尔地区，毛纺织业突然繁盛起来，在它附近的英国也被带动起来。毛纺织业的迅猛发展，使得羊毛的需求量急剧增大，市场上的羊毛价格开始猛涨。英国本来是一个传统的养羊大国，这时除了满足国内的需求外，还要满足国外的羊毛需求。因此，与农业相比，养羊业就变得越来越有利可图。这时，一些有钱的贵族开始投资养羊业。

由于养羊需要大片的土地，因此，贵族们纷纷把原来租种他们土地的农民赶走，甚至把他们的房屋拆除，把土地圈占起来。一时间，在英国到处可以看到被木栅栏、篱笆、沟渠和围墙分成一块块的草地。被赶出家园的农民，则变成了无家可归的流浪者。这就是圈地运动。

圈地运动首先是从占据公共用地开始的。在英国，虽然土地早已私有，但森林、草地、沼泽和荒地这些公共用地则没有固定的主人。一些贵族利用自己的势力，首先在这里放牧羊群，强行占有这些公共用地。当这些土地无法满足贵族们日益扩大的需要时，他们又开始采用各种方法，把那些世代租种他们土地的农民赶出家园，甚至把整个村庄和附近的土地都圈占起来，变成养羊的牧场。

在这种强行的圈地运动中，农民以前以各种形式租种的土地，无论是以前定下的终身租地，还是每年的续租地，都被贵族强行圈占。这些成为牧场主的贵族们还互相攀比，使他们的牧业庄园变得越来越大。

英国的圈地运动从 15 世纪 70 年代开始，一直延续到 18 世纪末。英国全国一半以上的土地都变成了牧场。在这一过程中，虽然英国国王也进行了一定程度的限制，颁布了一些企图限制圈地程度的法令，但这些法令并没起多大的作用，相反，圈地日益合法化。

为了使被驱逐的农民很快地安置下来，英国国王在颁布限制圈地法令的同时，也限制流浪者，目的是让那些从家园中被赶出来的农民接受工资低廉的工作。凡是有劳动能力的游民，如果不在规定的时间里找到工作，一律加以法办。通常，对于那些流浪的农民，一旦被抓住，就要受到鞭打，然后送回原籍。如果再次发现他流浪，就要割掉他的半只耳朵。第三次发现他仍在流浪，就要处以死刑。

后来，英国国会又颁布了一个法令，规定凡是流浪一个月还没有找到工作的人，一经告发，就要被卖为奴隶，他的主人可以任意驱使他从事任何劳动。这种奴隶如果逃亡，抓回来就要被判为终身奴隶。第三次逃亡，就要被判处死刑。任何人都有权将流浪者的子女抓去做学徒，当苦役。

亨利八世和伊丽莎白两代国王统治时期，曾经处死了大批流浪的农民。圈地的结果，英国的农民数量越来越少，失去土地的农民只好进入城市，成为城市无产者。为了活命，他们不得不进入生产羊毛制品的手工工场和其他产品的手工工场，成为资本家的廉价劳动力。在这种手工工场里，工人的工资十分低，而每天则要工作十几个小时。

18世纪，英国国会通过了大量的准许圈地的法令，最终在法律上使圈地合法化。英国农民的人数减少到了有史以来的最低数量。

圈地运动为英国的资本主义的发展提供了有利的条件。大量农民丧失生产资料，成为出卖劳动力的雇佣劳动者，为资本主义的发展提供了劳动力市场，是资本原始积累的主要形式之一。同时，圈地运动使许多资本主义性质的农场建立起来，农业市场也随之扩大，加速了英国的封建农业向资本主义农业过渡的进程。

尼德兰资产阶级革命

"尼德兰"本意为"低地"，指莱茵河、马斯河、斯海尔德河下游及北海沿岸一带的低洼地区，大致相当于今天的荷兰、比利时、卢森堡和法国的东北部。到了16世纪初，尼德兰又因王室联姻和继承关系归属西班牙统治。

16世纪以前，尼德兰已成为欧洲经济最发达的地区之一。地理大发现以后，欧洲国家贸易中心移向大西洋沿岸，进一步推动了尼德兰工商业的繁荣。阿姆斯特丹是北方的商业中心，与英、俄、波罗的海沿岸各国有着密切的贸易往来。

资本主义的发展，引起了阶级关系的深刻变化。由大商人、工场主和农场主组成的城乡新兴资产阶级不断发展壮大，荷兰、西兰的封建贵族采取资本主义方式经营土地而变成新贵族。资产阶级和新贵族要求发展资本主义，摆脱封建关系的束缚，推翻西班牙的专制统治。广大农民和城市平民受阶级和民族的双重压迫，强烈要求改变现状，成为革命的主力军。

腓力二世（1556~1598年）继位后，继续推行高压政策。他在尼德兰广设宗教裁判所，残害新教徒；剥夺城市自治权，限制尼德兰商人进入西班牙港口。1559年，腓力二世派他的姐姐玛格丽特到尼德兰做总督，格兰维尔主教为辅政，以加强对尼德兰的直接控制。这些带有民族压迫性质的专制政策成为尼德兰革命的导火线。

1566年4月，以奥兰治·威廉亲王为首的"贵族同盟"向玛格丽特总督呈递请愿书，要求废除"血腥敕令"，召开三级会议，撤出西班牙驻军，罢免格兰维尔的职务，但被西班牙当局拒绝。8月，一名叫马特的制帽工人，掀起了破坏圣像、圣徒遗骨和祭坛的运动，并得到广大人民群众的支持，安特卫普、瓦朗西安爆发了起义。1567年，腓力二世命阿尔法为总督率军进驻尼德兰，开始了对异端派别和起义军的血腥镇压，一些贵族和资产阶级也被杀害。由工人、农民和革命资产阶级分子构成的起义军转移到森林里和海上，组成"森林乞丐"和"海上乞丐"，展开游击战，神出鬼没地袭击西班牙军队，奏响了荷兰革命的交响曲。

1568年，奥伦治亲王威廉从国外组织起一支雇佣军，但终因势单力薄而被阿尔法击败。1572年4月，在森林乞丐和海上乞丐影响下，尼德兰北方各省均发生起义，致使阿尔法军力分散。海上乞丐乘机率领装有枪炮的轻便船猛攻泽兰省的布里尔，守卫的西班牙军遭受重创。起义军又一举将西班牙军从北部大部分地区驱逐出去，并占领了荷兰省和泽兰省，建立了自己的根据地，奥兰治·威廉被推选为执政。到1573年底，北方的其他各省也相继独立，奥兰治·威廉成为各省公认的总督。

面对南方贵族的分裂行径，北方各省于同年成立了"乌特勒支同盟"，宣告各省永不分离，并以各省代表组成的三级会议为最高权力机构。

1576年9月4日，布鲁塞尔举行起义，起义军占领了国务委员会大厦，这样西班牙在尼德兰南部的统治就被推翻了。11月，以奥兰治·威廉为代表的北方起义军和南方起义军签订协定，首先驱逐西班牙人，成立政府。1581年，三级会议决定废除腓力二世的王位，成立联省共和国，简称荷兰共和国。西班牙对北方的进攻却屡遭失败，不得不于1609年与联省共和国缔结十二年休战协定，事实上，承认了联省共和国的独立。1648年签订的《威斯特发里亚和约》，正式给予联省共和国以独立地位。至此，荷兰成为人类历史上第一个资产阶级共和国。

英国资产阶级革命

英国资产阶级革命是世界近代史上一个重大的事件。它的成功，开辟了人类历史从封建社会向资本主义社会过渡的新时代。

新航路开辟以后，世界贸易中心由地中海沿岸转到了大西洋沿岸。英国正处于大西洋航运的中心，这就便利了它的海外活动。英国积极开拓海外贸易，它的传统工业制呢业得到了迅速发展，手工工场建立起来。随后，手工工场扩展到采煤、炼铁、造船等领域，资本主义兴起和发展起来。由于制呢业的发展，羊毛的需求急增。贵族地主把土地圈占起来养羊，迫使农民成为出卖劳动力的雇佣劳动者，为资本主义提供了充足的劳动力，资本主义性质的农场也建立起来。

16 世纪以来，英国新兴的资产阶级主要包括金融家、银行家、大商人和手工工场主；在农村的牧场主和农场主，有的还兼营工业或商业。这些人被称为新贵族，同资产阶级有共同的利益。随着资产阶级、新贵族的势力不断壮大，他们要求政治上掌握政权，经济上发展资本主义。

　　15 世纪末~17 世纪初，英国处于都铎王朝的统治下。它一方面削弱旧贵族的势力，加强专制统治，包括：反对罗马天主教会，进行宗教改革，建立"英国国教会"；另一方面，鼓励工商业和海外掠夺，加强了英国实力。16 世纪末，英国打败殖民帝国西班牙，成为海上强国。

　　17 世纪初，斯图亚特王朝开始统治英国。国王詹姆士一世及其继任者查理一世都相信"君权神授"，实行封建专制统治，严重阻碍了资本主义的发展。他们还实行宗教专制，严厉对待"非国教徒"。这就造成了政治上的紧张局面，激化了社会矛盾。

　　资产阶级和新贵族对此深为不满，人民群众也怨声载道。首先起来反抗查理一世统治的，是苏格兰人民起义，这成为英国资产阶级革命的导火线。1640 年查理一世为筹集军费对付苏格兰人民起义，被迫恢复长期关闭的议会。英国资产阶级革命由此开始。

　　内战开始后，英国国内的两大敌对阵营是王党势力和议会势力。在资产阶级和新贵族的代表人物克伦威尔的率领下，经过反复斗争，以农民、手工业者与城市贫民为主力的议会军最终战胜了王军。1649 年初，查理一世以"暴君、叛徒、杀人犯和人民公敌"的罪名被送上了断头台。同年，英国宣布成立共和国，克伦威尔实行独裁统治，自任"护国公"，把立法、行政、军事和外交大权都控制在自己手中，成为军事独裁者。克伦威尔死后，英国政局动荡不安。在这种情况下，1660 年，斯图亚特王朝复辟。国王查理二世、詹姆士二世推行的一系列政策，特别是在宗教上，恢复英国国教，严厉对待非国教徒的法令，严重侵犯了资产阶级和新贵族的利益，招致他们的反对。为了阻止封建制度的进一步复辟，防止人民革命运动再次兴起，1688 年，议会中的辉格党和托利党人共同发动了一场不流血的宫廷政变"光荣革命"，废黜詹姆士二世，推翻了斯图亚特王朝的封建统治，邀请其女婿、荷兰执政者威廉三世及其妻子继承英国王位，由此确立了资产阶级、新贵族的联合统治。1689 年，英国议会颁布了《权利法案》，规定：禁止天主教徒担任英国国王；国王无权中止法律，也无权征收赋税；和平时期不得维持常备军；议会有选举的自由，议员的活动不受国王的干涉；王位继承问题由议会讨论决定等。以《权利法案》的颁布为标志，英国逐渐确立了资产阶级君主立宪制度。

　　英国资产阶级革命，是人类历史上资本主义制度对封建制度的一次重大胜利。它推翻了英国的封建专制君主制度，为资本主义的发展扫清了道路。此后，英国的资本主义得到了迅速发展。18 世纪后半期，英国首先进行了工业革命。到 19 世纪中叶，英国成为世界上最发达的国家，号称"世界工厂"。

　　英国资产阶级革命对欧洲和世界其他地区都产生了重要的影响。它宣告欧洲新的政治制度的诞生，揭开了欧洲和北美资产阶级革命运动的序幕，推动世界历史发展的进程，在更大程度上反映了当时整个世界的要求。

启蒙运动

17、18 世纪的欧洲，处于从封建社会向资本主义社会过渡的时期。随着西欧各国资本主义经济的发展，资本主义同腐朽的封建制度的矛盾日益尖锐。在这种形势下，一批先进的思想家勇敢地高举理性的旗帜，掀起了一场思想启蒙运动。启蒙运动兴起于西欧，其中心在法国，很快波及欧洲大多数国家，并影响到全世界。

欧洲中世纪占统治地位的思想是宗教思想，因此启蒙运动的思想家们首先把矛头指向宗教神学。荷兰的思想家则为这一运动铺平了道路。阿科斯塔否认灵魂不死和肉体复活的陈腐观念；格劳秀斯否认上帝的存在，提倡自然法，确立了国际法的标准；斯宾诺莎则认为自然界不是神创造的，自然界本身就是神。

英国学者在启蒙运动中占有重要地位。培根反对中世纪的经院哲学，肯定世界是物质的。他提出了"知识就是力量"的著名口号。霍布斯提出社会契约学说和国家起源学说。他反对教皇和天主教，主张把教会置于国家和君主的管辖之下。洛克认为知识来源于感觉，经验是知识的源泉。他反对王权神授，主张立法、行政、外交三权分立，提倡自由和宽容。赫伯特创立自然神学说，认为理性是寻求真理最可靠的依据。普里斯特利认为三位一体、得救预定、神启圣经都是荒谬的。

18 世纪，法国还处在封建专制主义的黑暗统治下。法国的思想家们把启蒙运动推向了高峰。启蒙运动的先驱培尔以全面怀疑的态度批判封建宗教，无情地驳斥正统的基督教信仰。伏尔泰提倡"君主和哲学家的联盟"，拥护开明专制制度，主张建立自由、平等、幸福的王国。这些思想反映了上层资产阶级的利益。孟德斯鸠猛烈抨击专制制度，认为专制主义统治下的法国是极不合理、极不公平的社会。他指出罗马共和国的盛衰取决于统治者的贤明或昏庸，矛头直指路易十五统治下的法国。他的著作《论法的精神》，被伏尔泰誉为"理性和自由的法典"。在这部著作中，他提出了立法、行政和司法三权分立的学说，认为最理想的政治制度是英国的君主立宪制。经济学家杜尔哥指出人类社会的历史就是人类理性进步的历史。哲学家孔多塞主张人类要不断前进，消灭阶级间的和民族间的不平等。

法国启蒙运动的杰出代表还有以百科全书派为中心的一批唯物主义思想家。拉梅特里发挥了唯物论和无神论的精神。霍尔巴赫对宗教进行无情的讽刺，指责基督教违反理性和自然。爱尔维修攻击一切以宗教为基础的道德。狄德罗终生为自由、真理和社会进步而奋斗，写了一系列唯物主义哲学著作。1746 年，他发表《哲学思想录》，谴责暴君，对基督教进行了无情的抨击。

法国启蒙运动中，小资产阶级民主派的代表人物是卢梭。他指出，人类不平等的根源是私有制，主张天赋人权、主权在民、自由平等。在政治上他拥护其和国。他的政治思想对 18 世纪末法国大革命产生了重大影响。

启蒙运动波及德国和俄国，也越过大西洋，在英属北美殖民地得到传播。启蒙运动还扩展到亚洲、非洲、拉丁美洲地区。19 世纪末 20 世纪初，中国出现了最初的一批启蒙学者，他们翻译欧洲启蒙思想家的名著，介绍他们的思想，对中国的思想界、学术界起了重要的推动作用。

启蒙运动的思想家们勇于为真理和正义而斗争。给王权以沉重的打击。他们的著述描绘了未来"理性王国"的蓝图，启发并培养了一代革命者。启蒙运动为摧毁腐朽的封建制度、确立资本主义制度做了思想上和理论上的准备。启蒙思想家所宣传的自由、平等、民主和法制的思想，对 1775 年~1783 年的北美独立战争、1789 年的法国大革命以及 19 世纪欧洲爆发的一系列资产阶级革命都产生了极大的影响。

彼得一世改革

彼得一世（1672 年~1725 年），俄国罗曼诺夫王朝第四代沙皇，杰出的政治家、军事家和外交家，俄国正规陆海军的创建者，史称彼得大帝。他于 1682 年即位，1689年掌握实权，称彼得一世。他生于莫斯科，意志坚强，才能出众。1682 年，他与其异母兄伊万五世并立为沙皇。由于彼得年幼，伊万痴钝，伊万的姐姐索菲亚摄政。

彼得一世少年时随母亲住在莫斯科郊外。17 世纪 80 年代，为进行军事游戏，他曾建立"少年军"，这对彼得一世个性的形成具有特殊作用。后来这支队伍便成为俄军的禁卫部队。

1689 年，彼得一世率"少年军"平息索菲亚策动的射击军叛乱。1696 年，伊万五世病死后，彼得独掌政权。1697 年~1698 年，他化名随同俄国使团出国旅行，考察西欧，学习西欧先进的科学技术。1698 年夏，他从维也纳仓促回国，镇压禁卫军宫廷政变。

在位时，彼得一世深知俄国面临的任务。为了改变俄国的落后面貌，他进行了多方面的改革。改革的主要内容包括：削弱贵族势力，加强中央集权；引进西欧先进的军事技术，建立海军和新式陆军；鼓励发展工业，允许工场使用农奴劳动；推行学校教育，重视科学技术，提倡西欧的生活方式。

彼得一世的改革是符合历史规律的，这是由改革前俄国国内的发展、各阶级矛盾的激化以及俄国国际处境日益艰难的状况所决定的。他对国家机构的改革，巩固了专制政体，增强了俄国的经济、军事实力，使俄国一跃成为欧洲强国，为进一步对外扩张创造了条件。

彼得一世毕生致力于加强俄国的军事力量，提高俄国在国际舞台上的地位。他继续了 1686 年开始的对土战争，于 1695 年~1696 年举行亚速远征，巩固了俄国在亚速海沿岸的地位。为争夺波罗的海出海口，他发动了对瑞典的战争。1714 年 8 月，他亲率俄国舰队在汉科角海战中击败瑞典舰队，取得海军建立以来的首次胜利。9 月，俄国与瑞典签订《尼斯塔特和约》，夺取了大片土地，并取得波罗的海的出海口。10 月，俄国改国号为俄罗斯帝国。

在 1700 年~1721 年的北方战争中，俄国获得全胜，取得了通往波罗的海的出海口，从而得以与西方建立直接联系。俄国开始跻身于欧洲列强之列。

1722 年~1723 年，彼得一世又发动侵略波斯的远征，同时继续向远东扩张。他晚年曾企图率兵侵占中国长城以北地区，因力量有限而未能得逞。

彼得一世是杰出的军事统帅，他在军事学术方面富于创造和革新的精神。在位期间，陆海军实行严整统一的编制，实行严格的纪律和军人守则；他十分重视陆海军的技术装备革新；制定了一套适合民族特点和俄军传统的部队训练体制。彼得一世的战略眼光远远超出了他所处的时代，为确保俄国边境的积极防御，他于 18 世纪初大力兴建筑垒线、要塞和海军基地。他依据俄国的历史经验，保持和发扬了俄国宝贵的军事学术，同时也吸收西欧军事思想和实践的成果，批判地加以改造。

作为一位外交家，彼得一世深知俄国对外政策的任务。他善于利用形势，能够做出妥协，又曾多次亲自出面谈判，缔结协定。1697 年~1698 年随大使团考察西欧各国时，他就为建立反瑞（典）北方联盟做了准备。1699 年，该联盟最终形成。1719 年，俄、瑞（典）和平谈判后，由于彼得一世善于利用欧洲列强间的矛盾，英国的破坏未能得逞。1725 年 2 月 8 日，彼得一世在彼得堡去世。

彼得一世是俄国历史上进步的政治家和军事家。在位期间，他为使俄罗斯变成世界强国做出了很多贡献。

第一次工业革命

工业革命又叫"产业革命"，是资本主义生产从工场手工业阶段过渡到大机器工业阶段的重大飞跃，是世界近代史上继资产阶级政治革命之后又一次世界性的革命。它是人类生产技术方式上的根本性变革，是资本主义发展史上极为重要的转折，在人类社会发展史上占有非常重要的地位

17、18 世纪，英、法、美等国资产阶级革命的胜利，为生产力的进一步发展扫清了道路。资本主义工场手工业的发展和科学技术的进步，为生产向机器大工业过渡准备了条件。随着市场的不断扩大，以手工技术为基础的工场手工业再也不能满足市场的需要。在这种情况下，资产阶级为了追求利润，不断进行技术革新，促使了工业革命的发生。

工业革命首先开始于 18 世纪 60 年代的英国，它是从发明和使用棉纺织机器开始的。最先采用机器进行生产的是英国的新兴工业部门——棉纺织业。当时棉织品受到社会各阶层的普遍喜爱，市场需要量不断增长。这就对技术革新提出了更高的要求，新技术纷纷涌现。从 1765 年~1785 年，珍妮纺纱机、水力纺纱机、骡机以及水力织布机相继发明并得到广泛应用。纺织工业实现了从手工操作到机械化的转变，纺织业迅速发展起来。由于纺织机器的大量制造和使用，对金属的需求量急剧增长，由此带动了冶铁业和采矿业的发展，大规模的工厂建立起来。为了解决工厂机器的动力问题，1785 年，机械师瓦特发明了用作发动机的"万能蒸汽机"。以蒸汽机为动力的机器很快在英国各工业部门推广。蒸汽机的发明和使用，是工业动力上的一场革命。它的广泛使用，促使了汽船、火车的发明。1807 年，美国人富尔敦造成了第一艘汽船，并在

内河试航成功，开辟了海上运输的新时代。1825年，英国的史蒂芬逊发明了蒸汽机车，陆上铁路交通迅速发展，人类进入了"蒸汽时代"。19世纪上半叶，大机器生产基本上取代了工场手工生产，英国工业革命完成。

19世纪，工业革命逐渐从英国延伸到欧洲大陆及世界其他地区。继英国之后，主要资本主义国家法国、美国、德国、俄国以及日本，也先后在19世纪中后期完成工业革命。资本主义经济飞速发展，自由资本主义兴起。

工业革命不仅是一场技术革命，也是一次深刻的社会变革，它对整个人类历史产生了重大的影响。

第一，工业革命促进了社会生产力的惊人发展，商品经济最终取代了自然经济，手工工场逐渐被以大机器生产为特点的工厂取代。资本主义生产制度取得了统治地位。

第二，工业革命极大地提高了劳动生产率，为巩固资产阶级革命成果奠定了雄厚的物质基础，保证了资本主义完全战胜封建主义。资本主义方式扩展到世界各地，资本主义制度在全球范围内得以确立。

第三，随着工厂制度的建立，资本主义雇佣劳动制度普遍确立起来。社会阶级关系发生深刻变化，工业资产阶级和工业无产阶级最终形成，而两大阶级的对立和斗争逐渐明显和尖锐。工业革命给工人阶级带来的是恶劣的工作条件，简陋的房屋，低廉的工资，受到资产阶级的残酷剥削和压迫。为了改变这种状况，工人阶级同资产阶级展开了政治、经济斗争，工人运动逐渐发展起来。

第四，欧美资本主义国家为了扩大海外殖民掠夺和销售市场，大规模从事交通运输建设，致力于远洋运输网的开拓。全球性的交通网络逐渐形成，资本主义世界市场开始形成。

第五，工业革命使更多的亚、非、拉国家沦为殖民地、半殖民地和附属国，造成了这些地区的长期落后，形成了东方从属于西方的局面。欧美资本主义列强加紧对亚、非、拉国家进行殖民掠夺的同时，也把先进的生产方式和工业技术带到这些地区，使其卷入了工业文明的潮流之中。这些国家也缓慢地走上了工业化的道路。

美国独立战争

1775年4月19日，莱克星敦打响了美国独立战争的第一枪。这场战争从1775年~1783年，持续了8年之久。战争最终以英国在北美殖民统治的破产和北美殖民地的独立而宣告结束。

北美大陆本来是土著居民印第安人世代生息繁衍之地。但是从1607年第一批移民踏上弗吉尼亚至1733年最后一个殖民地佐治亚的建立，英国移民先后在北美东海岸建立了13个殖民地，这就是后来美国最初的13个州。

随着农业、工商业的蓬勃发展，北美13个殖民地的居民联系加强，日益融合，逐渐形成了一个新的民族，即美利坚民族。随着资本主义的发展，美利坚民族提出要摆脱对宗主国的依附关系，独立地发展资本主义的要求。

然而这种愿望遭到了英国当局高压政策的阻挠。1773年发生了驻北美英军枪杀波士顿居民的惨案。1774年，英政府又接连颁布5项"不可容忍的法令"。北美殖民地人民忍无可忍了。各个殖民地纷纷储集军火，制造武器，组建名为"一分钟人"的民兵队伍。1774年9月5日，12个殖民地选派的55名代表在费城召开了第一届大陆会议，革命形势日益成熟。

1775年4月18日，马萨诸塞总督托马斯·盖奇根据密报，派遣800名驻波士顿英军前往康科德，搜缴当地民兵的秘密军火。"一分钟人"知道这一消息后，迅速集结。翌日清晨，当英军行进至莱克星敦和康科德一带时，遭到了早已严阵以待的民兵的袭击。康科德、莱克星敦的战斗揭开了美国独立战争的序幕。1775年6月15日，第二届大陆会议决定组建正规的大陆军，华盛顿被任命为大陆军总司令。

美国独立战争大体经过了3个阶段：

第一阶段，从1775年4月~1777年10月，这是战略防御阶段。主战场在北部地区，战略主动权掌握在英军手中。1776年7月4日，大陆会议正式宣布脱离英国而独立。1776年12月，经过激烈争夺后，华盛顿放弃纽约。纽约失陷标志着独立战争进入困难时期。1776年12月25日，华盛顿率部成功突袭特伦顿黑森雇佣军兵营，接着又在普林斯顿重创英军。1777年10月17日，华盛顿在萨拉托加又重创英军。萨拉托加大捷是美国独立战争的重要转折点。

第二阶段，从1777年10月~1781年3月，以萨拉托加大捷为标志，进入战略相持阶段，主战场逐步转向南部地区。在这一阶段，国际环境日益向着有利于美国的方向发展。萨拉托加大捷后，法国、西班牙、荷兰等改变了动摇不定的观望态度。1778年2月，法国正式承认美国独立。1778年6月，法、英开战，西班牙也于1779年6月对英作战。俄国于1780年联合普鲁士、荷兰、丹麦、瑞典等国组成"武装中立同盟"，打破了英国的海上封锁。北美独立战争扩大为遍及欧、亚、美三大洲的国际性反英战争，英国陷入空前孤立的境地。1781年4月，英军实行战略收缩，向北退往弗吉尼亚。

第三阶段，从1781年4月~1783年9月，为战略反攻阶段。此时在整个北美战场，英军势力主要集中于纽约和约克镇两点上。1781年8月，法、美联军秘密南下弗吉尼亚。与此同时，法国舰队也完全控制了战区制海权。9月28日，1.7万名法、美联军从陆海两面完成了对约克敦的包围。在联军炮火的猛烈轰击之下，1781年10月19日，8000名英军投降，北美大陆战事基本结束。1782年11月30日，英美签署《巴黎和约》草案。1783年9月3日，英国正式承认美国独立。

美国独立战争的胜利，打碎了英国殖民统治的枷锁，实现了北美殖民地的独立，为美国资本主义和现代文明的迅速发展铺平了道路。美国独立战争首次将欧洲启蒙运动的自由哲学思想大规模地付诸实践。战争中诞生的《独立宣言》在人类历史上第一次以正式文件庄严宣布了人民主权的原则。美国独立战争所体现的资产阶级的进步的政治精神给欧洲乃至全世界都带来了深刻的影响。

法国大革命

　　18 世纪，在法国部分地区，资本主义已相当发达。资产阶级已成为经济上最富有的阶级，但在政治上仍处于无权地位。由天主教教士组成的第一等级和贵族组成的第二等级，是居于统治地位的特权阶级。资产阶级、农民和城市平民组成第三等级，处于被统治地位。18 世纪末，第三等级同特权阶级的矛盾日益加剧。

　　1789 年 5 月 5 日，路易十六在凡尔赛宫召开三级会议，企图对第三等级增税。第三等级代表则要求制定宪法，限制王权，实行有利于资本主义的改革。6 月 17 日，第三等级代表宣布成立国民议会，7 月 9 日改称制宪议会。路易十六调集军队企图解散议会，激起巴黎人民的武装起义。7 月 14 日，人民群众攻克象征封建统治的巴士底狱。

　　起义期间，全国城乡掀起了革命高潮，制宪议会实际上成为革命领导机关和国家立法机关，君主立宪派在其中起主要作用。在农民起义的影响下，制宪议会于 8 月 4 日~11 日通过法令，宣布废除封建制度，取消教会和贵族的特权。8 月 26 日，议会又通过《人权与公民权宣言》。10 月，巴黎人民进军凡尔赛，迫使王室搬到巴黎。随后，巴黎出现一批革命团体。其中，雅各宾俱乐部等在革命中发挥了巨大的作用。

　　1791 年 6 月 20 日，路易十六乔装出逃，但中途被识破，并被押回巴黎。广大群众要求废除王政，但君主立宪派则主张维持现状。7 月 16 日，君主立宪派从雅各宾派中分裂出去。7 月 17 日，他们枪杀集会的群众，并迫使路易十六批准制宪议会的宪法。1792 年 4 月，法国抗击外来武装干涉的战争开始，路易十六的反革命面目充分暴露，立宪派的保守妥协态度愈加不得人心。1792 年 8 月 10 日，巴黎人民第二次武装起义，推翻了波旁王朝，结束了立宪派的统治。

　　8 月 10 日起义后，资产阶级共和派吉伦特派取得政权。9 月 20 日，法国军队打败外国干涉军。由普选产生的国民公会于 9 月 21 日开幕。9 月 22 日，法兰西第一共和国成立。吉伦特派执政期间，颁布法令，强迫贵族退还非法占有的公有土地，将没收的教会土地分小块出租或出售给农民；严厉打击拒绝对宪法宣誓的教士和逃亡贵族。1793 年 1 月 21 日，国民公会经过审判，以叛国罪处死路易十六。

　　吉伦特派把主要力量用于反对以罗伯斯庇尔为首的雅各宾派。1792 年 10 月 10 日，吉伦特派被清除出雅各宾俱乐部。1792 年秋季起，要求打击投机商人和限制物价的群众运动高涨起来。以忿激派为代表的平民革命家要求严惩投机商，全面限定生活必需品价格，以恐怖手段打击敌人。吉伦特派却颁布法令镇压运动。1793 年 2 月~3 月，以英国为首的欧洲各国组成反法联盟，加强武装干涉。法国内部也发生大规模王党叛乱。在革命处于危急的时刻，巴黎人民于 5 月 31 日~6 月 2 日发动第三次起义，推翻吉伦特派的统治，建立起雅各宾派专政。

　　新政权面临着严峻的形势。雅各宾派政权联合人民群众，采取强硬的措施。1793 年 6 月 24 日，新政府公布法国第一部共和制的民主宪法；7 月，改组并加强救国委员会；9 月，国民公会把"恐怖"政策提上议事日程。这些措施使形势迅速好转。1793

年底~1794 年初，外国干涉军全部被赶出国土，国内的叛乱基本平息。

国内形势稍为好转之后，以丹东为首的一部分雅各宾派要求停止实行恐怖，而以埃贝尔为首的一派则坚持继续加强恐怖统治。受到两面夹攻的以罗伯斯庇尔为首的执政派，于 1794 年 3 月~4 月先后逮捕并处死了两派领导人，加大力度执行恐怖政策。

不久，国内反对恐怖统治的势力加强，各种反对罗伯斯庇尔的势力联合起来，于 1794 年 7 月 27 日发动热月政变，处死罗伯斯庇尔等人，结束了法国大革命的上升阶段。

热月党人原是各派人物的暂时结合，并无统一纲领，尽管上台伊始就宣布要稳定秩序，但奏效甚微。1796 年~1797 年，督政府派拿破仑·波拿巴远征意大利，取得重大胜利，军人势力开始抬头。1799 年 11 月 9 日（共和八年雾月 18 日），拿破仑·波拿巴发动雾月政变，结束了督政府的统治。

拿破仑帝国的兴亡

拿破仑帝国，即法兰西第一帝国，是由拿破仑建立的资产阶级性质的帝国。热月政变后，法国进入督政府统治时期。但是，法国在政治、经济以及军事上仍处于混乱不堪的局面。在这种形势下，建立强有力的政权，已经成为稳定局势的当务之急。因此，拿破仑·波拿巴于 1799 年 11 月 9 日发动雾月政变，夺取了政权，并且在短短的几年里，使法国重新走向稳定和繁荣。1802 年 5 月 8 日，元老院宣布拿破仑连任 10 年第一执政。8 月 2 日，元老院又宣布拿破仑为终身第一执政。8 月 4 日，共和十年宪法颁布。宪法规定，第一执政有权指定自己的继承人，有权任命第二、第三执政和元老院候选人。这是法国重新走向君主专制的开端。但是，拿破仑并不满足，他希望能够戴上皇冠，确保其至高无上的独裁地位。

为了使自己的统治原则得到法律的确认，1804 年 3 月 21 日，拿破仑正式公布了著名的《法国民法典》（又称《拿破仑法典》）。《法国民法典》确立了资本主义社会的立法规范；明确肯定了资本主义的私有制，保障私有制神圣不可侵犯；固定了小土地所有制；规定了贸易自由和契约自由。法典还根据法律上人人平等的原则，确定了一切法国公民所享有的法律权力。《法国民法典》是一部典型的资产阶级社会的法典，它否定了封建等级制度及其特权，肯定了大革命时期对封建贵族和教士的财产剥夺，对于稳定法国的资本主义社会秩序，起了极大的作用。

法典颁布以后，拿破仑加快了称帝的步伐。1804 年 5 月 18 日，元老院正式宣布法国为帝国，拿破仑为皇帝，称拿破仑一世。这就是法兰西第一帝国，亦称拿破仑帝国。帝制没有改变拿破仑政权的资产阶级性质，它实质上是代表大资产阶级利益的资产阶级帝国。

拿破仑帝国始终伴随着对外战争。战争初期具有保卫法国大革命的胜利成果，反对封建复辟，反对欧洲封建专制势力干涉的性质。但在战争后期，这场战争又逐渐变成了对外侵略、夺取欧洲霸权的战争。

从 1805 年开始，拿破仑指挥的军队接连粉碎反法同盟的进攻，使法国成为欧洲大陆的霸主，粉碎了欧洲各主要封建国家复辟波旁王朝的阴谋，也从根本上动摇了欧洲大陆的封建秩序，沉重打击了各国的封建专制统治。但是，拿破仑战争也给欧洲各国人民带来了灾难，其侵略性质在战争后期愈发明显。法国每取得一次胜利，都要从战败国索取大量的赔款，并从占领地抢夺大量的金银财宝、艺术品运回法国。同时，法国还将被占领国家和地区变成自己的原料供给地和商品倾销市场，大大影响了被占领国家和地区的经济发展，欧洲各国人民均遭受了巨大的人力和物力损失。

经过几年的战争，法国成为一个拥有 130 个省，7500 万人口的大帝国，并且拥有众多的附庸国和同盟国。但是，帝国内部却掩藏着深刻的危机。

首先，各被占领国家和地区人民的反抗侵略、争取民族解放的斗争十分激烈，沉重地打击了法国在占领地区的统治。其次，拿破仑战争受到法国各阶层人民的反对。连年的对外战争，使法国各阶层人民的生活每况愈下。农民、工人以及资产阶级对拿破仑政权的不满日益加剧。拿破仑政权的统治基础动摇了。

1812 年 6 月~12 月，拿破仑远征俄国，遭到惨败，这是拿破仑帝国崩溃的起点。1813 年 10 月 16 日~19 日，以英、俄、普为首的第六次反法同盟军与法军在莱比锡展开决战，法军全线崩溃。12 月，拿破仑率领残兵败将逃回法国。1814 年初，反法联军攻入法国境内，3 月 30 日，联军攻抵巴黎城下，31 日，由沙皇亚历山大和普鲁士皇帝腓特烈率领的反法联军进入巴黎。4 月 2 日，元老院废黜拿破仑。4 月 4 日，拿破仑被迫退位，被流放到厄尔巴岛。路易十六的弟弟即位，称路易十八，波旁王朝复辟。1815 年 3 月 1 日，拿破仑乘法国国内对复辟的波旁王朝日益不满的时机，逃出厄尔巴岛，率领 1000 多人在法国登陆。20 日，拿破仑进入巴黎，路易十八仓皇出逃，拿破仑再度登上帝位。这一事件使欧洲各国的统治者极度震惊，各国匆忙组成了第七次反法同盟。1815 年 6 月 18 日，在比利时境内的滑铁卢，拿破仑军队一败涂地。拿破仑再次宣布退位，被流放到大西洋的圣赫勒拿岛，1821 年 5 月 5 日死于该地。路易十八又回到巴黎。拿破仑的复辟只持续了百天，因此拿破仑重新建立的帝国，被称为"百日帝国"。

英雄悲歌——拿破仑百日帝国覆灭

1814 年，俄、英、普、奥等国结成的第六次反法同盟攻占巴黎。4 月 20 日，拿破仑被流放到厄尔巴岛。他虽流放在外，但同国内的拥护分子仍有联系。他不甘心就此失败，只要有一线希望，他还要做最后挣扎。在经过周密准备后，1815 年 3 月 20 日，拿破仑又神奇地重新登上皇位。欧洲的封建势力被这个"科西嘉恶魔"震惊了，他们迅速组成第七次反法同盟，准备彻底击败这个恶魔。1815 年 6 月 18 日，英、法军队在滑铁卢以南的蒙·圣让山下相遇。历史上有名的滑铁卢战役打响了，双方打得难解难分，直杀得天昏地暗。英军将领威灵顿投入所有的预备队。正当他觉得恐怕一切都要完了的关键时刻，布吕歇尔率援军赶到。英军士气大振，发动反攻，但拿破仑等的援军格鲁希最终也没来。拿破仑只好调近卫军投入战斗。但在英军的两面夹击下，这只是杯水车薪，无法扭转整个大局。

滑铁卢战役经过 12 小时的激战后结束了，拿破仑彻底失败了。这对他是致命一击，他再也无还手之力了，尽管拿破仑不承认滑铁卢战役是对他的致命一击。在百万联军压境的情况下，议会不敢再支持拿破仑。6 月 22 日，拿破仑宣布第二次退位，百日统治结束。7 月 15 日，拿破仑被放逐到圣赫勒拿岛。在被放逐期间，他的健康状况每况愈下，终于在 1821 年 5 月 5 日走完了其人生的历程。曾叱咤一时的拿破仑不是万能的上帝，也不是十恶不赦的恶魔，他是一个历史上少有的军事天才，他的历史贡献应值得肯定。

拉丁美洲各国独立战争

18 世纪欧洲资产阶级启蒙运动、美国独立战争和法国大革命的胜利，促使了拉丁美洲民族意识的觉醒。18 世纪末，西班牙、葡萄牙对殖民地的控制逐渐减弱，这为拉丁美洲独立革命提供了有利的条件。

海地于 1502 年沦为西班牙殖民地，1697 年割让给法国。1791 年，杜桑·卢维都尔领导黑人奴隶在海地武装起义。1804 年 1 月 1 日，海地正式宣告独立，揭开了整个拉丁美洲革命的序幕。

在海地革命的影响下，西属拉丁美洲殖民地于 1810 年开始了独立战争。独立战争开始后，很快就形成了 3 个中心：委内瑞拉、拉普拉他和墨西哥。

1810 年，委内瑞拉爆发起义。7 月 5 日，米兰达宣布成立委内瑞拉第一共和国。但是，西班牙殖民者于 1812 年攻占了该城，共和国被绞杀。1814 年 1 月，玻利瓦尔建立委内瑞拉第二共和国。7 月，西班牙殖民者重新集结兵力，第二共和国又被摧毁。1816 年，玻利瓦尔重整旗鼓，继续战斗。1818 年 10 月，委内瑞拉第三共和国宣告成立。

1819 年 5 月，玻利瓦尔越过安第斯山，8 月解放了波哥大。12 月，大哥伦比亚共和国宣告成立，玻利瓦尔自任总统。1821 年，厄瓜多尔宣布独立，加入了大哥伦比亚共和国。南美洲北部沿海地区和安第斯山一带全部解放。

独立战争的另一个中心地区是拉普拉他地区。1821 年 5 月 25 日，阿根廷布宜诺斯艾利斯市区爆发了起义。随后，巴拉圭革命者于 1811 年 5 月举行起义。1811 年春，乌拉圭人民响应民族英雄何塞·阿蒂加斯的号召，武装起义。1816 年 7 月，拉普拉他各地代表聚会，正式宣布脱离西班牙，建立独立的"拉普拉他联合省"。1826 年，联合省改组为阿根廷共和国。

拉普拉他地区革命运动的杰出领导人是阿根廷民族英雄何塞·圣马丁。1817 年，圣马丁攻入智利。1818 年 2 月，智利宣告独立。1820 年 9 月，圣马丁率领起义军在秘鲁登陆。此时，秘鲁东部尚未解放。而玻利瓦尔领导解放的厄瓜多尔与秘鲁相邻。圣马丁主动与玻利瓦尔联系。1823 年，玻利瓦尔进军秘鲁，于 1824 年 6 月在胡宁平原大败敌军。12 月 9 日，在阿亚库乔的决战中，革命军取得决定性胜利。接着，革命军乘胜东进。1825 年 8 月 25 日，上秘鲁宣布独立。为纪念玻利瓦尔，上秘鲁改名为玻利维亚。1826 年 1 月 23 日，西班牙军最后的残余力量投降。至此，西班牙在拉丁美洲的殖民统治全部垮台。

独立战争的第三个中心是墨西哥和中美洲地区。1816 年 9 月 16 日，在墨西哥北部多洛雷斯爆发了农民起义，人数达 8 万余人。他们占领了墨西哥中部的一些城市，并乘胜向墨西哥城进军。1811 年初，起义军遭敌人伏击受挫。3 月，因叛徒出卖，领导人伊达尔哥被俘就义。伊达尔哥牺牲后，他的学生莫雷洛斯继续领导革命斗争。到 1811 年年底，起义军解放了南部大部分领土。1813 年 11 月 6 日，解放区通过了《墨西哥主权和独立宣言》，次年 10 月又颁布了共和国宪法。殖民者紧急调集大军反攻。1815 年，莫雷洛斯被捕牺牲。墨西哥人民仍然进行了不屈不挠的斗争。1824 年，墨西哥共和国正式宣告成立。

16 世纪中期葡萄牙占领巴西后，在这里建立了封建制经济和种植园奴隶制度。1807 年底，葡萄牙被拿破仑军队占领，王室逃到巴西。葡萄牙王室在巴西实行重税政策，1816 年又发动入侵乌拉圭的战争，这激化了人民的反抗情绪。1822 年 9 月 7 日，彼得罗宣布巴西独立，自立为皇帝。但是，独立后的政权依然保留着种植园奴隶制度。后来，巴西人民经过几十年的艰苦斗争，终于在 1889 年推翻帝制，建立了巴西联邦共和国。

拉丁美洲独立战争的胜利，使拉丁美洲绝大部分地区摆脱了西班牙和葡萄牙的殖民统治，建立了民族独立国家。革命后，教会的权力受到限制，多数国家明令禁止奴隶制，也取消了农民对国家、地主和教会担负的无偿劳役。然而，由于独立战争是在土生土长的白人地主和种植园主的领导下进行的，胜利后建立的白人政权继续维护了封建大地主制度。因此，多数国家出现了独裁政权，对拉丁美洲国家的发展产生了不良影响。

电的发明和应用

今日的世界已是电的世界，我们几乎没有一天可以离得开电。早上起来，被用电池驱动的钟吵醒，扭开电灯，掀开暖和的电毯被，打一个呵欠，开始了忙碌的一天。而这一天没有电，你会觉得忽然变得无所事事，因为大部分的工作都得停摆。没有电，洗衣机不能用，衣服不能洗、不能烘；电视不能看；电脑不能打；十字路口的红绿灯不能亮等等。看样子这真是一个寸步难行的世界。

电的发明和应用是伴随着第二次工业革命而开始的。

在电力的使用中，发电机和电动机是相互关联的两个重要组成部分。发电机是将机械能转化为电能；电动机则是将电能转化成机械能。早在 1819 年，丹麦科学家奥斯特就发现了电流的磁效应现象。1820 年，法国科学家安培根据奥斯特的报告，对磁场与电流之间的关系做了进一步的整理与研究。他认为，两条电线平行放置的时候，电流流动的方向相同时，会相互排斥；相反，则会相互吸引。如果将电线绕成线圈，通电后，线圈就会像自然的磁石一样。现在，安培的名字已经家喻户晓，成为电流强度单位的名称。大约在同一时期，德国人欧姆发现了电阻定律：导体上存在着一种阻力，随着它长度的增加而增加，但随着截面面积的增加而减小。电阻的存在使电流随着电线长度的增加而逐渐减弱。1831 年，英国科学家法拉第发现了电磁感应现象，提出了发电机的理论基础。法拉第是近代电磁学的奠基人，他的发现为电的应用开拓了广阔的道路。

从 19 世纪 60 年代起，出现了一系列的电气发明。1866 年，德国工程师西门子制成了发电机，但是，这种直流发电机还不够完善。1870 年，比利时人格拉姆发明了电动机，电力开始被用来带动机器，成为补充和取代蒸汽动力的新能源。随后，电灯、电话、电焊、电钻、电车、电报等，如雨后春笋般涌现出来。各种电动生产工具和生活用具的出现，导致了对电的大量需求。同时，把电力应用于生产，必须解决远距离输送问题。1882 年，法国学者德普勒发现了远距离送电的方法。同年，美国著名发明家爱迪生在纽约创建了美国第一个火力发电站，把输电线连接成网络。随着对电能需求的显著增加和用电区域的扩大，直流电机显示出成本高、易出事故等缺点。从 19 世纪 80 年代起，人们又投入了对交流电的研究。交流电具有通过变压器任意变化电压的长处。1885 年，意大利科学家法拉第提出的旋转磁场原理，对交流电机的发展起到了重要作用。19 世纪 80 年代末 90 年代初，人们创制出三相异步发电机，这种比较经济、可靠的三相交流电迅速得到推广，电力工业的发展进入新的阶段。电力照亮了城市和农村，为工厂和矿山提供了方便灵活的强大动力，成为生产、交通运输、通讯等全面转向工业化的决定因素。

电力作为一种新能源，不仅为工业提供了方便而廉价的新动力，而且有力地推动了一系列新兴工业的诞生。以发电、输电、配电为主要内容的电力工业和制造发电机、电动机、变压器、电线电缆等的电气设备工业迅速发展起来。列宁指出："电力工业是最能代表新技术成就，代表 19 世纪末 20 世纪初的资本主义的一个工业部门。"随着电力的广泛应用，人类社会由蒸汽时代进入电气时代。

1848 年欧洲革命

19 世纪 40 年代中期，欧洲大陆动荡不安。一方面，随着工业革命的扩展，资本主义得到发展，新兴的工业资产阶级力量日益壮大，但在政治上仍然处于无权或少权状态，封建落后势力成为资本主义进一步发展的障碍。另一方面，遭受外来压迫的东南欧各国希望结束外国统治，获得民族独立。而且，各国相继出现了农业歉收和经济危机，广大人民群众的生活状况更加恶化，阶级矛盾尖锐，社会动荡加剧。

资本主义经济的发展强烈要求铲除封建制度及其残余，改变阻碍生产力发展的生产关系。因此，资产阶级必须联合包括无产阶级在内的各革命阶级共同反对封建旧势力及其残余，建立起包括新兴工业资产阶级在内的更加全面的资本主义统治。

1848 年，意大利各地相继爆发资产阶级革命，外国统治者被驱逐，揭开了 1848 年欧洲革命的序幕。

意大利革命在法国产生了很大影响。七月王朝竭力维护金融资产阶级的利益。工商业资产阶级对此非常不满，在全国各地以办"宴会"为名，举行群众集会，宣传自己的主张。1848年2月下旬，为了在巴黎举办的一次大型"宴会"，群众与军警发生冲突，并演变成武装起义。很快，起义军控制了巴黎的大部分地区。国王逃往英国。革命推翻了七月王朝，建立了共和国，这就是历史上的法兰西第二共和国。法国二月革命把1848年欧洲革命推向高潮。

二月革命后，法国资产阶级窃取了革命的果实。在起义代表组织的"临时政府"中，资产阶级代表占据了一切要职。为了麻痹手中掌握着武装的工人，临时政府先是假意答应满足工人的一些要求，而后又故意挑拨农民、手工业者同工人的关系，并着手积蓄反革命武装，准备屠杀巴黎工人。6月下旬，愤怒的巴黎工人忍无可忍，发动了起义，这就是著名的"六月起义"。这次起义虽然失败了，但它是"现代社会两大对立阶级间的第一次伟大战斗"，具有重要的历史意义。

革命相继席卷了欧洲的许多地区，在奥地利的维也纳和普鲁士的柏林等地，资产阶级和广大人民群众拿起武器，举行起义，反对专制统治。在匈牙利、捷克和罗马尼亚，人民群众为了反抗外族统治，争取民族解放，纷纷发动起义。其中，影响最大的是匈牙利起义。起义军抗击了奥地利军队多次进攻，赢得了匈牙利的独立。在1848年欧洲革命中，广大工人、学生和市民成为革命的主要参加者，表现出了极大的革命热情。

面对汹涌的革命浪潮，欧洲的封建君主们大为惊恐，资产阶级也害怕革命继续深入会危及自身的利益，于是组织各种反动势力反扑。沙皇俄国最为嚣张，派遣军队到各地帮助镇压革命和民族起义，特别是扑灭了匈牙利革命，它成为欧洲的宪兵。6月，法国资产阶级为了进一步巩固统治，镇压了巴黎工人起义。不久，代表金融资产阶级和大工业家利益的路易·拿破仑攫取政权，建立了法兰西第二帝国。1849年，欧洲的革命烈火基本被扑灭。

革命失败的原因主要有：第一，资产阶级的背叛和无产阶级在政治上、组织上的软弱。1848年，工人阶级已经作为独立的力量登上政治舞台，并且一直走在革命的最前列。但是资产阶级害怕革命继续深入会危及自身的利益，因而其革命性不断减弱，甚至背叛了革命。第二，以沙皇俄国为代表的欧洲各封建君主疯狂镇压革命。

1848年欧洲革命是世界近代史上规模最大的一次革命，革命风暴波及除俄国以外的整个欧洲大陆。从根本上说，它是在欧洲各大国已经开始工业革命，资本主义取得了更大发展，因而同旧的封建制度以及工业革命前的旧统治产生尖锐矛盾的基础上发生的。这是一场资产阶级性质的民族、民主革命，它沉重地打击了欧洲的封建势力，彻底瓦解了维也纳体系，有利于资本主义的进一步发展。在这场革命中，无产阶级发挥了重要的作用。

达尔文创立进化论

　　达尔文（1809年~1882年），19世纪英国杰出的生物学家、物种起源和发展学说的创始者、生物进化论的奠基人。他提出的以生存竞争、适者生存为精髓的进化论对学术界甚至整个人类的思想都产生了巨大的影响。

　　达尔文出生在英格兰西部希鲁普郡一个世代行医的家庭。他的父亲瓦尔宁曾把他送到爱丁堡大学学医，希望他将来也能成为名医，继承家业。但达尔文从小就热爱大自然，尤其喜欢打猎、采集矿物和动植物标本。进到医学院后，他仍然经常到野外采集动植物标本。在这里，他对两种水生生物进行了研究，获得了一些有趣的发现。于是，他在该校的学术团体普林尼学会先后宣读了他最早的两篇论文，那时他才17岁。他父亲认为他"游手好闲""不务正业"，一怒之下，于1828年改送他到剑桥大学，改学神学，希望他将来成为一个"尊贵的牧师"。达尔文对神学院的神创论等谬说十分厌烦，他仍然把大部分时间用在听自然科学讲座、自学大量的自然科学书籍上。他热心于收集甲虫等动植物标本，对神秘的大自然充满了浓厚的兴趣。

　　1831年，年轻的达尔文经汉斯罗教授的推荐，以自然科学家的身份，参加了"贝格尔号"巡洋舰历时5年的环球考察。这5年考察，用达尔文自己的话来说，决定了他一生的整个事业。在这5年中，他跋山涉水，进入深山密林。大自然的奇花异草、珍禽异兽，千奇百怪的变异，把他的整个身心吸引去了。他开始对圣经上"形形色色的生物，都是上帝制造出来，而且物种是不变的"说教，开始产生了怀疑。通过对采集到的各种动物标本和化石进行比较和分析，他认识到物种是可变的。由此，他逐步摆脱神创论的束缚，坚定地走上了相信科学和追求真理的道路。最后，他终于以"物种逐渐变化"的大胆假设，摒弃了物种不变的说教。

　　回国后，达尔文开始对物种起源问题进行全面的研究。他整理航行收获，收集大量科学事实，研究前人著作，参加社会生产实践，总结本国和别国劳动人民培育新品种的

达尔文

经验。为了避免偏见和替自己的理论找到更多的根据，当时他专心到甚至连自己的婚事都忘了。他不但细致地整理了在大自然中可收集到的各种变异事实，还广泛收集了动物在家养条件下的各种变异事实，并查阅了大量书籍和资料。经过22年如一日，坚持不懈的专心思考、综合研究，达尔文终于在1859年11月24日出版了《物种起源》

这部巨著，创立了进化论。他认为，生物界是从简单到复杂，从低级到高级，逐渐变化的。达尔文的进化论，是射向"上帝"创造万物学说的炮弹，它第一次把生物放在完全科学的基础上进行研究。马克思说，这本书实际上也为历史上的阶级斗争提供了"自然科学根据"。

达尔文是一位不畏劳苦，沿着陡峭山路攀登的人。在《物种起源》发表以后的20年里，他始终没有中断过科学工作。1876年，他写成的《植物界异花受精和自花受精的效果》一书，就是经过长期大量实验的成果。书中提出的异花受精一般是有利的结论，已在农业育种中广泛应用。到了晚年，达尔文心脏病严重，但他仍坚持科学工作。就在去世前两天，他还带着重病去记录实验情况。

达尔文是一位杰出的科学家，他划时代的贡献为人类科学事业的发展开辟了新的广阔前景。因此，1882年4月19日他逝世以后，人们为了表达对他的敬仰，把他安葬在另一位科学界的伟大人物牛顿的墓旁，享受着一个自然科学家的最高荣誉。达尔文找到了生物发展的规律，证明所有的物种都有共同的祖先。这一重大发现，对生物学具有划时代的意义，在科学上完成了一个伟大的革命。它结束了生物学领域中唯心主义、形而上学的统治时期，对近代生物科学产生了巨大而深远的影响。恩格斯称达尔文的进化论为19世纪自然科学的三大发现之一。

马克思主义的诞生

随着工业革命的深入，资本主义迅速发展，资本主义制度的各种弊端也日益暴露。一方面，自1825年英国爆发第一次资本主义经济危机以后，差不多每隔10年左右，资本主义国家就发生一次经济危机，使经济遭到严重破坏。这是生产社会化和生产资料私人占有之间的矛盾造成的结果，资本主义制度无法克服这一矛盾。另一方面，广大工人对恶劣的劳动条件和生活状况越来越不满。为了改善自身的处境，他们同资本家展开了各种形式的斗争，工人运动逐渐兴起，并日趋成熟。

工人运动的早期形式主要表现为自发的捣毁工厂机器，如英国的"卢德运动"。后来，广大工人在争取改善经济待遇的同时，也开始要求提高自己的政治地位，并逐渐组织起来，同资本家进行斗争。

19世纪三四十年代，欧洲爆发了3次大规模的工人运动：1831年和1834年的法国里昂工人起义、1836年开始的英国宪章运动和1844年的德意志西里西亚织工起义。这3次工人运动虽然最后都失败了，但是，它们表明，无产阶级已经觉醒，并作为一支独立的力量登上了政治舞台。工人运动的实践使越来越多的人感到无产阶级革命迫切需要科学理论的指导，同时也为科学理论的创立提供了充分条件。

在长期的革命实践和理论研究中，马克思、恩格斯一方面深入工人群体，揭露并分析资本主义制度弊端；另一方面，他们广泛汲取人类优秀文化成果，特别是对当时出现的德意志古典哲学，英国古典政治经济学，英、法的空想社会主义学说加以批判继承，创立了马克思主义理论。

德意志古典哲学的主要代表是黑格尔和费尔巴哈。黑格尔的主要贡献是辩证法。他认为，世界处于不断运动、变化和发展之中，矛盾是发展的内在根源。但是，在黑格尔看来，辩证运动的主体不是客观存在的物质，而是"绝对精神"，从而陷入了唯心主义。费尔巴哈发展了唯物主义，但他的唯物主义非常机械，而且仅仅局限于解释自然现象，在说明社会历史问题时，他又成为唯心论者。马克思、恩格斯批判地吸收了黑格尔的辩证法思想和费尔巴哈唯物主义思想的合理部分，建立了辩证唯物主义和历史唯物主义。

英国古典政治经济学的代表人物有亚当·斯密和大卫·李嘉图等，他们的主要贡献是奠定了劳动价值论的基础。马克思、恩格斯在继承其劳动创造财富思想的基础上，批判了他们关于资本家和工人共同创造财富的观点，提出了剩余价值学说，确立了马克思主义政治经济学。同时，马克思和恩格斯还借鉴了圣西门、傅立叶、欧文等空想社会主义者对资本主义社会的批判和对社会发展方面的一些天才设想，创立了科学社会主义。

在创立科学理论的同时，马克思、恩格斯还积极指导无产阶级政党的组建工作。1846年，他们在布鲁塞尔建立共产主义通讯委员会，宣传马克思主义理论，筹备建党。1847年底，他们出席在伦敦举行的共产主义者代表大会，并受大会委托起草同盟纲领，这就是1848年2月发表的《共产党宣言》。《共产党宣言》运用生产力决定生产关系这一唯物史观的原理，剖析了资本主义生产方式的产生、发展的历史过程，揭示了资本主义必然灭亡、共产主义必然胜利的客观规律；对资本主义社会各阶级的历史地位和无产阶级的特性做了科学的分析，论证了无产阶级作为资本主义的掘墓人和共产主义建设者的伟大历史使命；总结了人类历史上阶级斗争的经验，特别是总结了无产阶级反对资产阶级的斗争经验，论证了无产阶级革命和无产阶级专政是无产阶级获得解放的根本道路。

《共产党宣言》的发表，标志着马克思主义的诞生。从此，无产阶级进行斗争有了科学理论的指导，社会主义运动迅速得到蓬勃发展。